U0541912

经时济世
继往开来
贺教育部
重大攻关项目
成果出版

季羡林
时年九十有八

教育部哲学社會科学研究重大課題攻關項目

面向知识表示与推理的自然语言逻辑

LOGIC OF NATURAL LANGUAGES FOR KNOWLEDGE REPRESENTATION AND REASONING

鞠实儿
等著

经济科学出版社
Economic Science Press

图书在版编目（CIP）数据

面向知识表示与推理的自然语言逻辑/鞠实儿等著.
—北京：经济科学出版社，2009.9
（教育部哲学社会科学研究重大课题攻关项目）
ISBN 978-7-5058-7600-2

Ⅰ.面… Ⅱ.鞠… Ⅲ.自然语言-语言逻辑-研究 Ⅳ.H-05

中国版本图书馆 CIP 数据核字（2009）第 001535 号

责任编辑：程晓云
责任校对：徐领弟 徐领柱
版式设计：代小卫
技术编辑：潘泽新 邱 天

面向知识表示与推理的自然语言逻辑
鞠实儿 等著
经济科学出版社出版、发行 新华书店经销
社址：北京市海淀区阜成路甲 28 号 邮编：100142
总编部电话：88191217 发行部电话：88191540
网址：www.esp.com.cn
电子邮件：esp@esp.com.cn
北京中科印刷有限公司印装
787×1092 16 开 25.5 印张 480000 字
2009 年 9 月第 1 版 2009 年 9 月第 1 次印刷
印数：0001—8000 册
ISBN 978-7-5058-7600-2 定价：63.00 元

课题组主要成员

（按姓氏笔画为序）

文学锋　　刘冬宁　　刘惠兴　　邹崇理
周北海　　郭美云　　高东平　　聂文龙
熊明辉

总 序

哲学社会科学是人们认识世界、改造世界的重要工具，是推动历史发展和社会进步的重要力量。哲学社会科学的研究能力和成果，是综合国力的重要组成部分，哲学社会科学的发展水平，体现着一个国家和民族的思维能力、精神状态和文明素质。一个民族要屹立于世界民族之林，不能没有哲学社会科学的熏陶和滋养；一个国家要在国际综合国力竞争中赢得优势，不能没有包括哲学社会科学在内的“软实力”的强大和支撑。

近年来，党和国家高度重视哲学社会科学的繁荣发展。江泽民同志多次强调哲学社会科学在建设中国特色社会主义事业中的重要作用，提出哲学社会科学与自然科学“四个同样重要”、“五个高度重视”、“两个不可替代”等重要思想论断。党的十六大以来，以胡锦涛同志为总书记的党中央始终坚持把哲学社会科学放在十分重要的战略位置，就繁荣发展哲学社会科学做出了一系列重大部署，采取了一系列重大举措。2004 年，中共中央下发《关于进一步繁荣发展哲学社会科学的意见》，明确了新世纪繁荣发展哲学社会科学的指导方针、总体目标和主要任务。党的十七大报告明确指出：“繁荣发展哲学社会科学，推进学科体系、学术观点、科研方法创新，鼓励哲学社会科学界为党和人民事业发挥思想库作用，推动我国哲学社会科学优秀成果和优秀人才走向世界。”这是党中央在新的历史时期、新的历史阶段为全面建设小康社会，加快推进社会主义现代化建设，实现中华民族伟大复兴提出的重大战略目标和任务，为进一步繁荣发展哲学社会科学指明了方向，提供了根本保证和强大动力。

高校是我国哲学社会科学事业的主力军。改革开放以来，在党中央的坚强领导下，高校哲学社会科学抓住前所未有的发展机遇，紧紧围绕党和国家工作大局，坚持正确的政治方向，贯彻"双百"方针，以发展为主题，以改革为动力，以理论创新为主导，以方法创新为突破口，发扬理论联系实际学风，弘扬求真务实精神，立足创新、提高质量，高校哲学社会科学事业实现了跨越式发展，呈现空前繁荣的发展局面。广大高校哲学社会科学工作者以饱满的热情积极参与马克思主义理论研究和建设工程，大力推进具有中国特色、中国风格、中国气派的哲学社会科学学科体系和教材体系建设，为推进马克思主义中国化，推动理论创新，服务党和国家的政策决策，为弘扬优秀传统文化，培育民族精神，为培养社会主义合格建设者和可靠接班人，做出了不可磨灭的重要贡献。

自2003年始，教育部正式启动了哲学社会科学研究重大课题攻关项目计划。这是教育部促进高校哲学社会科学繁荣发展的一项重大举措，也是教育部实施"高校哲学社会科学繁荣计划"的一项重要内容。重大攻关项目采取招投标的组织方式，按照"公平竞争，择优立项，严格管理，铸造精品"的要求进行，每年评审立项约40个项目，每个项目资助30万~80万元。项目研究实行首席专家负责制，鼓励跨学科、跨学校、跨地区的联合研究，鼓励吸收国内外专家共同参加课题组研究工作。几年来，重大攻关项目以解决国家经济建设和社会发展过程中具有前瞻性、战略性、全局性的重大理论和实际问题为主攻方向，以提升为党和政府咨询决策服务能力和推动哲学社会科学发展为战略目标，集合高校优秀研究团队和顶尖人才，团结协作，联合攻关，产出了一批标志性研究成果，壮大了科研人才队伍，有效提升了高校哲学社会科学整体实力。国务委员刘延东同志为此做出重要批示，指出重大攻关项目有效调动各方面的积极性，产生了一批重要成果，影响广泛，成效显著；要总结经验，再接再厉，紧密服务国家需求，更好地优化资源，突出重点，多出精品，多出人才，为经济社会发展做出新的贡献。这个重要批示，既充分肯定了重大攻关项目取得的优异成绩，又对重大攻关项目提出了明确的指导意见和殷切希望。

作为教育部社科研究项目的重中之重，我们始终秉持以管理创新服务学术创新的理念，坚持科学管理、民主管理、依法管理，切实增强服务意识，不断创新管理模式，健全管理制度，加强对重大攻关项目的选题遴选、评审立项、组织开题、中期检查到最终成果鉴定的全过程管理，逐渐探索并形成一套成熟的、符合学术研究规律的管理办法，努力将重大攻关项目打造成学术精品工程。我们将项目最终成果汇编成“教育部哲学社会科学研究重大课题攻关项目成果文库”统一组织出版。经济科学出版社倾全社之力，精心组织编辑力量，努力铸造出版精品。国学大师季羡林先生欣然题词：“经时济世　继往开来——贺教育部重大攻关项目成果出版”；欧阳中石先生题写了“教育部哲学社会科学研究重大课题攻关项目”的书名，充分体现了他们对繁荣发展高校哲学社会科学的深切勉励和由衷期望。

创新是哲学社会科学研究的灵魂，是推动高校哲学社会科学研究不断深化的不竭动力。我们正处在一个伟大的时代，建设有中国特色的哲学社会科学是历史的呼唤，时代的强音，是推进中国特色社会主义事业的迫切要求。我们要不断增强使命感和责任感，立足新实践，适应新要求，始终坚持以马克思主义为指导，深入贯彻落实科学发展观，以构建具有中国特色社会主义哲学社会科学为己任，振奋精神，开拓进取，以改革创新精神，大力推进高校哲学社会科学繁荣发展，为全面建设小康社会，构建社会主义和谐社会，促进社会主义文化大发展大繁荣贡献更大的力量。

教育部社会科学司

前 言

知识表示与推理（Knowledge Representation and Reasoning，以下简称 KRR）研究是探索人类智能的众多途径之一。KRR 与其他途径的显著不同在于，它并不像生物学、神经科学、人类学等等那样对人类或其他动物本身进行仔细考察，而是通过研究人类知道些什么来理解人类智能。这种途径背后的基本假设是，人类之所以能进行智能活动就在于人类掌握了大量的知识，能把这些知识恰当地运用于环境，由此实现他们的目标。因此，不同于其他途径，KRR 只是从形式的角度研究知识本身，而不研究知识的主体（参见 Brachman，2004：xvii）。

更详细地说，KRR 也不研究知识的定义、知识的获取与发现、知识的传播与理解等问题；它关注的是如何用符号语言表示知识，以及如何在此基础上进行推理。一旦能够通过形式语言来表示人类用自然语言表达的知识，那么计算机就可以“理解”和“掌握”这些知识，并运用这些知识产生智能行为。这一关联决定了 KRR 在智能科学中的作用和地位。

KRR 的研究方法可以分为两大类，一类是非逻辑方法，一类是逻辑方法。非逻辑方法包括语义网络（semantic network）、框架、基于规则的表示等，其优点是：比较直观，能反映人类认知的实际情况，易于用户理解等。但非逻辑方法也有明显的不足，最主要的就是缺少统一的语义，对于推理的处理不具一般性。本书将采用逻辑方法对 KRR 进行研究，这也是目前 KRR 研究中使用的主流方法。

然而，目前基于逻辑方法的 KRR 研究有一个重大缺陷，它过于依赖经典逻辑（指经典一阶谓词逻辑及其变种，如描述逻辑等），因而无法充分地描述自然语言。事实上，经典逻辑并不是直接为基于自然语言的推理而设计的，而是为基于半人工化数学语言的推理量身定制的。因此，传统的采用经典逻辑方法的 KRR 实际上是面向数学语言而不是自然语言的。但是，人类的大多数知识是用自然语言而不是用数学语言表达的。这就使得传统的 KRR 在应用方面受到局限，不能真正为人工智能提供支持。为了扩大 KRR 的应用范围，加强它对人工智能的支持力度，必须让 KRR 建立在自然语言逻辑（Logic of Natural Languages，以下简称 LNL）的基础上。本书的目的就是为基于 LNL 的 KRR 提供理论基础。

本书共分七章和三个附录。它们的作者分别是：第 1 章：鞠实儿，第 2 章：刘冬宁，第 3 章：文学锋，第 4 章：高东平，第 5 章：周北海、郭美云，第 6 章：刘冬宁，第 7 章：邹崇理，附录 1～3：高东平。

最后，鞠实儿与文学锋完成本书的前言和后记，以及全书的统稿和定稿工作（项目批准号：04JZD006）。

摘　要

知识表示与推理研究是探索人类智能的众多途径之一。传统的基于逻辑方法的知识表示与推理主要依赖于经典逻辑。经典逻辑并不是直接为基于自然语言的推理而设计的，而是为基于半人工化数学语言的推理量身定制的。但是，人类的大多数知识是用自然语言而不是用数学语言表达的。这就使得传统的知识表示与推理在应用方面受到局限，不能真正为人工智能提供支持。为了扩大知识表示与推理的应用范围，加强它对人工智能的支持力度，必须让知识表示与推理建立在自然语言逻辑的基础上。

本书以知识表示与推理为应用牵引，以非经典逻辑（包括哲学逻辑和语言逻辑）为理论驱动，针对自然语言的内涵性、模糊性、交互性、形态性和多样性，分别构造了若干自然语言逻辑系统，包括：语境内涵逻辑、模糊量词逻辑、带群体知识的公开宣告逻辑、时态句型逻辑以及汉语灵活语序逻辑和汉语致使句逻辑，对现有的许多逻辑理论成果，如超内涵逻辑、自然逻辑、动态认知逻辑、多模态范畴逻辑和Lambek演算等进行了修正、拓展和改进，为今后的自然语言逻辑研究指明了新的方向。具体内容如下：

第1章论述了逻辑、自然语言与知识表示与推理三者之间的关系，分别指出了自然语言的内涵性、模糊性、交互性、形态性和多样性对知识表示与推理的挑战以及根据这些特点开展自然语言逻辑研究的思路和前景。

第2章介绍了本书中使用较多的理论工具——类型逻辑与Lambek演算，讨论了Lambek演算的代数模型、证明论性质和结构规则。

第3章论述了经典内涵逻辑的基本思想及其存在的超内涵问题；总结了超内涵问题的各种解决方案；指出了超内涵逻辑仍然无法克服的语

境内涵问题；提出了内涵同一的局部性思想，认为内涵同一总是相对于某个语境的同一，并在该思想的指导下，按照对语境的不同理解，分别基于可能世界语义、邻域语义、代数语义、博弈语义和更新-局部模型语义，构造了若干语境内涵逻辑系统和形式语义，克服了“分析悖论”这个长期困扰超内涵逻辑的难题。

第4章从汉语中的模糊量词的逻辑性质出发，对模糊量词进行了重新分类，避免了以往模糊量词分类的不足；针对广义量词理论在处理相对应量词时的局限性，引入了模糊集理论来刻画模糊量词的语义，突破了以往对带模糊量词命题的非真即假的二值框架，给出了更加直观和更具解释力的语义刻画；对模糊量词的性质进行了推广，给出了模糊量词的有效推理模式；构造了模糊量词自然逻辑推理系统，将自然逻辑推广到包括对模糊量化命题的处理，并设计了系统中序演算的判定算法。

第5章提出了结合功能主义语言学传统的逻辑学方法论，并在此方法论的指导下进行了面向自然语言交互性的自然语言逻辑研究：考察了普遍知识、公共知识和分布式知识等群体知识；重点考察了分布式知识，区分出分布式知识的两种直观意思——联合知识和群体隐含知识；在考虑相对化公共知识的基础上，把群体知识都推广到一般情形，建立了两个包含相对化公共知识和群体隐含知识的公理化系统，并给出了完全性证明和若干应用，对已有的公开宣告逻辑进行了扩展，同时深化了对逻辑、语言与知识三者之间关系的理解。

第6章针对英语中的时态句型问题，分析了时态类型演算的各种解决方案，对Lambek演算进行修改，构造了并发的Lambek时态演算系统和模态Lambek时态演算系统，较好地解决了英语中的时态句型问题，并对系统的证明论性质进行了深入讨论。

第7章针对汉语的灵活语序这种句法现象和汉语一些特殊句式体现出的致使语义，以形式语义学理论中的范畴类型逻辑为研究工具，构建了刻画灵活语序现象的多模态范畴逻辑推理系统和表达致使语义的范畴类型逻辑语句系统，较好地解决了汉语的形式句法和语义问题。

附录1~3分别介绍了广义量词理论、模糊集理论及模糊逻辑，以及类型论与lambda演算。

Abstract

The study of knowledge representation and reasoning (KRR) is one of various approaches to exploring human intelligence. The traditional logic-based KRR is mainly dependent on classical logic. Classical logic is not designed for the reasoning with natural languages but is tailor-made for the reasoning with semi-artificial mathematical language. However, most human knowledge is expressed by natural languages rather than by mathematical language, which limits the application of the traditional KRR since it can not provide support for human intelligence in a real sense. In order to broaden the application of KRR and improve its support to artificial intelligence, KRR must be based on logics of natural languages.

Based on non-classical logics (including philosophical logics and logics of languages) and aiming at the application of KRR, this book constructs several logical systems of natural languages to cope with the intentionality, fuzziness, interactivity, morphologies and diversity. Such systems include contextual intentional logic, logic of fuzzy quantifiers, public announcement logic with group knowledge, logic of tenses, logic of flexible word orders and causative sentences in Chinese, which mend, expand and improve the existing logical theories such as hyper-intentional logic, natural logic, dynamic epistemic logic, multiple modal categorical logic and Lambek calculus and indicate the new direction for the research on logic of natural languages. Major contents are as follows:

Chapter one discusses the relations among logic, natural language and KRR, points out the challenge posed by the intentionality, fuzziness, interactivity, morphologies and diversity of natural languages for KRR, and indicates the approaches and prospects for KRR research based on such characteristics.

Chapter two introduces the mostly used tools in the book, i. e. : type logic and Lambek calculus, and discusses the algebraic models, properties of proof theory and structural rules of Lambek calculus.

Chapter three discusses the basic ideas of classical intentional logic and its hyper-intentional problem. By summarizing various approaches to this problem and indicating the persisting contextual intentional problem of hyper-intentional logic, it proposes the idea of local identity of intentions arguing that intentional identity is always relative to some context, and constructs several contextual intentional logics and formal semantics under this idea according to different understandings of context, based on possible worlds semantics, neighborhood semantics, algebraic semantics, game theoretical semantics and updating local models semantics, which overcome the paradox of analysis perplexing hyper-intentional logic all along.

Chapter four gives a new categorization of fuzzy quantifiers from the logical properties of Chinese fuzzy quantifiers so as to overcome the disadvantages of previous categorizations of fuzzy quantifiers. To address the limitations in processing corresponding quantifiers with the generalized quantifier theory, it introduces fuzzy set theory to characterize the semantics of fuzzy quantifiers, which makes a breakthrough to the previous two-valued frame of either true or false and gives a more intuitive and powerful semantics. It also generalizes the properties of fuzzy quantifiers, gives the valid patterns of reasoning of fuzzy quantifiers, constructs a natural logic for fuzzy quantifiers, generalizes the natural logic to the processing of fuzzy quantitative thesis and designs a test algorithm for the ordered calculus of the logic.

Chapter five proposes the logic methodology of integrating functionalism in linguistics and conducts logic study of natural languages in terms of the interactivity of natural languages with this methodology. Meanwhile, it investigates the group knowledge, such as common knowledge, public knowledge, and distributed knowledge. It focuses on distributed knowledge and distinguishes its two intuitive meanings: united knowledge and implicit group knowledge. After considering relative common knowledge, it generalizes group knowledge and constructs two axiomatic systems with relative common knowledge and implicit group knowledge, gives demonstration on completeness as well as a number of applications, and expands the existing public announcement logic, which deepens the understanding of the relations among logic, language and knowledge.

To address the problems of tense syntax in English language, Chapter six analyzes various solutions for tense type calculus. It modifies Lambek calculus, and constructs the concurrent Lambek calculus of tenses and the modal Lambek calculus of tenses, thus giving a relative satisfying solution to the tense syntax problem of English language. It also deeply discusses the properties of proof theory of these systems.

With the research tool of categorical type logic of formal semantics, Chapter seven constructs a multiple modal categorical logic for Chinese sentences of flexible word order and a categorical type logic for Chinese causative semantics, giving a satisfying solution to some problems of Chinese formal syntax and semantics.

Appendixes 1 – 3 introduce the generalized quantifier theory, fuzzy set theory and fuzzy logic, type theory, and lambda calculus.

目录

Contents

Contents

第 1 章

逻辑、自然语言与 KRR

与形式语言相比，自然语言有内涵性、模糊性、交互性、形态性和多样性等显著特点。这些特点一方面为 KRR 设置了困难和挑战，另一方面也为 KRR 提供了更为深刻的直观背景和更加广阔的应用前景。

1.1 自然语言的内涵性与 KRR

自然语言与形式语言相比的一个首要特点就是自然语言具有突出的内涵性（intensionality）。这种内涵性不但包括语用上的内涵性，即所谓的言外之意（connotation），如“13”在西方除了表示数字，还有不吉利之意，更重要的在于它还包括语义上的内涵性，即用以确定表达式指称的语义内容，弗雷格（Gottlob Frege）和卡尔纳普（Rudolf Carnap）分别称之为 sense 和 intension。从这一角度看，内涵概念与外延（extension）、指称（reference）或所指（denotation）等概念相对。但是，它们两者之间并不具有一一对应关系。在自然语言中，外延相同而内涵不同的表达式比比皆是，如“有心脏的动物”与“有肾脏的动物”，“北京”与“中华人民共和国首都”。最臭名昭著的例子是“天然两足无羽动物”与“人”。

自然语言的内涵性使得它能够表达人类的许多知识。在人类所具有的知识中，有两类尤为重要：一类知识揭示表面上相同或相似的事物在深层结构上的差异，即所谓“同中见异”；另一类知识描述表面上不同的事物背后的相同之处或共同规律，即所谓的“异中求同”，如果自然语言不具有内涵性，那么后一类知识则完全沦为平凡性的知识而丧失了知识之成为知识的意义。例如，发现晨星与暮星实际上是同一颗天体（即金星）是人类在天文学上获得的知识之一。然而，如果“晨星”、“暮星”这类专有名词的意义只在于它们的外延（即它们所指的对象），那么“晨星是暮星”就不再是人类的一项非平凡的知识，而是成了与“晨星是晨星”一样的同义反复了。因此，任何严肃的KRR研究都必须考虑到自然语言的内涵性特点。

通过对“晨星是暮星”这样的同一句（identity statement）的分析，弗雷格认识到由于内涵的存在而带来的认知差异。这种认知差异反映在逻辑和形式语义上，就是经典等值替换原理的失效，即在某些语境下，两个外延相等的表达式不能进行保真替换。考虑下面的语句：

（1）张三相信鲁迅是《狂人日记》的作者。

（2）张三相信周树人是《狂人日记》的作者。

其中“鲁迅”与“周树人”具有相同的外延，在经典逻辑语义中，二者可以相互替换而保持其所在语句的真值不变，即（1）与（2）一定具有相同的真值。然而，（1）真而（2）假是完全可能的。这种外延等值替换失效的语境通常被称之为内涵语境。不难发现，包含相信、知道、怀疑等命题态度词的语境都是内涵语境。

如果内涵语境只限于上述命题态度句，那么经典的知识表示方法似乎仍然是可以接受的：毕竟人类的绝大多数知识不是用命题态度句来表达的。然而不幸的是，内涵语境的范围远远超出了命题态度句，它在自然语言中几乎无所不在。考虑下面的例子：

（3）张三是个技术娴熟的司机。

（4）张三是个技术娴熟的钢琴家。

设想在一个所有的司机和所有的钢琴家恰好都是同一群人的世界，则“司机”与“钢琴家”在该世界具有相同的外延，再根据经典逻辑的语义和外延组合性原理，（3）与（4）应具有相同的真值。然而，（3）与（4）一真一假的情况显然是可能的，因为一个技术娴熟的司机未必也是一个技术娴熟的钢琴家，反之亦然。

正是由于经典逻辑的外延性，在经典逻辑产生后不久，就因为其与人类自然语言推理的诸多相悖之处而产生了一系列非经典逻辑，如条件句逻辑和相干逻辑。条件句逻辑和相干逻辑的最初动机是为了解决所谓的“蕴涵怪论”，而“蕴涵怪论”之所以怪就在于，经典逻辑中的蕴涵只与外延有关而与内涵无关，而人类自然语言中绝大多数蕴涵式都是有内涵上的关联的。

在众多非经典逻辑中，基于可能世界语义的模态逻辑一枝独秀，成为处理自然语言内涵性现象的重要工具。可能世界语义通过引入“语境”和“多指称”的概念，用可能世界到外延的函数来刻画内涵，从而使得两个仅在现实世界共指称的表达式在意义上得到区分。

尽管模态逻辑与经典谓词逻辑相比在处理内涵问题上前进了一大步，但它在语义的表达上仍然过于粗糙。这是由于，在可能世界语义中，一旦两个表达式在所有可能世界中均具有相同外延，则它们不再具有认知意义上的区别；换言之，它们可以在任何语境中进行保真替换。然而，在自然语言中，替换失效的情况仍然存在，这就是所谓的“超内涵语境”。例如：

（5）祖冲之知道 $2+2=4$。

（6）祖冲之知道 $e^{i\pi}=-1$。

其中 $2+2=4$ 与 $e^{i\pi}=-1$ 在所有可能世界中皆有相同真值，因此在可能世界语义中或基于可能世界语义的模态逻辑中，（5）和（6）应该具有相同的真值。然而我们知道，（5）真而（6）假。

超内涵语境的存在对 KRR 提出了更高的要求，它要求我们给出具有足够语义区分能力的逻辑，从而对知识进行表示和推理。为了满足这一要求，超内涵逻辑应运而生（参见 3.3 节）。不论是内涵逻辑还是超内涵逻辑，它们要解决的一个基本问题都是同一替换失效问题，其核心是内涵同一性标准。各种超内涵逻辑为了弥补内涵逻辑中内涵同一粒度过粗的缺陷，纷纷提出了新的更加精细的内涵同一标准。本书除了提供新的内涵同一标准外（参见 3.7 节和 3.8 节），还提出了一个可以容纳所有内涵同一标准的统一框架（参见 3.6 节）。我们认为，内涵的同一标准应随着语境的改变而发生改变；相对于不同的语境，需要不同的同一替换规则。为此，本书第 3 章提出了内涵语境主义的理论，并根据对语境的不同理解，构造了几种不同的语境内涵逻辑。这些语境内涵逻辑为针对自然语言内涵性的 KRR 提供了逻辑基础。

1.2 自然语言的模糊性与 KRR

众所周知，人类的自然语言具有模糊性。由于这种模糊性，在人工智能中不但有由明确概念组成的“知识库”，而且有包含模糊概念的“知识粥”（knowledge soup）。可以说，正是因为人类的绝大多数知识是以“知识粥”的形式存在的，我们才需要构建相应的知识表示理论和技术，使得具有模糊性的“知识粥”能表示成易于计算机处理的“知识库”。

模糊性最初被认为是自然语言的重大缺陷。人们试图构造具有精确性的形式语言来消除自然语言的模糊性。虽然用形式语言表达的知识具有一定的精确性，但这种精确性的获得是以取消自然语言为手段的，这无异于取消了人类的绝大部分知识。同时，由于语言的模糊性源于语言的相对简单性与世界及其认识的复杂性之间的矛盾，任何语言包括形式语言都无法完全对世界作出精确刻画，它最多只能在某些领域或某些范围内逼近精确性，一旦超出了其应用范围，即使形式语言也无能为力。更重要的是，语言的模糊性并非只有消极意义。语言的模糊性在极大程度上方便了信息与知识的交流与共享。如果我们必须总是用完全精确的语言来表达我们的思想，那么正常的理解与交流将花费巨大的成本而根本无法进行。当一个人在路上问我时间时，我回答说“5点半左右”，这当然是不精确的说法，更精确的说法应该具有如下形式：“5点30分”。不过，即使这个说法在卫星发射者看来也是不精确的，必须说“5点30分0秒”。对于原子物理学家来说，以秒计量的时间单位仍然不够精细，因为即使在1秒内，微观世界里也可能发生巨大的变化。但即使精确到毫秒，也仍然存在需要进一步精确的可能。然而，对于那个路人来说，我的回答已经足够了，因为他不需要那样的精确性。对于人类的大多数活动而言，模糊性并不造成任何损害，反而加快了信息与知识的交流与共享。我们只是在需要精确性的地方使用更精确的语言即可，而不是完全消灭模糊性的语言。正如我们虽然发明了更精确的游标卡尺和电子显微镜，但它们却从来没有也无法取代米尺和普通放大镜的作用和功能。因此，处理模糊性的办法并不是另立山头，造出一种不模糊的形式语言，而是最大限度的对自然语言本身进行描述和刻画，揭示包含模糊表达式的命题在语义和推理上的特征，从而获得对人类模糊性知识的机器表示，最终完成机器对人类智能的模拟。

本书不打算对自然语言中的所有模糊现象进行处理，或是提供一个如同模糊逻辑那样的一般理论框架，而是针对自然语言中的某个具体词类进行系统研究。之所以选择词类作为研究入口，是因为词类在多数自然语言中是结合句法和语义的最小单位。而在诸多词类中，对KRR而言，最重要的则是量词。因为，知识就其本性来说，总是试图作出更一般的概括和总结；因此，知识或多或少都是带有某种量化特征的命题。或许正是因为量化命题在表达知识中的重要性；对逻辑而言，量词也是最重要的逻辑常元之一。事实上，无论弗雷格还是蒙太格（Richard Montague），他们在沟通逻辑和自然语言上的最大贡献，都是对量词的处理。本书第4章着重研究了模糊量词的表示与推理。我们将模糊量词分为三类，引入模糊集理论分析了三类模糊量词的语义，对模糊量词的性质进行了推广；研究了含有单个模糊量词和多个模糊量词的有效推理模式；最后，构造了模糊量词的自然逻辑推理系统，并给出了判定算法。

1.3 自然语言的交互性与 KRR

自然语言不仅是一套符号，而且是一种行为。把自然语言看做一种行为是日常语言学派最重要的思想之一。奥斯汀（Austin）、塞尔（Searl）等日常语言学派的语言哲学家敏锐地洞察到，描述客观世界仅仅是自然语言的功能之一，自然语言还有其他诸多功能。它不仅可以静态地描述和记录信息，而且可以动态地改变和更新信息。我们不仅可以“以言表意”（locutionary acts），而且可以“以言行事”（illocutionary acts）和“以言取效”（perlocutionary acts）。换言之，语言的使用不仅可以传达意义，而且可以促使行动的发生，改变人们的信念、知识、态度和情感。语言在这种动态交互的过程中完成交流的功能。后期维特根斯坦（Ludwig Wittgenstein）将语言类比为游戏在很大程度上也是为了反映自然语言的这种特点。

当从行为的角度来看自然语言时，自然语言就不再是一个静态的系统，而是一个动态的过程，就此而言，我们可以将自然语言与计算机程序进行类比。从这种类比中，我们将更容易理解为何那些在经典形式语言中看上去没有差别的语句在自然语言中却存在差异。例如，在经典形式语言看来，“They married and got a child”与“They got a child and married”没有区别，因为“A and B”与“B and A”具有相同的真值条件语义。但在自然语言中这两句话的意义显然有别。如果分别把这两句话中出现在 and 前后的两个子句看做两个子程序，那么它们的区别就容易理解了：程序的执行是有先后次序的，因此“先执行 A 再执行 B”与“先执行 B 再执行 A”通常是有区别的。当我们考虑到自然语言的动态性时，我们就能更准确地理解自然语言的语义特征，进而更深入地理解知识在自然语言中的表达与推理。

为了反映自然语言的动态性，LNL 领域出现了一些新的理论工具，最重要的有话语表示理论（Discourse Representation Theory，简称 DRT，参见本书 7.1 节）和动态谓词逻辑（Dynamic Predicate Logic，简称 DPL）。不过，DRT 和 DPL 都没有考虑主体的存在，它们只刻画了语句与语句、语句与语境之间的交互作用，而没有反映主体之间的交互作用，即多主体性。

多主体性在人工智能中是早已认识到的重要课题。人们越来越清楚地意识到，人类的理性和智能是群体进化的结果，仅仅从个体出发是无法把握智能的全部的。人类的语言也是多主体或群体交流的产物。尽管乔姆斯基（Noam Chomsky）等人揭示了语言在很大程度上是人类的先天禀赋，但心理学中的经典案例也表明，如果婴儿在出生后的关键期内处于与他人隔绝的环境，没有任何人与之交流，那么他（她）的语言禀赋并不能完成外在实现，而且即使他（她）在日后获得了交流和受教育的机会，也仍然有一部分语言能力（如对虚词的掌握）永远无法获得。这证明了多主体之间的交互对于语言习得的重要。

自然语言的动态性和多主体性共同构成自然语言的交互性，它对 KRR 提出了新的要求。在交互性视野下，知识不再是静态的符号系统，而是动态的更新过程。知识也不再是无主体或单主体的独立存在，而是多主体交互作用下的复杂建构。针对自然语言的交互性，KRR 研究就不能局限于传统的静态知识表示与推理，而是要扩展到多主体条件下的动态知识表示与推理。经典一阶逻辑显然不能满足这一要求，因为它既不涉及主体，也不是动态的。

近 10 年来发展起来的动态认知逻辑（Dynamic Epistemic Logic，简称 DEL）恰好为上述 KRR 研究提供了可能。DEL 既考虑到动态性，也考虑到多主体性，它主要考察宣告（announcement）这一语言行为在多主体中产生的动态交互作用，并对其进行逻辑建模。DEL 为面向自然语言交互性的 KRR 提供了很好的逻辑工具，本书第 5 章在已有 DEL 的基础上，着重考虑在语言交互过程中群体知识的表示与推理，构建了带有群体知识的公开宣告逻辑，刻画了由于群体间的语言交互而带来的知识互动与更新。

1.4 自然语言的形态性与 KRR

绝大多数自然语言是有形态变化的，即词与词组合时，由于语法规则的需要而发生的词形上的变化。许多语法范畴，如格、性、数、时、体、态、位等，都是通过形态体现出来的，这使得表达同一个基本概念的词可能有多种多样的具体形态。以英语为例，英语动词一般有五种形态，即原形、单数第三人称、过去式、进行式、完成式。动词 be 则有八种形态，即 be，am，are，is，was，were，been，being，它们分别表示：英语“是”的动词原形、现在式第一人称、现在式复数、现在式单数第三人称、过去式单数、过去式复数、完成式、进行式。英语形容词一般有三个形态，即原形、比较级、最高级。

形态变化是构成语法规则的重要手段之一。有的语言，如拉丁语，几乎完全依靠形态变化来获得语法意义。我们知道，在汉语中，“狗咬人”和“人咬狗”的意思是完全不同的，但是在拉丁语中，无论说 hominem femina videt，或是 femina hominem videt，或是 hominem videt femina，或是 videt femina hominem，除了在修辞或风格上有所不同，它们的意思都是“女人看见男人”（参见萨丕尔，1985：55）。拉丁语之所以能做到这一点，就是因为它已经通过词形变化表明了上述语句中的女人是主格，男人是宾格（又译受格），因此不管词序如何变化，其意义只能是“女人看见男人”。

自然语言的这种形态性对于信息编码和知识表示具有重要意义。

第一，自然语言的形态性不只是起着语法作用，而且具有语义功能。它使得某些语义特征可以通过语词的形态结构表现出来。换言之，形态变化天然地具有语义标记的功能。它标记出命题中事物的数量、动作发生的时间、动作发生的体态（完成的还是进行的）、施动者与受动者等语义信息。这些语义标记将极大地方便计算机对自然语言进行知识提取与挖掘。事实上，目前方兴未艾的语义网（semantic web）计划，其基本技术思想就是语义标记。

第二，自然语言的形态性减少了其对语序的依赖。如同前面拉丁语的例子，语句所表达的信息不再取决于语句构成的方式，即语句组成部分的排列次序，而是仅仅取决于其组成部分本身所传达的信息。这样一来，语句的信息就可以被完全分解成其组件的信息，这不仅方便了知识的存储，使得用自然语言表达的知识可以完全存储为单元式的数据库格式，而且使得计算机可以对自然语言信息进行并行处理，而不必像以前那样进行串行处理，这就极大地提高了计算机在 KRR 中的处理速度。

第三，自然语言的形态性可以增加知识表示的稳定性。事实上，自然语言形态性的一个重要要求，就是词的形态需要与其他有关语词相互匹配。仍以英语为例，当主语为 I 时，则后面的系动词只能是 am 的形式；当时间状语是 yesterday 时，则句子的动词只能是过去式，等等。从信息论的角度看，这种形态上的相互匹配对于传递信息而言是不经济的，即用这种方式编码的信息具有信息冗余，因为 I 和 am 重复表达了主语是第一人称单数（即“我”）这一信息。但这只是就说话者或信息传递者方面而言的。换个方向考虑，对于听话者或信息接收者来说，具有形态变化的语言由于具有信息冗余，因而听者即使丢失了部分信号，只要知道相应的语法规则，仍然能够推断出说话者的完整信息。例如，听话者由于信号衰减或背景噪音等原因只听到了 am a teacher 这个不完整的片段，但马上可以推断出说话者想表达的完整信息：I am a teacher；而无形态变化的语言则没有这种优势，若只听到“是老师”，则听者无法确定谁是老师。然而，遗憾的是，迄今为止以逻辑语言为代表的形式语言不但完全不具有形态性，而且也忽视了自然语言的形态性在知识表示上所具有的上述优点。

在自然语言的所有形态变化中，因时态而引起的变化对于知识表示而言尤其重要。时态逻辑在计算机界的广泛应用即说明了这一点。不过时态逻辑主要关心的是语义问题，而本书更关心涉及时态的语形问题。时态逻辑虽然考虑了时间性，但却不是面向自然语言的。作为面向自然语言形态性的 LNL 研究的一个尝试，本书第 6 章对英语中因为时态性而引起的形态匹配问题进行了研究。我们对经典 Lambek 演算进行修改和扩充，设计了两种时态 Lambek 演算系统，并对其逻辑性质（完全性、判定性等）进行了深入探讨。当然，由于目前技术手段的局限性，我们暂时还无法对拉丁语这样的完全基于形态变化构成语法规则的自然语言进行处理，但对于英语时态句型的逻辑研究已经大大扩展了 KRR 的理论基础和应用范围。

1.5 自然语言的多样性与 KRR

据剑桥语言百科全书（Crystal，2000：286），世界上的自然语言粗略估计在 3 000 ~ 10 000 种之间，大多数文献给出的数字是 5 000 ~ 6 000 种（不包括历史上存在后来又消失的语言）。尽管在这些语言中，使用者不到 1 000 人的语言占了1/4，有一半语言的使用者少于 10 000 人，甚至有的语言的使用者只有几个人，但自然语言的多样性却是一个不争的事实。

相对于自然语言的多样性，知识具有统一性，不同语言可以用来表达同一种知识。但是，不同语言表达知识的方式、效率和方便程度是不一样的。例如，在 10 进制计数系统普及之前，阿拉伯数字与罗马数字相比并不具有明显的优势，甚至在记忆负担上更重。但是当人们广泛采用了 10 进制计数系统后，阿拉伯数字就显示出了巨大的优势。虽然用罗马数字也能够进行 10 进位的计数与计算，但相比阿拉伯数字则要烦琐得多。罗马数字之所以衰落就是因为这套符号系统已经不适应现代科学知识体系的表达需要了。这充分说明了知识系统与符号系统之间的相互制约关系。不同的知识体系往往需要由不同的符号系统来表达。同样是阿拉伯数字，由其构成的简谱在音乐上的表现能力就远不如由看上去更烦琐的蝌蚪符号构成的五线谱强。自然语言作为一种符号系统在知识表达力的强弱问题上也是如此。

不同的自然语言除了在表达知识的方式与效率上有差异，甚至在表达结果上也会有不同。这是因为，不同语言之间的差异反映了不同语言使用者对世界的认知方式的不同，而认知方式的差异往往导致认知结果的不同。因此，面向自然语言多样性的 KRR，将有助于人们更加深刻地认识不同语言背后的知识体系和认知结构的异同。

面向自然语言多样性的 KRR 还有保护文明多样性、保存和传播地方性知识的功用。有些知识，特别是本地知识和土著知识只以其本族语为载体存储和交流。如果不采用信息手段对这些语言进行现代化处理，进而将其表达的知识用更通用的语言形式存储起来，那么这些知识很可能将永久消失于人类文明。例如，在安第斯山脉和亚马逊河盆地一带存在一百多种土著语言，但这些语言正在迅速被西班牙语或葡萄牙语等占统治地位的当地语言所取代。在这些地区，一个名为卡拉瓦亚的族群已经将西班牙语或盖丘亚语作为日常生活用语，而只是将卡拉瓦亚语作为一种秘密语言，在有关药用植物的知识交流中才使用。一旦这种秘密语言消失，由其承载的知识也将消失于历史长河之中；而如果能用形式语言对这些由自然语言表达的知识进行重新表示，那么保存这些知识或将成为可能。

在众多自然语言中，面向汉语的 KRR 具有特殊的价值。除了因为汉语是我们的母语外，还有如下两个重要原因。

第一，对汉语的逻辑研究在现阶段是完全可行的。我们知道，目前对自然语言的形式研究基本上是以英语为蓝本的，这就决定了，任何其他语言，越接近英语则越容易对之进行类似的形式研究。那么汉语与英语的差异究竟有多大呢？表面上看似乎有天壤之别，这从国人学英语和洋人学汉语的困难程度即可见一斑。然而，如果在几千种自然语言中考察汉语与英语之间的差异，则它们之间的相似性要比人们想象的大得多。让我们先看看汉语和英语各自在语言分类系统中的位置。对自然语言的分类通常有两种方式：一种是按照历史谱系分类；一种是按照语言的形式结构分类。按照前一种分类，英语属于印欧语系，而汉语则属于汉藏语系，二者的亲缘关系比较小。按照后一种分类，语言可以分为孤立语（或分析语）、屈折语（或综合语）、黏着语三类，有的语言学家认为还应有多态综合语一类。根据这一分类，汉语是典型的分析语，而拉丁语则是典型的综合语。尽管如前所述，汉语没有形态变化，而英语与拉丁语都具有形态变化，但在语法结构上，英语与汉语的差异却要小于英语与拉丁语之间的差异，因为英语更接近于分析语而不是综合语，词序仍然是构成英语语法规则的基本手段（Crystal，2000：295）。事实上，汉语与英语在形式结构、特别是语法结构上的差异甚至要小于英语与俄语之间的差异（因为俄语更接近于综合语）。因此，利用现有的形式方法处理和分析汉语，相比其他离英语更远的语言（如俄语、日语）就更加可行。

第二，在某些意义上，汉语甚至比英语更适合于进行逻辑和计算机研究。长期以来，由于汉字是非拼音文字，因而在电脑输入上一直落后于英语等拼音文字，因此人们就认为汉语相比英语这样的拼音文字语言更难以进行信息化处理。然而，这只看到了问题的一个方面。如果我们不是只考虑语言在书写系统表面上的差异，而是深入到汉语的深层结构并观察其特性就会发现，汉语在形式化方面有其自身的优势。

首先，对绝大多数自然语言而言，口语是第一位的，书面语或文字是第二位的。今天人们说的语言，大多数是在不久以前才有文字，或者直到今天还没有文字。文字不但相对晚出，而且也更不稳定。例如日本人已有四套文字体系，土耳其人则在 1928 年采用了拉丁字母代替阿拉伯字母，但他们仍旧像过去那样讲话（布龙菲尔德，1985：22）。之所以如此就在于，如果说口语是用来交流和传达思想的符号，那么文字则是对口语的记录，是符号的符号。而现有的对自然语言的逻辑研究完全是面向书面语而不是口语的。这就使得这种逻辑研究对于理解自然语言有一定的隔膜，因为它是对自然语言符号的符号的研究，而不是对自然语言本身（即口语）的研究。汉语则完全不同。在汉语中，书面语与口语具有同等重要的地位。汉语的语音在历史上经历了很大变化，直到今天中国各地口语的发音也有相当的差异，但是其书面语自秦始皇以来就一直是统一的。可以说，人们之所以能把中国各地方言看做是同一种语言的地区差异，而不是看做不同的语言（它们在口语上的差异并不比法语和意大利语之间的差异小），就是因为这些不同的方言都有一种统一的文字。语言学家们早已注意到，汉语与其他语言相比的一个最大不同，就是其书面语不是口语的派生，而是有独立地位。“汉字系统与苏美尔和埃及文字的重大区别是，苏、埃文字仅仅是一种书写系统，而汉字则兼有书写系统和真正的独立的语言系统双重功能”，“必须反复强调指出，中国汉字并非书写符号，其本身就是词，同其他书写语言中的表意符相比，每一个汉字都直接意指某件事物而决不需要重新借用口语”（Vandermeersch，1993，转引自徐通锵，2007：152 - 153）。因此，对汉语的逻辑研究就比对其他语言的逻辑研究更能接近自然语言本身。

其次，虽然英语接近于孤立语，但仍然有屈折变化，而汉语则几乎是完全的孤立语。“我们发现汉语比我们可能找到的任何其他例子都更接近完全的孤立语”（萨丕尔，1985：128）。孤立语的语法几乎完全是靠词序决定的，屈折语的语法则更主要的是由语词的形态变化决定的，词序不起作用或只起次要作用。而我们知道，逻辑语言是没有形态变化的，其句法完全由部件的组成方式决定，而不依赖于部件本身的形态变化。在这个意义上，汉语作为一种典型的孤立语，在语法的构成方式上就与逻辑语言更为接近，更符合逻辑上的“组合性原则”。在某些重要的语句形式上，与英语相比，汉语结构与逻辑结构也更相似。例如，赵元任观察到，汉语中没有真正对应 and 的词，汉语中表示逻辑合取的方法是简单并置，如“他老打人骂人”（赵元任，2002）。这似乎更接近于计算机领域对 and 的处理：在知识库中 and 即处理成简单并置。又如，汉语中没有对应 some 的形容词。英语中的特称句 some men tell the truth 在汉语中翻译成存在句：“有（些）人说真话”，而这个结构比英语的特称句更接近于逻辑结构 $\exists xFx$（赵元任，2002）。

最后，在语义层面上，汉语也比英语更具优势。这是因为，汉字是表意的文字，而英文是表音的文字。英语的大多数词汇从外形上只能推断出（大致的）读音，而难以推知其含义，汉语的字则具有意义指示功能（尽管是不精确的）。汉语由字组词的方式也大多是组合性的。例如，英文中的 train，bus，car，bicycle 相互之间看不出任何意义上的联系，而从汉语中相对应的词“火车”、“汽车”、“小轿车”、“自行车”却很容易看出它们都共属于一个更大的类：车。这表明，汉语的语义比英语更具组合性。近十年来，计算机界关于“语义网”（semantic web）和“形式本体”（formal ontology）的研究方兴未艾。为了实现不同知识本体的交流与共享，必须构造一个共用的上层概念分类体系，而汉语由于其组字和组词的高度组合性，使得它成为一个天然的概念分类体系。早在许慎的《说文解字》中就根据汉字的部首对所有汉字进行了分类，抽象出 540 个基本意符；汉字部首表达的知识本体，已经具有生成词汇一样强的生成与知识推导能力；许多认知科学上的重要概念，在中文的知识系统里，也已经以词汇的方式表达出来（黄居仁，2005）。

基于以上原因，我们认为面向汉语的 KRR 具有重要意义。为此，必须针对汉语的特点开展 LNL 研究。本书第 7 章即是这方面的一个尝试。我们主要关注汉语的灵活语序这种句法现象和汉语一些特殊句式体现出的致使语义，以形式语义学理论中的范畴类型逻辑为研究工具，构建了刻画灵活语序现象的多模态范畴逻辑推理系统和表达致使语义的范畴类型逻辑语句系统。

1.6 本书结构——从 KRR 到 LNL

上述自然语言的特性既为 KRR 提供了挑战，也为我们展现了更加广阔的应用前景。为了实现上述 KRR 的应用目标，必须首先为 KRR 提供针对自然语言特点的逻辑工具。本书第 3 ~7 章分别针对自然语言的内涵性、模糊性、交互性、形态性和多样性，开展了 LNL 研究，构造了语境内涵逻辑、模糊量词逻辑、带群体知识的公开宣告逻辑、时态句型逻辑和面向汉语的类型逻辑等若干自然语言逻辑系统，其中使用的理论工具包括（但不限于）：类型逻辑与 Lambek 演算、超内涵逻辑、博弈语义、邻域语义、更新语义、局部模型语义、动态认知逻辑、自然逻辑、广义量词理论、模糊集理论及模糊逻辑、类型论与 λ - 演算等。鉴于本书第 4 章、第 6、第 7 章的研究都使用了类型逻辑与 Lambek 演算，是本书采用的主要理论工具之一，因此我们在第 2 章对其进行了专门介绍。附录 1 ~ 3 分别介绍了广义量词理论、模糊集理论及模糊逻辑、类型论与 λ - 演算，它们主要用于本书第 4 章，鉴于篇幅原因单独列出。其他理论则在各章具体使用时予以简要介绍。

第2章

类型逻辑与Lambek演算

在本章中，我们简要介绍范畴语法与基本范畴语法（BCG，Basic Categorial Grammar），类型逻辑、Lambek 演算及其相关性质。

范畴语法由有穷基本范畴集合、词汇表、有穷指定元范畴集合组成，其逻辑纽带是范畴语法所基于的句型演算。范畴语法的各个组成部分有机体现了句型演算的主旨、结构和核心部分，利用范畴论、类型论与类型逻辑等，反映了句子的组合与演算，其代表为基本范畴语法 BCG。

基本范畴语法 BCG 起源于埃杜凯威兹（Ajdukiewicz）和巴－希勒尔（Bar-Hillel）的类型逻辑系统，AB 演算，在本章的类型逻辑介绍部分，我们对其进行了介绍。类型逻辑系统是范畴语法的核心组成部分，随着现代逻辑在类型论、子结构逻辑（substructural logic）等研究方向的发展，类型逻辑的研究也取得了长足的进步与成功。

在介绍了 AB 演算之后，我们介绍了另一种最基本的类型逻辑 Lambek 演算。Lambek 演算是当代非经典逻辑与自然语言逻辑研究的热点与重点，其研究主要体现在句法方面，同时也是句法向语义转换的关键。我们重点介绍了 Lambek 演算及其各方面的性质。首先介绍了其在证明论方面的性质，包括代数模型剩余半群、完全性证明等。其中，在完全性证明中，我们介绍的是 Product-free 的完全性证明方法，该证明方法是由布茨科夫斯基（Buszkowski）首先提出的，是较为本质的剩余半群的完全性证明方法。1993 年，彭图斯（Pentus）利用拟群和拟赋值的方法提供了另一种更完整的完全性证明方法，但是鉴于其技术手段过于复杂，在本书的相关工作中（参见第 6 章），我们没采用该证明方法，有兴趣的读者可以参考相关文献。

在证明论方面，本章介绍了 Lambek 演算的 Gentzen 风格的系统。从 Gentzen 系统，我们可以看出 Lambek 演算在结构规则方面较之经典逻辑的变化。利用 Gentzen 系统，我们能比较容易地得到 Lambek 演算切割消除和判定性两个重要的证明论性质。

在 2.5 节和 2.6 节，我们对 Lambek 演算的相关研究做了简述。在 Lambek 演算的相关研究中，结构规则的研究占有非常重要的地位，尤其是弱化规则、收缩规则、交换律和结合律的研究。我们通过这些研究对 Lambek 演算、经典逻辑、相干逻辑和线性逻辑等进行了比较和总结。

2.1 范畴语法

范畴语法起源于埃杜凯威兹（1935）和巴－希勒尔（1953）的 AB 演算系统。该系统主要基于语言的结构，即针对完全的或不完全的语言标记，进行合并与演算。那么什么是完全的或不完全的语言标记呢？我们试以（Jäger，2001）中的例子，描述如下：

（1）Walter snores

名字“Walter”是一个简单的语义函数，指称了一个叫做“Walter”的个体，该语言标记是完全的，因为该函数不依赖于上下文。

反观不及物动词“snores”则是一个不完全的语言标记，依赖于某个客观对象作用于其上，才能成为一个命题。例如“Walter snores”，这样即组成了一个完全的命题。

假设我们以 np 标记名字，用 s 标记句子，则动词 snores 为一个不完全的表达式，其标记了一个从 np 到 s 的函数。使用 AB 演算的表示方法，其可表示为 snores：np→s，即 snores 具有范畴：np→s。作为一个函数，它必须向前寻找一个 np 的函子，才能形成一个完全的命题。

让我们再来看一个例子：

（2）Walter knows Kevin

同样，在这里，及物动词 knows 也是不完全的，而且比起及物动词“snores”而言，需要向前和向后各寻找到一个客观对象，才能成为一个命题。使用同样的标记方法，我们可将其标记为 knows：np→(s←np)。作为一个函数，它必须向前寻找一个 np 的函子，再向后寻找一个 np 的函子，才能形成一个完全的命题。

通过上述两个例子，我们可以对上述语言标记及其范畴作总结如下：

Walter，Kevin：np

Snores：np→s

Knows：np→(s←np)

假设使用巴-希勒尔（1953）的标记方法，上述范畴也可如下表示：

Walter，Kevin：np

Snores：np\s

Knows：np\(s/np)

其中，“\”表示“→”，为前向寻找函子符，“/”表示“←”，为后向寻找函子符。值得一提的是，这两种标记方法在国际上都较为通用，而且互为等价。本书在不至于混淆的地方，为统一符号且不造成阅读困难，尽量使用第二种标记方法，即“/”和“\”的标记方法。

假设我们以范畴A、范畴B、范畴C抽象各类范畴，则范畴B在范畴A\B和范畴B/A中称为目标范畴（goal category），范畴A称为论元范畴（argument category）。A\(B/C)等范畴，则称之为复合范畴。据此，我们可以进一步对范畴语法进行形式介绍，如基本范畴语法。

基本范畴语法的范畴中包括了基本范畴（basic categories），例如集合{np，s}表示基本范畴集，此外还包括了复合范畴（complex categories），复合范畴由基本范畴通过“\”和“/”组合而成。形式定义（Jäger，2001）如下：

定义2.1 范畴

给定有穷集B表示基本范畴，则CAT(B)为最小集，使得：

(1) $B \subseteq CAT(B)$；

(2) 如果A，$B \in CAT(B)$，则 $A\backslash B \in CAT(B)$；

(3) 如果A，$B \in CAT(B)$，则 $A/B \in CAT(B)$。

除此，BCG还包括了一个词汇表。词汇表体现了有穷范畴到有穷字符串集合的映射，词汇表中的一个字符串可能拥有多个范畴，例如book，既含有名词范畴，也含有动词范畴。其形式定义如下（Jäger，2001）：

定义2.2 词汇表

给定字母表 $\sum$ 和有穷基本范畴集合B，则一个BCG-词汇表LEX为从 $\sum^{+}$（$\sum$ 上的非空字符串）到CAT(B)上的一个关系。

此外，BCG语法还包括一个指定元范畴集合S，例如自然语言中的句子范畴集{s}。

由此，我们可以对BCG范畴语法进行形式定义如下（Jäger，2001）：

定义2.3 基本范畴语法（BCG）

给定一个字母表 $\sum$，一个 BCG 语法 G 为一个三元组〈B，LEX，S〉，其中 B 为有穷基本范畴集合，LEX 为 $\sum^{+} \times CAT(B)$ 的有穷子集，S 为有穷指定元范畴集合且为 CAT(B) 的子集。

给定了一个基本范畴语法 G，如何定义它的语言 L(G) 呢？这主要和其句法合成演算有关。一个 BCG 语法的句法合成演算通常为由一系列公理模式和规则模式组成的演绎系统，我们可以使用矢列（sequent）演算的方式进行描述和表达。

一个矢列演算（sequent）包含了一序列公式 A_1，…，A_n 为前件，以及一个公式 B 为后件。前件和后件之间用演绎符号 $\vdash$ 表示，例如：$A_1, \cdots, A_n \vdash B$。应用于 BCG 语法，$A_1$，…，$A_n$ 和 B 应为 CAT(B) 中的元素。

从 A_1，…，A_n 到 B 的演绎由演算的公理模式和规则模式决定，在 BCG 中包括以下公理和规则：

公理：$A \vdash A$

规则：$A/B, B \vdash A$（前向应用）

$B, B\backslash A \vdash A$（后向应用）

如果 $X, Y, Z \in CAT(B)^*$（$CAT(B)^*$ 指由 CAT(B) 中的符号构成的所有有穷串构成的集合），$X \vdash A$ 且 $Y, A, Z \vdash B$，则 $Y, X, Z \vdash B$（切割定理）。

由此，称一个矢列 $A_1, \cdots, A_n \vdash B$ 在某个 BCG 语法 G 中是可演绎的，当且仅当 $A_1, \cdots, A_n, B \in CAT(B)$，且从 A_1，…，A_n 到 B 的过程中的每一步均是通过使用上述公理和规则得到。

由此，我们可以定义一个 BCG 语法 G 的语言 L(G)（Jäger，2001）：

定义 2.4 BCG 语法 G 的语言 L(G)

给定 $G = \langle B, LEX, S\rangle$ 为一个字母表 $\sum$ 上的 BCG 语法，则 $\alpha \in L(G)$ 当且仅当存在 $a_1, \cdots, a_n \in \sum^{+}$，$A_1, \cdots, A_n \in CAT(B)$ 和 $S \in S$ 使得：

（1）$\alpha = a_1 \cdots a_n$；

（2）对任意 $i(1 \leqslant i \leqslant n)$，$\langle a_i, A_i\rangle \in LEX$，且

（3）$A_1, \cdots, A_n \vdash S$。

例如，我们前面所举的两个例子：

（1）Walter　　snores
　　np　　　np\s　　　$\vdash$ s

（2）Walter　　knows　　　Kevin
　　np　　　np\(s/np)　　np　　　$\vdash$ s

由此可见，基本范畴语法和范畴语法所采用的语法合成演算在范畴语法中所

处的重要地位。实际上，当前在国际上该方向的主流与前沿研究主要集中在句法演算方面（Jäger，2001），（Buszkowski，2006），（Kanduski，1988，1993，2003），（Ono，1998a，1998b），而其本质就是类型逻辑。

2.2 类型逻辑

在上一节中，BCG 语法中所涉及的公理和规则模式实际上就是埃杜凯威兹（1935）和巴－希勒尔（1953）的 AB 演算系统，它来源于类型逻辑（type logic）。

类型逻辑是子结构逻辑的一种，子结构逻辑是形式逻辑的一种，其 Gentzen 风格的矢列系统摒弃了部分或全部诸如弱化律（weakening）、收缩律（contraction）、交换律和结合律等结构化规则。子结构逻辑植根于一些定位于应用的人工智能逻辑系统（Ono，1993），（Hajek，1998），类型逻辑就是其中的一种，主要应用于范畴语法。

在类型逻辑中，公式解释为类型（types），证明解释为“项”（terms），其最主要的特点就是“formulae as types，proofs as terms”，其中项的部分主要与λ－演算（见附录 3）有关，在本章中仅在小范围内给出了应用实例，并不作具体讨论。本章主要介绍的是句法方面的问题。从类型逻辑的语义角度看，A\B 是一个类型函数，其输入为类型 A，输出为类型 B；A · B 为一个类型序对（f，g），使得 f 为类型 A 且 g 为类型 B。从类型逻辑的句法角度看，A\B 是一个类型函数表达式，作为函项 b 与某个类型为 A 的论元 a 做运算，形成一个类型为 B 的复合表达式 ab。类型逻辑的应用非常广泛，具体可参见（Casadio，2001），（Lambek，1995），（Groote & Lamarche，2002），（Buszkowski，1998）。

类型逻辑通常形式化为命题逻辑。变量 p，q，r，…为原子公式。复合公式由原子公式通过逻辑连接词组合而成，例如在 2.1 中提及的“/”和“\”连接词。在本章中，原子和复合公式在不至于混淆的地方统一标记为 A，B，C，…大写字母。

通常，我们将类型逻辑系统表示为矢列系统，通过这种方式，系统的演绎可较统一地形式化为 $X \vdash A$ 的模式，其中前件 X 为公式的有穷公式序列，例如 $X = A_1, \cdots, A_n$。$A_1, \cdots, A_n \vdash A$ 的含义为，对于任意类型为 A_i 的表达式 $a_i(1 \leqslant i \leqslant n)$，复合表达式 $a_1 \cdots a_n$ 类型为 A（注意，这里在 $a_1 \cdots a_n$ 间没有逗号，表示一个复合表达式）。

在 2.1 节中介绍基本范畴语法时，我们已经简单介绍了 AB 演算，在本节中将进一步对其进行讨论。

AB 系统可形式化如下：

公理：$A \vdash A$

规则：(AB1) $A/B, B \vdash A$；

(AB2) $B, B\backslash A \vdash A$；

(CUT) 如果 $X \vdash A$ 且 $Y, A, Z \vdash B$，则 $Y, X, Z \vdash B$（其中 X，Y，Z 为公式的有穷公式串）。

如果一个从 X 到 A 的演绎是可被 AB 演算证明的，我们将其记作 $X \vdash_{AB} A$。

该演算是由波兰学者埃杜凯威兹（1935）提出的。实际上，在建立 AB 演算系统时，埃杜凯威兹并没将连接词“\”列入其内，但是允许复合公式的前件为多论元，即使得：

$$(A/A_1, \cdots, A_n), A_1, \cdots, A_n \vdash A$$

为内定理。同时，公式 $A/A_1, \cdots, A_n$ 被其写作$\frac{A}{A_1, \cdots, A_n}$。

但实质上，另一位波兰学者沃依切赫·布茨科夫斯基在后来指出，无论在埃杜凯威兹的演算系统中（A 演算），还是在后来的 AB 演算中，上述演绎均非内定理，详见（Buszkowski，1998b）。

1953 年，巴-希勒尔对 A 演算进行了修改，在其中添加了“\”连接词，形成前文所述的 AB 演算（Bar-Hillel，1953），这就是 AB 演算的由来。

AB 演算可进一步写作自然演绎系统如下：

公理：$A \Rightarrow A$①

规则：$\dfrac{X \Rightarrow A \qquad Y \Rightarrow A\backslash B}{X, Y \Rightarrow B}(\backslash E)$

$$\dfrac{X \Rightarrow A/B \qquad Y \Rightarrow B}{X, Y \Rightarrow A}(/E)$$

$$\dfrac{X \Rightarrow A \qquad Y, A, Z \Rightarrow B}{Y, X, Z \Rightarrow B}(Cut)$$

AB 演算给出了一种面向自然语言的简单的解析程序。我们通过将自然语言转化为类型公式，对每个类型公式序列 X，寻找最左的（A/B），B 进行计算，并置换为 A（“\”运算则反之），从而通过有穷的步骤，判断 X 是否能演绎为某个指定元范畴的公式 C。在（Buszkowski，1998b）中，证明了该演算与乔姆

① 在本章中，由于编辑问题，在所有使用公式编辑器编辑的公式或推理中，在不至于混淆的地方，我们使用符号“⇒”取代符号“⊢”。

斯基的上下文无关语法是（弱）等价的，有兴趣的读者可参阅相关参考文献。

在 AB 演算中，只有“\”和“/”两个连接词。1958 年，加拿大学者乔基姆·兰贝克（Joachim Lambek）对 AB 演算进行了扩充，在其中添加了积运算“·”（product）和相关规则。

乔基姆·兰贝克是一位著名的加拿大数学家，其主要研究领域在代数和范畴论、逻辑和语言、可计算性和数论等方面。1958 年，在其发表的“The Mathematics of Sentence Structure”的论文中，他提出了一种面向自然语言的句型演算方式，后人称之为 Lambek 演算（Lambek Caculus）。Lambek 演算创立的动机是为了修正经典类型论语法所采用的 AB 演算过于刚性的缺点，使之变得柔性，更适于自然语言的解析（Buszkowski，2002）。

该系统的自然演绎系统如下所示（Jäger，2001）：

公理：$A \Rightarrow A$

规则：

$$\frac{X \Rightarrow A \cdot B \qquad Y, A, B, Z \Rightarrow C}{Y, X, Z \Rightarrow C}\ (\cdot E)$$

$$\frac{X \Rightarrow A \qquad Y \Rightarrow B}{X, Y \Rightarrow A \cdot B}\ (\cdot I)$$

$$\frac{X \Rightarrow A \qquad Y \Rightarrow A \backslash B}{X, Y \Rightarrow B}\ (\backslash E) \qquad \frac{A, X \Rightarrow B}{X \Rightarrow A \backslash B}\ (\backslash I)$$

$$\frac{X \Rightarrow A/B \qquad Y \Rightarrow B}{X, Y \Rightarrow A}\ (/E) \qquad \frac{X, A \Rightarrow B}{X \Rightarrow B/A}\ (/I)$$

$$\frac{X \Rightarrow A \qquad Y, A, Z \Rightarrow B}{Y, X, Z \Rightarrow B}\ (Cut)$$

其中，（·E）、（·I）、（\ I）、（/I）都是原 AB 演算中没有的规则。（Cut）规则，在此我们仍做保留，但实际上它是可以消除的，在第 4 节，我们将做相应证明。

尽管 Lambek 演算仍然是个很“弱”的系统，但由于比 AB 演算添加了 product 运算“·”和相关规则，因此它仍然比 AB 演算“强”了很多，也更适合语言的解析（当然并非系统越“强”越适合语言，经典命题逻辑显然比 Lambek 演算强，但却并不适合自然语言），以下规则均为 Lambek 演算的内定理，但并非 AB 演算的内定理（Buszkowski，2006）。

（L1）$A \vdash B/(A \backslash B)$，$A \vdash (B/A) \backslash B$　　（type-raising laws）

（L2）$(A \backslash B) \cdot (B \backslash C) \vdash A \backslash C$，$(A/B) \cdot (B/C) \vdash A/C$　　（composition laws）

（L3）$A \backslash B \vdash (C \backslash A) \backslash (C \backslash B)$，$A/B \vdash (A/C)/(B/C)$　　（Geach laws）

（L4）$(A \backslash B)/C \vdash A \backslash (B/C)$，$A \backslash (B/C) \vdash (A \backslash B)/C$　　（associativity laws for conditionals)

(L5) $A \vdash B\backslash(B \cdot A)$, $A \vdash (A \cdot B)/B$ (second type-raising laws)

(L6) $(A\backslash B) \cdot C \vdash A\backslash(B \cdot C)$, $A \cdot (B/C) \vdash (A \cdot B)/C$ (Grishin laws)

以上内定理在 Lambek 演算中的证明如下：

证明（L1）

$$\dfrac{\dfrac{A\Rightarrow A \qquad A\backslash B\Rightarrow A\backslash B}{A,\ A\backslash B\Rightarrow B}(\backslash E)}{A\Rightarrow B/(A\backslash B)}(/I)$$

同理可证：$A \vdash (B/A)\backslash B$。

证明（L2）

$$\dfrac{(A\backslash B)\cdot(B\backslash C)\Rightarrow(A\backslash B)\cdot(A\backslash C) \qquad \dfrac{\dfrac{A,\ A\backslash B\Rightarrow B \qquad B,\ B\backslash C\Rightarrow C}{A,\ A\backslash B,\ B\backslash C\Rightarrow C}(Cut)}{A\backslash B,\ B\backslash C\Rightarrow A\backslash C}(\backslash I)}{(A\backslash B)\cdot(B\backslash C)\Rightarrow A\backslash C}(\cdot E)$$

同理可证：$(A/B)\cdot(B/C) \vdash A/C$。

证明（L3）

$$\dfrac{\dfrac{\dfrac{C,\ C\backslash A\Rightarrow A \qquad A,\ A\backslash B\Rightarrow B}{C,\ C\backslash A,\ A\backslash B\Rightarrow B}(Cut)}{C\backslash A,\ A\backslash B\Rightarrow C\backslash B}(\backslash I)}{A\backslash B\Rightarrow(C\backslash A)\backslash(C\backslash B)}(\backslash I)$$

同理可证：$A/B \vdash (A/C)/(B/C)$

证明（L4）

$$\dfrac{\dfrac{\dfrac{(A\backslash B)/C,\ C\Rightarrow A\backslash B \qquad A,\ A\backslash B\Rightarrow B}{A,\ (A\backslash B)/C,\ C\Rightarrow B}(Cut)}{A,\ (A\backslash B)/C\Rightarrow B/C}(/I)}{(A\backslash B)/C\Rightarrow A\backslash(B/C)}(\backslash I)$$

同理可证：$A\backslash(B/C) \vdash (A\backslash B)/C$

证明（L5）

$$\dfrac{\dfrac{B\Rightarrow B \qquad A\Rightarrow A}{B,\ A\Rightarrow B\cdot A}(\cdot I)}{A\Rightarrow B\backslash(B\cdot A)}(\backslash I)$$

同理可证：$A \vdash (A\cdot B)/B$。

证明（L6）

$$\dfrac{(A\backslash B)\cdot C\Rightarrow(A\backslash B)\cdot C \qquad \dfrac{\dfrac{A,\ A\backslash B\Rightarrow B \qquad C\Rightarrow C}{A,\ A\backslash B,\ C\Rightarrow B\cdot C}(\cdot I)}{A\backslash B,\ C\Rightarrow A\backslash(B\cdot C)}(\backslash I)}{(A\backslash B)\cdot C\Rightarrow A\backslash(B\cdot C)}(\cdot E)$$

同理可证：$A\cdot(B/C)\vdash(A\cdot B)/C$。■

上述 Lambek 演算的内定理均有非常多的应用，例如（L4）正好对应了结合律。而（L1）也对应了蒙太格的专名理论，由此对于 2.1 例句中的专名 Walter，其类型可从 np 提升为 $s/(np\backslash s)$，该具体应用体现在语义方面，本章从略。有兴趣的读者可参阅（Montague，1970，1973）。

2.3 Lambek 演算的代数模型

Lambek 演算在 AB 演算中，添加了积运算“·”（product），并保留了 AB 演算中原有的“→”和“←”运算，但将其改写为“\”（left residuation）和“/”（right residuation）（称为“剩余运算”）。其原始系统如下所示（Lambek，1958）：

(a) $A\vdash A$

(b) $(A\cdot B)\cdot C\vdash A(B\cdot C)$ (b′) $A\cdot(B\cdot C)\vdash(A\cdot B)\cdot C$

(c) 如果 $A\cdot B\vdash C$ 则 $A\vdash C/B$ (c′) 如果 $A\cdot B\vdash C$ 则 $B\vdash A\backslash C$

(d) 如果 $A\vdash C/B$ 则 $A\cdot B\vdash C$ (d′) 如果 $B\vdash A\backslash C$ 则 $A\cdot B\vdash C$

(e) 如果 $A\vdash B$ 且 $B\vdash C$ 则 $A\vdash C$

在逻辑上，我们考察一个系统，主要考察的性质有可靠性和完全性，这些都与系统的模型有关。通常，人们更喜欢通过 Lambek 演算的自然演绎系统或 Gentzen 系统讨论其各方面性质，本章也不例外。在讨论其可靠性和完全性时，我们采用的是 Lambek 演算的自然演绎系统（详见第二节）。以下，我们将介绍 Lambek 演算的代数模型，首先要引入的概念是剩余半群（residuated semigroup）。

定义 2.5 剩余半群（Buszkowski，2006）

一个剩余半群的结构为 $\mathcal{M}=\langle M,\leqslant,\circ,\backslash,/\rangle$，其中 $\langle M,\leqslant\rangle$ 为偏序集，$\langle M,\circ\rangle$ 为一个半群，∘ 是 M 上的一个可结合的二元运算，\ 和/是 M 上的二元运算，该结构满足：

$$a\circ b\leqslant c \iff b\leqslant a\backslash c \iff a\leqslant c/b \qquad \text{(RES)}$$

据（RES），其推论如下：

推论 2.1

(1) 如果 $a\leqslant b$ 则 $ca\leqslant cb$ 且 $ac\leqslant bc$

(2) 如果 $a\leqslant b$ 则 $c\backslash a\leqslant c\backslash b$ 且 $a/c\leqslant b/c$

(3) 如果 $a\leqslant b$ 则 $b\backslash c\leqslant a\backslash c$ 且 $c/b\leqslant c/a$

其幂集定义如下：

定义 2.6 设 $\mathcal{A}=\langle A, \circ\rangle$ 为半群，幂集 $\wp(A)$ 中的运算 ∘，\，/定义如下：

$X \circ Y =_{df} \{a \circ b: a \in X, b \in Y\}$

$X \backslash Y =_{df} \{c \in A: (\forall a \in X) a \circ c \in Y\}$

$X / Y =_{df} \{c \in A: (\forall a \in Y) c \circ a \in X\}$

定义 2.7 Lambek 演算的代数模型和语义

Lambek 演算的代数模型为一序对 $\langle \mathcal{M}, \mu\rangle$，使得 $\mathcal{M}$ 是一个剩余半群，μ 为 $\mathcal{M}$ 上的类型赋值。矢列 $A_1, \cdots, A_n \vdash A$ 在模型中是真的，如果 $\mu(A_1) \circ \cdots \circ \mu(A_n) \leqslant \mu(A)$。$A_1, \cdots, A_n \vdash A$ 是有效的，如果它在所有模型 $\langle \mathcal{M}, \mu\rangle$ 中都是真的。

通过该代数模型，易证得 Lambek 演算的可靠性，以下我们证明其完全性（Product-free），在这里主要使用的是类似于典范模型的方法（Buszkowski, 2006）。

定理 2.1 完全性定理

Lambek 演算关于剩余半群是完全的。

证明

给定矢列 $X_0 \vdash A_0$，令 S 表示该矢列中所有公式的子公式构成的集合。显然，S 是一个有穷集，S 上的非空语言为 S^+ 的子集。定义赋值 μ 如下所示：

$$\mu(p) = \{X \in S^+ \mid X \vdash p\}$$

我们先证明如下引理：

$$(☆)\ \mu(A) = \{X \in S^+ \mid X \vdash A\}$$

施归纳于 A 的复杂度，当 $A = p$ 为原子公式时，结果是平凡的。根据对称性，我们只需要证明 $A = B \backslash C$ 和 $A = C/B$ 的情况中之一种，下证 $A = B \backslash C$ 的情况。

（1）证 $\mu(A) \subseteq \{X \in S^+ \mid X \vdash A\}$

设 $X \in \mu(B\backslash C)$。因为 $B \vdash B$，据归纳假设，$B \in \mu(B)$。据（RES），

$$b\backslash c \leqslant b\backslash c \iff b \circ (b/c) \leqslant c$$

所以 $\mu(B) \circ \mu(B\backslash C) \leqslant \mu(C)$，即 $B, X \in \mu(C)$

据归纳假设，$B, X \vdash C$，再据（\I），$X \vdash B\backslash C$，

所以 $X \in \{X \in S^+ \mid X \vdash B\backslash C\}$

（2）证 $\{X \in S^+ \mid X \vdash A\} \subseteq \mu(A)$

设 $X \vdash B\backslash C$，$Y \in \mu(B)$，据归纳假设，$Y \vdash B$。又因为

$$B \vdash B,\ B, B\backslash C \vdash C\ （据公理和 \backslash E）$$

所以据（Cut），Y，X ⊢ C。据归纳假设，Y，X ∈ μ(C)。据（RES），

$$b \circ a \leqslant c \quad \Leftrightarrow \quad a \leqslant b \backslash c$$

所以 $X \in \mu(B \backslash C)$。

据（1）和（2），（☆）成立。

下证完全性：设 $X_0 \nvdash A_0$，据（☆），$X_0 \notin \mu(A_0)$，又因为 $X_0 \vdash X_0$，再据（☆）得 $X_0 \in \mu(X_0)$，所以 $\mu(X_0) \not\subseteq \mu(A_0)$，所以 $X_0 \nvDash A_0$。■

在这里，值得说明的是上述完全性证明方法是 Product-free 的，（Pentus，1993b）提供了另一种更完整的完全性的证明方法，但是考虑到其技术手段过于复杂，我们在此仅介绍最本质的 Product-free 的完全性证明方法。

2.4 Lambek 演算的证明论性质

在本节我们主要讨论的是 Lambek 演算在证明论方面的性质，例如 Gentzen 系统，切割消除和判定性等，首先需要介绍的是 Gentzen 系统。

在（Lambek，1958）中，兰贝克不仅提出了 Lambek 演算，同时也证明了 Lambek 演算也能演化为 Gentzen 风格的系统，并证明了一系列证明论方面的性质。Lambek 演算的 Gentzen 系统如下所示：

公理：$A \Rightarrow A$

结构规则：$\dfrac{X \Rightarrow A \qquad Y,\ A,\ Z \Rightarrow B}{Y,\ X,\ Z \Rightarrow B}$（Cut）

运算规则：

$$\frac{X,\ A,\ B,\ Y \Rightarrow C}{X,\ A \cdot B,\ Y \Rightarrow C}\ (\cdot L)$$

$$\frac{X \Rightarrow A \qquad Y \Rightarrow B}{X,\ Y \Rightarrow A \cdot B}\ (\cdot R)$$

$$\frac{X \Rightarrow A \qquad Y,\ B,\ Z \Rightarrow C}{Y,\ X,\ A \backslash B,\ Z \Rightarrow C}\ (\backslash L) \qquad \frac{A,\ X \Rightarrow B}{X \Rightarrow A \backslash B}\ (\backslash R)$$

$$\frac{X \Rightarrow A \qquad Y,\ B,\ Z \Rightarrow C}{Y,\ B/A,\ X,\ Z \Rightarrow C}\ (/L) \qquad \frac{X,\ A \Rightarrow B}{X \Rightarrow B/A}\ (/R)$$

上述系统与 Lambek 演算的原始系统及其自然演绎系统是等价的（Jäger，2001）。通过 Gentzen 系统，我们从子结构逻辑的角度对 Lambek 演算进行讨论。

从 Lambek 演算的 Gentzen 系统可以看出，除切割规则外，Lambek 演算不具有弱化（weakening）、收缩（contraction）、交换（exchange）等结构规则（如下

所示)，但保留了结合律。

$$\frac{X,\ Y \Rightarrow B}{X,\ A,\ Y \Rightarrow B}\ (\text{Weakening})$$

$$\frac{X,\ A,\ A,\ Y \Rightarrow B}{X,\ A,\ Y \Rightarrow B}\ (\text{Contraction})$$

$$\frac{X,\ A,\ B,\ Y \Rightarrow C}{X,\ B,\ A,\ Y \Rightarrow C}\ (\text{Exchange})$$

这些结构规则的缺失或存在，为我们进一步研究 Lambek 演算及其相关变形留下了相当多的课题，例如切割消除和判定性方面的研究。

在 Lambek 演算中，其切割规则也是可以被消除的，兰贝克在其 1958 年的论文中已做证明。

定义 2.8 切割度

令 d(x) 表示类型公式 x 中出现的连接词·，\，/的数量，且

$$d(x_1,\ x_2,\ \cdots,\ x_n) = d(x_1) + d(x_2) + \cdots + d(x_n),$$

则一个切割的度为：d(X) + d(Y) + d(Z) + d(A) + d(B)

定理 2.2 切割消除定理

在 Lambek 演算的任意切割中，当所有切割的前提不是由切割推演得到时，该切割的结论存在且只存在两种可能：

(1) 结论与前提中的某一个一致；

(2) 该切割可以被一个或两个切割度更小的切割替换。

证明

Case 1：X ⊢ A 是公理的实例，则 X = A，且切割的结论与切割的另一前提 Y，A，Z ⊢ B 一致。

Case 2：Y，A，Z ⊢ B 是公理的实例，则 Y 和 Z 为空，A = B，切割的结论与切割的另一前提 X ⊢ A 一致。

Case 3：证明 X ⊢ A 的最后一步推演中没有引入 A 中的主连接词，显然该步推演使用的是 (L^*) 规则[①]。则 X ⊢ A 在该步的推演中是使用一个或两个序列推演得到，其中一个序列的形式为 X′⊢ A，且 d(X′) < d(X)。因此，切割：

$$\frac{X' \Rightarrow A \qquad Y,\ A,\ Z \Rightarrow B}{Y,\ X',\ Z \Rightarrow B}$$

比原切割有更小的切割度。且通过从 X′⊢ A 到 X ⊢ A 的推演方法，易从 Y，X′，Z ⊢ B 推演得 Y，X，Z ⊢ B。

---

① 在不至混淆的情况下，我们用 (L^*) 代表所有运算规则的左规则，用 (R^*) 代表所有运算规则的右规则。

Case 4：证明 Y，A，Z $\vdash$ B 的最后一步推演中没有引入 A 中的主连接词，则 Y，A，Z $\vdash$ B 在该步的推演中是使用一个或两个序列推演得到，其中一个序列的形式为 Y′，A，Z′ $\vdash$ B′，由于在所有运算规则中都引入了新的连接词，所以

$$d(Y')+d(Z')+d(B')<d(Y)+d(Z)+d(B)。$$

因此，切割

$$\frac{X\Rightarrow A \qquad Y',\ A,\ Z'\Rightarrow B'}{Y',\ X,\ Z'\Rightarrow B'};$$

比原切割有更小的切割度。且通过从 Y′，A，Z′ $\vdash$ B′到 Y，A，Z $\vdash$ B 的推演方法，易从 Y′，X，Z′ $\vdash$ B′推演得 Y，X，Z $\vdash$ B。

Case 5：两个切割前提推演的最后一步都引入了 A 的主连接词 ·，即 A = A′ · A″。我们可以将原切割：

$$\frac{\dfrac{X'\Rightarrow A' \qquad X''\Rightarrow A''}{X',\ X''\Rightarrow A'\cdot A''}(\cdot R) \qquad \dfrac{Y,\ A',\ A'',\ Z\Rightarrow B}{Y,\ A'\cdot A'',\ Z\Rightarrow B}(\cdot L)}{Y,\ X',\ X'',\ Z\Rightarrow B}(Cut)$$

置换为：

$$\frac{X''\Rightarrow A'' \qquad \dfrac{X'\Rightarrow A' \qquad Y,\ A',\ A'',\ Z\Rightarrow B}{Y,\ X',\ A'',\ Z\Rightarrow B}(Cut)}{Y,\ X',\ X'',\ Z\Rightarrow B}(Cut)$$

显然，这两个切割均比原来的切割有更小的度。

Case 6：两个切割前提推演的最后一步都引入了 A 的主连接词/，即 A = A′/A″。我们可以将原切割：

$$\frac{\dfrac{X,\ A''\Rightarrow A'}{X\Rightarrow A'/A''}(/R) \qquad \dfrac{Z'\Rightarrow A'' \qquad Y,\ A',\ Z''\Rightarrow B}{Y,\ A'/A'',\ Z',\ Z''\Rightarrow B}(/L)}{Y,\ X,\ Z',\ Z''\mid -B}(Cut)$$

置换为：

$$\frac{Z'\Rightarrow A'' \qquad \dfrac{X,\ A''\Rightarrow A' \qquad Y,\ A',\ Z''\Rightarrow B}{Y,\ X,\ A'',\ Z''\Rightarrow B}(Cut)}{Y,\ X,\ Z',\ Z''\Rightarrow B}(Cut)$$

显然，这两个切割均比原来的切割有更小的度。

Case 7：两个切割前提推演的最后一步都引入了 A 的主连接词\，即 A = A″\A′。此情况类似于 Case 6，从略。

据 Case1 ~7，我们证明了 Lambek 演算的切割消除定理。■

由此，我们还可以证明，Lambek 演算是可被有穷判定的（Lambek，1958）。

定理 2.3 有穷判定性

在 Lambek 演算中，给定一个矢列 $X\vdash A$，它是可判定的。

证明

简要描述如下：给定一个矢列 $X\vdash A$，我们可对其构造一棵自底向上的证明树，该树的每一分支为一证明。对于该树的构造，可使用（L^*）和（R^*）规则，以及除切割规则之外的结构规则进行。在树中，每一个向上的步骤，都能消除连接词·，\，/的一次出现，注意到这样的方法总是有穷的，因此该树是有穷的。因此 $X\vdash A$ 是可判定的当且仅当该树的某一分支能证明之。■

Lambek 演算是可以被切割消除和有穷可判定的，但是并非所有 Lambek 演算的变形系统都有切割消除定理和有穷可判定性，奥诺及相关学者在这方面做了相关研究（Ono，1993，1998a，1998b；Paoli，2002）。

不具有切割消除定理和不可有穷判定的 Lambek 演算变形系统主要原因是添加了相关结构规则。令 e 表示交换律、w 表示弱化律、c 表示收缩律，ewc 表示三种律，如此类推，再令 σ 表示拥有这些规则的组合，L_σ 表示拥有 σ 组合的 Lambek 演算变形系统。当 $\sigma\in\{e, w, ew, ec\}$ 时，该系统具有切割消除性，当 $\sigma\in\{e, w, ew\}$ 时，系统具有有穷可判定性。这些特性为我们的后续研究提供了基础。

2.5 Lambek 演算与结构规则

从 Lambek 演算的 Gentzen 系统可以看出，除切割规则外，Lambek 演算不具有弱化、收缩、交换等结构规则，但保留了结合律。那么为什么不保留弱化、收缩、交换等结构规则呢？这些规则又对 Lambek 演算有什么影响呢？Lambek 演算和经典逻辑、直觉主义逻辑，相干逻辑、线性逻辑之间又有什么联系呢？这是本小节讨论的重点，我们先从经典逻辑与直觉主义逻辑分析。

与经典逻辑相比，直觉主义逻辑命题的成立必须通过演绎做构造性证明（而不能通过真值表）。因此，Peirce 律：

$$((A\to B)\to A)\to A$$

在直觉主义逻辑中是不成立的，但是它在经典逻辑中却成立。但是，直觉主义逻辑保留了经典逻辑中的弱化、收缩、交换和结合等结构规则。由于弱化规则的存在，尽管直觉主义逻辑已经是一种构造性逻辑，但是在构造证明的过程中，还是存在“资源浪费”的情况，举例如下：

$$\frac{A,\ A\to B\Rightarrow B}{A,\ A\to B,\ C\Rightarrow B}\ (\text{Weakening})$$

上述证明在直觉主义逻辑中是成立的，通过弱化规则，我们可以得到：

$$A, A \to B, C \vdash B$$

然而在构造证明过程中，命题 C 并没实质参与计算，因此其资源是浪费的。

显然，当在直觉主义逻辑中去掉弱化规则后，则不存在上述资源浪费的情况，一般将这样的逻辑系统称为“Resource Conscious Logic”，其代表为相干逻辑。相干逻辑比直觉主义逻辑缺少了弱化规则，因此：

$$A \to (B \to A)$$

在相干逻辑中是不成立的，但是在直觉主义逻辑中则成立。同时，相干逻辑的合取词也分裂为两种，分别为“∩”（conjunction）和“·”（fusion），它们分别满足以下规则（Jäger，2001），（Anderson & Belnap，1975），（Anderson et al.，1992）：

$$\frac{X \Rightarrow A \cap B}{X \Rightarrow A(\text{or} B)}\ (\cap E) \qquad \frac{X \Rightarrow A \quad X \Rightarrow B}{X \Rightarrow A \cap B}\ (\cap I)$$

$$\frac{X \Rightarrow A \cdot B \qquad Y, A, B, Z \Rightarrow C}{Y, X, Z \Rightarrow C}\ (\cdot E)$$

$$\frac{X \Rightarrow A \quad Y \Rightarrow B}{X, Y \Rightarrow A \cdot B}\ (\cdot I)$$

其中：$A \cap B \vdash A \cdot B$ 是成立的，但其逆则不成立。

在相干逻辑中，其每次演绎也如直觉主义逻辑需要通过构造性证明，但不同的是由于去掉了弱化规则，没有了“资源浪费”，每个证明的前件都至少需要用到一次。然而，由于收缩规则的存在，其对资源的敏感程度还是不够，举例如下：

$$\frac{A, A, A \to (A \to B) \Rightarrow B}{A, A \to (A \to B) \Rightarrow B}\ (\text{Contraction})$$

上述证明在相干逻辑中是成立的，由于 $A, A, A \to B \vdash B$ 成立，通过收缩规则使得 $A, A, A \to B \vdash B$ 也成立。在后一个证明中，前件中的命题 A，在证明过程使用了两次，因此其对资源仍不够“敏感”。

如果在相干逻辑中去掉收缩规则，则提高了资源的敏感度，因为每个证明的前件都至多只能使用一次，通常将这类逻辑叫做“Resource Sensitive Logic”，其代表为线性逻辑。公理：

$$((A \to A \to B) \to A) \to B$$

在相干逻辑中是成立的，但是在线性逻辑中则不成立。由于既没有弱化规则，也没有收缩规则，因此在线性逻辑中每个演绎的前提在证明中都“至多”用一次，且“至少”用一次，因此其对资源是相当“敏感”的，由此也非常适合于计算，在计算理论中得到广泛应用。

如果在线性逻辑中去掉交换律，则系统蜕变为 Lambek 演算，此时传统的蕴涵连接词“→”分裂为两个蕴涵连接词，也即前文所述的“\”和“/”连接词(Benthem，1991)。同样，可以以相应的特征规则来描述线性逻辑与 Lambek 演算的区别。公理：

$$(A\to B\to C)\to B\to A\to C$$

在线性逻辑中是成立的，但是在 Lambek 演算中则不成立，然而 Lambek 演算却最适合自然语言的句型演算。

面向自然语言的句型演算，分析弱化、收缩和交换三条规则，显然弱化规则最应从自然语言的句型演算系统中刨去。在自然语言中任何无意义的词项及其类型都会使句子成为病句。消去了弱化规则，能使我们分辨出有效和无效的演算资源，从而对句子进行分析和演算。其次，对于收缩规则和交换规则，显然也非句型分析中我们希望拥有的规则，收缩规则允许词汇及其类型在语法上的重复出现，交换规则赋予了词汇及其类型疏散的自由度，因此都非自然语言分析所需的，Lambek 演算刨去了这些规则，因此较上述逻辑系统更适于自然语言的句型分析。但是，在一些特定的场合下，例如交换规则在一些非严格语序的句子中使用（邹崇理，2006）却是允许的，因此在 Lambek 演算的一些应用中，一些变形系统也增添了收缩规则和交换规则在其中，以适应特定的应用（Jäger，2001），(van Benthem，1991)。

我们将经典逻辑、直觉主义逻辑、相干逻辑、线性逻辑与 Lambek 演算与各结构规则、特征公理总结如下表（Jäger，2001），其中 W 代表弱化规则、C 代表收缩规则、E 代表交换规则。

逻辑系统	特征公理	结构规则
经典逻辑	$((A\to B)\to A)\to A$	E/C/W
直觉主义逻辑	$A\to(B\to A)$	E/C/W
相干逻辑	$((A\to A\to B)\to A)\to B$	E/C
线性逻辑	$(A\to B\to C)\to B\to A\to C$	E
Lambek 演算	—	—

除上述三条结构规则外，布茨科夫斯基、坎杜尔斯基等还在结合律、否定词等方面对 Lambek 演算做了相应修改及扩充。在前人基础上奥诺等做出了全 Lambek 演算（Full Lambek Calculus)，有兴趣的读者可参考相关文献（Ono，1998a，1998b）。

第3章

面向自然语言内涵性的LNL：语境内涵逻辑

本章论述了经典内涵逻辑的基本思想及其存在的超内涵问题；总结了超内涵问题的各种解决方案；指出了超内涵逻辑仍然无法克服的语境内涵问题；提出了内涵语境主义思想，并在内涵语境主义思想的指导下对语境内涵逻辑和语义进行了如下研究：

在经典可能世界语义的框架下，把不同的语境理解为不同主体的信念状态（对应于模态逻辑中不同的可达关系），构造了多主体语境内涵逻辑 MIL 和多主体局部语境内涵逻辑 MLIL。

在邻域语义的框架下，分别把语境理解为一种条件和一种判定结果，构造了语境作为条件的内涵逻辑 CIL 和语境作为结果的内涵逻辑 ILC。

在代数语义的框架下，把内涵看做初始的，把语境看做是对内涵实体域所作的划分及由划分产生的全等关系，在非弗雷格逻辑 SCI 的基础上构造了语境符号作为公式的超内涵逻辑 CHIL 和语境符号作为初始的超内涵逻辑 cHIL。

在一种带偏好的博弈语义的基础上，构造了一种二维多值语义，分别把语境理解为真值阈值和正规集，构造了语境作为阈值的语境内涵语义 cISG 和语境作为正规集的语境内涵语义 CISG。

在融合更新语义和局部模型语义的基础上，构造了一种语境内涵语义框架 CIUL，并在该框架下解释了语境内涵问题。

3.1 导　言

3.1.1 背景与动态

内涵性是自然语言的重要特性之一。但自弗雷格等人创立现代逻辑以来，外延逻辑一直是逻辑学的主流。在外延逻辑中，两个共指称的表达式在内涵上的差异无法得到刻画。这一重大缺陷使得外延逻辑无法很好地表达自然语言中的推理现象，因而限制了逻辑学在哲学、语言学以及人工智能等领域的应用（鞠实儿，2006）。以模态逻辑为核心的内涵逻辑的产生部分地改变了这种状况。它被成功地应用于刻画必然、可能、相信、知道等外延逻辑难以处理的内涵概念，从而符号逻辑不但能用于数学推理，而且使对自然语言进行知识表示与推理成为可能。

然而，以模态逻辑为核心的经典内涵逻辑仍然无法处理自然语言中出现的所谓“超内涵问题”，即经典内涵逻辑允许逻辑等价的表达式在内涵算子下进行保真替换，而人类基于自然语言的推理却并不总是满足这一规律。特别当蒙太格等人把模态逻辑的语义思想全面应用于刻画自然语言时，这种替换失效问题表现得更加明显。因此，自蒙太格的内涵逻辑产生以来，各种超内涵逻辑也应运而生。超内涵逻辑通过提出不同于逻辑等价的内涵同一标准，试图对经典的内涵语义（主要是可能世界语义）有所超越，从而解决超内涵问题。

如果说内涵性是自然语言区别于形式语言的首要特性，那么超内涵问题就是面向 KRR 的 LNL 必须解决的首要问题，用于解决超内涵问题的超内涵逻辑因而也就成为面向 KRR 的理论基础。

目前已有的超内涵逻辑从研究方法上可分为外延主义策略和内涵主义策略两个方向。前者延续了经典内涵逻辑的传统，试图把内涵还原成某种外延；后者则把内涵作为初始对象纳入论域之中，因而内涵同一即成为个体之间的同一，不同的内涵在一开始就得到了区分。这两种策略各有优劣。前者在本体论上更加简洁，可以对内涵做出生动刻画，但它却不能完全避免内涵粒度过粗的问题；后者可以提供最细的内涵同一标准，但由于内涵是初始的，因而它只能回答内涵何时同一，却不能回答内涵究竟是什么的问题。

3.1.2 问题与方法

尽管超内涵逻辑通过提高内涵同一标准避免了推出过多的问题，但同时它也带来了推出过少的问题。除非添加意义公设，否则许多在经典内涵逻辑下可以推出的有效式在超内涵逻辑中不再有效，而一旦统一添加意义公设，超内涵逻辑又会出现推出过多的问题。

造成这一问题的深刻原因在于：错误地把语言表达式的内涵看做是具有严格同一标准的实体，而未能认识到，不但表达式的外延在不同语境下是可变的，表达式的内涵在不同语境下也是可变的。各种内涵问题（包括超内涵问题以及超内涵逻辑仍然无法解决的问题）之所以产生，就是因为不同的语境对内涵同一标准有不同的要求，而我们却试图用一个统一的内涵同一标准去刻画它。

因此，我们提出了内涵语境主义的思想，认为合理的内涵语义不能离开语境而谈内涵；与此相应，内涵逻辑中用于刻画内涵同一的等词也不应是一个绝对等词，而应是一组等词或一个与语境有关的相对等词。由于语境是一个相当灵活的概念，可以从不同方面进行理解，因此本章构造了几种不同的语境内涵逻辑系统和形式语义，以期对语境以及语境内涵有一个全面的形式刻画，进而为面向KRR 的 LNL 提供理论基础。

3.1.3 内容与结论

3.2 节论述了经典内涵逻辑的基本思想及其存在的超内涵问题。

3.3 节总结了超内涵问题的各种解决方案以及超内涵逻辑仍然无法克服的问题，提出了内涵语境主义的思想。

3.4 节在经典可能世界语义的框架下，把不同的语境理解为不同主体的信念状态（对应于模态逻辑中不同的可达关系），构造了多主体语境内涵逻辑 MIL，证明了经典的多主体模态逻辑 MK 与 MIL 可以相互定义。由于即使是同一主体（在同一语境中），对内涵的理解也可以是局部性的，因此，本节又利用费金（Fagin）和哈尔彭（Halpern）提出的局部信念推理（LRB）的语义思想，构造了多主体局部语境内涵逻辑 MLIL，证明了 MLIL 与 LRB 可以相互定义。

3.5 节在邻域语义的框架下，把语境理解为一种条件，构造了语境作为条件的内涵逻辑 CIL。另一方面，语境还可以看做是检验表达式内涵的特征，当两个命题都具有该特征时，在该语境下它们就是相同的命题。基于这种思想，我们构造了语境作为结果的内涵逻辑 ILC，把命题蕴涵的结果作为检验该命题内涵的特征。

3.6 节在代数语义的框架下，把内涵看做初始的，把语境看做是对内涵实体域所作的划分，每个划分产生的全等关系即构成该语境下的内涵同一标准。基于这种思想，我们在非弗雷格逻辑 SCI 的基础上构造了一种更一般的非弗雷格逻辑（也是一种超内涵逻辑）CHIL，并运用 CHIL 解释了超内涵逻辑无法解决的同义替换问题。由于在 CHIL 中没有为语境提供专门的符号，因而无法表达不同语境之间的内涵关系，为此我们又对 CHIL 进行了改造，构造了语境符号作为初始的内涵逻辑 cHIL。

3.7 节在一种带偏好的博弈语义的基础上，构造了一种二维多值语义，不同语境提供不同的真值阈值，当两个语句的真值之差不超过该阈值时，则认为它们的内涵相同。根据这一思想，我们构造了语境作为阈值的语境内涵语义 cISG，由于在一般情况下基于带偏好的博弈语义的二维多值语义可以是非正规的，而在一定的语境下，对某些原子语句的赋值是正规的，因此语境又可以理解为一个正规集，该语境下的赋值对正规集中的原子语句进行正规赋值，而对正规集之外的原子语句进行一般赋值。基于这种思想，我们构造了语境作为正规集的语境内涵语义 CISG。这两种语义都能使得一些直观上内涵相同的表达式在该语义下具有相同内涵（相对于每个语境）而无须添加意义公设，另一方面又避免了所有逻辑等价的公式都有相同内涵的超内涵问题。

3.8 节在融合更新语义和局部模型语义的基础上，构造了一种语境内涵语义框架 CIUL。首先，根据更新语义的思想，把语句的意义（内涵）理解为对认知状态集的改变。两个语句相对于某个认知状态集的内涵相同，当且仅当它们作用于该认知状态集后产生同样的认知状态集。其次，区分了客观模型与主观模型，客观模型由所有语境中相容的局部模型构成。主观模型由对客观模型的所有表征构成。每个表征构成一个认知状态。由于表征的部分性和可错性，表征模型与客观模型并不完全统一，这样就产生两种不同的内涵同一标准：基于客观模型的内涵同一和基于主观模型的内涵同一。这就能解释为什么有些公认（客观）的同义语句在某些（主观）语境下仍然不能相互替换的难题，因为客观同义的语句在一定的主观模型下可以并不同义。

本章的工作主要限于形式方面，可以为形式语义学提供更好的逻辑基础，进而为面向 KRR 的 LNL 提供理论工具。为了突出语境内涵语义的核心思想，我们的所有形式构造都是基于命题语言的，而未涉及更复杂的一阶语言或高阶类型论语言。原则上，本章的许多思想和结果也可以自然地推广到其他逻辑语言中去。

3.2 内涵逻辑及其问题

所谓“内涵逻辑”（intensional logic），即用来处理内涵问题的逻辑，虽无统一定义，但有一些相近的解释：

（a）大不列颠百科全书（*Encyclopedia Britannica*）的 intensional logic 词条：内涵逻辑是蒙太格等人在模态概念的基础上发展而成的一般理论，它研究命题、个体概念以及一般的，所有那些通常被当做是语言表达式意义的实体（命题是语句的意义，个体概念是单称词项的意义，等等）。其中最关键的概念是可能世界，用来刻画语言表达式的意义。例如，命题通常被处理成可能世界到真值的函数，以此来刻画知道一个命题的意义就是知道其在何种条件下为真。

（b）G. 比勒（G. Bealer）和 U. 蒙尼奇（U. Monnich）在《哲学逻辑手册》（第二版）（*Handbook of Philosophical Logic*）“性质论”（Property Theories）一章中的解释：“内涵逻辑就是在其中等价公式的替换原则失效的逻辑。”（Bealer，2003：144）

（c）C. 安德森在《哲学逻辑手册》（第一版）“广义内涵逻辑”（General Intensional Logic）一章中的解释：“内涵逻辑就是在某种严格意义上处理包含意义或意义同一的推理的逻辑。”（Anderson，1984：355）

其中，（a）定义的是狭义内涵逻辑，主要是基于可能世界语义的模态逻辑及其变种；（b）定义的实际上是超内涵逻辑（hyperinensional logic，详见 3.3 节），不包括模态逻辑，因为等价公式的替换原则在模态逻辑中一般并不失效；（c）定义的内涵逻辑比较宽泛，既包括模态逻辑，也包括超内涵逻辑。

可见，“内涵逻辑”一词有狭义和广义之分。本章在狭义和广义两种意义上使用“内涵逻辑”一词：早期主要基于可能世界语义的处理内涵的逻辑称为狭义内涵逻辑，又可称作经典内涵逻辑，不包括后来对经典内涵逻辑有重要超越的超内涵逻辑；广义内涵逻辑则包括一切处理内涵问题的逻辑。本节的内涵逻辑主要在狭义上使用①。

---

① 由于蒙太格将其用于翻译自然语言片断的逻辑也称作内涵逻辑（Intensional Logic），因此，“内涵逻辑”有时也特指蒙太格的内涵逻辑。此时，我们一般在“内涵逻辑”前加上“蒙太格的”的限定。

3.2.1 内涵逻辑的哲学动机

我们通常把语言表达式所指称的东西称作外延，而把语言表达式除所指之外的意义内容称作内涵。一般而言，外延不能囊括语言表达式传达的所有信息。例如，“鲁迅”和“周树人”这两个表达式都指的是鲁迅这个人，它们具有相同的外延。如果语言表达式的意义仅由外延决定，那么“鲁迅是周树人”与“鲁迅是鲁迅”这两句话就没有意义上的区别。而事实上，前者可以传递给人们以有用的信息，而后者则近乎废话，它们具有不同的认知价值。这一事实使人们意识到，语言表达式的意义除了外延之外，还有其他内容，这部分多出的内容穆勒（Mill）称之为含义（connotation），弗雷格称之为含义（sense）（Frege，1997：151－171），卡尔纳普称之为内涵（intension）（Carnap，1947），我们统称其为内涵。

同样的，对语句而言，也有外延与内涵之分。弗雷格认为，语句的外延是真值，内涵是语句所表达的命题。经典逻辑只考虑词项的指称和语句的真值，因而可以称做外延逻辑。外延逻辑无法区分两个外延相同的表达式。特别的，在经典一阶谓词逻辑中，两个共指称（co-designated）的词项可以相互替换，两个真值相同的语句也可以相互置换。如果仅考虑纯外延语境下的推理，这样的处理并无不妥，例如数学中的推理。然而，很多语境下的推理不但依赖于外延，而且依赖于内涵。例如包含“必然”、“可能”等模态词的语句，包含“因为”、“所以”等因果关系词的语句，包含“相信”、“知道”、“寻找”、“思考”等意向性动词的语句，等等，其推理都不能仅仅由语言表达式的外延决定。这样的语境，弗雷格称之为间接（oblique）语境，蒯因（Quine）称之为晦暗（opaque）语境（Quine，1980：142；Quine，1960：144），卡尔纳普称之为内涵（intensional）语境。我们统称其为内涵语境。

事实上，在自然语言中，依赖语言表达式内涵的推理远比仅依赖语言表达式外延的推理普遍得多，我们将这样的推理称作内涵推理。内涵推理的重要特征是，外延同一替换原则不再有效。然而，由于数学系统是纯外延的，而现代逻辑最初是为奠定数学基础服务的，再加上“奥卡姆剃刀”原则的影响，自现代逻辑诞生以来，外延主义一直是逻辑学的主流（甚至直到今天也是如此）。所谓外延主义，按照卡尔纳普的表述，即认为“对任一非外延系统，都存在一个外延系统使得前者能在后者中被翻译”（Carnap，1947：141）。而外延系统的重要特征是外延同一替换原则总是有效，因此，为了在外延系统中解释自然语言中外延同一替换原则失效的现象，必须赋予语言表达式以新的外延，或者，采取归约的办法将内涵归约为某种外延进行处理，内涵逻辑由此诞生[①]。其开创者是丘奇（Church）和卡尔纳普，前者主要从语形的角度给出了内涵逻辑的形式语言和公理，刻画了内涵如何表达和运作；后者则给出了内涵逻辑的形式语义，回答了内涵是什么的问题。后来经过蒙太格、加林（Gallin）等人的重要发展，内涵逻辑在20世纪70年代发展成熟，并在自然语言的形式处理上获得广泛应用（Partee，1997：5－91）。

3.2.2 内涵逻辑的语义思想

卡尔纳普的内涵语义思想受益于维特根斯坦的《逻辑哲学论》（Fitting，2007）。维特根斯坦在《逻辑哲学论》中提出"事件状态"（state of affairs）概念。维特根斯坦认为，世界由逻辑空间中的原子事实构成[②]，不同的原子事实集构成不同的事件状态，其中一个是现实的事件状态。一个对象不但与现实的事件状态有关，还与可能的事件状态有关。知道一个对象就知道其在事件状态中的所有可能出现[③]。据此，卡尔纳普给出了状态描述（state-description）的概念。给定一个形式语言，一个状态描述就是一个原子句集 P：对任意原子句 p，要么 $p \in P$，要么 $\neg p \in P$。引入状态描述后，一个语句的真值不再是绝对的，而是相对于状态描述而定。语句的绝对真值是一个更强的概念，卡尔纳普称之为L-真：一个语句是L-真的，如果该语句在所有状态描述下皆真（Carnap，1947）。

不难发现，卡尔纳普的状态描述相当于我们今天所说的可能世界，L-真相当于某种模态逻辑中的必然真。卡尔纳普的内涵语义可以看做是后来的可能世界语义[④]的雏形，所不同的是：（1）卡尔纳普的状态描述是相对于语言给定的，而可能世界则是独立于语言的；（2）卡尔纳普还没有引入可能世界之间的可达关系，这使得卡尔纳普的语义不能像可能世界语义那样刻画各种不同类型的必然真。不过，就内涵的刻画而言，卡尔纳普的内涵语义与可能世界语义已经没有本质上的不同了，其核心思想是：

（1）语言表达式的外延（指称、所指）依赖于场合（状态描述、语境、可能世界）而定；

（2）不同的场合下，语言表达式可以有不同的外延。

---

① 除了批判经典外延逻辑中对非逻辑词项的语义解释外，内涵逻辑产生的另一个动机是批判经典逻辑中对逻辑词项的语义解释，例如对实质蕴涵的批判导致了后来的相干逻辑。

② *Tractatus*（1.13）。

③ *Tractatus*（2.0123）。

④ 亦称为克里普克（Kripke）语义。

正如 L. T. F. 盖蒙特（L. T. F. Gamut）指出的，语境（context）和多重指称（multiple reference）概念构成了内涵逻辑的基本思想（Gamut，1991：14）。

在上述思想的基础上，卡尔纳普给出了内涵等价的概念。卡尔纳普认为，两个一元谓词 P、Q 是内涵等价的，如果 $\forall x(Px \leftrightarrow Qx)$ 是 L-真的，即，在每个状态描述下，P 和 Q 都有相同的外延。这意味着，一个谓词的内涵就是从状态描述（可能世界）到其外延的函数。这个刻画不仅适用于谓词，而且适用于所有类型的表达式。由此，卡尔纳普给出了他的第一个内涵同一标准[①]：两个表达式的内涵相同，当且仅当它们在所有状态描述（可能世界）中都有相同的外延。

这样，"鲁迅"和"周树人"就有不同的内涵，因为我们可以想象一个可能世界使得"鲁迅"和"周树人"分别指称不同的人。

不幸的是，克里普克（Kripke）指出，专名应该是严格指示子（rigid designator），在不同的可能世界中都应指称同一对象，否则我们将不能有意义地谈论反事实命题（Kripke，1972）。受克里普克专名理论的影响，后来的模态谓词逻辑对专名的语义有不同处理。蒙太格在其内涵逻辑中有一种意义公设也假定所有专名在所有可能世界中均指称同一对象。如此一来，原来关于专名的内涵问题仍然被遗留下来。尽管如此，至少在技术上，可能世界语义为解决专名的内涵问题提供了一种可能。

在基于上述语义的内涵逻辑中，只有内涵同一的表达式才能相互替换，即模态逻辑中的等价替换原则。但由于内涵被刻画成可能世界到外延的函数，而函数本质上仍然是外延的，因此外延同一替换原则在某种意义下仍然得到了保持。

3.2.3 内涵逻辑的语形思想

早期的内涵逻辑主要是模态命题逻辑和模态谓词逻辑，所使用的语言只是在一阶命题或谓词语言的基础上加上一个（或多个）模态算子。谓词演算通过把自然语言表达成函数，使得我们可以用数学方法处理自然语言中的推理。然而，谓词语言主要只能表达自然语言中的名词和动词类型，对于不作谓语使用的形容词、副词等，只能通过近似的翻译将它们处理成谓词。例如，将"张三飞快地跑"处理成"张三跑且张三是飞快的"。这样的处理不仅需要太多的人工干预，而且也不自然，甚至违反自然语言的本意。例如，"a 是小象"不能处理成"a 是小的"和"a 是象"的合取。为了能更好地翻译自然语言，必须借助更加灵活的函数演算。

① 卡尔纳普后来又给出了一个更严格的内涵同一标准，详见 3.3 节。

1940年，丘奇在罗素（Russell）类型论的基础上发明了类型λ-演算（Church，1940）。尽管丘奇发明类型λ-演算的初衷是为了给数学奠定基础，但后来人们发现，它对于刻画自然语言而言，比谓词语言（无论一阶还是高阶）具有更强的表达力，因为它能以更灵活的方式处理函数，使函数本身也能作为更高阶函数的论元参与函数运算。这样，它就能够表达自然语言中各种类型的表达式。因此，蒙太格为处理自然语言需要，在其内涵逻辑中直接继承了丘奇的类型λ-演算思想，并在λ-演算的基础上又加入了模态算子“□”、“◇”、内涵算子“∧”和外延算子“∨”，最终形成一个能够比较自如地翻译自然语言片段，并能刻画部分内涵推理的形式语言。下面我们主要依据蒙太格的内涵逻辑介绍内涵逻辑的语形思想（Montague，1973；Gamut，1991：119－120）。

定义3.1 类型集T是满足下列条件的最小集：

（1）$e, t \in T$；

（2）若$a, b \in T$，则$\langle a, b\rangle \in T$；

（3）若$a \in T$，则$\langle s, a\rangle \in T$。

在上述定义中，e是个体类型，t是真值类型，$\langle a, b\rangle$是通常的函数类型。s本身不是一个类型，它的作用是和其他类型一起构成内涵类型。$\langle s, a\rangle$的解释是从可能世界集到类型a的解释集的函数集。

定义3.2 内涵逻辑的形式语言定义如下：

（1）初始符号：$\wedge, \vee, \rightarrow, \neg, \leftrightarrow, \forall, \exists, =, \Box, \Diamond$[①]，$^\wedge, ^\vee$，)，(；

（2）对任意类型a，都有一个由类型为a的变元构成的无穷集VAR_a；

（3）对任意类型a，都有一个由类型为a的常元构成（可能为空）的集合CON_a；

（4）若$\alpha \in VAR_a$或$\alpha \in CON_a$，则$\alpha \in ME_a$；

（5）若$\alpha \in ME_{<a,b>}$，$\beta \in ME_a$，则$(\alpha(\beta)) \in ME_b$；

（6）若$\varphi, \psi \in ME_t$，则$\neg\varphi, (\varphi \wedge \psi), (\varphi \vee \psi), (\varphi \rightarrow \psi), (\varphi \leftrightarrow \psi) \in ME_t$；

（7）若$\varphi \in ME_t$，$x \in VAR_a$，则$\forall x\varphi, \exists x\varphi \in ME_t$；

（8）若$\alpha, \beta \in ME_a$，则$(\alpha = \beta) \in ME_t$；

（9）若$\alpha \in ME_a$，$x \in VAR_b$，则$\lambda x\alpha \in ME_{\langle b,a\rangle}$[②]；

（10）若$\varphi \in ME_t$，则$\Box\varphi, \Diamond\varphi \in ME_t$；

（11）若$\alpha \in ME_a$，则$^\wedge\alpha \in ME_{\langle s,a\rangle}$；

（12）若$\alpha \in ME_{\langle s,a\rangle}$，则$^\vee\alpha \in ME_a$。

① 初始符号中还可引入更多的模态算子，以刻画更多的模态词，如时态算子、认知算子等。

② （Gamut，1991）中将$ME_{\langle b,a\rangle}$误为$VAR_{\langle b,a\rangle}$。

(13) 对每个类型 a，ME_a 中的元素皆由 (4) ~ (12) 通过有穷步得到。

在上述定义中，对任意类型 a，ME_a (meaningful expressions) 代表类型为 a 的有意义的表达式构成的集合，或者理解为类型为 a 的合式公式构成的集合。在所有合式公式中，与内涵有关的主要是$^\wedge\alpha$ 和$^\vee\alpha$。前者在任意可能世界下均解释为 α 的内涵，即从可能世界集到 α 的外延集的函数，后者在任意给定的可能世界下解释为 α 在该可能世界下的外延。可见，蒙太格的内涵逻辑在内涵的处理上与卡尔纳普的内涵语义是一致的。

蒙太格的动机是为了构造一种形式语言用以翻译自然语言片断，因而只是给出了其内涵逻辑的语言和语义，并没有给出证明论。后来加林给出了蒙太格内涵逻辑的公理刻画，并相对于亨金 (Henkin) 模型证明了蒙太格内涵逻辑的可靠性和完全性 (Gallin, 1975)。至此，狭义的内涵逻辑可以说已经发展到了顶峰[①]。

3.2.4 内涵逻辑与超内涵问题

经典内涵逻辑在计算机科学和语言学领域得到成功应用，但自其诞生以来就备受争议。姑且不论蒯因等人从哲学上对内涵实体的发难，单从逻辑应用的角度看，经典内涵逻辑也存在一些重要的问题亟待解决。

首先引起人们重视的是模态认知逻辑中的“逻辑全知”(logical omniscience) 问题。所谓“逻辑全知”，即认知主体若知道（或相信）一个命题集，那么他就知道（或相信）该命题集的所有逻辑后承。特别的，认知主体知道所有逻辑有效的命题。在经典认知逻辑系统中，以 KD45 为例，逻辑全知包括如下一些结果 (Meyer, 1995: 72):

(LO1) $B\varphi \wedge B(\varphi\rightarrow\psi)\rightarrow B\psi$　　(蕴涵下封闭)

(LO2) $\models\varphi \ \Rightarrow\ \models B\varphi$　　(相信有效式)

(LO3) $\models\varphi\rightarrow\psi \ \Rightarrow\ \models B\varphi\rightarrow B\psi$　　(有效蕴涵下封闭)

(LO4) $\models\varphi\leftrightarrow\psi \ \Rightarrow\ \models B\varphi\leftrightarrow B\psi$　　(逻辑等价下封闭)

(LO5) $(B\varphi \wedge B\psi)\rightarrow B(\varphi\wedge\psi)$　　(合取下封闭)

(LO6) $B\varphi\rightarrow B(\varphi\vee\psi)$　　(信念弱化)

(LO7) $B\varphi\rightarrow\neg B\neg\psi$　　(信念的一致性)

(LO8) $B(B\varphi\rightarrow\varphi)$　　(相信信念皆真)

---

① 内涵逻辑后来虽仍有重要发展，如动态 Montague 语法，但就内涵的语义刻画而言，并没有本质上的突破，直到超内涵逻辑产生。

(LO9) B*true* (相信真)

这些结果因过于理想化而不符合人类认知的实际。欣迪卡(Hintikka)在创立认知逻辑的时候就意识到了这个问题，并尝试进行了解决(Hintikka，1975)，但不太成功(详见3.3节)。

"逻辑全知"只是内涵逻辑最早暴露的问题之一。一般的，(Bealer，1982)指出，一个成功的内涵逻辑应该解决如下问题，这些问题大多也是经典内涵逻辑无法解决的，它们包括[①]：

(1) 内涵语境中共外延表达式的替换失效

一般形式

$$\frac{e(t) \qquad t = t'}{e(t/t')}$$

其中，$t = t'$表示表达式 t 和 t'在现实世界中有相同外延，$e(t/t')$ 表示用 t'替换 $e(t)$中的 t 后得到的表达式。

例 3.1 X相信所有有心的动物都有心。

对任何 x，x 有心当且仅当 x 有肾。

X相信所有有心的动物都有肾。

例 3.2 X想知道曹雪芹是不是《红楼梦》的作者。

《红楼梦》的作者是曹雪芹。

X想知道曹雪芹是不是曹雪芹。

例 3.3 X怀疑鲁迅就是周树人。

周树人就是鲁迅。

X怀疑鲁迅是鲁迅。

上述一般形式的推理在经典外延逻辑中是有效的，但在直观上却存在反例(例3.1~3.3)。为了解决这个问题，内涵逻辑通过允许表达式在不同可能世界有不同外延，并且提高同一替换标准(只有在所有可能世界中外延同一才能替换)使得例3.1和例3.2中的推理变得无效。但如前所述，它对于专名(例3.3)的处理仍然存在一定难度。

(2) 内涵语境中必然等价表达式的替换失效

一般形式

$$\frac{e(t) \qquad \Box(t = t')}{e(t/t')}$$

其中，$\Box(t = t')$ 表示 $t = t'$是必然真的。

---

① 以下对比勒的问题清单进行了重述，并给出了一般形式。有些问题是从纯哲学的方面提出的，我们把它们转化成逻辑问题来表述，而不涉及更具争议性的哲学讨论。

例 3.4 X 想知道有没有一个三边形不是三角形。

必然的，有且只有三边形是三角形。

X 想知道有没有一个三角形不是三角形。

例 3.5 X 相信 $2+2=4$。

必然的，“$2+2=4$” 等价于 “$e^{i\pi}=-1$”。

X 相信 $e^{i\pi}=-1$。

如果认为必然真就是在所有可能世界中都真，那么问题（2）可以看做是问题（1）的一种特殊情况。上述一般形式的推理在经典外延逻辑和经典内涵逻辑中都是有效的，但直观上却存在反例（例 3.4 ~ 3.5）。若坚持专名的严格指称论，那么前面的例 3.3 也可以看做是这里的一个反例。例 3.5 实际上是逻辑全知的表现之一。内涵语境中必然等价表达式的替换失效是经典内涵逻辑的核心问题，又称作超内涵问题（详后）。

（3）分析悖论（paradox of analysis）

一般形式 $\dfrac{\begin{array}{l}e(t)\\ A(t=t')\end{array}}{e(t/t')}$

其中，$A(t=t')$ 表示 $t=t'$ 是分析真的。例如，t 与 t′同义，或者 t 由 t′定义。

例 3.6 X 相信任何一个单身汉都是一个单身汉。

单身汉就是未婚男子。

X 相信任何一个单身汉都是一个未婚男子。①

例 3.7 X 知道任何圆都是圆。

圆就是在同一平面到某个定点具有定长的点的轨迹。

X 知道任何圆都是在同一平面到某个定点具有定长的点的轨迹。

如果认为分析真的命题都是必然真的②，那么问题（3）也可以看做是问题（2）的一种特殊情况。上述一般形式的推理在经典外延逻辑和和经典内涵逻辑

---

① 由于 G. E. 摩尔（G. E. Moore）的原例中出现的英文单词在汉语里并无对应，因此这里对原例作了改造。摩尔认为，哲学的任务不是辩护或反驳常识命题，而是对它们进行哲学分析（主要是概念分析），而分析的结果应该是分析真的。分析真的命题只依赖于人们对语言意义的理解，因此分析真的命题就是任何常人都已经具备的知识。既然如此，哲学分析还有何用处呢？它如何能向人们提供有价值的信息呢？这就是所谓的“分析悖论”，参见（Dummett，1996）。我们这里只关注该悖论的逻辑形式，并假定在通常意义上使用“分析”一词。

② 当然，由于哲学家们至今仍对分析、必然等概念存在争议，这一观点并不是所有人都赞同。例如卡普兰（Kaplan）认为，“我现在在这儿”是分析真的，但不是必然真的；而蒯因干脆认为没有分析真这回事。不过，多数情况下分析真的命题被认为是必然真的。

中都是有效的，但直观上却存在反例（例 3.6 ~ 3.7[①]）。这个问题甚至连后来的超内涵逻辑也难以解决（详见 3.3 节）。

(4) 梅茨困惑 (Mates' Puzzle) (Mates, 1950)

一般形式 $\dfrac{\begin{array}{l}e(t)\\ S(t=t')\end{array}}{e(t/t')}$

其中，$S(t=t')$ 表示 $t=t'$是同义的表达式。

例 3.8 X 知道 12 个是 12 个。
一打就是 12 个。
————————
X 知道一打就是 12 个。[②]

例 3.9 S 与 S′同义。
没有人怀疑任何相信 S 的人都相信 S。
————————
没有人怀疑任何相信 S 的人都相信 S′。

上述一般形式的推理在经典外延逻辑和经典内涵逻辑中是有效的，但却存在反例（例 3.8 - 3.9）[③]。梅茨困惑实际上是分析悖论的一种特殊情况[④]，是内涵逻辑最难解决的问题之一。

(5) 量入问题 (quantifying-in)

一般形式 $\dfrac{e(t)}{(\exists x)e(x)}$

例 3.10 不存在飞马这样的东西。
————————
存在某个东西 x 使得不存在 x 这样的东西。

例 3.11 X 知道鲁迅是《阿 Q 正传》的作者。
————————
存在某个人 x 使得 X 知道 x 是《阿 Q 正传》的作者。

例 3.12 X 相信 Y 相信一些东西。
————————
存在某个人 x 使得 X 相信 x 相信一些东西。

---

① 有人或许不认为例 3.6 是反例，因为该推理中的结论不可能为假。但蒯因指出，我们仍然可以想象出一些场景，使得“结婚”对于某些语言使用者具有不同的含义，进而使得“所有人相信单身汉就是未婚男子”变成假命题。参见（Morton，2003：47 - 48）。

② 由于梅茨的原例中出现的同义英文单词在汉语中没有对应的词，这里把原例改造了。梅茨的最初动机是为了反对卡尔纳普的内涵同构思想（详见 3.3 节），认为内涵同构不能作为同义标准。梅茨提出，一个恰当的（adequate）对同义的定义应该满足，语言 L 中的两个表达式是同义的，当且仅当它们在 L 中的任何语句中相互替换后仍然保持语句的真值不变。梅茨发现，这个十分合理的要求竟然无法实现。这就是梅茨的困惑所在。这里我们只关注该困惑的逻辑形式，并假定在通常意义上使用“同义”一词。

③ 即使人们理解两个同义的表达式也可以不知道它们是同义的，更多辩护可参见（Rieber，1992）。

④ 分析悖论中出现的同义表达式一般要求分析项比被分析项的表达式更长，而梅茨困惑中出现的两个同义表达式一般要求具有相同长度和结构，但我认为这不是实质性的。

上述一般形式的推理在经典外延逻辑中是有效规则，但却存在反例（例3.10）。蒯因甚至认为，凡是对外延同一替换失效的位置进行量入都是无意义的（Quine，1986：291）。但并非所有的量入都是无意义的，相反，像例3.11～3.12这样的量入是完全有效的。比勒认为，一个理想的逻辑理论应该能表达所有有效的量入（当然，亦要避免无效的量入）。特别的，对于嵌套内涵语境也应能量入（例3.12）。

（6）内涵语境中索引词的反常现象

一般形式　　e(t)

　　　　　　i = i′

　　　　　　———

　　　　　　e(i/i′)

其中，i = i′表示索引词i和i′指称同一对象。

例3.13　X相信这个是这个。

　　　　　这个就是那个。

　　　　　———————

　　　　　X相信这个就是那个。

上述一般形式的推理在经典外延逻辑和经典内涵逻辑中都是有效的，但却存在反例（例3.13）。一般认为，索引词除了指称对象外没有描述内容，这样，两个索引词若指称同一对象则有相同的意义。因此，问题（6）也可以看做是梅茨困惑的一个特例。

（7）基奇（Geach）困惑（Geach，1967）

基奇设想了这样一个场景：某人去一个村庄，发现村人谣传说村里出了个巫婆，他于是根据他的所见所闻作了如下报道：

例3.14　张三认为这个巫婆偷吃了他的鸡，而李四想知道这个巫婆是不是杀了他的牛。

基奇困惑的是，假如这个报道是真的，那么它在什么意义上是真的。因为该报道意味着张三和李四是在说同一个巫婆，但是这个巫婆却并不存在，它只是张三和李四头脑中的意向。我们究竟在什么意义上谈论这种意向上的同一（intentional identity）？基奇困惑进一步凸显了外延语义的困难，它也可以看做是更一般的非存在难题的子问题之一。

（8）悖论问题

内涵逻辑由于其语言的丰富性而允许高阶量化，而不加限制的高阶量化很容易引发逻辑悖论。悖论问题常常是内涵逻辑的阿喀琉斯之踵。

（9）弗雷格（Frege）困惑

又称为“晨星－暮星”问题，是内涵问题的最早来源。弗雷格的困惑是：如果a = b是真的，那么它与a = a在意义或认知价值（cognitive value）上有何不同？比如"晨星＝暮星"与"晨星＝晨星"有何不同？一个连带的问题是：为何共指称的专名在命题态度句中不能相互替换而保持语句的真值？即出现所谓的替换失效。这个问题实际上是问题（1）的特例：将弗雷格困惑中的专名扩展到一般表达式就变成了问题（1）。

从上述问题[①]可以看出，除了（5）、（7）、（8）外，其他问题都与内涵语境中的同一替换失效有关。这个"同一"一开始是外延同一，经典内涵逻辑基本上可以处理这种问题（除了专名有困难外）。但是当出现必然同一（或逻辑等价）的情况时，经典内涵逻辑就无能为力了。这就引出了所谓的"超内涵问题"。

"超内涵"（hyperintensional）这个词最早由 M. J. 克瑞士威尔（M. J. Cresswell）于 1975 年提出。他认为，存在一种超内涵语境，即不但外延同一替换失效，而且逻辑等价（在可能世界语义下即必然同一）替换也失效（Cresswell，1975：25）。考虑如下命题，

①祖冲之相信 $2+2=4$。

②祖冲之相信 $e^{i\pi}=-1$。

尽管 $2+2=4$ 与 $e^{i\pi}=-1$ 逻辑等价，我们仍然可以有①真而②假。超内涵问题之所以产生是因为我们同时坚持如下意义原则（Bauerle，2003）：

（a）弗雷格原则（组合原则）：复合表达式的意义是其部分之意义的函数。

（b）最确定原则（弱真值－意义原则）：对任意语句 α 和 β，如果 α 和 β 有不同的真值，那么 α 和 β 一定具有不同的意义。

（c）强真值－意义原则：对任意语句 α 和 β，如果 α 和 β 在所有条件下都有相同真值，那么 α 和 β 具有相同的意义。

由于①真而②假，因此根据（b），①与②必定具有不同的意义，再根据（a），可以确定 $2+2=4$ 与 $e^{i\pi}=-1$ 具有不同的意义，而这与（c）构成矛盾！

在经典内涵逻辑的视角下，超内涵问题通常被表述成一个单纯的逻辑问题："即那些在可能世界语义下内涵相同的表达式（这些表达式通常在命题态度语境和引号语境之外能够相互替换而保持句子真值）为何通常在命题态度句中不能相互替换？"（Richard，1997：198）"更确切地说，为何在模态算子内有效的变换在态度动词（attitude verbs）内无效？"（Richard，1997：218）因此，超内涵问题也被看做是命题态度句问题的一个子问题。在上述 9 个问题中，问题（2）可以看做是超内涵问题的一般形式。

需要强调的是，尽管超内涵问题经常在命题态度语境中出现，但并不局限于

① 除了上述问题外，与内涵有关的问题还有帕蒂困惑、克里普克困惑等。

命题态度语境。凡是涉及内涵推理的地方都有可能出现超内涵问题。例如帕蒂发现，像“寻找”这样的普通动词也具有内涵性（Partee，1974）：

例 3.15 张三在寻找晨星。

晨星就是暮星。

张三在寻找暮星。

这个推理在直观上是无效的。如果认为专名在所有可能世界中指称同一对象，那么这个无效的推理亦构成经典内涵逻辑的一个反例，即出现超内涵问题，而这里并未出现命题态度句。又如，纽特（Nute）发现，条件句中也存在超内涵问题（Nute，1980：32－51）：

例 3.16 考虑如下电路图及关于它的陈述：

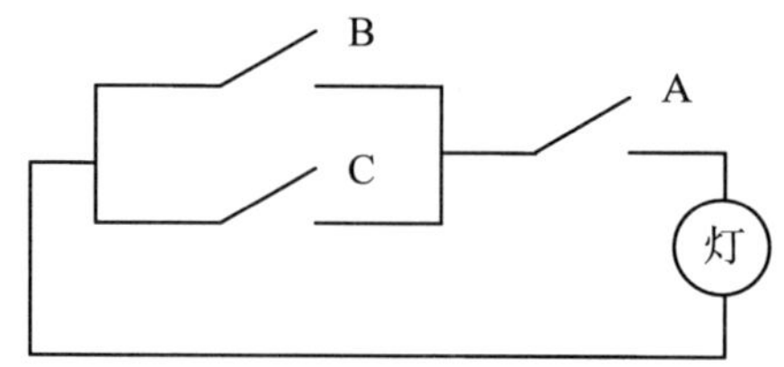

③若把 A 合上，或把 B、C 都合上，则灯不会亮。

④若把 A 或 B 合上，并把 A 或 C 合上，则灯不会亮。

如果用 p、q、r 分别表示“A 合上”、“B 合上”和“C 合上”，用 s 表示“灯亮”，则上面两个陈述可以形式化如下：

⑤$p\vee(q\wedge r)>\neg s$

⑥$(p\vee q)\wedge(p\vee r)>\neg s$

在经典条件句逻辑[①]中，由$\vdash(p\vee(q\wedge r))\leftrightarrow((p\vee q)\wedge(p\vee r))$及前件等价置换规则可得，⊢⑤↔⑥。然而，直观上，人们会认为③真而④可真可假。

超内涵问题甚至还会在通常的外延语境中出现，例如：

例 3.17 考虑如下两个语句：

⑦张三看见李四进来。

⑧张三看见李四进来和（王五笑或王五没笑）。

人们通常认为“张三看见……”是纯外延语境，“李四进来”与“李四进来和（王五笑或王五没笑）”逻辑等价，但是在该语境中，这两个逻辑等价的表达式却不能相互替换，因为⑧意味着张三无论如何看见王五了，而⑦却并无此义，因此⑦和⑧可以有不同真值。J. 巴威斯（J. Barwise）和 J. 佩里（J. Perry）称这

---

① 满足逻辑等价的公式可以在任何公式中相互替换的条件句逻辑称为经典条件句逻辑，是经典内涵逻辑的一种。参见（Nute，1980：30）。

种逻辑等价式不能在其中相互替换的外延语境为相关（concerned）语境，反之称为无关（unconcerned）语境（Barwise，1981）。

由上面的例子可见，超内涵问题并不只局限于命题态度语境，而是广泛存在于各种自然语言的直观推理与经典内涵逻辑的矛盾之中。只不过在命题态度语境中，超内涵问题暴露得更加明显罢了（最早暴露的逻辑全知问题即与命题态度有关）。

超内涵问题可以有多种解决方案，对（a）、（b）、（c）的不同取舍构成不同的解决方案，甚至也可以否认（1）和（2）具有不同真值。超内涵逻辑是其中最直观和最易接受的一种解决思路，即否认（c）的合理性，而（c）正是经典内涵逻辑所坚持的。因此，超内涵逻辑所要超越的主要是经典内涵逻辑对内涵（或意义）的刻画。它关心的核心问题是：在什么条件下两个表达式具有相同的内涵（或意义）？对这个问题的不同回答就产生了不同的超内涵逻辑。

3.3 超内涵逻辑及其问题

虽然"超内涵"这个词直到1975年才正式提出，但早在卡尔纳普、丘奇等人开创内涵逻辑的时候，他们就发现了超内涵问题。此后，对这个问题的解决方案层出不穷，出现了一系列直接或间接解决超内涵问题的论文和专著，至1980年代达到高潮（Suszko，1967），（Cresswell，1975），（Bealer，1979），（Aczel，1980），（Thomason，1980），（Bealer，1982），（Parson，1982），（Barwise & Perry，1983），（Zalta，1983），（Cresswell，1985），（Turner，1987），（Tichy，1988）。2000年以来，随着C. 福克斯（C. Fox），C. 珀拉德（C. Pollard），S. 拉宾（S. Lappin）和F. 奥里利亚（F. Orilia）等计算语言学家的提倡和发展，超内涵逻辑又成为热点（Bealer，2003），（Moschovakis，2004），（Fox et al.，2005）。

后期及当前的研究主要是处理内涵引入后的悖论问题，以及如何在已有的逻辑系统中添加更灵活的类型，以刻画自然语言中的指代、省略等现象。就内涵的语义刻画而言，与当前的研究相比，1980年代并无实质性突破。

据初步统计，目前解决超内涵问题的方案已有十几种之多（Pollard，2004），（Fox et al.，2005）。各种超内涵语义和超内涵逻辑就是通过不同的方法来完成对逻辑等价命题的区分。根据区分方法的不同，超内涵逻辑形成如下两种研究策略和四个主要研究方向：

策略一：外延模拟策略

- 非经典可能世界语义

- 结构式语义

策略二：内涵初始策略

- 高阶超内涵逻辑
- 一阶超内涵逻辑

下面我们分别介绍这四个主要方向上的代表研究，并对它们进行理论评价。

3.3.1 外延主义超内涵逻辑

所谓外延主义超内涵逻辑，即通过外延来刻画内涵，或将内涵归约为外延进行处理的超内涵逻辑。它延续了经典内涵逻辑刻画内涵的策略，区别在于，除了可能世界外，超内涵语义还引入了更多的外延来刻画内涵，以达到对内涵更精细（fine-grained）的区分。根据引入外延的不同，这种策略上又分为两个主要方向：（1）非经典世界语义；（2）结构式语义。

3.3.1.1 非经典世界语义[①]

非经典世界语义包括不可能世界语义和情境（部分世界）语义等，是对经典可能世界语义的修正，它通过构造更精致的可能世界模型来区分内涵。

（1）不可能世界语义[②]

➢ 基本思想

不可能世界语义最初是用来解决逻辑全知问题的。其基本思想是，在所有可能世界中，有一些可能世界在逻辑上是不可能的（相对于这些世界的语句的真值是任意的，即经典的逻辑规律在其上不成立），但认知主体却认为它们是可能的。认知主体在某个可能世界 w 上知道（或相信）一个语句 A，当且仅当 A 在 w 的所有（关于该主体的）通达世界（包括不可能世界）上都真。这样，所有的逻辑全知结果都能避免。例如，$K(p\vee\neg p)$ 不再是有效式（即必然化规则不成立），因为 $p\vee\neg p$ 可以在某个不可能世界中为假。

不可能世界方法的最初动机是为了解决认知逻辑中的逻辑全知问题。逻辑全知问题可以看做是超内涵问题的一种具体表现。根据经典的认知逻辑语义，我们有：

（1）语句“A 知道 p”在可能世界 w 中真，当且仅当 p 在 A 通达的所有可

① 狭义的非经典世界语义即不可能世界语义，我们在广义上使用非经典世界语义一词，它包括所有基于可能世界语义的修正语义。

② 参见（Hintikka，1975）（Rantala，1982）（Wansing，1990）。

能世界上为真，即 p 在所有对 A 而言相对于 w 认知可能的世界上为真。

(2) 语句 p 是逻辑真的，当且仅当 p 在所有逻辑可能的世界上为真。

根据直观我们有，

(3) 存在主体 A 和语句 p，q，使得 p 逻辑蕴涵 q（即 $p \to q$ 逻辑真）且 A 知道 p，但 A 不知道 q。

然而根据（1）和（2）我们有，对任何主体 A 和语句 p，q，若 $p \to q$ 逻辑真，则只要 A 知道 p，那么 A 知道 q。因此在经典认知逻辑语义下（1）~（3）是不相容的。

欣迪卡（1975）指出，（1）~（3）并不会马上导致矛盾，只有加上下面的（4）才会产生不一致：

(4) 所有认知可能的世界都是逻辑可能的。

由于人们通常默认（4），因此认为问题产生于（1）~（3），而（2）和（3）又是人们不愿否认的，这样就产生了对于可能世界语义解释认知现象的怀疑。欣迪卡则认为问题出在（4），他认为认知可能的世界不一定是逻辑可能的，这样就引入了不可能世界的概念，准确地说，是认知可能而逻辑不可能的世界（impossible possible worlds）。即在处理认知现象时，把可能世界集扩大，使得其不但包括逻辑可能的世界，还包括逻辑不可能的世界。

在命题模态语言中，我们形式定义包含不可能世界的模型（Rantala model）如下：对于一个四元组 $<W, W^*, R, V>$，其中 W 表示可能世界的集合，W^* 表示不可能世界的集合，关系 $R \subseteq (W \cup W^*) \times (W \cup W^*)$，V 是一个二元赋值函数：$Form \times (W \cup W^*) \to \{0, 1\}$ 使得对于所有的 $w \in W$。

(1) $V(\neg\varphi, w) = 1$　　当且仅当　　$V(\varphi, w) = 0$，

(2) $V(\varphi \wedge \psi, w) = 1$　　当且仅当　　$V(\varphi, w) = 1$ 且 $V(\psi, w) = 1$，

(3) $V(K\varphi, w) = 1$　　当且仅当　　如果 wRw'，那么 $V(\varphi, w') = 1$，$w' \in W \cup W^*$。

不难发现，模态语句 $K\varphi$ 的成真条件被加强了：只有在可达的所有世界（可能的和不可能的）中 φ 为真，我们才能说 $K\varphi$ 为真。由此可见，不可能世界语义只是对认知算子的解释进行了人为的修正，是一种修补性的策略。除非对不可能世界加以某种限制，否则得不到有意义的认知结论，而这种限制在很大程度上又不得不是特设性的。更重要的是，不可能世界语义无法刻画某个认知主体知道两个命题逻辑等价但仍然认为二者有不同意义。

另一种更一般性的策略是利用修正的可能世界来解释更基本的逻辑联结词，从而使认知逻辑建立在非经典逻辑的基础上，而保留逻辑全知。但由于此时的逻辑全知已经不再是经典逻辑意义上的逻辑全知，而是非经典逻辑意义上的逻辑全

知，从而变得可以接受。例如，如果新的非经典逻辑只允许 A 与 A∧A 逻辑等价，而不与 A∨(B∧A) 这样更复杂的公式等价，那么即使逻辑全知仍然成立，但由于此时的逻辑很弱，假定主体具有这样的逻辑全知能力是并不为过的。这方面的研究可以参考（Fagin et al.，1990）。

➢ 内涵刻画

（CI1）两个表达式的内涵相同，当且仅当它们在所有可能世界（包括不可能世界）中都有相同的外延。

这样，即使两个公式是逻辑等价的（在所有逻辑可能的可能世界中有相同真值），但由于它们在不可能世界中可以有不同的真值，因此它们的内涵也不必相同。

➢ 问题

第一，不可能世界方法只是为了解决超内涵问题而提出的一种特设性的解决方案，它缺乏足够的动机和理由。我们认为，不可能世界语义方向作为对经典的可能世界语义的发展，继承了其优点，能对内涵做出一定程度的刻画，但由于不可能世界是一个并不比内涵更简明直观的概念，因此这样的还原主义方案仍然是不能令人满意的。第二，除非对不可能世界加以某种限制，否则得不到有意义的认知结论，而这种限制在很大程度上又不得不是特设性的；第三，无法刻画某个认知主体知道两个命题逻辑等价但仍然认为二者有不同意义。

（2）情境语义[①]

➢ 基本思想

对可能世界进行细分，一个可能世界由若干情境（situation）构成。命题被看做是情境与其语句内容（信息）的支持关系，同样的语句内容可以被同一世界中的不同情境所支持，因而相对于可能世界不可辨的命题相对于情境仍然可辨，从而比可能世界能更细致地刻画内涵。

➢ 内涵刻画

（CI2）两个语句的内涵相同，当且仅当它们被相同的情境集支持。

➢ 问题

第一，理论过于烦琐，引入概念过多，缺少简单性；第二，如果两个语句被同样的情境集支持，那么它们的内涵就相同，这样的内涵刻画仍然不够精细。除非引入类似于不可能世界的不可能情境，否则逻辑等价的命题仍然不能被有效区分。

① 参见（Barwise，1983）（Barwise，1990）（Devlin，1991）（Seligman，1997）。

(3) 抽象对象理论[1]

➢ 基本思想

抽象对象理论不直接引入不可能世界，而是通过引入抽象对象（即现实世界中不存在的对象）来刻画不可能世界；用编码（encode）概念来加强性质同一的条件，性质的同一不但需要被同样的对象例化（exemplify），而且需要被同样的对象编码。

➢ 内涵刻画

(CI3) 两个性质同一，当且仅当它们必然且总是被同样的（抽象）对象编码。

➢ 问题

第一，由于在扎尔塔的系统中抽象对象的同一是由编码同样的性质来定义的，而性质的同一又是由被同样的抽象对象编码来定义的，因而存在着循环定义的问题[2]；第二，部分地由于第一点，对内涵刻画有重要意义的编码概念并不清楚；第三，抽象对象理论只给出了公理刻画，缺少相应的语义理论。

3.3.1.2 结构式语义

结构式语义的思想最早可以追溯到罗素。其基本思想是：从表达式的语形特征入手，将表达式的语形结构纳入语义解释。例如，通过引入结构式命题（由内涵构成的与语句同形的结构或有序组）来区分内涵。这是一种比较自然的想法，因为表达式的语形差异的确是造成其语义区别的重要来源。利用表达式的结构来区分内涵的思想则源于（Carnap，1947）的内涵同构（intensional isomorphism）思想。系统的形式化语义始自戴维·路易斯（David Lewis，1970）。以后（Cresswell，1985），（Soames，1987），（Tichy，1988），（Nowak & Vanderveken，1995）等各自以不同的方式发展了结构式语义。

(1) 内涵同构[3]

➢ 基本思想

首先我们介绍卡尔纳普的内涵同构思想。传统的可能世界语义对语句内涵的刻画是由语句在不同可能世界的真值确定的，由于真值是整个语句的性质，因此只要最后真值相同，语句的具体构造与其内涵没有关系，这与我们的直觉不符。卡尔纳普在处理命题态度句时认为，语句的内涵不只与其整体真值有关，而且还与语句的组成结构有关。这样，两个语句即使在所有可能世界中都有同样的真

① 参见（Zalta，1983）（Zalta，1988）（Zalta，1997）。

② （Greimann，2003）也指出了这个问题。

③ 参见（Carnap，1947）（Lewis，1970）（Cresswell，1985）。

值，但只要其结构不同，它们的内涵仍然可以不同。由此，卡尔纳普引入内涵同构（intensional isomorphism）的概念。两个命题内涵相同当且仅当表达这两个命题的语句内涵同构。卡尔纳普没有给出内涵同构的形式定义。大致而言，两个语句内涵同构当且仅当它们由内涵相同的表达式通过同样的方式构造而成，例如 $2+2=4$ 与 Ⅱ + Ⅱ = Ⅳ。[①]

➢ 内涵刻画

（CI4）两个表达式的内涵相同，当且仅当它们内涵同构。

➢ 问题

由于核心的内涵同一性仍然是由逻辑等价刻画的，因此仍然有内涵同构而意义不同的情况，如丘奇举的反例：令 $P(n)$ 表示"n 为小于 3 的正整数"，$Q(n)$ 表示"存在正整数 x，y，z 使得 $x^n+y^n=z^n$ 成立"，则 $(\forall n)(P(n)\leftrightarrow Q(n))$，从而 $(\exists n)(Q(n)\wedge\neg P(n))$ 与 $(\exists n)(P(n)\wedge\neg P(n))$ 内涵同构，而一个人可以相信前者却不相信后者。当然，认为 $P(n)$ 与 $Q(n)$ 还可以继续分为更细的结构，可以使得丘奇的反例无效，但如何确定结构中的部分以及选择何种层次的结构分解仍然是一个问题。如果分析得太粗，内涵同构不能满足同义性所要求的精度。但如果分析得太细，则内涵同构不能直观解释两个结构不同的表达式的同义性，如卡尔纳普本人已经意识到，内涵同构无法解释 brother 与 male sibling 之间的同义性，因为二者结构不同。

（2）相干逻辑[②]

➢ 基本思想

相干逻辑最初是为了避免蕴涵悖论（包括严格蕴涵悖论）[③] 而发展起来的。其基本思想是：$A\rightarrow B$ 只有在 A 和 B 包含共同的命题变元时才有效，以使得蕴涵式只有在前件与后件之间具有相关性时才能为真。这样就从语形的角度对逻辑等价提出了更高的要求。因而经典的逻辑等价公式由于在语形上的区别可以在相干逻辑中得到区分。后来范德维肯等人在相干逻辑的思想基础上发展了超内涵逻辑[④]。

➢ 内涵刻画

（CI5）两个语句的内涵相同，当且仅当它们相互相干蕴涵。

➢ 问题

第一，相干逻辑对逻辑等价的区分仍然不够精细，在相干蕴涵下逻辑等价命

① 卡尔纳普只在一阶语言里考虑问题，后来克瑞士威尔把内涵同构思想拓展到高阶类型语言。

② 参见（Urquhart，1972）（Belnap，1982）（Fuhrmann，1990）。

③ 如：$p\rightarrow(q\rightarrow p)$，$(p\rightarrow q)\vee(q\rightarrow r)$，$(p\wedge\neg p)\rightarrow q$，$p\rightarrow(q\vee\neg q)$ 等。

④ 参见（Nowak，1995）（Vanderveken，2005）（Vanderveken，2005）。

题仍然可以有不同内涵；第二，相干逻辑缺少恰当的语义，后来在可能世界语义的基础上通过引入三元可达关系来解释相干蕴涵，但除非引入不一致世界，否则仍然无法避免蕴涵悖论。

总体而言，外延模拟策略由于使用更容易接受的外延实体对内涵现象进行了刻画，符合通常的科学还原主义思想，具有一定的优势。然而，由于内涵的精细性质，任何还原式的解释可能都不能避免内涵粒度过粗的问题。

最重要的在于，目前的语义观通常基于〈世界，语言〉这样的二维划分来建模，而实际上由于命题态度等语言现象的存在，完整的语义模型应该建立在〈世界，语言，主体〉三维划分的基础上。可能世界语义和结构式语义分别可以看做是从世界维度和语言维度对内涵进行模拟，因此理论上，外延模拟策略还存在第三个方向，那就是从主体维度对内涵进行模拟[①]。

3.3.2 内涵主义超内涵逻辑

与外延主义策略不同，内涵主义策略认为，无论怎样利用外延对内涵进行模拟或归约，都不能获得足够精细的内涵刻画，因此唯一的办法是把内涵假定为初始实体，不归约为任何外延。在技术上它通常采用类型论和代数模型来分别刻画语形和语义，并分为高阶和一阶两个方向。

3.3.2.1 高阶内涵主义

高阶内涵主义把内涵看做一个层级系统，为避免语义悖论，对内涵的量化具有层级限制，在技术上采用高阶类型逻辑进行处理。

(1) 丘奇的内涵逻辑[②]

➢ 基本思想

丘奇试图把弗雷格关于含义与所指（sense and denotation）的哲学观念纳入到逻辑系统中。丘奇认为，为了分析像“我在寻找独角兽”，“他应得到一座永久的纪念碑”这样的语句，假定内涵实体是必要的。

特别的，丘奇认为，把模态分析为作用在语句上的算子是误入歧途的。例如，设 f 代表“无羽的”，b 代表“两足的”，m 代表“人”，那么“两足无羽的东西是人”和“可能并非两足无羽的东西是人”可以同时成立，二者的合取表示为 $fb = m \wedge \Diamond fb \neq m$。丘奇认为由此应该可以得到：

---

① 详见 3.8 节。

② 参见（Church，1951）（Church，1954）（Church，1973）（Church，1974）。

$(\exists\varphi)[(\forall x)(\varphi x\leftrightarrow x\in m)\wedge\Diamond\neg(\forall x)(\varphi x\leftrightarrow x\in m)]$，这里 φ 是遍历属性的变元。

为了得到上面的推理，丘奇首先对 $\Diamond fb = m$ 这样的式子进行了重新表述，他认为应该表述为 $\Diamond \mathbf{fib} = \mathbf{m}$，其中 **f**，**b**，**m** 分别指 f，b，m 的含义，**i** 是集合交的概念，**=** 指 = 的含义，这样 **fib = m** 就是一个命题的名字，◇变成一个谓词而不是一个模态算子。

我们用一个表达式的粗体作为该表达式含义的名字，并称它为该表达式的"first ascendant"。这样，$(\forall x)(x\in fb\rightarrow x\in m)$ 的 first ascendant 就是 $(\forall \mathbf{x})(\mathbf{x}\in \mathbf{fb}\leftrightarrow \mathbf{x}\in \mathbf{m})$。它指称的是前者表达的命题。上面的推理分析如下：

(1) $fb = m\wedge\Diamond\neg(\mathbf{fb} = \mathbf{m})$

(2) $(\forall x)(x\in fb\leftrightarrow x\in m)\wedge\Diamond\neg(\forall \mathbf{x})(\mathbf{x}\in \mathbf{fb}\leftrightarrow \mathbf{x}\in \mathbf{m})$

定义 φ(x) 为 $(\exists c)(\Delta(\varphi, c)\wedge x\in c)$，即"x 具有性质 φ"意味着"存在一个类 c，使得 φ 是 c 的概念且 x 属于 c"。我们也把 $x\in\varphi$ 简写为 φ(x)。

我们会假定，无羽两足这个性质就是无羽两足的类的概念，即有：

(3) $\Delta(\mathbf{fb}, fb)$

然后利用弗雷格内涵逻辑的一个重要原则，即一个概念最多只能是一个实体的概念，这样就有：

(4) $\Delta(\varphi, c)\wedge\Delta(\varphi, c')\rightarrow c = c'$

由 (2)，(3)，(4) 得

(5) $(\forall x)(\mathbf{fb}(x)\leftrightarrow x\in m)\wedge\Diamond\neg(\forall \mathbf{x})(\mathbf{fb}(\mathbf{x})\leftrightarrow \mathbf{x}\in \mathbf{m})$

所以

(6) $(\exists\varphi)[(\forall x)(\varphi(x)\leftrightarrow x\in m)\wedge\Diamond\neg(\forall \mathbf{x})(\boldsymbol{\varphi}(\mathbf{x})\leftrightarrow \mathbf{x}\in \mathbf{m})]$

丘奇把弗雷格的含义看做是实在的，在弗雷格那里，含义是表达式的含义，与语言联系在一起。丘奇则引进概念，试图把含义与语言分离开。一个个体的名字的含义就是这个个体的概念。任何能够成为 x 的名字的含义的东西都叫做 x 的概念。这样，概念就变成了实体之间的关系。

丘奇（1951）最初是想在对象语言中把卡尔纳普关于内涵同一的思想用完整的逻辑系统表达出来（当然丘奇不满于此，详后）。丘奇在他的类型 λ－演算（Church，1940）的基础上发展内涵逻辑。

类型符号

外延类型符

(1) 基本类型符：ι，o，解释为：前者为任意个体集，后者为真值集，即 {T，F}。

(2) 函数类型符：若 α，β 是类型符，则（αβ）也是类型符，解释为：所

有从类型 β 的解释到类型 α 的解释的函数构成的集合。

规定：最外层括号省略，括号向左结合。即 $\alpha\beta\gamma$ 表示的是 $((\alpha\beta)\gamma)$。

内涵类型符

(1) 基本类型符：ι_1，ι_2，…；o_1，o_2，…，解释为：个体概念，个体概念的概念，……；命题，命题的概念（或命题概念），命题概念的概念，……。个体概念就是个体名字的含义，个体概念的概念就是个体名字的含义的名字的含义，以此类推。

引进分层的内涵类型的直接动机在于，由于把个体（或真值）名字的含义看做实体，因此我们可以像谈论个体（或真值）一样谈论这些含义，这样含义也会有名字，而这个名字应该也具有含义，这个含义就是概念的概念，从而导致概念的阶不断上升。更深刻的动机源于弗雷格的间接指称观点。弗雷格认为在信念语境等间接语境中，名字或语句的所指不再是个体或真值，而是其含义，于是在 I believe that p 中，p 在 I believe that 这个语境下指的就不再是真值，而是 p 的含义，即 p 表达的命题。这样，在 He believe that I believe that p 中，that p 作为 p 的命题的名字在 He believe that 这个新语境下指 that p 的含义，即 p 的命题的名字的含义，即命题的概念，以此类推。

(2) 函数类型符：若 α，β 是类型符，则 $\alpha\beta$ 也是类型符。

为何不对函数类型符引进内涵类型符呢？

丘奇认为函数的概念可以归约为概念的函数。例如，直观上如果有 $(\alpha\beta)_1$ 这样的类型，那么它应该是如下这些函数的概念，这些函数是从类型 β 到类型 α 的函数。但这样一来又会增加无穷多的新初始类型。丘奇认为函数的概念还是函数，只不过是由个体的函数变成了概念的函数。给定类型 α_1，β_1，则有类型 $\alpha_1\beta_1$，它由从类型 β_1 到类型 α_1 的全体函数构成。现在假定有两个名字“F”和“B”分别是对 $\alpha\beta$ 类型和 β 类型中的某个实体的命名，并且分别具有含义 μ 和 ν。在某个固定的语言里，“FB”可以是合式公式，并指称名为“F”的函数作用在名为“B”的论元上的函数值。这个值是类型 α 中的某个实体 a，名字“FB”的含义就是实体 a 的概念。这样，对应于任何一个类型为 $(\alpha\beta)_1$ 的函数的概念，存在一个从概念到概念的函数，即从类型 β_1 到 α_1 的函数，并且我们可以假定这个函数就是函数概念 μ。这样，一个函数的概念，就变成从其论元的概念到其函数值的概念的函数。由此引进刻画函数的概念：

刻画函数：设 φ 和 φ' 分别为类型 $\alpha\beta$ 和类型 $\alpha_1\beta_1$ 的函数，称 φ' 刻画了 φ，当且仅当下面的条件满足：函数 φ 对论元 ξ 的值为 $\eta \Leftrightarrow$ 函数 φ' 作用在任何 ξ 的概念上的值总是 η 的一个概念。丘奇的意图是用一个函数的刻画函数来作为该函数的概念。为此他引入以下两个假设：

假设1：每个函数的概念就是由这个函数的概念决定的刻画函数。

假设2：每个函数的刻画函数都是这个函数的一个概念。

这两个假设分别由公理$15^{\alpha\beta}$和$16^{\alpha\beta}$得到刻画（详后）。

丘奇还引进了preferred类型符，即非空类型，用来表达摹状词的一些关系。

语言

初始符号

（1）逻辑常元：C_{ononon}，$\Pi_{on(on\alpha n)}$，$\iota_{\beta n(on\beta n)}$，$\Delta_{on\alpha n+1\alpha n}$，分别解释为合取、广义量词、摹状词、概念关系词。其中最后一个是丘奇引进的核心逻辑常元，它可以看做是一个二元联结词，$\Delta_{on\alpha n+1\alpha n}x_n y_{n+1}$解释为$y_{n+1}$是$x_n$的概念。

（2）变元：x_β，$f_{\alpha\beta}$，等等。

（3）辅助符号：λ_n，（，）。

注：这里根据（Church，1973）作了修正，原来的（Church，1951）中只有一个λ，即λ_0。后来，A. F. 鲍许（A. F. Bausch）向丘奇指出，如果只有一个λ，则根据上面关于刻画函数的假设及其公理刻画就会导致完全外延性：因为一个函数的概念与其刻画函数一一对应，则导致同一个实体的两个概念总是相同的，这样所有偶然为真的语句都表达同样的命题，这显然不符合丘奇的初衷。

合式表达式

（1）逻辑常元和句法变元都是合式表达式。

（2）若$x_{\beta n}$是类型为β_n的变元，$M_{\alpha n}$是一个类型为α_n的合式表达式，则$(\lambda_n x_{\beta n} M_{\alpha n})$也是一个合式表达式，其类型是$\alpha_n\beta_n$。

（3）若$F_{\alpha\beta}$和A_β分别是类型为$\alpha\beta$和β的合式表达式，则$F_{\alpha\beta}A_\beta$也是合式表达式，其类型为α。

公理系统

推导规则

（1）约束变元替换规则：如果x_β在M_α中不自由，并且y_β在M_α中不出现，那么可以用Y_β替换X_β在M_α中每一次出现。

（2）λ转换规则Ⅰ：当一个公式中出现$(\lambda X_\beta M_\alpha)N_\beta$时，只要$M_\alpha$中的约束变元既不同于$X_\beta$也不同于$N_\beta$中的自由变元，我们就可以用$N_\beta$替换$M_\alpha$中的$X_\beta$。

（3）λ转换规则Ⅱ：如果A_α是用N_β替换M_α中的X_β得到的，且M_α中的约束变元即不同于X_β也不同于N_β中的自由变元，我们都可以在一个公式中用$(\lambda X_\beta M_\alpha)N_\beta$替换$A_\alpha$，只要替换后的公式是闭公式。

（4）消量词规则：从$\Pi_{\alpha(o\alpha)}F_{o\alpha}$可以推出$F_{o\alpha}A_\alpha$，只要$A_\alpha$中没有自由变元。

（5）MP规则：从$C_{ooo}A_oB_o$和A_o可以推出B_o。

公理模式

丘奇给出了 17 条公理模式，其中 1 ~ 7 为经典谓词逻辑的公理，8 ~ 9 为外延公理，10 为摹状词公理，11 ~ 14 为逻辑常元的内涵公理，15 ~ 17 为内涵核心公理。

$$15^{\alpha\beta}.\ (\forall f_{\alpha\beta})(\forall f_{\alpha 1\beta 1})(\forall x_{\beta})[\Delta_{o(\alpha 1\beta 1)(\alpha\beta)} f_{\alpha\beta} f_{\alpha 1\beta 1} \wedge \Delta_{o\beta 1\beta} x_{\beta} x_{\beta 1} \rightarrow \Delta_{o\alpha 1\alpha}(f_{\alpha\beta} x_{\beta})(f_{\alpha 1\beta 1} x_{\beta 1})]$$

$$16^{\alpha\beta}.\ (\forall f_{\alpha\beta})(\forall f_{\alpha 1\beta 1})[(\forall x_{\beta})(\forall x_{\beta 1})(\Delta_{o\beta 1\beta} x_{\beta} x_{\beta 1} \rightarrow \Delta_{o\alpha 1\alpha}(f_{\alpha\beta} x_{\beta})(f_{\alpha 1\beta 1} x_{\beta 1})) \rightarrow \Delta_{o(\alpha 1\beta 1)(\alpha\beta)} f_{\alpha\beta} f^{1}_{\alpha 1\beta 1}]$$

$$17^{\alpha}.\ (\forall x_{\alpha})(\forall y_{\alpha})(\forall x_{\alpha 1})(\Delta_{o\alpha 1\alpha} x_{\alpha} x_{a1} \wedge \Delta_{o\alpha 1\alpha} y_{\alpha} x_{\alpha 1} \rightarrow x_{\alpha} = y_{\alpha})$$

注：$16^{\alpha\beta}$ 最后的 $f^{1}_{\alpha 1\beta 1}$ 在（Church，1951）中原为 $f_{\alpha 1\beta 1}$，后来在（Church，1974）中修正为 $f^{1}_{\alpha 1\beta 1}$，根据定义，即为 $\lambda_1 x_{\beta 1}(f_{\alpha 1\beta 1} x_{\beta 1})$。

其中 $15^{\alpha\beta}$ 和 $16^{\alpha\beta}$ 分别刻画了如下直观假设：

假设 1：每个函数的概念就是由这个函数的概念决定的刻画函数。

假设 2：每个函数的刻画函数都是这个函数的一个概念。

➢ 内涵刻画

（CI6） Alternative(0)：两个表达式内涵相同，当且仅当它们同义同构（synonymous isomorphism）。

（CI7） Alternative(1)：两个表达式内涵相同，当且仅当它们之间可以进行 λ 转换。

（CI0） Alternative(2)：两个表达式内涵相同，当且仅当它们逻辑等价①。

其中 Alternative(0) 是丘奇本人最重视的一个选择，也是对内涵刻画最细、试图超越可能世界语义学对内涵进行刻画的一条途径。丘奇认为如果 Alternative(0) 能成功构造出来，对内涵刻画粒度更粗的 Alternative(1) 和 Alternative(2) 都可以看做是 Alternative(0) 的变种，而不具有独立意义。惜乎丘奇本人没有完成这项工作，只是在文献（Church，1951）中给出了大致思路：即把卡尔纳普在（Carnap，1947）中的内涵同构（intensional isomorphism）概念替换成同义同构（synonymous isomorphism）。即首先规定语言中的一些初始符号是同义的（这些同义的初始符号既可以是同类的，如都是个体常项符，或都是谓词符；也可以是不同类的，如谓词符可以与 λ 抽象符同义，个体常项符可以与摹状词符同义），然后规定一个表达式中的一部分被其同义的表达式替换后所得到的表达式仍然与原来的表达式同义。后来在（Church，1974）中尝试性地给出了公理 63 ~ 68 作

① Alternative(2) 的内涵同一标准实际上就是卡尔纳普的经典内涵同一标准，故我们仍用（CI0）标记。

为 Alternative(0) 的特征公理。

➢ 问题

丘奇发展的几种内涵逻辑都不太成功。在 Alternative(0) 中，由于内涵同一标准过于严格，造成命题数目过多，从而违反康托定理，出现 Russell-Myhill 悖论。尽管丘奇试图在后来的修正版（Church，1974）中借用分支类型论的办法来消除 Alternative(0) 中的悖论，但安德森（1980）（Anderson，1980）指出丘奇的努力仍然不成功，如果不放弃某些公理，悖论仍然无法消除，这意味着必须放弃丘奇关于概念函数的核心思想。迈希尔（Myhill，1958）指出，Alternative(1) 同样存在悖论问题。Alternative(2) 虽然没有悖论问题，但由于内涵同一标准过粗，已经无法实现丘奇最初想解决命题态度句等超内涵问题的目标了。另外，丘奇只给出了公理系统，没有给出相应的模型论。

（2）托马森的内涵模型论①

➢ 基本动机

托马森在蒙太格的个体和真值类型基础上引进了命题类型，采用了抽象力更强的代数方法，构造了一个代数语义模型，提供了一个可以容纳多种语义的框架，其中命题被看做初始的，从而可以构造细粒度的内涵。

➢ 内涵刻画

引入了内涵同一和外延同一算子，但并未对二者之间的关系做出规定，因此它只是提供了一个可以刻画细粒度内涵的框架，但并未对其进行具体刻画。

➢ 问题

托马森只是提供了一个内涵逻辑的模型论框架，而没有对命题域 D_P 的代数结构进行具体规定，从而也就没有解释域中各元素的相互衍推与内涵等同之间的关系，因此他想要做出解释的命题等同没有获得一个合理的说明。另一方面，托马森的模型论缺少一个与之相对应的证明论，从而使得其超内涵逻辑不够完整。不过，托马森的模型论语义为内涵初始策略提供了一个基本框架，后来的在此策略上发展的超内涵逻辑基本上都是在这个框架下展开的。

3.3.2.2 一阶内涵主义

一阶内涵主义不对内涵进行分层处理，允许对所有内涵进行量化，采用无类型或多态类型的一阶逻辑来处理内涵。

（1）舒斯克的非弗雷格（non-Fregean）逻辑②

舒斯克构造了一种内涵作为初始对象的命题逻辑 SCI，它可以看做是一种最

---

① 参见（Thomason，1980）。

② 参见（Suszko，1967）（Suszko，1973）（Suszko，1975）。

简单的内涵主义超内涵逻辑，最能反映内涵主义超内涵逻辑的核心思想。本章3.6节的工作就是通过改造SCI完成的，故对SCI的详细介绍将留待第5章进行。

(2) 比勒的性质论①

➢ 基本动机

采用代数语义处理，与主流超内涵逻辑相比有两个重要不同：一是不采用λ演算和类型论语言，只是在一阶谓词语言上引入一个抽象符表示命题、性质和关系的内涵；二是不但把命题看做初始的，而且把性质和关系也看做初始的。

➢ 内涵刻画

比勒给出了两种内涵同一标准，一种较弱的内涵同一与传统的逻辑等价标准类似。另一种较强的同一标准如下：

(CI8) 两个表达式内涵相同，当且仅当它们具有同样的逻辑分析树，即由同一的简单内涵通过同样的逻辑运算构造而成。

由于内涵被看做初始的，在没有其他意义公设的条件下，只有相同的表达式才具有相同的内涵。这种内涵思想在一定意义上也可以看做是一种结构主义的内涵观。与结构式语义不同的是，结构式语义把最小结构的内涵还原为某种外延，而这里则把最小结构的内涵看做是初始的。

➢ 问题

第一，由于比勒的语言比较局限，其表达力也受到了限制，自然语言中的许多词类（如形容词、限定词等）在其中不能获得有效表达；第二，由于其逻辑是无类型的，因而在不加限制的情况下会出现逻辑悖论；第三，有批评者指出，尽管其逻辑是一阶的，但作者声称的完全性不是相对于标准模型的完全性，而是相对于广义模型的完全性。

不过，比勒发展的一阶无类型逻辑也有其优点。首先是其计算性要优于高阶逻辑，其次由于使用了无类型理论，从而可以更灵活地表达自然语言中的类型多态现象，避免了高阶逻辑类型过于严格、不符合自然语言特点的缺陷。

根据上面的讨论，关于内涵的同一性标准至少有如下几种：

- 两个表达式的内涵相同，当且仅当它们在所有状态描述（可能世界）中都有相同的外延。
- 两个表达式的内涵相同，当且仅当它们在所有可能世界（包括不可能世界）中都有相同的外延。
- 两个语句的内涵相同，当且仅当它们被相同的情境集支持。
- 两个性质同一，当且仅当它们必然且总是被同样的（抽象）对象编码。

---

① 参见（Bealer, 1979）（Bealer, 1982）（Bealer, 2003）。

- 两个表达式的内涵相同，当且仅当它们内涵同构（intensional isomorphism）。
- 两个语句的内涵相同，当且仅当它们相互相干蕴涵。
- 两个表达式内涵相同，当且仅当它们同义同构（synonymous isomorphism）。
- 两个表达式内涵相同，当且仅当它们之间可以进行 λ 转换。
- 两个表达式内涵相同，当且仅当它们具有同样的逻辑分析树，即由同一的简单内涵通过同样的逻辑运算构造而成。

这些不同的内涵同一性标准启示我们，也许我们并不需要一个绝对的内涵同一标准。是否能构造一个能容纳多个标准的更一般的逻辑系统呢?

3.3.3 超内涵逻辑的问题

如前所述，超内涵逻辑起源于对强真值-意义原则的否定，即逻辑等价（在所有可能世界具有相同真值）的句子并不必然具有相同的意义（内涵），因而不能在所有语境中保真值地相互替换。那么随之而来的问题就是，在什么条件下两个句子具有相同的意义（内涵），从而可以在所有语境中保真值地相互替换呢？这就是超内涵逻辑所要解决的核心问题。

以上我们简要回顾了对这个问题在两种策略、四个方向上的不同回答，并指出了各自的问题所在。其中，内涵主义超内涵逻辑虽然在内涵的处理方法上与外延主义超内涵逻辑有所不同，但二者只是在基本内涵的假定上不同。前者假定基本内涵能还原为外延，后者则假定基本内涵是初始的，不能还原为外延。对复合表达式的内涵处理，内涵主义超内涵逻辑也是采取结构主义的方式来进行的，其本质思想即丘奇提出的同义同构概念：复合表达式的内涵不但由其组成部分的内涵决定，而且依赖于其组成结构。这种结构主义内涵观的问题在于如何确定结构的部分。一个可以分解为多层的语句，其结构究竟由最顶层确定还是由最底层确定？抑或由某个中间层确定？由最顶层确定则可能导致内涵过粗，如丘奇举的内涵同构的反例；由最底层确定则可能导致内涵过细，使得内涵过于依赖语形而抹煞同义性的直观解释。这个问题并不是结构主义内涵观带来的，而是因为坚持内涵同一只有一个绝对标准造成的。事实上，目前几乎所有的超内涵逻辑都存在这个问题，即对内涵的刻画要么过细、要么过粗。

3.3.3.1 内涵粒度过细问题

为了克服经典内涵逻辑对内涵刻画过粗的问题，超内涵逻辑的内涵同一粒度变得更加精细。原来能够进行同一替换的表达式在更精细的内涵同一标准下不再是内涵同一的，因而不再能进行合法替换，这样就避免了在超内涵逻辑系统中推出许多直观上无效的论证，例如逻辑全知的一些结果。

然而，在避免无效论证的同时，超内涵逻辑也过滤掉了很多直观上有效的论证。例如，除非添加意义公设，下面的推理在现有的超内涵逻辑中是无效的：

例 3.18 p 是真的。

p 当且仅当 q。

---

q 是真的。

例 3.19 三角形的三垂线交于一点。

x 是三边形。

---

x 的三垂线交于一点。

例 3.20 张三知道 p 并且 q。

p 并且 q 等价于 q 并且 p。

张三知道 q 并且 p。

为了能刻画上述直观上有效的推理，超内涵逻辑必须假定自然语言中同义的表达式在超内涵逻辑中就是内涵同一的，即必须有：[p 是真的] = [p]，[x 是三角形] = [x 是三边形]，[p 并且 q] = [q 并且 p]([A]表示语句 A 的意义或内涵)。而这样的假定必须是一般的，否则就变成特设性的（ad hoc），而一旦这样的假定是一般的（即所有同义的表达式都表达为内涵同一），那么它对内涵的刻画又会变得过粗。

3.3.3.2 内涵粒度过粗问题

有些直观上无效的推理在添加上述意义公设后的超内涵逻辑中变为有效，比如前面提到的分析悖论和梅茨困惑：

例 3.21 X 相信任何一个单身汉都是一个单身汉。

单身汉就是未婚男子。

X 相信任何一个单身汉都是一个未婚男子。

例 3.22 X 知道任何一个圆都是一个圆。

圆就是在同一平面到某个定点具有定长的点的轨迹。

X 知道任何一个圆都是在同一平面到某个定点具有定长的点的轨迹。

例 3.23 X 知道 12 个是 12 个。

一打就是 12 个。

X 知道一打就是 12 个。

例 3.24 S 与 S′同义。

没有人怀疑任何相信 S 的人都相信 S。
———————————————
没有人怀疑任何相信 S 的人都相信 S′。

又如，如果认为“x 是偶数”的含义就是“2 整除 x”，“x 是自我整除的”的含义就是“x 整除 x”，那么下面的推理在超内涵逻辑中也是有效的：

例 3.25 张三相信 2 是偶数。

2 是偶数 = λ(x)(x 是偶数)(2) = λ(x)(2 整除 x)(2) = 2 整除 2 = λ(x)(x 整除 x)(2) = λ(x)(x 是自我整除的)(2) = 2 是自我整除的。
———————————————
张三相信 2 是自我整除的。[①]

解决上述两难的一个出路是：不把自然语言中同义的表达式看做内涵同一，而只是看做外延同一，这样，我们仍然可以表达上述例子中的有效推理（例 3.18 ~ 3.20），而可以避免其中的无效推理（例 3.21 ~ 3.25）。然而，如果我们连自然语言中同义的表达式都不表达为形式系统中的内涵同一，那么内涵同一对于刻画自然语言而言就变得没有意义了，我们只需要外延同一就够了。因此，一个仅有单一内涵同一标准的逻辑系统，要么不能很好地刻画自然语言，要么对于自然语言就是无意义的。我们显然不希望后者，这样就需要一个更丰富、更灵活的内涵同一标准。如同我们在语形上需要一个更丰富、更灵活的类型论（flexible type theory）一样，在语义上我们也需要一个更丰富、更灵活的内涵理论。换言之，自然语言中不但具有类型上的多态性（polymorphism），而且在内涵同一上也具有某种多态性。但现有的超内涵逻辑研究只注意到了类型应该灵活，而忽略了内涵同一标准也应该是灵活的。产生这种忽略的一个原因在于，现在的内涵逻辑研究更注重的是如何更好地使自然语言获得形式表达，而忽略了如何更好地刻画自然语言中的有效推理。当然，前者是后者的前提，但前者不能代替后者的解决。

3.3.4 内涵语境主义

经典内涵逻辑的一个重要思想就是把外延语境化了：同一个表达式在不同语境下可以有不同指称。经典内涵逻辑所理解的语境（如情境、可能世界）是一种客观或本体论意义上的概念。然而，正如（Penco，1999）指出的，除了客观或本体论意义上的语境外，还存在一种主观或认识论意义上的语境（cognitive context），它们的区分可以总结如下：

(a) 语境是一个世界的特征集，可以表达为〈时间，地点，说话者……〉；

(b) 语境是一个关于世界的假定集，可以表达为〈语言，公理，规则，……〉。

---

① 此例源自（Bealer，1998）。

由于第二种意义上的语境涉及到不同主体（或群体）在认知上的差异，包括对语言的理解、对世界的认识以及由此产生的知识（信念）背景与结构上的差异、逻辑推理能力的区别、甚至逻辑推理方式的不同，同样的语言表达式在这些不同的认知语境下也会呈现出不同的认知价值。对那些已经具有现代天文学背景知识的主体（群）而言，“晨星＝暮星”与“晨星＝晨星”一样并不提供新的信息，而对于尚未发现“晨星＝暮星”这一天文学事实的主体（群）而言，二者却具有不同认知价值。即使对同一个认知主体而言，在不同的场合下，同样的表达式呈现给他的意义也是不一样的。一个数学家在做数学时会按照数学中的定义来理解“圆”，而在他处理日常问题时他又会按照日常使用来理解“圆”。这种意义上的不同不仅仅是外延上的不同，内涵本身也发生了改变。

事实上，语言表达式的内涵不但依赖于认知语境，即使是不同的客观语境也会使同样的语言表达式产生不同的含义。考虑如下语句：

（1）猫在垫子上。

（2）张三在割草。

（3）李四把门打开了。

设想这样一些语境：猫和垫子正在星际空间旅行；人们像切蛋糕一样切（割）[①]草；人们用手术刀来打开门。在这样一些与通常语境不同的奇异语境中，三个语句的意义完全发生了改变（Searle，1979）。因此，我们认为，不但语言表达式的外延依语境而定，而且语言表达式的内涵也依语境而定，我们称这种内涵观为内涵语境主义。

按照内涵语境主义，内涵同一标准就不再是绝对的，而是相对的、局部的、多元化的。不同的语境可以具有不同的内涵同一标准。内涵同一标准的多元化思想实际上在丘奇、比勒等人那里已经萌芽了。丘奇本人即提供了三种内涵同一标准。比勒的逻辑系统也提供了两种内涵同一标准：一种用来刻画性质，一种用来刻画概念，前者具有客观性，内涵同一标准较为宽松；后者具有主观性，内涵同一标准更加严格。比勒甚至指出，在这两种同一标准之间还应存在一个连续的谱系（Bealer，1982）。

实际上，即使做最粗糙的分类，也至少应当有如下三种针对不同语境的内涵同一标准：

（1）纯外延语境：内涵相同当且仅当外延相同；

（2）模态语境：内涵相同当且仅当所有可能的外延都相同；

（3）认知语境：内涵相同当且仅当认知价值相同。

---

① 在英文里，“切”和“割”都可以用 cut 来表达。

当然，这种分类是相当粗糙的，自然语言中的语境远不止这三种。例如，在信念语境中还存在从言（de dicto）与从物（de re）的区分，前者的同一标准较严，而后者的同一标准则较松。更一般地考虑，我们应当允许有无穷多内涵同一标准，每一种语境都给出一种内涵同一标准。相应的，莱布尼茨的同一替换律也应修正为如下形式：

对任意 x 和 y，如果相对于语境 i 有 x = y，那么在语境 i 下，任何对 x 成立的东西对 y 也成立，任何对 y 成立的东西对 x 也成立。

这样，内涵逻辑推理中的同一替换规则不再是全局性的，而是依场合而定①。我们把这种基于内涵语境主义的内涵逻辑称为语境内涵逻辑。

3.4 语境内涵逻辑Ⅰ：基于可能世界语义

我们在可能世界语义的基础上构造两个内涵逻辑的极小系统，以进一步说明经典内涵逻辑在刻画内涵上的本质思想；同时，我们在主体信念的意义上使得语境内涵的思想得以实现。

3.4.1 直观思想

我们知道，模态逻辑的 K 系统相对于经典克里普克语义是极小系统。作为内涵逻辑的一种，K 系统也可以看做是内涵逻辑的极小系统。但是由于模态逻辑的出发点是为了刻画必然概念，而不是一般的内涵概念，因此我们需要对模态逻辑的语言稍加改造，使得它变成一个一般的内涵逻辑系统。

为此，我们将经典模态语言中表示必然的一元模态符“□”改造成表示命题同一的二元模态符“≡”，用 $A \equiv B$ 表示“语句 A 与 B 有相同的内涵”，或“语句 A 与 B 表达相同的命题”。于是，卡尔纳普的内涵同一标准可以形式化如下：

(a) $M, w \vDash A \equiv B \Leftrightarrow$ 对任意 $w \in W$，$M, w \vDash A \leftrightarrow B$，其中 W 表示所有可能世界构成的集合。

如前所述，这是一个绝对化的内涵同一标准，只要 $A \equiv B$ 在某个可能世界上被满

① 波吉（Burge）也认为，信念语境中的同义替换在不同场合有不同标准，它们由信念报告者的目的和关于信念者的事实决定。参见（Burge，1978）。

足，那么它在所有可能世界上都将被满足。这不符合内涵具有语境性特点的实际。为了使得内涵具有语境性特点，必须使内涵同一标准相对化。一个自然的想法就是引入可达关系。如同必然概念可以相对于可达关系定义，内涵同一也可以相对于可达关系定义，这样我们就有如下可满足关系：

(b) $M, w \vDash A \equiv B \Leftrightarrow$ 对任意 $w' \in W$，若 wRw'，则 $M, w' \vDash A \leftrightarrow B$，其中 W 表示所有可能世界构成的集合。

这样，A 与 B 的内涵在 w 上是否同一，只与 w 的可达世界有关，而与其他世界无关。因此，内涵同一变得相对化：两个语句在某个可能世界的内涵相同，在另一个可能世界的内涵则可以不同。

然而，尽管内涵同一的可满足性变成相对的，但内涵同一的有效性却仍然是绝对的。但内涵的语境性告诉我们，同样的内涵推理，在有的语境中是有效的，在有的语境中却是无效的。特别的，同样的表达式对不同主体的认知价值是不一样的。例如，一个数学家可以认为“递归的”与“可计算的”是同一个意思，并在其信念语境中进行有效的推理；一个普通人即使知道“递归”与“可计算”的意思，也不认为它们说的是同一件事。因此，对语境的一种理解就是：每个语境代表一个主体①的认知状态，不同的认知主体具有不同的内涵同一标准（在模型上即表现为不同的可达关系）。在语言上，表示内涵同一的等词不再只有一个，而是有多个（每个主体对应一个）。这种思想可以看做是对弗雷格提出的一种内涵同一思想的相对化。弗雷格曾提出如下关于思想（thought）的同一标准：

(c) 语句 S1 和 S2 表达同样的思想，当且仅当所有理解这两个语句的人都不能设想它们具有不同的真值。(Frege, 1906: 299 - 300)

如果我们把思想看做是语句的内涵，那么弗雷格给出的这个内涵同一标准是绝对化的，因为弗雷格认为思想是客观的。但弗雷格又是从主体认知的角度来给出这个标准的，而不同的主体在认知上总会存在这样或那样的差异，因此更合理的思想同一标准应该是如下相对化的标准：

(d) 语句 S1 和 S2 相对于共同体 i 表达同样的思想，当且仅当 i 中所有理解这两个语句的人都不能设想它们具有不同的真值。

基于这种思想，我们构造了一个极小的多主体内涵逻辑 MIL。在技术上，它可以看做是经典的多模态 K 系统的变种，二者可以相互定义。

语境除了与主体有关外，还与客观世界有关。但客观世界不是整体性地呈现在主体面前，而是通常只呈现某个局部。同一个主体可以在不同场合关注同一个

① 一个主体不一定是一个人，也可以是一个语言、知识或文化共同体。

对象的不同方面或不同局部，因而语句在主体意义上的内涵同一可以只是某个方面或局部的内涵相同。A 与 B 在这个方面内涵相同，B 与 C 在那个方面内涵相同，而 A 与 C 可能在任何方面内涵都不同，在这种局部内涵观下，内涵同一不再具有传递性[①]。基于这种思想，我们构造了多主体局部内涵逻辑 MLIL。在技术上，它可以看做是由费金和哈尔彭等人构造的局部信念推理（Fagin，1988）的变种，二者可以相互定义。

尽管 MIL 和 MLIL 在语言上更丰富了，因而表达力更强，在一定意义上刻画了内涵的语境性，但是它们在内涵的刻画精度上与经典模态逻辑没有本质上的不同，因而仍然无法避免超内涵问题。

3.4.2 多主体内涵逻辑 MIL

3.4.2.1 预备知识

首先，对经典命题演算 PC 的任意扩充 S，我们给出下列一般定义和结论[②]。

记号与约定 3.1

（1）S 的所有命题变元构成的集合记为 Var(S)，在不致引起混淆之处记为 Var。

（2）称 S 的合式公式为 S－公式，在不致引起混淆之处简称为公式。

（3）所有 S－公式构成的集合记为 Fm(S)，在不致引起混淆之处简记为 Fm。

（4）在 S 中可证的公式称为 S 的内定理，所有 S 的内定理构成的集合记为 Th(S)。

（5）除非特别声明，经典逻辑联结词的结合力按照如下顺序依次减弱：¬，↔[③]，∧，∨，→，并依此省略相应的括号。

（6）若 S 的初始语言中只给出了经典逻辑联结词的一部分，那么其他经典联结词如通常定义。

（7）我们经常用“⇒”表示元语言中的“如果……那么……”，用“⇔”表示元语言中的“当且仅当”，并规定在元语言中“⇒”和“⇔”的结合力都

① 这样可避免例 3.25 中的无效推理。

② 这些结论的证明请参见通常的模态逻辑教材。

③ 注意，通常规定↔的结合力最弱，但因在本章中出现较频繁，为了方便起见，我们提高了其结合力。

小于“且”和“或”。

（8）我们用$\top$表示某个常真式，用$\bot$表示某个常假式。

（9）我们通常用大写英文字母A，B，C…（有时带下标或加撇）表示公式，用小写英文字母p，q，r…（有时带下标或加撇）表示命题变元。

（10）对任意集合S，我们用$\wp(S)$表示S的幂集，用S^n表示S的n次笛卡儿叉积。

（11）对任意集合S上的二元关系R，我们经常用xRy表示$\langle x, y\rangle \in R$。

（12）在证明S的内定理时，我们用RPC表示PC中的某个有效的推演规则。

（13）为避免标号过多，不同节中可能出现相同的标号。除非特别声明，在文中引用这些标号时均指其所在节所标记的对象。

定义3.3 令$\Phi \subseteq Fm(S)$，

（1）称Φ是S的一致集[①]，如果对任意有穷序列$A_1, \cdots, A_n \in \Phi$，有

$$\nvdash_S \neg(A_1 \wedge \cdots \wedge A_n)。$$

（2）称Φ是S的极大集，如果对任意$A \in Fm(S)$，$A \in \Phi$或$\neg A \in \Phi$。

（3）称Φ是S的极大一致集，如果Φ既是一致的又是极大的，S的所有极大一致集构成的类记作Maxc(S)。

引理3.1 令Φ是S的极大一致集，则

（1）$\neg A \in \Phi \quad \Leftrightarrow \quad A \notin \Phi$，

$A \wedge B \in \Phi \quad \Leftrightarrow \quad A \in \Phi$ 且 $B \in \Phi$，

$A \vee B \in \Phi \quad \Leftrightarrow \quad A \in \Phi$ 或 $B \in \Phi$，

$A \in \Phi$ 且 $\vdash A \rightarrow B \quad \Rightarrow \quad B \in \Phi$，

A 且 $A \rightarrow B \in \Phi \quad \Rightarrow \quad B \in \Phi$。

（2）$Th(S) \subseteq \Phi$。

（3）若$\nvdash A$，则存在极大一致集Ψ使得$A \notin \Psi$。

定义3.4 $|A| =_{df} \{\Phi : \Phi$ 是极大一致集且 $A \in \Phi\}$。

引理3.2

（1）$|\neg A| = Maxc(S) - |A|$，

$|A \wedge B| = |A| \cap |B|$，

$|A \vee B| = |A| \cup |B|$，

$|\bot| = \varnothing$，$|\top| = Maxc(S)$。

（2）$|A| \subseteq |B| \Leftrightarrow \vdash A \rightarrow B$，

$|A| = |B| \Leftrightarrow \vdash A \leftrightarrow B$。

---

① 在不致引起混淆之处，我们有时省略限定语“S的”，以下同。

定义 3.5

(1) 称系统 S 相对框架类 C 是框架可靠系统，当且仅当，S 的内定理在 C 的所有框架中有效。

(2) 称系统 S 相对框架类 C 是框架完全系统，当且仅当，在 C 的所有框架中有效的公式是 S 的内定理。

下面我们给出多主体内涵逻辑 MIL 的公理系统、模型论语义和 MIL 公理系统相对于其语义的可靠性和完全性。

3.4.2.2 MIL 逻辑系统

定义 3.6 MIL 语言

$$p \mid \neg A \mid A \wedge B \mid A \equiv_i B,\ i \in I$$

规定 $\equiv_i$ 的结合力强于其他二元联结词。

定义 3.7 MIL 公理系统

公理模式

(A1) 所有重言式的代入特例

(A2) $A \equiv_i A$

推演规则

(R1) $A,\ A \rightarrow B / B$

(R2) $A_1 \leftrightarrow B_1 \wedge A_2 \leftrightarrow B_2 \rightarrow A \leftrightarrow B / A_1 \equiv_i B_1 \wedge A_2 \equiv_i B_2 \rightarrow A \equiv_i B$

引理 3.3 以下为 MIL 的内定理和导出规则：

(1) $A \leftrightarrow B \rightarrow C \leftrightarrow D / A \equiv_i B \rightarrow C \equiv_i D$

(2) $A \leftrightarrow B / A \equiv_i B$

(3) $(A \leftrightarrow B) \equiv_i (A \leftrightarrow B \wedge C \leftrightarrow D) \wedge A \equiv_i B \rightarrow C \equiv_i D$

(4) $A_1 \leftrightarrow B_1 \wedge \cdots \wedge A_n \leftrightarrow B_n \rightarrow A \leftrightarrow B / A_1 \equiv_i B_1 \wedge \cdots \wedge A_n \equiv_i B_n \rightarrow A \equiv_i B (n \geqslant 0)$

(5) $A \equiv_i B \rightarrow B \equiv_i A$

(6) $A \equiv_i B \wedge B \equiv_i C \rightarrow A \equiv_i C$

(7) $A \equiv_i B \rightarrow \neg A \equiv_i \neg B$

(8) $A_1 \equiv_i A_2 \wedge B_1 \equiv_i B_2 \rightarrow (A_1 \wedge B_1) \equiv_i (A_2 \wedge B_2)$

证明

(1)	①$A \leftrightarrow B \rightarrow C \leftrightarrow D$	假设
	②$A \leftrightarrow A \wedge A \leftrightarrow B \rightarrow C \leftrightarrow D$	RPC
	③$A \equiv_i A \wedge A \equiv_i B \rightarrow C \equiv_i D$	(R2)
	④$A \equiv_i A$	(A2)
	⑤$A \equiv_i B \rightarrow C \equiv_i D$	③，④，RPC

(2) ①$A \leftrightarrow B$ 假设

②$A \leftrightarrow A \rightarrow A \leftrightarrow B$ RPC

③$A \equiv_i A \rightarrow A \equiv_i B$ (1)

④$A \equiv_i A$ (A2)

⑤$A \equiv_i B$ ③，④，(R1)

(3) ①$(A \leftrightarrow B) \leftrightarrow (A \leftrightarrow B \wedge C \leftrightarrow D) \wedge (A \leftrightarrow B) \rightarrow C \leftrightarrow D$ (A1)

②$(A \leftrightarrow B) \equiv_i (A \leftrightarrow B \wedge C \leftrightarrow D) \wedge A \equiv_i B \rightarrow C \equiv_i D$ (R2)

(4) n=0 即为 (2)；n=1 即为 (1)，设 n=k 时结果成立，则

①$A_1 \leftrightarrow B_1 \wedge \cdots \wedge A_{k+1} \leftrightarrow B_{k+1} \rightarrow A \leftrightarrow B$ 假设

②$A_1 \leftrightarrow B_1 \wedge \cdots \wedge A_k \leftrightarrow B_k \rightarrow (A_{k+1} \leftrightarrow B_{k+1}) \leftrightarrow (A_{k+1} \leftrightarrow B_{k+1} \wedge A \leftrightarrow B)$ RPC

③$A_1 \equiv_i B_1 \wedge \cdots \wedge A_k \equiv_i B_k \rightarrow A_{k+1} \leftrightarrow B_{k+1} \equiv_i A_{k+1} \leftrightarrow B_{k+1} \wedge A \leftrightarrow B$ 归纳假设

④$A_{k+1} \leftrightarrow B_{k+1} \equiv_i A_{k+1} \leftrightarrow B_{k+1} \wedge A \leftrightarrow B \wedge A_{k+1} \equiv_i B_{k+1} \rightarrow A \equiv_i B$ (3)

⑤$A_1 \equiv_i B_1 \wedge \cdots \wedge A_{k+1} \equiv_i B_{k+1} \rightarrow A \equiv_i B$ ③，④，RPC

(5) ①$A \leftrightarrow B \rightarrow B \leftrightarrow A$ (A1)

②$A \equiv_i B \rightarrow B \equiv_i A$ (1)

(6) ①$A \leftrightarrow B \wedge B \leftrightarrow C \rightarrow A \leftrightarrow C$ (A1)

②$A \equiv_i B \wedge B \equiv_i C \rightarrow A \equiv_i C$ (R2)

(7) ①$A \leftrightarrow B \rightarrow \neg A \leftrightarrow \neg B$ (A1)

②$A \equiv_i B \rightarrow \neg A \equiv_i \neg B$ (1)

(8) ①$A_1 \leftrightarrow A_2 \wedge B_1 \leftrightarrow B_2 \rightarrow (A_1 \wedge B_1) \leftrightarrow (A_2 \wedge B_2)$ (A1)

②$A_1 \equiv_i A_2 \wedge B_1 \equiv_i B_2 \rightarrow (A_1 \wedge B_1) \equiv_i (A_2 \wedge B_2)$ (R2)

■

定义 3.8 MIL 模型和语义

(1) 称 $M = \langle S, [\ ], \{R_i\}_{i \in I} \rangle$ 为 MIL-模型，如果下列条件满足：

①$S \neq \varnothing$，S 中的元素称为状态（或可能世界）；

②[ ]是从 Var 到 $\wp(S)$ 的映射，即对每个命题变元 p 指派一个状态集[p]；

③对每个 $i \in I$，R_i 是 S 上的二元关系（称为通达关系），即 $R_i \subseteq S \times S$。

所有 MIL-模型构成的类记作 Mod(MIL)。

(2)对任意 MIL-模型 $M = \langle S, [\ ], \{R_i\}_{i \in I} \rangle$，公式 A 在模型 M 中被状态 s 满足（记作 $M, s \vDash_{MIL} A$，简记为 $M, s \vDash A$）递归定义如下：

①$M, s \vDash p \Leftrightarrow s \in [p]$；

②$M, s \vDash \neg A \Leftrightarrow s \in [\neg A] \Leftrightarrow s \notin [A]$；

③$M, s \vDash A \wedge B \Leftrightarrow s \in [A \wedge B] \Leftrightarrow s \in [A]$ 且 $s \in [B]$；

④$M, s \vDash A \equiv_i B \Leftrightarrow s \in [A \equiv_i B] \Leftrightarrow$ 对任意 $t \in S$，若 sR_it，则 $t \in [A \leftrightarrow B]$；

(3) 称公式 A 是有效的（记作 $\models_{MIL}A$，简记为 $\models A$），如果对任意 MIL-模型 $M=\langle S, [\,], \{R_i\}_{i\in I}\rangle$，$[A]=S$。

定理 3.1 MIL 的可靠性与完全性

MIL 公理系统相对 Mod(MIL) 是可靠的与完全的，即 $\vdash A \Leftrightarrow \models A$，对任意 $A\in Fm$。

证明

"$\Rightarrow$"：容易验证，略。

"$\Leftarrow$"：构造典范模型 $M^c=\langle S, [\,], \{R_i\}_{i\in I}\rangle$ 如下：

$S=Maxc(MIL)$；

$s\in[p] \Leftrightarrow p\in s$；

$sR_it \Leftrightarrow s^{i-}\subseteq t$，其中 $s^{i-}=\{A\leftrightarrow B: A\equiv_i B\in s\}$。

下面证明：

(☆) 对任意 $F\in Fm$，$s\in S$：$M^c, s\models F \Leftrightarrow F\in s$。

施归纳于 A 的复杂性，我们只考虑非平凡的情况，即 $F=A\equiv_i B$ 的情况。

"$\Leftarrow$"：设 $A\equiv_i B\in s$。对任意 $t\in S$，若 sR_it，则 $s^{i-}\subseteq t$，由于 $A\equiv_i B\in s$，故据 s^{i-} 的构造知，$A\leftrightarrow B\in t$，再据归纳假设有，$M^c, t\models A\leftrightarrow B$，故由 t 的任意性得，$M^c, s\models A\equiv_i B$。

"$\Rightarrow$"：设若 $A\equiv_i B\notin s$，则 $s^{i-}\cup\{\neg(A\leftrightarrow B)\}$ 是一致的。否则，存在有穷集 $\{A_1\leftrightarrow B_1, \ldots, A_n\leftrightarrow B_n\}\subseteq s^{i-}$ 使得

$$\vdash A_1\leftrightarrow B_1\wedge, \ldots, \wedge A_n\leftrightarrow B_n\rightarrow A\leftrightarrow B,$$

据引理 3.3 (4) 有 $\vdash A_1\equiv_i B_1\wedge\ldots\wedge A_n\equiv_i B_n\rightarrow A\equiv_i B$,

故有 $\vdash \neg(A_1\equiv_i B_1\wedge\ldots\wedge A_n\equiv_i B_n\wedge\neg A\equiv_i B)$,

而 $\{A_1\equiv_i B_1, \ldots, A_n\equiv_i B_n, \neg A\equiv_i B\}$ 是 s 的有穷子集，故 s 不是一致的，矛盾！既然 $s^{i-}\cup\{\neg(A\leftrightarrow B)\}$ 是一致的，故存在极大一致集 t 使得

$$s^{i-}\cup\{\neg(A\leftrightarrow B)\}\subseteq t,$$

即存在 t 使得 sR_it，且 $A\leftrightarrow B\notin t$，据归纳假设有，

$$M^c, t\not\models A\leftrightarrow B,$$

所以 $M^c, s\not\models A\equiv_i B$。

现在证明：对任意 $A\in Fm$，$\models A \Rightarrow \vdash A$。设若不然，则存在 $A\in Fm$ 使得 $\models A$ 且 $\nvdash A$，则据引理 3.1 (3) 有，存在极大一致集 s 使得 $A\notin s$，据 (☆)，M^c，$s\not\models A$，与 $\models A$ 矛盾！■

3.4.2.3 MIL 的扩充

MIL 可以看做是一个极小的多主体内涵逻辑，因为在 MIL-模型中没有附加

的模型条件，这使得一些通常认为成立的命题在 MIL 中是不有效的，例如，

$$(*)\quad \nvDash_{MIL} A \equiv_i B \rightarrow (A \leftrightarrow B)$$

这意味着，语句的内涵同一不蕴涵外延相等，而通常人们认为，内涵决定外延，因此内涵相同则外延也一定相同。表现在语句上，即两个相同的命题（两个内涵相同的语句）一定有相同的真值。不过，由于 MIL 是在主体信念的角度来理解内涵的，刻画的是一种主观意义上的内涵，而主体的信念是可错的，因此主体可能会认为两个具有不同真值的语句具有相同内涵。当然，我们也可以增加如下模型条件使得（*）的否定成立：

$$(Re)\quad (\forall s \in S) sR_i s$$

即使得 R_i 具有自返性。这样扩充后的 MIL 就能刻画客观意义上的内涵了。

3.4.2.4 MIL 与 MK 的对应关系

我们用 MK 表示带有多个模态算子的 K 系统。从 MIL 的语义定义不难发现，MIL 与 MK 存在着某种对应关系，二者可以相互定义。

首先我们在 MIL 中给出通常模态算子的定义。

(Def1) $\Box_i A =_{df} A \equiv_i \top$

该定义的直观思想是：一个语句是必然的，当且仅当它与重言式内涵相同。我们证明，在上述定义下 MK 可以从 MIL 推出，即 MK 的内定理都是 MIL +（Def1）的内定理。

定理 3.2 $Th(MK) \subseteq Th(MIL + (Def1))$

证明

只需证明 K 和必然化规则在 MIL +（Def1）中可证。

首先证明 K，即 $\Box_i(A \rightarrow B) \rightarrow (\Box_i A \rightarrow \Box_i B)$。

① $(A \rightarrow B) \leftrightarrow \top \wedge A \leftrightarrow \top \rightarrow B \leftrightarrow \top$ （A1）

② $(A \rightarrow B) \equiv_i \top \wedge A \equiv_i \top \rightarrow B \equiv_i \top$ （R2）

③ $(A \rightarrow B) \equiv_i \top \rightarrow (A \equiv_i \top \rightarrow B \equiv_i \top)$ RPC

④ $\Box_i(A \rightarrow B) \rightarrow (\Box_i A \rightarrow \Box_i B)$ （Def1）

其次证明必然化规则，即 $A/\Box_i A$。

① A 假设

② $A \leftrightarrow \top$ RPC

③ $A \equiv_i \top$ 引理 3.3（2）

④ $\Box_i A$ （Def1）

因此，$Th(MK) \subseteq Th(MIL + (Def1))$。■

下面我们在 MK 中给出内涵同一算子的定义。

(Def2) $A \equiv_i B =_{df} \Box_i (A \leftrightarrow B)$

该定义的直观思想是：两个语句的内涵相同当且仅当它们的外延必然相同。我们证明，在上述定义下 MIL 可以从 MK 推出，即 MIL 的内定理都是 MK + (Def2) 的内定理。

定理 3.3 Th(MIL) ⊆ Th(MK + (Def2))

证明

只需证明 (A1) 和 (R2) 在 MK + (Def2) 中可证。

首先证明 (A1)，即 $A \equiv_i A$。

①$A \leftrightarrow A$ 重言式

②$\Box_i (A \leftrightarrow B)$ 必然化规则

③$A \equiv_i A$ (Def2)

下面证明 (R2)，即

$A_1 \leftrightarrow B_1 \wedge A_2 \leftrightarrow B_2 \rightarrow A \leftrightarrow B / A_1 \equiv_i B_1 \wedge A_2 \equiv_i B_2 \rightarrow A \equiv_i B$

①$A_1 \leftrightarrow B_1 \wedge A_2 \leftrightarrow B_2 \rightarrow A \leftrightarrow B$ 假设

②$A_1 \leftrightarrow B_1 \rightarrow (A_2 \leftrightarrow B_2 \rightarrow A \leftrightarrow B)$ RPC

③$\Box_i (A_1 \leftrightarrow B_1 \rightarrow (A_2 \leftrightarrow B_2 \rightarrow A \leftrightarrow B))$ 必然化规则

④$\Box_i (A_1 \leftrightarrow B_1) \rightarrow \Box_i (A_2 \leftrightarrow B_2 \rightarrow A \leftrightarrow B)$ K，RPC

⑤$\Box_i (A_1 \leftrightarrow B_1) \rightarrow (\Box_i (A_2 \leftrightarrow B_2) \rightarrow \Box_i (A \leftrightarrow B))$ K，RPC

⑥$A_1 \equiv_i B_1 \rightarrow (A_2 \equiv_i B_2 \rightarrow A \equiv_i B)$ (Def2)

⑦$A_1 \equiv_i B_1 \wedge A_2 \equiv_i B_2 \rightarrow A \equiv_i B$ RPC

因此，Th(MIL) ⊆ Th(MK + (Def2))。■

3.4.3 多主体局部内涵逻辑 MLIL

3.4.3.1 MLIL 逻辑系统

我们给出多主体局部内涵逻辑 MLIL 的公理系统、模型论语义和 MLIL 形式系统相对于其语义的可靠性和完全性。

定义 3.9 MLIL 语言

$$p \mid \neg A \mid A \wedge B \mid A \equiv_i B \mid A \equiv_i B,\ i \in I$$

规定$\equiv_i$和$\equiv_i$的结合力都强于其他二元联结词。

定义 3.10 MLIL 公理系统

公理模式

(A1) 所有重言式的代入特例

(A2) $\neg(A \equiv_i \neg A)$

(A3) $A \equiv_i B \rightarrow A \equiv_i B$

(A4) $A \equiv_i A$

推演规则

(R1) A，$A \rightarrow B / B$

(R2) $A \leftrightarrow B \rightarrow C \leftrightarrow D / A \equiv_i B \rightarrow C \equiv_i D$

(R3) $A_1 \leftrightarrow B_1 \wedge A_2 \leftrightarrow B_2 \rightarrow A \leftrightarrow B / A_1 \equiv_i B_1 \wedge A_2 \equiv_i B_2 \rightarrow A \equiv_i B$

引理 3.4 以下为 MLIL 的内定理和导出规则：

(1) $A \equiv_i B \rightarrow B \equiv_i A$

(2) $A \equiv_i B \rightarrow \neg A \equiv_i \neg B$

(3) $A \leftrightarrow B / A \equiv_i B$

(4) $A \equiv_i A$

(5) $A \leftrightarrow B \rightarrow C \leftrightarrow D / A \equiv_i B \rightarrow C \equiv_i D$

(6) $A \leftrightarrow B / A \equiv_i B$

(7) $(A \leftrightarrow B) \equiv_i (A \leftrightarrow B \wedge C \leftrightarrow D) \wedge A \equiv_i B \rightarrow C \equiv_i D$

(8) $A_1 \leftrightarrow B_1 \wedge \ldots \wedge A_n \leftrightarrow B_n \rightarrow A \leftrightarrow B / A_1 \equiv_i B_1 \wedge \ldots \wedge A_n \equiv_i B_n \rightarrow A \equiv_i B (n \geqslant 0)$

(9) $A \equiv_i B \rightarrow B \equiv_i A$

(10) $A \equiv_i B \wedge B \equiv_i C \rightarrow A \equiv_i C$

(11) $A \equiv_i B \rightarrow \neg A \equiv_i \neg B$

(12) $A_1 \equiv_i A_2 \wedge B_1 \equiv_i B_2 \rightarrow (A_1 \wedge B_1) \equiv_i (A_2 \wedge B_2)$

证明

(1) ①$A \leftrightarrow B \rightarrow B \leftrightarrow A$ (A1)

②$A \equiv_i B \rightarrow B \equiv_i A$ (R2)

(2) ①$A \leftrightarrow B \rightarrow \neg A \leftrightarrow \neg B$ (A1)

②$A \equiv_i B \rightarrow \neg A \equiv_i \neg B$ (R2)

(3) ①$A \leftrightarrow B$ 假设

②$A \leftrightarrow A \rightarrow A \leftrightarrow B$ RPC

③$A \equiv_i A \rightarrow A \equiv_i B$ (R2)

④$A \equiv_i A$ (A2)

⑤$A \equiv_i B$ ③，④，(R1)

(4) ①$A \equiv_i A \rightarrow A \equiv_i A$ (A3)

②$A \equiv_i A$ (A4)

③$A \equiv_i A$ ②，③，(R1)

(5) ~ (12) 的证明请参见引理 3.3 (1) ~ (8) 的证明。■

定义 3.11 MLIL 模型和语义

(1) 称 $M=\langle S, [\,], \{C_i\}_{i\in I}\rangle$ 为 MLIL-模型，如果下列条件满足：

①$S\neq\varnothing$，S 中的元素称为状态（或可能世界）；

② [ ] 是从 Var 到 $\wp(S)$ 的映射，即对每个命题变元 p 指派一个状态集 [p]；

③对每个 $i\in I$，C_i 是从 S 到 $\wp(\wp(S))$ 的映射，满足对任意 $s\in S$，$C_i(s)\neq\varnothing$ 且对任意 $L\in C_i(s)$，$L\neq\varnothing$。

所有 MLIL-模型构成的类记作 Mod(MLIL)。

(2) 对任意 MLIL-模型 $M=\langle S, [\ ], \{C_i\}_{i\in I}\rangle$，公式 A 在模型 M 中被状态 s 满足（记作 $M, s\vDash_{MLIL}A$，简记为 $M, s\vDash A$）递归定义如下：

①$M, s\vDash p \quad\Leftrightarrow\quad s\in[p]$；

②$M, s\vDash\neg A \quad\Leftrightarrow\quad s\in[\neg A] \quad\Leftrightarrow\quad s\notin[A]$；

③$M, s\vDash A\wedge B \quad\Leftrightarrow\quad s\in[A\wedge B] \quad\Leftrightarrow\quad s\in[A]$ 且 $s\in[B]$；

④$M, s\vDash A\equiv_i B \quad\Leftrightarrow\quad s\in[A\equiv_i B] \quad\Leftrightarrow$ 存在 $L\in C_i(s)$ 使得对任意 $t\in L$，$t\in[A\leftrightarrow B]$；

⑤$M, s\vDash A\equiv_i B \quad\Leftrightarrow\quad s\in[A\equiv_i B] \quad\Leftrightarrow$ 对任意 $t\in\bigcap_{L\in C_i(s)}L$，$t\in[A\leftrightarrow B]$。

(3) 称公式 A 是有效的（记作 $\vDash_{MLIL}A$，简记为 $\vDash A$），如果对任意 MLIL-模型 $M=\langle S, [\ ], \{C_i\}_{i\in I}\rangle$，$[A]=S$。

定理 3.4 MLIL 的可靠性与完全性

MLIL 公理系统相对 Mod(MLIL) 是可靠的与完全的，即 $\vdash A \Leftrightarrow \vDash A$，对任意 $A\in Fm$。

证明

“⇒”：容易验证，略。

“⇐”：仿造（Fagin，1988）中的证明，我们构造典范模型 $M^c=\langle S, [\,], \{C_i\}_{i\in I}\rangle$ 如下：

$S=\{s^h: s\in Maxc(MLIL), h=0,1\}$；

$s^h\in[p] \Leftrightarrow p\in s, h=0,1$；

$C_i(s^h)=\{L^k(A, B, s): A\equiv_i B\in s, k=0,1\}, h=0,1$，其中

$L^k(A,B,s)=\{t^k: A\leftrightarrow B\in t\}\cup\{t^j: s^{i-}\subseteq t, j=0, 1\}$，其中

$s^{i-}=\{A\leftrightarrow B: A\equiv_i B\in s\}$。

首先验证 M^c 是 MLIL-模型，即验证 $C_i(s^h)$ 是由非空集构成的非空集。

对任意 $s^h\in S$，$s\in Maxc(MLIL)$，由（R1）知，

$$\vdash A\equiv_i A,$$

故据引理 3.1(2) 有

$$A\equiv_i A\in s,$$

从而 $L^0(A, A, s), L^1(A, A, s) \in C_i(s^h) \neq \varnothing$。

设 $A \equiv_i B \in s$，则 $\{A \leftrightarrow B\}$ 是一致的。否则，

$$\vdash \neg(A \leftrightarrow B),$$

从而 $\vdash A \leftrightarrow B \rightarrow (A \rightarrow \neg A)$，

故据（R2）有 $\vdash A \equiv_i B \rightarrow A \equiv_i \neg A$，

于是据引理 3.1(1) 有 $A \equiv i \neg A \in s$，

又据（A2）及引理 3.1（2）有 $\neg(A \equiv_i \neg A) \in s$，与 s 的一致性矛盾！所以，$\{A \leftrightarrow B\}$ 是一致的，故存在 $t \in Maxc(MLIL)$ 使得 $A \leftrightarrow B \in t$，从而

$$t^k \in L^k(A, B, s) \neq \varnothing。$$

下面我们证明：

（★）对任意 $F \in Fm$，对任意 $s^h \in S$，$M^c, s^h \models F \Leftrightarrow F \in s$。

施归纳于 F 的复杂性，我们只考虑非平凡的情况。

情况 1 $F = A \equiv_i B$

“$\Leftarrow$”：设 $A \equiv_i B \in s$，则 $L^k(A, B, s) \in C_i(s^h)$，对任意 $t^j \in L^k(A, B, s)$ 有 $A \leftrightarrow B \in t$ 或 $s^{i-} \subseteq t$，

由 $A \equiv_i B \in s$ 及（A3），据引理 3.1(1) 有

$$A \equiv_i B \in s,$$

从而 $A \leftrightarrow B \in s^{i-} \subseteq t$，

故总有 $A \leftrightarrow B \in t$，

据归纳假设有，$M^c, t^j \models A \leftrightarrow B$，

由 t^j 的任意性可得 $M^c, s^h \models A \equiv_i B$。

“$\Rightarrow$”：设若 $A \equiv_i B \notin s$，要证 $M^c, s^h \not\models A \equiv_i B$，即证

对任意 $L^k(C, D, s) \in C_i(s^h)$，存在 $t \in L^k(C, D, s)$，使得 $t \notin [A \leftrightarrow B]$。

对任意 $L^k(C, D, s) \in C_i(s^h)$，有

$$C \equiv_i D \in s,$$

则 $\{(C \leftrightarrow D) \wedge \neg(A \leftrightarrow B)\}$ 是一致的，否则有

$$\vdash (C \leftrightarrow D) \rightarrow (A \leftrightarrow B),$$

据（R2）有 $\vdash C \equiv_i D \rightarrow A \equiv_i B$，

再据引理 3.1(1) 有 $A \equiv_i B \in s$，矛盾！

既然 $\{(C \leftrightarrow D) \wedge \neg(A \leftrightarrow B)\}$ 是一致的，则存在 $t \in Maxc(MLIL)$，使得

①$C \leftrightarrow D \in t$，

②$A \leftrightarrow B \notin t$，

据①及 $L^k(C, D, s)$ 的构造知 $t^k \in L^k(C, D, s)$，

据②及归纳假设知 $t^k \notin [A \leftrightarrow B]$。

情况 2 $F = A \equiv_i B$

"$\Leftarrow$"：设 $A \equiv_i B \in s$，注意到

$$(^*)\ \cap_{L \in C_{i(s^h)}} L = \{t^j:\ s^{i-} \subseteq t,\ j = 0,\ 1\}$$

因为 $A \equiv_i B \in s$，

故对任意 $t^j \in \cap_{L \in C_{i(s^h)}} L$ 有 $A \leftrightarrow B \in t$，

由归纳假设知 $t^j \in [A \leftrightarrow B]$，

由 t^j 的任意性得 $s^h \in [A \equiv_i B]$。

"$\Rightarrow$"：设 $A \equiv_i B \notin s$，要证 M^c，$s^h \nvDash A \equiv_i B$，即存在 $t \in \cap_{L \in C_{i(s^h)}} L$ 使得 $t \notin [A \leftrightarrow B]$。

因为 $A \equiv_i B \notin s$，

故 $\neg(A \equiv_i B) \in s$，

下证 $s^{i-} \cup \{\neg(A \leftrightarrow B)\}$ 是一致的。否则，存在有穷集

$\{A_1 \leftrightarrow B_1,\ \cdots,\ A_n \leftrightarrow B_n\} \subseteq s^{i-}$ 使得

$$\vdash A_1 \leftrightarrow B_1 \wedge \ldots \wedge A_n \leftrightarrow B_n \rightarrow A \leftrightarrow B,$$

据引理 3.4(7) 有 $\vdash A_1 \equiv_i B_1 \wedge \ldots \wedge A_n \equiv_i B_n \rightarrow A \equiv_i B$，

即有 $\vdash \neg(A1 \equiv_i B_1 \wedge \ldots \wedge A_n \equiv_i B_n \wedge \neg(A \equiv_i B))$，

因为 $\{A_1 \equiv_i B_1, \ldots, A_n \equiv_i B_n, \neg(A \equiv_i B)\}$ 是 s 的有穷子集，故 s 不是一致的，矛盾！

既然 $s^{i-} \cup \{\neg(A \leftrightarrow B)\}$ 是一致的，故存在极大一致集 t 使得

$$s^{i-} \cup \{\neg(A \leftrightarrow B)\} \subseteq t,$$

即有 ①$s^{i-} \subseteq t$，

②$A \leftrightarrow B \notin t$，

据①及（*）有 $t^j \in \cap_{L \in C_{i(s^h)}} L$，

据②及归纳假设有 $t^j \notin [A \leftrightarrow B]$。

现在证明：对任意 $A \in Fm$，$\vDash A \Rightarrow \vdash A$。设若不然，则存在 $A \in Fm$ 使得 $\vDash A$ 且 $\nvdash A$，则据引理 3.1(3) 有，存在极大一致集 s 使得 $A \notin s$，据（★）有，M^c，$s^h \nvDash A$，与 $\vDash A$ 矛盾！■

命题 3.1 在 MLIL 中有

(1) $\nvDash A \equiv_i B \wedge B \equiv_i C \rightarrow A \equiv_i C$；

(2) $\nvDash A_1 \equiv_i A_2 \wedge B_1 \equiv_i B_2 \rightarrow (A_1 \wedge B_1) \equiv_i (A_2 \wedge B_2)$；

(3) $\nvDash A_1 \leftrightarrow B_1 \wedge A_2 \leftrightarrow B_2 \rightarrow A \leftrightarrow B / A_1 \equiv_i B_1 \wedge A_2 \equiv_i B_2 \rightarrow A \equiv_i B$。

证明

(1) 构造反模型 $M = \langle S, [\ \ ], \{C_i\}_{i \in I}\rangle$ 如下：

$S = \{s_1,\ s_2\}$；

$C_i(s_j) = \{\{s_1\},\ \{s_2\}\}$，$j = 1,\ 2$，对任意 $i \in I$；

$[p]=\{s_1\},[q]=\{s_1,s_2\},[r]=\{s_2\}$。

则 M 是 MLIL-模型，且 M，$s_1 \vDash p \equiv_i q$，M，$s_1 \vDash q \equiv_i r$，但 M，$s_1 \nvDash p \equiv_i r$。

(2) 构造反模型 $M=\langle S,[\ ],\{C_i\}_{i\in I}\rangle$ 如下：

$S=\{s_1,\ s_2\}$；

$C_i(s_j)=\{\{s_1\},\{s_2\}\}$，j=1，2，对任意 $i\in I$；

$[p_1]=\{s_1\}$，$[p_2]=\{s_1,\ s_2\}$，$[q_1]=\{s_2\}$，$[q_2]=\{s_1,\ s_2\}$。

则 M 是 MLIL-模型，且 M，$s_1 \vDash p_1 \equiv_i p_2$，M，$s_1 \vDash q_1 \equiv_i q_2$，但 M，$s_1 \nvDash (p_1 \wedge q_1) \equiv_i (p_2 \wedge q_2)$。

(3) 构造反模型 $M=\langle S,[\ ],\{C_i\}_{i\in I}\rangle$ 如下：

$S=\{s_1,\ s_2\}$；

$C_i(s_j)=\{\{s_1\},\ \{s_2\}\}$，j=1，2，对任意 $i\in I$；

$[p_1]=\{s_1\}$，$[q_1]=\{s_1,\ s_2\}$，$[p_2]=\{s_2\}$，$[q_2]=\{s_1,\ s_2\}$。

则 M 是 MLIL-模型，且

$\vDash p_1 \leftrightarrow q_1 \wedge p_2 \leftrightarrow q_2 \to (p_1 \wedge p_2) \leftrightarrow (q_1 \wedge q_2)$，但据 (2) 有，

M，$s_1 \nvDash p_1 \equiv_i q_1 \wedge p_2 \equiv_i q_2 \to (p_1 \wedge p_2) \equiv_i (q_1 \wedge q_2)$。■

3.4.3.2 MLIL 与 LRB 的对应关系

(Fagin, 1988) 中给出了局部信念推理逻辑系统（我们称其为 LRB）如下：

(A1′) 所有重言式的代入特例

(A2′) $L_iA \wedge L_i(A \to B) \to L_iB$

(A3′) $\neg B_i \bot$

(A4′) $B_iA \to L_iA$

(R1′) A，$A \to B/B$

(R2′) A/B_iA

(R3′) $A \to B/B_iA \to B_iB$

由上述公理系统不难证明如下导出规则：

(R5′) A/L_iA

(R6′) $A \to B/L_iA \to L_iB$

(R7′) $L_iA \wedge L_iB \to L_i(A \wedge B)$

(R8′) $A \wedge B \to C/L_iA \wedge L_iB \to L_iC$

其中，(R5′) 由 (R2′) 和 (A4′) 立即得到，(A2′) 和 (R5′) 表明 LRB 是 MK 的扩充，因此自然有 (R6′)～(R8′)。

下面证明，MLIL 与 LRB 存在着某种对应关系，二者可以相互定义。

首先我们在 MLIL 中给出 LRB 中两种信念算子的定义。

(Def3) $B_iA =_{df} A \equiv_i \top$

(Def4) $L_iA =_{df} A \equiv_i \top$

这两个定义的直观思想是：A 是主体 i 的局部信念，当且仅当 A 相对于主体 i 而言与重言式的局部内涵；A 是主体 i 的信念，当且仅当 A 相对于主体 i 而言与重言式的内涵相同。我们证明，在上述定义下 LRB 可以从 MLIL 推出，即 LRB 的内定理都是 MIL + (Def3) + (Def4) 的内定理。

定理 3.5 Th(LRB) ⊆ Th(MLIL + (Def3) + (Def4))

证明

证 (A2′)：

①$(A\to B)\leftrightarrow\top\wedge A\leftrightarrow\top\to B\leftrightarrow\top$ (A1)

②$(A\to B)\equiv_i\top\wedge A\equiv_i\top\to B\equiv_i\top$ (R3)

③$L_i(A\to B)\wedge L_iA\to L_iB$ (Def4)

证 (A3′)：

①$\neg(\bot\equiv_i\top)$ (A2)

②$\neg B_i\bot$ (Def3)

证 (A4′)：

①$A\equiv_i\top\to A\equiv_i\top$ (A3)

②$B_iA\to L_iA$ (Def3)，(Def4)

证 (R2′)

①A 假设

②$A\leftrightarrow\top$ RPC

③$A\equiv_i\top$ 引理 3.4 (3)

④B_iA (Def3)

证 (R3′)

①$A\to B$ 假设

②$A\leftrightarrow\top\to B\leftrightarrow\top$ RPC

③$A\equiv_i\top\to B\equiv_i\top$ (R2)

因此，Th(LRB) ⊆ Th(MLIL + (Def3) + (Def4))。■

下面我们在 LRB 中给出内涵同一算子的定义。

(Def5) $A\equiv_iB =_{df} B_i\ (A\leftrightarrow B)$

(Def6) $A\equiv_iB =_{df} L_i\ (A\leftrightarrow B)$

这两个定义的直观思想是：两个语句的局部内涵相对于主体 i 相同，当且仅当二者等价是主体 i 的局部信念；两个语句的内涵相对于主体 i 相同，当且仅当主体 i 相信二者等价。我们证明，在上述定义下 MLIL 可以从 LRB 推出，即 MLIL 的内定理都是 LRB + (Def5) + (Def6) 的内定理。

定理 3.6 Th(MLIL) ⊆ Th(LRB + (Def5) + (Def6))

证明

证 (A2):

①$\neg B_i \bot$ (A3′)

②$\bot \leftrightarrow (A \leftrightarrow \neg A)$ (A1)

③$\neg B_i (A \leftrightarrow \neg A)$ 等价置换规则

④$\neg (A \equiv_i \neg A)$ (Def5)

证 (A3):

①$B_i (A \leftrightarrow B) \rightarrow L_i (A \leftrightarrow B)$ (A4′)

②$A \equiv_i B \rightarrow A \equiv_i B$ (Def5), (Def6)

证 (A4):

①$A \leftrightarrow A$ (A1′)

②$B_i (A \leftrightarrow A)$ (R2′)

③$A \equiv_i A$ (Def5)

证 (R2):

①$A \leftrightarrow B \rightarrow C \leftrightarrow D$ 假设

②$B_i (A \leftrightarrow B) \rightarrow B_i (C \leftrightarrow D)$ (R3′)

③$A \equiv_i B \rightarrow C \equiv_i D$ (Def5)

证 (R3):

①$A_1 \leftrightarrow B_1 \wedge A_2 \leftrightarrow B_2 \rightarrow A \leftrightarrow B$ 假设

②$L_i (A_1 \leftrightarrow B_1) \wedge L_i (A_2 \leftrightarrow B_2) \rightarrow L_i (A \leftrightarrow B)$ (R8′)

③$A_1 \equiv_i B_1 \wedge A_2 \equiv_i B_2 \rightarrow A \equiv_i B$ (Def6)

因此，Th(MLIL) ⊆ Th(LRB + (Def5) + (Def6))。■

3.5 语境内涵逻辑Ⅱ：基于邻域语义

领域语义可以看做是一种更一般的可能世界语义，虽然直观性不如后者，但比后者更灵活、更一般，能刻画更弱的逻辑系统。本节基于邻域语义，从条件和结果的角度给出对语境的解释，在此基础上构造了两种新的语境内涵逻辑。[①]

① 本节的部分成果发表于（文学锋，2006）。

3.5.1 直观思想

语境在很多情况下可以看做是一种条件或前提。一个命题在某个语境中成立，即在该语境对应的条件或前提下为真。而条件或前提可以用命题来表达。这样，语境与命题就可以统一起来并发生相互作用。例如，一般地，我们不认为“a 在 b 南边”与“b 在 a 北边”具有相同内涵，但如果在“a 和 b 都处于欧几里得空间中”这样的前提下，这两个语句就具有相同内涵了。

在内涵的刻画精度上，本节的内涵刻画仍然以逻辑等价为标准。因此，如果在条件 C 下，A 与 B 逻辑等价，那么 A 与 B 相对于条件 C 就是内涵相同的。其形式刻画如下：

(a) $\vdash C\rightarrow(A\leftrightarrow B)\Rightarrow\ \vdash CA\equiv B$

其中 $CA\equiv B$ 表示“A 与 B 相对于条件 C 内涵同一”。基于这种思想，我们在邻域语义的基础上构造了语境作为条件的内涵逻辑 CIL。

语境除了作为条件外有时也作为结果出现。例如，一般地，“a 是等边三角形”与“a 是直角三角形”内涵并不相同，但有时我们并不关心这两个命题的所有后果，我们只关心一部分结果，如“a 的三条中线是否交于一点”，“a 的三个内角和是否等于 180 度”，“a 的两边之和是否大于第三边”，如果我们仅仅只考虑这些结果是否满足，那么“a 是等边三角形”与“a 是直角三角形”的区别就不重要了。相对于我们关心的结果，“a 是等边三角形”与“a 是直角三角形”具有同样的内涵。当然，当我们关心的结果扩大后，这两个语句的内涵就有可能不一样了。这种思想类似于用一些性质来检验两个个体是否同一。如果对我们关心的性质集 P 中的每一个性质 p，个体 a 和 b 要么都具有该性质，要么都不具有该性质，那么就该性质集而言，这两个个体就是同一的，形式表达如下：

(b) $\vdash(\forall p\in P)(p(a)\leftrightarrow p(b))\Rightarrow\ \vdash a=_{P}b$

其中，$a=_{P}b$ 表示 a 和 b 相对于性质集 P 是相同的。而在这里，我们用一个由命题组成的结果集来检验两个命题是否同一。如果对我们关心的结果集 Φ 中的每一个命题 C，要么 A 和 B 都蕴涵 C，要么二者都不蕴涵 C，那么就我们关心的结果而言，这两个命题就是同一的，形式表达如下：

(c) $\vdash(\forall C\in\Phi)((A\rightarrow C)\leftrightarrow(B\rightarrow C))\Rightarrow\ \vdash A\equiv_{\Phi}B$

其中，$A\equiv_{\Phi}B$ 表示 A 和 B 相对于结果集 Φ 是相同命题。通常我们关心的结果集是有穷集，因此可以用该集合中所有命题的合取来替代该集合，因此上面的形式表达可以简化为：

(d) $\vdash(A\rightarrow C)\leftrightarrow(B\rightarrow C)\Rightarrow\ \vdash A\equiv BC$

其中 $A\equiv_C B$ 表示“A 与 B 相对于结果 C 内涵同一”。基于这种思想，我们在邻域语义的基础上构造了语境作为结果的内涵逻辑 ILC。

CIL 和 ILC 的缺陷：因为我们是用实质蕴涵来刻画条件和结果的，而条件和结果关系本身就具有某种内涵性，因此实质蕴涵不能完全刻画这样的关系，这使得我们对条件和结果的刻画还过于简单[①]。同时，本节给出的内涵逻辑仍然不是超内涵的。

3.5.2 语境作为条件的内涵逻辑 CIL

定义 3.12 CIL 语言

(1) 合式公式的形成规则如下：

$p \mid \neg A \mid A\wedge B \mid {}_CA\equiv B$。

(2) ${}_CA\equiv B$ 称为相对于条件的命题同一句，简称条件同一句，其中 C 称为条件同一句的条件，A 和 B 分别称为前件和后件。

易见≡是三元联结词，规定≡的结合力强于所有二元联结词。

定义 3.13 CIL 公理系统

公理模式

(A1) 所有重言式的代入特例

(A2) ${}_CA\equiv B\rightarrow {}_CB\equiv A$

(A3) ${}_CA\equiv B\wedge {}_CB\equiv D\rightarrow {}_CA\equiv D$

(A4) ${}_CA\equiv B\wedge C\wedge A\rightarrow B$

(A5) ${}_CA\equiv B\leftrightarrow {}_C(C\wedge A)\equiv(C\wedge B)$

推演规则

(R1) $A,\ A\rightarrow B/B$

(R2) $C_1\leftrightarrow C_2/{}_{C_1}A\equiv B\leftrightarrow {}_{C_2}A\equiv B$

(R3) $(C\wedge A)\leftrightarrow(C\wedge B)\ /\ {}_CA\equiv B$

(A2)，(A3) 分别表示相对化的对称性和传递性。后面（引理 3.5）将证明自返性也成立，即 ${}_CA\equiv A$ 是系统的内定理。(A4) 和 (R3) 表示≡与↔之间的相互关系。(R2) 表示条件的等价置换性。(A5) 表明了条件与前后件之间的关系。

由真值表容易验证下面两个公式是等价的：

(a) $(C\wedge A)\leftrightarrow(C\wedge B)$

---

① 可考虑用条件蕴涵代替实质蕴涵。

(b) $C \to A \leftrightarrow B$

因此，(A4) 又可以写为

(A4′) $CA \equiv B \to (C \to (A \to B))$

(R3) 又可以写为

(R3′) $C \to A \leftrightarrow B / CA \equiv B$

这种表达更直观（更符合 3.5.1(a) 的思想），但为了表述和证明方便，我们选择了现在的形式。

引理 3.5 下面是 CIL 的内定理和导出规则：

(1) $CA \equiv A$

(2) $A_1 \leftrightarrow A_2 / CA_1 \equiv B \leftrightarrow CA_2 \equiv B$

(3) $B_1 \leftrightarrow B_2 / CA \equiv B_1 \leftrightarrow CA \equiv B_2$

证明

(1) ① $(C \wedge A) \leftrightarrow (C \wedge A)$ (A1)

② $CA \equiv A$ (R3)

(2) ① $A_1 \leftrightarrow A_2$ 假设

② $C \wedge A_1 \leftrightarrow C \wedge A_2$ RPC

③ $CA_1 \equiv A_2$ (R3)

④ $CA_2 \equiv A_1$ (A2), RPC

⑤ $CA_2 \equiv A_1 \wedge CA_1 \equiv B \to CA_2 \equiv B$ (A3)

⑥ $CA_1 \equiv B \to CA_2 \equiv B$ ④, ⑤, RPC

⑦ $CA_1 \equiv A_2 \wedge CA_2 \equiv B \to CA_1 \equiv B$ (A3)

⑧ $CA_2 \equiv B \to CA_1 \equiv B$ ③, ⑦, RPC

⑨ $CA_1 \equiv B \leftrightarrow CA_2 \equiv B$ ⑥, ⑧, RPC

(3) ① $B_1 \leftrightarrow B_2$ 假设

② $(C \wedge B_1) \leftrightarrow (C \wedge B_2)$ RPC

③ $CB_1 \equiv B_2$ (R3)

④ $CB_2 \equiv B_1$ (A2), RPC

⑤ $CA \equiv B_1 \wedge CB_1 \equiv B_2 \to CA \equiv B_2$ (A3)

⑥ $CA \equiv B_1 \to CA \equiv B_2$ ③, ⑤, RPC

⑦ $CA \equiv B_2 \wedge CB_2 \equiv B_1 \to CA \equiv B_1$ (A3)

⑧ $CA \equiv B_2 \to CA \equiv B_1$ ④, ⑦, RPC

⑨ $CA \equiv B_1 \leftrightarrow CA \equiv B_2$ ⑥, ⑧, RPC

■

(1) 表明条件同一句的相对化自返性，(2)，(3) 表明条件同一句的前件和后件均可以等价置换。

定义 3.14 定义绝对化命题同一句（简称同一句）如下：

(DefI) $A \equiv B =_{df} \top A \equiv B$

因为永真式不提供信息内容，因此相对于条件为永真式的命题同一句可以看做是没有相对化条件的命题同一句，即绝对化命题同一句。

引理 3.6 CIL + (DfPI) 有如下内定理和导出规则：

(1) $A \equiv A$

(2) $A \equiv B \rightarrow B \equiv A$

(3) $A \equiv B \wedge B \equiv C \rightarrow A \equiv C$

(4) $A \equiv B \rightarrow A \leftrightarrow B$

(5) $A \leftrightarrow B / A \equiv B$

(6) $A_1 \leftrightarrow A_2 / A_1 \equiv B \leftrightarrow A_2 \equiv B$

(7) $B_1 \leftrightarrow B_2 / A \equiv B_1 \leftrightarrow A \equiv B_2$

证明

易证，略。■

上面的（1），（2），（3）分别刻画了同一句的自返性、对称性和传递性，（4）和（5）刻画了内涵同一与外延等价之间的关系。（6）和（7）分别称为前件置换规则和后件置换规则。

我们也把由经典命题演算 PC 加上特征公理（2），（3），（4）和特征规则（5）构成的系统称为 PI。因此 PI 可由 CIL +（DefI）导出。

下面我们利用邻域语义给出 CIL 的语义。

定义 3.15 有序邻域框架，有序邻域模型

(1) 称二元组 $F = \langle W, N \rangle$ 是有序邻域框架（简称 ON-框架），如果

①$W \neq \varnothing$；

②N 是从 W 到 $\wp(\wp(W)^3)$ 的映射。

(2) 称三元组 $M = \langle W, N, [\ ] \rangle$ 是有序邻域模型（简称 ON-模型），如果 $\langle W, N \rangle$ 是 ON-框架且

③ [ ] 是从 Var 到 $\wp(W)$ 的映射。

定义 3.16 真值集

令 $M = \langle W, N, [\ ] \rangle$ 是 ON-模型。对每一复合公式 A，定义 A 相对 M 的真值集 [A] 如下，对任意 $w \in W$：

(1) $w \in [\neg A] \Leftrightarrow w \notin [A]$；

(2) $w \in [A \wedge B] \Leftrightarrow w \in [A]$ 且 $w \in [B]$；

(3) $w \in [CA \equiv B] \Leftrightarrow \langle [C], [A], [B] \rangle \in N(w)$。

定义 3.17

(1) 称 ON-框架 F = ⟨W, N⟩是 CIL-框架，如果下列框架条件成立：对任意 $w \in W$ 和 $X, Y, Z, U \subseteq W$，

(c1) $\langle X, Y, Z\rangle \in N(w) \Rightarrow \langle X, Z, Y\rangle \in N(w)$；

(c2) $\langle X, Y, Z\rangle \in N(w)$ 且 $\langle X, Z, U\rangle \in N(w) \Rightarrow \langle X, Y, U\rangle \in N(w)$；

(c3) $\langle X, Y, Z\rangle \in N(w)$ 且 $w \in X \cap Y \Rightarrow w \in Z$；

(c4) $\langle X, Y, Z\rangle \in N(w) \Leftrightarrow \langle X, X\cap Y, X\cap Z\rangle \in N(w)$；

(c5) $X \cap Y = X \cap Z \Rightarrow \langle X, Y, Z\rangle \in N(w)$。

(2) 所有 CIL-框架构成的类记作 Fr(CIL)。

定义 3.18 有效性

令 F = ⟨W, N⟩是 ON-框架，M = ⟨W, N, [ ]⟩是 ON-模型，

(1) 称 A 在 M 中有效，记为 $M \vDash A$，如果 $[A] = W$；否则称 A 在 M 中不有效，记为 $M \nvDash A$。

(2) 称 A 在 F 中有效，记为 $F \vDash A$，如果对 F 上的任意映射 [ ]，有 $[A] = W$；否则称 A 在 F 中不有效，记为 $F \nvDash A$。

(3) 称规则 $A_1, \ldots, A_n/C$ 相对 M 保持有效性，如果当 $[A_1] = \ldots = [A_n] = W$ 时，有 $[C] = W$。

定理 3.7 框架可靠性定理

CIL 公理系统相对框架类 Fr(CIL) 是可靠的。

证明

任给 CIL-框型 M = ⟨W, N, [ ]⟩，下面验证 CIL 的公理相对 M 有效，且 CIL 的推演规则相对 M 保持有效性。

验证公理 (A1) 和规则 (R1)：显然。

验证公理 (A2)：任给 $w \in [CA \equiv B]$，

则有 $\langle [C], [A], [B]\rangle \in N(w)$，

据 (c1) $\langle [C], [B], [A]\rangle \in N(w)$，

从而 $w \in [CB \equiv A]$，

故 $[CA \equiv B] \subseteq [CB \equiv A]$，

所以 $[CA \equiv B \rightarrow CB \equiv A] = W$。

验证公理 (A3)：任给 $w \in [CA \equiv B \wedge CB \equiv D]$，

则有 $\langle [C], [A], [B]\rangle \in N(w)$ 且 $\langle [C], [B], [D]\rangle \in N(w)$，

据 (c2) $\langle [C], [A], [D]\rangle \in N(w)$，

因此 $w \in [CA \equiv D]$，

故 $[CA \equiv B \wedge CB \equiv D] \subseteq [CA \equiv D]$，

从而　$[CA\equiv B\wedge CB\equiv D\to CA\equiv D]=W$。

验证公理（A4）：任给 $w\in[CA\equiv B\wedge C\wedge A]$，

则有　$\langle[C],[A],[B]\rangle\in N(w)$ 且 $w\in[C]\cap[A]$，

据（c3），　$w\in[B]$，

故　$[CA\equiv B\wedge C\wedge A]\subseteq[B]$，

从而　$[CA\equiv B\wedge C\wedge A\to B]=W$。

验证公理（A5）：任给 $w\in W$，则有

$$
\begin{aligned}
& w\in[CA\equiv B] \\
\Leftrightarrow\ & \langle[C],[A],[B]\rangle\in N(w) \\
\Leftrightarrow\ & \langle[C],[C]\cap[A],[C]\cap[B]\rangle\in N(w) \\
\Leftrightarrow\ & \langle[C],[C\wedge A],[C\wedge B]\rangle\in N(w) \\
\Leftrightarrow\ & w\in[C(C\wedge A)\equiv(C\wedge B)]
\end{aligned}
$$

从而　$[CA\equiv B]=[C(C\wedge A)\equiv(C\wedge B)]$，

所以　$[CA\equiv B\leftrightarrow C(C\wedge A)\equiv(C\wedge B)]=W$。

验证规则（R2）：设 $[C_1\leftrightarrow C_2]=W$，

则　$[C_1]=[C_2]$，

故　$\langle[C1],[A],[B]\rangle=\langle[C2],[A],[B]\rangle$，

即有　$w\in[C_1A\equiv B]\ \Leftrightarrow\ w\in[C_2A\equiv B]$，

从而　$[C_1A\equiv B\leftrightarrow C_2A\equiv B]=W$。

验证规则（R3）：设 $[(C\wedge A)\leftrightarrow(C\wedge B)]=W$，

则有　$[C]\cap[A]=[C]\cap[B]$，

据（c5）　$\langle[C],[A],[B]\rangle\in N(w)$，

故　$w\in[CA\equiv B]$，

由 w 的任意性得　$[CA\equiv B]=W$。■

定义 3.19　典范框架，典范模型

（1）定义 CIL 的典范框架 $F=\langle W,N\rangle$ 如下：

①$W=\{w:w$ 是极大一致集$\}$；

②N 是从 W 到 $\wp(\wp(W)^3)$ 的映射使得，

$\langle|C|,|A|,|B|\rangle\in N(w)\ \Leftrightarrow\ CA\equiv B\in w$，对任意 $w\in W$ 和公式 C，A 和 B；

（2）定义 CIL 的典范模型 $M=\langle W,N,[\ ]\rangle$ 如下：$\langle W,N\rangle$ 是 CIL 的典范框架，且

③ $[p]=|p|$，对任意 $p\in Var$。

引理 3.7　典范模型基本定理

令 $M=\langle W, N, [\,]\rangle$ 是 CIL 的典范模型，则对任意公式 D，$|D|=[D]$。

证明

只需证：$D\in w \Leftrightarrow w\in[D]$，对每一 $w\in W$ 和公式 D。

施归纳于 D 的结构。句符的情况据定义 3.19③。布尔联结词¬和∧的情况如通常所证。

令 $D=CA\equiv B$。据归纳假设，对任意 $w\in W$，

$$
\begin{aligned}
w\in[D] &\Leftrightarrow w\in[CA\equiv B]\\
&\Leftrightarrow \langle[C],\ [A],\ [B]\rangle\in N(w)\\
&\Leftrightarrow \langle|C|,\ |A|,\ |B|\rangle\in N(w)\\
&\Leftrightarrow CA\equiv B\in w\\
&\Leftrightarrow D\in w
\end{aligned}
$$

所以，$|D|=[D]$。■

定理 3.8 令 M 是 CIL 的典范模型，则对每一公式 A，$M\vDash A \Leftrightarrow \vdash A$。

证明

据引理 3.7 及引理 3.2 有

$$
\begin{aligned}
M\vDash A &\Leftrightarrow [A]=W\\
&\Leftrightarrow |A|=W\\
&\Leftrightarrow \vdash A
\end{aligned}
$$

所以，$M\vDash A \Leftrightarrow \vdash A$。■

定义 3.20 适当结构，适当框架

(1) 定义 CIL 的适当结构 (proper structure) $M=\langle W, N, [\,]\rangle$ 如下：

①$W=\{w: w$ 是极大一致集$\}$；

②对所有 $w\in W$，$N(w)=N_1(w)\cup N_2(w)$，其中

$N_1(w)=\{\langle X, Y, Z\rangle\in\wp(W)^3$：存在 $CA\equiv B\in w$ 且 $X=|C|$，$X\cap Y=|A|$，$X\cap Z=|B|\}$，

$N_2(w)=\{\langle X, Y, Z\rangle\in\wp(W)^3: X\cap Y=X\cap Z\}$。

(2) $F=\langle W, N\rangle$ 称为 CIL 的适当框架。

引理 3.8 CIL 的适当结构是 CIL 的典范模型。

证明

只须证：

$\langle|C|, |A|, |B|\in N(w) \Leftrightarrow CA\equiv B\in w$，对任意 $w\in W$ 和公式 C、A 和 B。

"⇐"：设 $CA\equiv B\in w$，

因为 $\vdash CA\equiv B\leftrightarrow C(C\wedge A)\equiv(C\wedge B)$，

所以 $C(C\wedge A)\equiv C\wedge B\in w$。

又　$|C|=|C|$，$|C|\cap|A|=|C\wedge A|$，$|C|\cap|B|=|C\wedge B|$，

故据 $N_1(w)$ 的定义有　$\langle|C|, |A|, |B|\rangle\in N_1(w)$，

从而　$\langle|C|, |A|, |B|\rangle\in N(w)$。

"⇒"：设 $\langle|C|, |A|, |B|\rangle\in N(w)$，

情况 1　$\langle|C|, |A|, |B|\rangle\in N_1(w)$：则

①存在 $C'A'\equiv B'\in w$，

②$|C|=|C'|$，$|C|\cap|A|=|A'|$，$|C|\cap|B|=|B'|$。

据②有　$\vdash C\leftrightarrow C'$，$\vdash(C\wedge A)\leftrightarrow A'$，$\vdash(C\wedge B)\leftrightarrow B'$，

据（R2）和引理 4.1 有　③$\vdash C(C\wedge A)\equiv(C\wedge B)\leftrightarrow C'A'\equiv B'$，

据①、③有　$C(C\wedge A)\equiv(C\wedge B)\in w$，

再据（A5）有　$CA\equiv B\in w$。

情况 2　$\langle|C|, |A|, |B|\in N_2(w)$：则

$|C|\cap|A|=|C|\cap|B|$，

故　$\vdash(C\wedge A)\leftrightarrow(C\wedge B)$，

据（R3）有　$\vdash CA\equiv B$，

所以　$CA\equiv B\in w$。■

引理 3.9　CIL 的适当框架 F 是 CIL-框架。

证明

只需验证 F 满足定义 3.17 给出的框架条件。

为了证明方便，我们先验证（c4）（验证其他条件时将用到这个条件），即：

(*) $\langle X, Y, Z\rangle\in N(w)\Leftrightarrow\langle X, X\cap Y, X\cap Z\rangle\in N(w)$

验证（c4）：

"⇒"：设 $\langle X, Y, Z\rangle\in N(w)$，

情况 1　$\langle X, Y, Z\rangle\in N_1(w)$：则

据 $N_1(w)$ 的定义

①存在 $CA\equiv B\in w$，

②$X=|C|$，$X\cap(X\cap Y)=X\cap Y=|A|$，$X\cap(X\cap Z)=X\cap Z=|B|$。

故据①、②和 $N_1(w)$ 的定义有

$\langle X, X\cap Y, X\cap Z\rangle\in N_1(w)$。

从而　$\langle X, X\cap Y, X\cap Z\rangle\in N(w)$。

情况 2　$\langle X, Y, Z\rangle\in N_2(w)$：则

据 $N_2(w)$ 的定义　$X\cap Y=X\cap Z$，

所以　$X\cap(X\cap Y)=X\cap(X\cap Z)$，

故据 $N_2(w)$ 的定义　$\langle X, X\cap Y, X\cap Z\rangle\in N_2(w)$，

从而 $\langle X, X\cap Y, X\cap Z\rangle \in N(w)$。

“$\Leftarrow$”：设$\langle X, X\cap Y, X\cap Z\rangle \in N(w)$，

情况 1 $\langle X, X\cap Y, X\cap Z\rangle \in N_1(w)$：则

据 $N_1(w)$ 的定义

①存在 $CA\equiv B\in w$，

②$X=|C|$，$X\cap Y=X\cap(X\cap Y)=|A|$，$X\cap Z=X\cap(X\cap Z)=|B|$。

故据①、②和 $N_1(w)$ 的定义有

$\langle X, Y, Z\rangle \in N_1(w)$

从而 $\langle X, Y, Z\rangle \in N(w)$。

情况 2 $\langle X, X\cap Y, X\cap Z\rangle \in N_2(w)$：则

据 $N_2(w)$ 的定义 $X\cap(X\cap Y)=X\cap(X\cap Z)$，

所以 $X\cap Y=X\cap Z$。

故据 $N_2(w)$ 的定义 $\langle X, Y, Z\rangle \in N_2(w)$，

从而 $\langle X, Y, Z\rangle \in N(w)$。

验证（c1）：设$\langle X, Y, Z\rangle \in N(w)$，

情况 1 $\langle X, Y, Z\rangle \in N_1(w)$：则

据 $N_1(w)$ 定义 ①存在 $CA\equiv B\in w$，

②$X=|C|$，$X\cap Y=|A|$，$X\cap Z=|B|$。

据（A2）有 ③$\vdash CA\equiv B\rightarrow CB\equiv A$，

据①、③有 ④$CB\equiv A\in w$，

据②、④和 $N_1(w)$ 的定义有 $\langle X, Z, Y\rangle \in N_1(w)$，

从而 $\langle X, Z, Y\rangle \in N(w)$。

情况 2 $\langle X, Y, Z\rangle \in N_2(w)$：则

$X\cap Y=X\cap Z$，

所以 $X\cap Z=X\cap Y$，

故据 $N_2(w)$ 的定义 $\langle X, Z, Y\rangle \in N_2(w)$，

从而 $\langle X, Z, Y\rangle \in N(w)$。

验证（c2）：设$\langle X, Y, Z\rangle \in N(w)$ 且 $\langle X, Z, U\rangle \in N(w)$，要证 $\langle X, Y, U\rangle \in N(w)$。

情况 1 $\langle X, Y, Z\rangle \in N_1(w)$ 且 $\langle X, Z, U\rangle \in N_1(w)$：则有

①存在 $CA\equiv B\in w$，

②$X=|C|$，$X\cap Y=|A|$，$X\cap Z=|B|$，

③存在 $C'A'\equiv B'\in w$，

④$X=|C'|$，$X\cap Z=|A'|$，$X\cap U=|B'|$。

据②、④有　　　　$|C| = |C'|$，$|B| = |A'|$，

故有　　　　⑤$\vdash C \leftrightarrow C'$，$\vdash B \leftrightarrow A'$，

所以，据（R2）有　　⑥$\vdash CA \equiv B \leftrightarrow C'A \equiv A'$，

据（A3）有　　　　⑦$\vdash C'A \equiv A' \rightarrow (C'A' \equiv B' \rightarrow C'A \equiv B')$，

据①、⑥、⑦有　　⑧$C'A' \equiv B' \rightarrow C'A \equiv B' \in w$

据③、⑧有　　　　⑨$C'A \equiv B' \in w$，

据②、④、⑨和 $N_1(w)$ 的定义有

$\langle X, Y, U\rangle \in N_1(w)$，

从而　　　　$\langle X, Y, U\rangle \in N(w)$。

情况 2　$\langle X, Y, Z\rangle \in N_1(w)$ 且 $\langle X, Z, U\rangle \in N_2(w)$：则

据 $N_2(w)$ 的定义　　①$X \cap Z = X \cap U$，

因为　　　　$\langle X, Y, Z\rangle \in N_1(w)$，

所以　　　　$\langle X, Y, Z\rangle \in N(w)$，

故据（*）有　　　　②$\langle X, X\cap Y, X\cap Z\rangle \in N(w)$。

据①、②有　　　　$\langle X, X\cap Y, X\cap U\rangle \in N(w)$，

再据（*）有　　　　$\langle X, Y, U\rangle \in N(w)$。

情况 3　$\langle X, Y, Z\rangle \in N_2(w)$ 且 $\langle X, Z, U\rangle \in N_1(w)$：则

据 $N_2(w)$ 的定义　　①$X \cap Y = X \cap Z$，

因为　　　　$\langle X, Z, U\rangle \in N_1(w)$，

所以　　　　$\langle X, Z, U\rangle \in N(w)$，

故据（*）有　　　　②$\langle X, X\cap Z, X\cap U\rangle \in N(w)$。

据①、②有　　　　$\langle X, X\cap Y, X\cap U\rangle \in N(w)$，

再据（*）有　　　　$\langle X, Y, U\rangle \in N(w)$。

情况 4　$\langle X, Y, Z\rangle \in N_2(w)$ 且 $\langle X, Z, U\rangle \in N_2(w)$：则

据 $N_2(w)$ 的定义　　①$X \cap Z = X \cap U$，

因为　　　　$\langle X, Y, Z\rangle \in N_2(w)$，

所以　　　　$\langle X, Y, Z\rangle \in N(w)$，

故据（*）有　　　　②$\langle X, X\cap Y, X\cap Z\rangle \in N(w)$，

据①、②有　　　　$\langle X, X\cap Y, X\cap U\rangle \in N(w)$，

再据（*）有　　　　$\langle X, Y, U\rangle \in N(w)$。

验证（c3）：设 $\langle X, Y, Z\rangle \in N(w)$ 且 $w \in X\cap Y$，要证 $w \in Z$。

情况 1　$\langle X, Y, Z\rangle \in N_1(w)$：则

据 $N_1(w)$ 的定义　　①存在 $CA \equiv B \in w$，

②$X = |C|$，$X\cap Y = |A|$，$X \cap Z = |B|$。

据（A4）　　　　　　③$\vdash CA \equiv B \to (C \wedge A \to B)$，
据①、③　　　　　　$C \wedge A \to B \in w$，
所以　　　　　　　　$C \wedge A \in w \Rightarrow B \in w$，
故　　　　　　　　　④$w \in |C| \cap |A| \Rightarrow w \in |B|$。
因为　　　　　　　　$w \in X \cap Y$，
据②有　　　　　　　⑤$w \in X \cap (X \cap Y) = |C| \cap |A|$，
所以据②、④、⑤有　$w \in |B| = X \cap Z$，
所以　　　　　　　　$w \in Z$。

情况 2　$\langle X, Y, Z \rangle \in N_2(w)$：则
据 $N_2(w)$ 的定义　　$X \cap Y = X \cap Z$。
因为　　　　　　　　$w \in X \cap Y$，
所以　　　　　　　　$w \in X \cap Z$，
所以　　　　　　　　$w \in Z$。

验证（c5）：设 $X \cap Y = X \cap Z$，则 $\langle X, Y, Z \rangle \in N_2(w)$，故 $\langle X, Y, Z \rangle \in N(w)$。■

上面的引理说明：CIL 的适当框架是 CIL-框架，所以这个引理也证明 Fr(CIL)非空。

定理 3.9　框架完全性定理

CIL 公理系统相对框架类 Fr(CIL) 是完全的。

证明

只须证：若 A 不是 CIL 的内定理，则 A 在某个 CIL-框架中不有效。设 A 不是 CIL 的内定理。令 F 是 CIL 的适当框架，据引理 3.8，$M = \langle F, [\ ] \rangle$是 CIL 的典范模型。据设定和定理 3.8，有 $M \nvDash A$，所以 $F \nvDash A$。再据引理 3.9，F 是 CIL-框架，故要证结果成立。■

3.5.3　语境作为结果的内涵逻辑 ILC

定义 3.21　语言

（1）合式公式的形成规则如下：

$$p \mid \neg A \mid A \wedge B \mid A \equiv BC。$$

（2）$A \equiv BC$ 称为相对于结果的命题同一句，简称结果同一句，其中 C 称为相对化同一句的结果，A 和 B 分别称为前件和后件。

易见≡是三元联结符，规定≡的结合力强于所有二元联结词。

定义 3.22　ILC 公理系统

公理模式

(A1) 所有重言式的代入特例

(A2) $A \equiv BC \rightarrow B \equiv AC$

(A3) $A \equiv BC \wedge B \equiv DC \rightarrow A \equiv DC$

(A4) $A \equiv BC \wedge A \rightarrow B \vee C$

(A5) $A \equiv BC \leftrightarrow (A \vee C) \equiv (B \vee C)C$

推演规则

(R1) $A, A \rightarrow B \ / \ B$

(R2) $C_1 \leftrightarrow C_2 \ / \ A \equiv BC_1 \leftrightarrow A \equiv BC_2$

(R3) $(A \vee C) \leftrightarrow (B \vee C) / A \equiv BC$

(A2)、(A3) 分别表示相对化对称性和传递性。后面（引理 3.10）将证明自返性也成立，即 $A \equiv AC$ 是系统的内定理。(A4) 和 (R3) 表示≡与↔的相互关系。(R2) 表示结果的等价置换性。(A5) 表明了结果与前后件之间的关系。

由真值表容易验证下面两个公式是等价的：

(a) $(A \vee C) \leftrightarrow (B \vee C)$,

(b) $(A \rightarrow C) \leftrightarrow (B \rightarrow C)$。

因此，(A4) 又可以写为

(A4′) $A \equiv BC \rightarrow ((A \rightarrow C) \rightarrow (B \rightarrow C))$;

(R3) 又可以写为

(R3′) $(A \rightarrow C) \leftrightarrow (B \rightarrow C) / A \equiv BC$。

这种表达更直观（更符合 3.5.1(d) 的思想），但为了表述和证明方便，我们选择了现在的形式。

引理 3.10 下面是 ILC 的内定理和导出规则：

(1) $A \equiv AC$

(2) $A_1 \leftrightarrow A_2 / A_1 \equiv BC \leftrightarrow A_2 \equiv BC$

(3) $B_1 \leftrightarrow B_2 / A \equiv B_1C \leftrightarrow A \equiv B_2C$

证明

(1) ① $(A \vee C) \leftrightarrow (A \vee C)$ (A1)

② $A \equiv AC$ (R3)

(2) ① $A_1 \leftrightarrow A_2$ 假设

② $(A_1 \vee C) \leftrightarrow (A_2 \vee C)$ RPC

③ $A_1 \equiv A_2C$ (R3)

④ $A_2 \equiv A_1C$ (A2), RPC

⑤ $A_2 \equiv A_1C \wedge A_1 \equiv BC \rightarrow A_2 \equiv BC$ (A3)

⑥$A_1 \equiv BC \to A_2 \equiv BC$ ④，⑤，RPC

⑦$A_1 \equiv A_2C \wedge A_2 \equiv BC \to A_1 \equiv BC$ （A3）

⑧$A_2 \equiv BC \to A_1 \equiv BC$ ③，⑦，RPC

⑨$A_1 \equiv BC \leftrightarrow A_2 \equiv BC$ ⑥，⑧，RPC

（3） ①$B_1 \leftrightarrow B_2$ 假设

②$(B_1 \vee C) \leftrightarrow (B_2 \vee C)$ RPC

③$B_1 \equiv B_2C$ （R3）

④$B_2 \equiv B_1C$ （A2），RPC

⑤$A \equiv B_1C \wedge B_1 \equiv B_2C \to A \equiv B_2C$ （A3）

⑥$A \equiv B_1C \to A \equiv B_2C$ ③，⑤，RPC

⑦$A \equiv B_2C \wedge B_2 \equiv B_1C \to A \equiv B_1C$ （A3）

⑧$A \equiv B_2C \to A \equiv B_1C$ ④，⑦，RPC

⑨$A \equiv B_1C \leftrightarrow A \equiv B_2C$ ⑥，⑧，RPC

■

（1）表明相对化同一句的相对化自返性，（2）、（3）表明相对化同一句的前件和后件均可以等价置换。

定义 3.23 定义绝对化命题同一句（简称同一句）如下：

(DefI) $A \equiv B =_{df} A \equiv B\bot$，其中⊥表示某个固定的常假式。

因为永假的结果不能从有意义的命题得到，因此相对于结果为永假式的命题同一句，可以看做是没有相对化结果的命题同一句，即绝对化命题同一句。

引理 3.11 ILC + (DfPI) 有如下内定理和导出规则：

（1） $A \equiv A$

（2） $A \equiv B \to B \equiv A$

（3） $A \equiv B \wedge B \equiv C \to A \equiv C$

（4） $A \equiv B \to A \leftrightarrow B$

（5） $A \leftrightarrow B / A \equiv B$

（6） $A_1 \leftrightarrow A_2 / A_1 \equiv B \leftrightarrow A_2 \equiv B$

（7） $B_1 \leftrightarrow B_2 / A \equiv B_1 \leftrightarrow A \equiv B_2$

证明

易证，略。■

上面的（1）、（2）、（3）分别刻画了同一句的自返性、对称性和传递性，（4）和（5）刻画了同一与等价之间的关系。（6）和（7）分别称为前件置换规则和后件置换规则。

我们也把由 PC 加上特征公理（2）、（3）、（4）和特征规则（5）构成的系统称为 PI。因此 PI 可由 ILC +（DfPI）导出。

定义 3.24 有序邻域框架，有序邻域模型（参见定义 3.15）

定义 3.25 真值集定义

令 M =〈W，N，[ ]〉是 ON-模型。对每一复合公式 A，定义 A 相对 M 的真值集［A］如下，对任意 w∈W：

（1）w∈[¬A] ⇔ w([A]；

（2）w∈[A∧B] ⇔ w∈[A]且 w∈[B]；

（3）w∈[A≡BC] ⇔ 〈[A]，[B]，[C]〉∈N(w)。

定义 3.26 ILC-框架，ILC-模型

（1）称 ON-框架 F =〈W，N〉是 ILC-框架，如果下列框架条件成立：对任意 w∈W 和 X，Y，Z，U⊆W，

（c1）〈X，Y，Z〉∈N(w) ⇒〈Y，X，Z〉∈N(w)；

（c2）〈X，Y，Z〉∈N(w) 且〈Y，U，Z〉∈N(w) ⇒〈X，U，Z〉∈N(w)；

（c3）〈X，Y，Z〉∈N(w) 且 w∈X ⇒ w∈Y∪Z；

（c4）〈X，Y，Z〉∈N(w) ⇔〈X∪Z，Y∪Z，Z〉∈N(w)；

（c5）X∪Z = Y∪Z ⇒〈X，Y，Z〉∈N(w)。

（2）所有的 ILC-框架的类记作 Fr(ILC)。

定义 3.27 有效性（参见定义 3.18）

定理 3.10 框架可靠性定理

ILC 公理系统相对框架类 Fr(ILC) 是可靠的。

证明

任给 ILC-模型 M =〈W，N，[ ]〉，下面验证 ILC 的公理相对 M 有效且 ILC 的推演规则相对 M 保持有效性。

验证公理（A1）和规则（R1）：显然。

验证公理（A2）：任给 w∈[A≡BC]，

据定义 3.25 〈[A]，[B]，[C]〉∈N(w)，

据定义 3.26 的（c1）〈[B]，[A]，[C]〉∈N(w)，

再据定义 3.25 w∈[B≡AC]，

故 [A≡BC]⊆[B≡AC]，

据引理 3.1， [A≡BC→B≡AC] = W。

验证公理（A3）：任给 w∈[A≡BC∧B≡DC]，

据引理 3.1 和定义 3.25 〈[A]，[B]，[C]〉∈N(w) 且〈[B]，[D]，[C]〉∈N(w)，

据定义 3.26 的（c2）〈[A]，[D]，[C]〉∈N(w)，

再据定义 3.25 w∈[A≡DC]，

故　　　　　　　　$[A \equiv BC \wedge B \equiv DC] \subseteq [A \equiv DC]$，

从而据引理 3.1　　$[A \equiv BC \wedge B \equiv DC \rightarrow A \equiv DC] = W$。

验证公理（A4）：任给 $w \in [A \equiv BC \wedge A]$，

据引理 3.1 和定义 3.25 $\langle [A], [B], [C] \rangle \in N(w)$ 且 $w \in [A]$，

据定义 3.26 的（c3）　$w \in [B] \cup [C]$，

故　　　　　　　　$[A \equiv BC \wedge A] \subseteq [B] \cup [C]$，

从而据引理 3.1　　$[A \equiv BC \wedge A \rightarrow B \vee C] = W$。

验证公理（A5）：任给 $w \in W$，则有

$w \in [A \equiv BC]$

$\Leftrightarrow \langle [A], [B], [C] \rangle \in N(w)$　　据定义 3.25

$\Leftrightarrow \langle [A] \cup [C], [B] \cup [C], [C] \rangle \in N(w)$　　据定义 3.26（c4）

$\Leftrightarrow \langle [A \vee C], [B \vee C], [C] \in N(w)$　　据引理 3.1

$\Leftrightarrow w \in [(A \vee C) \equiv (B \vee C)C]$　　据定义 3.25

从而　　　　　　　$[A \equiv BC] = [(A \vee C) \equiv (B \vee C)C]$，

所以据引理 3.1　　$[A \equiv BC \leftrightarrow (A \vee C) \equiv (B \vee C)C] = W$。

验证规则（R2）：设 $[C_1 \leftrightarrow C_2] = W$，

则　　　　　　　　$[C_1] = [C_2]$，

故　　　　　　　　$\langle [A], [B], [C_1] \rangle = \langle [A], [B], [C_2] \rangle$，

即有　　　　　　　$w \in [A \equiv BC_1] \Leftrightarrow w \in [A \equiv BC_2]$，

从而　　　　　　　$[A \equiv BC_1 \leftrightarrow A \equiv BC_2] = W$。

验证规则（R3），设 $[(A \vee C) \leftrightarrow (B \vee C)] = W$，

则据引理 3.1　　　$[A] \cup [C] = [B] \cup [C]$，

据定义 3.26 的（c5）　$\langle [A], [B], [C] \rangle \in N(w)$，

据定义 3.25　　　　$w \in [A \equiv BC]$，

由 w 的任意性得　　$[A \equiv BC] = W$。■

定义 3.28　典范框架，典范模型

（1）定义 ILC 的典范框架 $N = \langle W, N \rangle$ 如下：

①$W = \{w : w$ 是极大一致集$\}$；

②N 是从 W 到 $\wp(\wp(W)^3)$ 的映射使得

$\langle |A|, |B|, |C| \in N(w) \Leftrightarrow A \equiv BC \in w$，对任意 $w \in W$ 和公式 A、B 和 C；

（2）定义 ILC 的典范模型 $M = \langle W, N, [\ ] \rangle$ 如下：$\langle W, N \rangle$ 是 ILC 的典范框架，且

③ $[p] = |p|$，对任意 $p \in Var$。

引理 3.12 典范模型基本定理

令 $M^c = \langle W, N, [\ ]\rangle$ 是 ILC 的典范模型，则对每一公式 D，$|D| = [D]$。

证明

只需证：$D \in w \Leftrightarrow w \in [D]$，对每一 $w \in W$ 和公式 D。

施归纳于 D 的结构。句符的情况据定义 3.28③。布尔联结词¬和∧的情况如通常所证。

令 $D = A \equiv BC$。据归纳假设，对任意 $w \in W$，

$w \in [D] \Leftrightarrow w \in [A \equiv BC]$

$\Leftrightarrow [A], [B], [C] \in N(w)$ 据定义 3.25

$\Leftrightarrow |A|, |B|, |C| \in N(w)$ 据归纳假设

$\Leftrightarrow A \equiv BC \in w$

$\Leftrightarrow D \in w$

所以 $|D| = [D]$。■

定理 3.11 令 M 是 ILC 的典范模型，则对每一公式 A，$M \vDash A \Leftrightarrow \vdash A$。

证明

据引理 3.12 及引理 3.2 有

$M \vDash A \Leftrightarrow [A] = W$

$\Leftrightarrow |A| = W$

$\Leftrightarrow \vdash A$

所以，$M \vDash A \Leftrightarrow \vdash A$。■

定义 3.29 适当结构，适当框架

(1) 定义 ILC 的适当结构 (proper structure) $M = \langle W, N, [\ ]\rangle$ 如下：

①$W = \{w : w$ 是极大一致集$\}$；

②对所有 $w \in W$，$N(w) = N_1(w) \cup N_2(w)$，其中

$N_1(w) = \{\langle X, Y, Z\rangle \in \wp(W)^3$：存在 $A \equiv BC \in w$ 且 $X \cup Z = |A|$，$Y \cup Z = |B|$，$Z = |C|\}$，

$N_2(w) = \{\langle X, Y, Z\rangle \in \wp(W)^3 : X \cup Z = Y \cup Z\}$。

(2) $F = \langle W, N\rangle$ 称为 ILC 的适当框架。

引理 3.13 令 $M = \langle W, N, [\ ]\rangle$ 是 ILC 的适当结构，则 M 是 ILC 的典范模型。

证明

据定义 3.28，只须证：

$\langle |A|, |B|, |C|\rangle \in N(w) \Leftrightarrow A \equiv BC \in w$，对任意 $w \in W$ 和公式 A、B 和 C。

"$\Leftarrow$"：设 $A \equiv BC \in w$，

因为 $\vdash A \equiv BC \leftrightarrow (A \vee C) \equiv (B \vee C)C$，

所以 $(A\vee C)\equiv(B\vee C)C\in w$。

又 $|A|\cup|C|=|A\vee C|,|B|\cup|C|=|B\vee C|,|C|=|C|$,

故据 $N_1(w)$ 定义有 $\langle|A|, |B|, |C|\rangle\in N_1(w)$,

从而 $\langle|A|, |B|, |C|\rangle\in N(w)$。

"⇒": 设 $\langle|A|, |B|, |C|\rangle\in N(w)$,

情况 1 $\langle|A|, |B|, |C|\rangle\in N_1(w)$: 则

①存在 $A'\equiv B'C'\in w$,

② $|A|\cup|C|=|A'|, |B|\cup|C|=|B'|, |C|=|C'|$。

据②有 $\vdash(A\vee C)\leftrightarrow A', \vdash(B\vee C)\leftrightarrow B', \vdash C\leftrightarrow C'$。

据 (R2) 及引理 3.10 有

③ $\vdash(A\vee C)\equiv(B\vee C)C\leftrightarrow A'\equiv B'C'$。

据①、③有 $(A\vee C)\equiv(B\vee C)C\in w$。

再据 (A5) 有 $A\equiv BC\in w$。

情况 2 $\langle|A|, |B|, |C|\rangle\in N_2(w)$: 则

$|A|\cup|C|=|B|\cup|C|$

故 $\vdash(A\vee C)\leftrightarrow(B\vee C)$

据 (R3) 有 $\vdash A\equiv BC$

故有 $A\equiv BC\in w$。■

引理 3.14 ILC 的适当框架 F 是 ILC-框架。

证明

下面我们来验证 F 满足定义 3.26 给出的框架条件。为了证明方便，我们先验证 (c4)（验证其他结果时将用到这个结果），即：

$(^*)$ $\langle X,Y,Z\rangle\in N(w) \Leftrightarrow \langle X\cup Z,Y\cup Z,Z\rangle\in N(w)$

验证 (c4):

"⇒": 设 $\langle X, Y, Z\rangle\in N(w)$,

情况 1 $\langle X, Y, Z\rangle\in N_1(w)$: 则

据 $N_1(w)$ 的定义

①存在 $A\equiv BC\in w$,

② $(X\cup Z)\cup Z=X\cup Z=|A|,(Y\cup Z)\cup Z=Y\cup Z=|B|,Z=|C|$。

故据①、②和 $N_1(w)$ 的定义有

$\langle X\cup Z, Y\cup Z, Z\rangle\in N_1(w)$。

从而 $\langle X\cup Z, Y\cup Z, Z\rangle\in N(w)$。

情况 2 $\langle X, Y, Z\rangle\in N_2(w)$: 则

据 $N_2(w)$ 的定义 $X\cup Z=Y\cup Z$,

所以　　　　　　　　$(X\cup Z)\cup Z=(Y\cup Z)\cup Z$,

故据 $N_2(w)$ 的定义 $\langle X\cup Z, Y\cup Z, Z\rangle\in N_2(w)$,

从而　　　　　　　　$\langle X\cup Z, Y\cup Z, Z\rangle\in N(w)$。

"$\Leftarrow$"：设 $\langle X\cup Z, Y\cup Z, Z\rangle\in N(w)$,

情况 1　$\langle X\cup Z, Y\cup Z, Z\rangle\in N_1(w)$：则

据 $N_1(w)$ 的定义

①存在 $A\equiv BC\in w$,

②$X\cup Z=(X\cup Z)\cup Z=|A|, Y\cup Z=(Y\cup Z)\cup Z=|B|, Z=|C|$。

故据①、②和 $N_1(w)$ 的定义有

$\langle X, Y, Z\rangle\in N_1(w)$

从而　　　　　　　　$\langle X, Y, Z\rangle\in N(w)$。

情况 2　$\langle X\cup Z, Y\cup Z, Z\rangle\in N_2(w)$：则

据 $N_2(w)$ 的定义　$(X\cup Z)\cup Z=(Y\cup Z)\cup Z$,

所以　　　　　　　　$X\cup Z=Y\cup Z$。

故据 $N_2(w)$ 的定义 $\langle X, Y, Z\rangle\in N_2(w)$,

从而　　　　　　　　$\langle X, Y, Z\rangle\in N(w)$。

验证（c1）：设 $\langle X, Y, Z\rangle\in N(w)$,

情况 1　$\langle X, Y, Z\rangle\in N_1(w)$：则

据 $N_1(w)$ 定义　　①存在 $A\equiv BC\in w$,

②$X\cup Z=|A|$, $Y\cup Z=|B|$, $Z=|C|$。

据（A2）有　　　　③$\vdash A\equiv BC\rightarrow B\equiv AC$,

据①、③有　　　　④$B\equiv AC\in w$,

据②、④和 $N_1(w)$ 定义有 $\langle Y, X, Z\rangle\in N_1(w)$,

从而　　　　　　　　$\langle Y, X, Z\rangle\in N(w)$。

情况 2　$\langle X, Y, Z\rangle\in N_2(w)$：则

$X\cup Z=Y\cup Z$,

所以　　　　　　　　$Y\cup Z=X\cup Z$,

故据 $N_2(w)$ 的定义 $\langle Y, X, Z\rangle\in N_2(w)$,

从而　　　　　　　　$\langle Y, X, Z\rangle\in N(w)$。

验证（c2）：设 $\langle X, Y, Z\rangle\in N(w)$ 且 $\langle Y, U, Z\rangle\in N(w)$，要证 $\langle X, U, Z\rangle\in N(w)$。

情况 1　$\langle X, Y, Z\rangle\in N_1(w)$ 且 $\langle Y, U, Z\rangle\in N_1(w)$：则

①存在 $A\equiv BC\in w$,

②$X\cup Z=|A|$, $Y\cup Z=|B|$, $Z=|C|$,

③存在 $A'\equiv B'C'\in w$，

④$Y\cup Z=|A'|$，$U\cup Z=|B'|$，$Z=|C'|$。

据②、④有　$|C|=|C'|$，$|B|=|A'|$，

故有　⑤$\vdash C\leftrightarrow C'$，$\vdash B\leftrightarrow A'$，

所以据（R2）及引理 3.10 有

⑥$\vdash A\equiv BC\leftrightarrow A\equiv A'C'$，

据（A3）有　⑦$\vdash A\equiv A'C'\to(A'\equiv B'C'\to A\equiv B'C')$，

据①、⑥、⑦有　⑧$A'\equiv B'C'\to A\equiv B'C'\in w$

据③、⑧有　⑨$A\equiv B'C'\in w$，

据②、④、⑨和 $N_1(w)$ 的定义有 $\langle X, U, Z\rangle\in N_1(w)$，

从而　$\langle X, U, Z\rangle\in N(w)$。

情况 2　$\langle X, Y, Z\rangle\in N_1(w)$ 且 $\langle Y, U, Z\rangle\in N_2(w)$：则

据 $N_2(w)$ 的定义　①$Y\cup Z=U\cup Z$，

因为　$\langle X, Y, Z\rangle\in N_1(w)$，

所以　$\langle X, Y, Z\rangle\in N(w)$，

故据（*）有　②$\langle X\cup Z, Y\cup Z, Z\rangle\in N(w)$。

据①、②有　$\langle X\cup Z, U\cup Z, Z\rangle\in N(w)$，

再据（*）有　$\langle X, U, Z\rangle\in N(w)$。

情况 3　$\langle X, Y, Z\rangle\in N_2(w)$ 且 $\langle Y, U, Z\rangle\in N_1(w)$：则

据 $N_2(w)$ 的定义　①$X\cup Z=Y\cup Z$，

因为　$\langle Y, U, Z\rangle\in N_1(w)$，

所以　$\langle Y, U, Z\rangle\in N(w)$，

故据（*）有　②$\langle Y\cup Z, U\cup Z, Z\rangle\in N(w)$。

据①、②有　$\langle X\cup Z, U\cup Z, Z\rangle\in N(w)$，

再据（*）有　$\langle X, U, Z\rangle\in N(w)$。

情况 4　$\langle X, Y, Z\rangle\in N_2(w)$ 且 $\langle Y, U, Z\rangle\in N_2(w)$：则

据 $N_2(w)$ 的定义　①$Y\cup Z=U\cup Z$，

因为　$\langle X, Y, Z\rangle\in N_2(w)$，

所以　$\langle X, Y, Z\rangle\in N(w)$，

故据（*）有　②$\langle X\cup Z, Y\cup Z, Z\rangle\in N(w)$，

据①、②有　$\langle X\cup Z, U\cup Z, Z\rangle\in N(w)$，

再据（*）有　$\langle X, U, Z\rangle\in N(w)$。

验证（c3）：设 $\langle X, Y, Z\rangle\in N(w)$ 且 $w\in X$，要证 $w\in Y\cup Z$。

情况 1　$\langle X, Y, Z\rangle\in N_1(w)$：则

据 $N_1(w)$ 的定义　①存在 $A \equiv BC \in w$,

②$X \cup Z = |A|$, $Y \cup Z = |B|$, $Z = |C|$。

据（A4）　③$\vdash A \equiv BC \rightarrow (A \rightarrow B \vee C)$,

据①、③　$A \rightarrow B \vee C \in w$,

所以　$A \in w \Rightarrow B \vee C \in w$,

故有　④$w \in |A| \Rightarrow w \in |B| \cup |C|$。

因为　$w \in X$,

据②有　⑤$w \in X \subseteq X \cup Z = |A|$,

所以据②、④、⑤有　$w \in |B| \cup |C| = (Y \cup Z) \cup Z = Y \cup Z$。

情况 2　$\langle X, Y, Z \rangle \in N_2(w)$：则

据 $N_2(w)$ 的定义　$X \cup Z = Y \cup Z$。

因为　$w \in X$,

所以　$w \in X \cup Z$,

所以　$w \in Y \cup Z$。

验证（c5）：设 $X \cup Z = Y \cup Z$，则 $\langle X, Y, Z \rangle \in N_2(w)$，故 $\langle X, Y, Z \rangle \in N(w)$。■

说明：上面的引理说明：ILC 的适当框架是 ILC-框架，所以这个引理也证明 Fr(ILC) 非空。

定理 3.12　框架完全性定理

ILC 公理系统相对框架类 Fr(ILC) 是完全的。

证明

只须证：若 A 不是 ILC 的内定理，则 A 在某个 ILC-框架中不有效。设 A 不是 ILC 的内定理。令 F 是 ILC 的恰当框架，据引理 3.13，$M = \langle F, [\ ] \rangle$ 是 ILC 的典范模型。据设定和定理 3.11，有 $M \nvDash A$，所以 $F \nvDash A$。再据引理 3.14，F 是 ILC-框架，故要证结果成立。■

3.6　语境内涵逻辑Ⅲ：基于代数语义

本节基于代数语义给出了两种语境超内涵逻辑，对非弗雷格逻辑 SCI 进行了发展。①

① 本节部分成果发表于（Wen，2007）。

3.6.1 直观思想

经典内涵逻辑的核心思想是：把外延语境化。内涵主义超内涵逻辑的核心思想是：把内涵初始化。本节拟给出的语境超内涵逻辑的核心思想则可以看做是对语境化和初始化两种思想的综合：首先把内涵初始化，然后把内涵语境化。

内涵初始化的命题逻辑又称作非弗雷格逻辑。为了理解非弗雷格逻辑，我们首先按照（Suszko，1975）重新考察弗雷格的意义理论，如下图所示：

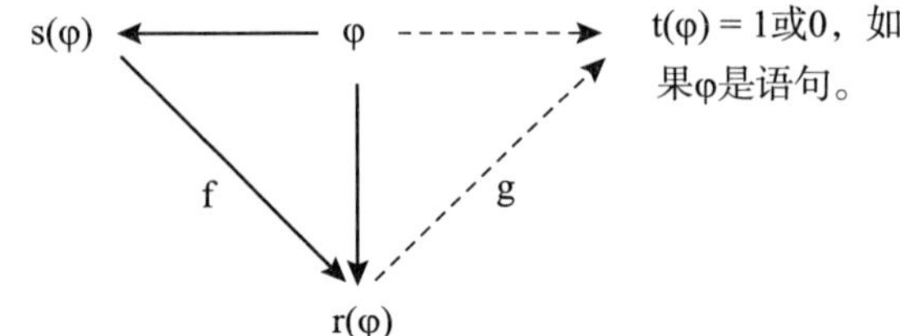

在上图中，φ 是词项或语句，r(φ) 表示 φ 的指称（denotation），即由 φ 给出的对象，s(φ) 表示 φ 的含义（sense），即 φ 给出 r(φ) 的方式。当 φ 是语句时，t(φ) 表示 φ 的逻辑值（真值）。其中，指派 r、s 和 t 满足下列条件：

（1）若 $r(\varphi)\neq r(\psi)$，则 $s(\varphi)\neq s(\psi)$；

（2）若 $t(\varphi)\neq t(\psi)$，则 $r(\varphi)\neq r(\psi)$。

由于弗雷格认为语句的指称就是真值，因此自弗雷格以来经典逻辑中（2）的逆也成立，我们称这样的逻辑为弗雷格逻辑（在第 5 节我们将给出形式定义）。这样，所有语句的指称只有两个（真和假），与所有名字的指称可以远远多于两个相比，这个限制是比较奇怪的。于是波兰逻辑学家 R. 舒斯克发展了所谓的非弗雷格逻辑，其基本思想是区分语句的指称和真值。为此，舒斯克引进了一个新的二元连接词≡，表示语句的指称相同（舒斯克认为语句的指称就是该语句所描述的情境），以区别于表示语句真值相等的连接词↔。在非弗雷格逻辑中，我们有 $\varphi\equiv\psi\vdash\varphi\leftrightarrow\psi$，但 $\varphi\leftrightarrow\psi\nvdash\varphi\equiv\psi$，即（2）成立，但（2）的逆不成立。这与超内涵逻辑的目标和动机是一致的。只是在语义上，超内涵逻辑引进了内涵的概念，并把 $\varphi\equiv\psi$ 解释为两个语句具有相同的内涵。但由于超内涵逻辑不区分语句的外延（指称）与真值，因此，超内涵逻辑中语句的内涵实际上就相当于非弗雷格逻辑中语句的指称，二者实质一致只是表述不同。

不过，在词项层次上，非弗雷格逻辑与超内涵逻辑将有所不同。对于非弗雷格逻辑，与语句的指称相平行的概念是词项的指称，而词项的逻辑值（个体域中的对象）与词项的指称是没有区别的，这样非弗雷格逻辑将不能区分晨星与暮星这样的专名，除非引进一个不同于 = 的逻辑谓词表示两个词项的含义相同。换言之，最终非弗雷格逻辑仍然需要引进含义或内涵这样的概念。因此，为了使得对语句和词项引进的新的逻辑符的解释保持一致（都解释为内涵相同），还不如一开始就把≡解释为语句的内涵相同，而不区分语句的指称与真值。无论如何，至少在命题逻辑的层次上，非弗雷格逻辑与超内涵逻辑是一致的。可以说，非弗雷格逻辑是超内涵逻辑的核心片断和最简形式。

正因为如此，非弗雷格逻辑也像其他超内涵逻辑一样，只有绝对的内涵同一概念，不符合内涵语境主义的要求。为此，我们对非弗雷格逻辑 SCI（详见 3.6.2）进行了改造，引入了三元等词结构 CA≡B，表示语句 A 与 B 在语境 C 中内涵相同。在语义解释上，模型的域中的元素不再是真值，而是内涵实体或命题①，对原子语句的指派也不再是真值，而是命题。在所有命题中，有一部分命题是真命题。每个语境 C 对域中的元素进行一个划分，形成若干等价类，每个等价类中的命题在该语境下可以看做是同一的。根据语义的组合原则，划分应满足一定的条件，即由划分导出的等价关系对于逻辑运算应构成全等关系。这样，每个语境 C 实际上就提供了一个所有命题上的全等关系。CA≡B 是真命题当且仅当 A 和 B 所指称的命题（或 A 和 B 的内涵）具有 C 所对应的全等关系。基于这种思想，我们构造了语境符号作为公式的超内涵逻辑 CHIL，并运用 CHIL 部分地解决了分析悖论。

由于在语言上我们没有为语境引进专门的符号，而是用公式来代表语境，这使得 CHIL 对语境的刻画不够灵活，也不够自然。为此，我们又构造了一种语境符号作为初始的超内涵逻辑 cHIL，即引入专门的符号表示语境，并引入了语境之间的关系符。这样就可以刻画不同语境之间的命题关系，而在 CHIL 中只能对同一个语境内的命题进行刻画，从而弥补了 CHIL 的不足。当然，这是以损失语言上的简洁性为代价的。

3.6.2 非弗雷格逻辑与 SCI

下面我们给出非弗雷格逻辑的形式定义。首先我们给出一些记号说明。我们用序对 S =〈S，Cn〉表示一个逻辑，其中 S 是逻辑 S 的合式公式构成的代数，比如只有联结词¬和→的经典命题逻辑的语言构成代数〈Fm，¬，→〉，其中 Fm 是经典命题逻辑的合式公式的集合。Cn：$\wp(\mathrm{Fm}) \to \wp(\mathrm{Fm})$ 是逻辑 S 的后承运

① 舒斯克认为域中的元素是情境，这涉及到不同的本体论承诺问题，只要这些实体不还原为真值，那么它们在模型的形式刻画上并无区别。

算，一般满足如下条件：

(C1) $\Phi\subseteq Cn(\Phi)$；

(C2) $Cn(Cn(\Phi))=Cn(\Phi)$；

(C3) 若 $\Phi\subseteq\Psi$，则 $Cn(\Phi)\subseteq Cn(\Psi)$。

为简便起见，若 $\Phi\subseteq Fm$，$A\in Fm$，我们通常把 $Cn(\Phi\cup\{A\})$ 记作 $Cn(\Phi, A)$。若 Fm 所在的代数为 S，我们也把 $\Phi\subseteq Fm$ 和 $A\in Fm$ 分别记为 $\Phi\subseteq S$ 和 $A\in S$。

后承运算也可以方便地转换成后承关系 $\vdash C\subseteq \wp(S)\times S$ 如下：对任意 $\Phi\subseteq S$ 和 $A\in S$，

$$\Phi\vdash_C A \Leftrightarrow A\in Cn(\Phi)。$$

我们称 $T\subseteq S$ 为逻辑 S 的一个理论，如果 $T=Cn(T)$。记 S 的所有理论构成的集合为 ThS①。我们记所有命题变元构成的集合为 Var，记公式 A 中出现的所有命题变元为 Var(A)。我们用 C(A/p) 表示用公式 A 一致替换 C 中出现的命题变元 p 后得到的公式。

定义 3.30 舒斯克算子

令逻辑 S = (S, Cn)，S 的舒斯克算子 Ω_S：$\wp(S)\rightarrow\wp(S\times S)$ 定义如下，对任意 $\sum\subseteq S$：

$$\langle A, B\rangle\in\Omega_S\sum \Leftrightarrow (\forall C\in S)(\forall p\in Var(C))Cn(\sum, C(A/p))=Cn(\sum, C(B/p))$$

由该定义可以看出，舒斯克算子 Ω_S 的作用就是对每个公式集 $\sum$ 给出一个二元关系，使得任何具有该二元关系的公式相对于 $\sum$ 可以相互替换，即，对于公式集 $\sum$，若公式 A 和公式 B 具有该二元关系，那么任何包含 A 的公式和把其中的 A 替换成 B 后的公式在公式集 $\sum$ 下的逻辑后承都相同。

定义 3.31 相容

称二元关系 ~ 与公式集 T 相容，当且仅当，若 $A\sim B$，则 $A\in T \Leftrightarrow B\in T$。

定理 3.13 令逻辑 S = (S, Cn)，$T\in ThS$，则 $\Omega_S T$ 是 S 上与 T 相容的全等关系。

证明

参见 (Czelakowski, 2001: 98)。

定义 3.32 弗雷格逻辑

S = (S, Cn) 称为弗雷格逻辑 (Fregean logic)，如果下面的条件满足：

① 注意区分于 Th(S)。

$(\forall \sum \subseteq S)(Cn(\sum, A) = Cn(\sum, B) \Rightarrow \langle A, B\rangle \in \Omega_S Cn(\sum))$，

否则称 S 为非弗雷格逻辑（non-Fregean logic）。

定义 3.33 弗雷格关系

任给逻辑 S，任给 $T \in ThS$，T 相对于 S 的弗雷格关系 $\Lambda_S T$ 定义如下：

$$\Lambda_S T = \{\langle A, B\rangle: T, A \vdash_S B \text{ 且 } T, B \vdash_S A\},$$

当 $\sum = \varnothing$ 时，称 $\Lambda_S T$ 为 S 的弗雷格关系，记为 ΛS。

不难证明弗雷格逻辑有如下等价定义（Czelakowski，2001：375）：

定义 3.34 弗雷格逻辑的等价定义

设逻辑 $S = \langle S, Cn\rangle$，则 S 是弗雷格逻辑当且仅当下面任何一个条件满足：

（1）$(\forall \sum \subseteq S)(Cn(\sum, A) = Cn(\sum, B) \Rightarrow \langle A, B\rangle \in \Omega_S Cn(\sum))$；

（2）$(\forall T \in ThS)(\Lambda_S T = \Omega_S T)$；

（3）对任意 $T \in ThS$，$\Lambda_S T$ 是 S 上的全等关系。

下面我们介绍一种具体的非弗雷格逻辑：由 R. 舒斯克等人发明的带等词的命题演算 SCI（Sentential Calculus with Identity）（Suszko，1975；Bloom，1971；Bloom，1972）。

定义 3.35 SCI-语言

$$p \mid \neg A \mid A \rightarrow B \mid A \equiv B$$

规定≡的结合力强于其他二元联结词。如果我们把¬、→和≡看做 Fm 上的运算，那么四元组 $\mathcal{L} = \langle Fm, \neg, \rightarrow, \equiv\rangle$ 是一个代数。我们称形如 $\mathcal{L}$ 的代数为 SCI-代数（即类型为〈1，2，2〉的代数）。

定义 3.36 SCI 公理系统

公理模式

（A1）$A \rightarrow (B \rightarrow A)$

（A2）$(A \rightarrow (B \rightarrow C)) \rightarrow ((A \rightarrow B) \rightarrow (A \rightarrow C))$

（A3）$(\neg B \rightarrow \neg A) \rightarrow (A \rightarrow B)$

（A4）$A \equiv A$

（A5）$A \equiv B \rightarrow \neg A \equiv \neg B$

（A6）$A \equiv A' \rightarrow (B \equiv B' \rightarrow (A \rightarrow B) \equiv (A' \rightarrow B'))$

（A7）$A \equiv A' \rightarrow (B \equiv B' \rightarrow (A \equiv B) \equiv (A' \equiv B'))$

（A8）$A \equiv B \rightarrow (A \rightarrow B)$

推演规则

（R1）$A, A \rightarrow B \ / \ B$

容易看出，上述公理中（A4）~（A7）表明≡是公式代数 $\mathcal{L}$ 上的全等关系，

(A8) 则表明内涵同一蕴涵外延相等。

定义 3.37 SCI-模型

称二元组 $\langle \mathfrak{A}, D\rangle$ 为 SCI-模型，当且仅当下列条件满足：

(1) $\mathcal{A}=\langle A, \sim, \supset, \approx\rangle$ 为一个 SCI-代数，其中 $A\neq\varnothing$；

(2) $D\subseteq A$ 且满足下列条件：对任意 a，$b\in A$，

(D1) $\sim a\in D \quad\Leftrightarrow\quad a\notin D$，

(D2) $a\supset b\in D \quad\Leftrightarrow\quad a\notin D$ 或 $b\in D$，

(D3) $a\approx b\in D \quad\Leftrightarrow\quad a=b$。

所有 SCI-模型构成的类记作 Mod(SCI)。

定义 3.38 SCI 语义

令 $M=\langle \mathcal{A}, D\rangle$ 为一个 SCI-模型，

(1) 称 v 为一个 M-赋值，如果 v 是一个从 $\mathcal{L}$ 到 $\mathcal{A}$ 的同态映射，即满足下列条件：对任意 A，$B\in Fm$，

(v1) $v(\neg A)=\sim v(A)$，

(v2) $v(A\to B)=v(A)\supset v(B)$，

(v3) $v(A\equiv B)=v(A)\approx v(B)$。

(2) 称公式 A 在模型 M 中被赋值 v 满足，如果 $v(A)\in D$，记作 M，$v\models A$。$\Phi\models A$ 如通常定义。

定理 3.14 SCI 的可靠性与完全性

SCI 公理系统相对于 Mod(SCI) 是强可靠和强完全的，即对任意公式集 Φ 和公式 A 有：$\Phi\vdash A \Leftrightarrow \Phi\models A$。

证明

参见（Bloom，1971）。■

3.6.3 语境符号作为公式的超内涵逻辑 CHIL

本小节通过把 SCI 中的等词改造成相对等词，并修改相应的模型，构造了一种语境超内涵逻辑 CHIL，其中内涵既是初始的，又是依赖于语境的，但没有对语境引入专门符号，而是用公式表示语境。

3.6.3.1 CHIL 逻辑系统

定义 3.39 CHIL 语言

$$p\mid\neg A\mid A\to B\mid CA\equiv B$$

规定≡的结合力强于所有二元联结词。如果我们把¬、→和≡分别看做 Fm

上的一元运算、二元运算和三元运算，那么四元组 $\mathcal{L}=\langle \mathrm{Fm}, \neg, \rightarrow, \equiv\rangle$ 是一个代数。我们称形如 $\mathcal{L}$ 的代数为 CHIL-代数（即类型为〈1，2，3〉的代数）。

CA≡B 表示 A 和 B 相对于语境 C 内涵同一。这里我们不预先把 A 和 B 解释为命题，其解释完全是开放的。它们既可以是陈述（statement）、语句、句型（sentence type）、句记（sentence token），也可以是命题、某一类命题（如数学命题）、某个主体的信念等等。同样，对 C 的解释也是完全开放的，既可以表示通名“命题”，也可以看做某个特定的谈话语境，还可以解释为某个主体的信念集。这样，CA≡B 既可以表示陈述 A 和 B 是同一命题，也可以表示命题 A 和 B 在语境 C 下内涵相等，还可以表示数学命题 A 和 B 相对于某个主体的信念集 C 有相同的意义等等。

定义 3.40 CHIL 公理系统

公理模式

(A1) $A\rightarrow(B\rightarrow A)$

(A2) $(A\rightarrow(B\rightarrow C))\rightarrow((A\rightarrow B)\rightarrow(A\rightarrow C))$

(A3) $(\neg B\rightarrow\neg A)\rightarrow(A\rightarrow B)$

(A4) $CA\equiv A$

(A5) $CA\equiv B\rightarrow CB\equiv A$

(A6) $DA\equiv B\rightarrow(DB\equiv C\rightarrow DA\equiv C)$

(A7) $CA\equiv B\rightarrow C\neg A\equiv\neg B$

(A8) $CA\equiv A'\rightarrow(CB\equiv B'\rightarrow C(A\rightarrow B)\equiv(A'\rightarrow B'))$

(A9) $DC\equiv C'\rightarrow(DA\equiv A'\rightarrow(DB\equiv B'\rightarrow D(CA\equiv B)\equiv(C'A'\equiv B')))$

(A10) $CA\equiv B\rightarrow(C\rightarrow(A\rightarrow B))$

推演规则

(R1) A，$A\rightarrow B$ / B

容易看出，上述公理中（A4）~（A9）表明≡是某种相对的全等关系，（A10）则表明在相同的语境下，内涵同一蕴涵外延相等。

定义 3.41 CHIL－模型

称三元组 $\langle\mathcal{A}, g, D\rangle$ 为 CHIL-模型，如果下列条件满足：

(1) $\mathcal{A}=\langle A, \sim, \supset, \approx\rangle$ 为一个 CHIL-代数，其中 $A\neq\varnothing$；

(2) g 是定义在 A 到 $A\times A$ 上的一个函数，使得对任意 $d\in A$，$g(d)$ 是一个 $\mathcal{A}$ 上的全等关系且对任意 $d\in D$，$g(d)$ 与 D 相容，即满足下列条件：对任意 a，b，c，d，a′，b′，$c'\in A$

(g1) $\langle a, a\rangle\in g(d)$，

(g2) $\langle a, b\rangle\in g(d)\Rightarrow\langle b, a\rangle\in g(d)$， (g3) $\langle a, b\rangle, \langle b, c\rangle \in g(d) \Rightarrow \langle a, c\rangle \in g(d)$,

(g4) $\langle a, b\rangle \in g(d) \Rightarrow \langle \sim a, \sim b\rangle \in g(d)$,

(g5) $\langle a, a'\rangle, \langle b, b'\rangle \in g(d) \Rightarrow \langle a\supset b, a'\supset b'\rangle \in g(d)$,

(g6) $\langle a, a'\rangle, \langle b, b'\rangle, \langle c, c'\rangle \in g(d) \Rightarrow \langle ca\approx b, c'a'\approx b'\rangle \in g(d)$,

(g7) $\langle a, b\rangle \in g(d)$, $d\in D \Rightarrow (a\in D \Leftrightarrow b\in D)$;

(3) $D\subseteq A$ 且满足下列条件：对任意 $a, b, c\in A$,

(D1) $\sim a\in D \quad \Leftrightarrow \quad a\notin D$,

(D2) $a\supset b\in D \quad \Leftrightarrow \quad a\notin D$ 或 $b\in D$,

(D3) $ca\approx b\in D \quad \Leftrightarrow \quad \langle a, b\rangle \in g(c)$。

所有 CHIL－模型构成的类记作 Mod(CHIL)。

定义 3.42 CHIL 语义

令 $M = \langle \mathcal{A}, g, D\rangle$ 为一个 CHIL-模型，

(1) 称 v 为一个 M-赋值，如果 v 是一个从 $\mathcal{L}$ 到 $\mathcal{A}$ 的同态映射，即满足下列条件：对任意 $A, B, C\in Fm$,

(v1) $v(\neg A) = \sim v(A)$,

(v2) $v(A\to B) = v(A)\supset v(B)$,

(v3) $v(CA\equiv B) = v(C)v(A)\approx v(B)$。

(2) 称公式 A 在模型 M 中被赋值 v 满足，如果 $v(A)\in D$，记作 $M, v\models A$。$\Phi\models A$ 如通常定义。

引理 3.15 令 Φ 是 CHIL 的一致集。若 $\Phi\nvdash A$，则存在极大一致集 Ψ 使得 $\Phi\cup\{\neg A\}\subseteq\Psi$。

证明

如通常所证。■

注意比较该引理与引理 3.1（3）。该引理比引理 3.1（3）更强，这是因为 CHIL 只有分离规则，故演绎定理成立。一般的，引理 3.15 不成立。

定理 3.15 CHIL 的可靠性与完全性

CHIL 公理系统相对 Mod(CHIL) 是强可靠与强完全的，即对任意公式集 Φ 和公式 A，$\Phi\vdash A \Leftrightarrow \Phi\models A$。

证明

"⇒"：(A1)～(A3) 和 (R1) 的验证显然。下面验证 (A4)～(A10)。

(A4)：对任意 $C\in Fm$,

据 (g1) $\quad \langle v(A), v(A)\rangle \in g(v(C))$,

故 $\quad v(CA\equiv A) = v(C)v(A)\approx v(A)\in D$,

即 $\quad M, v\models CA\equiv A$。

(A5)：设 M，$v \models CA \equiv B$，

则 $v(CA \equiv B) = v(C)v(A) \approx v(B) \in D$，

故 $\langle v(A),\ v(B) \rangle \in g(v(C))$，

据（g2）有 $\langle v(B),\ v(A) \rangle \in g(v(C))$，

所以 $v(CB \equiv A) = v(C)v(B) \approx v(A) \in D$，

即 M，$v \models CB \equiv A$，

故 M，$v \models CA \equiv B \to CB \equiv A$。

(A6)：设 M，$v \models DA \equiv B$，M，$v \models DB \equiv C$，

则 $v(DA \equiv B) = v(D)v(A) \approx v(B), v(DB \equiv C) = v(\delta)v(B) \approx v(C) \in D$，

故 $\langle v(A),\ v(B) \rangle,\ \langle v(B),\ v(C) \rangle \in g(v(D))$，

据（g3）有 $\langle v(A),\ v(C) \rangle \in g(v(D))$，

所以 $v(DA \equiv C) = v(D)v(A) \approx v(C) \in D$，

即 M，$v \models DA \equiv C$，

故 M，$v \models DA \equiv B \to (DB \equiv C \to DA \equiv C)$。

(A7)：设 M，$v \models CA \equiv B$，

则 $v(CA \equiv B) = v(C)v(A) \approx v(B) \in D$，

故 $\langle v(A),\ v(B) \rangle \in g(v(C))$，

据（g4）有 $\langle \sim v(B),\ \sim v(A) \rangle \in g(v(C))$，

所以 $v(C \neg A \equiv \neg B) = v(C) \sim v(B) \approx \sim v(A) \in D$，

即 M，$v \models C \neg A \equiv \neg B$，

故 M，$v \models CA \equiv B \to C \neg A \equiv \neg B$。

(A8)：设 M，$v \models CA \equiv A'$，M，$v \models CB \equiv B'$，

则 $v(CA \equiv B) = v(C)v(A) \approx v(B)$，$v(C'A' \equiv B') = v(C')v(A') \approx v(B') \in D$，

故 $\langle v(A),\ v(B) \rangle,\ \langle v(A'),\ v(B') \rangle \in g(v(C))$，

据（g5）有 $\langle v(A) \supset v(B),\ v(A') \supset v(B') \in g(v(C))$，

所以 $v(C(A \to B) \equiv (A' \to B')) = v(C)(v(A) \supset v(B)) \approx (v(A') \to v(B')) \in D$，

即 M，$v \models C(A \to B) \equiv (A' \equiv B')$，

故 M，$v \models CA \equiv A' \to (CB \equiv B' \to C(A \to B) \equiv (A' \to B'))$。

(A9)：设 M，$v \models DC \equiv C'$，M，$v \models DA \equiv A'$，M，$v \models DB \equiv B'$，

则 $v(DC \equiv C') = v(D)v(C) \approx v(C') \in D$，

$v(DA \equiv A') = v(D)v(A) \approx v(A') \in D$，

$v(DB \equiv B') = v(D)v(B) \approx v(B') \in D$，

故 $\langle v(C),\ v(C') \rangle,\ \langle v(A),\ v(A') \rangle,\ \langle v(B),\ v(B') \rangle \in g(v(D))$，

据（g6）有 $\langle v(C)v(A) \approx v(B),\ v(C')v(A') \approx v(B') \rangle \in g(v(D))$，

所以

$v(D(CA\equiv B)\equiv(C'A'\equiv B'))=v(D)(v(C)v(A)\approx v(B))\approx(v(C')v(A')\approx v(B'))\in D$,

即 M，$v\models D(CA\equiv B)\equiv(C'A'\equiv B')$，故

M，$v\models DC\equiv C'\to(DA\equiv A'\to(DB\equiv B'\to D(CA\equiv B)\equiv(C'A'\equiv B')))$。

(A10)：设 M，$v\models CA\equiv B$，M，$v\models C$，

则 $v(CA\equiv B)=v(C)v(A)\approx v(B)\in D$，$v(C)\in D$，

据（g7）有 $v(A)$，$v(B)\in D$ 或 $v(A)$，$v(B)\notin D$，

据（D2） $v(A)\supset v(B)\in D$，

故 M，$v\models A\to B$，

所以 M，$v\models CA\equiv B\to(C\to(A\to B))$。

“$\Leftarrow$”：设若 $\Phi\nvdash A$，则据引理 3.15，存在极大一致集 Ψ 使得 $\Phi\cup\{\neg A\}\subseteq\Psi$。

定义公式集 Fm 上的关系 $\sim_\Psi$ 如下：对任意 A，$B\in Fm$，

$$A\sim_\Psi B\ \Leftrightarrow\ \text{对所有 } C\in Fm,\ CA\equiv B\in\Psi。$$

据公理（A4）、(A5) 和（A6），对任意 A，B，C，$D\in Fm$，有

$CA\equiv A$，$CA\equiv B\to CB\equiv A$，$CA\equiv B\to(CB\equiv D\to CA\equiv D)\in Th(CHIL)$，

据引理 3.1 有 $Th(CHIL)\subseteq\Psi$，从而据 $\sim_\Psi$ 的定义知其满足自返性、对称性和传递性，故 $\sim_\Psi$ 为 Fm 上的等价关系。

然后证明：$\sim_\Psi$ 与 Ψ 相容，只需证：若 $A\sim_\Psi B$ 且 $A\in\Psi$，则 $B\in\Psi$。

设 $A\sim_\Psi B$，$A\in\Psi$。据定义有，对任意 $C\in Fm$，$CA\equiv B\in\Psi$，特别的，对任意 $C\in\Psi$，有 $CA\equiv B\in\Psi$。

因为 $\vdash CA\equiv B\to(C\to(A\to B))$，

据引理 3.1， $C\to(A\to B)\in\Psi$，

因为 $C\in\Psi$，

据引理 3.1 $A\to B\in\Psi$，

又因为 $A\in\Psi$，

再据引理 3.1 有 $B\in\Psi$。

记 Fm 中每个元素 A 相对于 $\sim_\Psi$ 构成的等价类为 $|A|$，所有这些等价类构成的集合记为 A，记所有 Ψ 中元素的等价类构成的集合为 D。分别定义 A 上的一元运算 ~，二元运算 $\supset$ 和三元运算 $\approx$ 如下：

$\sim|A|=_{df}|\neg A|$，$|A|\supset|B|=_{df}|A\to B|$，$|C||A|\approx|B|=_{df}|CA\equiv B|$。

首先验证上述定义是合理的，即定义项与被定义项的代表元选取无关。

设 $A\sim_\Psi A'$，则对所有 $C\in Fm$，有

$$CA\equiv A'\in\Psi,$$

据公理（A7）和引理 3.1（1），对所有 $C\in Fm$，

$$C\neg A\equiv\neg A',$$

从而 $\neg A\sim_{\Psi}\neg A'$，

故 $|\neg A|=|\neg A'|$。

设 $A\sim_{\Psi}A'$，$B\sim_{\Psi}B'$，则对所有 $C\in Fm$，

有 $CA\equiv A'$，$CB\equiv B'\in\Psi$，

据公理（A8）和引理 3.1，对所有 $C\in Fm$，

有 $C(A\to B)\equiv(A'\to B')\in\Psi$，

从而 $(A\to B)\sim_{\Psi}(A'\to B')$，

故 $|A\to B|=|A'\to B'|$。

设 $A\sim_{\Psi}A'$，$B\sim_{\Psi}B'$，$C\sim_{\Psi}C'$，则对所有 $D\in Fm$，

有 $DA\equiv A'$，$DB\equiv B'$，$DC\equiv C'\in\psi$，

据公理（A9）和引理 3.1，对所有 $D\in Fm$，

有 $D(CA\equiv B)\equiv(C'A'\equiv B')$，

从而 $(CA\equiv B)\sim_{\Psi}(C'A'\equiv B')$，

故 $|CA\equiv B|=|C'A'\equiv B'|$。

其次证明 $\mathfrak{A}=\langle A,\ \sim,\ \supset,\ \approx\rangle$ 为一个 CHIL-代数。

对任意 $|A|$，$|B|$，$|C|\in A$，有 A，B，$C\in Fm$。因为 $\mathcal{L}=\langle Fm,\ \neg,\ \to,\ \equiv\rangle$ 是一个代数，

所以 $\neg A$，$A\to B$，$CA\equiv B\in Fm$，

故 $|\neg A|$，$|A\to B|$，$|CA\equiv B|\in A$，

从而据上述 ~，⊃，≈ 的定义，

$$\sim|A|,\ |A|\supset|B|,\ |C\|A|\approx|B|\in A,$$

即 A 对这些运算保持封闭，故 $\mathcal{A}=\langle A,\ \sim,\ \supset,\ \approx\rangle$ 为一个 CHIL-代数。

再次定义 A 上的函数 g 为：对任意 $|C|\in A$，$g(|C|)\subseteq A\times A$ 使得对任意 $|A|$，$|B|\in A$，

$$\langle|A|,\ |B|\rangle\in g(|C|)\ \Leftrightarrow\ |C||A|\approx|B|\in D,$$

易见该定义是合理的，即定义项与被定义项的代表元选取无关。

下面验证上面定义的 D 满足（D1）~（D3）。

对任意 $|A|$，$|B|$，$|C|\in A$，

(D1)：$\sim|A|\in D\ \Leftrightarrow\ |\neg A|\in D\ \Leftrightarrow\ \neg A\in\Psi\ \Leftrightarrow\ A\notin\Psi\ \Leftrightarrow\ |A|\notin D$。

(D2)：$|A|\supset|B|\in D\ \Leftrightarrow\ |A\to B|\in D\ \Leftrightarrow\ A\to B\in\Psi\ \Leftrightarrow\ A\notin\Psi$ 或 $B\in\Psi\ \Leftrightarrow$ $|A|\notin D$ 或 $|B|\in D$。

(D3)：$|C\|A|\approx|B|\in D\ \Leftrightarrow\ \langle|A|,\ |B|\rangle\in g(|C|)$（据 g 的定义）。

下面验证对任意 $|D| \in A$，$g(|D|)$ 满足 (g1) ~ (g7)。

对任意 $|A|$，$|B|$，$|C|$，$|A'|$，$|B'|$，$|C'| \in A$，

(g1)：$|A| = |B| \Rightarrow DA \equiv B \in \Psi \Rightarrow |DA \equiv B| \in D$

$\Rightarrow |D \parallel A| \approx |B| \in D \Rightarrow \langle |A|, |B| \rangle \in g(|D|)$。

(g2)：$\langle |A|, |B| \rangle \in g(|D|) \Rightarrow |D \parallel A| \approx |B| \in D \Rightarrow |DA \equiv B| \in D \Rightarrow DA \equiv B \in \Psi$

$\Rightarrow DB \equiv A \in \Psi \Rightarrow |DB \equiv A| \in D$

$\Rightarrow |D \parallel B| \approx |A| \in D \Rightarrow \langle |B|, |A| \rangle \in g(|D|)$。

(g3)：$\langle |A|, |B| \rangle, \langle |B'|, |C| \rangle \in g(|D|)$，$|B| = |B'| \Rightarrow DA \equiv B$，$DB \equiv B'$，$DB' \equiv C \in \Psi$

$\Rightarrow DA \equiv C \in \Psi \Rightarrow \langle |A|, |C| \rangle \in g(|D|)$。

(g4)：$\langle |A|, |B| \rangle \in g(|D|) \Rightarrow DA \equiv B \in \Psi \Rightarrow D\neg A \equiv \neg B \in \Psi$

$\Rightarrow \langle |\neg A|, |\neg B| \rangle \in g(|D|) \Rightarrow \langle \sim |A|, \sim |B| \rangle \in g(|D|)$。

(g5)：$\langle |A|, |A'| \rangle$，$\langle |B|, |B'| \rangle \in g(|D|) \Rightarrow DA \equiv A'$，$DB \equiv B' \in \Psi$

$\Rightarrow D(A \to B) \equiv (A' \to B') \in \Psi \Rightarrow \langle |A \to B|, |A' \to B'| \rangle \in g(|D|)$

$\Rightarrow \langle |A| \supset |B|, |A'| \to |B'| \rangle \in g(|D|)$。

(g6)：$\langle |A|, |A'| \rangle$，$\langle |B|, |B'| \rangle$，$\langle |C|, |C'| \rangle \in g(|D|) \Rightarrow DA \equiv A'$，$DB \equiv B'$，$DC \equiv C' \in \Psi$

$\Rightarrow D(CA \equiv B) \equiv (C'A' \equiv B') \in \Psi$

$\Rightarrow \langle |CA \equiv B|, |C'A' \equiv B'| \rangle \in g(|D|)$

$\Rightarrow \langle |C \parallel A \approx |B|, |C' \parallel A' \approx |B'| \rangle \in g(|D|)$。

(g7)：$\langle |A|, |B| \rangle \in g(|C|)$，$|C| \in D \Rightarrow |C \parallel A| \approx |B| \in D$，$|C| \in D \Rightarrow |CA \equiv B| \in D$，$|C| \in D$

$\Rightarrow CA \equiv B \in \Psi$，$CB \equiv A \in \Psi$，$C \in \Psi \Rightarrow A \to B \in \Psi$，$B \to A \in \Psi$

$\Rightarrow (A \in \Psi \Leftrightarrow B \in \Psi)$。

据以上证明可知 $M = \langle \mathcal{A}, g, D \rangle$ 是一个 CHIL-模型。

最后定义从 Fm 到 A 的映射 v 为：对任意 $A \in Fm$，$v(A) = |A|$。

下面验证 v 是一个 M-赋值。

(v1)：$v(\neg A) = |\neg A| = \sim |A| = \sim v(A)$。

(v2)：$v(A \to B) = |A \to B| = |A| \supset |B| = v(A) \supset v(B)$。

(v3)：$v(CA \equiv B) = |CA \equiv B| = |C \parallel A| \approx |B| = v(C)v(A) \approx v(B)$。

对任意 $F \in \psi$，$v(F) = |F| \in D$，从而 $M, v \vDash \Psi$，即有 $M, v \vDash \Phi$，但 $M, v \nvDash A$，矛盾于 $\Phi \vDash A$，故 $\Phi \vdash A$。■

3.6.3.2 CHIL 对分析悖论的解决

下面我们应用 CHIL 解决本章开头提到的“分析悖论”问题。首先我们证明

如下命题。

命题 3.2 $\{CA \equiv A, DA \equiv B\} \nvDash CA \equiv B$。

证明

考虑模型 $M = \langle \mathcal{A}, g, D \rangle$，其中 $\mathcal{A} = \langle A, \sim, \supset, \approx \rangle$ 定义如下：

$A = \{0, 1\}$，$D = \{1\}$，并定义 A 上的运算 $\sim$，$\supset$，$\approx$ 如下：

$\sim 0 = 1$，$\sim 1 = 0$；

$0 \supset 0 = 1$，$0 \supset 1 = 1$，$1 \supset 0 = 0$，$1 \supset 1 = 1$；

$00 \approx 0 = 1$，$00 \approx 1 = 1$，$01 \approx 0 = 1$，$01 \approx 1 = 1$；

$10 \approx 0 = 1$，$10 \approx 1 = 0$，$11 \approx 0 = 0$，$11 \approx 1 = 1$。

容易验证，如上定义的 $\mathcal{A}$ 是一个 CHIL-代数。

定义 A 到 $\wp(A \times A)$ 的函数 g 如下：

$g(0) = \{\langle 0, 0 \rangle, \langle 0, 1 \rangle, \langle 1, 0 \rangle, \langle 1, 1 \rangle\}$，

$g(1) = \{\langle 0, 0 \rangle, \langle 1, 1 \rangle\}$。

容易验证，g 满足（g1）~（g6），D 满足（D1）~（D4）。

不妨令 A，B，C，D 均为命题变元，定义 $\mathcal{L}$ 到 $\mathcal{A} = \langle A, \sim, \supset, \approx \rangle$ 的同态映射 v，使得 $v(A) = 0$，$v(B) = 1$，$v(C) = 1$，$v(D) = 0$，则

$$v(CA \equiv A) = v(C)v(A) \approx v(A) = 10 \approx 0 = 1,$$

$$v(DA \equiv B) = v(D)v(A) \approx v(B) = 00 \approx 1 = 1, \text{但}$$

$$v(CA \equiv B) = v(C)v(A) \approx v(B) = 10 \approx 1 = 0。$$

故 $M, v \vDash CA \equiv A$，$M, v \vDash DA \equiv B$，但 $M, v \nvDash CA \equiv B$，

从而 $\{CA \equiv A, DA \equiv B\} \nvDash CA \equiv B$。■

现在考察分析悖论在 CHIL 中的表达。我们把“X 相信 A = A”表示为 $CA \equiv A$，其中 A 表示命题 A，C 表示 X 的信念集这个语境；把“$A =_{df} B$”表示为 $DA \equiv B$，其中 A 和 B 分别表示命题 A 和 B，D 表示 A 获得定义 B 所在的语境，因为这个语境与 X 的信念集语境不一定相同，因此 C 和 D 用不同的公式来表示。根据命题 3.2，$\{CA \equiv A, DA \equiv B\} \nvDash CA \equiv B$，因此由“X 相信 A = A”和“$A =_{df} B$”推不出“X 相信 A = B”，从而解释了其论证的无效。这样，我们既保留了刻画内涵同一的等词，又避免了某些无效论证。

3.6.4 语境符号作为初始的超内涵逻辑 cHIL

本小节考虑语境用初始符号表示的语境超内涵逻辑 cHIL，与原来的公理系统 CHIL 有所不同，对语境增加了一个新联结词，从而可以刻画不同语境下内涵同一之间的关系。

定义 3.43 cHIL-语言

初始符号

命题变元：p_0，p_1，…，p_n，…；

语境符号：c_0，c_1，…，c_n，…；

联结词：¬，→，≡，≼；

辅助符号：(，)。

所有语境符号构成的集合记为 Ct。

合式公式

所有合式公式构成的集合 Fm 由下列规则生成：

(1) 若 $p \in Var$，则 $p \in Fm$；

(2) 若 A，$B \in Fm$，c，$d \in Ct$，则 $\neg A$，$A \to B$，$cA \equiv B$，$c \preccurlyeq d \in Fm$；

(3) 所有合式公式由 (1)、(2) 生成。

$cA \equiv B$ 表示语句 A 和 B 相对于语境 c 内涵同一，$c \preccurlyeq d$ 表示语境 d 至少如语境 c 那样丰富。如果我们把一个语境理解为一个意义公设集，或一个主体的信念集，或一个理论的知识集等等，那么 $c \preccurlyeq d$ 大致可以理解为 c 包含于 d，具体解释将在模型里给出。

记号与约定 3.2

(1) 对任意 $i \in \omega$，我们把 $c_i A \equiv B$ 简写为 $A \equiv_i B$。

(2) 对任意 i，$j \in \omega$，我们把 $c_i \preccurlyeq c_j$ 简写为 $i \preccurlyeq j$ 或 $\preccurlyeq_{ij}$。

(3) 规定联结词的结合力按下面的顺序依次减弱：

$$\neg, \equiv, \wedge, \vee, \preccurlyeq, \to, \leftrightarrow。$$

在上面的约定下，对任意 i，$j \in \omega$，如果我们把 $\preccurlyeq_{ij}$，¬，→和 $\equiv_i$ 分别看做 Fm 上的运算（其中 $\preccurlyeq_{ij}$ 为零元运算），那么 $\mathcal{L} = \langle Fm, \{\preccurlyeq_{ij}\}_{i,j \in \omega}, \neg, \to, \{\equiv_i\}_{i \in \omega} \rangle$ 是一个含有可数个运算的代数。我们称形如 $\mathcal{L}$ 的泛代数为 cHIL-代数。

定义 3.44 cHIL 公理系统

公理模式

(A1) $A \to (B \to A)$

(A2) $(A \to (B \to C)) \to ((A \to B) \to (A \to C))$

(A3) $(\neg B \to \neg A) \to (A \to B)$

(A4) $A \equiv_i A$

(A5) $A \equiv_i B \to B \equiv_i A$

(A6) $A \equiv_i B \to (B \equiv_i C \to A \equiv_i C)$

(A7) $A \equiv_i B \to \neg A \equiv_i \neg B$

(A8) $A \equiv_i A' \to (B \equiv_i B' \to (A \to B) \equiv_i (A' \to B'))$

(A9) $A\equiv_i A'\to(B\equiv_i B'\to(A\equiv_j B)\equiv_i(A'\equiv_j B'))$

(A10) $A\equiv_i B\to(A\to B)$

(A11) $i\leqslant j\to(A\equiv_i B\to A\equiv_j B)$

推演规则

(R1) A, A→B / B

(R2) $\{A\equiv_i B\to A\equiv_j B:A,B\in Fm\}/i\leqslant j$

容易看出，上述公理中（A4）~（A9）表明$\equiv_i$是其公式代数$\mathcal{L}$上的全等关系；（A10）表明内涵同一蕴涵外延相等；（A11）可以理解为，语境越丰富（提供的意义公设越多），该语境下的内涵同一标准就越宽松。

定义 3.45 cHIL-模型

称三元组$\langle\mathcal{A},g,D\rangle$为cHIL-模型，如果下列条件满足：

(1) $\mathfrak{A}=\langle A,\{\leq_{ij}\}_{i,j\in\omega},\sim,\supset,\{\approx_i\}_{i\in\omega}\rangle$为一个cHIL-代数，其中$A\neq\varnothing$；

(2) g是定义在ω到A×A的一个函数，使得对任意$i\in\omega$，g(i)是一个$\mathcal{A}$上与D相容的全等关系，即满足下列条件：对任意a, b, a′, b′∈A，对任意i, j∈ω

(g1) $\langle a,a\rangle\in g(i)$,

(g2) $\langle a,b\rangle\in g(i)\Rightarrow\langle b,a\rangle\in g(i)$,

(g3) $\langle a,b\rangle,\langle b,c\rangle\in g(i)\Rightarrow\langle a,c\rangle\in g(i)$,

(g4) $\langle a,b\rangle\in g(i)\Rightarrow\langle\sim a,\sim b\rangle\in g(i)$,

(g5) $\langle a,a'\rangle,\langle b,b'\rangle\in g(i)\Rightarrow\langle a\supset b,a'\supset b'\rangle\in g(i)$,

(g6) $\langle a,a'\rangle,\langle b,b'\rangle\in g(i)\Rightarrow\langle a\approx_j b,a'\approx_j b'\rangle\in g(i)$,

(g7) $\langle a,b\rangle\in g(i)\Rightarrow(a\in D\Leftrightarrow b\in D)$;

(3) $D\subseteq A$且满足下列条件：对任意a, b∈A，对任意i, j∈ω,

(D1) $\sim a\in D\quad\Leftrightarrow\quad a\notin D$,

(D2) $a\supset b\in D\quad\Leftrightarrow\quad a\notin D$或$b\in D$,

(D3) $\leq_{ij}\in D\quad\Leftrightarrow\quad g(i)\subseteq g(j)$,

(D4) $a\approx_i b\in D\quad\Leftrightarrow\quad\langle a,b\rangle\in g(i)$。

所有cHIL-模型构成的类记作Mod（cHIL）。

定义 3.46 cHIL 语义

令$M=\langle\mathcal{A},g,D\rangle$为一个cHIL-模型，

(1) 称v为一个M-赋值，当且仅当v是一个从$\mathcal{L}$到$\mathcal{A}$的同态映射，即满足下列条件：对任意A, B∈Fm，对任意i, j∈ω,

(v1) $v(\leqslant_{ij})=\leq_{ij}$,

(v2) $v(\neg A)=\sim v(A)$,

(v3) $v(A\to B)=v(A)\supset v(B)$,

(v4) $v(A\equiv_i B)=v(A)\approx_i v(B)$。

(2) 称公式 A 在模型 M 中被赋值 v 满足，如果 $v(A)\in D$，记作 $M, v\models A$。$\Phi\models A$ 如通常定义。

定理 3.16 cHIL 的可靠性与完全性

cHIL 公理系统相对 Mod (cHIL) 是可靠的与完全的，即有$\vdash A \Leftrightarrow \models A$，对任意 $A\in Fm$。

证明

"$\Rightarrow$"：(A1)~(A3) 和 (R1) 的验证显然。下面验证 (A4)~(A11) 和 (R2)。

(A4)：对任意 $i\in\omega$，

据 (g1) $\langle v(A), v(A)\rangle\in g(i)$，

故 $v(A\equiv_i A)=v(A)\approx_i v(A)\in D$，

即 $M, v\models A\equiv_i A$。

(A5)：设 $M, v\models A\equiv_i B$，

则 $v(A\equiv_i B)=v(A)\approx_i v(B)\in D$，

故 $\langle v(A), v(B)\rangle\in g(i)$，

据 (g2) 有 $\langle v(B), v(A)\rangle\in g(i)$，

所以 $v(B\equiv_i A)=v(B)\approx_i v(A)\in D$，

即 $M, v\models B\equiv_i A$，

故 $M, v\models A\equiv_i B\rightarrow B\equiv_i A$。

(A6)：设 $M, v\models A\equiv_i B$，$M, v\models B\equiv_i C$，

则 $v(A\equiv_i B)=v(A)\approx_i v(B)$，$v(B\equiv_i C)=v(B)\approx_i v(C)\in D$，

故 $\langle (A), v(B)\rangle$，$\langle v(B), v(C)\rangle\in g(i)$，

据 (g3) 有 $\langle v(A), v(C)\rangle\in g(i)$，

所以 $v(A\equiv_i C)=(A)\approx_i v(C)\in D$，

即 $M, v\models A\equiv_i C$，

故 $M, v\models A\equiv_i B\rightarrow(B\equiv_i C\rightarrow A\equiv_i C)$。

(A7)：设 $M, v\models A\equiv_i B$，

则 $v(A\equiv_i B)=v(A)\approx_i v(B)\in D$，

故 $\langle v(A), v(B)\rangle\in g(i)$，

据 (g4) 有 $\langle \sim v(A), \sim v(B)\rangle\in g(i)$，

所以 $v(\neg A\equiv_i \neg B)=\sim v(B)\approx_i \sim v(A)\in D$，

即 $M, v\models\neg A\equiv_i \neg B$，

故 $M, v\models A\equiv_i B\rightarrow\neg A\equiv_i \neg B$。

(A8)：设 $M, v\models A\equiv_i A'$，$M, v\models B\equiv_i B'$，

则 $v(A\equiv_i A')=v(A)\approx_i v(A')$，$v(B\equiv_i B')=v(B)\approx_i v(B')\in D$，

故 $\langle v(A),v(A')\rangle$，$\langle v(B),v(B')\rangle\in g(i)$，

据（g5）有 $\langle v(A)\supset v(B),v(A')\supset v(B')\rangle\in g(i)$，

所以 $v((A\to B)\equiv_i(A'\to B'))=(v(A)\supset v(B))\approx_i(v(A')\supset v(B'))\in D$，

即 $M,v\models(A\to B)\equiv_i(A'\to B')$，

故 $M,v\models A\equiv_i A'\to(B\equiv_i B'\to(A\to B)\equiv i(A'\to B'))$。

（A9）：设 $M,v\models A\equiv_i A'$，$M,v\models B\equiv_i B'$，

则 $v(A\equiv_i A')=v(A)\approx_i v(A')\in D$，

$v(B\equiv_i B')=v(B)\approx_i v(B')\in D$，

故 $\langle v(A),v(A')\rangle$，$\langle v(B),v(B')\rangle\in g(i)$，

据（g6）有 $\langle v(A)\approx_j v(B),v(A')\approx_j v(B')\rangle\in g(i)$，

所以 $v((A\equiv_j B)\equiv_i(A'\equiv_j B'))=(v(A)\approx_j v(B))\approx_i(v(A')\approx_j v(B'))\in D$，

即 $M,v\models(A\equiv_j B)\equiv_i(A'\equiv_j B')$，

故 $M,v\models A\equiv_i A'\to(B\equiv_i B'\to(A\equiv_j B)\equiv_i(A'\equiv_j B'))$。

（A10）：设 $M,v\models A\equiv_i B$，

则 $v(A\equiv_i B)=v(A)\approx_i v(B)\in D$，

故 $\langle v(A),v(B)\rangle\in g(i)$，

据（g7）有 $v(A),v(B)\in D$ 或 $v(A),v(B)\notin D$，

据（D2） $v(A)\supset v(B)\in D$，

故 $M,v\models A\to B$，

所以 $M,v\models A\equiv_i B\to(A\to B)$。

（A11）：设 $M,v\models i\leqslant j$，$M,v\models A\equiv_i B$，

则 $v(i\leqslant j)=\leq_{ij}\in D$，$v(A)\approx_i v(B)\in D$，

据（D3）有 $g(i)\subseteq g(j)$，

据（D4）有 $\langle v(A),v(B)\rangle\in g(i)$，

从而 $\langle v(A),v(B)\rangle\in g(j)$，

再据（D4）有 $v(A)\approx_j v(B)\in D$，

故 $M,v\models A\equiv_j B$，

所以 $M,v\models i\leqslant j\to(A\equiv_i B\to A\equiv_j B)$。

（R2）：设 $\models\{A\equiv_i B\to A\equiv_j B:A,B\in Fm\}$，要证 $\models i\leqslant j$。

对任意 $M=\langle\mathfrak{A},g,D\rangle\in Mod(cHIL)$，其中 $\mathfrak{A}=\langle A,\{\leq_{ij}\}_{i,j\in\omega},\sim,\supset,\{\approx_i\}_{i\in\omega}\rangle$。

对任意 M-赋值 v，只需证 $g(i)\subseteq g(j)$。

对任意 $\langle a,b\rangle\in g(i)$，存在 M-赋值 v' 和原子公式 p,q 使得

$$v'(p)=a,v'(q)=b。$$

因为 $\langle a,b\rangle \in g(i)$，
故 $a\approx_i b\in D$，
即有 $v'(p\equiv_i q)\in D$，
据题设有 $v'(p\equiv_j q)\in D$，
故 $a\approx_j b\in D$，
即有 $\langle a,b\rangle \in g(j)$。
由 $\langle a,b\rangle$ 的任意性可知，$g(i)\subseteq g(j)$。
"$\Leftarrow$"：设若$\nvdash A$，则据引理 3.1，存在极大一致集 Ψ 使得$\neg A\in\Psi$。

定义 Fm 上的关系 $\sim_\psi$：对任意 A，$B\in Fm$，

$$A\sim_\psi B \Leftrightarrow \text{对所有 } i\in\omega,\ A\equiv iB\in\Psi。$$

据公理（A4）、（A5）和（A6），对任意 A，$B\in Fm$，对所有 $i\in\omega$，
有 $A\equiv_i A$，$A\equiv_i B\rightarrow B\equiv_i A$，$A\equiv_i B\rightarrow(B\equiv_i C\rightarrow A\equiv_i C)\in Th(cHIL)$，
据引理 3.1 有 $Th(cHIL)\subseteq\Psi$，
从而据 $\sim_\psi$ 的定义知其满足自返性、对称性和传递性，故 $\sim_\psi$ 为 Fm 上的等价关系。

然后证明，若 $A\sim_\psi B$ 且 $A\in\Psi$，则 $B\in\Psi$。

设 $A\sim_\psi B$，$A\in\Psi$。据定义有，对任意 $i\in\omega$，$A\equiv_i B\in\Psi$，
因为 $\vdash A\equiv_i B\rightarrow(A\rightarrow B)$，
据引理 3.1，$A\rightarrow B\in\Psi$，
因为 $A\in\Psi$，
再据引理 3.1 有 $B\in\Psi$。

记 Fm 中每个元素 A 相对于 $\sim_\psi$ 构成的等价类为$|A|$，所有这些等价类构成的集合记为 A，记所有 Ψ 中元素的等价类构成的集合为 D。对任意 i，$j\in\omega$，分别定义 A 上的零元运算$\leq_{ij}$，一元运算$\sim$，二元运算$\supset$和$\approx_i$如下：

$\leq_{ij}=_{df}|\preccurlyeq_{ij}|$，$\sim|A|=_{df}|\neg A|$，$|A|\supset|B|=_{df}|A\rightarrow B|$，$|A|\approx_i|B|=_{df}|A\equiv_i B|$。

首先验证上述定义是合理的，即定义项与被定义项的代表元选取无关。

设 $A\sim_\psi A'$，则对所有 $i\in\omega$，有

$$A\equiv_i A'\in\omega，$$

据公理（A7）和引理 3.1，对所有 $i\in\omega$，

$$\neg A\equiv_i\neg A'\in\Psi，$$

从而 $\neg A\sim_\psi\neg A'$，
故 $|\neg A|=|\neg A'|$。

设 $A\sim_\psi A'$，$B\sim_\psi B'$，则对所有 $i\in\omega$，
有 $A\equiv_i A'$，$B\equiv_i B'\in\Psi$，

据公理（A8）和引理3.1，对所有 $i\in\omega$，

有 $(A\to B)\equiv_i(A'\to B')\in\Psi$，

从而 $(A\to B)\sim_\psi(A'\to B')$，

故 $|A\to B|=|A'\to B'|$。

设 $A\sim_\psi A'$，$B\sim_\psi B'$，则对所有 $j\in\omega$，

有 $A\equiv_j A'$，$B\equiv_j B'\in\Psi$，

据公理（A9）和引理3.1，对所有 i，$j\in\omega$，

有 $(A\equiv_i B)\equiv_j(A'\equiv_i B')$，

从而 $(A\equiv_i B)\sim_\psi(A'\equiv_i B')$，

故 $|A\equiv_i B|=|A'\equiv_i B'|$。

其次证明 $\mathcal{A}=\langle A,\sim,\supset,\approx\rangle$ 为一个cHIL-代数。

对任意 $|A|,|B|,|C|\in A$，有 A，B，$C\in Fm$。

因为 $\mathcal{L}=\langle Fm,\ \{\preccurlyeq_{ij}\}_{i,j\in\omega},\ \neg,\ \to,\ \{\equiv_i\}_{i\in\omega}\rangle$ 是一个代数，所以对任意 i，$j\in\omega$，

有 $\preccurlyeq_{ij}$，$\neg A$，$A\to B$，$A\equiv_i B\in Fm$，

故 $|\preccurlyeq_{ij}|$，$|\neg A|$，$|A\to B|$，$|A\equiv_i B|\in A$，

从而据上述 $\sim$，$\supset$，$\approx$ 的定义，

$\leq_{ij}$，$\sim|A|$，$|A|\supset|B|$，$|A|\approx_i|B|\in A$，

即A对这些运算保持封闭，故 $\mathcal{A}=\langle A,\sim,\supset,\approx\rangle$ 为一个cHIL-代数。

再次定义A上的函数g为：对任意 $i\in\omega$，$g(i)\subseteq A\preccurlyeq A$ 使得对任意 $|A|$，$|B|\in A$，

$$\langle|A|,|B|\rangle\in g(i)\quad\Leftrightarrow\quad A\equiv_i B\in\Psi,$$

易验证该定义是合理的，即定义项与被定义项的代表元选取无关。

下面验证上面定义的D满足（D1）~（D4）。

对任意 $|A|,|B|\in A$，对任意 i，$j\in\omega$，

(D1)：$\sim|A|\in D\ \Leftrightarrow\ |\neg A|\in D\ \Leftrightarrow\ \neg A\in\Psi\ \Leftrightarrow\ A\notin\Psi\ \Leftrightarrow\ |A|\notin D$。

(D2)：$|A|\supset|B|\in D\ \Leftrightarrow\ |A\to B|\in D\ \Leftrightarrow\ A\to B\in\Psi\ \Leftrightarrow\ A\notin\Psi$ 或 $B\in\Psi\ \Leftrightarrow$ $|A|\notin D$ 或 $|B|\in D$。

(D3)：$\leq_{ij}\in D$，$\langle|A|,|B|\rangle\in g(i)\ \Rightarrow\ |\preccurlyeq_{ij}|\in D$，$A\equiv_i B\in\Psi\Rightarrow\ \preccurlyeq_{ij}\in\Psi$，$A\equiv_i B\in\Psi\Rightarrow\ A\equiv_j B\in\Psi\Rightarrow\ \langle|A|,|B|\rangle\in g(j)$。

故 $\leq_{ij}\in D\Rightarrow\ g(i)\subseteq g(j)$。

$g(i)\subseteq g(j)\Rightarrow$ 对任意 A，$B\in Fm$：$(\langle|A|,|B|\rangle\in g(i)\Rightarrow\ \langle|A|,|B|\rangle\in g(j))$

$\Rightarrow$ 对任意 A，$B\in Fm$：$(A\equiv_i B\in\Psi\Rightarrow\ A\equiv_j B\in\Psi)$

$\Rightarrow$ 对任意 A，$B\in Fm$：$A\equiv_i B\to A\equiv_j B\in\Psi$

$\Rightarrow\ \{A\equiv_i B\to A\equiv_j B:\ A,\ B\in Fm\}\subseteq\Psi$

$\Rightarrow\ \preccurlyeq_{ij}\in\Psi\Rightarrow\ |\preccurlyeq_{ij}|\in D\Rightarrow\ \leq_{ij}\in D$

故$\leq_{ij}\in D\ \Leftrightarrow\ g(i)\subseteq g(j)$。

(D4)：$|A|\approx_i|B|\in D\ \Leftrightarrow\ A\equiv_i B\in\Psi\ \Leftrightarrow\langle|A|,\ |B|\rangle\in g(i)$。

下面验证对任意$i\in\omega$，$g(i)$是$\mathfrak{A}$上与D相容的全等关系。

对任意$|A|$，$|B|$，$|A'|$，$|B'|\in A$，对任意i，$j\in\omega$，

(g1)：$|A|=|B|\Rightarrow\ A\equiv_i B\in\Psi\ \Rightarrow\langle|A|,|B|\rangle\in g(i)$。

(g2)：$\langle|A|,\ |B|\rangle\in g(i)\ \Rightarrow\ A\equiv_i B\in\Psi\ \Rightarrow\ B\equiv_i A\in\Psi\ \Rightarrow\langle|B|,\ |A|\rangle\in g(i)$。

(g3)：$\langle|A|,\ |B|\rangle$，$|B|=|B'|$，$\langle|B'|,\ |C|\rangle\in g(i)\ \Rightarrow\ A\equiv_i B$，$B\equiv_i B'$，$B'\equiv_i C\in\Psi\Rightarrow A\equiv_i C\in\Psi\Rightarrow\langle|A|,\ |C|\rangle\in g(i)$。

(g4)：$\langle|A|,\ |B|\rangle\in g(i)\Rightarrow\ A\equiv_i B\in\Psi\Rightarrow\ \neg A\equiv_i\neg B\in\Psi\Rightarrow\langle\sim|A|,\ \sim|B|\rangle\in g(i)$。

(g5)：$\langle|A|,\ |A'|\rangle$，$\langle|B|,\ |B'|\rangle\in g(i)\ \Rightarrow\ A\equiv_i A'$，$B\equiv_i B'\in\Psi\Rightarrow\ (A\to B)\equiv_i(A'\to B')\in\Psi\Rightarrow\ \langle|A|\supset|B|,\ |A'|\supset|B'|\rangle\in g(i)$。

(g6)：$\langle|A|,\ |A'|\rangle$，$\langle|B|,\ |B'|\rangle\in g(j)\ \Rightarrow\ A\equiv_j A'$，$B\equiv_j B'\in\Psi\Rightarrow\ (A\equiv_i B)\equiv_j(A'\equiv_i B')\in\Psi\Rightarrow\ \langle|A|\approx_i|B|,\ |A'|\approx_i|B'|\rangle\in g(j)$。

(g7)：$\langle|A|,\ |B|\rangle\in g(i)\Rightarrow\ A\equiv_i B\in\Psi$，$B\equiv_i A\in\Psi\Rightarrow\ A\to B\in\Psi$，$B\to A\in\Psi\Rightarrow(A\in\Psi\ \Leftrightarrow\ B\in\Psi)$。

据以上证明可知$M=\langle\mathcal{A},\ g,\ D\rangle$是一个cHIL-模型。

最后定义从Fm到A的映射v为：对任意$A\in Fm$，$v(A)=|A|$。

下面验证v是一个M-赋值。

(v1)：$v(\preccurlyeq_{ij})=|\preccurlyeq_{ij}|=\leq_{ij}$。

(v2)：$v(\neg A)=|\neg A|=\sim|A|=\sim v(A)$。

(v3)：$v(A\to B)=|A\to B|=|A|\supset|B|=v(A)\supset v(B)$。

(v4)：$v(A\equiv_i B)=|A\equiv_i B|=|A|\approx_i|B|=v(A)\approx_i v(B)$。

对任意$F\in\Psi$，$v(F)=|F|\in D$，从而M，$v\models\Psi$，即有M，$v\models\neg A$，矛盾于$\models A$。■

3.7 语境内涵语义Ⅰ：基于博弈语义

3.6节中给出的两种语境超内涵逻辑虽然克服了经典内涵逻辑内涵粒度过粗的缺陷，但另一方面也带来了内涵粒度过细的问题。除非对某些语境添加意

义公设①，否则在每种语境下，只有相同的公式才可能内涵相同，连 $A\wedge B$ 与 $B\wedge A$ 的内涵都不相同，这与我们的直观是不一致的。因此，我们希望有一种内涵语义既能自然地（即不需要添加模型条件或意义公设）使得某些非平凡的②表达式（如 A 与 $A\wedge A$，$(A\wedge B)\wedge C$ 与 $A\wedge(B\wedge C)$，$A\wedge B$ 与 $B\wedge A$）是内涵相同的，同时又能避免使所有逻辑等价的公式都内涵相同。为此，我们引入了两种基于博弈语义的语境内涵语义。

3.7.1 直观思想

自欣迪卡等人提出语义赋值博弈（semantical evaluation games）以来，博弈语义已被用来处理各种非经典逻辑（van Benthem，2000）。在所有语义赋值博弈中，有一种博弈是带偏好的，即博弈双方（守方和攻方）对每个原子公式 p 指派一个偏好值（例如 0 到 1 之间的任意实数），守方指派的偏好值 $[p]_1$ 可以看做是该原子公式成真的概率（或支持该原子命题的强度），攻方指派的偏好值 $[p]_0$ 可以看做是该原子公式为假的概率（或否证该原子命题的强度）。在经典情况下，这两个值不是相互独立的，一般满足 $[p]_1+[p]_0=1$，我们称之为正规条件。但在一般情况下，正规条件并不一定成立。例如，当既没有证据支持 p 也没有证据反驳 p 时，我们可以有 $[p]_1+[p]_0=0+0=0$。当支持 p 和反驳 p 的证据都很强时，我们可以有 $[p]_1+[p]_0=1+1=2$。因此，一般情况下 $[p]_1$ 与 $[p]_0$ 是相互独立的，由它们组成的有序对 $<[p]_1, [p]_0>$ 共同构成对原子公式的赋值。对于复合公式，博弈双方按照一定的规则采用回溯式算法选取复合公式中的子公式，最后会落到一个双方都同意的均衡点，在这个均衡点上的原子公式的赋值就是复合公式的真值（称为博弈真值，简称真值）。因此，每个公式的真值 $[A]$ 也是一个有序对 $<x, y>$，我们把 x 和 y 分别称为 A 的 1-值和 0-值。具体博弈规则（算法）如下：

（1）当公式是 $\neg A$ 时，双方交换角色进入对 A 的博弈，$\neg A$ 的真值由 A 的真值交换序对分量而得；

（2）当公式是 $A\vee B$ 时，由守方选择 $A\vee B$ 中的一支进入下一步博弈，$A\vee B$ 的真值即为所选公式的真值，选取原则是：在保证所选公式的 1-值最大的前提下，使得其 0-值最小，例如，若 $[A]=<0.3, 0.6>$，$[B]=<0.2, 0.3>$，

① 由于我们对内涵引入了语境，因此可以针对某些语境添加意义公设，对不同的语境添加不同的意义公设，这比起原来的超内涵逻辑只能一致地添加意义公设更加灵活。

② 所谓“平凡的”，即一个表达式与它自己内涵相同。

则选择 A，若 [A] = <0.3，0.6>，[B] = <0.3，0.5>，则选择 B；

(3) 当公式是 $A \wedge B$ 时，由攻方选择 $A \wedge B$ 中的一支进入下一步博弈，$A \wedge B$ 的真值即为所选公式的真值，选取原则是：在保证所选公式的 0-值最大的前提下，使得其 1-值最小，例如，若 [A] = <0.3，0.6>，[B] = <0.2，0.3>，则选择 A，若 [A] = <0.3，0.6>，[B] = <0.2，0.6>，则选择 B。

在通过上述博弈算法确定了每个公式的真值后，就可以确定两个公式的内涵是否相同了：

两个公式的内涵相同，当且仅当，在所有赋值下它们的（博弈）真值都相同（1-值和 0-值分别相同）。

显然，我们这里给出的内涵同一标准是绝对的，为了使其内涵同一标准语境化，我们可以采取两种方案。

- 方案一

对每个语境提供一个阈值（序对），每个阈值对应一个内涵粒度。当两个公式的真值之差的绝对值不超过该阈值时，就认为它们在该语境下内涵相同，否则内涵不同。显然，在所有阈值中有一个最小阈值 <0，0>，它与上面的绝对内涵同一标准相对应。

- 方案二

并不是在所有情况下都要对每个原子公式进行上述的二维赋值，在某个给定的语境下，由该语境提供的信息使得有些原子公式的真假并不是相互独立的，而是满足 $[p]_1 + [p]_0 = 1$，即满足正规条件。因此，每个语境 i 给出一个原子公式集的子集（称为正规集），该语境下的赋值对正规集中的原子公式的赋值满足正规条件，而对正规集之外的原子公式指派任意二维真值。这样，不同的语境将提供不同的内涵同一标准。

下面我们分别给出这两种方案的形式刻画。

3.7.2 语境作为阈值的博弈内涵语义 cISG

定义 3.47 cISG 语言

(1) 基础公式集 Fm_0 中的公式形成规则如下：

$$p \mid \neg A \mid A \wedge B \mid A \vee B$$

(2) 公式集 Fm 定义如下：

①$Fm_0 \subseteq Fm$；

②若 A，$B \in Fm_0$，则 $A \equiv_i B \in Fm$，其中 $i \in I$；

③若 A，$B \in Fm$，则 $\neg A$，$A \wedge B$，$A \vee B \in Fm$；

④对任意 i，j∈I，$i\leqslant j\in Fm$；

⑤Fm 中的所有公式由上述规则形成。

我们规定$\equiv_i$和$\leqslant$的结合力都强于其他二元逻辑联结词。

定义 3.48　cISG-模型与语义

(1) 称有序对 M = <g，h> 为 cISG-模型，如果

①g 为 Var 到 [0，1]×[0，1] 的映射，即对每个命题变元 p 指派一个 [0，1] 区间上的有序对 g(p)；

②h 为 I 到 [0，1]×[0，1] 的映射，即对每个语境符号 i 指派一个 [0，1] 上的有序对 $h(i)=<h(i)_1, h(i)_0>$。

(2) 对任意公式 $A\in Fm_0$，A 的博弈真值 $[A]=<[A]_1, [A]_0>$通过如下博弈决定：

①若 A∈Var，则博弈结束，[A] = g(A)；

②若 A = ¬B，则博弈双方交换角色并进行关于 B 的博弈，A 的真值由 B 的真值交换序对分量而得，即 $[A]=[B]^d=<[B]_0, [B]_1>$；

③若 A = B∨C，则由守方在 B 和 C 中选择其中的一个进行下一步博弈，A 的博弈真值等于守方所选公式的博弈真值，选择方法如下：

(a) 若 $[B]_1>[C]_1$，则选择 B，

(b) 若 $[B]_1<[C]_1$，则选择 C，

(c) 若 $[B]_1=[C]_1$ 且 $[B]_0\leqslant[C]_0$，则选择 B，

(d) 若 $[B]_1=[C]_1$ 且 $[B]_0>[C]_0$，则选择 C；

④若 A = B∧C，则由攻方在 B 和 C 中选择其中的一个进行下一步博弈，A 的博弈真值等于攻方所选公式的博弈真值，选择方法如下：

(a) 若 $[B]_0>[C]_0$，则选择 B，

(b) 若 $[B]_0<[C]_0$，则选择 C，

(c) 若 $[B]_0=[C]_0$ 且 $[B]_1\leqslant[C]_1$，则选择 B，

(d) 若 $[B]_0=[C]_0$ 且 $[B]_1>[C]_1$，则选择 C。

(3) 任意公式 A 在模型 M = <g，h> 中真（记作 $M\models A$），定义如下：

①$M\models p$　⇔　g(p) = <1，0>；

②$M\models\neg A$　⇔　$M\not\models A$；

③$M\models A\wedge B$　⇔　$M\models A$ 且 $M\models B$；

④$M\models A\vee B$　⇔　$M\models A$ 或 $M\models B$；

⑤$M\models A\equiv_i B$　⇔　$|[A]_1-[B]_1|\leqslant h(i)_1$ 且 $|[A]_0-[B]_0|\leqslant h(i)_0$；

⑥$M\models i\leqslant j$　⇔　$h(i)_1\leqslant h(j)_1$ 且 $h(i)_0\leqslant h(j)_0$。

称公式集 Φ 在模型 M 中真（记为 $M\models\Phi$），如果对任意 A∈Φ，$M\models A$。

(4) 公式 A 称为公式集 Φ 的语义后承(记作 $\Phi \vDash A$),如果对任意 cISG-模型 M,若 $M \vDash \Phi$,则 $M \vDash A$。

(5) 称公式 A 是有效的(记作 $\vDash A$),如果 $\varnothing \vDash A$,否则称 A 是无效的(记作 $\nvDash A$)。

定理 3.17 cISG 的有效式

容易验证,下列公式在 cISG 语义中是有效的:

(1) $A \equiv_i A$

(2) $A \equiv_i B \rightarrow B \equiv_i A$

(3) $(A \vee A) \equiv_i A$

(4) $(A \wedge A) \equiv_i A$

(5) $(A \vee B) \equiv_i (B \vee A)$

(6) $(A \wedge B) \equiv_i (B \wedge A)$

(7) $((A \vee B) \vee C) \equiv_i (A \vee (B \vee C))$

(8) $A \equiv_i \neg\neg A$

(9) $\neg(A \vee B) \equiv_i (\neg A \wedge \neg B)$

(10) $\neg(A \wedge B) \equiv_i (\neg A \vee \neg B)$

(11) $i \leqslant i$

(12) $i \leqslant j \wedge j \leqslant k \rightarrow i \leqslant k$

(13) $i \leqslant j \rightarrow (A \equiv_i B \rightarrow A \equiv_j B)$

定理 3.18 cISG 的无效式

下列公式在 cISG 语义中是无效的:

(1) $A \equiv_i B \wedge B \equiv_i C \rightarrow A \equiv_i C$

(2) $A \equiv_i B \rightarrow \neg A \equiv_i \neg B$

(3) $A \equiv_i A' \wedge B \equiv_i B' \rightarrow (A \vee B) \equiv_i (A' \vee B')$

(4) $A \equiv_i A' \wedge B \equiv_i B' \rightarrow (A \wedge B) \equiv_i (A' \wedge B')$

(5) $(A \wedge (B \vee C)) \equiv_i ((A \wedge B) \vee (A \wedge C))$

(6) $(A \vee (B \wedge C)) \equiv_i ((A \vee B) \wedge (A \vee C))$

证明

(1) 构造反模型 $M = \langle g, h \rangle$ 如下:

$g(p) = \langle 0, 0 \rangle$, $g(q) = \langle 0.5, 0.5 \rangle$, $g(r) = \langle 1, 1 \rangle$,对任意 $i \in I$, $h(i) = \langle 0.5, 0.5 \rangle$。

于是有 $|[p]_1 - [q]_1| \leqslant 0.5$, $|[p]_0 - [q]_0| \leqslant 0.5$,

$|[q]_1 - [r]_1| \leqslant 0.5$, $|[q]_0 - [r]_0| \leqslant 0.5$, $|[p]_1 - [r]_1| = 1 > 0.5$。

故 $M \vDash p \equiv_i q$, $M \vDash q \equiv_i r$,但 $M \nvDash p \equiv_i r$。

因此 $\nvDash A\equiv_i B\wedge B\equiv_i C\to A\equiv_i C$。

(2) 构造反模型 $M=<g, h>$ 如下：

$g(p)=<0, 0.5>$，$g(q)=<0.5, 0.5>$，对任意 $i\in I$，$h(i)=<0.5, 0>$。

于是有 $|[p]_1-[q]_1|\leqslant 0.5$，$|[p]_0-[q]_0|\leqslant 0$，$|[\neg p]_0-[\neg q]_0|=0.5>0$。

故 $M\vDash p\equiv_i q$，但 $M\nvDash\neg p\equiv_i\neg q$。

因此 $\nvDash A\equiv_i B\to\neg A\equiv_i\neg B$。

(3) 构造反模型 $M=<g, h>$ 如下：$g(p)=<0.5, 0.2>$，$g(p')=<0.4, 0.1>$，$g(q)=<0.4, 0>$，$g(q')=<0.4, 0>$，对任意 $i\in I$，$h(i)=<0.1, 0.1>$。

于是有 $|[p]_1-[p']_1|\leqslant 0.1$，$|[p]_0-[p']_0|\leqslant 0.1$，

$|[q]_1-[q']_1|\leqslant 0.1$，$|[q]_0-[q']_0|\leqslant 0.1$，

$|[p\vee q]_0-[p'\vee q']_1|_0=0.2>0.1$。

故 $M\vDash p\equiv_i p'$，$M\vDash q\equiv_i q'$，但 $M\nvDash(p\vee q)\equiv_i(p'\vee q')$。

因此 $\nvDash A\equiv_i A'\wedge B\equiv_i B'\to(A\vee B)\equiv_i(A'\vee B')$。

(4) 类似 (3) 可证。

(5) 构造反模型 $M=<g, h>$ 如下：

$g(p)=<0, 0.1>$，$g(q)=<0.2, 0>$，$g(r)=<0.1, 0.2>$，$g(q')=<0.4, 0>$，对任意 $i\in I$，$h(i)=<0, 0>$。

于是有 $[q\vee r]=<0.2, 0>$，$[p\wedge q]=<0, 0.1>$，$[p\wedge r]=<0.1, 0.2>$，

故 $[p\wedge(q\vee r)]=<0, 0.1>$，$[(p\wedge q)\vee(p\wedge r)]=<0.1, 0.2>$，

故 $|[p\wedge(q\vee r)]-[(p\wedge q)\vee(p\wedge r)]|_1=0.1>0$。

因此 $\nvDash(A\wedge(B\vee C))\equiv_i((A\wedge B)\vee(A\wedge C))$。

(6) 类似 (5) 可证。■

3.7.3 语境作为正规集的博弈内涵语义 CISG

定义 3.49 CISG 语言

(1) 基础公式集 Fm_0 中的公式形成规则如下：

$$p\,|\,\neg A\,|\,A\wedge B\,|\,A\vee B$$

(2) 公式集 Fm 定义如下：

①$Fm_0\subseteq Fm$；

②若 $A, B\in Fm_0$，则 $A\equiv_i B\in Fm$，其中 $i\in I$；

③若 $A, B\in Fm$，则 $\neg A, A\wedge B, A\vee B\in Fm$；

④对任意 $i, j\in I$，$i\leqslant j\in Fm$；

⑤Fm 中的所有公式由上述规则形成。

我们规定$\equiv_i$和$\leqslant$的结合力都强于其他二元逻辑联结词。

定义 3.50 CISG-模型与语义

（1）称有序对 M = <h，g> 为 CISG-模型，如果

①h 为 I 到 $\wp$(Var) 的映射，即对每个语境符号 i 指派一个 Var 的子集 h(i)，称 h(i) 为正规集；

②g 为 I × Var 到［0，1］×［0，1］的映射，满足对任意 $i \in I$，若 $p \in h(i)$，则 g(i，p) 满足正规条件，即 $g(i, p)_1 + g(i, p)_0 = 1$。

（2）对任意 $i \in I$，对任意公式 $A \in Fm_0$，A 的博弈真值 A(i) 通过如下博弈决定：

①若 $A \in Var$，则博弈结束，A(i) = g(i，A)；

②若 $A = \neg B$，则博弈双方交换角色并进行关于 B 的博弈，A 的真值由 B 的真值交换序对分量而得，即 $A(i) = B(i)^d = <B(i)_0, B(i)_1>$；

③若 $A = B \vee C$，则由守方在 B 和 C 中选择其中的一个进行下一步博弈，A 的博弈真值等于守方所选公式的博弈真值，选择方法如下：

（a）若 $B(i)_1 > C(i)_1$，则选择 B，

（b）若 $B(i)_1 < C(i)_1$，则选择 C，

（c）若 $B(i)_1 = C(i)_1$ 且 $B(i)_0 \leqslant C(i)_0$，则选择 B，

（d）若 $B(i)_1 = C(i)_1$ 且 $B(i)_0 > C(i)_0$，则选择 C；

④若 $A = B \wedge C$，则由攻方在 B 和 C 中选择其中的一个进行下一步博弈，A 的博弈真值等于攻方所选公式的博弈真值，选择方法如下：

（a）若 $B(i)_0 > C(i)_0$，则选择 B，

（b）若 $B(i)_0 < C(i)_0$，则选择 C，

（c）若 $B(i)_0 = C(i)_0$ 且 $B(i)_1 \leqslant C(i)_1$，则选择 B，

（d）若 $B(i)_0 = C(i)_0$ 且 $B(i)_1 > C(i)_1$，则选择 C。

（3）任意公式 A 在模型 M = <h，g> 中真（记作 $M \vDash A$），定义如下：

①$M \vDash p \Leftrightarrow$ 对任意 $i \in I$，g(i，p) = <1，0>；

②$M \vDash \neg A \Leftrightarrow M \nvDash A$；

③$M \vDash A \wedge B \Leftrightarrow M \vDash A$ 且 $M \vDash B$；

④$M \vDash A \vee B \Leftrightarrow M \vDash A$ 或 $M \vDash B$；

⑤$M \vDash A \equiv_i B \Leftrightarrow A(i) = B(i)$；

⑥$M \vDash i \leqslant j \Leftrightarrow h(i) \subseteq h(j)$。

称公式集 Φ 在模型 M 中真（记为 $M \vDash \Phi$），如果对任意 $A \in \Phi$，$M \vDash A$。

（4）公式 A 称为公式集 Φ 的语义后承（记作 $\Phi \vDash A$），如果对任意 CISG-模型 M，若 $M \vDash \Phi$，则 $M \vDash A$。

(5) 称公式 A 是有效的（记作 $\models$A），如果 $\varnothing\models$A，否则称 A 是无效的（记作 $\not\models$A）。

定理 3.19 CISG 的有效式

容易验证，下列公式在 CISG 语义中是有效的：

(1) $A\equiv_i A$

(2) $A\equiv_i B\rightarrow B\equiv_i A$

(3) $A\equiv_i B\wedge B\equiv_i C\rightarrow A\equiv_i C$

(4) $A\equiv_i B\rightarrow\neg A\equiv_i\neg B$

(5) $(A\wedge A)\equiv_i A$

(6) $(A\wedge A)\equiv_i A$

(7) $(A\vee B)\equiv_i(B\vee A)$

(8) $(A\wedge B)\equiv_i(B\wedge A)$

(9) $((A\vee B)\vee C)\equiv_i(A\vee(B\vee C))$

(10) $A\equiv_i\neg\neg A$

(11) $\neg(A\vee B)\equiv_i(\neg A\wedge\neg B)$

(12) $\neg(A\wedge B)\equiv_i(\neg A\vee\neg B)$

(13) $A\equiv_i A'\wedge B\equiv_i B'\rightarrow(A\vee B)\equiv_i(A'\vee B')$

(14) $A\equiv_i A'\wedge B\equiv_i B'\rightarrow(A\wedge B)\equiv_i(A'\wedge B')$

(15) $i\leqslant i$

(16) $i\leqslant j\wedge j\leqslant k\rightarrow i\leqslant k$

定理 3.20 CISG 的无效式

下列公式在 CISG 语义中是无效的：

(1) $(A\wedge(B\vee C))\equiv_i((A\wedge B)\vee(A\wedge C))$

(2) $(A\vee(B\wedge C))\equiv_i((A\vee B)\wedge(A\vee C))$

证明 类似定理 3.18(5)、(6) 可证。■

3.8 语境内涵语义Ⅱ：基于更新-局部模型语义

语境化的思想不但有语言学动机，在人工智能领域也逐渐流行。一些计算机学者为了解决人工智能中的推理问题，提出了语境推理的思想（McCarthy, 1993），(Buvac, 1993)。其中最有影响的理论之一是由 C. 吉迪尼（C. Ghidini）和琼基利亚（F. Giunchiglia）创造的局部模型语义（local models semantics）

(Ghidini，2001)，该语义把语境作为一般要素纳入模型之中，刻画了如何在不同语境之间进行推理。另一方面，一些逻辑学家和语言学家为了克服外延语义的缺陷，从认知的角度提出了不同于真值条件语义的新思想。从而，“知道一个语句的意义就是知道其在何种条件下为真”被“知道一个语句的意义就是知道该语句对任何接受该语句的主体的认知状态有何改变”取代。特别的，F. 维尔特曼（F. Veltman）从这一思想出发，创造了更新语义（update semantics）（Veltman，1996），并用它来处理缺省推理、条件句等非经典逻辑。由于更新语义比传统的真值条件语义更具认知特点，因此也为内涵语义提供了一种可用的框架。本节在融合更新语义和局部模型语义的基础上构造了一种刻画语境内涵同一的一般语义框架。

3.8.1 直观思想

让我们先看一个例子。这个例子是（Ghidini，2001）中构造的，如图 3 - 1 所示。

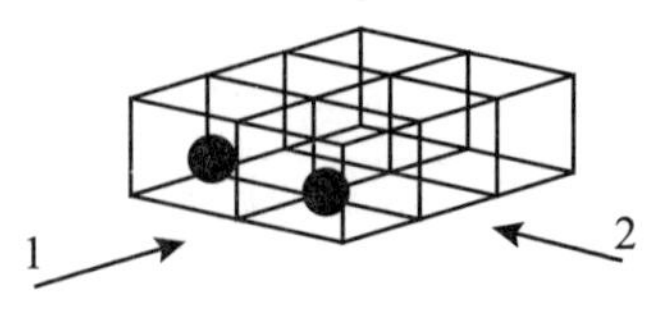

图 3 - 1

如图 3 - 1，观察者 1 和观察者 2 从各自的角度观察一个盒子中的球。由于观察视角的限制，两名观察者都只能观察到球在各自的水平方向所处的位置，而不能分辨球在其纵深方向的位置。因此，在上面这种情况下，两名观察者的实际观察结果如图 3 - 2 所示。

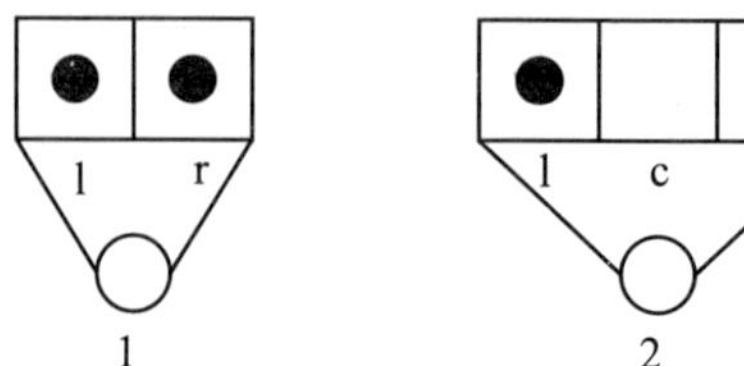

图 3 - 2

这两个结果可以看做主体在不同语境下对世界的表征。其中 l，c，r 分别代表语句“左边有球”、“中间有球”和“右边有球”。在语境 1 中，只有语言 l 和 r，在语境 2 中则有语言 l、c 和 r。实际上，我们还可以在该例中增加一个语境 3，即从上方俯视盒子，这样就有如下观察结果如图 3 - 3 所示：

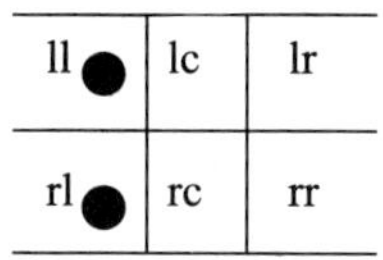

图 3-3

其中 ll，lc，lr，rl，rc，rr 为语境 3 中的语言，分别表示在上图这些符号所对应的位置有球。如果我们用 i：p 代表 p 在语境 i 中成立，那么在上述模型下，下面两句话表达的是同一个意思：

(S1) 1：l 且 2：$\neg c \wedge \neg r$　　　　(S2) 3：ll

然而，(S1) 和 (S2) 对于任何语境 i (i=1，2，3) 中的观察者而言不仅不是同义的，而且他们甚至不能完整地理解这两句话，因为每个语境 i 都不能完全包括 (S1) 和 (S2) 中出现的所有语言。因此，所谓“(S1) 与 (S2) 同义”是就一个更大的语境而言的，这个更大的语境中应包括 (S1) 和 (S2) 中出现的所有语言。我们可以用 {1，2，3} 表示这个更大的语境，其语言包括所有它包含的子语境的语言。在该语境中观察者可以从三个不同的视角（语境）进行观察，因而可以获得更多信息，特别是获得关于三个语境之间相互关系的信息，这种语境之间的关系称之为相容关系（compatibility）。

例如图 3-4 表示的就是语境 1 与语境 2 之间的相容关系，语境 1 与语境 2 中相容（即可以同时成立）的情况用直线相连。这样，由一个语境中的情况就可以推知另一个语境中的情况。但这种相容关系单独在语境 1 或语境 2 中都是观察不到的，必须融合三个语境的信息才能获得。有了这种相容关系，就可以得到：在语境 {1，2，3} 中，下面两个语句是同义的：

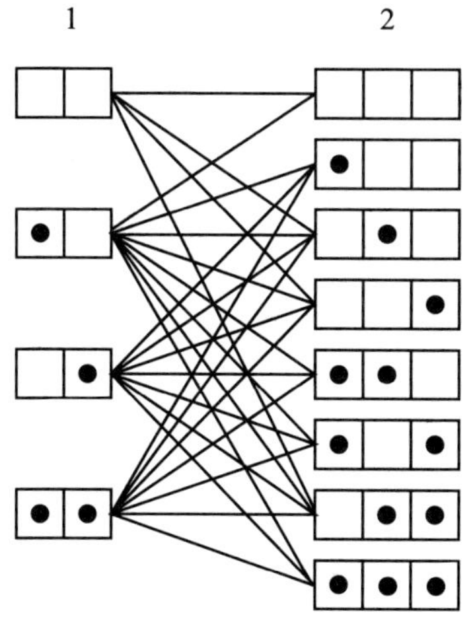

图 3-4

（S3）1：¬l∧¬r

（S4）2：¬l∧¬c∧¬r

因为它们说的是同一件事，即盒子中没有球。那么，在语境｛1，2｝中（S3）和（S4）是否同义呢？这依赖于观察者在语境｛1，2｝中对盒子的表征情况。由于人类认知的局限性，客观和主观原因都会造成观察者并不总是能正确或完整地表征语境之间的相容关系。当缺少语境 3 的信息时，图 3－5 对语境｛1，2｝中的观察者而言也是可能的。

这样，图 3－4 的相容关系就要修改成如图 3－6 所示的情况：

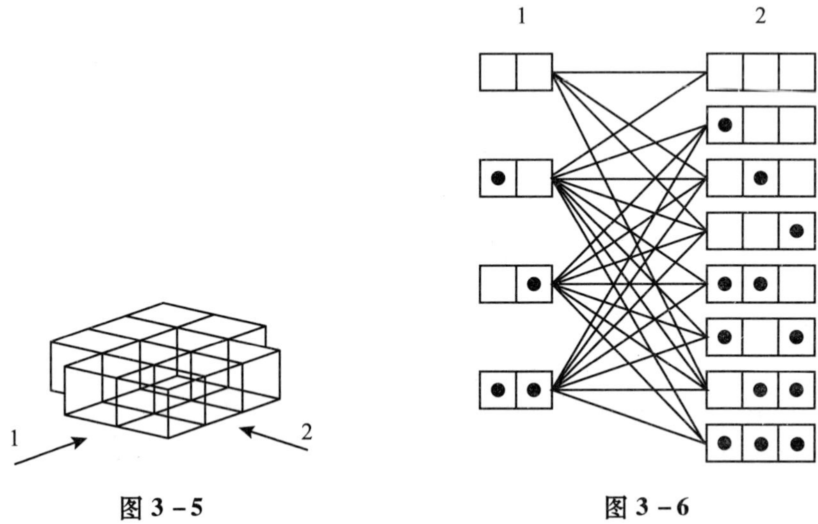

图 3－5　　图 3－6

在这种情况下，（S3）和（S4）就不再是同义的了，因为对观察者而言，前者说的是图 3－7 中黑色的方格内没有球，而后者说的是图 3－8 中黑色的方格内没有球。

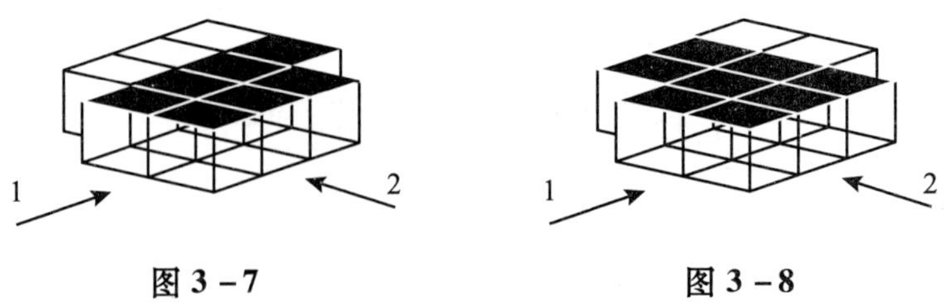

图 3－7　　图 3－8

又如图 3－9 所示：

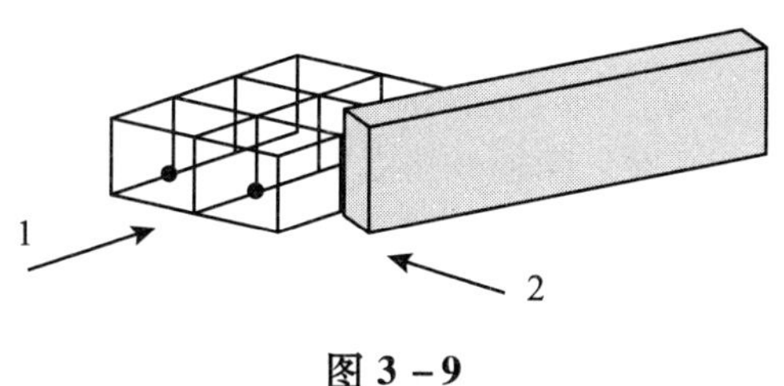

图 3－9

当有障碍物挡住观察者 2 的部分视野，同时观察者也知道这一点时，那么对处于语境｛1，2｝之中的观察者而言，语境 1 与语境 2 之间的相容关系会发生如图 3－10 的改变：

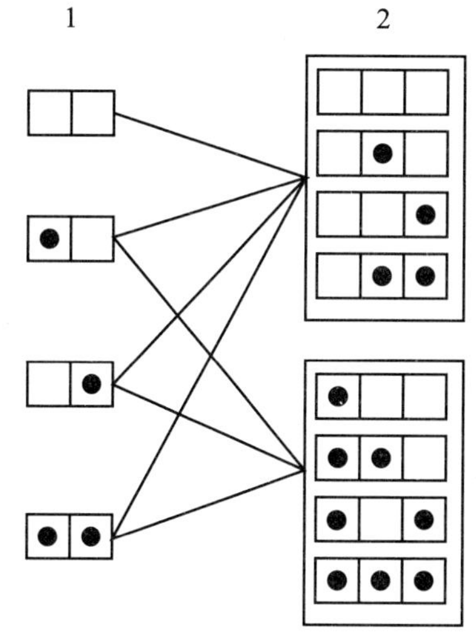

图 3－10

在图 3－8 中，语境 2 中每个方框中的四种情况都是语境 2 中的观察者不能区分的，因此对其而言实际上只有两种情况，即左边有球或左边没球。此时，（S3）和（S4）在语境｛1，2｝中对观察者而言也不再是同义的，因为观察者此时无法区分（S4）与 2：¬1，因此对观察者而言，（S3）说的是盒子里没有球，而后者说的是图 3－11 中黑色的方格内没有球。而事实上，（S3）和（S4）在客观上仍然是同义的。

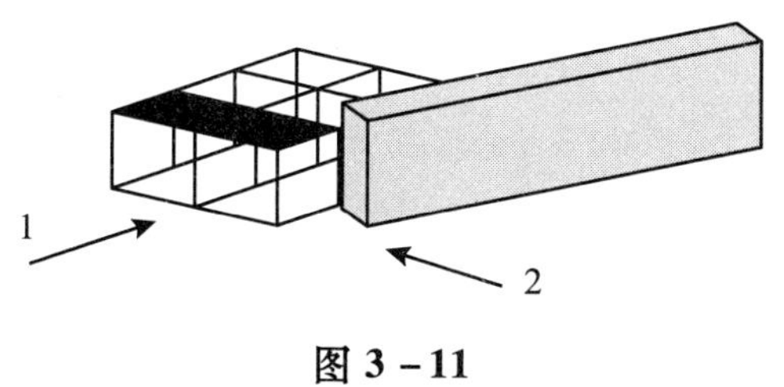

图 3－11

同理，为了能在语境 {1，2，3} 中得到（S1）和（S2）是同义的，就要正确完整地获得关于语境 1、语境 2 和语境 3 之间的相容关系①。

以上我们对语境及语境之间的相容关系在内涵同一中所起的作用进行了描述，说明了由于认知主体获得（或表征）的相容关系不同，表达式的内涵及其同一标准对认知主体而言也会发生改变。然而，我们对于内涵同一本身却没有进行说明，而只是诉诸直观。如何解释（S1）与（S2），（S3）与（S4）在相应的语境中的确是内涵相同（或内涵不同）的呢？这就需要用到更新语义的思想了。我们认为，每个语境 c 代表一种认知状态 c^I，每个语句 A 产生一个算子 [A]，它作用在原来的认知状态上产生一个新的认知状态 $c^I[A]$，如果两个语句作用在同一个认知状态上能产生出相同的认知状态，那么这两个语句相对于原来的认知状态就是内涵相同的，即

$$A \equiv_c B \iff c^I[A] = c^I[B],$$

其中 $A \equiv_c B$ 表示 A 和 B 在语境 c 下内涵相同。

那么，如何刻画认知状态，由语句产生的算子如何作用于认知状态呢？我们将在下面的形式定义中对这两个问题做出回答。

3.8.2 形式刻画

为方便起见，我们称将要构造的语境内涵语义为 CIUL。

定义 3.51 CIUL 语言

(1) 基本语境

$I = \{1, 2, \cdots n, \cdots\}$，I 中的每个元素称为基本语境。

(2) 复合语境（认知状态）

$Cs = \wp(I) \setminus \varnothing$，Cs 中的每个元素称为复合语境或认知状态。

(3) 公式

$Fm_0 = \{i: A: i \in I \text{ 且 } A \in L_i\}$，其中 L_i 为语境 i 中的合式公式（比如经典命题语言的某个子集），令 $\underline{Fm_0}$ 为 Fm_0 中的公式在¬和∧运算下封闭的最小集。对任意 $A \in \underline{Fm_0}$，A 中出现的所有语境构成的集合记为 C_A。

定义内涵同一公式集如下：

$Fm_{OI} = \{A \equiv B: A, B \in \underline{Fm_0}\}$，

$Fm_{SI} = \{A \equiv_c B: C_A \cup C_B \subseteq c \in Cs \text{ 且 } A, B \in \underline{Fm_0}\}$；

其中≡和≡分别表示客观内涵同一和主观内涵同一。

① 由于情况太多，这里就不画图显示了。

CIUL 的合式公式集 Fm 定义如下：

$Fm = \underline{Fm_0} \cup \underline{Fm_{OI}} \cup \underline{Fm_{SI}}$，即 Fm 为 $Fm_0 \cup Fm_{OI} \cup Fm_{SI}$ 在 $\neg$ 和 $\wedge$ 运算下封闭的最小集。我们规定 $\equiv$ 和 $\equiv_c$ 的结合力强于其他二元联结词。

定义 3.52 CIUL 模型

对任意 $i \in I$，设 Mod_i 为所有 L_i 的模型构成的类，每个 $m \in Mod_i$ 称为一个局部模型。设 $\vDash_i$ 为 L_i 中的可满足关系。

（1）称集合 S 为 $\{L_i\}$ 的一个描述，若 $S = \{i: M_i\}_{i \in I}$，其中 M_i 为 Mod_i 的某个子集。所有描述构成的类记作 DES。

（2）称集合 M_0 为一个 CIUL-客观模型，若 $M_0 \in \wp(DES)$，且满足：

①$M_0 \neq \varnothing$；

②$\{i: \varnothing\}_{i \in I} \notin M_0$。

所有 CIUL-客观模型构成的类记作 Mod_0。

（3）称集合 T_c 为认知状态 c 的一个表征，若 $T_c = \{i: M_i\}_{i \in c}$，其中 M_i 为 Mod_i 的某个子集。所有 c 的表征构成的类记作 Rep(c)（注意到，当 c = I 时，T_c 构成一个描述）。

（4）称集合 M_S 为一个 CIUL-主观模型，若 $M_S \subseteq \cup_{c \in Cs} Rep(c)$ 且 $M_S \neq \varnothing$。对任意 $c \in Cs$，称 $M_S(c) = Rep(c) \cap M_S$ 为 Rep(c) 在 M_S 上的限制。所有 CIUL-主观模型构成的类记作 Mod_S。

（5）称序对 $M = \langle M_0, M_S \rangle$ 为一个 CIUL-模型，若 M_0 为一个 CIUL-客观模型且 M_S 为一个 CIUL-主观模型。所有 CIUL-模型构成的类记作 Mod（CIUL）。

（6）称序对 $M = \langle M_0, M_S \rangle$ 为一个正规 CIUL-模型，如果 M 是一个 CIUL-模型，且满足下面的正规条件：

（nc1）对任意 $S = \{i: M_i\}_{i \in I} \in M_0$，对任意 $i \in I$，M_i 的基数 $|M_i| = 1$；

（nc2）对任意 $S \in M_0$，$I: S \in M_S$；

（nc3）对任意 c：$\{i: M_i\}_{i \in c} \in M_S$，对任意 $c' \subseteq c$，c'：$\{i: M_i\}_{i \in c'} \in M_S$；

（nc4）对任意 $i \in I$，$\vDash_i = \vDash_{cl}$，其中 $\vDash_{cl}$ 表示经典一阶逻辑的可满足关系。

所有正规 CIUL-模型构成的类记作 NMod（CIUL）。

说明：正规条件（nc1）表明客观模型对每个语境都能做出完整描述，（nc2）表明主观模型在整体上能对客观模型做出正确表征，（nc3）表示主观模型的部分表征与整体表征是一致的。

定义 3.53 语句算子

（1）对任意 $c \in Cs$，对任意 $T_c = \{i: M_i\}_{i \in c} \in Rep(c)$，对任意 $A \in \underline{Fm_0}$，$T_c[A]$ 递归定义如下：

①$T_c[i: \varphi] = T_c$，若 $i \notin c$，或 $i \in c$ 且存在 $m \in M_i$ 使得 $m \vDash_i \varphi$；否则 T_c[i:

$\varphi] = \varnothing$；

②$T_c[\neg B] = T_c \backslash T_c[B]$；

③$T_c[B \wedge C] = T_c[B] \cap T_c[C]$。

（2）对任意 $M_0 \in Mod_0$，$A \in \underline{Fm_0}$：$M_0[A] = \{S[A] : S \in M_0\}$。

（3）对任意 $c \in Cs$，$M_S \in Mod_S$，$A \in \underline{Fm_0}$：$M_S(c)[A] = \{T_c[A] : T_c \in M_S(c)\}$。

定义 3.54 可满足，有效，语义后承

（1）任给 CIUL-模型 $M = < M_0, M_S >$，公式 A 在 M 中可满足（记作 $M \models A$）递归定义如下：

①$M \models j: \varphi$ $\Leftrightarrow$ 对任意 $S = \{i: M_i\}_{i \in I} \in M_0$，对任意 $m \in M_j$：$m \models_j \varphi$；

②$M \models \neg B$ $\Leftrightarrow$ $M \not\models B$；

③$M \models B \wedge C$ $\Leftrightarrow$ $M \models B$ 且 $M \models C$；

④$M \models B \equiv C$ $\Leftrightarrow$ $M_0[B] = M_0[C]$；

⑤$M \models B \equiv_c C$ $\Leftrightarrow$ $M_S(c)[B] = M_S(c)[C]$。

（2）有效性和语义后承如通常定义。

3.8.3 应用举例

首先我们应用 CIUL 语义对 3.8.1 节中的例子进行解释。如图 3－12 所示：

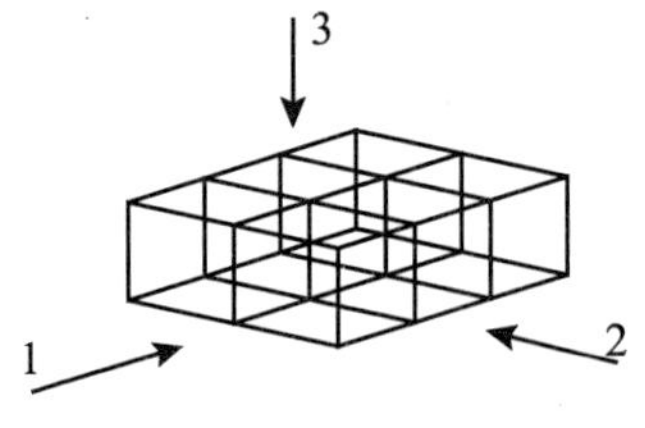

图 3－12

设 L_1，L_2 和 L_3 分别为 $P_1 = \{l, r\}$，$P_2 = \{l, c, r\}$ 和 $P_3 = \{ll, lc, lr, rl, rc, rr\}$ 在¬和∧下封闭的最小集，它们分别从上图中的三个角度对盒中球的位置做出描述。则 L_1 的所有局部模型可以用下列公式集表示：

$m_{11} = \{\neg l, \neg r\}$ $m_{12} = \{l\}$ $m_{13} = \{r\}$ $m_{14} = \{l, r\}$

L_2 的所有局部模型可以用下列公式集表示：

$m_{21} = \{\neg l, \neg c, \neg r\}$ $m_{22} = \{l\}$ $m_{23} = \{c\}$ $m_{24} = \{r\}$

$m_{25} = \{l, c\}$ $m_{26} = \{l, r\}$ $m_{27} = \{c, r\}$ $m_{28} = \{l, c, r\}$

L_3 的所有局部模型可以用下列公式集表示：

$m_{31} = \{\neg ll, \neg lc, \neg lr, \neg rl, \neg rc, \neg rr\}$ $m_{32} = \{ll\}$ $m_{33} = \{lc\}$ $m_{34} = \{lr\}$

…… …… …… ……

…… …… $m_{364}=\{ll, lc, lr, rl, rc, rr\}$

定义 3.55 盒球模型

定义图 3－12 的 CIUL-模型 $M=<M_0, M_S>$ 如下，M 是 CIUL-模型，且满足下列相容性条件：

(1) 对任意 $S=\{1: M_1, 2: M_2, 3: M_3\}\in M_0$，

①$|M_1|=|M_2|=|M_3|=1$，

②对任意 $p\in\{l, r\}$，$q\in\{l, c, r\}$：$M_1\models_{cl} p$ 且 $M_2\models_{cl} q \Leftrightarrow M_3\models_{cl} pq$，

③若对任意 $p\in\{l, r\}$，$q\in\{l, c, r\}$ $M_3\not\models_{cl} pq$，则对任意 $p\in\{l, r\}$，$q\in\{l, c, r\}$，$M_1\not\models_{cl} p$ 且 $M_2\not\models_{cl} q$；

(2) 对任意 $T_{\{1,2,3\}}=\{1: M_1, 2: M_2, 3: M_3\}\in M_S$，

①$|M_1|=|M_2|=|M_3|=1$，

②对任意 $p\in\{l, r\}$，$q\in\{l, c, r\}$：$M_1\models_{cl}p$ 且 $M_2\models_{cl} q \Leftrightarrow M_3\models_{cl} pq$，

③若对任意 $p\in\{l, r\}$，$q\in\{l, c, r\}$ $M_3\not\models_{cl} pq$，则对任意 $p\in\{l, r\}$，$q\in\{l, c, r\}$，$M_1\not\models_{cl} p$ 且 $M_2\not\models_{cl} q$；

(3) 对任意 $T_{\{1,2\}}=\{1: M_1, 2: M_2\}\in M_S$，

①$|M_1|=|M_2|=1$，

②$M_1\models_{cl}\neg l\wedge\neg r \Leftrightarrow M_2\models_{cl}\neg l\wedge\neg c\wedge\neg r$；

(4) 对任意 $T_{\{1,3\}}=\{1: M_1, 3: M_3\}\in M_S$，

①$|M_1|=|M_3|=1$，

②对任意 $p\in\{l, r\}$：$M_1\models_{cl} p \Leftrightarrow M_3\models_{cl} pl\vee pc\vee pr$；

(5) 对任意 $T_{\{2,3\}}=\{2: M_1, 3: M_3\}\in M_S$，

①$|M_2|=|M_3|=1$，

②对任意 $q\in\{l, c, r\}$：$M_1\models_{cl} q \Leftrightarrow M_3\models_{cl} lq\vee rq$；

(6) 对任意 $i\in\{1, 2, 3\}$，对任意 $T_{\{i\}}=\{i:Mi\}\in M_S$：$|Mi|=1$。

记如上定义的 CIUL-模型构成的类为 Mod(MB)。容易验证，对任意 $M\in$ Mod(MB)：$M\in$ NMod(CIUL)。

命题 3.3 下列公式相对 Mod(MB) 是有效的：

(1) $1: \neg l\wedge\neg r\equiv_{\{1,2\}}2: \neg l\wedge\neg c\wedge\neg r$

(2) $1: \neg l\wedge\neg r\equiv_{\{1,2,3\}} 2: \neg l\wedge\neg c\wedge\neg r$

(3) $1: \neg l\wedge\neg r\equiv 2: \neg l\wedge\neg c\wedge\neg r$

(4) $(1: l\wedge 2: \neg c\wedge\neg r)\equiv_{\{1,2,3\}} 3: ll$

(5) $(1: l\wedge 2: \neg c\wedge\neg r)\equiv 3: ll$

证明

(1) 据定义 3.55(3)，对任意 $M=<M_0, M_S>\in$ Mod(MB)，

对任意 $T_{\{1,2\}} = \{1:\{m\}, 2:\{m'\}\} \in M_S(\{1, 2\})$

$$m = m_{11} \Leftrightarrow m' = m_{21},$$

当 $m = m_{11}$ 且 $m' = m_{21}$ 时，我们有

$$T_{\{1,2\}}[1:\neg l\wedge\neg r] = T_{\{1,2\}}[2:\neg l\wedge\neg c\wedge\neg r] = T_{\{1,2\}};$$

当 $m \neq m_{11}$ 且 $m' \neq m_{21}$ 时，我们有

$$T_{\{1,2\}}[1:\neg l\wedge\neg r] = T_{\{1,2\}}[2:\neg l\wedge\neg c\wedge\neg r] = \varnothing。$$

故有 $M_S(\{1, 2\})[1:\neg l\wedge\neg r] = M_S(\{1, 2\})[2:\neg l\wedge\neg c\wedge\neg r]$。

由 M 的任意性知，$\vDash_{Mod(MB)} 1: \neg l\wedge\neg r \equiv_{\{1,2\}} 2: \neg l\wedge\neg c\wedge\neg r$。

(2) 对任意 $m_1 \in Mod_1$，$m_2 \in Mod_2$，$m_3 \in Mod_3$，

若 $m_1 \vDash_{cl} \neg l\wedge\neg r$，则对任意 $p \in \{l, r\}$，$q \in \{l, c, r\}$：$M_3 \nvDash_{cl} pq$（否则，存在 $p \in \{l, r\}$，$q \in \{l, c, r\}$ 使得 $m_3 \vDash_{cl} pq$。但 $m_1 \vDash_{cl} p$，矛盾于 $m_1 \vDash_{cl} \neg l\wedge\neg r$。

再据定义 3.55(2)③有，对任意 $q \in \{l, c, r\}$，$m_2 \nvDash_{cl} q$，即有

$m_2 \vDash_{cl} \neg l\wedge\neg c\wedge\neg r$。

同理可证：若 $m_2 \vDash_{cl} \neg l\wedge\neg c\wedge\neg r$，则 $m_1 \vDash_{cl} \neg l\wedge\neg r$。

故对任意 $M = \langle M_0, M_S \rangle \in Mod(MB)$，

对任意 $T_{\{1,2,3\}} = \{1:\{m\}, 2:\{m'\}, 3:\{m''\}\} \in M_S(\{1, 2, 3\})$，

$$m = m_{11} \Leftrightarrow m' = m_{21},$$

当 $m = m_{11}$ 且 $m' = m_{21}$ 时，我们有

$$T_{\{1,2,3\}}[1:\neg l\wedge\neg r] = T_{\{1,2,3\}}[2:\neg l\wedge\neg c\wedge\neg r] = T_{\{1,2\}};$$

当 $m \neq m_{11}$ 且 $m' \neq m_{21}$ 时，我们有

$$T_{\{1,2,3\}}[1:\neg l\wedge\neg r] = T_{\{1,2,3\}}[2:\neg l\wedge\neg c\wedge\neg r] = \varnothing。$$

故有 $M_S(\{1, 2, 3\})[1:\neg l\wedge\neg r] = M_S(\{1, 2, 3\})[2:\neg l\wedge\neg c\wedge\neg r]$。

由 M 的任意性知，$\vDash_{Mod(MB)} 1: \neg l\wedge\neg r \equiv_{\{1,2,3\}} 2: \neg l\wedge\neg c\wedge\neg r$。

(3) 同 (2) 可证。

(4) 据定义 3.55(2)①和②，对任意 $M = \langle M_0, M_S \rangle \in Mod(MB)$，

对任意 $T_{\{1,2\}} = \{1:\{m\}, 2:\{m'\}, 3:\{m''\}\} \in M_S(\{1, 2\})$

$$m \vDash_{cl} l \text{ 且 } m' \vDash_{cl} l \Leftrightarrow m'' \vDash_{cl} ll,$$

又据定义 3.55(2)③可得

$$m \vDash_{cl} l \text{ 且 } m' \vDash_{cl} \neg c\wedge\neg r \Leftrightarrow m'' \vDash_{cl} ll,$$

当 $m \vDash_{cl} l$ 且 $m' \vDash_{cl} \neg c\wedge\neg r$，且 $m'' \vDash_{cl} ll$ 时，我们有

$$T_{\{1,2,3\}}[1:l\wedge 2: \neg c\wedge\neg r] = T_{\{1,2,3\}}[3:ll] = T_{\{1,2,3\}};$$

当 $m \nvDash_{cl} l$ 或 $m' \nvDash_{cl} \neg c\wedge\neg r$，且 $m'' \nvDash_{cl} ll$ 时，我们有

$$T_{\{1,2,3\}}[1:l\wedge 2: \neg c\wedge\neg r] = T_{\{1,2,3\}}[3:ll] = \varnothing。$$

故有 $M_S(\{1, 2\})[1:l\wedge 2: \neg c\wedge\neg r] = M_S(\{1, 2\})[3:ll]$。

由 M 的任意性知，$\vDash_{Mod(MB)}(1:l\wedge 2:\neg c\wedge\neg r)\equiv_{\{1,2,3\}}3:ll$。

(5) 同 (4) 可证。■

命题 3.4 当定义 3.55 中的条件 (3) 不满足时 (保持其他条件不变)，命题 3.3 中的 (1) 相对 (修改后的) Mod(MB) 是无效的，其余公式相对 (修改后的) Mod(MB) 仍然是有效的。

证明

由命题 3.3 的证明可知，除其中的 (1) 外，其余公式的证明都没有用到定义 3.55 中的条件 (3)，故这些公式相对 (修改后的) Mod(MB) 仍然是有效的。下面证命题 3.3 中的 (1) 相对 (修改后的) Mod(MB) 是无效的。令 $M=\langle M_0, M_S\rangle$，其中 M_0 如定义 3.55 定义，对任意 $T_c\in M_S$，当 $c\neq\{1, 2\}$ 时，T_c 满足定义 3.55 中的条件。对任意 $m\in Mod_1$，$m'\in Mod_2$，令 $\{1:\{m\}, 2:\{m'\}\}\in M_S$，当且仅当 m 和 m′分别为图 3－13 中用直线相连的局部模型。如此得到的 $M_S(\{1, 2\})$ 可以看做是对图 3－5 中的语境 {1, 2} 的正确表征（实际上是由于视野的局限而对图 3－12 中的语境 {1, 2} 的错误表征）。

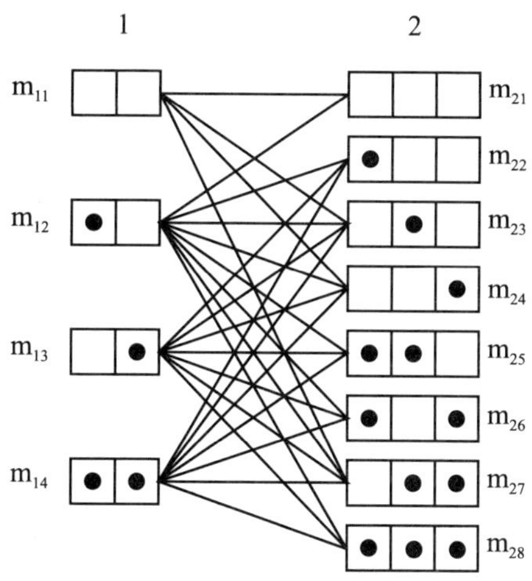

图 3－13

容易验证，此时，

$M_S(\{1, 2\})[1:\neg l\wedge\neg r]=\{\{1:\{m_{11}\}, 2:\{m_{21}\}\}, \{1:\{m_{11}\}, 2:\{m_{23}\}\}, \{1:\{m_{11}\}, 2:\{m_{24}\}\}, \{1:\{m_{11}\}, 2:\{m_{27}\}\}\}$，而

$M_S(\{1, 2\})[2:\neg l\wedge\neg c\wedge\neg r]=\{\{1:\{m_{11}\}, 2:\{m_{21}\}\}, \{1:\{m_{12}\}, 2:\{m_{21}\}\}\}$，

故 $M_S(\{1, 2\})[1:\neg l\wedge\neg r]\neq M_S(\{1, 2\})[2:\neg l\wedge\neg c\wedge\neg r]$，

于是 $M\nvDash 1:\neg l\wedge\neg r\equiv_{\{1,2\}}2:\neg l\wedge\neg c\wedge\neg r$，

因此，$\nvDash_{Mod(MB)}1:\neg l\wedge\neg r\equiv_{\{1,2\}}2:\neg l\wedge\neg c\wedge\neg r$。

类似可以验证，当 $M_S(\{1,2\})$ 由图 3－10 得到时，也有

$$M \nvDash 1: \neg l \wedge \neg r \equiv_{\{1,2\}} 2: \neg l \wedge \neg c \wedge \neg r,$$

同样得到，$\nvDash_{Mod(MB)} 1: \neg l \wedge \neg r \equiv_{\{1,2\}} 2: \neg l \wedge \neg c \wedge \neg r$。■

命题 3.3 和命题 3.4 解释了 3.8.1 节中关于同义性的下述事实：

（1）主观上（或认知上）的同义句是相对于语境而言的；

（2）在语境发生改变或对语境的表征不正确时主观同义句会变成非同义句；

（3）客观同义句不会因为主观表征的改变而改变。

当然，所谓客观同义也不是绝对的，因为客观模型也是人类对客观世界的一种表征。客观模型与主观模型的区别并不在于前者是本体论的而后者是认识论的，而在于前者是基于某种共同体的表征，而后者则是基于某些个体的表征。当个体的表征与共同体的表征不一致时就会出现主观同义与客观同义不一致的现象。在一定意义上，“分析悖论”和“梅茨困惑”之所以产生，就是因为没有认识到同义性有客观与主观这两种意义上的区别。下面我们用 CIUL 语义框架对“分析悖论”进行解释。

设 $L_1=\{u,\cdots\}$，$L_2=\{m,\cdots\}$，$L_3=\{b,\cdots\}$，其中 u、m、b 在各自的局部语言中分别表示“Y 是未婚的”、“Y 是男人”和“Y 是单身汉”。在客观模型中，对任意 $m_1 \in Mod_1$，$m_2 \in Mod_2$，$m_3 \in Mod_3$，有下面的相容条件成立：

$$m_1 \vDash u \text{ 且 } m_2 \vDash m \quad \Leftrightarrow \quad m_3 \vDash b$$

由于一般人都能把握上述相容性条件，因此一般人能自然地把局部语言 $\{L_i\}$ 融合成一个全局语言 $L=\{u,m,b,\cdots\}$，在 L 中 $(u \wedge m) \leftrightarrow b$ 总是成立。因此，一般人都会把 $u \wedge m$ 与 b 看做是同义的。然而，并不是每个个体都能对上述相容性条件做出正确的表征。尽管他们在各个局部语境中能分别理解 u、m 和 b，但是却不能从整体上把握各语境之间的关系，因而无法得到 $u \wedge m$ 与 b 的同义性，正如在上述盒球模型的例子中，当观察者不能正确把握语境 1 与语境 2 之间的相容关系时，即使观察者知道 $\neg l \wedge \neg r$ 与 $\neg l \wedge \neg c \wedge \neg r$ 在各自语境中的意义，但仍然不能得到 $\neg l \wedge \neg r$ 与 $\neg l \wedge \neg c \wedge \neg r$ 是同义的。

第 4 章

面向自然语言模糊性的 LNL：模糊量词逻辑

本章以广义量词理论、模糊集理论、范畴语法和类型论为理论方法，从其语义、性质、推理、自然逻辑系统构造、自然逻辑推理系统的算法实现等几个方面较为全面地研究了模糊量词。

4.1 导　　言

4.1.1 背景与动态

语言的模糊性是语言的一种客观存在，它是自然语言的一种本质属性。英国著名哲学家罗素曾在《论模糊性》中指出，“整个语言都或多或少是模糊的。”模糊语言产生的原因既与自然界本身的概念界限不清楚有关，也与人的认知能力、语言自身特性等有关。在自然语言中，很多量词、名词、形容词、动词、副词等等都体现了这种模糊性。而在诸多词类中，对逻辑而言，最重要的则是量词。

这是由于，自然语言的意义很大程度上依赖于量化表达，而形式化自然语言的陈述不包含量词，几乎是不可能的。而且人们日常的交流和推理都离不开量词，尤其是模糊量词。因此，不论是对于逻辑学来讲，还是对语言学来讲，模糊量词都是一个重要研究内容。另外，由于计算机储存的模糊量词越多，其灵活性就越高，处理各种模糊事物，应付各种复杂情况的能力也就越强，因此，对模糊量词的研究在人工智能学界和自动控制领域也受到相当的关注。所以，一直有很多逻辑学家、语言学家和人工智能专家从不同的角度对模糊量词进行相关的研究。

在逻辑学领域内，与模糊量词最直接相关的研究是广义量词理论（GQT，参见附录1）。广义量词理论的思想萌芽早在现代逻辑创立之初就已产生，这个工作主要归功于弗雷格。（Mostowski，1957）和（Lindström，1966）的工作进一步充实了广义量词的概念。在林德斯春的时代，人们已经开始关注自然语言中部分量化词项的语义特征，把"most"、"many"等限定词当作是一种二元量词。1970年代，蒙太格（Montague，1973）研究构造了PTQ英语部分语句系统，来生成自然语言的量化句并刻画其语义特征。蒙太格语法对英语量化结构的语义分析开创了自然语言语义研究的新思路，具有较大的理论价值。但是，蒙太格运用的方法仍然有不尽如人意的地方，因此，针对蒙太格语法处理自然语言限定词语义特征的不足，巴威斯和库珀（Cooper）（Barwise et al.，1981）等人发展了广义量词理论。用广义量词方法来描述自然语言丰富多样的限定词，既达到简洁直观的效果，又能深刻挖掘限定词的语义性质，尤其还可以从分析限定词语义特征的角度来解释自然语言中一些直观上成立的推理。和巴威斯、库珀几乎同一时间，J. 希金博特姆（J. Higginbotham）、R. 梅（R. May）（Higginbotham et al.，1981）也研究了某种类型的多元量词，自此以后，广义量词理论的研究发展迅速。基南（Keenan）、L. 莫斯（L. Moss）、斯塔维（Stavi）、维斯特斯塔尔（D. Westerståhl）、J. 范·本瑟姆以及L. M. 莫克斯（L. M. Moxey）、A. J. 圣福德（A. J. Sanford）等学者都作出了突出贡献（Keenan et al.，1985，1986），（Westerståhl，1984，1985，1989）、（van Benthem，1982，1983，1984），（Moxey et al.，1993）。广义量词理论将量词的研究范围直接扩展到自然语言量化表达式，把自然语言中具有量化意义的表达式归结为各种类型的量词。广义量词理论大大扩展了量词的研究范围，对各种自然语言量化表达式的语义性质，自然语言量词的表达力，量词和推理类型之间的逻辑关系等都做了很有意义的研究。

另外，也有不少学者对与模糊量词相关的推理进行过研究，如（Peterson，1979，1999，2000），（Schwartz，1996），（Geurts，2003），（Liu，1998a），（Liu et al.，1998b），（Khayata et al.，2002）等都从不同的角度对模糊量词相关的推理进行了探讨。

在语言学界，也有很多学者关注模糊量词相关问题，并进行了深入研究。例如，莱柯夫（Lakoff）认为模糊限制词的问题最有研究价值。美国语言学家麦考莱（McCawley）在其代表性成果（McCawley，1981）中引入模糊集的概念考察了模糊概念在语言学中的应用，用“模糊度”的概念来处理量化命题。帕蒂、埃卡德（Eckardt）、E. 赫布格（E. Herburger）、D. 维斯特斯塔尔、科恩（Cohen）等学者都对模糊量词的语义进行过深入研究。张乔曾做了大量的实验来研究模糊量词的语义。在语言学界对模糊量词的研究，多是限于模糊量词的语义和语用方面的探讨。

在人工智能、自动控制等领域，学者们多是采用模糊集的方法对模糊量词进行各个方面的研究。例如：扎德（Zadeh）在（Zadeh，1975，1978）中，从自然语言量化表达的模糊性及近似推理方面，研究了模糊量词；而（Yager，1988），（Thiele，1997），（Bloch，1996）中则分别从多标准决策；模糊控制；模糊数据融合和信息聚合等方面来研究模糊量词。而英戈尔·格罗克纳（Ingo Glöckner）则将模糊量词视为信息聚合的可理解算子，在（Glöckner，1997，1999，2001，2004）中深入研究了模糊量化的公理化方法。

由上述可见，模糊量词在逻辑学、语言学、人工智能和自动控制领域都受到相当的关注，对模糊量词进行深入研究对于上述学科都有着重要的意义。但是，从目前的研究状况来看，对模糊量词的研究角度虽然很多，但是几乎没有文献对其进行较为全面的探讨，因此，这也更彰显了本章内容对模糊量词进行全面研究的意义。

4.1.2 问题与方法

本章以广义量词理论、模糊集理论、范畴语法和类型论为理论方法，从其语义、性质、推理、自然逻辑系统构造、自然逻辑推理系统的算法实现等几个方面较为全面的研究了模糊量词。

由于广义量词理论中，对本章所讨论的模糊量词进行语义分析时，是以非真即假为前提的，即它的语义分析本质上是二值的，换句话说，在给出 Q(A)(B) 的真值函数时，广义量词理论并没有对 A，B 的性质做出任何区分，因此广义量词理论并没有处理 A，B 为模糊集的情况。为了给出“Q(A)(B)（A，B 为模糊集）”的合理的真值刻画，本章中我们引入了模糊集基数的计算，并基于语义分析，将广义量词理论中相应的性质进行了模糊集框架下的扩展。

另外，由于自然语言具有很强的灵活性和复杂性，因此，自然逻辑的推理系统只能刻画部分有效的推理模式。本章中构造的自然逻辑推理系统，对模糊量词的一些性质进行了考虑，使得其可以刻画的有效推理的范围进一步扩大。

4.1.3 内容与结论

4.2 节中我们从汉语中的模糊量词的逻辑性质出发，将模糊量词分为基数模糊量词，比例模糊量词和基数/比例模糊量词三类。避免了以往模糊量词分类（对于汉语中的模糊量词）的一些不足。针对广义量词理论在处理相对应量词时的局限性，引入了模糊集理论来刻画上述三类模糊量词的语义。突破了以往对带模糊量词命题的非真即假的二值框架，给出了符合直观的真值刻画。尤其是对于基数/比例模糊量词，我们对其所涉及到语言学问题也进行了详细的分析，增加了预期算子，使其解释力较之以往学者给出的种种读法更强。

4.3 节在对模糊量词的语义进行了详细分析的基础上，对模糊量词的性质进行了推广，着重分析了三类模糊量词的单调性、最小上限和最大下限等与推理相关的性质。

4.4 节在模糊量词语义性质的基础上，研究了含有单个模糊量词，含有多个模糊量词的有效推理模式，并给出了带模糊量词的三段论的有效规则，使三段论的研究范围进一步扩大。

除了上述语义、性质、推理等理论层面的研究之外，本章内容也包括模糊量词自然逻辑推理系统的构造以及系统中序演算的算法实现等应用层面的研究。4.5 节的模糊量词自然逻辑系统基于 Lambek 演算和类型论方法，直接通过自然语言的句法表达，实现自然语言中有效推理的刻画。自然逻辑系统在推理过程中尽可能地保留了语言学的信息。这种自然逻辑系统对于计算机实现推理很有意义。4.6 节给出了该系统有效式的判定算法。

4.2 模糊量词的语义

4.2.1 模糊量词及其类型

关于“模糊量词”这一术语，不同的文献有不同的解释，有的把模糊量词定义为没有确定的语义界限的量词（张乔，1998b），比如，到底多少才是“很多”？我们对此不能够给出一个“一刀切”的语义界限，因此“很多”是模糊量词；也有的把在模糊集理论框架下所研究的自然语言的具有量化意义的词都称为模糊量词（Zadeh，1983），甚至包括一些具有量化意义的副词，如格罗克纳的一系列论文（Glöckner，1997，1999，2001，2004）。

但是对于汉语而言，不难看出，上面对模糊量词的界定，都有不合理的地方，如果我们把“模糊量词”定义为“没有确定的语义界限”，则在汉语中，“几”、“几十几”这类量词很难归为模糊量词，甚至于对“多数”、“少数”、“至少10”、“最多10”这些量词也很难说它们没有确定的语义界限。而对于第二种定义，则似乎显得太过笼统，因为“所有”、“存在”、“恰好10”这些量词都可以在模糊集理论框架下进行研究，但如果把它们也归为模糊量词则显得有些牵强。因此，为了明确本章的研究对象，我们需要给出在本章模糊量词的研究范围。

在自然语言中，有些词作为某词的前缀可以调整该词的词义，如“很”、“稍许”、“极”、“非常”、“比较”、“特别”……因此，在模糊数学中，把这些词看做一种操作数，称为“语气操作数”；对于“大约”、“好像”、“近似”、“（不）多于”、“（不）少于”、“几乎”等词也是一种操作数，称为F化操作数；“偏向”、“倾向于”、“多半是”等词则是起到给出粗糙的判断作用，叫做判定化操作数；在语言学界，对于这些限定词也有类似的分类，例如，E. F. 普林斯（E. F. Prince）和其合作者在（Prince et al.，1980）中称“很”、“非常”这类限制词为“改变操作数”，用来使词语变得非典型；称“大约”、“几乎”为“模糊化操作数”，用来使精确词语含有模糊意义。

不难看出，模糊数学中的“判定化操作数”很难和表示数量的词一起搭配使用，因此，在本章中，我们对“判定化操作数”不做考虑（即采用E. F. 普林斯和其合作者的分类）。

我们将“语气操作数（改变操作数）”、“F化操作数”统称为“模糊算子”。把不可划归为精确量词的“模糊算子+表示数量的词”以及其布尔组合（包括语义可以转化为其布尔组合的）组成的广义量词称为模糊量词。

在这里，我们把精确量词限定为“全部”、“有的”、“（恰好）n（%）”几种。表示数量的词：“n”、“多”、“少”、“些”等。

由此可以看出，对于“不少于20%且不多于20%”这类量词，虽然“不少于20%”和“不多于20%”都是模糊量词，但其布尔组合“不少于20%且不多于20%”可以划归为“恰好20%”，因此“不少于20%且不多于20%”则不属于模糊量词的范围。

我们继承广义量词理论的基本观点，把模糊量词视为二阶模糊谓词。

关于模糊量词有很多分类方法，例如：

扎德将模糊语言量词分为三类：

1. 绝对量词，如：几个、很少、很多、接近 10、6 个左右等；

2. 相对量词，例如：很多、许多、几乎所有；

3. 比例量词，这类量词的例子是专家系统中的置信因子。

而I. 格罗克纳在（Glöckner，1997）等一系列论文中则把自然语言中的模糊量词分为如下五类（具有量化意义的副词也在其中）：

a. often，rarely，recently，mostly，almost always，…

b. almost everywhere，hardly anywhere，partly，…

c. （absolutely） many，few，a few，about ten，…

d. （relatively） many，few，almost all，about 40 percent，…

e. far more than，some more than，… （approximate comparison of cardinalities）

（Zhang，2001）中则把模糊量词分为三种类型：

Type1：few，a few，many，a lot

Type2：about n，n or m，n-ish，nearly n，n or so，n-odd

Type3：fewer than n，more than n，at least n

第一种类型为比例量词，其他两种类型为基数量词。她也把第三种类型称为半模糊量词。第一种类型中有的只有一个元素（除了普通名词），而在第二种和第三种类型中，一定是多于一个元素的。

至于基数量词和比例量词的含义，按照 GQT，具有基数性质的量词指这样的函项 Q，对论元的任何取值 A，B，Q(A)(B) 仅仅依赖于 $A\cap B$ 的基数，严格定义如下（我们用 $|A|$ 表示集合 A 的基数）：

给定论域 E，E 上的函项 Q 是基数的，当且仅当，

对任意 A，A′，B，$B'\subseteq E$，$|A\cap B| = |A'\cap B'| \Rightarrow Q(A)(B) = Q(A')(B')$。

而比例量词的语义特征则表现为：对任意 A，$B\subseteq E$，任意 m，n 满足 $1\leqslant m<n$，

$$Q(A)(B)=1 \Leftrightarrow |A\cap B|/|A| > m/n \text{ 或 } |A\cap B|/|A| \geqslant m/n。$$

但上述几种分类方法都有一定缺点，例如，像“许多”、“很少”这类模糊量词在一些语境下，既可以作为基数量词也可以作为比例量词，在一些语境下，既不是经典意义下的基数量词，也不是经典意义下的比例量词（这一点在下文中将会详细讨论）。针对汉语中模糊量词的语义特点，我们采取下面的分类：

类型 1：（基数类型的模糊量词）大约 n，将近 n，n 或 m，n 到 m 之间，至少 n，（远）大于 n，n 多，几，几十几，几十（百），百八十，上百，千百（万），几乎 n，所有最多除了 n 个，所有除了两三个……；

类型 2：（比例类型的模糊量词）多数，大多数，绝大多数，少数，极少数，几乎一半，几乎全部，大约 n%，将近 n%，至少 n%，n% 或 m%……；

类型 3：（基数/比例类型的模糊量词）许多，很多，很少，好些，没多少……。

在下文中，我们也将基数类型的模糊量词简称为基数模糊量词，比例类型的模糊量词简称为比例模糊量词，基数/比例类型的模糊量词简称为基数/比例模糊量词。

4.2.2 基数模糊量词语义讨论

4.2.2.1 基数模糊量词语义分析

如上节所述，在汉语中基数模糊量词主要有：大约 n，将近 n，n 或 m，n 到 m 之间，至少 n，（远）大于 n，n 多，几十几，几十（百），百八十，上百，千百（万），几乎 n……。

基数类型的模糊量词又可以按照其是否具有精确语义上、下限细分为以下四种类型：

下限语义精确：上百、超过 n、至少 n、多于 n、至少比 A 多 n、所有最多除了 n……；

上限语义精确：不到 n、将近 n、最多 n、最多比 A 多 n，……；

上限下限语义均不精确：三五个、百八十（个）、千百（万）、n 左右、几乎 n，大约 n……；

上限下限语义均精确：几、几十几、几十（百）、n 多、n 到 m 之间。

对于模糊量词的语义上限、语义下限我们可以给出定义如下：

定义 4.1 语义下限

对任意 A，B⊆U，对任意 B，若|A|≤|B|，那么如果“|B|S（不）是 P 为”真，则“［M］S（不）是 P”为真，则称|A|为模糊量词 M 相对论域 U 的语义下限。

例如：若论域为 100 个学生，当“大于等于 80 个学生是戴眼镜的”为真时，“绝大多数学生是戴眼镜的”为真，则称 80 是“绝大多数”的语义下限。显然，论域不同，即使是同一个模糊量词所对应的语义下限也可以是不同的。

定义 4.2 语义上限

对任意的 A，B⊆U，对任意的 B，若|B|≤|A|，那么如果“|B|S（不）是 P”为真，则“［M］S（不）是 P”为真，则称|A|为模糊量词 M 相对论域 U 的语义上限。

不难发现，在基数模糊量词中，一类是在精确数字上加上了模糊操作数而使语义变得模糊，一类是由于汉语的习惯用法使其语义模糊化。

例如，“八十”的语义界限是精确的，加上“多、将近、至少、大约、左右”等等模糊算子后变为“八十多、将近八十、至少八十、大约八十、八十左右”，其语义则变得模糊化了。对于这种类型的模糊量词，舍乃尔称其为“近似化词 + n”类型，对英语中的这种类型，舍乃尔（Channell）在（Channell，1994）中曾作出以下总结[①]：

（1）语言中存在着一些词语，它们的作用是使语义模糊化。比如，“二十”加上“大约”以后就变模糊了。“大约”这类词语的作用就是使语义模糊化。

（2）模糊数量语义是由一个连续的数字域来表现的。比如，“大约二十”可以由十五至二十五之间的数字组成。

（3）不同的模糊量化修饰语将控制数字域的制定。比如，“大约二十”和“二十多”的数字域不一定相同。原因是“大约”和“多”是不同的模糊量化修饰语。

（4）虽然人们对某个语义域的中心元素看法基本一致，但对边缘成分看法却不一致。以“大约二十”为例，人们普遍认为“二十”是属于“大约二十”的语义范畴，对此意见比较统一。但是，就二十五是否属于“大约二十”的语义范畴这一问题，则众口不一了。

（5）模糊量词中包含的数字（比如，“大约二十”中的“二十”）的大小和形式对其数字域的长短有影响。比如，“大约二十”和“大约二万”的数字域的长度会因为“二十”和“二万”这两个数字的大小的不同而不同。

（6）模糊量词中包含的数字是否为约数对其数字域的长短有影响。比如，“大约二十”的数字域一般来说要比“大约二十一”的数字域长一些。原因是“二十”是约数；而“二十一”则不是。

（7）被修饰部分的性质与数字域的制定有直接关系。

（8）含有精确数字的命题蕴涵有模糊数字的命题（比如，“他二十岁”蕴涵“他大约二十岁”）。

除了上述特点之外，也有学者曾提到，10 的整数倍最常用在“近似词 + n”这种模糊量词的表达中。例如我们会说“代表团大约 1000 人”但一般不会说“代表团大约 1007 人”。

值得一提的是，在汉语中，“n 多”和“多于 n”，“将近 n”和“不到 n”也是有一些差别的。对于“n 多”和“多于 n”，n 多意味着只比 n 多一点，例如“会场上有二百多人”，如果实际上会场中有 320 人，那么我们一般会认为上述句子是假的，而“会场上的人多于 200”却是真的。因此，在对于基数模糊量词进行细分时，我们把“n 多”归在了“上下限均精确”的一类。对于“将近

① 也可参见（张乔，1998a）。

n”和“不到 n”，一般情况下，如果 A 说“我将近 20 岁”，B 说“我不到 20 岁”。C 同时听到 A，B 的话，C 往往会认为 B 的实际年龄比 A 小。如果 A 对其他人说“B 将近 20 岁”，往往是他认为 B 的年龄不算小了（对于做某事，或具有某种能力而言），而 A 对其他人说“B 不到 20 岁”，往往是他认为 B 的年龄不够大（对于做某事，或具有某种能力而言），为了突出说者的这种情感倾向，我们往往会将“将近”和“都”连用，“不到”和“还”连用。“他都将近 20 岁了”显然表明了说者认为他的年龄不小了，而“他还不到 20 岁”则表明说者认为他的年龄不大。

“n 或 m”是基数模糊量词中的另一种类型。因为“n 或 m”，可以在语义上转化为“至少大约 n 并且最多大约 m”，因此这类量词也在我们所定义的模糊量词的框架内。

对于两个数字都是个位的情况，带有这些词的句子至少有两种不同的意义，例如，对“张三有两三个苹果”来说，一种是意味着是一个近似数量，一般在 1 到 7 的范围内[①]，都可以说是“两三个”，即如果张三事实上有 5 个苹果，有人说“张三有两三个苹果”，我们仍然会认为这句话是真的。而另一种意义是恰好有两个或者三个。而对于第二种意义，这些词并不是模糊量词。因此，我们对这些模糊量词进行讨论时，是基于第一种意义的。

而对于百八十、千百（万）这些量词，则只表示一个大概的范围。它们在两种意义上属于我们所限定的模糊量词。

$$\text{千百} = \begin{cases} \text{很多} \\ \text{至少大约 100 并且最多大约 100} \end{cases}$$

“几”、“几十几”的这种表达是汉语中比较特殊的一种基数模糊量词，其语义既有精确的上限也有精确的下限。“几”一般是指多于 2 少于 10；“二十几”一般表示 20 ~ 30 之间，且不包括 20 和 30；因此，

几 = 多于 2 并且少于 10；

由此可见，“几”、“几十几”这类量词也在我们所定义的模糊量词的范围内。

“几乎没有”、“几乎 n”是另一类常用的基数模糊量词。

“几乎”最早的语义分析来自（Sadock，1981）。他把“几乎”定义为一个内涵操作数：

[几乎] = $\lambda w \cdot \lambda p_{\langle st \rangle} \cdot \exists w'$[w′与 w 最低限度不同 & p(w′)]。

萨多克进一步讨论说形如“几乎 p”的句子是暗示在实际世界中“p 是假

① 参见（Zhang，2001）所做的实验调查。

的”。这个暗示来自于格赖斯（Grice）会话准则中的数量准则①：既然“几乎 p”是比 p 弱的陈述（p 在现实世界中是真的可以衍推 p 在一个可能世界中真是可能的，但反之不成立）。听者可以推出说者不相信 p 并且因此假设 p 是假的。例如：

比尔几乎能游过英吉利海峡。

对于这个例子，宣称的是存在一个不同于现实世界的世界，在那里比尔可以游过英吉利海峡。即如果与现实世界是最低限度的不同，比尔将能真正地游过英吉利海峡。同时，“几乎”的用法导致了暗示比尔不能游过英吉利海峡。

“几乎”与量词的连用，在（Penka，2005）中有所研究，对于“几乎 n”的形式可以总结为：n 为大概的数字或 n 有精确的等级。例如：

（a）几乎 100 人死于疾病。

（b）几乎 102 人死于疾病。

（c）几乎几个/很多/多数学生通过了考试。

（d）几乎一半/所有学生通过了考试。

其中（a）是可以接受的表达，在汉语中，“几乎 n”和“大约 n”是有区别的，一般“大约 n”可以包括 n，且在 $[n-\epsilon, n+\epsilon]$（ϵ 相对于 n 很小）范围内，均可以认为是真的，而“几乎 n”则不包括 n，且一般是指比 n 少；而(b)听起来则是奇怪的。同样日常交流中也不会用(c)这种表达。至于为什么(c)是有悖于日常语言的，而 d 却合乎习惯，则涉及到量词的等级问题。这在下一节比例模糊量词的语义分析将进行介绍。

4.2.2.2 广义量词理论（GQT）中的语义分析

在 GQT 中处理自然语言的限定词，有两种做法，一种是把限定词看做函项，其类型为 <<e，t>，<<e，t>，t>>，一种是把限定词描述成集合之间的关系。

例如，从函项的角度看，我们分析例 4.1：

例 4.1 所有（至少 5 个）学生是戴眼镜的。

① 格赖斯会话准则：(a) 数量准则：根据当前交谈的目的，按需要提供信息；不要提供过量信息；(b) 质量准则：不说你相信虚假的话；不说没有充分证据的话；(c) 相关准则：说话应相关；(d) 方式准则：避免含糊其辞；避免歧义；说话应简洁。

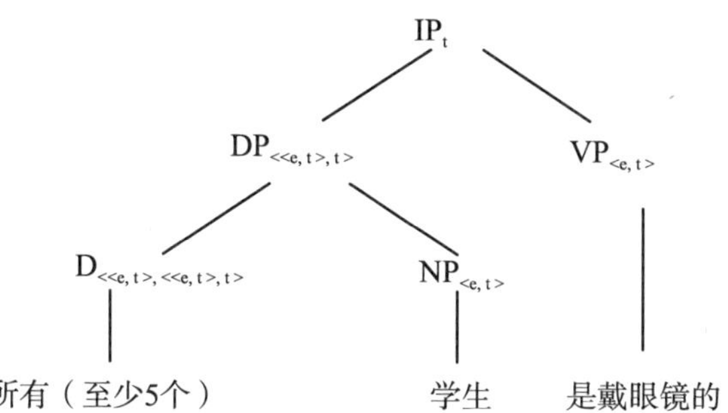

[[所有]] = $\lambda P \cdot \lambda Q \cdot P \subseteq Q$

[[至少 5 个]] = $\lambda P \cdot \lambda Q \cdot |P \cap Q| \geqslant 5$

在上述分析中，[[所有]]，[[至少 5 个]]都是作为一个函项，以定义域 $\wp(E)$中个体集合为论元，以值域 $\wp(\wp(E))$ 中集合的集合为值。这是函项处理思路，另外，在此例中，我们也可以把“所有”、“至少 5 个”处理为集合之间的关系。如：

[[所有]] = $\{<X, Y> \in E^2 | X \subseteq Y\}$；

我们把“所有”、“至少 5 个”所修饰的普通名词的语义值记为 A，语句中动词短语的语义值记为 B，则

[[所有]](A)(B) = 1 $\Leftrightarrow$ $<A, B> \in \{<X, Y> \in E^2 | X \subseteq Y\}$；

[[至少 5 个]](A)(B) = 1 $\Leftrightarrow$ $<A, B> \in \{<X, Y> \in E^2 | |X \cap Y| \geqslant 5\}$。

函项的解释和关系的解释没有本质区别。二者可以互相定义。以“所有”为例：

令“所有$_F$”是“所有”的函项解释，“所有$_R$”是关系解释，则有：

所有$_R$ = $\{<X, Y> \in E^2 | (\text{所有}_F(X))(Y) = 1\}$；

所有$_F$(X)(Y) = 1 当且仅当 $<X, Y> \in$ 所有$_R$。①

对于本章上节所述的基数模糊量词，我们可以按照 GQT，将其真值条件形式化地表述如下：

令 A，B，C 是论域 U 的子集，T 表示真值中的“真”

(1) 有精确语义上限的基数模糊量词：

(不到 n) (A)(B) = T 当且仅当 $|A \cap B| < n$；

(最多 n) (A)(B) = T $\Leftrightarrow$ $|A \cap B| \leqslant n$；

(最多比 A 多 n) (B)(C) = T $\Leftrightarrow$ $|B \cap C| \leqslant |A| + n$；

(2) 有精确语义下限的基数模糊量词：

---

① 参见（邹崇理，2002：92）。

(至少 n) (A)(B) = T $\Leftrightarrow$ $|A\cap B|\geqslant n$;

(最多比 A 少 n) (B)(C) = T $\Leftrightarrow$ $|B\cap C|\geqslant|A|-n$;

(3) 上下限均有精确语义的基数模糊量词:

(几) (A)(B) = T $\Leftrightarrow$ $2<|A\cap B|<10$;

(n 十几) (A)(B) = T $\Leftrightarrow$ $10\times n<|A\cap B|<10\times(n+1)$, $n\in\{1, 2, 3, \cdots, 9\}$;

(n 到 m) (A)(B) = T $\Leftrightarrow$ $n<|A\cap B|<m$;

(比 A 多几个) (B)(C) = T $\Leftrightarrow$ $|A|+3\leqslant|B\cap C|\leqslant|A|+9$;

(4) 上下限均没有精确语义的基数模糊量词:

(百八十) (A)(B) = T $\Leftrightarrow$ $|A\cap B|-100$ 是小的, 或 $80-|A\cap B|$ 是小的;

(几乎和 A 一样多) (B)(C) = T $\Leftrightarrow$ $|B\cap C|-|A|$ 是小的, 或 $|A|-|B\cap C|$ 是小的;

(几乎没有) (A)(B) = T $\Leftrightarrow$ $|A\cap B|$ 接近 0;

(几乎 n) (A)(B) = T $\Leftrightarrow$ $n-\epsilon<|A\cap B|<n$, ϵ 是小的;

(大约 n) (A)(B) = T $\Leftrightarrow$ $|A\cap B|-n$ 是小的, 或 $n-|A\cap B|$ 是小的。

由上述分析可以看出, GQT 中对我们本章所要研究的模糊量词进行语义分析时是以非真即假的真值原则为前提, 即它的语义分析本质上是二值的。在给出 Q(A)(B) 的真值函数时, 广义量词理论并没有对 A, B 的性质做出任何区分, 即对"多数学生是戴眼镜的"和"多数年轻人是好动的"这两个句子的处理是相同的。但是很明显,"年轻人"和"学生"是两类性质截然不同的集合,"年轻人"是模糊集合, 而"学生"是精确集合。"多数学生是戴眼镜的"和"多数年轻人是好动的"这两个句子的真值条件显然是不同的。因为在论域是有限集的情况下, 我们可以清楚地知道是否戴眼镜的学生比不戴眼镜的学生数量多, 进而可以清楚地判断"多数学生是戴眼镜的"这个陈述的真假。而对于"多数年轻人是好动的", 其真值则复杂得多。因此, 我们有必要引入模糊集的方法来处理这类陈述的真值。

4.2.2.3 模糊集基数的计算及模糊集框架下的语义分析

在语言学界, 早在 20 世纪 70 年代就已经将模糊集理论引入到了自然语言的语义研究中。例如莱柯夫早在 (Lakoff, 1973) 中在研究语义界限时就已经引入了隶属度的方法, 并且将等级排列概念由隶属度引至真值制定上。莱柯夫认为模糊逻辑对语言的模糊性的研究很适用。莱柯夫也认为模糊限制词的问题最有研究价值。

美国语言学家麦考莱也对语言中的模糊性及模糊集理论对其的运用做了详尽

的研究。在这方面其代表性的成果是（McCawley，1981），在（McCawley，1981）中麦考莱引入模糊集的概念考察了模糊概念在语言学中的应用，引入“模糊度”的概念来处理量化命题。

上述学者的研究说明，把模糊集理论引入到语义研究中是可行的，也是很有意义的。因此，在本章中，我们也采用模糊集的工具来研究模糊量词的语义。①

模糊集理论与 GQT 相比较，模糊集理论是从隶属度的角度讨论模糊性，而 GQT 讨论的则是名词词组所代表的广义量词和动词词组之间的关系。原则上讲，二者并不互相抵触，只是广义量词理论不能像模糊集理论那样处理模糊集合隶属度这一问题。

回忆 4.2.2.2 中的语义分析，都是在二值逻辑的框架里给出的真值条件，即上述方法都是把 A，B 限制为精确集的。如果把 A，B 扩展为模糊集，例如：至少 10 个学生是高个子；则真值条件会变得复杂得多。因此，我们有必要把量词 Q，以及 A，B（性质集合）进一步细分：

	A 精确 B 精确	A 精确 B 模糊	A 模糊 B 精确	A 模糊 B 模糊
Q 精确	I	II	III	IV
Q 模糊	I′	II′	III′	IV′

量化类型 II，III，IV 可以视为类型 I 在模糊逻辑框架下的扩展，我们在这里只关心 Q 模糊的情况。在 Q 模糊的情况中，Zadeh 将 II′，III′两种类型下的 Q 称为绝对定量量词；将 IV′类型称为相对定量量词。在自然语言中，并不是所有量词都可以作为相对定量量词使用，我们先来分析下面的例句：

（a）有几个高个子学生戴眼镜；

（b）至少 10 个学生很胖；

（c）至少 10 个年轻人是高个子；

（d）至少 10 位老人获得了这项奖励；

（e）每天在这打球的孩子不少于 10 个。

在日常语言中，（a）、（b）应该是没问题的，而（c）~（e）则是值得讨论

---

① 由于模糊集理论中隶属度的精确数字有一定的主观性，所以或许在我们说 17 对“大约二十”的隶属度是 0.7 时，可能有人会问：为什么是 0.7，而不是 0.8 或 0.6？实际上，这里所用的确切数字只不过是为了说明问题而假设的。“隶属度的具体制定是一个语用和经验问题，即它可能因人和语境而异。模糊集理论所要研究的不是隶属度的具体数值，而是隶属度制定中的规律性问题。这也就是说，17 对‘大约二十’的隶属度到底为 0.7 还是 0.8 无关紧要，只要它符合‘大约 + n’的语义模型。‘大约 + n’的语义模型是距离 n 越近，隶属度越高。应该强调的是模糊集理论是通过这些数字来表示一种关系的，这种关系正确反映了人们的语言行为和对语言的理解。这些数字本身并无什么举足轻重的作用。在某种意义上说，它们是一些抽象数字，并不要求与实际情况相符合”（参见（张乔，1998a））。隶属度制定的主观性并不影响模糊集理论的严谨性，因此，我们在文中对模糊量词的语义进行分析时，仍然采用模糊集理论作为工具。

的，因为它们在很多情况下是有悖于我们的语言习惯的。比如：在100个人组成的论域中，如果恰好是从1到100岁，每个年龄都有一个个体对应，则此时很难说“至少10个年轻人是高个子”，“不超过20个老人戴眼镜”等等。由此可以看出，A为模糊集时，对论域的结构是有要求的。只有当论域的结构比较特殊时，例如：有50个人超过60岁，另外50人都在10岁以下，此时我们或许可以说“至少10个老人很胖”，“不超过一半的孩子考试及格了”，但是，此时，我们在说上述陈述时，已经是把模糊集“老人”、“孩子”转化为精确集处理了，即：我们把60岁以上的都认为属于老人，而10岁以下的都认为属于孩子。换言之，只有模糊集相对于特定的论域可以视为精确集时，这种表达才是合理的。当然，千百（万）按照汉语习惯意指很多时，可以后面跟模糊的概念。例如：千百个特色乡村领跑农村经济。此时的千、百只是一个虚指，不是具体的数字。

对于II′，III′，IV′类型的陈述而言，讨论其真值条件，显然需要借助其他工具，在本章中我们选择最常用的模糊集的工具。

定义4.3 （Glöckner，1997）$E \neq \varnothing$上的n元模糊量词表示为映射Q：$\wp(E)^n \to I$。

因此，模糊量词映射E上的任意n元模糊论元集（X_1，…，X_n）到相应的隶属度$Q(X_1, \cdots, X_n) \in I$。很明显，这个定义是广义量词理论二值限定词的扩展。

在模糊集的框架下讨论带模糊量词的语句（论元包括模糊集的情况）的真值时，必然要涉及到模糊集的基数的计算问题。很多学者基于不同的动机，都给出了各自认为合理的模糊集的基数的计算方法，例如，扎德在（Zadeh，1979）中最先给出的模糊集F的基数的计算方法是根据模糊集的表达定理给出的：

$$Z(F, k) = \sup\{\alpha : |F_\alpha| = k\}$$

这个定义的主要问题已经被归结为由于Z(F)不是模糊凸集，所以经典基数的添加性质被丢失。为了避免Z(F)的非凸性，扎德在（Zadeh，1983）中提出了模糊基数计算FECount（F）：

$$\text{FECount}(F) = \text{FGCount}(F) \cap \text{FLCount}(F)$$

其中$\text{FGCount}(F, k) = \sup\{\alpha \mid |F_\alpha| = k\}$解释为F的基数至少是k的可能性；$\text{FLCount}(F) = \text{FGCount}(F, k)^C - 1$，（$\text{FGCount}(F, k)^C$表示FGCount（F，k）的补），解释为F的基数最多是k的可能性。

扎德也曾基于非模糊$\sum$操作数或模糊集幂集的模糊基数等级（scalar）定义，给出了绝对量词和相对量词的模糊基数，对于绝对量词Q，

$$Z_Q(A) = Q(\|P(A)\|),$$

其中，$P(A) = \sum_{xi \in X} A(xi)$，$\|P(A)\|$是实数P(A)的整数部分；

对于相对量词，

$$Z_Q(A) = Q(P(A)/|X|)。$$

威格罗拉克（Wygralak）在（Wygralak，1983，1986，1999）中给出 FE-Count(F) 的一个等价表达：

$$FECount(F, k) = \min(f_k, f_{k+1}{}^C),$$

其中 f_k 是 $F(x_i)$ 的第 k 个最大值，$f_{k+1}{}^C$ 表示 f_{k+1}的补。

M. A. 维拉（M. A. Vila）等在（Vila et al.，1997）中则根据∀和∃两个极端值的线性插补给出了下式来计算模糊集的基数：

$$\check{\dagger}(Q(A)) = (1-\lambda)\check{\dagger}(\forall(A)) + \lambda\check{\dagger}(\exists(A)),$$

其中，$\check{\dagger}(\exists(A)) = \bigvee_{k=1}^{N} a_k \wedge d_k$，$\check{\dagger}(\forall(A)) = \bigwedge_{k=1}^{N}(1-d_k)\vee a_k$

除了上述计算模糊基数的方法外，还有很多学者都提出过自己的算法，例如，耶格在（Yager，1983，1988）中基于 OWA 操作数，考虑了相对和非递减量词；M. 代尔卡多（M. Delgado）等在（Delgado et al.，2002）给出了基于积分的方法；F. 戴兹－埃米达（F. Díaz-Hermida）等根据 I. 格罗克纳的半模糊量词的模糊量化机制提出了一个投票模型（Díaz-Hermida et al.，2004），等等。

但是上述这些方法很多都存在一定的争论，有的甚至存在悖于直观的反例。例如：对于扎德的方法，如果 $A=\{0.5, 0.5\}$，$A'=\{1, 0\}$ 则都可以计算得到模糊集的基数是 1，显然有悖于直观。我们在这里采用普遍接受的一种方法：把模糊集的基数视为恰好有 k 个元素的可能性。

定理 4.1 （Ralescu，1986）A 的模糊基数为：

$$Card_A(k) = \mu_k \wedge (1-\mu_{(k+1)}),\ k=0, 1, \cdots, n,$$

其中 μ_k是 $\mu_A(x_k)$ 按递减顺序排列的值，且 $\mu_0=1$，$\mu_{(n+1)}=0$。

$Card_A(k)$ = Poss（A 恰好 k 个元素）= $Poss(\cup\{x_{i1}, \cdots, x_{ik}$属于 A 且所有其他的 x 不属于 $A\})$。“并”表示 X 的所有恰好 k 个元素的子集的并。详细证明参见（Ralescu，1986）。

（Ralescu，1995）中给出了 $Card_A$ 一个简单表达：

因为：

$$\mu_k \wedge (1-\mu_{(k+1)}) = \begin{cases} \mu_k & \text{如果 } \mu_k + \mu_{(k+1)} \leqslant 1, \\ 1-\mu_{(k+1)} & \text{否则。} \end{cases}$$

故存在唯一 j 使得下面的不等式成立：

$$1+\mu_1 \geqslant \mu_1+\mu_2 \geqslant \mu_2+\mu_3 \geqslant \cdots \geqslant \mu_{(j-1)}+\mu_j > 1 \geqslant \mu_j+\mu_{(j+1)} \geqslant \cdots \geqslant \mu_{(n-1)}+\mu_n \geqslant \mu_n \geqslant 0$$

实际上，j 的形式化定义是

$$j=\begin{cases}\max\{1\leqslant s\leqslant n\mid \mu_{(s-1)}+\mu_s\geqslant 1\} & 若 A\neq\varnothing,\\ 0 & 若 A=\varnothing。\end{cases}$$

那么定理4.1给出的 $Card_A(k)$ 可以表示为：

$$Card_A(k)=\begin{cases}1-\mu_{(k+1)} & 0\leqslant k\leqslant j-1,\\ \mu_k & j\leqslant k\leqslant n。\end{cases}$$

定理4.1给出了求 $Card_A$ 为 k 的度数的算法。同样的方法我们可以计算 $Card_{A\cap B}$ (k)。

定义 4.4 $Card_{A\cap B}$ (k) 解释为 A∩B 恰好有 k(0≤k≤n) 个元素的可能性。

为了求 II′，III′，IV′类型的句子真值，我们可以类似地给出定理4.2：

定理 4.2 A∩B 的模糊基数为：

$Card_{A\cap B}(k)=\mu_k\wedge(1-\mu_{(k+1)})$，k=0，1，…，n，

其中 μ_k 是 $\mu_{A\cap B}(x_k)$ 按递减顺序排列的值，且 $\mu_0=1$，$\mu_{(n+1)}=0$。

同样也可以得到：

$$Card_{A\cap B}(k)=\begin{cases}1-\mu_{(k+1)} & 0\leqslant k\leqslant j-1\\ \mu_k & j\leqslant k\leqslant n\end{cases}$$

其中

$$j=\begin{cases}\max\{1\leqslant s\leqslant n\mid \mu_{(s-1)}+\mu_s\geqslant 1\} & 若 A\cap B\neq\varnothing\\ 0 & 若 A\cap B=\varnothing\end{cases}$$

我们不妨称 j 为 A∩B 的模糊基数。

由此可以进一步定义 II′，III′，IV′类型的句子真值为：Tr：$Card_{A\cap B}\rightarrow[0,1]$。

我们根据集合 A∩B 的模糊基数，来给出基数模糊量词陈述的真值。我们用 $\tilde{T}$ 表示“模糊真”，$\tilde{F}$ 表示“模糊假”。且 j 的定义如下：

$$j=\begin{cases}\max\{1\leqslant s\leqslant n\mid \mu_{(s-1)}+\mu_s\geqslant 1\} & 若 A\neq\varnothing\\ 0 & 若 A=\varnothing\end{cases}$$

则：

如果 $\mu_j\leqslant 0.5$

$$(至少\ n)\ (A)(B)=\begin{cases}\tilde{T} & 如果\ n<k=j-1。\\ \mu_{A\cap B}(n) & 否则\end{cases}$$

如果 $\mu_j>0.5$

$$(至少\ n)\ (A)(B)=\begin{cases}\tilde{T} & 如果\ n<k=j。\\ \mu_{A\cap B}(n) & 否则\end{cases}$$

如果 $\mu_j<0.5$，

$$(最多\ n)\ (A)(B)=\begin{cases}\tilde{T} & 如果\ n\geqslant j-1\ 否则\ k=j。\\ \mu_{A\cap B}(n) & 否则\end{cases}$$

如果 $\mu_j \geq 0.5$

$$(\text{最多}\ n)(A)(B)=\begin{cases}\tilde{T} & \text{如果}\ n \geq j。\\ \mu_{A\cap B}(n) & \text{否则}\end{cases}$$

$$(\text{几个})(A)(B)=\begin{cases}\tilde{T} & \text{如果}\ \mu_j \geq 0.5\ \text{且}\ 3 \leq j \leq 9\text{，或者}\ \mu_j \leq 0.5\ \text{且}\ 3 \leq j-1 \leq 9\\ \tilde{F} & \text{否则}\end{cases}$$

如果 $\mu_j \leq 0.5$

$$(\text{大约}\ n)(A)(B)=\begin{cases}\tilde{T} & \text{如果}\ |n-j+1|<\xi\\ \mu_{A\cap B}(n) & \text{否则}\end{cases}$$

如果 $\mu_j > 0.5$

$$(\text{大约}\ n)(A)(B)=\begin{cases}\tilde{T} & \text{如果}\ |n-j|<\xi\\ \mu_{A\cap B}(n) & \text{否则}\end{cases}$$

注：其中 ξ 的取值受 n 大小的影响。

通过上述分析，我们可以看到，“（至少 n）（A）（B）”的真值刻画对应上限精确的模糊基数量词的真值条件；“（最多 n）（A）（B）”的真值刻画对应下限精确的模糊基数量词的真值条件；而“（几个）（A）（B）”和“（大约 n）（A）（B）”的真值刻画分别对应上、下限均精确和均不精确的模糊基数量词的真值条件。

例如：令论域为 E，$A=\{x \mid x\in \text{学生}\}$，B 为模糊集“高个子”：$\mu_B(x)=\alpha$，表示 x 属于高个子的隶属度为 α，若论域中有 6 个学生，则按递减顺序排列如下（因为论域为有限集，故我们总可以做出如下排序）：

$$B=\begin{bmatrix} x1 & x2 & x3 & x4 & x5 & x6 \\ 0.9 & 0.8 & 0.7 & 0.5 & 0.3 & 0.1 \end{bmatrix}$$

因为在本例中，“学生”是精确集，所以

$$\mu_{B\cap A}(x)=\begin{cases}\mu_B(x) & \text{如果}\ x\in A\\ 0 & \text{否则}\end{cases}$$

那么

$$Card_{A\cap B}=\begin{bmatrix} 0 & 1 & 2 & 3 & 4 & 5 & 6 \\ 0.1 & 0.2 & 0.3 & 0.5 & 0.5 & 0.3 & 0.1 \end{bmatrix}$$

针对这种情况，我们可以计算出“至少 2 个学生是高个子”的真值为 $\tilde{T}$（因为 $2<3$，此时 $k=3$，$j=4$），“最多 2 个学生是高个子”的真值为 0.3，“最多 4 个学生是高个子”的真值为 $\tilde{T}$，“几个学生是高个子”的真值为 $\tilde{T}$。由此可以看出，根据基数模糊量词的真值条件计算所得的真值与直观相当符合。在下一节的讨论中，可以进一步看到，上述的定义还有一些非常好的性质。

4.2.3 比例类型的模糊量词语义讨论

4.2.3.1 比例模糊量词的语义分析

在自然语言中，像“至少10%”、“不到一半”、“1/3到2/3之间”，这类模糊量词在一定意义上，它们并不能根据通常的论域和存在量词来表达。它们依赖于特定子集与整个论域的相对比较。因此称这类模糊量词为比例模糊量词。其语义特征如前所述：对任意A，B⊆E，任意m，n满足$1\leqslant m<n$，$Q(A)(B)=1$当且仅当$|A\cap B|/|A|>m/n$或$|A\cap B|/|A|\geqslant m/n$。

很明显，按其上下限的语义是否精确，比例模糊量词也可以作进一步的分类：

上限语义精确：少数、不超过n%（n/m）、n%（n/m）以下……；

下限语义精确：多数、超过n%（n/m）、至少n%（n/m）……；

上下限语义均精确：n%（n/m）到m%（s/t）之间，……；

上下限语义均不精确：大约n%（n/m）、几乎一半、几乎所有、极少数、绝大多数……。

不难看出，比例模糊量词不仅数量是模糊的，而且它所表示的数量是和论域相关的。除此之外，比例模糊量词还有以下一些语义特征：

（1）上下限语义均不精确的比例模糊量词，在一定限制下可以转化为上限精确或下限精确的比例模糊量词；例如，在很多文献中，均规定“绝大多数”是指80%以上；“极少数”是指20%以下。

（2）比例模糊量词均可以转化为“近似词+n%（n/m）”或“近似词+n%（n/m）并且近似词+t%（s/t）”的形式。例如：“多数”可以表示为“至少+51%”；“绝大多数”可以表示为“至少+80%”，“20%至50%”可以表示为“至少20%并且不超过50%”。

（3）比例模糊量词的数量语义在具体的语境中，可以由一个连续的数字域来表现，且由于其数量是相对于论域的，因此，不同的语境中同一个比例模糊量词的数字域不同。比如，在“大约20%的人戴眼镜”和“大约20%的与会代表戴眼镜”两句话中，“大约20%”的数字域显然不同。

（4）与基数模糊量词相似，不同的模糊量化修饰语也将控制比例模糊量词的数字域的制定。比如，“大约20%”和“至少20%”的数字域不同。

值得一提的是“几乎所有”和“几乎一半”的语义。在上一节中讨论“几乎没有”、“几乎n”这一类基数模糊量词时，我们曾提到了量词的等级问题。早在（Horn，1972）中，对量词的等级就进行过讨论，文中认为量词形成一个衍推的等级序列。如：

存在　几个　许多　一半　多数　全部

通过量词的等级能够解释为什么有的不能和“几乎”连用。按照（Hitzeman，1992）的讨论，“几个”、“许多”、“多数”这些量词并不符合等级上的精确值。因此“几乎”的语义不能和模糊量词兼容。与之相比较，“一半”、“所有”在等级上有精确的位置，因此可以和“几乎”兼容。

由上述分析也可以看出，一般而言，比例量词的语义比基数量词的语义更复杂。因为基数模糊量词决定是否一个集合有某种性质是基于集合中个体的数量，而比例量词还要考虑集合间的关系。

4.2.3.2　比例模糊量词的真值刻画

对于比例模糊量词的真值条件，我们可以形式化地表述如下：

令 A 和 B 是论域 U 的子集，T 表示真值中的真：

(1)（至少 10%）$(A)(B)=T \Leftrightarrow |A\cap B|\geqslant 0.1|A|$

(2)（1/3～2/3）$(A)(B)=T \Leftrightarrow |A|\leqslant 3|A\cap B|\leqslant 2|A|$

(3)（少数）$(A)(B)=T \Leftrightarrow 2|A\cap B|\leqslant |A|$

(4)（多数）$(A)(B)=T \Leftrightarrow 2|A\cap B|\geqslant |A|$

(5)（绝大多数）$(A)(B)=T \Leftrightarrow 0.8|A|\leqslant |A\cap B|\leqslant 0.9|A|$

(6)（极少数）$(A)(B)=T \Leftrightarrow 0<|A\cap B|\leqslant 0.1|A|$

(7)（至少是 B 的 2 倍）$(A)(C)=T \Leftrightarrow |A\cap C|\geqslant 2|B\cap C|$

对于比例模糊量词同样也应区分 A，B 是否为模糊集。不难发现，在含比例模糊量词的陈述中，A 为模糊集时，同样对论域的结构是有要求的，这一点类似于基数模糊量词中的讨论。比如：在 100 个人组成的论域中，如果恰好是从 1 到 100 岁，每个年龄都有一个个体对应，则此时很难说“至少 10% 的年轻人是高个子”，“不超过 20% 的老人戴眼镜”等等。因此，也只有是当模糊集相对于特定的论域可以视为精确集时，这些表达才是合理的。而此时，对这类带有比例模糊量词的陈述的真值的处理，则转化为了“A 是精确集，B 是模糊集”的情况。

而当“A 为精确集，B 为模糊集”时，因为论域为有限集，所以我们可以将比例模糊量词转换为基数模糊量词处理。例如，若论域 U = {x1，x2，x3，x4，x5}，对于陈述“至少 20% 的学生是高个子”的真值，则可以转换为计算“至少 1 个学生是高个子”的真值。其计算方法和真值条件在上一节中已详细讨论，这里不再重复。

4.2.4 基数/比例类型的模糊量词语义讨论

4.2.4.1 基数/比例模糊量词的经典读法

“许多”、“很多”、“没多少”、“很少”、“好些”是一类比较复杂的模糊量词。在这类模糊量词中，英语里讨论最多的是“many”和“a few”，在汉语里对应“许多”和“少许，一些”。

对于“许多”、“少许”的基数和比例的经典读法如下：

定义 4.5 “许多”基数读法

“许多（A）(B)”是真的当且仅当 $|A\cap B|>n_1$，其中 n_1 是“大的”自然数。

定义 4.6 “许多”比例读法

“许多（A）(B)”是真的当且仅当 $|A\cap B|/|A|>\rho_1$，其中 ρ_1 是“大的”。

定义 4.7 “少许”基数读法

“少许（A）(B)”是真的当且仅当 $|A\cap B|<n_1$，其中 n_1 是“小的”自然数。

定义 4.8 “少许”比例读法

“少许（A）(B)”是真的当且仅当 $|A\cap B|/|A|<\rho_1$，其中 ρ_1 是“小的”。

但是由于语言习惯的不同，在汉语里，日常交流中，我们更习惯于应用“很多”、“很少”，而不是“许多”和“少许”。如果做一语义上的区分，我们可以根据“许多”和“少许”的经典基数和比例读法，把“很多”、“很少”的基数和比例读法定义为：

定义 4.9 “很多”基数读法

“很多（A）(B)”是真的当且仅当 $|A\cap B|>n_2$，其中 $n_2>n_1$①。

定义 4.10 “很多”比例读法

“很多（A）(B)”是真的当且仅当 $|A\cap B|/|A|>\rho_2$，其中 $\rho_2>\rho_1$②。

定义 4.11 “很少”基数读法

“很少（A）(B)”是真的当且仅当 $|A\cap B|<n_2$，其中 $n_2<n_1$。

定义 4.12 “很少”比例读法

“很少（A）(B)”是真的当且仅当 $|A\cap B|/|A|<\rho_2$，其中 $\rho_2<\rho_1$。

---

① 定义 4.9，4.11 中的 n_1 同定义 4.5，定义 4.7。

② 定义 4.10，4.12 中的 ρ_1 同定义 4.6，定义 4.8。

在本节中我们将主要讨论“很多”和“很少”两个基数/比例模糊量词。我们不妨称之为典型基数/比例模糊量词。

类似于学者们对“许多”、“少许”的讨论，我们也可以将上述定义中“很多”、“很少”的基数和比例两种读法统一写为：

定义 4.13 “很多（A）(B)”是真的当且仅当 $|A\cap B|>n$，$n=\max(n', k|A|)$，$k\in[0, 1]$。

给出统一定义，可以更好地描述，在某些语境下，“很多”、“很少”既可以作基数解释又可以作比例解释的情况，例如：

例 4.2 很多孩子会跳舞。

可以意味着会跳舞的孩子占所有孩子的很大比例，也可以简单地解释为会跳舞的孩子的数目很大。

但是，不难看出，这种统一写法和上面的经典写法还是有区别的，“很多(少)”的基数读法的定义，是满足对称性的，即“很多（A）(B)”是真的，等价于“很多（B）(A)”是真的，而在统一写法中却不满足对称性。

4.2.4.2 典型基数/比例模糊量词的语义挖掘

通过例 4.2 可以看出，“很多”和“很少”在很多语境下是基数读法还是比例读法不明确，它们有时既可以作为基数模糊量词也可以作为比例模糊量词，这一点已被广泛接受①。

对于基数读法，经常受到的指责是“n”很难界定。以“很少”为例，假设在广州市，有 1 000 人没读过书，则“很少广州人是文盲”应该是真的，因此“很少”的上限必须超过 1 000。如果在中国会说法语的人数是 10 万，“很少中国人会说法语”也应该是真的，这说明“很少”的上限应该超过 10 万。对于这个问题似乎可以通过比例的读法来解决（比例读法确实可以解释上述例句），但是，比例读法也存在类似的问题，考虑下面句子：

例 4.3 很少野生东北虎活着。

现在世界上只活有大约 400 只野生东北虎，因此，“很少野生东北虎活着”应该是真的，但这直接矛盾于“满足限制的个体的百分数很小”。因为“活着的野生东北虎”的数量，是 100% 的“野生东北虎”的数量。因此，经典的比例读法也是有问题的。这说明，“大”和“小”是模糊的而且是依赖于语境的（参见（Westerståhl，1985)，（Lappin，1988，1993，2000))。

除了上述经典基数和比例读法外，我们考虑下面的例子：

---

① 对于“许多”、“少许”“一些”也存在类似讨论，参见（Partee，1988)。

例 4.4 很多诺贝尔奖获得者毕业于伯克利分校。

迄今为止，有 24 位诺贝尔奖的获得者毕业于美国加州大学伯克里分校。根据这一事实，我们会认为上述例句为“真”。但是 24 显然不是大的自然数，24 所占所有诺贝尔获奖者的数目的比例也不是大的。此种情况下，我们对例句的理解应该是：这个句子是“真”的仅当获得诺贝尔文学奖的伯克利分校的毕业生数目所占伯克利分校毕业生的数目，与世界上其他大学获诺贝尔奖的毕业生的人数所占所有毕业生的比例相比是比较大的。在（Cohen，2001）中对“许多”进行分析时，也讨论了类似的情况。科恩把这种“许多”、“少许”的读法称为相关比例读法，一般的比例读法，科恩则称为绝对比例读法。

科恩认为对于相关比例读法，至关重要的是考虑“主题”，对于绝对比例读法，通常考虑的则是“焦点”，根据考虑的“焦点”可以得到一个选择集。

例 4.5 多数语言学家乘坐公共汽车来的。①

例 4.5 首选的解释是已经到达的语言学家的大半是乘坐公共汽车来的。德胡珀（De Hoop）和索拉（Solà）认为“焦点”的贡献是提供了一个语境集。假设每一个性质 α 可以导致一个选择集：$ALT(\alpha)$。根据（Hoop & Solà，1996），语境集 X 等价于由焦点元素得到的选择集的并。因此，在例 4.5 中，乘坐公共汽车是焦点，它可以得到一个选择集 {乘坐公共汽车，乘坐小轿车，乘坐火车}。那么语境集能由选择集的并得到，即 $\{x \mid \text{come-by-bus}(x) \vee \text{come-by-car}(x) \vee \text{come-by-train}(x)\}$。那么，“多数”能够通过 X 和语言学家的“交”量化，即用某种方式已经到达的语言学家的集合，例 4.5 是“真”的仅当已经到达的乘坐公共汽车的语言学家是所有到达的语言学家的大半。

根据选择集，科恩重新定义了“许多”、“少许”的绝对比例读法（当然焦点不影响基数读法），使得比例不是简单的 $|A \cap B|/|A|$ 而是 $|A \cap \cup ALT(B) \cap B|/|A \cap \cup ALT(B)|$。为了简化，我们通常假设，性质总是它自己的选择集的成员。即 $B \in ALT(B)$。那么 $\cup ALT(B) \cap B$ 等价于 B。与 Cohen 的讨论相同，我们也可以给出“很多”、“很少”的绝对比例读法：

定义 4.14 “很多”绝对比例读法

“很多（A）(B)”是真的当且仅当 $|A \cap B|/|A \cap \cup ALT(B)| > \rho$，其中 ρ 是“大”的。

定义 4.15 “很少”绝对比例读法

“很少（A）(B)”是真的当且仅当 $|A \cap B|/|A \cap \cup ALT(B)| < \rho$，其中 ρ 是“小”的。

① 例 4.5 来自（Hoop & Solà，1996），（Geilußb，1993）。

既然主题和焦点都一样应被考虑，为了统一相关比例读法和绝对比例读法，科恩建议令每一个选择不是一个简单的公式，而是主题选择和焦点选择的交。因此，对于“很多（A）(B)”和“很少（A）(B)”，选择集应该是：

$$Ch = \{A' \cap B' \mid A' \in ALT(A) \& B' \in ALT(B)\}。$$

科恩在（Cohen，2001）中对两种比例读法给出了一个定义，使得它们之间的差别减少到只有一个参数不同：

定义 4.16 “很多”比例读法最终版本

“很多（A）(B)”是真的当且仅当 $|A \cap B| / |A \cap \cup Ch| > \rho$，其中：

（1）ρ 是“大”的（绝对读法），或

（2）$\rho = |B \cap \cup Ch| / |\cup Ch|$（相对读法）。

定义 4.17 “很少”比例读法最终版本

“很少（A）(B)”是真的当且仅当 $|A \cap B| / |A \cap \cup Ch| < \rho$，其中：

（1）ρ 是“小”的（绝对读法），或

（2）$\rho = |B \cap \cup Ch| / |\cup Ch|$（相对读法）。

但是绝对读法和相对读法的解释力也是有限的，我们再来分析下面的例句：

例 4.6 一家餐厅的餐单上有 8 种甜点，A 预期的是都很好吃，B 预期的是有一两种好吃，如果品尝结果是 A、B 都认为 4 种好吃，A 或许就会认为这家餐厅“很少甜点好吃”，而 B 会认为“很多甜点好吃”。① 因此，对于“很多甜点是好吃的”，可能 A 会认为其真值为“假”，而 B 却认为其真值为“真”。

由此可以看出，即使在同一场合下，多少是“很多”，多少是“很少”也是不确定的。在这种情况下，很难用科恩的相关比例读法来解释，因为这种情况下，对于句子真值的判断是依赖于说话者的预期的。再考虑下面更复杂的情况：

例 4.7 很多好看的衣服（是）很便宜（的）。

如果甲、乙两个人同时去一家服装店，店员对两人说“很多好看的衣服很便宜”。则二人对其真值的判断，所依赖的情况则比例 4.6 更复杂一些。句子的真值不仅受 A、B 所预期的“好看的衣服”的多少影响，而且受到对“便宜”的定位的影响。

在这方面，L. M. 莫克斯，A. J. 圣福德，S. B. 巴顿（S. B. Barton）等学者从语用和心理的角度对模糊量词的问题曾进行过探讨（参见 Moxey et al.，1987，1991，1993a，1993b，1990）。他们所做的实验之一是调查类似“很多”之类的量词。实验中设有三种语境，实验结果表明人们对某个量词的期望越高，它所得到的值也就越高。因此，人们对词语意义的先前预料在解释这一词语的意义时起

① 例 4.6 来自（Loss，2003）。

着举足轻重的作用。L. M. 莫克斯，A. J. 圣福德称量词为思维操作数，它们作用于含有它们的推理模式。换言之，这些思维操作数控制注意力焦点的去向。

除了上述例 4.6 和例 4.7 的情况之外，我们再考虑下面例子：

例 4.8 今天很多旅行者参观了动物园。

假设“今天”是特殊的雨天，而且也是国定假日，我们在考虑今天参观动物园的旅行者的数量时，如果对比其他的雨天，参观者是大量的，但是比起晴天时的国定假日，参观者则是很少的。因此，上例的真值既依赖于实际这一天参观者的数量也依赖于选择跟这一天比较的类型（即是比较其他的雨天还是比较其他的晴天的国定假日）。[1]

若例 4.8 改为“很多旅行者参观了动物园”，其真值的判断则归为与说者预期的比较更为合理了。因此，一般，“很多”、“很少”依赖比较对象的情况在句子中会有所体现。

另外，值得一提的是，不同的文化、不同的时态等都会对预期产生影响。比如对于句子“很多家庭离婚”来讲，在中国，10% 的家庭离婚大家可能就会认为是“很多”，而在美国可能大家在对上述句子的理解中，对“很多”的理解会远大于中国人的理解。

同样，人们对“很多贫困生受益”和“很多贫困生将会受益”中的“很多”的理解也是有差别的。（Loss，2003）对“很少共和党人反对减少税收”和“很少共和党人将会反对减少税收”的区别也进行了分析。D. 洛斯认为两句话都暗示至少存在共和党人反对/将反对减少税收。但是“很少共和党人反对减少税收”的这个暗示远强于“很少共和党人将会反对减少税收”。这种现象的出现来自于说者预期的相关信息。既然“很少共和党人反对减少税收”已经出现，听者自然地会预期说者知道一些关于到底有多少共和党人反对减少税收等具体的细节信息，如果没有共和党人反对减少税收并且说者知道这一点，由格赖斯的交际原则知道，他不会这么说。但是，在“很少共和党人将会反对减少税收”中，可能性出现在将来，因此，没人会预期知道将反对减少税收的共和党人的数目。

综上所述，当 A，B 均为精确集时，我们认为可以得到“很多”、“很少”下列合理的读法：

定义 4.18 “很多（A）(B)”是真的当且仅当

(1) $|A\cap B| > |A'\cap B'|$，A′，B′分别为 A，B 的预期数目，或

(2) $|A\cap B|_M > |A\cap B|_{M'}$，M′是 M 的对比语境，或

---

① 我们这里借用爱德华 L. 基南（Edward L. Keenan），J. 斯塔维（J. Stavi）在分析内涵参数对带广义量词句子的真值的影响时用到的例子。

(3) $|A\cap B|/|A\cap\cup Ch|>\rho$，$\rho$ 相对预期是“大”的，或

(4) $|A\cap B|/|A\cap\cup Ch|>\rho$，$\rho=|B\cap\cup A|/|\cup A|$。

定义 4.19 “很少 (A)(B)”是真的当且仅当

(1) $|A\cap B| \ll |A'\cap B'|$，$A'$，$B'$ 分别为 A，B 的预期数目，或

(2) $|A\cap B|_M<|A\cap B|_{M'}$，$M'$ 是 M 的对比语境，或

(3) $|A\cap B|/|A\cap\cup Ch|<\rho$，$\rho$ 相对预期是“小”的，或

(4) $|A\cap B|/|A\cap\cup Ch|<\rho$，$\rho=|B\cap\cup Ch|/|\cup Ch|$。

对于“很多”“很少”的第一种读法可以包含经典的基数读法。因为在经典读法中的 n 是“大（小）的”实际上是直接和不同主体的不同预期相关的。比如，日常生活中，我们经常会听到下面的对话：

“他的工资很多吗？”

“不很多，才 2000。”

这也说明，多大的 n 才算“大”的，是和预期直接相关的。

当 A 或 B 是模糊集时，我们可以给出“很多”“很少”的真值条件如下：

$$\text{很多 (A)(B)}=\begin{cases}\tilde{T} & k\geq r,\\ k/r & \text{否则。}\end{cases}$$

其中，r 在不同的读法下，取值不同，在定义 4.18 的第一种读法下是对 $|A'\cap B'|$ 预期的数值，在第二种读法下 k，r 分别是语境 M 和 M' 下模糊集 $A\cap B$ 的基数，在第三种、第四种读法下，r 为 $\rho|A\cap\cup C|$；k 为 $A\cap B$ 的模糊基数。

在汉语中，和“很少”的语义相近的还有另外一个模糊量词——没多少。两者稍微的区别是，在一般情况下“没多少”应该比“很少”更接近于预期。而且，在汉语里，“没多少”包含更多的情感色彩，例如：我们在询问某人工资是多少时，经常会听到“没多少”这种回答。这种语境下，有可能他的工资数目确实比他的预期少；也有可能他的工资数目比他的预期多，但为了表示谦虚或者只是为了回避问题，也会说“没多少”。

4.2.5 小结

我们把模糊量词进行了重新分类，分别对基数模糊量词、比例模糊量词、基数/比例模糊量词的语义进行了讨论。在语义分析的过程中，我们把广义量词的研究范围拓展到模糊集，应用模糊数学的方法来讨论模糊量词的真值。在分析基数/比例模糊量词时，对其语义进行了较为深入的挖掘，给出了其较合理的真值条件。

当然，除了本节中所讨论到的内容外，与模糊量词的语义研究相关的还有很

多问题，例如，我们没有对模糊分支量词的语义进行分析。毋庸置疑，在日常交流中，我们也会大量地说带模糊分支量词的语句，例如：大多数学生读过几乎所有老师要求读的书；几乎没有学生读过每一个剧本；很多人彼此喜欢等等。

再如，在语篇中模糊量词对指代的影响。例如：

(a) 很多人是素食主义者。他们认为素食不会引起营养不良。

(b) 很少人是素食主义者。他们认为长期不吃肉制品是不可想象的。

(c) 很多人喜欢到电影院去看电影，他们认为电影院中看电影的效果远好于电视中看到的效果。

(d) 很少人喜欢到电影院去看电影，他们更愿意在家看电视。

在上述几个句子中，"他们"的指代显然是不同的。(a) 中的"他们"是指素食主义者，而 (b) 中的他们则是指非素食主义者，同样，(c) 中的"他们"指的是喜欢到电影院去看电影的人，而 (d) 中的"他们"则是指不喜欢到电影院去看电影的那些人。由此可见，量词的不同性质可以影响语篇中的指代。

另外，还有模糊量词的辖域问题，等等。这些问题，都可作为进一步研究的内容。

4.3 模糊量词的性质

我们对模糊量词性质的讨论分为两部分展开。在第一部分，我们将详细介绍驻留性、扩展性、数量性和变异性四种普遍语义特征，并在模糊集的框架下给出其定义。在此基础上，详细介绍了学者们对模糊量词性质研究的成果。在第二部分，我们以模糊量词的语义分析为基础，依次讨论了基数模糊量词、比例模糊量词、基数/比例模糊量词的性质。着重分析了其单调性、最大下限（最小上限）衍推和最大下限（最小上限）被衍推性质。而这几种性质对于模糊量词推理的研究和模糊量词自然逻辑系统的构造是至关重要的。

4.3.1 模糊量词的语义普遍特征

4.3.1.1 四种普遍语义特征及其模糊集框架下的扩展

驻留性、扩展性、数量性和变异性是广义量词的四种语义普遍特征，也同样是模糊量词的语义普遍特征。下面我们对这四种语义普遍特征分别进行详细讨论：

（1）驻留性[①]

一个量词是驻留的[②]，如果它是一个指派函数，其功能是指一个 E 中子集合的集合。下式为驻留性的定义：

定义 4.20[③] $Q \in TYPE <1, 1>$ 在 E 上是驻留的，当且仅当，对所有 A，$B \subseteq E$，

$$Q(A)(B) = Q(A)(A \cap B);$$

也可以定义为：Q 是驻留的，当且仅当，对所有 A，B，$B' \subseteq E$ 都有，若 $A \cap B = A \cap B'$，则

$$Q(A)(B) = Q(A)(B')。$$

例如：

几个学生离开了，当且仅当，几个学生是学生并且离开了。

几乎所有学生都是戴眼镜的，当且仅当，几乎所有学生是学生并且是戴眼j镜的。

命题 4.1 （Barwise & Cooper，1981）自然语言中的每一个量词都是驻留的。

事实上，驻留性阐明的是自然语言量词的所指并不具有逻辑必然性这一道理（Cann，1993）。而且，驻留性排除很多逻辑上可能的量词。它还保证对一个含有普通名词的量词的解释不应被此普通名词的外延以外的集合所含的元素所影响。即：驻留性强调只有 E 集合中的部分元素与量词的解释有关，而不是所有元素。例如，在解释“大约几十个学生戴眼镜”这一命题时，只需检查是否有一个 E 上的子集合，它含有大约几十个学生，而且这些学生均戴眼镜，而和 E 中的其他子集合无关。

推广到模糊集的框架下，对于驻留性，我们定义如下：

定义 4.21 模糊量词 Q：$(\wp(E))^n \to I$ 具有驻留性，当且仅当对所有模糊集 $(X_1, X_2) \in (\wp(E))^2$，$Q_E(X_1)(X_2) = Q_E(X_1)(X_1 \cap X_2)$。

（2）扩展性[④]

一个量词具有扩展性，当且仅当定义域的外延对此量词的解释无影响。广义量词理论中，扩展性定义为：

定义 4.22 令 Q 是普遍的类型为 $<1, 1>$ 的量词，则 Q 满足扩展性，当且

---

① 也翻译为守恒性，参见（张乔，1998a）（方立，2005）。

② 术语“驻留性”（conservative）来自于基南的（Keenan，1981）；在巴威斯和库珀的论文（Barwise & Cooper，1981）中称为 lives on。

③ 驻留性、扩展性、数量性、变异性的定义参见（Barwise et al.，1981），（van Benthem，1986：25－26）。

④ 也翻译为外延性，参见（张乔，1998a）。

仅当，对所有满足 $E\subseteq E'$ 的 E，E′，$Q_{E'}$ 是 Q_E 的扩展，即对所有 A，$B\subseteq E\cap E'$ 都有：

$$Q_E(A)(B)=Q_{E'}(A)(B)。$$

其中“普遍的”定义如下：

定义 4.23 普遍的

一个普遍的类型为 <1，1> 的广义量词是一个函项 Q，对每个论域 E，它映像 E 到一个局部的类型为 <1，1> 的 E 上的量词 Q_E。

首先提出扩展性作为自然语言语义的普遍性的是（van Benthem，1984）。要说明的是，在解释带有 NP + VP 的命题时，可以忽视那些在 NP 和 VP 的外延以外的元素。例如“几个学生离开了”的真值与定义域中其他集合的外延的大小无关。它的真值只取决于离开的学生的人数。

扩展性的广义表述形式为：

定义 4.24 令 Q 是一个函项，把每个 E 映象到 E 上的类型为 <1，1> 的量词集合 Q_E 上去，Q 满足扩展性，当且仅当，对所有满足 $E\subseteq E'$ 的 E，E′有：

（1）每个 $F\in Q_E$ 扩展成 $F'\in Q_{E'}$；

（2）每个 $F'\in Q_{E'}$ 是某个 $F\in Q_E$ 的扩展。

如果驻留性和扩展性均成立的话，那么由它们可推导出第三种特性：强驻留性。定义如下：

定义 4.25 Q 是强驻留的，当且仅当，如果 A，$B\subseteq E$，那么 $Q_EAB\leftrightarrow Q_AA(A\cap B)$。

强驻留性说明的是定义域的大小与量词的解释无关，有关的只有集合 A（普通名词）和 B（动词词组）的大小。

相应的，我们可以把扩展性推广到模糊集框架下进行讨论：

定义 4.26 模糊量词 Q：$(\wp(E))^n\rightarrow I$ 具有扩展性，当且仅当对所有模糊集 $(X_1,\cdots,X_n)\in(\wp(E))^n$，$(\wp(E))^n$，$Q_E(X_1,\cdots,X_n)=Q_{E'}(X_1,\cdots,X_n)$。

（3）数量性（恒等映象性）：

数量性阐明的是量词的解释，只和有关集合中元素的数目相关，而和元素本身的性质无关。定义如下：

定义 4.27 给定论域 E，Q 是恒等映象的，当且仅当，对 E 中所有映象 π 和所有 A，$B\subseteq E$ 都有：$Q(A)(B)=Q(\pi A)(\pi B)$。

易见，若 π 是双射的，则 Q 具有同构性质。

数量性要求同构模型上解释的一致性。例如，如果“大约一百个孩子会唱歌”，只要会唱歌的孩子数目大约是一百人，上述命题即为真。至于他们是谁无关紧要；换言之，命题真值的确定和具体会唱歌的孩子是谁无关，只和会唱歌的孩子的数目相关。

量词的数量性是其逻辑性的必要条件。量词的逻辑性等同于普遍量词的数量性。

相应的，在模糊集框架下，我们可以扩展数量性为：

定义 4.28 （Glöckner，1997）模糊量词 $Q: \mathcal{P}(E)^n \to I$ 具有数量性，当且仅当对所有自同构的 $\beta: E \to E$ 和所有 $(X_1, \cdots, X_n) \in (\wp(E))^n$，$Q(X_1, \cdots, X_n) = Q(\beta(X_1), \cdots, \beta(X_n))$。

其中，$\beta: (\wp(E))^n \to (\wp(E))^n$ 的具体定义参见（Glöckner，1997）。

命题 4.2 普遍的 <1，1> 类型的量词 Q 属于 CONS ∩ EXT ∩ ISOM[①]，当且仅当，$\forall E \forall A, B \subseteq E \forall E' \forall A', B' \subseteq E', (|A \cap B| = |A' \cap B'| \& |A - B| = |A' - B'|) \Rightarrow Q_E(A)(B) = Q_{E'}(A')(B')$。

根据上述命题可以证明，具有逻辑性质的量词也属于 CONS。并且（CONS ∩ EXT ∩ ISOM)$_E$ 中的原子是对应于自然语言中若干个因 n，m 不同而表现出的"exactly *n* and all but *m*"之类的函项。[②]

（4）变异性

变异性说明的是，在某个模型中当更多的元素加入其定义域时，可能会有不被量词所影响的集合存在。定义如下：

定义 4.29 Q 是变异的，当且仅当，对所有非空 $A \subseteq E$，存在 $B, B' \subseteq E$，使得 $Q_E AB$ 且并非 $Q_E AB'$。[③]

扩展到模糊集后，变异性的定义为：

定义 4.30 模糊量词 $Q: (\wp(E))^n \to I$ 称为具有变异性的，当且仅当对所有非空 $A \subseteq E$，存在 $B, B' \subseteq E$，使得 $Q_E AB$ 且并非 $Q_E AB'$。

四种语义普遍特征中守恒性的适用范围最广，有效性最强（Cann，1993）。

4.3.1.2 其他性质概述

驻留性、扩展性、数量性和变异性是广义量词理论中提出的限定词的四种普遍语义特征。为了较为全面地研究模糊量词的性质，除了这四种普遍语义特征之外，还涉及到很多其他语义特征，单调性就是比较重要的一个。

单调性的研究是广义量词理论的中心问题之一。单调性以上面讨论的四种语义普遍特征为前提。单调性显示的是由各种量词生成的不同子集的语义特征和推

① 参见（邹崇理，2002：119）。CONS 是满足驻留性的函项集合，EXT 是满足扩展性的函项集合，ISOM 为满足恒等同构性的函项集合。

② 这些函项的定义参见（邹崇理，2002：119）。

③ 参见（van Benthem，1986）。

理类型。

定义 4.31[①] Q 是向上单调的，当且仅当，若 $X \in Q$ 且 $X \subseteq Y \subseteq E$ 则 $Y \in Q$。换言之，对任意 $X \in Q$，Q 包含 X 的所有扩集；Q 是向下单调的，当且仅当，若 $X \in Q$ 且 $Y \subseteq X \subseteq E$ 则 $Y \in Q$。换言之，对任意集合 $X \in Q$ 而言，Q 包含 X 的所有子集。

向上单调性意味着量词所包含的集合扩大后仍能被该量词所包含；向下单调性指的是量词所包含的集合缩小后仍属于该量词。以上定义说明表达式外延中元素的加减是如何影响真值的。如果设 VP_1 和 VP_2 是两个动词词组，VP_1 的外延是 VP_2 外延的子集合。则：

(a) NP 是向上单调的，当且仅当 $NP + VP_1 \Rightarrow NP + VP_2$

(b) NP 是向下单调的，当且仅当 $NP + VP_2 \Rightarrow NP + VP_1$[②]

进一步，单调性还可以再细分为主语单调和谓语单调两种类型（Cann，1993）。如果其量化公式的真值不受其普通名词外延大小的变化所影响，那么这个量词是主语单调。一个量词是谓语单调，如果其量化公式的真值不受其动词词组外延大小的变化的影响。

(a) 量词是主语向上单调，当且仅当

$$若\ A \subseteq A'，则\ Q(A)(B) \Rightarrow Q(A')(B)；$$

(b) 量词是主语向下单调。当且仅当

$$若\ A' \subseteq A，则\ Q(A)(B) \Rightarrow Q(A')(B)；$$

(c) 量词是谓语向上单调，当且仅当

$$若\ B \subseteq B'，则\ Q(A)(B) \Rightarrow Q(A)(B')；$$

(d) 量词是谓语向下单调，当且仅当

$$若\ B' \subseteq B，则\ Q(A)(B) \Rightarrow Q(A)(B')。$$

在（方立，2005）中也把主语向上（下）单调称为左元向上（下）单调，谓语向上（下）单调称为右元向上（下）单调。

如果我们把 Q 的论元扩展到模糊集，则类似于（Glöckner，1997），我们可以给出扩展到模糊集后单调性的定义：

定义 4.32 称 Q：$\wp(E) \to I$ 的第 i 个论元是单调增的（$i \in \{1, \cdots, n\}$），当且仅当对所有 $X_1, \cdots, X_n, X_i' \in \wp(E)$，若 $X_i \subseteq X_i'$，则 $Q(X_1, \cdots, X_n) \leqslant Q(X_1, \cdots, X_{i-1}, X_i', X_{i+1}, \cdots, X_n)$；称 Q 的第 i 个论元是单调减的（$i \in \{1, \cdots, n\}$）当且仅当，对所有 $X_1, \cdots, X_n, X_i' \in \wp(E)$，若 $X_i \subseteq X_i'$，则$Q(X_1,$

---

① 参见（邹崇理，2002）。

② 参见（张乔，1998a）。

$\cdots, X_n) \geq Q(X_1, \cdots, X_{i-1}, X_i', X_{i+1}, \cdots, X_n)$。

定义 4.33[①] Q 具有肯定重述性（否定重述性），当且仅当对每一个模型 M =< E, ‖‖ >和 A⊆E，如果量词 ‖Q‖(A) 已被定义，那么 A∈‖Q‖(A) (A∉‖Q‖(A))。如果 Q 不具有（肯定或否定）重述性，则 Q 是弱的。

在（Barwise et al.，1981）中也把具有肯定重述性的量词称为肯定强的；把具有否定重述性的量词称为否定强的，把不具有肯定（否定）重述性的量词称为弱的。

例如：每一个大羚羊是大羚羊，在每一个模型下都是真的；没有大羚羊是大羚羊，在每一个模型下都是假的；很多大羚羊是大羚羊，则仅当有很多大羚羊的情况下是真的（A 为模糊集时上述定义仍然成立），它们分别是肯定重述的，否定重述的，弱的。

命题 4.3 若 Q 具有肯定重述性且具有向上单调性，则对任何模型 M =< E, ‖‖ >和 E 的子集 A，B 都有：B∈‖Q‖(A∩B)。

证明 参见（Barwise et al.，1981）（邹崇理，2002：96）。■

定义 4.34 （Barwise et al.，1981）Q 是有定的，当且仅当对每一个模型 M =< E, ‖‖ >和每一个 ‖Q‖(A) 是被定义的 A，存在一非空集 B，使得 ‖Q‖(A) 是 {X⊆E | B⊆X} 的过滤。

命题 4.4 如果 Q 是有定的，那么 Q 是肯定重述的。

证明 参见（Barwise et al.，1981）。■

命题 4.5 每一个有定量词都是具有肯定重述性的。

证明 参见（Barwise et al.，1981）。■

定义 4.35 （Keenan，2002）如果把 <<1，1 >，1 > 写作 $<1^2, 1>$，一般而言，TYPE $<1^k, 1>$ 指量词的集合，其中的量词以 E 的子集合的 k－元组为论元，以 E 上的 <1 > 类型的量词为值，令 F 是 $<1^k, 1>$ 类型的量词，则：

(1) Q 是基数的，当且仅当对所有 k－元组 A，A′和所有性质 B，B′，如果 $|A_i \cap B| = |A_i' \cap B'|$，$(1 \leq i \leq k)$，那么 QAB = QAB′；

(2) Q 是驻留的，当且仅当，$\forall A_1, \cdots, A_k, B, B' \subseteq E$，若 $A_i \cap B = A_i \cap B' (1 \leq i \leq k)$，则 $F(A_1, \cdots, A_k)(B) = F(A_1, \cdots, A_k)(B')$；

(3) Q 是全称的，当且仅当，$\forall A_1, \cdots, A_k, B_1, \cdots, B_k, C, C' \subseteq E$，若 $A_i - C = A_i - C' (1 \leq i \leq k)$，则 $F(A_1, \cdots, A_k)(C) = F(B_1, \cdots, B_k)(C')$；

(4) Q 是存在的，当且仅当，$\forall A_1, \cdots, A_k, B_1, \cdots B_k, C, C' \subseteq E$，若 $A_i \cap C = A_i \cap C' (1 \leq i \leq k)$，则 $F(A_1, \cdots, A_k)(C) = F(B_1, \cdots, B_k)(C')$；

① 参见（Keenan et al.，1997）。

(5) Q 是协基数的，当且仅当对所有 k－元组 A，A′和所有性质 B，B′，如果 $|A_i - B| = |A_i' - B'|(1 \leq i \leq k)$，那么 QAB = QAB′。

文献中常提到类型为 $<1^k, 1>$ 表达式满足驻留性和扩展性，而自然语言中大多数类型为 $<1^2, 1>$ 的表达式还满足存在性。

命题 4.6 一个普遍的类型为 <1，1> 的广义量词是恒等同构的，当且仅当，对所有的模型论域 E 和所有 E 的双射 π 都有：$Q_{\pi E} = \pi(Q_E)$。

证明 参见（邹崇理，2002：110）。■

命题 4.7 对任意 E，$CONS_E$ 是 $INT_E \cup CO-INT_E$ 的完全布尔闭包。

证明 参见（Keenan，1993）。■

定义 4.36 Q 是一阶可定义的当且仅当存在一个一阶语句 φ，它所包含的非逻辑符号刚好是两个一元谓词，并且对任何解释或模型 $M = <E, A_1, A_2>(A_1, A_2 \subseteq E)$ 都有：

$$Q_E(A_1)(A_2) = 1 \Leftrightarrow <E, A_1, A_2> \vDash \varphi。$$

定义 4.37 模糊量词 Q 是对称的当且仅当对所有 A，B，Q(A)(B) = Q(B)(A)。

定义 4.38

(1) 称 Q 是最小上限（简记为：l. u. b）衍推的，若 $Q(A \cup B)(C) \Rightarrow Q(A)(C) \vee Q(B)(C)$；

(2) 称 Q 是 l. u. b 被衍推的，若 $Q(A)(C) \vee Q(B)(C) \Rightarrow Q(A \cup B)(C)$；

(3) 称 Q 是最大下限（简记为：g. l. b）衍推的，若 $Q(A \cap B)(C) \Rightarrow Q(A)(C) \wedge Q(B)(C)$；

(4) 称 Q 是最大下限被衍推的，若 $Q(A)(C) \wedge Q(B)(C) \Rightarrow Q(A \cap B)(C)$。

定义 4.39 Q 是单态的，如果在每个论域 E 上，它是 E 的子集之间的关系，即如果它的类型是 <1，…，1>；否则它是多态的。

在（邹崇理，2002：129）中也将“单态的”称为“单一模式的”。单态的量化表达式的论元是普通名词或动词短语的外延所对应的集合，而能够以关系为论元的量词称作多态量词。在本章中我们只关心单态量词。

4.3.2 基数模糊量词的性质

4.3.2.1 单调性讨论

我们已经知道，给定论域 E，E 上的函项 Q 是基数的，当且仅当，对所有 A，A′，B，B′⊆E，$|A \cap B| = |A' \cap B'| \Rightarrow Q(A)(B) = Q(A')(B')$。

显然，基数性质的概念从属于恒等映象性的概念，即一个模糊量词具有基数性质的话，就一定具有恒等映射性质。

对于基数模糊量词，除了普遍特征之外，我们首先对其单调性进行详细分析和讨论。

直觉上，“至少 2 个学生很高” ⇒ “至少 2 个学生高”，从模糊集的角度看，即“至少 2 个学生高”的真值应该大于“至少 2 个学生很高”的真值。我们在上文中所给出的计算方法符合这一直觉。例如：

令 B 表示模糊集“很高”，C 表示模糊集“高”，若

$$B=\begin{bmatrix} x1 & x2 & x3 & x4 & x5 & x6 \\ 0.7 & 0.7 & 0.6 & 0.5 & 0.3 & 0.1 \end{bmatrix}$$

对于每一个体 x，$\mu_B(x)\leqslant\mu_C(x)$，所以不妨令：

$$C=\begin{bmatrix} x1 & x2 & x3 & x4 & x5 & x6 \\ 0.8 & 0.8 & 0.7 & 0.6 & 0.4 & 0.2 \end{bmatrix}$$

则：

$$Card_{A\cap B}(k)=\begin{bmatrix} 0 & 1 & 2 & 3 & 4 & 5 & 6 & 7 \\ 0.3 & 0.3 & 0.4 & 0.5 & 0.5 & 0.3 & 0.1 & 0 \end{bmatrix}$$

$$Card_{A\cap C}(k)=\begin{bmatrix} 0 & 1 & 2 & 3 & 4 & 5 & 6 & 7 \\ 0.2 & 0.2 & 0.3 & 0.4 & 0.6 & 0.4 & 0.2 & 0 \end{bmatrix}$$

由此可见：

若 Tr（至少 n(A)(B)）= $\tilde{T}$，则 Tr（至少 n(A)(C)）= $\tilde{T}$；

若 Tr（至少 n(A)(B)）= $\mu_{A\cap B}(n)$，Tr（至少 n(A)(C)）= $\mu_{A\cap C}(n)$ 或 $\tilde{T}$，则 $\mu_{A\cap B}(n)\leqslant\mu_{A\cap C}(n)$。

因此，我们可以得到：

命题 4.8 对任意模糊集 A，B，C，如果 B⊆C，则

(1) 至少 n(A)(B)⇒至少 n(A)(C)；

(2) 不超过 n(A)(C)⇒不超过 n(A)(B)；

(3) 至少 n(A)(B)∩不超过 n(A)(B)⇔恰好 n(A)(B)。

例如：若 A 为精确集，

$$B=\begin{bmatrix} x1 & x2 & x3 & x4 & x5 & x6 \\ 0.7 & 0.7 & 0.6 & 0.4 & 0.3 & 0.1 \end{bmatrix}$$

则

$$Card_{A\cap B}(k)=\begin{bmatrix} 0 & 1 & 2 & 3 & 4 & 5 & 6 & 7 \\ 0.3 & 0.3 & 0.4 & 0.6 & 0.4 & 0.3 & 0.1 & 0 \end{bmatrix}$$

可以计算出 Tr（至少 4(A)(B)）= 0.4，Tr（不超过 4(A)(B)）= 0.4。

所以，

$$\mathrm{Tr}（恰好 4(A)(B)）=\min\{0.4，0.4\}=0.4，$$

正好对应于 $Card_{A\cap B}(4)=0.4$。

再如：Tr（至少 3(A)(B)）=0.6，Tr（不超过 4(A)(B)）= $\tilde{T}$，

所以，

$$\mathrm{Tr}（恰好 3(A)(B)）=\min\{\tilde{T}，0.6\}=0.6，$$

正好对应于 $Card_{A\cap B}(3)=0.6$。

因此，即使扩展到模糊集，仍然有：

"至少二十个学生很高"⇒"至少二十个学生高"；

"上百种鲜花都很漂亮"⇒"上百种鲜花漂亮"；

"至少二十个漂亮女生参加了比赛"⇒"至少二十个女生参加了比赛"；

"至少比女生数量多 10 个的男生很高"⇒"至少比女生数量多 10 个的男生是高个子"，

等等。

因此，对于下限语义精确的模糊量词，谓语都是肯定向上单调，否定向下单调的。主语既是肯定向上单调的，也是否定向上单调的。

类似的，对于上限语义精确的基数模糊量词，可以得到谓语是肯定向下单调，否定向上单调；主语既是肯定向下单调也是否定向下单调。

例如：

"不到十个学生及格了"⇒"不到十个男生及格了"；

"不到十个学生不是高个子"⇒"不到十个男生不是高个子"；

而对于上限下限语义均不精确和上限下限语义均精确的模糊量词，则主语谓语均不具有单调性。

由此，我们可以总结如下：

命题 4.9 下限语义精确的模糊量词，谓语都是肯定向上单调的，否定向下单调的。主语既是肯定向上单调的，也是否定向上单调的。上限语义精确的基数模糊量词，主语既是肯定向下单调也是否定向下单调，谓语是肯定向下单调，否定向上单调。

证明

我们仅对"下限语义精确的模糊量词，谓语都是肯定向上单调的"给出证明，其他情况证明类似。

即我们需证明当 $B_1\subseteq B_2$ 时，$Q(A)(B_1)\leqslant Q(A)(B_2)$。

若 $B_1\subseteq B_2$，则对 $\forall x\in B_1$，B_2，

$$\mu_{B1}(x)\leqslant\mu_{B2}(x)。$$

由 4.2 节中的分析知，$A\cap B_1$ 和 $A\cap B_2$ 的基数分别为：

$$\mathrm{Card}_{A\cap B1}(k_1)=\begin{cases}1-\mu_{((k1)+1)} & 0\leqslant k_1\leqslant j-1,\\ \mu_{k1} & j\leqslant k_1\leqslant n。\end{cases}$$

$$\mathrm{Card}_{A\cap B2}(k_2)=\begin{cases}1-\mu_{((k2)+1)} & 0\leqslant k_2\leqslant j-1,\\ \mu_{k2} & j\leqslant k_2\leqslant n。\end{cases}$$

j 的取值分别为：

$$j_1=\begin{cases}\max\{1\leqslant s_1\leqslant n \mid \mu_{((s1)-1)}+\mu_{s1}\geqslant 1\} & 若\ A\neq\varnothing,\\ 0 & 若\ A=\varnothing。\end{cases}$$

$$j_2=\begin{cases}\max\{1\leqslant s_2\leqslant n \mid \mu_{((s2)-1)}+\mu_{s2}\geqslant 1\} & 若\ A\neq\varnothing,\\ 0 & 若\ A=\varnothing。\end{cases}$$

因为 $\mu_{B1}(x)\leqslant\mu_{B2}(x)$，所以 $\mu_{A\cap B1}(x)\leqslant\mu_{A\cap B2}(x)$。不论 x_i 对于 $A\cap B_1$ 和 $A\cap B_2$ 的排序是否相同，都有 $\mu(k_1)\leqslant(k_2)$，因此，$j_1\leqslant j_2$，从而由 $Q(A)(B)$ 的真值条件知：

当 $Tr(Q(A)(B_1))=\tilde{T}$ 时，

$$Tr(Q(A)(B_2))=\tilde{T};$$

当 $Tr(Q(A)(B_1))=\mu(k_1)$ 时，

$$Tr(Q(A)(B_2))=\tilde{T}\ 或\ \mu(k_2),$$

而 $\mu(k_1)\leqslant\mu(k_2)$，因此，$Q(A)(B_1)\leqslant Q(A)(B_2)$。■

命题 4.10 含有基数模糊量词的句子主语的单调性不受肯定否定的影响。

证明 易证。■

4.3.2.2 l.u.b 和 g.l.b 性质讨论

我们接下来再来分析基数模糊量词的 l.u.b（被）衍推和 g.l.b（被）衍推性质：

直觉上：

“至少 10 个戴眼镜的男生及格了”⇒（⇍）“至少 10 个戴眼镜的及格了并且至少 10 个男生及格了”；

“至少 10 个与会者是男生并且戴眼镜”⇒（⇍）“至少 10 个与会者是男生并且至少 10 个与会者戴眼镜”；

“至少 10 个与会者是男生或至少 10 个与会者戴眼镜”⇒（⇍）“至少 10 个与会者是男生或戴眼镜”；

“至少 10 个戴眼镜的及格了或至少 10 个男生及格了”⇒（⇍）“至少 10 个戴眼镜的或男生及格了”。

由上述直观推理易见，模糊量词“至少 10 个”的第一个论元和第二个论元都是 g. l. b 衍推的，但不是 g. l. b 被衍推的；第一个论元和第二个论元都是 l. u. b 被衍推的，但不是 l. u. b 衍推的。但对于模糊量词“最多 10 个”，其第一个论元和第二个论元则都是 g. l. b 被衍推，l. u. b 衍推的。

而对于“大约”“至少 10 个且最多不超过 20 个”这些模糊量词，通过上文的语义分析，我们知道上述推理都不成立。

推广到模糊集，我们也不难验证上述推理仍然成立。这里仅以“(至少 n)($A\cap B$)(C)”⇒“(至少 n)(A)(C) 并且 (至少 n)(B)(C)”为例，给出简单证明如下：

由 4.2 节的语义分析，我们知道，对 $k=0, 1, \cdots, n$，

$$Card_{A\cap B\cap C}(k)=\mu_k\wedge(1-\mu_{(k+1)});$$

$$Card_{A\cap B}(k)=\mu'_k\wedge(1-\mu'_{(k+1)});$$

$$Card_{A\cap C}(k)=\mu''_k\wedge(1-\mu''_{(k+1)})。$$

若 x_i 对于 $A\cap B\cap C$ 和 $A\cap B$ 的隶属度排序相同，则由于

$$\mu_{A\cap B\cap C}(x_i)\leqslant\mu_{A\cap B}(x_i)\text{（即 }\mu_k\leqslant\mu'_k\text{）},$$

且

$$Card_{A\cap B\cap C}(k-i)=1-\mu_{(k-i+1)}$$

其中 $i=1, 2, \cdots, k$，如果 $\mu_j\leqslant0.5$，$k=j-1$；否则 $k=j$，j 的取值同定理 4.1，所以

$$Card_{A\cap B\cap C}(k-i)\leqslant Card_{A\cap B}(k-i),$$

由此可知，对于 $Card_{A\cap B\cap C}(k)$ 的计算中的 j 取值一定是小于等于 $Card_{A\cap B}(k)$ 中的 j′ 取值的。因此，由 4.2 节“至少 n”的语义分析知，当 Tr((至少 n)($A\cap B$)(C)) = $\tilde{T}$ 时，“(至少 n)(A)(C)”为 $\tilde{T}$。若 x_i 对于 $A\cap B\cap C$ 和 $A\cap B$ 的隶属度排序不同，则 x_i 对于 $A\cap B$ 从大到小重新排序后，第 i 个元素的隶属度一定是大于等于 $A\cap B\cap C$ 排好序的第 i 个元素的隶属度，因此，$Card_{A\cap B\cap C}(k)$ 的计算中的 j 取值也一定是小于等于 $Card_{A\cap B}(k)$ 中的 j′取值的。因此，当“(至少 n)($A\cap B$)(C)”为 $\tilde{T}$ 时，

“(至少 n)(A)(C)”为 $\tilde{T}$。

更进一步，可以计算出，当“(至少 n)($A\cap B$)(C)”的真值为 $\mu_{A\cap B\cap C}(n)$ 时，也一定是小于等于“(至少 n)(A)(C)”的真值的。

同样的“(至少 n)($A\cap B$)(C)”的真值小于等于“(至少 n)(B)(C)”的真值，因此，我们可以得到“(至少 n)($A\cap B$)(C)”⇒“至少 n(A)(C)∧至少 n(B)(C)”。

因此，我们可以总结出：

命题 4.11 具有精确语义下限的基数模糊量词第一个论元和第二个论元都是 g.l.b 衍推，l.u.b 被衍推的；具有精确语义上限的基数模糊量词其第一个论元和第二个论元则都是 g.l.b 被衍推，l.u.b 衍推的；不具有精确语义上下限，或上下限语义均精确的基数模糊量词不具有 g.l.b，l.u.b 性质。

证明 与上面的证明类似。■

4.3.2.3 基数模糊量词的其他性质讨论

除了单调性质和 l.u.b（g.l.b）（被）衍推性质外，基数模糊量词还具有下述一些性质：

命题 4.12 如果基数模糊量词 Q_1，Q_2 是存在的，则其布尔运算 $Q_1 * Q_2$ 也是存在的。

例如，"至少两个并且不超过十个"是存在的，因为"至少两个"和"不超过十个"都是存在的。

命题 4.13 （Keenan，2002）对每一个具有扩展性的 Q 和每一个解释 I，

（1）I(Q) 是基数的当且仅当 I(Q) 既是存在的又是常元自同构；

（2）I(Q) 是协基数的当且仅当 I(Q) 既是全称的又是常元自同构的。

证明 参见（Keenan，2002）。■

命题 4.14 （Keenan，2002）

（1）有限基数和有限协基数模糊量词是一阶可定义的。

（2）非平凡基数量词不是一阶可定义的。

证明 参见（Keenan，2002）。■

例如："至少 2 个"则可以一阶定义为：$\exists x \exists y(x \neq y \wedge P_1x \wedge P_1y \wedge P_2x \wedge P_2y)$

类似的，"至少 n 个"，"所有最多除了 2 个"等也可以给出一阶定义。

有限协基数模糊量词是：所有除了（最多）n，n 是一有限基数。

一阶可定义性和单调性之间也具有一定的关系，D. 维斯特斯塔尔曾在（Westerståhl，1984）中总结如下：

命题 4.15 如果 Q 是主语向下单调的（↓MON），那么 Q 是一阶可定义的。更精确的，Q 可以由一个全称一阶句子定义，即，形如 $|A-B| \leq n \vee |A \cap B| \leq k$ 的句子的合取。

如果 Q 是主语向上单调的（↑MON），那么 Q 是一阶可定义的。Q 可以由一个存在一阶句子定义，即，形如 $|A-B| > n \wedge |A \cap B| > k$ 的句子的析取。另外，把研究范围扩展到模糊集后，在我们 4.2 节中给出的模糊集基数计算方法的框架下，一些直观上成立的性质仍然成立：

首先是直观上的对称性：

定义 4.40 对任意 $n \in N(n>0)$，i，$j \in \{1, \cdots, n\}$，对任意 $k \in \{1, \cdots, n\}$，$f_{i,j}: \{1, \cdots, n\} \to \{1, \cdots, n\}$ 定义如下：

$$f_{i,j}(k) = \begin{cases} i & k=j, \\ j & k=i, \\ k & \text{否则。} \end{cases}$$

因为 $\mu_{A \cap B} = \mu_{B \cap A}$，所以 $Card_{A \cap B}(k) \Leftrightarrow Card_{B \cap A}(k)$，因此，扩展到模糊集后，这种对称性仍然成立。

命题 4.16 基数模糊量词是对称的。

证明 易证。■

其次，在直观上，"(至少 k)(A)(B)" 应该等价于 "(不超过 $|U|-k$)(A)($\neg$B)"。例如：若某班级 20 个学生，"至少 5 个学生戴眼镜" 则等价于说 "不超过 15 个学生不戴眼镜"；对于 A，B 为模糊集的情况，4.2 节中我们给出的真值计算方法仍然使之成立。

例如：令 U = {x1，x2，x3，x4，x5}，在下述情况下我们分别计算 "至少 2(A)(B)" 和 "不超过4(A)($\neg$B)" 的真值，上章讨论过，一般 "至少 n(A)(B)" 中 A 不是模糊集，所以我们不妨令：

$$B = \begin{bmatrix} x1 & x2 & x3 & x4 & x5 & x6 \\ 0.8 & 0.8 & 0.7 & 0.5 & 0.3 & 0.1 \end{bmatrix}$$

则

$$\neg B = \begin{bmatrix} x1 & x2 & x3 & x4 & x5 & x6 \\ 0.2 & 0.2 & 0.3 & 0.5 & 0.7 & 0.9 \end{bmatrix}$$

$$Card_{A \cap B}(k) = \begin{bmatrix} 0 & 1 & 2 & 3 & 4 & 5 & 6 & 7 \\ 0.2 & 0.2 & 0.3 & 0.5 & 0.5 & 0.3 & 0.1 & 0 \end{bmatrix}$$

$$Card_{A \cap \neg B}(k) = \begin{bmatrix} 0 & 1 & 2 & 3 & 4 & 5 & 6 & 7 \\ 0.1 & 0.3 & 0.5 & 0.5 & 0.3 & 0.2 & 0.2 & 0 \end{bmatrix}$$

按照 "(至少 n)(A)(B)" 的真值计算方法，可以得到：

Tr((至少 2)(A)(B)) = $\tilde{T}$

Tr((不超过 3)(A)($\neg$B)) = $\tilde{T}$

同样 Tr((至少 5)(A)(B)) = 0.3，而 Tr((不超过 1)(A)($\neg$B)) = 0.3。由此可见，

Tr(至少 k(A)(B)) = Tr(不超过 n − k(A)($\neg$B))。

命题 4.17 在有限论域上，基数模糊量词都可以转化为具有存在性质的基数模糊量词。

4.3.3 比例模糊量词的性质

4.3.3.1 单调性讨论

在上文中我们已经提到，比例模糊量词的语义特征则表现为：

对任意 A，B⊆E，对任意 m，n 满足 $1 \leqslant m < n$，有

$$Q(A)(B)=1 \Leftrightarrow |A\cap B|/|A| > m/n \text{ 或 } |A\cap B|/|A| \geqslant m/n。$$

由于 $A\cap B = A\cap A\cap B$，所以，比例模糊量词是具有驻留性的。也易见，比例模糊量词也具有扩展性、数量性和变异性。

除了上述四种语义普遍特征之外，同基数模糊量词类似，单调性同样也是比例模糊量词要讨论的重要性质，我们同样可以证明下述性质成立：

“少数学生是高个子”⇒“少数学生很高”；

“不超过 10% 的学生是贪玩的”⇒“不超过 10% 的学生是很贪玩的”；

“少数学生不是非常活泼的”⇒“少数学生不是活泼的”。

因此，不难得到，上限语义精确的比例模糊量词是谓语肯定向下单调，否定向上单调；但是，由“少数学生是高个子”却得不到“少数女生是高个子”；反过来由“少数女生是高个子”也得不到“少数学生是高个子”。因此，带比例模糊量词句子的主语不具有单调性。

类似的：

“多数学生很高”⇒“多数学生是高个子”；

“多数学生不是高个子”⇒“多数学生不是很高”；

“至少 60% 的学生很高”⇒“至少 60% 的学生是高个子”。

因此，

命题 4.18 下限语义精确的比例模糊量词是谓语肯定向上单调，否定向下单调的；上限语义精确的比例模糊量词是谓语肯定向下单调，否定向上单调的；对于上下限语义均精确和上下限语义均不精确的比例模糊量词的主语，谓语均不具有单调性。

证明 易证。■

4.3.3.2 l. u. b 和 g. l. b 性质分析

我们接下来再来分析比例模糊量词的 l. u. b（被）衍推和 g. l. b（被）衍推性质：

例如：

“至少10%的戴眼镜的男生及格了”$\nRightarrow$（$\nLeftarrow$）“至少10%的戴眼镜的及格了并且至少10%个男生及格了”；

“至少10%的与会者是男生并且戴眼镜”$\Rightarrow$（$\nLeftarrow$）“至少10%的与会者是男生并且至少10%的与会者戴眼镜”；

“至少10%的与会者是男生或至少10%的与会者戴眼镜”$\Rightarrow$（$\nLeftarrow$）“至少10%的与会者是男生或戴眼镜”；

“至少10%的戴眼镜的及格了或至少10%的男生及格了”$\nRightarrow$（$\nLeftarrow$）“至少10%的戴眼镜或男生及格了”。

可见，“至少10%”的第二个论元是g. l. b衍推，l. u. b被衍推的；第一个论元不具有g. l. b和l. u. b性质：但对于“最多10%”的第二个论元则是g. l. b被衍推，l. u. b衍推的。

与基数模糊量词类似，对于“大约n%”、“至少10%且最多不超过20%”这些模糊量词，通过4.2的语义分析，我们知道上述推理都不成立。

命题4.19 比例模糊量词则第一个论元不具有g. l. b和l. u. b性质；若比例模糊量词具有精确语义下限，则第二个论元是g. l. b衍推，l. u. b被衍推的；若比例模糊量词具有精确语义上限，则是g. l. b被衍推，l. u. b衍推的；不具有精确语义上下限，或上下限语义均精确的比例模糊量词不具有g. l. b或l. u. b性质。

4.3.3.3 比例模糊量词的其他性质

比例模糊量词和基数模糊量词相比较，除了单调性和g. l. b（l. u. b）性质方面的差异外，是否具有一阶可定义性也是一个显著区别。早在（Barwise et al.，1981）中巴威斯和库珀就给出了下述命题：

命题4.20 严格的比例量词不是一阶可定义的（即使论域是有穷的）。

上述命题既适用于严格比例量词的否定，也可扩展应用于复合的比例量词，如：少于3/10，不超过1/10、2/5和3/5之间等等。

命题4.21 比例模糊量词既不是存在的也不是全称的。

有一些比较特殊的比例量词，例如“多于0%”意味着“至少1个”，则是存在的。“少于100%”意味着“并非全部”则是全称的。但是这些比例量词并不在我们所限定的模糊量词的研究范围内。

命题4.22 比例模糊量词不具有对称性。

4.3.4 基数/比例模糊量词的性质

根据4.2节中的语义分析，我们知道，在经典的基数解释下，

"很多女生很优秀"⇒"很多学生优秀"；

"许多女生不是高个子"⇒"许多女生不很高"；

"许多女生不是高个子"⇒"许多学生不是高个子"；

"很少学生及格了"⇒"很少女生及格了"；

"很少学生不优秀"⇒"很少女生不优秀"。

因此可以得出，

命题4.23 在经典基数解释下，"模糊算子+多"形式的模糊量词主语是肯定（否定）向上单调，谓语是肯定向上单调，否定向下单调的。"模糊算子+少"以及所有表示否定意义的基数/比例量词在经典基数解释下，主语是肯定（否定）向下单调的，谓语是肯定向下单调，否定向上单调的。

但是在其他解释下，上述推理却并不都是成立的。例如：如果论域为100个学生，其中只有五个女生，且四个女生学习很刻苦，而所有男生都不刻苦学习，则"许多女生是学习刻苦的"在比例解释下是$\tilde{T}$，但是"许多学生是学习刻苦的"在比例解释下却不是。然而，不管是在主观比例，还是在客观比例解释下，下述推理都是成立的：

"很多女生都很漂亮"⇒"很多女生漂亮"；

"很多女生不漂亮"⇒"很多女生不是很漂亮"；

"很少女生漂亮"⇒"很少女生很漂亮"；

"很少女生不是很漂亮"⇒"很少女生不漂亮"。

即：

命题4.24 具有肯定意义的基数/比例模糊量词，在基数解释和比例解释下，谓语是肯定向上单调，否定向下单调的。具有否定意义的基数/比例模糊量词，在基数解释和比例解释下，谓语是肯定向下单调，否定向上单调的。

同样对于l. u. b（g. l. b）性质，在经典基数解释下：

"许多戴眼镜的男生及格了"⇒"许多戴眼镜的及格了并且许多男生及格了"；

"许多戴眼镜的及格了或许多男生及格了"⇒"许多戴眼镜的或男生及格了"。

但显然，在比例解释和其他解释下：

"许多戴眼镜的男生及格了"⇏（⇍）"许多戴眼镜的及格了并且许多男生

及格了”；

“许多戴眼镜的及格了或许多男生及格了” ⇏ (⇍) “许多戴眼镜的或男生及格了”。

在 4.2 节给出的几种语义解释下都有：

“许多与会者是男生且戴眼镜” ⇒ (⇍) “许多与会者是男生并且许多与会者戴眼镜”；

“许多与会者是男生或许多与会者戴眼镜” ⇒ (⇍) “许多与会者是男生或戴眼镜”。

因此，我们可以得出，

命题 4.25 对于基数/比例模糊量词，具有肯定意义的基数/比例模糊量词第二个论元 g. l. b 衍推，l. u. b 被衍推的；而对于第一个论元，只有在经典基数解释下是 g. l. b 衍推，l. u. b 被衍推的。具有否定意义的基数/比例模糊量词，第二个论元是 g. l. b 被衍推，l. u. b 衍推的；第一个论元在经典基数解释下是 g. l. b 被衍推，l. u. b 衍推的。

除了单调性质和 g. l. b（l. u. b）性质之外，基数/比例模糊量词还具有下述性质：

命题 4.26 基数/比例模糊量词不是一阶可定义的。

命题 4.27 基数/比例模糊量词只有在基数解释下是对称的。

4.3.5 小结

我们在模糊集的框架下详细讨论了模糊量词的语义普遍特征，介绍了与模糊量词性质有关的概念。分别对基数模糊量词、比例模糊量词、基数/比例模糊量词的性质进行了分析。尤其详细讨论了单调性和 g. l. b（l. u. b）衍推和被衍推性质。在下面几节中我们可以看到，单调性和 g. l. b（l. u. b）性质对于模糊量词的推理讨论至关重要。通过性质分析也可以看出，我们前面所给出的计算模糊集基数的方法，使模糊量词有许多符合直观的性质仍然成立。这也加强了我们所给出的计算模糊集基数方法的合理性。

4.4 模糊量词推理

4.4.1 模糊量词推理概述

扎德把自然语言中的模糊命题分为下面四种类型：命题被模糊谓词（高，重……）修正而得到的命题；由模糊命题的布尔组合（且，或……）组成的命题；包括模糊量词（许多，多数……）的命题；包括模糊量化（真，可能真……）的命题。

因此，一般情况下，我们可以针对上述几种情况对模糊命题推理进行研究，例如：

改变模糊谓词的推理：

"中国人是很友好的"是"真"的⇒"中国人是友好的"是"真"的；

"多数重的人是很高的"是"真"的⇒"多数重的人是高的"是"真"的。

改变模糊对象的推理：

"多数重的人是高的"是"真"的⇒"几乎所有很重的人是高的"是"真"的；

"少数高的人是瘦的"是"真"的⇒"很少很高的人是瘦的"是"真"的。

（Okamoto et al.，2005）中处理了模糊谓词和模糊对象同时改变的情况。如：

"很少重的人是高的"是"有些真"的⇒"非常少很重的人是很高的"是"非常真"的。

上述的推理例子可以形式化为：

$$Q(A)(F)\tau \Rightarrow Q'(A)(mF)\tau;$$

（Okamoto et al.，2005）中根据 Q 和 m 的类型区分了四种情况：

m：$0<m<1$（扩张：或多或少，……）

　　$m>1$（收缩：非常……）

Q：单调增（多数，很多……）

　　单调减（很少，非常少……）

在这一部分中，我们主要考虑与模糊量词相关的有效推理。

4.4.2 模糊量词的有效推理模式

4.4.2.1 由单调性和 g. l. b (l. u. b) 性质得到的有效推理模式

根据前述单调性和 g. l. b (l. u. b) 性质的分析，我们首先可以给出下面几种有效的推理模式：

(1) 若 Q 的第一个论元是单调增的，则：

Q(A)(B)
所有 A 是 C

Q(C)(B)

若 Q 的第一个论元是单调减的，则：

Q(A)(B)
所有 C 是 A

Q(C)(B)

(2) 若 Q 的第二个论元是单调增的，则：

Q(A)(B)
所有 B (不) 是 C

QA (不) 是 C

若 Q 的第二个论元是单调减的，则：

Q(A)(B)
所有 C 是 B

QA 是 C

(3) 若 Q 的第一个论元是单调增的，则：

$$\frac{Q(A\cap B)(C)}{Q(A)(C)\cap Q(B)(C)}$$

$$\frac{Q(A)(B\cap C)}{Q(A)(B)\cap Q(A)(C)}$$

$$\frac{Q(A)(B)\cup Q(A)(C)}{Q(A)(B\cup C)}$$

$$\frac{Q(A)(B)\cup Q(A)(C)}{Q(A\cup B)(B)}$$

(4) 若 Q 的第二个论元是单调增的，则：

$$\frac{Q(A)(B\cap C)}{Q(A)(B)\cap Q(A)(C)}$$

$$\frac{Q(A)(B)\cup Q(A)(C)}{Q(A\cup B)(B)}$$

（5）若 Q 的第一个论元是单调减的，则：

$$\frac{Q(A)(C)\cap Q(B)(C)}{Q(A\cap B)(C)}$$

$$\frac{Q(A)(B)\cap Q(A)(C)}{Q(A)(B\cap C)}$$

$$\frac{Q(A)(B\cup C)}{Q(A)(B)\cup Q(A)(C)}$$

$$\frac{Q(A\cup B)(C)}{Q(A)(B)\cup Q(A)(C)}$$

（6）若 Q 的第二个论元是单调减的，则：

$$\frac{Q(A)(C)\cap Q(B)(C)}{Q(A\cap B)(C)}$$

$$\frac{Q(A)(B\cup C)}{Q(A)(B)\cup Q(A)(C)}$$

4.4.2.2 含有多个模糊量词的有效推理模式

不难发现，上述根据单调性和 g. l. b（l. u. b）性质得到的有效推理模式，是针对一个模糊量词而言的，除了上述推理模式外，在一定条件下，下列前提中含有不同模糊量词的推理模式也是有效的：

（1）若 Q_μ 的语义下限为 μ 则

Q_μA 是 B
所有 C 是 A
所有 C 是¬B
———————
（至少）Q_μA 是¬C

例如：

多数鸟是会飞的
所有鸵鸟是鸟
所有鸵鸟不会飞
———————
至少多数鸟不是鸵鸟

至少 10% 的学生是戴眼镜的
所有与会者都是学生
所有与会者都是不戴眼镜的
———————
至少 10% 的学生不是与会者

（2）若 Q_μ，Q_ν 的语义下限分别为 μ，ν 则

$$\frac{\begin{array}{l}Q_\mu A\text{ 是 }B\\ Q_\nu A\text{ 是 }C\end{array}}{Q_\gamma A\text{ 是 }B\cup C\text{，其中 }\gamma=\max(\mu,\nu)}$$

若 Q_μ，Q_ν 为具有肯定意义的基数/比例模糊量词，则上述推理形式可以表示为：

$$\frac{\begin{array}{l}Q_\mu A\text{ 是 }B\\ Q_\nu A\text{ 是 }C\end{array}}{Q_\gamma A\text{ 是 }B\cup C\text{，其中 }Q_\gamma=\max(Q_\mu,Q_\nu)}$$

这里，max 可以理解为量词语义序的比较。

非常多的学生有台式机
很多学生有笔记本计算机
———————————————
非常多的学生有台式机或笔记本计算机

（3）若 Q_μ，Q_ν 的语义上限分别为 μ，ν，则

$$\frac{\begin{array}{l}Q_\mu A\text{ 不是 }B\\ Q_\nu A\text{ 不是 }C\end{array}}{Q_\gamma A\text{ 不是 }B\cup C\text{，其中 }\gamma=\mu+\nu}$$

类似的，若 Q_μ，Q_ν 为具有否定意义的基数/比例模糊量词，则上述推理形式可以表示为：

$$\frac{\begin{array}{l}Q_\mu A\text{ 不是 }B\\ Q_\nu A\text{ 不是 }C\end{array}}{Q_\gamma A\text{ 不是 }B\cup C\text{，其中 }Q_\gamma=\max(Q_\mu,Q_\nu)}$$

例如：

很少学生不是高个子
非常少的学生不戴眼镜
———————————————
很少学生不是（高个子或戴眼镜）

（4）右“交”：若 Q_μ，Q_ν 的语义上限分别为 μ，ν，则

$$\frac{\begin{array}{l}Q_\mu A\text{ 是 }B\\ Q_\nu A\text{ 是 }C\end{array}}{Q_\gamma A\text{ 是 }B\cap C\text{，其中 }\gamma=\min(\mu,\nu)}$$

若 Q_μ，Q_ν 为具有否定意义的基数/比例模糊量词，则 $Q_\gamma=\min(Q_\mu,Q_\nu)$

（5）若 Q_μ，Q_ν 的语义下限分别为 μ，ν，则

$$\frac{\begin{array}{l}Q_\mu A\text{ 不是 }B\\ Q_\nu A\text{ 不是 }C\end{array}}{Q_\gamma A\text{ 不是 }B\cap C\text{，其中 }\gamma=\min(\mu,\nu)}$$

若 Q_μ，Q_ν 为具有肯定意义的基数/比例模糊量词，则 $Q_\gamma=\min(Q_\mu,Q_\nu)$

（6）左“并”：若 Q_μ，Q_ν 是语义下限（或语义上限）分别为 μ，ν 的基数

模糊量词，则

$$\frac{\begin{array}{l}Q_{\mu}A\text{ 是 }C\\Q_{\nu}B\text{ 是 }C\end{array}}{Q_{\gamma}A\cup B\text{ 是 }C\text{，其中 }\gamma=\max(\mu,\ \nu)}$$

对于这个推理模式，我们首先分析下例：

至少10个女生是戴眼镜的
至少20个男生是戴眼镜的
———————————————
至少30个女生或男生是戴眼镜的

虽然在此例中我们可以得到 $\gamma=\mu+\nu$，但不难发现此种 γ 的取值，只有当A，B两集合不兼容时才会成立；我们再看下例：

至少10个男生是高个子
至少10个篮球运动员是高个子
———————————————
？男生或篮球运动员是高个子

如果所有男生都是篮球运动员，所有篮球运动员都是男生，则我们只能得到"至少10个男生或篮球运动员是高个子"，而不可能得到"至少20个男生或篮球运动员是高个子"。因此，只有 $\gamma=\max(\mu,\ \nu)$ 才能保证上述推理的有效性。

（7）若 Q_{μ}，Q_{ν} 是语义上限（或语义下限）分别为 μ，ν 的基数模糊量词，则有下述推理模式：

$$\frac{\begin{array}{l}Q_{\mu}A\text{ 不是 }C\\Q_{\nu}B\text{ 不是 }C\end{array}}{Q_{\gamma}A\cup B\text{ 不是 }C}$$

若 $A\subseteq B$ 或 $A\supseteq B$ 则 $\gamma=\max(\mu,\ \nu)$，否则 $\gamma=\mu+\nu$。

若 Q_{μ}，Q_{ν} 均为具有否定意义的基数/比例模糊量词，则 $Q_{\gamma}=\max(Q_{\mu},\ Q_{\nu})$。

（8）左"交"：若 Q_{μ}，Q_{ν} 是语义上限分别为 μ，ν 的基数模糊量词，则

$$\frac{\begin{array}{l}Q_{\mu}A\text{ 是 }C\\Q_{\nu}B\text{ 是 }C\end{array}}{Q_{\gamma}A\cap B\text{ 是 }C\text{，其中 }\gamma=\min(\mu,\ \nu)}$$

（9）若 Q_{μ}，Q_{ν} 为语义下限（或语义上限）分别为 μ，ν 的基数模糊量词，则

$$\frac{\begin{array}{l}Q_{\mu}A\text{ 是 }B\\Q_{\nu}A\cap B\text{ 是 }C\end{array}}{Q_{\gamma}A\text{ 是 }B\cap C\text{，其中 }\gamma=\nu}$$

（10）若 Q_{μ}，Q_{ν} 为语义下限分别为 μ，ν 的基数模糊量词，则

$$\frac{\begin{array}{l}Q_{\mu}A\text{ 是 }B\\Q_{\nu}A\cap B\text{ 是 }C\end{array}}{Q_{\gamma}A\text{ 是 }C\text{，其中 }\gamma=\nu}$$

(11) 若 Q_μ，Q_ν 为形如最多（不超过）m%，最多（不超过）n% 的比例模糊量词，则：

$$\frac{Q_\mu A \text{ 是 } B \quad Q_\nu A\cap B \text{ 是 } C}{Q_\gamma A \text{ 是 } B\cap C}$$

其中，Q_γ 形如“最多（不超过）（m% ×n%）”。

若 Q_μ，Q_ν 为形如至少（不少于）m%，至少（不少于）n% 的比例模糊量词，则上述推理中，Q_γ 形如“至少（不少于）（m% ×n%）”。

(12) 若 Q_μ，Q_ν 分别为形如至少（不少于）m%，至少（不少于）n% 的比例模糊量词，则：

$$\frac{Q_\mu A \text{ 是 } B \quad Q_\nu A\cap B \text{ 是 } C}{Q_\gamma A \text{ 是 } C}$$

其中 Q_γ 形如“至少（不少于）（m% ×n%）”。

4.4.3　带模糊量词的性质命题变形推理及三段论推理[①]

4.4.3.1　带模糊量词的性质命题变形推理

命题变形推理是指通过改变性质命题的联项或者改变性质命题的主项和谓项的位置，或者既改变联项又改变主项和谓项的位置，从而得出结论的推理。

对于带有模糊量词的性质命题而言，满足一定规则的变形推理仍然是有效的。对换质法而言：

“很多 S 是 P” ⇒ “很多 S 不是非 P”

“几乎所有的 S 不是 P” ⇒ “几乎所有的 S 是非 P”

即：“Q S 是 P” ⇒ “Q S 不是非 P”

“Q S 不是 P” ⇒ “Q S 是非 P”

对于带模糊量词的性质命题，保证其推理有效的换质法规则与经典逻辑中相同：(1) 只改变前提的质；(2) 结论中的谓项是前提中谓项的矛盾概念。

对于换位法，则要复杂一些，为了给出其规则，我们首先要给出“周延度”的概念。

在传统逻辑中，周延性的概念如下：在一个直言命题中，如果陈述了它的主

① 本小节部分发表于（高东平，2006）。

项（或谓项）的全部外延，那么这个命题的主项（或谓项）就是周延的。因此，全称命题的主项和否定命题的谓项是周延的，其他位置的词项都是不周延的。

菲利普 L. 彼得森（Philip L. Peterson）在（Peterson，2000）中研究 almost-all、most 和 many 这几个量词时，提出了周延度的概念，并分别对带这几个量词的命题的主项和谓项在肯定和否定两种情况下的周延性进行了区分。这里我们借鉴菲利普 L. 彼得森的方法，并将其推广为一般情况。

为了表示“周延”与“不周延”质的区别，我们将传统的“不周延”定义为 0 度周延，记为 DI0；传统的“周延”定义为 1 度周延，记为 DI1。因此，特称命题的主项和所有肯定命题的谓项的周延度为 0，其他模糊量词的周延度介于 0～1 之间。若词集中有 n 个模糊量词（要求词集中模糊量词都是有语义下限的），模糊量词 M 在词集中按其语义下限排序后的位置为 i（尽管“存在”和“全部”不是模糊量词，但为了叙述的方便，我们在任意模糊量词的词集中增加“存在”为第一个量词，“全部”为最后一个量词），则其对应的命题的主项的周延度为 (i－1)/(n－1)，记为：DI(i－1)/(n－1)；对于否定命题，仍然是陈述了其谓项的所有外延，因此，对于带模糊量词的否定命题的谓项仍然是传统意义上的周延，周延度为 1，即与“全部”的主项的周延度相同。例如：若模糊量词的词集中只有｛存在、许多、很多、大多数、几乎所有、全部｝这几个量词，则：

“所有”肯定命题的谓项：DI0

“存在”的主项：DI0

“许多”的主项：DI1/5

“很多”的主项：DI2/5

“大多数”的主项：DI3/5

“几乎所有”的主项：DI4/5

“全部”的主项：DI1

所有否定命题的谓项：DI1

则根据周延度的概念，可以给出换位法的规则如下：

（1）只更换主项与谓项的位置，命题的质不变；

（2）更换后主项、谓项的周延度不得高于原命题中的周延度。

由规则可以保证非全称否定命题不能换位。如：几乎所有 S 不是 P，若进行换位的话，由于命题的质不变，因此换位后仍是否定命题，但 S 作为换位后的谓项其周延度大于原命题中的周延度，因此非全称否定命题不能换位。

另外由换位规则也可以得到：所有肯定命题换位后都得到一个特称命题。例如：“大多数 S 是 P”进行换位推理，因为 P 的周延度为 0，换位后 P 作为命题主项，其周延度要不大于0，因此命题只能是特称的。

4.4.3.2 带模糊量词的三段论推理

在（Peterson，2000）那里，研究 almost-all，most 和 many 几个量词组成的三段论时，曾给出推演规则为：

（1）中项在前提中的周延度之和大于5；

（2）结论中的周延度不得大于前提中的周延度；

（3）两个否定前提不能得出结论；

（4）结论是否定的，当且仅当，前提中有一个是否定的；

其中，

DI = 1：特称的主项和存在的谓项；

DI = 2：many 的主项；

DI = 3：most 的主项；

DI = 4：almost 的主项；

DI = 5：all 的主项和否定的谓项；

并证明了满足规则的三段论都是有效的，有效的三段论都是满足上述规则的。但是因为彼得森的规则只是针对 almost-all，most 和 many 几个量词，并没有考虑其他量词，因此，他也就忽略了基数模糊量词的对称性。例如：

至少10个学生是与会代表
所有与会代表戴眼镜
———————————
至少10个学生戴眼镜

由基数模糊量词的对称性，我们知道：

"至少10个学生是与会代表"⇔"至少10个与会代表是学生"。

故：

至少10个与会代表是学生
所有与会代表戴眼镜
———————————
至少10个学生戴眼镜

上述三段论推理显然不满足彼得森的规则，但却是有效的。

因此，我们将周延度的概念推广到一般情况后，需要进一步修改彼得森的规则，使之成为，保证带具有精确语义下限的模糊量词的三段论有效的规则。

推演规则如下：

（1）中项在前提中的周延度之和大于1；

（2）结论中的周延度不得大于前提中的周延度或前提的等价命题中的周延度；

(3) 两个否定前提不能得出结论；

(4) 结论是否定的，当且仅当，前提中有一个是否定的。

由上述规则也很容易得到，只有第三格允许两个前提均为非全称，且两个前提的模糊量词的语义下限之和必须大于论域的基数。

在论域有限的情况下，通过增加适当的限制，具有语义上限的模糊量词都可以转化为具有语义下限的，例如："不超过10个 (A)(B)"，可以转化为"至少 $|U-A|$(A) 不是 (B)"；"很少 (A)(B)"在一定限制下可以转化为"很多 (A) 不是 (B)"。因此这类情况的三段论不需再单独说明。

4.4.4 模糊量词的模糊推理

上面几节所讨论的模糊量词的有效推理可以推广到模糊推理。

关于模糊推理的模式，一般分为：多条件模糊推理、多维模糊推理和以上两种推理的复合三类①，其推理的模式分别如下：

多条件模糊推理的模式为：

$$\begin{array}{l} A_1 \to B_1 \\ A_2 \to B_2 \\ \cdots \\ A_n \to B_n \\ A \\ \hline B \end{array}$$

其中 A_i，$A \in F(U)$，B_i，$B \in F(V)$，$i=1, 2, \cdots, n$，U，V 为两个论域。

多维模糊推理的模式为：

$$\begin{array}{l} A_1 \wedge A_2 \wedge \cdots \wedge A_n \to B \\ A_1', A_2', \cdots, A_n' \\ \hline B' \end{array}$$

其中 A_i，$A \in F(U)$，B_i，$B \in F(V)$，$i=1, 2, \cdots, n$，U，V 为两个论域。

对于上述推理模式中的蕴涵式采用不同的蕴涵算子可以得到蕴涵式的不同解释。设 A_i，B_i 对应的隶属函数分别为 $\mu_{A_i}(u)$ 和 $\mu_{B_i}(v)$，$u \in U$，$v \in V$。设 $a \to b$ 的蕴涵算子为 $I(a, b)$。则 $A_i \to B_i$ 可表示为模糊关系：

$$R_i(u, v) = I(\mu_{A_i}(u), \mu_{B_i}(v)), \ u \in U, \ v \in V$$

① 参见（何新贵，1999：402-406）。

对于计算 B 的隶属度，不同的学者给出过不同的方法。以多维模糊推理的模式为例：

扎德的方法如下：

$$B' = (A_1' \times A_2' \times \cdots \times A_n') \circ (A_1 \times A_2 \times \cdots \times A_n \to B)$$

其中 ∘ 表示合成运算，表示为隶属函数的形式为：

$$\mu_{B'}(v) = \bigvee_{(u_1,u_2,\cdots,u_n)\in U_1\times U_2\times\cdots\times U_n}[(\bigwedge_{i=1}^{n}\mu_{A_i}(u_i)\wedge I(\bigwedge_{i=1}^{n}\mu_{A_i}(u_i),\ \mu_B(v)))]$$

楚卡莫托的方法：

$$B' = \bigcap_{i=1}^{n} A_i' \circ (A_i \to B)$$

其中 ∘ 表示合成运算，表示为隶属函数的形式为：

$$\mu_{B'}(v) = \bigwedge_{i=1}^{n}[(\bigvee_{u_i\in U_i}\mu_{A_i}(u_i)\wedge I(\mu_{A_i}(u_i),\ \mu_B(v)))]$$

苏吉诺（Sugeno）的递推计算方法则是：

$$B_1' = A_1' \circ (A_1 \to B)$$

$$B_2' = A_2' \circ (A_2 \to B_1')$$

$$\cdots$$

$$B' = B_n' = A_n' \circ (A_n \to B_{n-1}')$$

除了上述方法，国内也有很多学者都给出了自己的方法，如：王国俊的三 I 算法等。

根据这些方法，我们也可以讨论模糊量词的模糊推理。以下述推理为例

$Q_\mu A$ 是 B

$Q_\nu A$ 是 C

$Q_\gamma A$ 是 $B\cup C$，其中 $\gamma=\max(\mu,\ \nu)$

我们则可以讨论

$Q_\mu A$ 是 B　　μ_1

$Q_\nu A$ 是 C　　μ_2

$Q_\gamma A$ 是 $B\cup C$，其中 $\gamma=\max(\mu,\ \nu)$　　μ_3

若 $\mu_1=0.9$，$\mu_2=0.8$，$I(a,\ b)=\min\{1,\ 1-a+b\}$，则用扎德的方法很容易计算出 $\mu_3=0.8$。

由于模糊推理的诸方法蕴涵算子 $I(a,\ b)$ 的选择自由度很大，且∧和∨只分别要求是对偶的并型与交型运算，也较随便，所以模糊推理算法的选择多是根据实际应用需要而定。我们在此仅是表明带模糊量词的陈述也可以推广到模糊逻辑框架下讨论模糊推理，至于推理过程中的算法选择同样是根据实际情况而定。

4.4.5 小结

在这一部分中，我们分析了模糊量词种种有效推理的模式。包括以前面所讨论的单调性和 l. u. b 和 g. l. b 性质为基础得到的推理模式，含有多个模糊量词的推理模式及其有效的条件，带模糊量词的性质命题的变形推理和含有模糊量词的有效的三段论，以及模糊量词的模糊推理。

下面，我们将从自然逻辑的角度来研究模糊量词推理。

4.5 基于 Lambek 演算的模糊量词自然逻辑推理系统 FQNL

4.5.1 自然逻辑发展简述

4.5.1.1 珀迪（Purdy）的自然逻辑系统 L_N

20 世纪 80 年代末至今，很多学者把用范畴类型逻辑研究自然语言的视角也扩展到了自然语言推理方面。关于自然逻辑的研究也越来越引起了学者们的兴趣和重视。自然逻辑系统的目标是将一个系统扩展为，其能进行的推理能够像人们日常推理一样①。这是个很重要也很有趣的问题。

自然逻辑系统是直接在句法表达式层面进行推理的，使用自然语言中的布尔规律作为推理系统的关键。至今为止，很多学者都构造了不同版本的自然逻辑。

珀迪在（Purdy，1991）中给出了 L_N，他认为 L_N 是自然语言的反映。这个语言是基于 n 元关系操作数的，并且它没有变元和个体常元。单一的谓词既担任个

① 这里的“自然逻辑”和“自然语言逻辑（Logic of natural language）”不同，由于自然语言逻辑也在一些文献中称为自然逻辑、语言逻辑或日常语言逻辑。尤其国内一些学者的相关论文中提到自然逻辑时多指“自然语言逻辑”，故在此稍作区分。逻辑史上最先明确提出应建立自然语言逻辑的是美国当代语言学家莱柯夫（G. Lakoff），他认为“自然逻辑是一种为自然语言建立的逻辑，其目标是表达所有可以在自然语言中加以表达的概念，说明所有可以用自然语言做出的有效推理，而且结合这些对所有的自然语言进行适当的语言学描述。”而我们这里所说的“自然逻辑”，正如范·本瑟姆所言，所关心的问题是有多少逻辑推理不用更深的逻辑构造就可以在自然语言的表层上直接做到。

体常元又担任自由变元的角色，而辖域中变元的角色则由称为“选择操作数”的谓词函数来担任。因此，L_N 的字母表由：谓词符号、选择操作数、布尔联结词（∩和¬）、括号“（”和“）”组成。L_N 的表达力介于不带等词的谓词演算和带等词的谓词演算之间。珀迪也定义了从自然语言表达式到它的逻辑的转换程序。它由上下文无关语法组成，其中每一条规则都有相应的语义规则。除了量词，词库中的其他项都转换为它们自身，量词的转换如下：

有的（X）（Y）——X 和 Y 交集不空

所有（X）（Y）——X 是 Y 的子集

没有（X）（Y）——X 和 Y 交集为空

助词并不包括在词库中，但它们可以由语法规则直接处理。

推理系统 L_N 由大量的公理模式和两个推演规则组成。L_N 的推衍意图和自然语言中的推理类似。在 L_N 中证明的每一步都有直接的自然语言中的对应。这和一阶逻辑中的推衍形成了对照。珀迪表明描述量词的单调性和驻留性的规则能用这个系统得到。系统也有一致性和传统逻辑的其他的结果。

在珀迪的系统中，不同的公式可以符合同一个自然语言句子。即如果公式 M 符合句子 S，那么只用公式 M 就可以证得的任意公式 M′也符合 S。因此，它并不能保证句子 S 能从 M′用给定的上下文无关语法恢复（参见 Fyodorov，2002）中给出的例子）。另外，最明显的，珀迪定义的语法缺少名词短语。

尽管珀迪系统从形式逻辑的观点来看是有趣的，但是怎样扩展它，使之成为计算自然语言中推理的具体系统却是不清楚的（Fyodorov，2002）。

4.5.1.2 句子层面的其他自然逻辑系统

拉宾和伯恩（Bernth）在（Lappin et al.，1991）中也提出了一个自然语言推理系统。他们将这个系统称为 LEXSEM，能够从意义公设和自然语言句子产生向前或向后的推理链。其中意义公设也由自然语言句子的意义指定。LEXSEM 是直接从自然语言句子的句法表达式来处理推理的，并没有句子到逻辑形式的表达式之间的映象。因此，系统是以自然语言句子和解析表达式作为输出。系统的输入则是意义谓词的集合，意义谓词是由形如“如果 S1 那么 S2”的句子的意义指定的。相当于 S1 和 S2 之间的衍推关系。作者曾讨论说，LEXSEM 系统中，是直接对自然语言句子的解析结构进行运算的，而不是对句子的逻辑表达式。这种非转换方法可以保持自然语言句法的全部表达力。LEXSEM 系统的可行性支持自然语言推理的非转换方法。但是它的缺点是推理过程是在句子水平上的。这就使它很难处理更多组成成分之间的推理，例如“玛丽是漂亮的学生⇒玛丽是学生”这类推理。

麦卡利斯特（McAllester）和吉万（Givan）在（McAllester，1992）中模仿自然语言的结构，提出了一个新的一阶逻辑句法，他们称为蒙太格式（Montagocian）句法和论证。这个句法的主要部分是针对于“主谓宾”句子的，在这个片断中，麦卡利斯特和吉万表明了其可满足性是多项式时间可判定的。文中提出的句法是基于“类表达式”的。麦卡利斯特和吉万的多项式可判定片段的蒙太格式语言的语法定义如下：

类表达式是下面之一：

（1）变量或常量符号；

（2）单谓词符号；

（3）形如 R（some s）或 R（every s）的表达式，其中 R 是二元关系符号，s 是类表达式。

公式是形如（every s w）或（some s w）的表达式，其中 s，w 是类表达式或它的否定。公式和它们的否定称为文字。

全蒙太格式句法公式和一阶序公式之间存在相应的转换。因此，两种形式的表达力是相同的。蒙太格式句法的公式相对应于“主谓宾”句子，其中主语或宾语可能包含关系从句，但没有其他附属的（形容词、副词、介词短语）出现在句子中。例如，下面句子是公式：

（每个人跑）

（有的人（喜欢动物））

合式公式也包括像下面的这些公式：

（每只狗哺乳动物）

（每个人（爱生活）（爱艺术））

这些公式相对应的自然语言句子是：每只狗是哺乳动物；每个爱生活的人是爱艺术的。

麦卡利斯特和吉万关于蒙太格式语言给出了下面的结果（参见（McAllester et al.，1992）和（Fyodorov，2002））：

（1）文字的可满足性问题：如果给定的文字集合是可满足的则是可判定的且是 NP 完全的。

（2）如果每一个类表达式，知道它是否表达空集，那么文字的可满足性问题是多项式时间可判定的。

作者用基于公理和规则的复杂集合的推理系统给出了文字可满足性问题的判定过程。麦卡利斯特和吉万的文章的主要目标是使自然语言能够来自于强有力的句法推理。这些推理能够被句法表达语言有效的计算。但是 Y. 费奥多罗夫认为麦卡利斯特和吉万定义的蒙太格式句法并不足够接近自然语言句法。（Fyodorov，

2002）中曾指出：标准自然语言句法和蒙太格式句法之间最值得注意的区别是对名词短语的处理的不同。蒙太格式句法中缺少名词短语，句中不同位置出现的名词短语以不同的方式来分析。在宾语位置的名词短语是类表达式，而在主语位置的名词短语是公式。因此，没有直接用于名词短语的推演规则。既然否定操作数只能出现在原子公式中，则限定词“no”被处理为只能出现在主语位置而不能出现在宾语位置。

麦卡利斯特和吉万给出的系统和拉宾、伯恩给出的系统具有类似的缺点，即推理仍是在句子层面的，这就使得麦卡利斯特和吉万给出的系统的局限性还是很大的。很多自然语言中有效的推理都不能被包含其中，例如：约翰喜欢玛丽⇒约翰喜欢玛丽或琼。

4.5.1.3 单调自然逻辑推理系统

桑切斯（S'anchez）在（S'anchez，1991）中描述了一个他称为自然逻辑的系统，来计算自然语言句子之间的衍推。提出了一个用范畴语法证明被“装饰”了的自然语言表达式的机制，被装饰的自然语言表达式即用符号来表示这些表达式的单调性。项的单调性用“+”“-”来表示。桑切斯认为这些单调性的标记能用来说明自然语言中的非平凡推理。桑切斯也给出了带“+”“-”的表达式的计算代数。但是，用桑切斯的证明树得到的序命题并没有完全形式化。而且，桑切斯定义了一种方法来检验一个表达式是否是从另一个表达式通过代换其子表达式得到的，但是用这种方法，不能说明来自“小于等于”的传递性质的序关系。

贝尔纳迪（Bernardi）在（Bernardi，1999，2002）中接着桑切斯的工作给出了一个基于更复杂范畴类型逻辑的单调推理系统。在（Bernardi，2002）中，贝尔纳迪将范畴类型逻辑扩展到多模态逻辑语法来研究自然语言推理。但是桑切斯和贝尔纳迪都没有给出一个计算推理的公式。

4.5.1.4 序关系自然逻辑推理系统

因此，（Y. Fyodorov，2002）认为桑切斯和贝尔纳迪的系统都不是完全得自自然语言句子之间的推理。这种情况在（Fyodorov，2002，2003）中被部分地改进，为了处理更多的自然语言推理，费奥多罗夫在其给出的自然逻辑推理系统中增加了序关系。语义序关系用标准的模型论方法来定义。把真值和复杂类型的包含关系作为一个序。因此，对于句子，序关系相当于衍推关系。即：句子S′由句子S衍推，当且仅当S的所指［［S］］是“小于等于”S′的所指［［S′］］的。费奥多罗夫等基于AB演算，定义了序演算。在（Fyodorov，2003）中，只给出了范畴语法的简单版本，只包括“/消去”和“\ 消去”规则。费奥多罗夫等给出的演算可以得到相当直接的单调和非单调量词及交叉范畴的合取析取推理。但是，虽然费奥多罗夫等的这种证明自然语言中的推理的新的方法很有价值，但它对很多推理仍无效，甚至那些严格基于表达式之间的简单语义序关系推理也有些是无效的。

A. 扎曼斯基（A. Zamansky）等学者接着前面学者的工作，在（Zamansky，2004），（Zamansky et al.，2006）中又发展了一个基于模型论语义的推理系统，但用的仅仅是自然语言的句法表达，没有直接应用模型。句法结构和模型论语义下的意义之间的中间关系，消除了句法表达到逻辑层（例如一阶逻辑）的转换的需要。（Zamansky et al.，2006）主要是在费奥多罗夫的工作的基础上进行的。A. 扎曼斯基等认为费奥多罗夫系统的缺点主要来自于 AB 演算作为范畴语法的限制。因此，在（Zamansky et al.，2006）中，表明了费奥多罗夫等的系统能由基于 Lambek 演算的推理机制扩展[①]，除了 AB 演算中的消除规则外，也包含了引入规则。A. 扎曼斯基等提出了一个基于序演算的系统 L-OC。L-OC 在更多表达式的句法框架下，能支持多种自然语言推理。

A. 扎曼斯基等认为他们的工作至少在以下几方面扩展了费奥多罗夫等学者的工作：

首先，在 A. 扎曼斯基等给出的系统中，推理可以被计算，通过 Curry-Howard 对应，用证明项表达句法词源，与（Fyodorov，2003）中直接的句法词源相反。

其次，在（Zamansky et al.，2006）中增加了抽象推演规则，这个规则使序演算能处理包含带关系子句等的句子的推理。

第三，增加 β/η - 标准化公理，用基于证明项的 β/η 收缩，解决证明项在 L 中的非标准形式下的复杂因素。标准化公理使得系统能计算更多的衍推。例如：“约翰和玛丽没动” ⇒ “玛丽没动”。

第四，应用组合函数，可以去形式化复杂表达的非逻辑公理。例如：它可以表达在每一个模型下，“充满激情的爱”（尽管不必然是爱和它自己的关系）包含爱慕、喜欢等。

但是由于 A. 扎曼斯基等在系统中并没有对量词给予足够的关注，因此，像“至少 20 个学生是高个子⇒至少 20 个高个子是学生”是有效推理，而“至少 20% 的学生是高个子⇒至少 20% 的高个子是学生”是无效推理，“至少 20 个学生是戴眼镜的⇒至少 10 个学生是戴眼镜的”是有效的，这些问题在他的系统中

---

① 关于 Lambek 演算的内容参见本书第二章。

并不能解决。

虽然上述系统都有不尽如人意的地方，但是我们仍然可以看到，用自然逻辑系统来研究自然语言推理有不少比一阶逻辑计算自然语言衍推更进步、更符合自然语言的地方。正如很多文献中都提到的，用自然逻辑来研究推理可以保留自然语言的结构，可以避免语言学信息在形式语言代替自然语言表达式的转换过程中的丢失。这种语言学信息的丢失使自然语言的推理通常并不直接包括在形式推理中。其次，因为不是所有的自然语言结构都能在一阶逻辑中表达，因此，用自然逻辑来描述可以大大扩展所描述的推理的范围。例如，有效衍推：张三很高⇒张三高，“很”在一阶逻辑中则无法表达。再次，用一阶逻辑证明系统来计算自然语言衍推需要从句法结构到一阶公式的复杂映象。这些映象是以语法的特殊选择为主要根据的，并不是独立的语言学的考虑。或许正是由于这些原因，才使得学者们近年来对自然逻辑分外关注。

4.5.2 模糊量词的自然语言推理系统 FQNL 的基本概念

由上一节的论述我们可以清楚地看到，每个自然逻辑系统都只是针对于一部分自然语言推理的。在众多的自然语言推理系统中，并没有一个是关注模糊量词的。但是在我们的自然语言推理中又大量地涉及到诸多的模糊量词。因此，研究模糊量词的自然语言推理系统很有必要，也很有意义。下面我们就给出考虑了模糊量词的一些性质的自然逻辑系统（记为 FQNL）。

4.5.2.1 语义序关系

FQNL 中的推理是基于模糊量词的性质和自然语言表达式之间的序关系的。

自然语言的模型论语义包括偏序域（简记为：PO），所以相同语义类型的表达式的意义是可比较的。形式语义将复杂表达式的所指处理为它的子表达式的所指之间的序关系的组合。用给定的词汇项的语法和语义性质来描述。例如：在对形容词“高”的一般意义假定下，名词表达式“高的学生”是小于名词“学生”的。这样的序关系通常导致了自然语言句子意义的序列。在适当的语义理论下，句子意义之间的序列是符合直觉的有效衍推关系。例如：

“玛丽没有看到学生”⇒“玛丽没有看到高个子学生”；

“至少 20 个学生是高个子男生”⇒“至少 20 个学生是男生”；

“至少 20 个学生是高个子男生”⇒“至少 10 个学生是高个子男生”。

自然语言推理中常用的序关系，一般为下面四种情况[1]：第一种是结构序关系。例如："张三是高个子学生"⇒"张三是学生"；"张三非常高"⇒"张三高"。这些衍推反映了词"非常""高"作为修饰成分时的一般性质。作为序关系，可以形式化地表示为：

高（N）≤N

非常（A）≤A

非常（高（N））≤N

"高（N）≤N"意味着所有"高的N"的集合包含在所有N的集合里。对于这种序关系，（Fyodorov，2002）中称为"序演算（OC）"。

序关系的第二种情况是词汇含义之间的关系。例如：人≤动物；跑步≤运动；姐姐≤亲人等等。当然，词汇关系并不总是表示为序关系[2]。但是，在我们的系统中，我们沿用自然逻辑一贯的处理方式：仅仅是假设词汇序关系被给出了，把它作为词汇知识基的一部分，并不是序演算自身的部分。

第三种情况是函数序关系。例如：活泼且聪明≤聪明；聪明≤聪明或活泼。

第四种情况是性质序关系。例如：至少十个学生考试及格了≤至少有几个学生考试及格了；至少十个学生是戴眼镜的≤至少十个戴眼镜的是学生。

序关系的语义是标准的模型论语义：在给定的结构（或称为模型）中，自然语言表达式表达对象。模型中的对象是：真值，个体和它们的组合函数。其中，来自于函数的域的对象属于集合当且仅当函数返回真值中的"真"。因此，模型中的对象和自然语言中的表达式通过类型连接。

4.5.2.2 语义类型：基本语义概念

在我们的系统中，类型、偏序类型、域、逐点偏序这些基本概念与（Fyodorov，2002）和（Zamansky et al.，2006）的相同：

定义4.41 类型

令 T^0 是基本类型的有限集，类型的集合为最小集合T，使得 $T^0 \subseteq T$，且如果 $\tau \in T$，$\sigma \in T$，则 $(\tau\sigma) \in T$。

定义4.42 偏序类型

令 T^0_{po} 是基本偏序类型的有限集，PO类型的集合是最小 $T_{po} \subseteq T$ 使得 $T^0_{po} \subseteq T_{po}$ 且如果 $\tau \in T$，$\sigma \in T_{po}$ 则 $(\tau\sigma) \in T_{po}$。

---

① 在（Fyodorov，2002）中将序关系分为三种，在本书中，由于考虑到模糊量词的一些特殊性质，故将序关系分为四种。

② （Fyodorov，2002）中曾给出例子：kill和die，则可以表示为：$\forall x(\exists y kill(y, x) \rightarrow die(x))$。

类型 e（个体）和 t（真值）在基本类型中，其中 t 在 PO 基本类型中。

定义 4.43 域

对每个基本类型 $\tau \in T^0$，令 D_τ 是相应的非空域，假设基本类型的域是互不相交的。也假设任意基本 PO 类型 σ 的域 D_σ 赋予一个给定的偏序关系 $\leqslant_\sigma$。对每一个非基本类型（$\tau\sigma$）$\in T - T^0$，域 $D_{\tau\sigma}$ 是所有从 D_τ 到 D_σ 的函数的集合。

真值的域 D_t 是 {0，1}，D_e 是个体的非空集。基于此，普通名词的类型为 (et)，表示从个体到真值的函数。普通名词解释为构成普通名词所指的个体集。由上述定义也可以知道，et① 类型也是一个 PO 类型。

定义 4.44 逐点偏序

对每一个基本 PO 类型 $\tau \in T^0_{po}$，令 $\leqslant_\sigma$ 是 D_σ 上的偏序。对每一个非基本 PO 类型（$\tau\sigma$）$\in T_{po} - T^0_{po}$，$D_{\tau\sigma}$ 上的逐点偏序"$\leqslant_{\tau\sigma}$"定义为：

$x \leqslant_{\tau\sigma} y$ 当且仅当对每一个 $z \in D_\tau$，$x(z) \leqslant_\sigma y(z)$ 成立。

为了方便起见，我们有时也用"$x \geqslant y$"代替"$y \leqslant x$"。

PO 类型的自然语言表达式之间的语义序关系是非常普遍的，我们日常的推理也有很多是根据自然语言表达式的语义序关系进行的。例如：漂亮女孩≤女孩；飞快地跑≤跑等等。

"飞快"、"漂亮"这些自然语言可以视为 $\tau\tau$ 类型，在（Zamansky et al.，2006）中将 $\tau\tau$ 类型作为修饰类型。对于修饰类型的修饰函数的性质，我们定义如下：

定义 4.45 当 τ 是 PO 类型时，修饰类型 $\tau\tau$ 上的修饰函数 f 称作限制性的，当且仅当对每一个 $d \in D_\tau$，$f(d) \leqslant_\tau d$；修饰类型 $\tau\tau$ 上的修饰函数 f 称作模糊性的，当且仅当对每一个 $d \in D_\tau$，$d \leqslant_\tau f(d)$。

通过上面的这些定义，可以知道，形容词"漂亮"，副词"非常"都通常被分析为类型（et）（et）的限制性函数。因此，"非常漂亮的女孩$\leqslant_{et}$漂亮女孩"；"非常高$\leqslant_{(et)(et)}$高"。而副词"大约"，"大概"等则被分析为模糊性函数，所以，"十个学生$\leqslant_{(et)t}$大约十个学生"。在序演算中，限制性修饰类型产生的序关系是自然语言表达式之间产生序关系的最简单方式。

序关系的另一个重要来源是同等类型的表达式：形如 $\tau(\tau\tau)$。自然语言中这种类型的函数通常解释为最大下限或最小上限操作数。

定义 4.46② 函数 $f \in D_{\tau(\tau\tau)}$（其中 τ 是 PO 类型）称作最大下限（g. l. b.）函数，当且仅当对任意 d_1，d_2，$d_3 \in D_\tau$，下面两个条件成立：

---

① 为了方便起见，我们约定，最外层的括号可以省略不写。

② 定义 4.46、定义 4.47 参见（Zamansky et al.，2006）。

(1) $(f(d_1))(d_2) \leqslant_\tau d_1$ 且 $(f(d_1))(d_2) \leqslant_\tau d_2$;

(2) 若 $d_3 \leqslant_\tau d_1$ 且 $d_3 \leqslant_\tau d_2$, 则 $d_3 \leqslant_\tau (f(d_1))(d_2)$。

第一个条件要求 f 是限制性的或在它的论元上都返回下限；第二个条件保证 f 在它的论元上都返回最大下限。

定义 4.47 函数 $f \in D_{\tau(\tau\tau)}$ (其中 τ 是 PO 类型) 称作最小上限 (l. u. b.) 函数，当且仅当对任意 d_1, d_2, $d_3 \in D_\tau$, 下面两个条件成立：

(1) $d_1 \leqslant_\tau (f(d_1))(d_2)$ 且 $d_2 \leqslant_\tau (f(d_1))(d_2)$;

(2) 若 $d_1 \leqslant_\tau d_3$ 且 $d_2 \leqslant_\tau d_3$, 则 $(f(d_1)(d_2)) \leqslant_\tau d_3$。

正如 (Zamansky et al., 2006) 所述，自然语言中有至少三种 g. l. b. 函数：

(1) 合取：例如，跳舞和微笑，玛莉跳舞和约翰微笑是合取意义的 g. l. b.。

(2) 关系子句：例如打喷嚏的孩子则处理为名词"孩子"和动词"打喷嚏"的 g. l. b，相似的，"玛莉看到的孩子"则处理为"孩子"和"玛莉看到的" g. l. b。

(3) 形容词的交：例如"蓝色"、"红色"等形容词作为修饰时通常被假定为"交函数"：类型 ((et) (et)) 的函数它们的论元相交可以蕴涵类型 (et)。例如："蓝轿车"和"轿车是蓝色的"是同义的。

自然语言中的 l. u. b. 函数是析取"或"：意义也如通常。

定义 4.48 (Fyodorov, 2002) 令 σ_1, σ_2 是 PO 类型，函数 $f \in D_{\sigma1\sigma2}$ 是

(1) g. l. b 衍推，当且仅当对所有 x, $y \in D_{\sigma1}$, $f(x \wedge y) \leqslant f(x) \wedge f(y)$;

(2) g. l. b 被衍推，当且仅当对所有 x, $y \in D_{\sigma_1}$, $f(x \wedge y) \geqslant f(x) \wedge f(y)$;

(3) l. u. b 衍推，当且仅当对所有 x, $y \in D_{\sigma_1}$, $f(x \vee y) \leqslant f(x) \vee f(y)$;

(4) l. u. b 被衍推，当且仅当对所有 x, $y \in D_{\sigma_1}$, $f(x \vee y) \geqslant f(x) \vee f(y)$。

根据上一节的分析可知：

性质 4.1 令 $\sigma_1 = et$, $\sigma_2 = (et)t$, 函数 $f \in D_{\sigma_1\sigma_2}$ 是 g. l. b 衍推的，当且仅当 f 是单调增的；f 是 g. l. b 被衍推的，当且仅当 f 是单调减的；f 是 l. u. b 衍推的，当且仅当 f 是单调减的；f 是 l. u. b 被衍推，当且仅当 f 是单调增的。

定义 4.49 令 σ_1, σ_2 是 PO 类型，函数 $f_i \in D_{\sigma_1\sigma_2}$ 是可补充的，当且仅当，若 $f_1 \leqslant_{\sigma1} f_2$ 则 $f_1(d) \leqslant_{\sigma_1\sigma_2} f_2(d)$。

特别的，由定义 4.49，可以得到量词之间的序关系：

对于数字，我们假设其语义值是相应的自然数。我们把模糊量词的类型表达为 $\tau(\tau\sigma)$, 其中 $\tau = \tau'\sigma$, τ' 是基本类型，σ 是基本 PO 类型，则下面性质成立：

性质 4.2 对任意 d_1, $d_2 \in D_{\tau(\tau\sigma)}$, $d \in D_\tau$, 若 $d_1 \leqslant_{\tau(\tau\sigma)} d_2$, 则 $d_1(d) \leqslant_{\tau\sigma} d_2(d)$。

在自然语言中，另一个有用的函数的性质是单调性，即序的保持/反转。在很多文献中均给出单调性定义如下：

定义 4.50 令 σ_1，σ_2 是 PO 类型，函数 $f \in D_{\sigma_1\sigma_2}$ 是：

（1）向上单调的，当且仅当对所有 d_1，$d_2 \in D_{\sigma_1}$，$d_1 \leqslant_{\sigma_1} d_2 \Rightarrow f(d_1) \leqslant_{\sigma_2} f(d_2)$；

（2）向下单调的，当且仅当对所有 d_1，$d_2 \in D_{\sigma 1}$，$d_1 \leqslant_{\sigma_1} d_2 \Rightarrow f(d_1) \geqslant_{\sigma_2} f(d_2)$。

例如：模糊量词“至少 10 个”被分析为类型 $(et)((et)t)$ 的函数是向上单调的，不论是相对于其第一个论元，还是相对于其第二个论元。因此有下面的衍推：

“至少 10 个高个子学生戴眼镜” ⇒ “至少 10 个学生戴眼镜”；

“至少 10 个学生很高” ⇒ “至少 10 个学生高”。

定义 4.51 令 σ_1，σ_2 是 PO 类型，函数 $f \in D_{\sigma_1(\sigma_1\sigma_2)}$ 是对称的，当且仅当对所有 d_1，$d_2 \in D_{\sigma_1}$，$f(d_1)(d_2) \leqslant_{\sigma_2} f(d_2)(d_1)$。

由前面对模糊量词的语义分析可以知道，只有基数模糊量词可以处理为对称性的函数。“最多 10 个男生是戴眼镜的 ≤ 最多 10 个戴眼镜的是男生”。因此，我们可以有如下性质：

性质 4.3 令 σ_1，σ_2 是 PO 类型，函数 $f \in D_{\sigma_1\sigma_2}$ 是对称的，当且仅当 f 为基数模糊量词的类型。

4.5.2.3 语义类型：带语义特征的类型

首先，我们根据上面讨论的语义性质定义带语义特征的类型的语义特征集。

定义 4.52 语义特征的集合 $Feat = \{+, -, R_i, C, D, \|\}$，$i = 1, 2$：

（1）“+”/“-”表示函数类型 $\tau\sigma$ 的向上/下单调性，其中 τ 和 σ 是 PO 类型；

（2）“R_1”表示修饰类型 $\tau\tau$ 的限制性，其中 τ 是 PO 类型；

（3）“R_2”表示修饰类型 $\tau\tau$ 的模糊性，其中 τ 是 PO 类型；

（4）“C”/“D”表示同等类型 $\tau(\tau\tau)$ 的 g. l. b. /l. u. b. 其中，τ 是 PO 类型；

（5）“‖”表示类型 $\tau(\tau\sigma)$ 的基数性，其中 $\tau = \tau'\sigma$，τ 是基本类型，σ 是基本 PO 类型。

定义 4.53 带语义特征的类型和带语义特征的 PO 类型

令 T^0 是基本类型的集合，T^0_{PO} 是基本 PO 类型的集合，使得 $T^0_{PO} \subseteq T^0$。带语义特征的类型和带语义特征的 PO 类型的集合 T_{dec} 和 T^{PO}_{dec} 是满足下列条件的最小集：

（1）$T^0 \subseteq T_{dec}$，$T^0_{PO} \subseteq T^{PO}{}_{dec}$；

（2）如果 $\tau \in T_{dec}$，$\sigma \in T_{dec}$，$\rho \in T^{PO}{}_{dec}$ 则 $(\tau^F\sigma) \in T_{dec}$，$(\tau^F\rho) \in T^{PO}{}_{dec}$ 对任意 $F \subseteq Feat$ 满足下列条件：

（a）如果 $F \neq \varnothing$，那么 τ，$\sigma \in T^{PO}{}_{dec}$；

（b）如果 $R_i \in F$（$i = 1, 2$），那么 $\tau = \sigma$；

(c) 如果 C 或 $D \in F$ 那么

①如果 $\tau = (\tau_1 {}^{F'} \tau_2)$ 那么 $F' = \varnothing$，且

②$\sigma = (\tau^{\varnothing} \tau)$；

(d) 如果 $\| \in F$ 那么 $\tau = \tau'\sigma'$，$\rho = (\tau\sigma')$，其中 τ'，$\sigma' \in T^0$。

条件 (a) 保证只有 $(\tau^F\sigma)$ 类型函数能被标记 $F \neq \varnothing$，其中 τ，σ 都是带语义特征的 PO 类型。条件 (b) 保证只有修饰类型和模糊类型被标记 R；条件 (c) 保证被标记 C 或 D 类型的表达式被处理为二元函数且所有它的标记是详细列在函数类型上的；条件 (d) 保证只有模糊量词可以带 $\|$ 标记。

定义 4.54 令 τ 是 T_{dec} 中的带语义特征的类型，不带语义特征的类型记为 $\tau^0 \in T_{dec}$，相应的 τ 定义为：

(1) 如果 τ^0 是基本类型，那么 $\tau^0 = \tau$；

(2) 如果 $\tau = (\alpha^F\beta)$，那么 $\tau^0 = (\alpha^0\beta^0)$。

在定义了带语义特征的类型之后，相应的域自然被定义如下：

定义 4.55 (Zamansky et al., 2006) 对每一个非基本带语义特征的类型 $\tau^F\sigma \in T_{dec} - F^0$，域 $D_{\tau^F\sigma} \subseteq D_{\tau\sigma}$ 是 $D_{\tau\sigma}$ 上的语义性质由 F 中的语义特征表示的函数的集合。

例如，$D^+_{\sigma\tau}$ 是从 D_σ 到 D_τ 的向上单调函数。

除了上述概念，在构造模糊量词的自然逻辑系统时，还会用到类型的等价。在 (Fyodorov, 2002) 中将带语义特征的类型的等价分为两种，一种是形式等价，意味着它们是从同样的句法范畴得到，只是语义所指不同；另一种是语义等价，如果两个带语义特征的类型的语义类型相同，就称为语义等价。我们将类型 τ 和 σ 是形式等价的，记为 $\tau \equiv_f \sigma$，是语义等价的记为 $\tau \equiv_s \sigma$。

4.5.3 FQNL 系统中的 Lambek 演算

序命题反映偏序域的元素之间的语义序关系。因此，我们能够直接从证明项得到推理，而不用还原它们到表达式的中间逻辑层（如一阶逻辑）再进行推理（聂文龙、鞠实儿，2005）。

语法类型 CAT 的集合是使得基本范畴 CAT^0 的有限集被包括其中，且满足对每一 A，$B \in CAT(A/B)$ 且 $(A \backslash B) \in CAT$ 的最小集合。令 $type^0: CAT^0 \rightarrow T$ 是类型函数，使得 $type^0(s) = t$。这个函数被扩展到函数 $type: CAT \rightarrow T$ 如下：

$$type(A/B) = type(A \backslash B) = (type(A)type(B))。$$

项也包含常量的集合 Const，它和自然语言的词一一对应。自然语言的词用粗体表示，常量用斜体字体表示。因此，常量“*女孩*”就对应词“**女孩**”。最重要的是，常量是被类型化的，在推理中作为带语义特征的类型。

下面我们定义一些推演规则，没有前提的推演规则称为公理，它们加在特定的句子的自然语言表达式的序命题上。

定义 4.56 令Γ，Γ_1，Γ_2 是序对 $A:\psi_\tau$ 的有限非空序列，其中 A 是句法范畴，ψ_τ 是类型为 τ 的项。符号 $\Gamma \triangleright A:\psi_\tau$ 表示序列 Γ 可还原（简化）为 $A:\psi_\tau$。FQNL 中的 Lambek 演算类似于（Zamansky et al.，2006），公理和规则如下：

（公理） $A:x_\tau \triangleright A:x_\tau$，其中 $x_\tau \in VAR \cup Const$ 且 $type(A)=\tau^0$

(/E) $$\frac{\Gamma_1 \triangleright (A/B):\phi^{F}_{\tau1\ \tau2}\Gamma_2 \triangleright B:\varphi_{\tau1'}}{\Gamma_1\Gamma_2 \triangleright A:(\phi^{F}_{\tau1\ \tau2}(\_\varphi_{\tau1'}))_{\tau2}}$$

(\ E) $$\frac{\Gamma_2 \triangleright B:\varphi_{\tau1},\ \Gamma_1 \triangleright (A\backslash B):\phi^{F}_{(\tau1\ \tau2)}}{\Gamma_2\Gamma_1 \triangleright A:(\phi^{F}_{(\tau1\ \tau2)}(\_\varphi_{\tau1'}))_{\tau2}}$$

其中 $\tau \equiv_f \tau_1'$，$type(A)=\tau_2^0$，$type(B)=\tau_1^0$；

(/I) $$\frac{\Gamma_1,\ B:x_{\tau1} \triangleright A:\phi_{\tau2}}{\Gamma_1 \triangleright (A/B):(\lambda x_{\tau1}.\ \phi_{\tau2})_{(\tau1\tau2)}}$$

(\ I) $$\frac{B:x_{\tau1},\ \Gamma_1 \triangleright A:\phi_{\tau2}}{\Gamma_1 \triangleright (A\backslash B):(\lambda x_{\tau1}.\ \phi_{\tau2})_{(\tau1\tau2)}}$$

其中 Γ_1 非空，$type(A)=\tau_2^0$，$type(B)=\tau_1^0$；

如果序列 $\Gamma \triangleright A:\varphi$ 在 **FQNL** 中有证明，则记为 $\vdash \Gamma \triangleright A:\varphi$。

4.5.4 序演算

FQNL 利用证明项的序对的序列，表达自然语言表达式的衍推，这些序对被作为序命题。与（Zamansky et al.，2006）相同，序列命题是纯语法对象。

序命题被处理为 $\phi_\tau \leqslant_{\tau^0} \varphi_{\tau'}$ 的形式，且 τ^0 是从 τ 消去语义特征得到的类型。

FQNL 中，包括公理和规则两部分，公理如下：

（1） $\alpha_\tau \leqslant_{\tau^0} \alpha_\tau$

（2） 标准化公理

（3） 逻辑公理

标准化公理是 λ-演算中的 β-化归和 η-化归。

标准化公理：

(β) $$\frac{\varnothing}{(\varphi_\tau[y_\rho/\gamma_{\rho'}])_\tau \equiv_{\tau^0} (\lambda y_\rho.\ \varphi_\tau)_{\rho\tau}\gamma_{\rho'}}$$

(η) $$\frac{\varnothing}{\phi^{F}_{(\tau\ \rho)} \equiv_{(\tau\rho)^0} (\lambda x_\tau.\ \phi^{F}_{(\tau\ \rho)}(x_\tau))_{(\tau\rho)}}$$

非逻辑公理是指在词库中给出的序关系，是反映自然语言表达式所指的可能意义的序命题；我们的系统中包括内涵序关系和量词序关系。例如：在模型中我们意欲处理“学生≤人”，“至少3个≤至少2个”。

FQNL包含下面四种规则：

(1) 序关系$\leq_{\tau}$的传递性（TRANS）结构规则；

(2) 描述单调表达式序关系的规则MON+和MON-，限制性修饰规则(R_1MOD)，模糊性修饰规则（R_2MOD)，合取（C_1-2）和析取（D_1-2)；

(3) 函数置换规则（FR），用来刻画序关系的逐点性质；

(4) 模糊量词的规则FQ。

上述规则表述如下：

定义4.57 对于$\tau\equiv_f\tau'\equiv_f\tau''\equiv_f\tau'''$，$\rho\equiv_f\rho'\equiv_f\rho''$

(TRANS) $$\frac{\alpha_{\tau}\leq_{\tau^0}\delta_{\tau'}\quad \delta_{\tau'}\leq_{\tau^0}\gamma_{\tau''}}{\alpha_{\tau}\leq_{\tau^0}\gamma_{\tau''}}$$

(MON+) $$\frac{\alpha_{\tau}\leq_{\tau^0}\delta_{\tau'}}{\gamma_{\tau''\,\rho}^{\;+}(\alpha_{\tau})\leq_{\rho^0}\gamma_{\tau''\,\rho}^{\;+}(\delta_{\tau'})}$$

(MON-) $$\frac{\delta_{\tau'}\leq_{\tau^0}\alpha_{\tau}}{\gamma_{\tau''\,\rho}^{\;-}(\alpha_{\tau})\leq_{\rho^0}\gamma_{\tau''\,\rho}^{\;-}(\delta_{\tau'})}$$

(FQ) $$\frac{\varnothing}{\alpha_{(\tau(\tau\rho))}^{\parallel}(\delta_{\tau})(\gamma_{\tau})\leq_{\tau^0}\alpha_{(\tau(\tau\rho))}^{\parallel}(\gamma_{\tau})(\delta_{\tau})}$$

(FR) $$\frac{\alpha_{(\tau\,\rho)}^{F}\leq_{(\tau\,\rho)^0}\varphi_{(\tau'\,\rho')}^{F'}\quad \gamma_{\tau''}\equiv_{\tau^0}\delta_{\tau''}}{\alpha_{(\tau\,\rho)}^{F}(\gamma_{\tau''})\leq_{\rho^0}\varphi_{(\tau'\,\rho')}^{F'}(\delta_{\tau''})}$$

(R_1MOD) $$\frac{\varnothing}{\alpha_{(\tau\,\tau')}^{R1}(\gamma_{\tau''})\leq_{\tau^0}\gamma_{\tau''}}$$

(R_2MOD) $$\frac{\varnothing}{\gamma_{\tau''}\leq_{\tau^0}\alpha_{(\tau\,\tau')}^{R2}(\gamma_{\tau''})}$$

(Ab) $$\frac{\alpha_{\rho}\leq_{\tau^0}\gamma_{\rho'}}{\lambda x_{\tau}.\,\alpha_{\rho}\leq_{(\tau\rho)^0}\lambda x_{\tau'}.\,\gamma_{\rho}}$$

注意，τ^0是等于没有任何语义修饰的τ的，因此，$\tau\equiv_f\tau'\equiv_f\tau''\equiv_f\tau'''$，且$\leq_{\tau}^{0}$是和$\leq_{\tau}$，$\leq_{\tau'}$，$\leq_{\tau''}$可比较的。

(C_1) $$\frac{\varnothing}{(\delta_{(\tau\,\tau\tau)}^{C}(\gamma_{\tau'}))(\varphi_{\tau''})\leq_{\tau^0}\Omega}$$

(C_2) $$\frac{\alpha_{\tau''}\leq_{\tau^0}\varphi_{\tau'}\quad \alpha_{\tau''}\leq_{\tau^0}\gamma_{\tau''}}{\alpha_{\tau''}\leq_{\tau}^{0}(\delta_{(\tau\,\tau\tau)}^{C}(\gamma_{\tau'}))(\varphi_{\tau'})}$$

(D_1) $$\frac{\varnothing}{\Omega\leq_{\tau^0}(\delta_{(\tau\,\tau\tau)}^{D}(\gamma_{\tau'}))(\varphi_{\tau''})}$$

$$(D_2)\qquad \frac{\varphi_{\tau'} \leqslant_{\tau^0} \alpha_{\tau''} \quad \gamma_{\tau''} \leqslant_{\tau^0} \alpha_{\tau''}}{(\delta_{(\tau \overset{C}{} \tau\tau)}(\gamma_{\tau'}))(\varphi_{\tau'}) \leqslant_{\tau^0} \alpha_{\tau''}}$$

以上 $\Omega = \varphi_{\tau''}$或 $\gamma_{\tau'}$

定义 4.58 若从前提 $\alpha_1 \leqslant \beta_1$（前提可以为空），存在一证明序列，仅应用上述规则可以得到 $\alpha \leqslant \beta$，则称 $\alpha \leqslant \beta$ 是可证的，记为$\vdash \alpha \leqslant \beta$。

4.5.5 FQNL 的语义

令模型 M 是对每一个基本类型 $\tau \in T^0_{dec}$的非空域 D_τ 的集合。对每一个非基本类型 $\sigma = (\tau^F \rho)$，D_σ 是满足 F 指定的语义条件的所有从 D_τ 到 D_ρ 的函数。每一个证明项 φ_ρ 相对于模型 M 都有所指$[\![\varphi_\rho]\!]_{M;g}$和指派函数 g，指派带语义特征的类型 ρ 的任意变量到 D_ρ 的某个元素。

定义 4.59 （Zamansky et al.，2006）令 M 是模型，g 是指派函数。给定的证明项 ψ_τ，它的所指$[\![\psi_\tau]\!]_{M,g}$定义如下：

（1）如果 $\psi_\tau \in VAR$，那么$[\![\psi_\tau]\!]_{M,g} = g(\psi_\tau)$

（2）如果 $\psi_\tau = \varphi_{(\sigma \overset{F}{} \tau)}(\phi_\sigma)$，那么$[\![\psi_\tau]\!]_{M,g} = [\![\varphi_{(\sigma \overset{F}{} \tau)}]\!]_{M,g}$（$[\![\phi_\sigma]\!]$）

（3）如果 $\psi_\tau = \lambda x\sigma.\varphi_\rho$，那么$[\![\psi_\tau]\!]_{M,g}$是函数 $h \in D_\tau$，使得对所有 $d \in D_\sigma$，$h(d) = [\![\varphi_\rho]\!]_{M,g[x:=d]}$，其中 $g[x:=d]$ 是除了将 x_σ 映射为 d_σ，其他与 g 相同的指派函数。

定义 4.60 （序命题的语义）令 φ_1，φ_2是类型 τ 和指派函数 g 的项，

（1）M，$g \vDash \varphi_1 \leqslant_\tau \varphi_2$ 当且仅当$[\![\varphi_1]\!]_{M,g} \leqslant_\tau [\![\varphi_2]\!]_{M,g}$

（2）$M \vDash \varphi_1 \leqslant_\tau \varphi_2$ 当且仅当对任意 g，M，$g \vDash \varphi_1 \leqslant_\tau \varphi_2$

定理 4.3 令 α，γ 的类型是 τ，若$\vdash \alpha \leqslant_\tau \gamma$，则对任意 M，g,$[\![\alpha]\!]_{M,g} \leqslant_\tau [\![\gamma]\!]_{M,g}$。

证明

对任意模型 M 和指派 g：

（1）若 $\alpha \leqslant \gamma$ 是公理，

（a）若$\vdash \alpha \leqslant_\tau \alpha$，则显然$[\![\alpha]\!]_{M,g} \leqslant_\tau [\![\gamma]\!]_{M,g}$成立；

（b）若 $\alpha \leqslant \gamma$ 是非逻辑公理，则由内涵序关系和量词序关系的定义可得$[\![\alpha]\!]_{M,g} \leqslant_\tau [\![\gamma]\!]_{M,g}$；

（c）若是标准化公理，则是 λ-演算的公理模式，根据 λ-演算中替换的定义，显然有

$$[\![\varphi_\tau[y_\rho/\gamma_{\rho'}]_\tau]\!]_{M,g} \leqslant_{\tau^0} [\![(\lambda y_\rho.\varphi_\tau)_{\rho\tau}\gamma_{\rho'}]\!]_{M,g},$$

$$[\![\phi_{(\tau \overset{F}{} \rho)}]\!]_{M,g} \leqslant_{\tau^0} [\![(\lambda x_\tau.\phi_{(\tau \overset{F}{} \rho)}(x_\tau))_{(\tau\rho)}]\!]_{M,g}。$$

（2）若 $\alpha\leqslant_{\tau}\gamma$ 由 $\alpha\leqslant_{\tau}\beta$，$\beta\leqslant_{\tau}\gamma$ 得到，由归纳假设知 $[\![\alpha]\!]_{M,g}\leqslant_{\tau}[\![\beta]\!]_{M,g}$，$[\![\beta]\!]_{M,g}\leqslant_{\tau}[\![\gamma]\!]_{M,g}$，由序关系的传递性知，$[\![\alpha]\!]_{M,g}\leqslant_{\tau}[\![\gamma]\!]_{M,g}$。

（3）若 $\alpha\leqslant_{\tau}\gamma$ 由 $\alpha1\leqslant\gamma1$，应用（MON +）得到，则 α 形如 $\delta(\alpha1)$，γ 形如 $\delta(\gamma1)$。

由归纳假设知，$[\![\alpha1]\!]_{M,g}\leqslant_{\tau}[\![\gamma1]\!]_{M,g}$，又因为

$$[\![\delta(\alpha1)]\!]_{M,g}=[\![\delta]\!]_{M,g}([\![(\alpha1)]\!]),[\![\delta(\gamma1)]\!]_{M,g}=[\![\delta]\!]_{M,g}([\![(\gamma1)]\!]),$$

又 δ 是向上单调的函数，所以

$$[\![\delta]\!]_{M,g}([\![(\alpha1)]\!])\leqslant_{\tau}[\![\delta]\!]_{M,g}([\![(\gamma1)]\!]),$$

所以有 $[\![\alpha]\!]_{M,g}\leqslant_{\tau}[\![\gamma]\!]_{M,g}$。

（4）若 $\alpha\leqslant\gamma$ 由 $\alpha1\leqslant\gamma1$，应用（MON −）得到，证明类似（3）。

（5）若 $\alpha\leqslant\gamma$ 由 $\alpha1_{\rho}\leqslant\gamma1_{\rho}$，应用（Ab）得到，由标准化公理（$\eta$）知，若 $[\![\alpha1]\!]_{M,g}\leqslant_{\tau}[\![\gamma1]\!]_{M,g}$，则 $[\![\lambda x_{\tau}.\ \alpha1_{\rho}]\!]_{M,g}\leqslant_{\tau\rho}[\![\lambda x_{\tau}.\ \gamma1_{\rho}]\!]_{M,g}$。

（6）若 $\alpha\leqslant\gamma$ 由 $\alpha1\leqslant\gamma1$，应用（FR）得到，则 α 形如 $\alpha1(\beta)$，γ 形如 $\gamma1(\beta)$，由归纳假设知

$$[\![\alpha1]\!]_{M,g}\leqslant_{\tau}[\![\gamma1]\!]_{M,g},$$

又因为

$$[\![\alpha1(\beta)]\!]_{M,g}=[\![\alpha1]\!]_{M,g}([\![(\beta)]\!]),[\![\gamma1(\beta)]\!]_{M,g}=[\![\gamma1]\!]_{M,g}([\![(\beta)]\!]),$$

所以 $[\![\alpha1]\!]_{M,g}([\![(\beta)]\!])\leqslant_{\tau}[\![\gamma1]\!]_{M,g}([\![(\beta)]\!])$。

（7）若 $\alpha\leqslant\gamma$ 应用（FQ）得到，则 α 形如 $\beta(\gamma1)(\gamma2)$，γ 形如 $\beta(\gamma2)(\gamma1)$，其中 β 为带基数语义特征的表达模糊量词的项，$\beta(\gamma1)(\gamma2)$ 的所指为 $[\![\beta]\!]_{M,g}(\gamma1)(\gamma2)$，$\beta(\gamma2)(\gamma1)$ 的所指为 $[\![\beta]\!]_{M,g}(\gamma2)(\gamma1)$，由定义 4.50 和性质 4.3 可以得到 $[\![\beta]\!]_{M,g}(\gamma1)(\gamma2)\leqslant_{t}[\![\beta]\!]_{M,g}(\gamma2)(\gamma1)$。

（8）若 $\alpha\leqslant\gamma$ 应用（R_1MOD）或（R_2MOD）得到，则根据函数限制性的定义可得，

$$[\![\alpha]\!]_{M,g}([\![\gamma]\!])\leqslant_{\tau}[\![\gamma]\!]_{M,g},$$

根据函数模糊性的定义可以得到 $[\![\gamma]\!]\leqslant_{\tau}[\![\alpha]\!]_{M,g}([\![\gamma]\!])$。

（9）若 $\alpha\leqslant\gamma$ 应用（C_1）得到，则 α 形如（$\delta^{C}_{(\tau\ \tau\tau)}(\gamma_{\tau'})$），根据定义 4.46 可以得到

$$[\![\delta]\!]_{M,g}([\![\gamma]\!])\leqslant_{\tau}[\![\gamma]\!]_{M,g}。$$

（10）若 $\alpha\leqslant\gamma$ 应用（C_2）得到，则 γ 形如（$\delta^{C}_{(\tau\ \tau\tau)}(\gamma_{\tau'})(\varphi_{\tau'})$），根据归纳假设有

$$[\![\alpha1_{\tau''}]\!]_{M,g}\leqslant^{0}_{\tau}[\![\gamma_{\tau'}]\!]_{M,g},[\![\alpha1_{\tau''}]\!]_{M,g}\leqslant^{0}_{\tau}[\![\gamma_{\tau''}]\!]_{M,g},$$

根据定义 4.46 可以得到$[\![\alpha 1_{\tau''}]\!]_{M,g} \leqslant^0_\tau [\![\delta^C_{(\tau\ \tau\tau)}]\!]_{M,g}([\![\gamma_{\tau'}]\!])([\![\varphi_{\tau'}]\!])$。

(11) 若 $\alpha \leqslant \gamma$ 应用 (D_1) 得到，则 γ 形如 $(\delta^C_{(\tau\ \tau\tau)}(\gamma_{\tau'}))(\alpha_{\tau''})$，根据定义 4.47 可以得到

$$[\![\alpha_{\tau''}]\!]_{M,g} \leqslant^0_\tau [\![\delta^C_{(\tau\ \tau\tau)}]\!]_{M,g}([\![\gamma_{\tau'}]\!])([\![\alpha_{\tau''}]\!]), [\![\gamma_{\tau'}]\!]_{M,g} \leqslant^0_\tau [\![\delta^C_{(\tau\ \tau\tau)}]\!]_{M,g}([\![\gamma_{\tau'}]\!])([\![\alpha_{\tau''}]\!]);$$

(12) 若 $\alpha \leqslant \gamma$ 应用 (D_2) 得到，则 α 形如 $(\delta^C_{(\tau\ \tau\tau)}(\gamma_{\tau'}))(\varphi_{\tau'})$，根据归纳假设有

$$[\![\varphi_{\tau'}]\!]_{M,g} \leqslant^0_\tau [\![\gamma_{\tau'}]\!]_{M,g}, [\![\beta_{\tau''}]\!]_{M,g} \leqslant^0_\tau [\![\gamma_{\tau''}]\!]_{M,g},$$

根据定义 4.47 可以得到$[\![\delta^C_{(\tau\ \tau\tau)}]\!]_{M,g}([\![\beta_{\tau'}]\!])([\![\varphi_{\tau'}]\!]) \leqslant^0_\tau [\![\gamma_{\tau''}]\!]_{M,g}$。■

4.5.6 FQNL 推理实例

4.5.6.1 词库

我们可以将类型和其所表达的种类总结如下：

自然语言中：

表 4.1

类　型	表达种类	解　释
e	个体表达式	个体
(et)	一元一阶谓词	从个体到真值的函数
t	句子	真值
(tt)	句子的修正	从真值到真值的函数
(ee)	从个体到个体的函数	从个体到个体的函数
((et)(et))	谓词修正	从个体集合到个体集合的函数
(e(e(et)))	三元一阶关系	从个体到从个体到个体集的函数的函数
(e(et))	二元一阶关系	从个体到个体集的函数
((et)t)	一元二阶谓词	个体集合的集合
((et)((et)t))	二元二阶谓词	从个体集到个体集合的集合的函数

在词库中，我们用 {e, t} 作为基本类型的集合，词库中带语义特征的类型如下：

表 4.2　　　　词　　库

词	范　畴	类　型
W^T	s	t
至少 n	((s/(np\s))/n);	$^{\Vert}((et)^{+}((et)^{+}t))$
最多 n	((s/(np\s))/n);	$^{\Vert}((et)^{-}((et)^{-}t))$
学生，男生，女生	n	(et)
跑步，移动，及格	(np\s)	(et)
爱，喜欢	((np\s)/np)	(e(et))
高的，美丽的	(n/n)	$(et)^{R}(et)$
张三，王红	np	$((et)^{+}t)$
并且	((s\s)/s); (((s\np)\(s\np))/(s\np))	$(t^{C}(tt))$; $((et)^{C}((et)(et)))$;

在表 4.2 中，介绍了包括带语义特征的类型的小词库。

我们对词库做一些解释：

(1) 同（Fyodorov，2002，2003）一样，我们用 W^T 表示假定的句子，它指派常量证明项 w_t^T。这个证明项用来表达自然语言中宣称 S，且有序命题 $w_t^T \leqslant_t \varphi_t^S$，其中，$\varphi_t^S$ 是 S 的证明项。宣称的表达式使它用序关系很容易处理自然语言句子。w_t^T 被理解为句子的“顶元素”项，带有的标记符号是常量“真”。

(2) 我们的 FQNL 系统中的词库不含否定词。

(3) 库中的词均为简单结构。

(4) 如果 $\tau \equiv \tau'$，且 α_τ 和 $\alpha_{\tau'}$ 具有不同的单调性，则 α_τ 和 $\alpha_{\tau'}$ 不具有序关系。

(5) 显然，针对不同的要求所构建的不同的系统有不同的词库。

4.5.6.2　自然逻辑推理

与（Zamansky et al.，2006）类似，我们在 **FQNL** 中表达自然逻辑推理如下：

定义 4.61　（$\vdash$ NatLog）令 G 是类型逻辑语法。令 S，S_1，…，S_n 是 L[G] 中无歧义句子（即只有一种读法）且令 α_t^S，α_t^{S1}，…，α_t^{Sn} 分别是 S，S_1，…，S_n 的任意证明项表达式推演树。称 S_1，…，$S_n \vdash_{NatLog} S$，如果 $\vdash_{L-OC} w_t^T \leqslant \alpha_t^{Sn}$ 蕴涵 $\vdash_{L-OC} w_t^T \leqslant \alpha_t^S$。

要证明 $S_1 \vdash_{NatLog} S_2$，只需证明 $\vdash_{L-OC} \alpha_1 \leqslant \alpha_2$ 就足够了，其中 α_1，α_2 分别是 S_1，S_2 的证明项表达词汇，其余的可以由传递性得到。

系统推理实例：

前面已经论述过，非逻辑公理是反映自然语言表达式所指的可能意义的序命题。根据上述词库，我们可以给出符合这些直觉的 FQNL 的非逻辑公理。

$$\frac{\varnothing}{\text{男生}_{(et)}\leqslant\text{学生}_{(et)}}\ \text{a1}\qquad\frac{\varnothing}{\text{至少 3 个}_{((et)\cdot((et)\cdot t))}\leqslant\text{至少 2 个}_{((et)\cdot((et)\cdot t))}}\ \text{a2}$$

$$\frac{\varnothing}{\text{爱}_{(e(et))}\leqslant\text{喜欢}_{(e(et))}}\ \text{a3}\qquad\frac{\varnothing}{\text{跑步}_{(et)}\leqslant\text{移动}_{(et)}}\ \text{a4}$$

下面我们给出推理的例子：

例 4.9

$$\cfrac{\cfrac{\cfrac{\varnothing}{\text{爱}_{(e(et))}\leqslant\text{喜欢}_{(e(et))}}\ \text{a3}}{(\text{爱}(\text{王红}))_{(et)}\leqslant(\text{喜欢}(\text{王红}))_{(et)}}\ \text{FR}}{(\text{张三}_{((et)\cdot t)}(\text{爱}(\text{王红}))_t\leqslant_t(\text{张三}_{((et)\cdot t)}(\text{喜欢}(\text{王红})))_t}\ \text{Mon}+$$

例 4.10

$$\cfrac{\cfrac{\cfrac{\varnothing}{\text{至少 3 个}_{((et)\cdot((et)\cdot t))}\leqslant\text{至少 2 个}_{((et)\cdot((et)\cdot t))}}\ \text{a2}}{(\text{至少 3 个}_{((et)\cdot((et)\cdot t))}\ (\text{学生})_{(et)})_{((et)\cdot t)}\leqslant(\text{至少 2 个}_{((et)\cdot((et)\cdot t))}\ (\text{学生})_{(et)})_{((et)\cdot t)}}\ \text{FR}}{((\text{至少 3 个}(\text{学生}))_{((et)\cdot t)}\ (\text{及格})_{(et)})_t\leqslant_t((\text{至少 2 个}(\text{学生}))_{((et)\cdot t)}(\text{及格})_{(et)})_t}\ \text{FR}$$

例 4.11

$$\cfrac{\cfrac{\cfrac{\varnothing}{\text{男生}_{(et)}\leqslant\text{学生}_{(et)}}\ \text{a1}}{(\text{至少 10 个}\ (\text{男生}))_{((et)\cdot t)}\leqslant(\text{至少 10 个}(\text{学生}))_{((et)\cdot t)}}\ \text{MON}+}{((\text{至少 10 个}(\text{男生}))(\text{及格}))_t\leqslant((\text{至少 10 个}(\text{学生}))(\text{及格}))_t}\ \text{FR}$$

例 4.12

$$\cfrac{\cfrac{\cfrac{\cfrac{\varnothing}{\text{学生}_{(et)}\leqslant\text{学生}_{(et)}}\ \text{axiom}}{(\text{至少 10 个}_{((et)^{\Vert}((et)t))}(\text{学生}_{(et)}))\leqslant(\text{至少 10 个}_{((et)^{\Vert}((et)t))}(\text{学生}_{(et)}))}\ \text{MON}+}{((\text{至少 10 个学生})_{(et)t}(\text{高个子}_{(et)}))_t\leqslant((\text{至少 10 个学生})_{(et)t}(\text{高个子}_{(et)}))_t}\ \text{FR}}{((\text{至少 10 个学生})_{(et)t})(\text{高个子}_{(et)}))_t\leqslant(((\text{至少 10 个高个子})_{(et)})(\text{学生}_{(et)}))_t}\ \text{FQ}$$

例 4.13

$\varnothing$
——————————————— C_1
喜欢并且（λx. 努力的（学习（x）））≤（λx. 努力的（学习（x）））

$\varnothing$
——————————————— RMOD
努力的$^{R}_{(et(et))}$（学习（x））≤学习（x）
——————————————— Ab
λx. 努力的（学习(x)））≤λx. 学习（x）

$\varnothing$
——————————————— η
λx. 学习（x）≡学习

——————————————————————————— TRAN
喜欢并且（λx. 努力的（学习（x）））≤学习
——————————————— FR
喜欢并且（λx. 努力的（学习（x）））（y）≤学习（y）
——————————————— MON +
张三（喜欢并且（λx. 努力的（学习（x）））(y)）≤张三（学习（y））
——————————————— Ab
λy.（张三（喜欢并且（λx. 努力的（学习（x）））(y)））≤λy. 张三（学习（y））
——————————————— MON +
［λy.（张三（喜欢并且（λx. 努力的（学习（x）））(y)））］数学≤［λy. 张三（学习（y））］数学

张三喜欢并且努力学习数学$\vdash_{NL}$张三学习数学

4.6 FQNL 系统 OC 的判定算法

4.6.1 OC 的判定算法

我们下面给出的算法是递归函数 Derive（T_0，T），Derive（T_0，T）返回“真”当且仅当序命题 $T_0 \leq T$ 在 FQNL 的序演算中是可证的。T_0 和 T 是给定词库中的词通过 Lambek 演算可以得到的合法句子。

The decision algorithm of OC

Derive（T_0，T）

/ ∗ let the type of T_0 beτ，and the type of T beτ' ∗ /

If$\tau \notin t$ or$\tau' \notin t$ return false

Case1：$T_0 = T$

return true

Case2：$T_0 = \dfrac{\alpha(\beta)(\gamma)}{(\alpha^{\parallel}_{(\tau(\tau\rho))}(\beta_\tau)(\gamma_\tau))_t}$　　$T = \dfrac{\alpha(\gamma)(\beta)}{(\alpha^{\parallel}_{(\tau(\tau\rho))}(\gamma_\tau)(\beta_\tau))_t}$

return true

Case3：$T_0 = \dfrac{\alpha(\gamma)}{(\alpha^{R1}_{(\tau\ \tau')}(\gamma_{\tau''}))_t}$　　$T = \dfrac{\gamma}{\gamma_t}$

return true

Case4: $T_0 = \frac{\gamma}{\gamma_t}$ $T = \frac{\alpha(\gamma)}{(\alpha^{R1}_{(\tau\ \tau')}(\gamma_{\tau''}))_t}$

return true

Case5: $T_0 = \frac{(\delta(\gamma))(\varphi)}{((\delta^{C}_{(\tau\ \tau\tau)}(\gamma_{\tau'}))(\varphi_{\tau''}))_t}$ $T = \frac{\Omega}{\Omega_t}$

if derive (γ_t, Ω_t) return true

else

if derive (φ_t, Ω_t) return true

else return false

Case6: $T_0 = \frac{\Omega}{\Omega_t}$ $T = \frac{(\delta(\gamma))(\varphi)}{((\delta^{C}_{(\tau\ \tau\tau)}(\gamma_{\tau'}))(\varphi_{\tau''}))_t}$

if derive (Ω_t, γ_t) and derive (Ω_t, φ_t) return true

else return false

Case7: $T_0 = \frac{\Omega}{\Omega_t}$ $T = \frac{(\delta(\gamma))(\varphi)}{((\delta^{D}_{(\tau\ \tau\tau)}(\gamma_{\tau'}))(\varphi_{\tau''}))_t}$

if derive (Ω_t, γ_t)

return true

else

if derive ($\Omega_t\varphi_t$,) return true

else return false

Case8: $T_0 = \frac{(\delta(\gamma))(\varphi)}{((\delta^{D}_{(\tau\ \tau\tau)}(\gamma_{\tau'}))(\varphi_{\tau''}))_t}$ $T = \frac{\Omega}{\Omega_t}$

if derive (γ_t, Ω_t) and derive (φ_t, Ω_t) return true

else return false

Case9: $T_0 = \frac{\alpha\beta}{\alpha_{(et)t}\beta_{(et)}}$ $T = \frac{\alpha'\beta'}{\alpha'_{(et)t}\beta'_{(et)}}$

If α, $\alpha' \in$ MON↑ and Sub (α, α') and Sub (β, β') then return true

else

if α, $\alpha' \in$ MON↓ and Sub (α, α') and Sub (β', β)

then return true

else return false

For other cases, return false

End Derive

Sub (S, S′)

Case1: S and S′ are prime phrases

St = {S}

Do

St′ = St

Search the set of axioms

For every Si ∈ St′

For every Sj in axioms

If Si ≤ Sj

St′ = St′ ∪ {Sj}

until S′ ∈ St or St′ = St

If S′ ∈ St return true

else return false

Case2: $S = \gamma_{(\tau \overset{+}{} \rho)}(\alpha_\tau)$, $S' = \gamma_{(\tau \overset{+}{} \rho)}(\delta_\tau)$

If Sub(α_τ, δ_τ) return true

Else return false

Case3: $S = \gamma_{(\tau \overset{-}{} \rho)}(\alpha_\tau)$, $S' = \gamma_{(\tau \overset{-}{} \rho)}(\delta_\tau)$

If Sub(δ_τ, α_τ) return true

Else return false

Case4: $S = \alpha_{\tau \overset{F}{} \rho}(\gamma_\tau)$, $S' = \delta_{\tau \overset{F}{} \rho}(\gamma_\tau)$

If Sub($\alpha_{\tau \overset{F}{} \rho}$, $\delta_{\tau \overset{F}{} \rho}$) return true

Else return false

Case5: $S = \alpha_{\tau \overset{R1}{} \tau}(\gamma_\tau)$, $S' = \gamma_\tau$

If α_τ ∈ ReSet, return true /* ReSet is the set of restricted functions */

Else return false

Case6: $S = \gamma_\tau$, $S' = \alpha_{\tau \overset{R2}{} \tau}(\gamma_\tau)$

If α_τ ∈ FSet, return true /* FSet is the set of fuzzy functions */

Else return false

Case7: $S = \lambda x_\tau . \alpha_\rho$, $S' = \lambda x_\tau . \gamma_\rho$

If Sub (α_ρ, γ_ρ) return true

Else return false

Case8: $S = \delta_{\tau \overset{C}{} \tau\tau}(\gamma_\tau(\alpha_\tau))$

If $S' = \gamma_\tau$ return true

Else

if $S' = \alpha_\tau$ return true

Else return false

Case9：$S = \alpha_\tau$，$S' = \delta_{\tau\ \tau\tau}^{C}(\gamma_\tau(\beta_\tau))$

If Sub（α_τ，γ_τ）and Sub（α_τ，β_τ）return true

Else return false

Case10：$S' = \delta_{(\tau\ \tau\tau)}^{D}(\gamma(\alpha_\tau))$

If $S = \gamma_\tau$ return true

Else

if $S = \alpha_\tau$ return true

Else return false

Case11：$S = \delta_{(\tau\ \tau\tau)}^{D}(\gamma_\tau(\alpha_\tau))$ $S' = \beta_\tau$

If Sub（γ_τ，β_τ）and Sub（α_τ，β_τ）return true

Else return false

For other cases，return false

End Sub

4.6.2 对应定理

应用 FQNL 的规则从∅得到序命题 $T_0 \leqslant T$ 或短语 $S \leqslant S'$ 的过程我们称为证明树。

对应定理：

（1）如果 Derive（T_0，T）返回 true，则在 FQNL 中存在 $T_0 \leqslant T$ 的证明树；

（2）如果在 FQNL 中存在 $T_0 \leqslant T$ 的证明树，则 Derive（T_0，T）返回 true。

我们把对应定理的（1）和（2）分为两个定理来证明。为了证明对应定理的（1），我们首先证明下面引理。

引理 4.1 如果 Sub（S，S′）返回 true，则在 FQNL 中存在 $S \leqslant S'$ 的证明树。

证明 施归纳于 S 和 S′的结构：

（1）若 Sub（S，S′）在 Case1 返回 true，则下述情况之一成立：

（a）$S \leqslant S'$ 为公理；

（b）$S \leqslant S'$ 由传递规则得到；

若 $S \leqslant S'$ 为公理，则存在证明树：

$$\frac{\varnothing}{S \leqslant S'}\ \text{Axiom}$$

若 $S \leqslant S'$ 由传递规则得到，则存在证明树：

$$\frac{\dfrac{\varnothing}{S \leqslant S1} \cdots\cdots \dfrac{\varnothing}{Sn \leqslant S'}}{S \leqslant S'} \quad \begin{matrix}\text{Axiom}\\ \text{Tran}\end{matrix}$$

（2）若 Sub（S，S′）在 Case2 返回 true，则 S，S′形如 $\gamma_{(\tau''^{+}\rho)}(\alpha_\tau)$，$\gamma_{(\tau''^{+}\rho)}(\delta_\tau)$，且 $\alpha_\tau \leqslant \delta_\tau$ 由归纳假设知 $\alpha_\tau \leqslant \delta_\tau$ 存在证明树，我们仅需构造从 $\alpha_\tau \leqslant \delta_\tau$ 到$S \leqslant S'$的证明树，证明树如下：

$$\frac{\alpha_\tau \leqslant \delta_\tau}{S = \gamma_{(\tau''^{+}\rho)}(\alpha_\tau) \leqslant \gamma_{(\tau''^{+}\rho)}(\delta_\tau) = S'} \quad \text{MON}^{+}$$

（3）若 Sub（S，S′）在 Case3 返回 true，则 S，S′形如 $\gamma_{(\tau''^{-}\rho)}(\alpha_\tau)$，$\gamma_{(\tau''^{-}\rho)}(\delta_\tau)$，且 $\alpha_\tau \leqslant \delta_\tau$ 由归纳假设知 $\alpha_\tau \leqslant \delta_\tau$ 存在证明树，我们仅需构造从 $\alpha_\tau \leqslant \delta_\tau$ 到$S \leqslant S'$的证明树。

$$\frac{\alpha_\tau \leqslant \delta_\tau}{S = \gamma_{(\tau''+\rho)}(\alpha_\tau) \leqslant \gamma_{(\tau''+\rho)}(\delta_\tau) = S} \quad \text{MON}^{-}$$

（4）若 Sub（β，β′）在 Case4 返回 true，则 S，S′形如 $\alpha_{\tau\rho}^{F}(\gamma_\tau)$，$\delta_{\tau\rho}^{F}(\gamma_\tau)$，且 $\alpha_{\tau\rho}^{F} \leqslant \delta_{\tau\rho}^{F}$由归纳假设知 $\alpha_{\tau\rho}^{F} \leqslant \delta_{\tau\rho}^{F}$存在证明树，我们仅需构造从 $\alpha_{\tau\rho}^{F} \leqslant \delta_{\tau\rho}^{F}$到 $S \leqslant S'$的证明树，证明树如下：

$$\frac{\alpha_{\tau\rho}^{F} \leqslant \delta_{\tau\rho}^{F}}{S = \alpha_{\tau\rho}^{F}(\gamma_\tau) \leqslant \delta_{\tau\rho}^{F}(\gamma_\tau) = S'} \quad \text{FR}$$

（5）若 Sub（S，S′）在 Case5 返回 true，则 S，S′形如 $\delta_{\tau\tau}^{R1}(\gamma_\tau)$，$\gamma_\tau$，且 $\delta_\tau \in$ ReSet，我们可以得到证明树如下：

$$\frac{\varnothing}{S = \delta_{\tau\tau}^{R1}(\gamma_\tau) \leqslant \gamma_\tau = S'} \quad R_1\text{MOD}$$

（6）若 Sub（S，S′）在 Case6 返回 true，则 S，S′形如 γ_τ，$\alpha_{\tau\tau}^{R2}(\gamma_\tau)$，且 $\alpha_\tau \in$ FSet，我们可以得到证明树如下：

$$\frac{\varnothing}{S = \gamma_{\tau''} \leqslant_{\tau}^{0} \alpha_{(\tau\,\tau')}^{R2}(\gamma_{\tau''}) = S'} \quad R_2\text{MOD}$$

（7）若 Sub（S，S′）在 Case7 返回 true，则 S，S′形如 $\lambda x_\tau.\ \alpha_\rho$，$\lambda x_\tau.\ \gamma_\rho$，且 $\alpha_\rho \leqslant \gamma_\rho$，由归纳假设知 $\alpha_\rho \leqslant \gamma_\rho$ 在 FQNL 中存在证明树，则我们仅需构造从 $\alpha_\rho \leqslant \gamma_\rho$ 到 $S \leqslant S'$的证明树，证明树如下：

$$\frac{\alpha_\rho \leqslant \gamma_\rho}{S = \lambda x_\tau.\ \alpha_\rho \leqslant \lambda x_\tau.\ \gamma_\rho = S'} \quad \text{Ab}$$

（8）若 Sub（S，S′）在 Case8 返回 true，则 S，S′形如 $\delta_{\tau\,\tau\tau}^{C}(\gamma_\tau(\varphi_\tau))$，若 S′形如 φ_τ，则我们有证明树如下：

$$\frac{\varnothing}{S=(\delta^{C}_{(\tau\ \tau\tau)}(\gamma_{\tau'}))(\varphi_{\tau''})\leqslant\varphi_{\tau}=S'}\ C_1$$

若 S′形如 γ_τ，则有证明树如下：

$$\frac{\varnothing}{S=(\delta^{C}_{(\tau\ \tau\tau)}(\gamma_{\tau'}))(\varphi_{\tau''})\leqslant\gamma_{\tau}=S'}\ C_1$$

（9）若 Sub（S，S′）在 Case9 返回 true，则 S，S′形如 φ_τ，$\delta^{C}_{\tau\ \tau\tau}(\gamma_\tau(\eta_\tau))$ 且 $Sub(\varphi_\tau,\gamma_\tau)$，$Sub(\varphi_\tau,\eta_\tau)$，由归纳假设知，存在 $\varphi_\tau\leqslant\gamma_\tau$，$\varphi_\tau\leqslant\eta_\tau$ 的证明树，则易知存在从 $\varphi_\tau\leqslant\gamma_\tau$，$\varphi_\tau\leqslant\eta_\tau$ 到 S≤S′的证明树如下：

$$\frac{\varphi_\tau\leqslant\gamma_\tau\quad\varphi_\tau\leqslant\eta_\tau}{S=\varphi_\tau\leqslant^{0}_{\tau}(\delta^{C}_{(\tau\ \tau\tau)}(\gamma_\tau))(\eta_\tau)=S'}\ C_2$$

（10）若 Sub（S，S′）在 Case10 返回 true，则 S′形如 $\delta^{D}_{(\tau\ \tau\tau)}(\gamma(\varphi_\tau))$，若 S 形如 φ_τ，则我们有证明树如下：

$$\frac{\varnothing}{S=\varphi_\tau\leqslant(\delta^{D}_{(\tau\ \tau\tau)}(\gamma_{\tau'}))(\varphi_{\tau''})=S'}\ D_1$$

若 S 形如 γ_τ，则有证明树如下：

$$\frac{\varnothing}{S=\gamma_\tau\leqslant(\delta^{D}_{(\tau\ \tau\tau)}(\gamma_{\tau'}))(\varphi_{\tau''})=S'}\ D_1$$

（11）若 Sub（S，S′）在 Case11 返回 true，则 S，S′形如 $\delta^{D}_{(\tau\ \tau\tau)}(\gamma_\tau(\varphi_\tau))$，$\eta_\tau$ 且 $Sub(\varphi_\tau,\eta_\tau)$，$Sub(\gamma_\tau,\eta_\tau)$，由归纳假设知，存在 $\varphi_\tau\leqslant\eta_\tau$，$\gamma_\tau\leqslant\eta_\tau$ 的证明树，则易知存在从 $\varphi_\tau\leqslant\eta_\tau$，$\gamma_\tau\leqslant\eta_\tau$ 到 S≤S′的证明树如下：

$$\frac{\varphi_\tau\leqslant\eta_\tau\qquad\gamma_\tau\leqslant\eta_\tau}{S=\varphi_\tau\leqslant(\delta^{D}_{(\tau\ \tau\tau)}(\gamma_\tau))(\eta_\tau)=S'}\ D_2$$ ■

定理 4.4 如果调用函数 Derive（T_0，T）返回 true，则在 FQNL 中存在 $T_0\leqslant T$ 的证明树。

证明 施归纳于 T_0 和 T 的结构：

（1）若 Derive（T_0，T）返回 true 的情况是 Case1：$T_0=T$，则由 FQNL 的公理知 $T_0\leqslant T$，则存在证明树：

$$\frac{\varnothing}{T_0\leqslant T}$$

（2）若 Derive（T_0，T）在 Case2 返回 true，即 T_0 形如 $\alpha_{(\tau^{\parallel}(\tau\rho))}(\gamma_\tau)(\delta_\tau)$，T 形如 $\alpha_{(\tau^{\parallel}(\tau\rho))}(\delta_\tau)(\gamma_\tau)$，则由 FQNL 规则 FQ 知存在证明树：

$$\frac{\varnothing}{\alpha_{(\tau^{\parallel}(\tau\rho))}(\delta_\tau)(\gamma_\tau)\leqslant^{0}_{\tau}\alpha_{(\tau^{\parallel}(\tau\rho))}(\gamma_\tau)(\delta_\tau)}$$

（3）类似的，若 Derive（T_0，T）在 Case3，Case4 返回 true，则显然存在相

应的证明树如下：

$$\frac{\varnothing}{(\alpha^{R1}_{(\tau\ \tau')}(\gamma_{\tau''}))_t \leqslant \gamma_t}$$

$$\frac{\varnothing}{\gamma_t \leqslant (\alpha^{R1}_{(\tau\ \tau')}(\gamma_{\tau''}))_t}$$

（4）若 Derive（T_0，T）在 Case5 返回 true，则 T_0 形如 $((\delta^{C}_{(\tau\ \tau\tau)}(\gamma_{\tau'}))(\varphi_{\tau''}))_t$，T 形如 Ω_t 且 derive（γ_t，Ω_t）返回 true 或 derive（φ_t，Ω_t）返回 true，若 derive（γ_t，Ω_t）返回 true，则由归纳假设知存在 $\gamma_t \leqslant \Omega_t$ 的证明树，则易构造从 $\gamma_t \leqslant \Omega_t$ 到 $T_0 \leqslant T$ 的证明树如下：

$$\cfrac{\cfrac{\varnothing}{((\delta^{C}_{(\tau\ \tau\tau)}(\gamma_{\tau'}))(\varphi_{\tau''}))_t \leqslant \gamma_t}C_1 \qquad \gamma_t \leqslant \Omega_t}{T_0 = ((\delta^{C}_{(\tau\ \tau\tau)}(\gamma_{\tau'}))(\varphi_{\tau''}))_t \leqslant \Omega_t = T}\text{Tran}$$

类似的若 derive（φ_t，Ω_t）返回 true，我们同样可以构造出 $T_0 \leqslant T$ 的证明树如下：

$$\cfrac{\cfrac{\varnothing}{((\delta^{C}_{(\tau\ \tau\tau)}(\gamma_{\tau'}))(\varphi_{\tau''}))_t \leqslant \varphi_t}C_1 \qquad \varphi_t \leqslant \Omega_t}{T_0 = ((\delta^{C}_{(\tau\ \tau\tau)}(\gamma_{\tau'}))(\varphi_{\tau''}))_t \leqslant \Omega_t = T}\text{Tran}$$

（5）若 Derive（T_0，T）在 Case6，Case7，Case8 返回 true，证明过程与（4）类似，我们可以分别构造出 $T_0 \leqslant T$ 的证明树如下：

$$\frac{\Omega_t \leqslant \varphi_t \qquad \Omega_t \leqslant \gamma_t}{T_0 = \Omega_t \leqslant ((\delta^{C}_{(\tau\ \tau\tau)}(\gamma_{\tau'}))(\varphi_{\tau''}))_t = T}C_2 \qquad \text{(Case6 返回 true)}$$

$$\cfrac{\Omega_t \leqslant \gamma_t \qquad \cfrac{\varnothing}{\gamma_t \leqslant ((\delta^{D}_{(\tau\ \tau\tau)}(\gamma_{\tau'}))(\varphi_{\tau''}))_t}D_1}{}D_2$$

(Case7 返回 true)

$$T_0 = \Omega_t \leqslant ((\delta^{D}_{(\tau\ \tau\tau)}(\gamma_{\tau'}))(\varphi_{\tau''}))_t = T$$

$$\cfrac{\Omega_t \leqslant \varphi_t \qquad \cfrac{\varnothing}{\varphi_t \leqslant ((\delta^{D}_{(\tau\ \tau\tau)}(\gamma_{\tau'}))(\varphi_{\tau''}))_t}D_1}{}D_2$$

(Case7 返回 true)

$$T_0 = \Omega_t \leqslant ((\delta^{D}_{(\tau\ \tau\tau)}(\gamma_{\tau'}))(\varphi_{\tau''}))_t = T$$

$$\frac{\varphi_t \leqslant \Omega_t \qquad \gamma_t \leqslant \Omega_t}{}D_2$$

(Case8 返回 true)

$$T_0 = ((\delta^{D}_{(\tau\ \tau\tau)}(\gamma_{\tau'}))(\varphi_{\tau''}))_t \leqslant \Omega_t = T$$

（6）若 Derive（T_0，T）在 Case9 返回 true，即 T_0 形如 $\alpha_{(et)t}\beta_{(et)}$，T 形如 $\alpha'_{(et)t}\beta'_{(et)}$：

（a）若 α，$\alpha' \in MON\uparrow$：

则有 Sub（α，α′）返回 true 且 Sub（β，β′）返回 true，由引理知存在 $\alpha \leqslant \alpha'$，$\beta \leqslant \beta'$ 的证明树，则我们可以构造从 $\alpha \leqslant \alpha'$，$\beta \leqslant \beta'$ 到 $T_0 \leqslant T$ 的证明树如下：

$$\cfrac{\cfrac{\alpha \leqslant \alpha'}{\alpha(\beta) \leqslant \alpha'(\beta)}\ FR \qquad \cfrac{\beta \leqslant \beta'}{\alpha'(\beta) \leqslant \alpha'(\beta')}\ MON^{+}}{T_0 = \alpha(\beta) \leqslant \alpha'(\beta') = T}\ Tran$$

（b）当 α，$\alpha' \in MON\downarrow$ 时，证明与 A 类似，得到的证明树如下：

$$\cfrac{\cfrac{\alpha \leqslant \alpha'}{\alpha(\beta) \leqslant \alpha'(\beta)}\ FR \qquad \cfrac{\beta' \leqslant \beta}{\alpha'(\beta) \leqslant \alpha'(\beta')}\ MON^{-}}{T_0 = \alpha(\beta) \leqslant \alpha'(\beta') = T}\ Tran \qquad \blacksquare$$

下面我们在给出对应定理中（2）的证明：

定义 4.62 令 S 是序命题 $T_0 \leqslant T$ 的证明树，则 S 的深度定义为：

（1）如果 S 形如：

$$\cfrac{\varnothing}{T_0 \leqslant T}\ R$$

其中 R 是 Refl，FQ，R_1MOD，R_2MOD，C_1，D_1

则 S 的深度 n = 1；

（2）如果 S 形如：

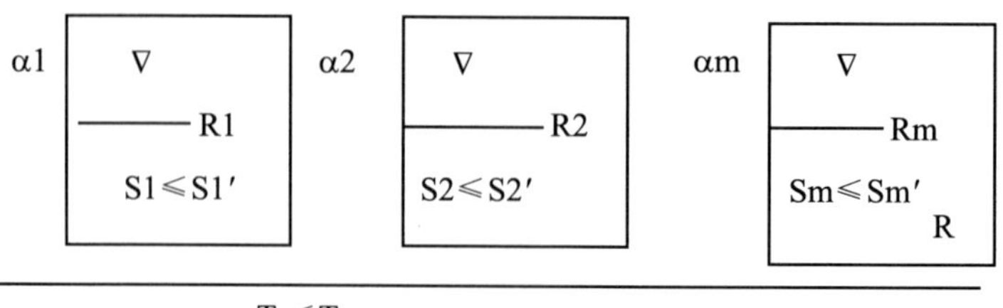

其中 α1，α2，…，αm 的深度分别为 n_1，n_2，…，n_m，则 S 的深度 $n = 1 + \sum_{i=1}^{m} n_i$。

引理 4.2 如果在 FQNL 中存在 $S \leqslant S'$（S 和 S′为短语）的证明树，则 Sub（S，S′）返回 true。

证明

施归纳于 $S \leqslant S'$ 的证明树的深度：

（1）如果 $S \leqslant S'$ 的证明树的深度为 1，则有如下情况：

（a）若 $S \leqslant S'$ 的证明树由公理得到，则在 Sub（S，S′）在 Case1 返回 true；

（b）若 $S \leqslant S'$ 的证明树由 R_1MOD 得到，则在 Sub（S，S′）在 Case5 返回 true；

（c）若 $S \leqslant S'$ 的证明树由 R_2MOD 得到，则在 Sub（S，S′）在 Case6 返回 true；

（d）若 $S \leqslant S'$ 的证明树由 C_1 得到，则在 Sub（S，S′）在 Case8 返回 true；

（e）若 $S \leqslant S'$ 的证明树由 D_1 得到，则在 Sub（S，S′）在 Case10 返回 true；

（2）若 $S \leqslant S'$ 的证明树的深度大于 1，则有如下情况：

（f）若 $S \leqslant S'$ 的证明树由传递规则得到，则在 Sub（S，S′）在 Case1 返回 true；

（g）若 $S \leqslant S'$ 的证明树最后一层由 MON^+ 规则得到，即 S，S′形如 $\gamma_{(\tau''\overset{+}{}\rho)}(\alpha_\tau)$，$\gamma_{(\tau''\overset{+}{}\rho)}(\delta_\tau)$，由归纳假设知 Sub（$\alpha_\tau$，$\delta_\tau$），所以 Sub（S，S′）在 Case2 返回 true；

（h）若 $S \leqslant S'$ 的证明树最后一层由 MON^- 规则得到，与（2）类似可得 Sub（S，S′）在 Case3 返回 true；

（i）若 $S \leqslant S'$ 的证明树最后一层由 FR 规则得到，则 S，S′形如 $\alpha_{\tau\overset{F}{}\rho}(\gamma_\tau)$，$\delta_{\tau\overset{F}{}\rho}(\gamma_\tau)$，由归纳假设知Sub($\alpha_{\tau\overset{F}{}\rho}$，$\delta_{\tau\overset{F}{}\rho}$)，故 Sub（S，S′）在 Case4 返回 true；

（j）若 $S \leqslant S'$ 的证明树最后一层由 Ab 规则得到，则 S，S′形如 $\lambda x_\tau.\alpha_\rho$，$\lambda x_\tau.\gamma_\rho$，由归纳假设知 Sub（$\alpha_\rho$，$\gamma_\rho$），故 Sub（S，S′）在 Case7 返回 true；

（k）若 $S \leqslant S'$ 的证明树最后一层由 C_2 规则得到，则 S 形如 α_τ，S′形如 $\delta_{\tau\overset{C}{}\tau\tau}(\gamma_\tau(\beta_\tau))$，由归纳假设知 Sub（$\alpha_\tau$，$\gamma_\tau$）且 Sub（$\alpha_\tau$，$\beta_\tau$），则 Sub（S，S′）在 Case9 返回 true；

（l）若 $S \leqslant S'$ 的证明树最后一层由 D_2 规则得到，则 S 形如 $\delta_{\tau\overset{D}{}\tau\tau}(\gamma_\tau(\alpha_\tau))$，S′形如 β_τ，由归纳假设知 Sub（γ_τ，β_τ）且 Sub（α_τ，β_τ），则 Sub（S，S′）在 Case11 返回 true。■

定理 4.5 如果在 FQNL 中存在 $T_0 \leqslant T$ 的证明树，则调用函数 Derive（T_0，T）返回 true。

证明

施归纳于 $T_0 \leqslant T$ 的证明树的深度：

（1）如果 $T_0 \leqslant T$ 的证明树的深度为 1，则证明树是由规则 Refl，FQ，R_1MOD，R_2MOD，C_1，D_1 得到，则 Derive（T_0，T）分别在 Case1，Case2，Case3，Case4，Case5，Case7 返回 true。

（2）如果 $T_0 \leqslant T$ 的证明树的深度大于 1：

（a）如果 $T_0 \leqslant T$ 最后应用的规则是 C_2，则 T_0 形如 Ω_t，T 形如（$\delta(\gamma)$）(φ)，

而由归纳假设知 Derive（Ω，γ）和 Derive（Ω，φ）返回 true，所以 Derive（Ω，$(\delta(\gamma))(\varphi)$）在 Case6 返回 true。

（b）如果 $T_0 \leqslant T$ 最后应用的规则是 D_2，则 T_0 形如（$(\delta(\gamma))(\varphi)$），T 形如 Ω，由归纳假设知 Derive（γ，Ω）和 Derive（φ，Ω）返回 true，所以 Derive（$(\delta(\gamma))(\varphi)$，$\Omega$）在 Case8 返回 true。

（c）如果 $T_0 \leqslant T$ 最后应用的规则是 MON^+，则 T_0 形如 $\beta(\varepsilon) = \gamma_{(\tau'' \overset{+}{} \rho)}(\alpha_\tau)$，T 形如 $\beta'(\varepsilon') = \gamma_{(\tau'' \overset{+}{} \rho)}(\delta_{\tau'})$，由归纳假设和引理 4.2 知 Sub（$\gamma_{(\tau'' \overset{+}{} \rho)}$，$\gamma_{(\tau'' \overset{+}{} \rho)}$）和 Sub（$\alpha_\tau$，$\delta_{\tau'}$）返回 true，所以在 Case9 返回 true。

（d）如果 $T_0 \leqslant T$ 最后应用的规则是 MON^-，与 c 类似，该算法在 Case9 返回 true。

（e）如果 $T_0 \leqslant T$ 最后应用的规则是 FR，则 T_0 形如 $\beta(\varepsilon) = \alpha_{(\tau \overset{F}{} \rho)}(\gamma_{\tau''})$，T 形如 $\beta'(\varepsilon') = \varphi_{(\tau' \overset{F'}{} \rho')}(\gamma_{\tau''})$，此种情况下，$\alpha_{(\tau \overset{F}{} \rho)}$ 和 $\varphi_{(\tau' \overset{F'}{} \rho')}$ 为 MON↑还是MON↓，根据归纳假设和引理 4.2 该算法在 Case9 返回 true。

因此可知，不论 $T_0 \leqslant T$ 的证明树如何，Derive(T_0，T）均返回 true。■

第5章

面向自然语言交互性的LNL：带群体知识的公开宣告逻辑

社会生活中的人际交流是自然语言基本功能之一。人际交流的实现不仅涉及到自然语言本身，还涉及到作为交流的主体、由主体形成的交流群体，涉及到群体内和群体之间的知识交换、信息流动，特别是还涉及到在隐含在交流群体中的已有知识及其交互推理等多方面的因素，是一个交互性的动态过程。有鉴于此，我们选用近些年来发展迅速的动态认知逻辑，以此为基点，探讨在自然语言条件下的动态认知逻辑的发展，构建带有群体知识的公开宣告逻辑，在动态逻辑的基础上开展面向 KRR 和针对自然语言交互性的 LNL 研究。

5.1 导　　言

5.1.1 背景与动态

动态认知逻辑可以看做是认知逻辑和动态逻辑相结合而形成的逻辑。

认知逻辑是一种关于知识和信念的逻辑。20 世纪 50 年代初，受模态逻辑的影响，瑞典 - 芬兰籍哲学家 G. H. 冯·赖特（G. H. von Wright）首次用公理化方法刻画知道（known）或证实（verified）这两个概念。冯·赖特用 Va 表示“知道 a 为真”或“证实 a”，其中 V 是与必然类似的模态算子（Wright，1951：29）。这时的认知逻辑与狭义的模态逻辑除了直观意义外并无太大区别。60 年代初芬兰逻辑学家 J. 欣迪卡的 *Knowledge and Belief*（Hintikka，1962）一书出版。其中欣迪卡用 K 和 B 表示知道和相信，还引入了认知主体，用 K_ap 和 B_bp，分别表示“a 知道 p”和“b 相信 p”，并且考虑含多认知模态词的句子，如 K_aB_bp。特别是在语义方面，欣迪卡提出了模型集和模型系统。一个模型集就是一个满足一定条件的句子集。模型系统由模型集和模型集之间的择选关系（alternative）构成，可以看做句子集的集合以及该集合上择选关系组成的结构。如果将此二者分别记作 S 和 A，那么二元组 <S，A> 就是今天模态逻辑中的框架。模型系统实际上给出了以句子集作为可能世界的可能世界语义或关系语义。由此欣迪卡独立地得到了可能世界语言学。由于形式语义学的建立，使得关于知识、知道等概念的分析不仅仅停留在哲学层面，还有了数学的基础，认知逻辑因此而成为逻辑学一个的独立分支。

认知逻辑出现后，由于在智能系统中逻辑形式化的方法日渐增多，使得当初纯粹为哲学思辨而发展起来的认知逻辑得到了人工智能学界科学家的重新发现，用于计算机科学的研究中。认知逻辑中知识表示和形式化推理在智能多主体系统中的应用吸引了不少计算机学家参与到认知逻辑的研究当中来。此外，经济学家发现可以将认知逻辑用于谈判，同时博弈论学家也十分关注认知逻辑的研究成果，他们对博弈过程中各个主体的知识发展很有兴趣。20 世纪 80 年代中叶，不同领域研究和使用认知逻辑的专家和学者开始走到一起并组织了一系列常规性的国际会议。这些活动有力地推动了认知逻辑的进一步深入研究。90 年代中期出版了两部代表性的著作 *Reasoning about Knowledge*（Fagin et al.，1995）和 *Epistemic Logic for AI and Computer Science*（Meyer et al.，1995），集中地体现了在多领域共同推动下认知逻辑的发展。

另一方面，20 世纪 70 年代以来，在模态逻辑的基础上，动态逻辑（Dynamic Logic）得以迅速地形成和发展。动态逻辑源于计算机中程序调用与执行方面的逻辑问题。一个程序的调用和执行是一个行动，按模态逻辑的方法，一个行动可以看做一个模态，因此动态逻辑是一种多模态逻辑。

动态认知逻辑（Dynamic Epistemic Logic）是近年来一个活跃的研究领域。它旨在为信息变化或变化的信息提供一套形式化的处理办法。因此它通常可以分为两部分，一部分处理信息；另一部分处理执行程序的行动所导致的变化。随着认知逻辑研究的不断深入，人们逐渐意识到在博弈论、人工智能等许多学科领域中多主体之间的互动在认知活动中的重要性。这种互动性的认知活动存在两个方面：一个是从已有状态获取信息；一个是获取信息后的行为产生新的状态。从知识的层面看，又可以归结为知识的处理和知识变化的处理。知识的处理，给出各项知识之间的关系等，可以由原先认知逻辑完成。知识的动态变化，可以理解为“知识—行为—新状态—新知识”的过程，其中的“行为—新状态—新知识”部分，恰好是动态逻辑所处理的部分。这使得认知逻辑和动态逻辑可以由此而结合。具体做法是把知道和行动都作为模态引入，让它们共存并且相互作用，将关于知识的命题和关于行动的表达式合在一起，从而实现表达和处理主体的知识变化和发展。

带群体知识的公开宣告逻辑是一种动态认知逻辑。公开宣告是我们日常信息交流的一种形式。如果将动态认知逻辑中的行为定位于公开宣告，得到的就是关于公开宣告的动态认知逻辑，简称公开宣告逻辑（Public Announcement Logic，简称 PAL）。80 年代末普拉扎（Plaza）建立了第一个公开宣告逻辑系统。该系统不仅能刻画主体间知识分布的静态描述和认知推理，还可以刻画主体之间交流过程中的知识变化及相应推理（Plaza，1989）。不过当时这没有引起人们的充分注意。90 年代后半期公开宣告逻辑研究才真正升温，出现了一批关于公开宣告逻辑的结果。其中不仅有关于公开宣告逻辑的研究（Gerbrandy et al.，1997），还有关于半公开宣告、私下宣告等其他宣告形式的研究，特别是还有加入公共知识等群体知识的研究，出现了建立在公开宣告逻辑基础之上的各种扩张逻辑（Baltag et al.，1998）。

动态认知过程中信息交流或知识交换的形式是多种多样的，因此，动态认知逻辑不能限于仅考虑一般的抽象认知活动，而要研究具体的交流方式，因为不同的交流方式会有不同的逻辑特性，也就是说，要具体问题具体研究。公开宣告是一种基本的交流方式，很多其他交流方式可以在此基础上得到，比如两人之间的私下交流可以视为两个主体条件下的公开宣告。因此，公开宣告逻辑也就成为动态认知逻辑的一类基础系统。由于公开宣告逻辑的产生，动态认知逻辑才得到新的发展。

加入群体知识后的公开宣告有重要的研究意义。群体知识在多主体系统中有重要的作用，因为主体之间的影响和互动很多是建立在群体知识的基础之上的。这使得考虑各种群体知识一直是动态认知逻辑研究中的一个热点问题。在公开宣告逻辑的基础上加入群体知识，研究带群体知识的公开宣告逻辑，表明研究已经深入到多主体系统，与实际的社会性交流更为接近。

5.1.2 问题与方法

在现代逻辑的思想基础上的自然语言研究始于弗雷格。弗雷格是现代逻辑的创始人，他提出了一阶逻辑演算，同时也开创了语言哲学这一哲学分支，在技术和思想两个方面都做出了划时代的贡献。20 世纪 30 年代塔斯基首先将语义学思想用于形式语言研究，对逻辑语义学做出了奠基性的贡献。稍后，在哲学方面，维特根斯坦提出著名论断“语言的意义在于使用”，通常被认为是语用学的思想开端。30 年代末、40 年代初，莫里斯（Morris）和卡尔纳普明确区分了语言的语形、语义和语用三个方面。这个区分有重要意义，此后，逻辑、语言哲学的研究，包括部分语言学研究，都深受这三个方面区分的影响。

1950 年代末、1960 年代初，蒙太格提出形式语言与自然语言没有本质区别的思想，首先将逻辑语义学用于自然语言研究。特别是在技术层面引入语用的概念，提供了形式化方法处理语用概念的范例，将形式化方法推广到语用学。在逻辑和自然语言的交互研究中，蒙太格的工作有划时代意义，此后将逻辑用于自然语言的研究迅速发展。80 年代出现了动态谓词逻辑，动态蒙太格语法，情境语义学和话语表示理论等以自然语言研究为目标的自然语言逻辑理论。

从历史发展上看，逻辑与自然语言的交互研究大体上是沿着从语法到语义、再到语用这个顺序发展的。这也是一个内容逐步丰富、背景不断扩展的发展过程。每前进一步，都产生了重要的新的结果，不仅对自然语言的研究和认识都更为深入，而且逻辑学包括形式化方法自身的发展也有重要收益。但是从总体看，上面提到的这些逻辑和以逻辑为基础的自然语言研究基本没有超出语形、语义和语用这三个方面。

语言学比逻辑学有更长的历史。就西方语言学来说，有古希腊、古罗马语言学，19 世纪的历史比较语言学等。到 20 世纪初，索绪尔（Saussure）开创了现代语言学。此后，经过近一个世纪的历程，特别是 20 世纪后半叶，在语言学自身理论完善和应用需求的推动下，在相关学科如计算机科学、心理学、社会学等学科发展的推动下，目前语言学已经形成了一个有众多分支理论的庞大体系。在这种情况下，开展逻辑与自然语言的交叉研究，不仅要有直接面向自然语言的分析，还要考虑到已有的语言学理论。这一点，也是过去逻辑与自然语言交叉研究方面长期存在的一个不足。

要能够在考虑现有语言学理论的基础上开展逻辑与自然语言的交叉研究，首先要对语言学发展的理论脉络有清楚的认识。对此，语言学家们提出了一个看法：“对语言的不同认识导致了不同语法分析方法的产生，最后形成形形色色的语言学理论和流派。就 20 世纪初开始的当代语言学来说，便有索绪尔语言学、布龙非尔德主义、伦敦学派、布拉格学派、语符学派、转换生成语言学、系统功能语言学、格语法、层次语法、法位学、生成语义学、关系语法、蒙太格语法、广义短语结构语法、词汇功能语法、中心词驱动短语结构语法、认知语法等等，不一而足。在这些名目繁多的语言学理论和流派中，基本上可以分为两大阵营，一为形式主义，一为功能主义”（胡壮麟等，2005：2）。

这个观点来自于系统功能语言学的主要代表韩礼德。韩礼德认为，形式主义和功能主义的历史渊源可以上溯到古希腊。普罗塔哥拉（Protagoras）和柏拉图是古希腊功能主义的代表，亚里士多德是形式主义的代表。他们的观点可以用现代术语做如下对比（胡壮麟等，2005：6）。

普罗塔哥拉和柏拉图	**亚里士多德**
语言学是人类学的一部分	语言学是哲学的一部分
语法是文化的一部分	语法是逻辑学的一部分
语言是向人谈论事情的手段	语言是表示肯定与否定的手段
语言是一种活动方式	语言是一种判断方式
注意不规则现象	注意规则现象
语言学是描写的	语言学是规范的
关心语义与修辞功能的关系	关心语义的真值关系
语言是选择的系统	语言是规则系统
对话语作语义解释	对句子作形式分析
把可接受性或用途作为理想化标准	把合乎语法化作为理想化标准

20世纪以来，由于索绪尔的结构语言学、乔姆斯基转换生成语法语言学的巨大影响，形式主义学派成为语言学的主流。这个情况到20世纪的后半叶因为功能语言学方面的一系列重要发展而有所改变。其中重要的有系统功能语言学，以及社会语言学、认知语言学等。功能主义的基本思想是：语言是社会交往的工具，社会、语言和思维不可分割。因此，我们必须通过语言在社会交际中的功能来认识和解释各种语言现象。可以说，功能主义语言学将语言现象置于社会这个更大的背景下加以考察，围绕语言功能的产生、实现等问题展开研究，这是功能语言学不同于形式主义语言学的独特视角，其中重要的一项，就是实际社会生活的会话交流与互动，自然语言的所有社会性因素都与此有关。在这个基础上，随着20世纪后半叶社会学、心理学、认知科学等相关学科的发展，功能语言学自然与这些发展相结合，产生了社会语言学、认知语言学等功能语言学分支。

社会语言学产生于20世纪60年代，涉及的内容相当广泛，包括民族、地域性语言文化、社会不同阶层或群体的语言特点、儿童语言学习中的社会文化影响等。其中重要的一项，是实际社会生活的会话交流，使用语言的交际。从社会的角度看，人际间的语言交流是最基本的语言活动，也是语言最基本的作用和功能，语言的其他社会性因素都与此有关。关于社会语言学的本质，不同的语言学家有不同的观点。有些语言学家认为应以语言为重点，在社会因素的背景下研究语言，有些则在语言和社会关系上更看重社会方面，把语言作为社会问题来研究，因而可以说是语言的社会学（the sociology of language）。不论侧重上的差别，社会语言学的基本特点是要联系社会因素或在社会的背景下研究语言，探讨语言的本质和解释各种语言现象。与形式主义语言学相比，这是它特有的视角，增加和丰富了语言学研究的要素。

20 世纪 70 年代末、80 年代初许多语言学家认识到乔姆斯基的生成语法研究范围的局限性，开始从认知的角度来研究语言现象，由此形成了认知语言学。该理论强调认知在语言产生和功能实现中的作用，认为语言是人类认知活动的产物和工具，人的语言能力和人的其他认知能力密切相关，所以要结合认知能力来考察和研究语言。应该提到，认知语言学的一些核心人物如 G. 莱柯夫就是从形式主义语言学阵营中分离出来的。莱柯夫是著名的语言学家和哲学家，在隐喻的研究方面做出了突出贡献。他认为，形式逻辑没有办法刻画人类的概念和理性，因为形式逻辑是非涉身的、字面义的、非象征的和非隐喻的（Lakoff & Johnson, 1999：128）。这从一个侧面反映出认知语言学家们对于逻辑方法的观点。

综上所述，一方面，逻辑方法下明确以自然语言为对象的研究基本没有超出语形、语义和语用这三个方面，而另一方面，功能语言学的发展表明，关于自然语言的研究不仅仅是语形、语义和语用这三个方面，还与认知密切相关，要放到社会性交流这个更大的背景下加以考察。这也向逻辑的形式化方法研究提出了挑战：逻辑方法的研究是否可以深入到这些领域，或结合这方面的研究成果对自然语言做更深入的研究？

长期以来，使用逻辑方法对于自然语言的研究一直限于语言学中的形式主义方面。从亚里士多德开始，就是这样的传统，到现代逻辑下的自然语言研究，在思想和内容上仍然大体上不超出形式主义语言学。因此，把逻辑方法下的自然语言研究归为形式主义语言学，似乎成为语言学家甚至逻辑学家自己共同的潜意识。逻辑学研究推理形式方面的规律，所以逻辑学自身是形式科学。逻辑方法下的研究偏重于形式，这是由逻辑学自身的性质决定的。但是，这并不表明逻辑方法的应用只能限于形式主义语言学，既不表明逻辑方法只能研究语言结构、句子的真值、语词的含义和所指等传统形式化方法下所讨论的问题，不能用来开展功能主义观点下的研究，也不表明用逻辑方法就一定只能得到属于形式主义语言学的结果。在观点、方法和问题这三者中，重要的应该是观点和在这些观点下所要解决的问题。如果在功能主义观点和问题下的研究可以视为功能语言学，如果在功能主义观点下的问题也可以用逻辑方法进行研究，那么，逻辑方法在功能主义语言学方面也应该可以有所作为。

20 世纪 80 年代以来，逻辑方法下的自然语言研究大为扩展，早已超出了传统的语形和语义两个方面，首先是关于语用的研究已经取得许多进展，而在此之前，语用还完全在逻辑方法的研究领域之外。现在的问题是，这些扩展对于自然语言的研究来说，仍然不够，还要考虑功能主义主张的社会、认知等因素。历史的发展已经显示了一条从语形到语义，再到语用的发展路线，这表明关于自然语言的研究需要有更丰富的背景、更全面的视角，这样才能对自然语言产生更全面的认识，同时也显示了语形、语义、语用的三分法已经不能概括自然语言的全部，还要进一步扩展。这是从语言学的发展方面所展示的趋势和提出的要求。从更全面的视角更有利于研究发展的历史进程看，如果我们充分考虑功能主义的主张，将认知、社会性方面的因素也加入到逻辑方法下的自然语言研究中，有理由预期这一方向下的研究将会有新的发展。其实，当功能语言学在社会、认知等背景下从语言功能的角度进行研究时，逻辑学研究也在向社会、认知等方面深入。代表性成果之一，就是动态认知逻辑和在此基础上的公开宣告逻辑。这些成果表明，逻辑是形式化方法研究领域可以扩展到过去看来难以涉足的领域。公开宣告逻辑已经在社会交流等方面展开了具体研究，只是这些研究和相应成果在自然语言的研究方面的意义和作用还没有被充分认识到。

公开宣告逻辑内容丰富，涉及到自然语言的许多方面：不仅有传统的、语形、语义方面，还有强烈的语用背景，特别是还与交流、认知有关。功能主义语言学的要点是，语言是社会交往的工具，社会、语言和思维不可分割，必须通过语言在社会交际中的功能来认识和解释各种语言现象。公开宣告逻辑不是语言学，重点在于刻画关于公开宣告这种交流形式下的有关推理规律，但是因为公开宣告是社会生活中通过语言实现的交流形式，对于其中有关推理形式的研究必然要涉及到自然语言在社会交往中作为交流工具的许多性质，而且，公开宣告逻辑还是一种认知逻辑，涉及到对知识和信息的处理、理解等方面的因素，这些内容都与主体的思维有密切关系。把这些因素合起来考虑，可以看出，公开宣告逻辑恰是符合“社会、语言和思维不可分割”的这一功能主义语言学基本思想的一种逻辑。正是出于这种特点的对比，我们认为，在开展逻辑与自然语言的交叉研究中，可以考虑用公开宣告逻辑作为研究的一个切入点。

在自然语言的交流活动中，信息在交流的主体之间不停地流动，不仅单个主体自身的知识随之而变化，各个主体之间的相互知识（在动态认知逻辑中被称为高阶信息和 higher-order information）也在由此不断发生着微妙的更新和变化。这些变化会直接影响主体的下一步行动。一个群体中的互知信息也称为这个群体的群体知识。群体知识主要有普遍知识、公共知识、分布式知识，以及联合知识、隐含知识等。新知识的形成除了与每个主体直接拥有的知识有关外，还与隐含在群体中的知识和推理有关。在新知识的基础之上，各主体会采取进一步的行动，从而引起新一轮的认知互动，引起新一轮的知识更新。这种信息与行动、知识与知识分布、个体与群体、静态与动态的关系相互交织、错综复杂，使得交流过程不借助于严格形式化方法难以看清。动态认知逻辑为我们处理和刻画这些语言交流活动提供了一个有用的工具，不仅能够编撰主体之间的静态信息，能够表达和处理主体间的这种群体知识，并且还能进一步刻画和处理交流活动引起的信息变化和知识更新，从而能够展示交流活动的细节和具体过程。功能主义对于语言学研究提出了不同于形式主义的视角。在这里可以看到，如果要揭示和研究关于自然语言在与社会、思维等因素相关的功能实现方面的一些细节，还需要有严格方法。在这方面，逻辑的理论和方法应该大有作为。在上述逻辑研究的基础上，如果能进一步开展语言功能方面的研究，相信这应该也是功能语言学希望看到的。从这个角度说，形式主义与功能主义应该结合，也有可能结合。

这个结合在我国语言学研究中有特殊意义。我国长期以来从事功能语言学研究的人数要远多于形式主义，即使在国际上形式主义研究占有绝对主流地位时也是如此。在今天功能主义迅速发展的形势下，有学者认为，“中国的语言研究没有走上跟形式逻辑一致的发展方向，而是走上了重意义、重篇章的功能主义道路。这种传统在语言学正在转向的今天将可以大有作为”（姜望琪，2003：12）。这反映了中国语言学界的一些基本看法。在这种情况下，开展与功能主义语言学相结合的研究，将有利于推动我国的自然语言研究的发展。

5.1.3 内容与结论

我们的结论是：一，应该结合语言学方面的研究成果开展逻辑与自然语言的交叉研究；二，应该在逻辑方法中引入自然语言更多的相关因素，而不只是语形、语义和语用三个方面。在这个基础上，我们选择了动态认知逻辑作为面向KRR的LNL研究的基点。就具体的研究来说，主要在动态认知逻辑的基础系统——公开宣告逻辑的基础之上，进一步引进群体知识，建立了一个带有群体知识的公开宣告逻辑系统，并且将其用于一些交流活动中的知识表示和动态推理等方面问题的分析和解决。

本章以下共有六节，大体上可以分为三个方面：一是，自然语言交流、互动与知识动态变化的实际例子分析，包括建立相关知识表示的模型。二是，引入或建立逻辑系统，包括形式语义学和完全性证明。这两方面的内容相互关联、交叉展开。前者有5.2节和5.4节，后者有5.3节和5.5节。5.6节是这两个方面的综合。三是，最后5.7节将考察所建立的公开宣告逻辑在自然语言交互推理难题中一些初步应用。

5.2 节主要探讨语言交流和动态认知逻辑的关系，以实际交流活动中的提问和回答、泥孩谜题和抛掷硬币等例子，分析知识在这些活动中的更新和变化以及如何为之构建逻辑模型，重点探讨公开宣告这种语言交流活动中的知识表示和模型变化。

5.3 节引入公开宣告逻辑，这是交互性推理的基础，包括公开宣告逻辑的语言和语义、公理化系统和完全性证明等几方面。重点探讨如何对公开宣告这种认知行动进行逻辑表达和知识处理。

5.4 节主要考察普遍知识、公共知识和分布式知识等群体知识。重点考察分布式知识，区分出分布式知识的两种直观意思——联合知识和群体隐含知识。形式化分析表明这两种知识有重要区别。符合完全交流原则的群体隐含知识和联合知识是一致的。有穷可分辨模型、紧密饱和模型、饱和可分辨模型都符合完全交流原则。只有完全交流模型才真正完全地刻画了完全交流原则。这些结果还揭示出群体隐含知识和联合知识不一致的根本原因，涉及到语言对于可能世界的描述问题。

5.5 节在（Hoek et al.，1996）建立的逻辑系统 S5m(C，D，E）的基础上考虑（Kooi et al.，2004）提出的相对化公共知识（Relativized Common Knowledge)，并且把群体知识都推广到一般情形。考虑建立起一个包含相对化公共知识和群体隐含知识的公理化系统 $S5_m^B$(RC，D，E)，利用滤模型和拆开等手段对典范模型进行转换变形，从而证明它是一个在强框架上完全的公理化系统。

5.6 节首先在 5.3 节引入的公开宣告逻辑的基础之上考虑群体隐含知识，引入相对化公共知识，建立了一个带有相对化公共知识和群体隐含知识的公开宣告逻辑系统 PAL(RC，D，E)。再通过归约的方法，将它归约到静态逻辑系统 $S5_m^B$(RC，D，E)，从而给出了完全性证明。

5.7 节考察了该系统在处理泥孩谜题、和积之谜以及意外考试难题等交流活动中知识表示和动态推理中的初步应用。

本章的主要成果是在公开宣告逻辑的基础上增加了群体知识的处理，建立了带群体知识的公开宣告逻辑，以及在此基础上的应用研究。通过逻辑的分析，可以揭示通过自然语言交流在信息交换、认知等方面的一些细节和过程。这对于自然语言的理解、使用等方面会提供新的理论根据和研究视角。应该说明，动态认知逻辑的研究目前仍处于发展阶段，其本身还有许多要解决的问题，公开宣告也还只是交流的一种形式，还有其他多种沟通和交流方式。就目前的结果来看，不论在逻辑方面还是应用方面都有许多有待于进一步研究的问题。目前的研究还只是将逻辑方法向更广阔的自然语言研究领域推广的一个尝试。

总的来说，将动态认知逻辑用于 KRR，这是一个新的想法和尝试，也是一个新的起点。我们希望在这个起点上，今后逻辑和自然语言两个方面研究都有新的发展。

5.2 语言交流与动态认知逻辑模型

5.2.1 从过程看推理

逻辑学研究推理的形式规律。经典逻辑从命题形式的关系方面看推理，认为推理是前提与结论的一种静态关系。前提一旦给定，根据这种关系，就决定了哪些命题可以作为结论，并不需要考虑推理的过程。近年来，动态认知逻辑的主要倡导和研究者之一范·本瑟姆一直提倡一种新的视角，即从推理过程的角度去重新审视逻辑。他认为逻辑当然是研究命题之间的有效推理关系，但推理首先是一种活动：

最重要的是，推理首先是一种活动，其中命题既是输入又是输出的结果。近年来，人们逐步意识到，像推理、评价、信念修正或交流等活动本身都是逻辑研究的经典主题，它们的动态结构是能够用逻辑的手段研究清楚的。（Benthem，2003：1-2）

从前提到结论的过程看推理，而不是从前提与结论的关系看推理，这是与经典逻辑不同的视角。从这个角度看，存在着推理的动态结构，这些结构也是逻辑学的研究对象。不仅如此，这个视角还引出了推理的主体、主体之间的交流和交流中的信息等有关要素。

既然推理是一种活动，就有进行这个活动的主体。在这个观点下，即使对于"从 $A \vee B$ 和 $\neg A$ 得出 B"这个简单的推理来说，也会被认为这是一个从 $A \vee B$ 和 $\neg A$ 推出 B 的过程，尽管这是仅由单个主体就可以完成的推理过程，是一种单主体的推理。相比之下，例如，一阶逻辑遵循推理是一种关系的观点，研究数学命题之间的静态关系，因此一阶语言被认为是描述静态数学结构的一种逻辑语言，数学结构内部的关系是抽象地独立于我们的一种客观存在，从而一阶逻辑所处理的推理是零主体推理。

此外，从推理的动态过程看，范·本瑟姆还进一步认为，逻辑不仅仅只关系到一个推理主体自己内心的演绎和推导，还关系到多主体之间的信息交流和互动：

假如我想知道命题p是否为真，也许最简单的方法就是通过观察得出结论：我只需观察相关的情形，看p是否是事实。当这种方法由于p是关于某些遥远的或不可达的情形而不可行时，我会试着选择推理的方法，试图从我已掌握的命题中推导出p或p的否定。如果这一方法也不能奏效，那么最后我会用第三种方法，即从单一主体转向多主体交流——去询问某些可信的人。因此信息流动涉及了“社会动态”，其中不同主体的行为是关键。(Benthem，2003：1－2)

从前提得到结论的推理过程来看，逻辑被认为是通过阐明隐含在给定前提中的信息得到新结论的一种方法。因此，“逻辑不仅研究单主体的推理或零主体的真，而且研究多主体之间的交流。我们通过彼此交流得出的结果和各自通过推理得出的结果一样是合乎逻辑的。”(Benthem，2002：1)

从信息流动的角度看，推理是输入一个命题之后输出一个新命题的动态过程。这个新命题不仅可能包括了输入命题所提供的新信息，还可能包含了在输入新信息之前已经存在于主体已有知识或前提中的隐含信息。这些隐含信息在一些情况下必须经过主体间交流才有可能推出。因此，主体间的互动推理在很多情况下是获取新信息的必需过程，这使得多主体之间的交流活动成为我们获取信息的一个重要手段，不仅单个主体的推理活动进入逻辑学研究的视野，多个主体的互动推理也进入了逻辑学研究的视野。在模态逻辑基础上发展起来的认知逻辑为我们处理静态信息提供了一个十分有用的工具。动态认知逻辑则进一步考虑交流行动引起的信息变化，从而使得我们可以更好地刻画因交流而引起的互动性知识更新和信息流动的整个过程。

5.2.2 公开交流和信息流动

交流有多种形式。这里考虑公开交流，这是一种常见的交流形式。

例5.1 问与答

(a) Q问A这一问题：“p是真的吗?”

(b) A做出真实回答：“是的。”

通过分析不难发现，在A作出回答之前，信息就已经在主体Q和A之间开始流动。因为问题(a)本身已经传达了新信息，即Q不知道答案，并且他认为A可能知道。一般说来，对于回答者而言，这提供了十分有用的信息。接着，通过回答，(b)给出了A知道p，并且在它的群体{Q，A}中公开宣告p，使得Q现在也知道p，他们都知道彼此知道p，而且Q知道A知道了这个事实，A知道Q知道A知道了这个事实，Q知道A知道Q知道了这个事实如此等等。

这种交互反省任意有穷深度的知识在认知逻辑中被称作公共知识。它不仅包括了事实的信息，而且包括对别人所知道的高阶信息（即指关于别人知识的知识这种信息）。这种高阶互知信息在多主体交流中很重要，它们可以影响甚至引发我们进一步的具体行动。例如，在社会生活中，当我们知道竞争对手知道我们的计划时，我们往往会设法调整方案，甚至会利用这一信息将计就计，以至于最后采取不同的策略。和信念修正理论相比，这种关于互知高阶信息的知识表示是动态认知逻辑处理信念修正问题的理论优势之一。

信息流动的微妙之处往往体现在一些智力游戏中。一个常见的例子是泥孩谜题。

例5.2 泥孩谜题

设想有n个孩子在一起玩泥巴。这些孩子的父亲走过来，对他们说“你们中间至少有一个人额头上有泥点”，并且问“你们谁知道自己额头上有泥点吗?”现在假定有k(k≤n)个孩子额头有泥点，其中每个孩子都能看到其他孩子额头上是否有泥点，但是不能感觉到自己额头上是否有泥点，以及每个孩子都是推理的高手并且是诚实的，还要求同时回答父亲的问题。现在的问题是：父亲重复问这同一个问题多少次之后，这k个孩子能同时回答自己额头上有泥点?

事实上是父亲恰好问了k次之后，这k个孩子才能同时知道自己额头上有泥点。可以论证如下：

当k=1时，父亲说了“你们中间至少有一个人额头上有泥点”之后，额头上有泥点的孩子环看四周，马上知道自己额头上有泥点。

当k=2时，即假设有2个孩子a、b额头上有泥点，父亲问第一遍的时候a和b都只能回答不知道自己额头上有泥点，但是在问了第一遍之后，a从b不知道自己有泥点马上推断出自己额头上有泥点，因此在父亲问第2遍的时候就能回答知道自己额头上有泥点了。b也同样如此。

当k=3时，即假设有3个孩子a、b和c额头上有泥点，a是这样设想的，假如我有泥点，那么当k=2时b和c在父亲问第二遍时就会回答知道自己头上有泥点，而他们回答不知道，a从而推断出自己额头上有泥点。b和c也同样如此推断出自己额头上有泥点。因此，父亲问第三遍的时候a、b和c都回答知道自己额头上有泥点。

以此类推，只有在父亲问了k-1次之后，那些额头上有泥点的孩子才能从其他孩子不知道他们额头上有泥点推断出自己原来额头上是有泥点的。因此，当父亲问k次的时候，这k个孩子就能同时回答自己额头上有泥点了。

这里我们给出的是一个并不很严格的论证，但是，正如我们将会看到的那样，动态认知逻辑有助于分析整个过程各个主体的知识变化，从而可以解释最后这 k 个孩子能够同时作出确定回答的原因。

5.2.3 知识、信念与信息

知识是个复杂的概念。在这里我们取其最基本的意思：如果主体 a 知道命题 φ，φ 就是 a 的知识。在这个理解下，有些知识会很不足道，不是我们通常理解的知识，但是，这可以保证所有我们通常理解的知识都在其中。知识可以由主体直接由经验获得，也可以通过交流获得。在此主要考虑通过交流获得的知识。

信念在哲学上也有很多讨论。20 世纪 50 年代可能世界语义学的出现，使得我们对于知识和信念又有了新的分析工具。从可能世界语义学的角度看，知道和相信与模态逻辑中的必然和可能一样都是一种命题态度。如果一个命题 φ 在主体 a 所认为的所有可能情况下都是真的，那么我们就可以说主体 a 相信 φ。从认知逻辑的观点看，知识是“证成了的信念”（justified belief），指的是已证明是正确的或确认是真的知识。所以信念也是一种认知态度。如果 φ 是真的，并且在主体 a 所认为的所有可能情况下都是真的，那么我们说主体 a 知道 φ，或 φ 是主体 a 的知识。

值得注意的是，这里知识和信念只是外在的（external）概念，还与主体的心理、意图、愿望和目标等主观的东西无关，即我们始终是站在一个观察者的角度来说一个主体知道什么或相信什么，这是认知逻辑的一种研究视角。

假定主体 a 身处某一世界，这个世界中有事件 A，相应的命题 p 为真，但是他没有关于这一事件的知识，那么对他来说，存在从这个世界出发的另一通达世界，在该世界中 p 为假，并且这两个世界对 a 来说都是可能的。从这个观点看，可能世界之间的通达关系可以表达 a 的知识状态。推广到多个主体，对于不同的主体来说，他们不同的知识或知识状态可以表达为不同的通达关系。站在这个层次看，如果要谈论关于一个主体的知识状态，那么不论一个主体关于事件 A 是否有确定的知识或信念，其本身都是一种信息。这是一种高阶的视角，在这一视角下的信息称为高阶信息。在这个视角下，也可以不区分知识和信念，都看成主体拥有的信息。不同的通达关系也表示各主体关于世界的拥有不同的信息。在现实世界中，各个主体往往因为各种原因只具有关于这个世界的部分信息，所以通常情况下，我们的信息是不完全的。

为便于讨论，下面先给出一个多主体认知逻辑的形式语言。

定义 5.1 认知语言 L_K^G

设 G 和 P 是任意非空有穷集，分别称为主体集和命题变元集。对任 $i \in G$，i

称为主体，对任 $p\in P$，p 称为命题变元。L_K^G 公式：

$$\varphi ::= p \mid \neg\varphi \mid \varphi\wedge\psi \mid K_i\varphi$$

P 中的元素又称为原子命题。以下用语法符号 p，q，r，s，t 等表示任意的原子命题，用 a，b，c 等表示任意特定的主体。常用符号 $\vee$，$\rightarrow$，$\leftrightarrow$ 由通常定义引入。$K_i\varphi$ 的直观意思是“主体 i 知道命题 φ”。这里的“知道”有较强的意义：某主体知道一个命题，意思是，该命题在该主体认为的所有可能情形中都是真命题。由此还可以通过定义 $\langle K_i\rangle\varphi := \neg K_i\neg\varphi$，引入 $\langle K_i\rangle\varphi$，表示 φ 是和主体 i 的已有知识是一致的，或者主体 i 认为 φ 是可能的，即存在一个可能情形使得 i 认为命题 φ 成立。

例 5.3 抛掷硬币

主体 a 和 b 来到一个房间。房间里摆放着一台可以遥控的抛掷硬币的机器。其中一人按下按钮，硬币抛向空中后落在一个盒子里，盒子马上就关上了。事实上是硬币的正面朝上，但由于相距较远，a 和 b 都没法看清硬币最终是哪面朝上。

这一情景发生后，两个主体的知识分布可以用上面的认知语言来表达。以下用 p 表示“硬币正面朝上”。于是，$\neg p$ 即“并非硬币正面朝上”，等价于“硬币背面朝上”。于是，关于主体 a 和 b 的知识状态可以用以下语句来表达：

（1）$\neg K_a p$　　主体 a 不知道硬币正面朝上；

（2）$\neg K_b p$　　主体 b 不知道硬币正面朝上；

（3）$K_a(p\vee\neg p)$　　主体 a 知道硬币或者正面朝上或者背面朝上；

（4）$K_a(\neg K_b p\wedge\neg K_b\neg p)$　　主体 a 知道主体 b 不知道硬币是否正面朝上；

语句（4）表明我们用认知语言不仅能表达主体关于世界本身的知识，而且可以表达主体关于其他主体知识的知识，这就是高阶信息。这种互知信息对于我们刻画和表达主体间的互动至关重要，因为主体间的互动往往就是建立在主体关于群体中其他成员知识的基础之上的。这是后来动态认知逻辑相对于一般的信念修正理论的优势之一。

此外，假设主体还有内省能力的话，那么还有：

（5）$K_a\neg K_a p$　　主体 a 知道自己不知道硬币正面朝上；

（6）$K_aK_a(p\vee\neg p)$　　主体 a 知道自己知道硬币或者正面朝上或者背面朝上；

……

语句（5）表明主体 a 知道自己不知道，称为负内省能力。由于苏格拉底的名言：“自知自己无知”，所以在认知逻辑中把刻画主体负内省能力的这条公理又称为智者公理。（6）表明主体知道自己知道，称为正内省能力。

例 5.4 续例 5.3

如果 a 和 b 一起打开盒子，看到硬币正面是朝上的。这一情况发生之后，主体 a 和 b 的知识状态发生了变化。以 a 为例：

(1) $K_a p$ 主体 a 知道硬币是头朝上；

(2) $K_a K_b p$ 主体 a 知道主体 b 知道硬币是头朝上；

(3) $K_a K_b K_a p$ 主体 a 知道主体 b 知道主体 a 知道硬币是头朝上；

同样，假设主体有正内省能力的话，可以有：

(4) $K_a K_a p$ 主体 a 知道自己知道硬币正面朝上；

(5) $K_a K_a K_b K_a p$ 主体 a 知道自己知道主体 b 知道主体 a 知道硬币是头朝上。

例 5.3 和例 5.4 表明了在多主体动态认知情况下，他们的知识、信念和高阶信息之间的相互关系。

5.2.4 知识表示的 Kripke 模型

20 世纪 60 年代初，欣迪卡首先将可能世界语义学用来为知识和信念构建逻辑模型，从而用于知识表示和知识推理（Hintikka，1962）。这一方法已被推广到多主体的情形，用以刻画主体知识间的交互作用。由于用的是可能世界语义学，所得到的模型因而称为克里普克模型。

定义 5.2 认知模型

设 G 是任意有穷主体集，P 是任意有穷命题变元集。三元组 M = (W, R, V) 是认知语言 L_K^C 的模型，当且仅当，W 是一个非空集，R 是从 G 到 $\wp(W \times W)$ 的函数，V 是从 P 到 W 的幂集 $\wp(W)$ 的函数。

认知模型对每个主体 i 都指派了一个二元关系 $R(i) \subseteq W \times W$，在模态逻辑中通常称为可及关系或通达关系（accessibility relation），在认知逻辑中还被称为认知择选（epistemic alternative）关系。如果 $R(i)wv$，即对 i 来说 w 与 v 有认知择选关系，表示主体 i 对这两个可能世界是不可区分的，即从其中一个世界来看，另一个世界是可能的。

以下将 R(i) 记为 R_i，令 $R_i(w) = \{v \in W \mid (w, v) \in R_i\}$，表示主体 i 在 w 这个世界上看来他所有不可区分的可能世界。可能世界集 $R_i(w)$ 也称为主体 i 在 w 上的信息集。这里我们可以看到，认知模型可以通过可通达关系编撰各个主体关于世界的信息，这种信息又总是相对于某个可能世界而言的，使得每个主体相对于每个世界都有一个知识状态，因此可以说，认知模型为各个主体构建了一个表达知识的逻辑模型。

定义 5.3 基本语义定义

设 G 是任意有穷主体集，P 是任意有穷命题变元集。认知语言 L_K^G 中任一公式的真值可以归纳定义如下：

$(M, w) \vDash p$ 当且仅当 $w \in V(p)$；

$(M, w) \vDash \neg\varphi$ 当且仅当 并非 $(M, w) \vDash \varphi$；

$(M, w) \vDash \varphi_1 \wedge \varphi_2$ 当且仅当 $(M, w) \vDash \varphi_1$ 且 $(M, w) \vDash \varphi_2$；

$(M, w) \vDash K_i\varphi$ 当且仅当 对任意的 v，若 $v \in R_i(w)$，则 $(M, v) \vDash \varphi$。

相应的有，$(M, w) \vDash \langle K_i \rangle \varphi$，当且仅当，存在 $v \in R_i(w)$ 并且 $(M, v) \vDash \varphi$。

(M, w) 又称为点模型。一个点模型可以看做是对各个主体知识的收集，即在点模型 (M, w) 上为真的语句就是对各个主体知识状态的描述，也可以被看做一个认知状态。一个克里普克模型下的认知状态不仅刻画了主体关于世界的知识，而且还可以通过可及关系表示他们关于其他主体的知识。

5.2.5 公开宣告和模型变化

以例 5.3 和例 5.4 为例，下面先描述各个主体静态的知识状态，然后说明它们是如何更新的。

例 5.3 中各个主体的知识状态可以用带标记的图形表示如图 5 - 1 所示：

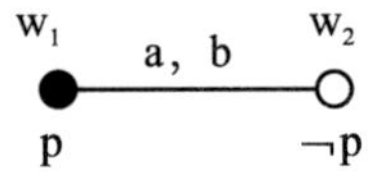

w_1 a, b w_2

p ¬p

图 5 - 1

图 5 - 1 用带标记的结点表示两个可能世界，黑色的结点表示现实世界。中间带有主体标记的横线表示主体不可区分这两种情形。每个可能世界都可及于自身，为简便起见，这在图形中不再表示。

例 5.3 存在两种可能情况，即“硬币正面朝上”和“硬币背面朝上”，前者用“p”表示，后者等价于“¬p”。主体 a、b 都不能区分这两种情况，即他们认为这两种情形都是可能的。同样，当主体身处其中任何一个世界时，也会认为这个世界本身是可能世界，因此，每个可能世界与自身都有可及关系。

从形式上看，图 5 - 1 想要刻画的是这样一个认知模型：

主体集 $G = \{a, b\}$，命题变元集 $P = \{p\}$，$M = (W, R, V)$，其中 $W = \{w_1, w_2\}$，$R_1 = R_2 = \{(w_1, w_1), (w_1, w_2), (w_2, w_1), (w_2, w_2)\}$，$V(p) = \{w_1\}$。

在这个模型下不难验证，$(M, w_1) \vDash \neg K_a p$，$(M, w_1) \vDash K_a(p \vee \neg p)$，$(M, w_1) \vDash K_a(\neg K_b p \wedge \neg K_b \neg p)$，$(M, w_1) \vDash K_a \neg K_a p$ 和 $(M, w_1) \vDash K_a K_a(p \vee \neg p)$ 等

等。例 5.3 中所有关于 a、b 知识状态的断定在该模型中都是真的。从这个角度看，(M, w_1) 就是主体 a、b 的认知状态的表达，也可以说，(M, w_1) 为主体 a、b 的知识状态建构了一个简单而明晰的模型。

例 5.4 中各个主体的知识状态可以用带标记的图形表示如图 5－2：

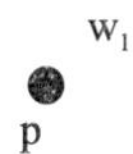

图 5－2

在例 5.3 中，主体 a 和 b 都不能区分这两种可能情况，而现在主体 a 和 b 都能区分这两种可能情况了。

在例 5.4 中，虽然关于世界本身的信息并未发生改变，即主体 a 没打开盒子以前，原来硬币正面朝上现在还依然是正面朝上①，但是，此时不仅 a 的知识发生了变化，而且主体 a、b 相互之间的知识也都发生了改变。图 5－2 与图 5－1 相比，仅仅是把 a 和 b 对于这两种可能情形的可及关系给去除了，那么图 5－2 是否刻画了主体 a、b 在变化后的知识状态呢？答案是肯定的，因为克里普克模型中的可及关系不仅编撰了主体关于世界本身的信息，它还编撰了主体之间相互知识的信息。

从形式上看，图 5－2 想要刻画的这样一个认知模型：

主体集 $G = \{a, b\}$，命题变元集 $P = \{p\}$，$M = (W, R, V)$，其中 $W = \{w_1\}$，$R_1 = R_2 = \{(w_1, w_1)\}$，$V(p) = \{w_1\}$。

不难验证，$(M, w_1) \vDash K_a p$，$(M, w_1) \vDash K_a K_b p$，$(M, w_1) \vDash K_a K_b (K_a p \vee K_a \neg p)$，$(M, w_1) \vDash K_a K_a p$ 和 $(M, w_1) \vDash K_a K_a K_b (K_a p \vee K_a \neg p)$，即例 5.4 中所有关于 a、b 知识状态的论断在该模型中都是真的。此时 (M, w_1) 就是主体 a、b 的认知状态。因此，可以说图 5－2 表示下的克里普克模型能够为例 5.4 中的各个主体构建一个正确的知识模型，如图 5－3 所示。②

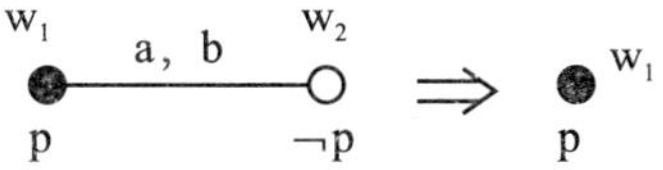

w_1 ●——a, b——○ w_2 ⇒ ● w_1
p ¬p p

图 5－3

图 5－3 反映了从例 5.3 到例 5.4 的模型变化过程，主体 a、b 各自根据外界的变化分别对自己的知识进行了更新。原来静态认知逻辑语言能帮助我们刻画和

① （Benthem et al., 2006）和（Ditmarsch, 2004）考虑了世界信息同样发生变化的动态认知逻辑。

② 对于这种克里普克模型正确性的严格证明可以用互模拟（bisimulation）的方法来证明，即任何一个接受同样直观的数学模型可以证明是和这种克里普克模型互模拟的（Baltag et al., 1998）。

描述主体的静态知识分布，但是对于如何刻画主体对于上述过程中由外部动作引发的知识变化还无能为力。静态认知逻辑对于这种主体知识状态的改变还无法表达和处理。动态认知逻辑正是要对这种由于外部行动引起的知识变化过程中的推理进行表达和刻画。

例 5.4 中两个主体一起打开盒子，可以看做向主体 a、b 公开宣告硬币正面朝上这一事实。而例 5.1 和例 5.2 则是直接用语言进行公开宣告。事实上，动态认知逻辑通过刻画动作对于知识的影响来完成对于动作的处理。因此，我们是在广义上使用公开宣告这一认知动作的。

用克里普克模型还可以给出关于问与答这一情况的逻辑模型。同样，我们先描述各个主体静态的知识状态，然后说明它们是如何更新的。

考虑例 5.1 问与答。在该例中，由主体 Q 与 A 组成主体集 {Q, A}。相关的初始信息模型有两个状态“p”和“¬p”。在下面的图中点表示状态，点之间的连线表示主体对于各个状态的不确定关系。图 5－4 表示 Q 不能区分这两个状态：

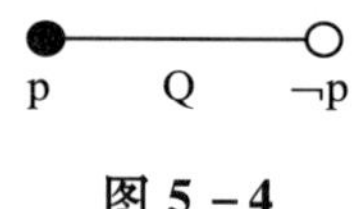

图 5－4

黑点表示的是主体生活的现实世界。图中没有关于 A 的不确定连线。这表示 A 知道 p 是否成立。还有一点要说明，对于 Q 来说，尽管他不知道 p 是否成立，但是他知道 A 是知道的。这种关于他人信息的信息通常是向别人询问的理由。

询问后，A 的回答引发了这个信息模型的更新，即剔除了“¬p”成立的可能世界，从而把原图又变成了与图 5－2 一样的单点图 5－5：

图 5－5

图中只有一个可能世界，其中命题 p 成立，并且因为没有其他世界，也就没有到其他世界不确定的连线。这表明此时 p 是群体 {Q, A} 的公共知识。从这个过程我们看到，信息状态是通过多主体模态逻辑中的 S5 模型来刻画的，信息的变化和交流存在于改变这些模型的行动中。

从上面的解析可以看出，问与答和抛掷硬币虽然是两个不同的情境，它们的逻辑模型却是一样的。这表明，从主体知识状态的角度看，这两个情境具有相同的逻辑结构。

考虑例 5.2 泥孩谜题。假设一共有 3 个孩子，以 k＝2 为例，即假设有 2 个孩子 a、b 额头上有泥点，分别用 p、q 和 r 分别表示 a、b、c 额头上有泥点这三个原子命题，则“至少有一个孩子额头上有泥点”为“p∨q∨r”。在父亲公开宣告命题之前，各个主体的知识状态可以用图形表示如图 5－6：

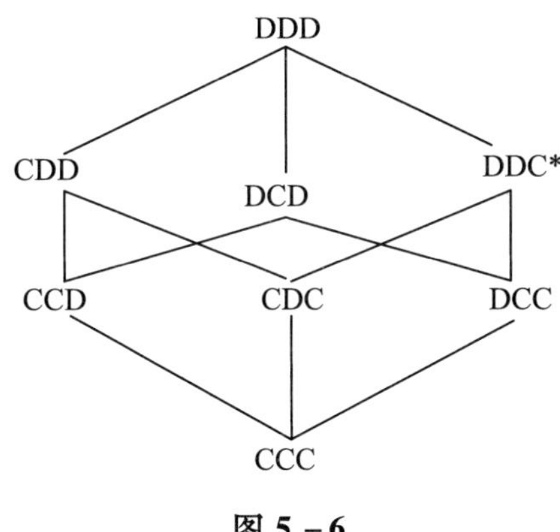

图 5－6

图 5－5 中各个结点表示各种可能情况，用带＊号的结点表明现实世界。D 表示有泥点，C 表示无泥点。DCC 表示主体 a 有泥点，b、c 无泥点这种情形，DDD 表示 a、b、c 都有泥点，其他情况以此类推。各个结点之间的横线表明主体对这两种情况不可辨别，如主体 c 就不能确定自己头上是否有泥点，因此他对 DDD 和 DDC 这两种情况就无法区分，即他认为都是可能情况，因此 DDD 和 DDC 之间用带标记为 a 的横线连接。其他情况也是如此。

我们知道实际情况是 DDC 这种情形，则（M，DDC）这个点模型就是各个主体的知识状态模型。

父亲作了“至少有一个孩子额头上有泥点”这一公开宣告之后，父亲的宣告可以剔除世界 CCC，各个主体知识的克里普克模型可以用图形表示如图 5－7：

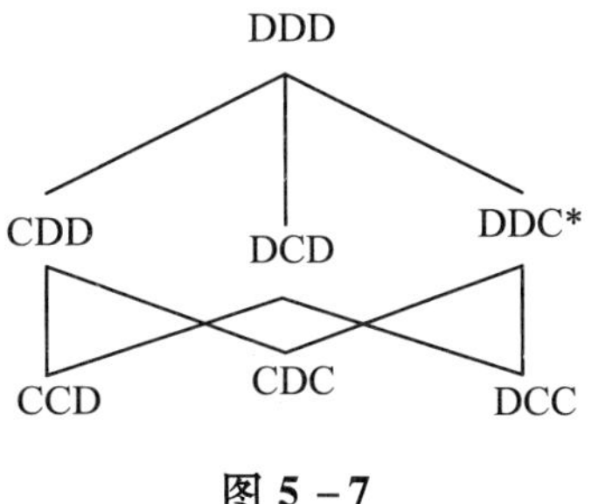

图 5－7

当父亲问“有谁是否知道自己额头上有泥点”，三个孩子同时公开宣告自己“不知道”后，认知模型又发生了变化，如图 5－8 所示：

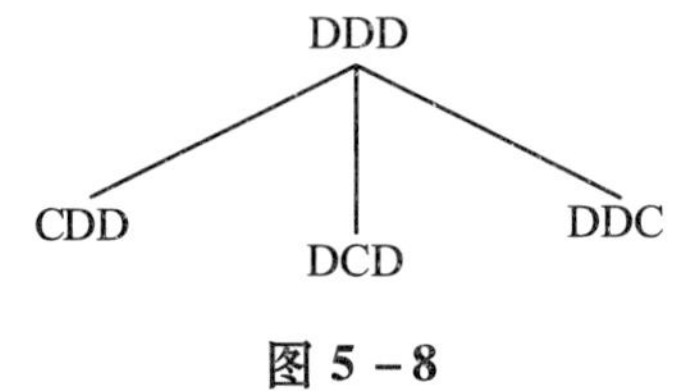

图 5-8

最后当 a、b 宣告自己知道自己额头上有泥点之后，c 才知道自己额头上没泥点。最后的更新结果是图 5-9：

DDC*

图 5-9

从图 5-6 至图 5-9 的模型变化我们可以看到，泥孩谜题中父亲和孩子发出的公开宣告这一动作能够不断地改变知识模型，从而对于知识有很重要的影响作用，进而影响主体下一步的动作。

现在这还只是在语义上通过模型和模型变化方式表达群体知识在进入公开宣告后的知识变化。作为逻辑研究，还需要考虑在语言层次上加入公开宣告这一动作并且表达和刻画动态推理的特点。这就是公开宣告逻辑所要解决的问题。

5.3 公开宣告逻辑 PAL

5.3.1 语言和语义

要表达和处理由于公开宣告这一行动引起的知识变化，需要一个动态认知的形式语言。公开宣告逻辑对于动作的处理是通过行动模态词来实现的，因此，公开宣告逻辑的形式语言是原来静态认知逻辑语言的一个扩充。

定义 5.4 语言 L_{PAL}

给定一有穷主体集 G 和一有穷命题变元集 P，公开逻辑语言 L_{PAL} 中的语句归纳定义如下：

$$\varphi ::= p \mid \neg\varphi \mid \varphi \wedge \psi \mid K_i\varphi \mid [\varphi]\psi$$

其中 $K_i\varphi$ 表示主体 i 知道 φ，$[\varphi]\psi$ 表示宣告 φ 成功之后 ψ 成立[①]。后面会证明公开宣告这一动作的执行是一个部分函数。因此，它和“如果成功宣告 φ，那么 ψ 成立”的意思相同。

从语言 $[\varphi]\psi$ 的定义可以看出，其中的 φ 可以是语言中的任意公式。于是，除了可以对表达世界本身的命题和主体的知识进行宣告之外，还可以对这些宣告本身进行宣告。因此，这里把宣告作为模态来处理，它实质是无穷多的一元模态。

这里只考虑真的公开宣告，也就是说公开宣告这一动作能够执行的前提条件是“φ 是真的”。跟通常的模态词类似，可以得到它的对偶模态词 $\langle\varphi\rangle\psi := \neg[\varphi]\neg\psi$，其直观意思是“并非如果成功宣告 φ 之后 ψ 为假”，即“成功宣告 φ 并且 ψ 成立”。

有了公开宣告逻辑的语言之后，我们就可以表达第一节例子 1.3 和例子 1.4 中动作对于知识的影响和变化了。a、b 一起打开盒子相当于是对 a 和 b 作了一个“硬币是头朝上”的公开宣告，于是，在这个行动发生之后，主体 a 就可以知道主体 b 知道硬币是头朝上了。这在形式语言 L_{PAL} 中可以表示为 $[p]K_aK_bp$。

有了上述动态认知语言之后，还需要为之构造一个认知模型。它是我们语言要表达的对象。我们采纳的是可能世界语义学模型，即克里普克模型。

定义 5.5 认知模型

给定一有穷主体集 G 和一有穷命题变元集 P，认知语言 L_{PAL} 的模型是一个三元组 $M=(W, R, V)$，它满足下列三个条件：

(a) W 是一个非空的可能世界的集合；

(b) R 是一个从 G 到 $\wp(W\times W)$ 的函数，它对每个主体指派一个 W 上的二元等价关系；

(c) V 是一个从 P 到 $\wp(W)$ 的函数，它对每个变元在每个可能世界上进行赋值。

从认知的角度看，W 中的每个可能世界都是现实世界的一种可能情况，主体因为各自的处境不同拥有对现实世界的不完全知识。每个主体所对应的 W 上的 R 关系表示主体根据自己的知识对这些情况无法区分或不可辨别。在这个意义下，模态逻辑中的 S5 被认为是刻画知识内在性质最好的一个模型，因此这里采纳的是 S5 模型即可及关系都是等价关系的模型。

定义 5.6 语义

给定一有穷主体集 G 和一有穷命题变元集 P，认知语言 L_{PAL} 中任一公式的真值可以归纳定义如下：

---

① 除了特殊说明外，本章出现的宣告都指对真命题所进行的公开宣告。

$(M, s) \models p$ 当且仅当 $s \in V(p)$；
$(M, s) \models \neg\varphi$ 当且仅当 并非 $(M, s) \models \varphi$；
$(M, s) \models \varphi_1 \wedge \varphi_2$ 当且仅当 $(M, s) \models \varphi_1$ 且 $(M, s) \models \varphi_2$；
$(M, s) \models K_i\varphi$ 当且仅当 对任意的 t，若 $t \in R_i(w)$，则 $(M, t) \models \varphi$；
$(M, s) \models [\varphi]\psi$ 当且仅当 如果 $(M, s) \models \varphi$，那么 $(M|\varphi, s) \models \psi$。
其中 $M|\varphi := \langle W', R', V' \rangle$ 定义如下：
令 $|\varphi|_M = \{v \in W \mid (M,v) \models \varphi\}$
$W' = |\varphi|_M$
$R' = R \cap (|\varphi|_M \times |\varphi|_M)$
$V' = V \cap |\varphi|_M$
$(M, s) \models \langle\varphi\rangle\psi$ 当且仅当 $(M, s) \models \varphi$ 并且 $(M|\varphi, s) \models \psi$。

从语义可以看出，我们是通过刻画一个动作的影响来刻画一个动作的，即我们总是谈论一个公开宣告发生之后对主体知识的影响。一个点模型（M，s）称为一个认知状态。公开宣告命题 φ 的影响是把认知状态限制到 φ 成立的那些可能世界上去，并同时继承原来的认知择选关系①。公开宣告命题 φ 这一动作改变了主体目前的知识状态。从形式上说，它触发了主体当前认知模型的改变。更精确地说，宣告 φ 消除了所有和 φ 不相容的世界，因此向现实情形更接近了。因而，当前模型（M，s）变成了它的子模型（M|φ，s），它的论域是集合 $\{t \in M \mid (M, t) \models \varphi\}$。这一情况可以用图形 5－10 表示如下：

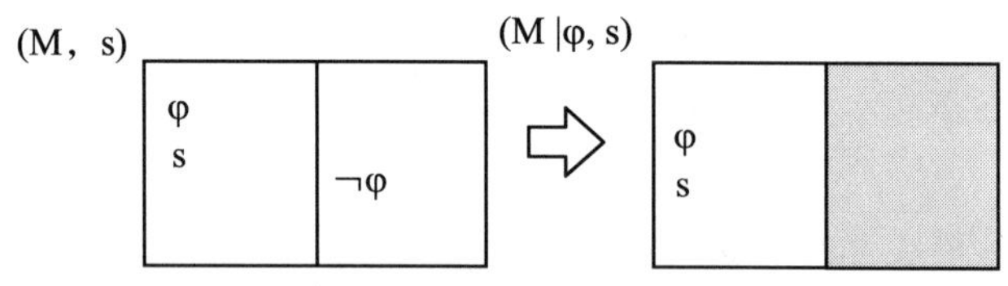

图 5－10

这和我们平常对公开宣告的直观理解是相符的，因为公开宣告一个命题为真的直接结果就是各个主体抛弃那些原先自己认为的可能为假的那些可能世界。经过这一变化之后，主体的认知状态就发生了改变。因此，这里的行动模态算子［φ］相当于起到从一个模型到它的相对化子模型的动态转换功能。

命题 5.1 公开宣告是部分函数

（1）公开宣告如果能执行，则只有一种执行方式，即 $\langle\varphi\rangle\psi \to [\varphi]\psi$ 是有效式。
（2）公开宣告只能部分执行，即 $\langle\varphi\rangle\top$ 不是有效式。

---

① （Benthem，1999）最早观察到公开宣告对于知识更新的结果就是从原来的知识模型转换到它的相对化子模型。

证明

(1) 设 (M, w) 是任意模型。根据定义，如果 $(M, w) \models \langle\varphi\rangle\psi$，则 $(M, w) \models \varphi$ 并且 $(M|\varphi, w) \models \psi$。于是，如果 $(M, w) \models \varphi$，那么有 $(M|\varphi, w) \models \psi$，即 $(M, w) \models [\varphi]\psi$ 成立。因此 $\langle\varphi\rangle\psi \rightarrow [\varphi]\psi$ 是有效式。

(2) 只需找到一个模型，使得 $\langle\varphi\rangle\top$ 不成立即可得证。容易看出 $\langle\varphi\rangle\top$ 在 φ 为假的模型中都是假的。因此，公开宣告一个命题在只有为该命题真的时候才能执行。

综合 (1) (2) 可知公开宣告是一个部分函数。■

命题 5.2 公开宣告和个体知识

$[\varphi]K_i\psi$ 和 $\varphi \rightarrow K_i[\varphi]\psi$ 是语义等值的。

证明

对任意模型 (M, w)，

$(M, w) \models \varphi \rightarrow K_i[\varphi]\psi$

当且仅当，如果 $(M, w) \models \varphi$，那么 $(M, w) \models K_i[\varphi]\psi$；

当且仅当，如果 $(M, w) \models \varphi$，那么，对所有的 $v \in M$，若 $(w, v) \in R_i$，则 $(M, v) \models [\varphi]\psi$；

当且仅当，如果 $(M, w) \models \varphi$，那么，对所有的 $v \in M$，若 $(w, v) \in R_i$ 且 $(M, v) \models \varphi$ 则 $(M|\varphi, v) \models \psi$；

当且仅当，如果 $(M, w) \models \varphi$，那么，对所有的 $v \in M$，若 $(M, v) \models \varphi$ 并且 $(w, v) \in R_i$，则 $(M|\varphi, v) \models \psi$；

当且仅当，如果 $(M, w) \models \varphi$，那么，对所有的 $v \in M|\varphi$，若 $(w, v) \in R_i$，则 $(M|\varphi, v) \models \psi$；

当且仅当，如果 $(M, w) \models \varphi$，那么 $(M|\varphi, w) \models K_i\psi$；

当且仅当，$(M, w) \models [\varphi]K_i\psi$。■

值得注意的是，$[\varphi]K_i\psi$ 和 $K_i[\varphi]\psi$ 并不语义等值，因为由命题 5.1 知公开宣告是部分函数，则我们容易找到一个 φ 为假的模型，使得 $[\varphi]K_i\psi$ 为真而 $K_i[\varphi]\psi$ 为假。命题 5.2 的直观意思是说，如果成功宣告命题 φ 之后主体 i 知道一个命题 ψ，等于是说"如果 φ 是真的，那么主体 i 宣告前就知道如果成功宣告命题 φ 之后 ψ 成立"。命题 5.2 的意义在于它把宣告对主体知识的影响结果和宣告前主体的推理能力联系起来。这样，主体对于行动的推理机制就通过知识和行动的相互作用刻画出来了。有了命题 5.2 之后，在后面的公理系统中就可以把 $[\varphi]K_i\psi \leftrightarrow (\varphi \rightarrow K_i[\varphi]\psi)$ 作为一条重要的公理。

命题 5.3 组合宣告

$[\varphi \wedge [\varphi]\psi]\chi$ 与 $[\varphi][\psi]\chi$ 是语义等值的。

证明

对任意一模型（M，w），

$w \in M|_{(\varphi\wedge[\varphi]\psi)}$

当且仅当（M，w）$\vDash\varphi\wedge[\varphi]\psi$；

当且仅当（M，w）$\vDash\varphi$ 并且如果（M，w）$\vDash\varphi$ 则（$M|_{\varphi}$，w）$\vDash\psi$；

当且仅当 $w \in M|_{\varphi}$并且（$M|_{\varphi}$，w）$\vDash\psi$；

当且仅当 $w \in (M|_{\varphi})|_{\psi}$。■

$[\varphi\wedge[\varphi]\psi]\chi$ 和 $[\varphi][\psi]\chi$ 语义等值，因此在构造公理系统时可以把 $[\varphi\wedge[\varphi]\psi]\chi\leftrightarrow[\varphi][\psi]\chi$ 作为公理。这个公理称为归约公理。归约公理在动态认知逻辑中有重要作用，因为它可以把左边那种复杂的组合宣告模态归约到右边的叠置宣告模态，从而把公式的复杂度逐步降低。

命题 5.4 下列公式都是语义等值的：

(a) $\varphi\rightarrow[\varphi]\psi$

(b) $\varphi\rightarrow\langle\varphi\rangle\psi$

(c) $[\varphi]\psi$

命题 5.5 下列公式都是语义等值的：

(a) $\varphi\wedge[\varphi]\psi$

(b) $\varphi\wedge\langle\varphi\rangle\psi$

(c) $\langle\varphi\rangle\psi$

命题 5.6 下列各组公式也是语义等值的：

(1) $[\varphi]p$ 和 $\varphi\rightarrow p$

(2) $[\varphi]\neg\psi$ 和 $\varphi\rightarrow\neg[\varphi]\psi$

(3) $[\varphi](\chi\wedge\psi)$和$[\varphi]\chi\wedge[\varphi]\psi$

证明

(1) 对任意一模型（M，w），

(M，w) $\vDash[\varphi]p$，

当且仅当，如果（M，w）$\vDash\varphi$，那么（$M|_{\varphi}$，w）$\vDash p$；

当且仅当，如果（M，w）$\vDash\varphi$，那么（M，w）$\vDash p$；

当且仅当，(M，w) $\vDash\varphi\rightarrow p$。

(2) 对任意一模型（M，w），

(M，w) $\vDash[\varphi]\neg\psi$，

当且仅当，如果（M，w）$\vDash\varphi$，那么（$M|_{\varphi}$，w）$\vDash\neg\psi$；

当且仅当，如果（M，w）$\vDash\varphi$，那么并非（$M|_{\varphi}$，w）$\vDash\psi$；

当且仅当，如果（M，w）$\vDash\varphi$，那么（M，w）$\vDash\varphi$ 并且并非（$M|_{\varphi}$，w）$\vDash\psi$；

当且仅当，如果 $(M, w) \vDash \varphi$，那么并非"如果 $(M, w) \vDash \varphi$ 则 $(M|_{\varphi}, w) \vDash \psi$"；

当且仅当，如果 $(M, w) \vDash \varphi$，那么并非 $(M, w) \vDash [\varphi]\psi$；

当且仅当，如果 $(M, w) \vDash \varphi$，那么 $(M, w) \vDash \neg[\varphi]\psi$；

当且仅当，$(M, w) \vDash \varphi \to \neg[\varphi]\psi$。

(3) 对任意一模型 (M, w)，

$(M, w) \vDash [\varphi](\chi \wedge \psi)$，

当且仅当，如果 $(M, w) \vDash \varphi$，那么 $(M|_{\varphi}, w) \vDash \chi \wedge \psi$；

当且仅当，如果 $(M, w) \vDash \varphi$，那么 $(M|_{\varphi}, w) \vDash \chi$ 并且 $(M|_{\varphi}, w) \vDash \psi$；

当且仅当，如果 $(M, w) \vDash \varphi$，那么 $(M|_{\varphi}, w) \vDash \chi$ 并且（如果 $(M, w) \vDash \varphi$ 则 $(M|_{\varphi}, w) \vDash \psi$）；

当且仅当，$(M, w) \vDash [\varphi]\chi$ 并且 $(M, w) \vDash [\varphi]\psi$；

当且仅当，$(M, w) \vDash [\varphi]\chi \wedge [\varphi]\psi$。■

其中 $[\varphi]\neg\psi$ 和 $\varphi \to \neg[\varphi]\psi$ 语义等值，从直观上看，是说 $[\varphi]\neg\psi$ 成立有两种情况：一种 φ 是假的，即宣告没有执行；另外一种 φ 是真的，但宣告执行之后 ψ 是假的，因为 $\neg[\varphi]\psi$ 和 $\langle\varphi\rangle\neg\psi$ 是逻辑等值的。

5.3.2 公理系统

定义 5.7 证明系统 PAL

给定一有穷主体集 G 和一有穷命题变元集 P，PAL 的证明系统（还记作 PAL）由下列公理模式和推演规则组成：

公理模式

(1) 所有的命题逻辑重言式；

(2) $K_j(\varphi \to \psi) \to (K_j\varphi \to K_j\psi)$　　知识分配

(3) $K_j\varphi \to \varphi$　　知识公理

(4) $K_j\varphi \to K_jK_j\varphi$　　正内省

(5) $\neg K_j\varphi \to K_j\neg K_j\varphi$　　负内省

(6) $[\varphi]q \leftrightarrow (\varphi \to q)$　　对原子事实 q

(7) $[\varphi]\neg\psi \leftrightarrow (\varphi \to \neg[\varphi]\psi)$

(8) $[\varphi](\psi \wedge \chi) \leftrightarrow [\varphi]\psi \wedge [\varphi]\chi$

(9) $[\varphi]K_i\psi \leftrightarrow (\varphi \to K_i[\varphi]\psi)$

(10) $[\varphi \wedge [\varphi]\psi]\chi \leftrightarrow [\varphi][\psi]\chi$

推演规则

(1) 从 φ，$\varphi\to\psi$ 可以得到 ψ（分离规则 MP）；

(2) 从 φ 可以得到 $K_i\varphi$；

(3) 从 ψ 可以得到 $[\varphi]\psi$。

仅由公理 (1)~(5) 和推演规则 (1)(2) 可以组成 PAL 的一个子系统，记为 S5(n)。它实际上是在 S5 系统的基础上将其中的必然算子$\Box$推广到$\Box_i$($i\in G$，G 中有 n 个主体）得到的系统，因此 S5(n) 是模态逻辑 S5 系统的一个直接推广。通常也把 S5(n) 系统称作 S5 系统的多主体版本。由 S5 系统的可靠性和完全性不难得知 S5(n) 系统也是可靠并且完全的。S5(n) 在证明 PAL 完全性时有重要作用。

命题 5.7 下列公式是系统的内定理。

(1) $[p]K_ip$

(2) $(\varphi\to[\varphi]\psi)\leftrightarrow[\varphi]\psi$

(3) $[\varphi](\psi\to\chi)\to([\varphi]\psi\to[\varphi]\chi)$

证明

①$p\to p$	公理 (1)
②$[p]p\leftrightarrow(p\to p)$	公理 (6)
③$[p]p$	①，②MP
④$K_a[p]p$	③规则 (2)
⑤$p\to K_a[p]p$	④PC 规则
⑥$[p]K_ap\leftrightarrow(p\to K_a[p]p)$	公理 (9)
⑦$[p]K_ap$	⑤，⑥MP

(2)，(3) 类似，从略。■

定理 5.1 可靠性定理

如果$\vdash\varphi$，那么$\models\varphi$。

证明

只需证明系统 PAL 的每条公理都是有效式并且推演规则保持有效性。由已有模态命题逻辑系统 S5(n) 的可靠性和命题 5.2~5.6 容易得到。■

5.3.3 完全性证明

定义 5.8 翻译

从语言 L_{PAL}到语言 L_K^N 的翻译是一个从 L_{PAL}公式集到 L_K^N 公式集满足下列条件的映射，记作 t：

$t(p)=p$

$t(\neg\varphi)=\neg t(\varphi)$

$t(\varphi\wedge\psi)=t(\varphi)\wedge t(\psi)$

$t(K_i\varphi)=K_i t(\varphi)$

$t([\varphi]p)=t(\varphi\rightarrow p)$

$t([\varphi]\neg\psi)=t(\varphi\rightarrow\neg[\varphi]\psi)$

$t([\varphi](\psi\wedge\chi))=t([\varphi]\psi\wedge[\varphi]\chi)$

$t([\varphi]K_i\psi)=t(\varphi\rightarrow K_i[\varphi]\psi)$

$t([\varphi][\psi]\chi)=t([\varphi\wedge[\varphi]\psi]\chi)$

引理 5.1 翻译的正确性

对任意一个点模型，对任意一个公开宣告逻辑的公式 $\varphi\in L_{PAL}$ 来说，都有：$(M, w)\vDash\varphi$，当且仅当，$(M, w)\vDash t(\varphi)$。

证明

对 φ 的复杂度施用结构归纳法证明可得。■

定理 5.2 完全性定理

如果 $\vDash\varphi$，那么 $\vdash\varphi$。

证明

由引理 5.1 知，L_{PAL} 中的每个公式都等值于 L_K^N 中的一个公式，由 S5(n) 的完全性从而得到 PAL 也是完全的。■

从上面可以看出，公开宣告逻辑首先为了实现静态向动态的转换，是通过引入行动模态算子的办法，把宣告作为一种模态来处理。但是最后在完全性的证明中，是利用翻译的方法，把公开宣告逻辑翻译到原来的静态认知逻辑系统 S5(n) 中去，通过 S5(n) 的完全性证明了 PAL 的完全性。公开宣告逻辑的这种完全性证明方法是动态认知逻辑的常用方法。

5.3.4 关于公开宣告逻辑 PAL

尽管可以把 PAL 翻译到 S5(n) 中去，但和 S5(n) 不同，公开宣告逻辑 PAL 并不是一个正规的模态逻辑系统，因为它对代入规则不封闭。例如 [p]p 是系统 PAL 的内定理，而该公式的代入公式 $[p\wedge\neg K_ip](p\wedge\neg K_ip)$ 则相反，是个矛盾式。这也表明宣告模态不能在 L_K^N 中通过真值联结词定义出来。因为如果可以的话，PAL 应该和 S5(n) 一样是正规模态逻辑系统。因此，在这个意义上说，PAL 是一个比 S5(n) 更强的逻辑。

有意思的是，$[p\wedge\neg K_ip](p\wedge\neg K_ip)$ 在公开宣告逻辑系统中是矛盾式，它的直观意思是，如果对一个原子命题 p 并且某成员不知道 p 这一事实作公开宣告成功，那么宣告以后该复合命题所断定的事实就不再成立了，因为该成员已经通过公开宣告知道了原子命题 p。这和我们通常认为凡是宣告一个命题之后都可以成为公共知识并且依然为真的直观不符。正是逻辑形式化的方法揭示出我们通常的这一直观是有问题的。有了公开宣告逻辑以后，使我们对历史上的一些悖论有了新的分析工具。目前公开宣告逻辑已经运用到泥孩谜题、和积之谜和意外考试难题等认知问题的动态分析中去。5.7 节中将会对这些例子和问题作出具体分析。

这里的公开宣告逻辑系统 PAL 还并没有把群体知识如公共知识（common knowledge）和群体隐含知识（group implicit knowledge，distributed knowledge）考虑进来，而群体知识在多主体互动的过程中占有具有重要的地位。以公开宣告为例，公开宣告的一个直接结果就是产生一些公共知识。加进群体知识以后认知语言的表达力将进一步增强，但与此同时完全性证明的难度也提高了。（Baltag et al.，1998）建立的动态认知逻辑系统加入了公共知识，并证明了它们的完全性。（Kooi et al.，2004）则提出一个相对化公共知识的概念，通过给出了一些归约公理的方法简化了完全性的证明，并且认为通过归约给出的逻辑系统会更明晰和通用，从而更有前景。后面我们将采取（Kooi et al.，2004）中归约的方法，建立一个带有相对化公共知识和群体隐含知识的公开宣告逻辑系统。

5.4 群体知识

随着认知逻辑研究的深入，多主体认知逻辑开始引起人们的关注。在多主体系统中，群体知识的概念十分重要，因为主体之间的影响和互动很多情况下建立在群体知识的基础之上。因此，群体知识在多主体认知逻辑占有着重要的地位。群体知识主要分为三类，普遍知识（general knowledge，universal knowledge）、公共知识（common knowledge）和分布式知识（distributed knowledge）。其中分布式知识又分为联合知识（joint knowledge）和隐含知识（implicit knowledge）。这节主要考虑这些群体知识的形式化表达和处理。重点考察其中的分布式知识。

5.4.1 普遍知识与公共知识

一个群体的普遍知识（general knowledge）的直观意思是这个群体中的每个成员都知道的知识。用形式化方法，普遍知识可以表达如下。

给定一个主体集合 G，一个命题 φ 是一个群体 B（$B\subseteq G$）的普遍知识指的是群体 B 中的每个主体都知道 φ。因此，普遍知识，记作 $E_B\varphi$，可以由群体中的个体知识定义：

$$E_B\varphi := K_1\varphi\wedge\cdots\wedge K_i\varphi\wedge\cdots\wedge K_n\varphi$$

其中 $i\in B$，$gr(B)=n$，表示群体 B 中的主体个数。

一个群体的公共知识的直观意思是这个群体中的每个成员都知道的知识，并且是都知道其他成员也知道的知识。因此公共知识首先是普遍知识，其次是被大家都知道的普遍知识。具体地说，设命题 φ 是一个群体的公共知识，于是群体中的每个主体都知道 φ，并且每个主体都知道每个主体知道 φ，还有每个主体都知道每个主体知道每个主体知道 φ 等等。

这里的知道关系比较复杂。必须用形式化方法表达。

设 B 是一个群体，φ 是一个命题。令 $E_B^1\varphi=E_B\varphi$，$E_B^{k+1}\varphi=E_BE_B^k\varphi$，$k\geqslant 1$。$\varphi$ 是群体 B 的公共知识记为 $C_B\varphi$，可以由普遍知识表示：

$$C_B\varphi := E_B^1\varphi\wedge E_B^2\varphi\wedge\cdots\wedge E_B^m\varphi\wedge\cdots$$

其中 $B\subseteq G$，m 是一自然数。①

下面将 $(w, v)\in R_i$ 也记作 wR_iv，表示在 i 这个主体从 w 出发 1 步之后可以到达 v；将 $(w, v)\in\bigcup_{i\in B}R_i$ 记作 $wR_{E_B}v$，表示在 B 这个群体从 w 出发经过 1 步之后可以到达 v；如果存在一个序列 $w=w_0R_{E_B}w_1R_{E_B}\cdots w_jR_{E_B}w_{j+1}\cdots R_{E_B}w_k=v$（其中 $0\leqslant j\leqslant k-1$），表示在 B 这个群体从 w 出发经过 k 步之后达到 v，则将此记为 $wR_{E_B}^kv$。

一般地，xR^ny，当且仅当，存在 z，使得 xRz 并且 $zR^{n-1}y$，其中 $n>0$。当 $n=0$ 时，约定 xR^0y 即 $x=y$。

给定一关系 R，令关系 $R^*=\{(x, y)\mid\exists nxR^ny, n\geqslant 0\}$，称为关系 R 的自返传递闭包。

将 $R_{E_B}^*$ 记作 R_{E_B} 的自返传递闭包。$wR_{E_B}^*v$，当且仅当，对任意 $k\geqslant 0$，都有 $wR_{E_B}^kv$。

有上述形式化表达后，可以在认知模型上给出普遍知识和公共知识的严格定义。

定义 5.9 给定一个认知模型 $M=(W, R, V)$ 和一个状态 $w\in W$，公式 φ 在认知模型 M 中是真的，记作 $(M, w)\vDash\varphi$，带群体知道算子的公式的语义定义可以扩展如下：

---

① 和无穷逻辑（Infinitary logic）不同，这里的逻辑不考虑无穷公式。因此，此处只是一个直观的理解，后面将给出严格的语义定义。事实上带有公共知道算子的逻辑语言表达力更强，所以公共知识是不能通过普遍知识严格定义出来的。

$(M, w) \models E_B\varphi$，当且仅当，对所有的 v，如果 $wR_{E_B}v$，那么 $(M, v) \models \varphi$；
$(M, w) \models E_B^k\varphi$，当且仅当，对所有的 v，如果 $wR_{E_B}^k v$，那么 $(M, v) \models \varphi$；
$(M, w) \models C_B\varphi$，当且仅当，对所有的 v，如果 $wR_{E_B}^* v$，那么 $(M, v) \models \varphi$。

5.4.2 分布式知识

分布式知识的意思比较复杂，首先是这个群体中各成员各自具有的知识，不同的成员可能会具有不同的知识；其次，是把这些知识汇总在一起，经推理或一定的逻辑联系得到的知识。因其中的联系方式不同，得到的知识可以不同，于是有不同的分布式知识。目前主要被讨论的有联合知识和群体隐含知识。形象地看，包括得到的知识，像是已经分布式地存在于各主体的知识之中，所以这类知识称为分布式知识。

因为分布式知识比较复杂，不仅涉及到群体成员各自具有的知识以及汇总后得到的知识这类不同知识层次，还涉及到因不同方式得出的不同知识，所以关于分布式知识在目前的英文文献中还没有一个统一的名称。类似或相关的名称有，IMPLICIT KNOWLEDGE，DISTRIBUTED KNOWLEDGE，COLLECTIVE KNOWLEDGE，GROUP KNOWLEDGE，GROUP IMPLICIT KNOWLEDGE 等。从这些名称的意思上看，不同的名称有不同的侧重，但又因为历史的等一些原因，在使用中有些混乱。根据我们上面的分析，这种知识的第一层意思是分散存在于各主体知识中的知识，这是它们的共同特点，所以我们采取 DISTRIBUTED KNOWLEDGE 这个名称，将其作为这类知识的基本名称。在此基础上，再区分一些不同的分布式知识，如联合知识和隐含知识。

从历史上看，哈耶克（Hayek）最早用非形式化的方式讨论过分布式知识（Hayek，1945）。后来希尔皮宁（Hilpinen）在道义逻辑中使用了这一概念（Hilpinen，1969，1974，1977），从而开始了对分布式知识形式化的讨论和研究。亨伯斯通（Humberstone）给出了分布式知识的真值定义，当时他将其称为 collective knowledge（Humberstone，1985）。哈尔彭在计算机科学分布式系统的研究中重新发现了这一概念，将其称作 implicit knowledge（Halpern，1987）。但是后来因为 implicit knowledge 和相对应的 explicit knowledge 在认知逻辑中有了其他意思，所以哈尔彭接受帕赫尔（Pachl）的建议，又将其称作 distributed knowledge（Halpern et al.，1990）。至此，分布式知识获得了广泛的重视，吸引了更多的学者对它进行研究。后来（Hoek et al.，1995），（Floris，2005）还引入了 group knowledge，group implicit knowledge。

一个概念会出现那么多名称，一方面是因为对这个概念的认识和明晰需要一个过程，另外一方面也是因为在形式化的研究中发现与原来的直观理解存在出入，原来一些概念在意思上也有交叉。下面先通过例子对分布式知识做一些直观分析。

考虑这样一个情形：有主体 a 和 b。a 知道 p，b 知道 p 蕴涵 q，但 a 和 b 都不知道 q。如果将 p 和 p 蕴涵 q 合起来，那么可以得出 q。也可以说，q 存在于 a 和 b 合起来的信息的逻辑后承当中。因此如果 a 和 b 愿意共享他们的信息，并且有一定的推理能力，他们就能知道 q。如果说“p”和“p 蕴涵 q”分别是 a 和 b 的显性知识（explicit knowledge），那么可以说，q 是群体 a 和 b 的隐含知识（implicit knowledge）；如果把 a 和 b 看做一个集体，也可以说 q 是 a、b 的集体知识（collective knowledge）。单独 a 或者 b 都无法知道 q，但是倘若 a 和 b 联合起来共享他们信息的话，他们就能知道 q。如果把 a 和 b 看做一个多主体认知系统，那么 q 这个知识是以分布（distributed）知识的形式存在于这个多主体系统当中的。

从 a 和 b 的知识得出 q 又分为两种情况。（1）根据 a 和 b 的知识 p，p 蕴涵 q，从逻辑推演或逻辑后承关系上看，可以得出 q。（2）从 a 和 b 的认知状态看，a 和 b 能够认知 q 是因为他们可以达到共同的认知状态。这在知识表示的克里普克模型中表现为经过他们各自的认知择选关系 R_a 和 R_b 能够达到同一个其中有 q 的状态。

根据得出 q 的这两种方式，有不同的分布式知识。前者称为主体 a、b 的联合知识，后者称为 a 和 b 的隐含知识。这两种知识不同，因而在多主体认知系统中会起到不同的作用。要说明这个不同，凭借直观分析已无法达到，必须要用形式化方法。

5.4.3 联合知识与隐含知识——分布式知识的形式化分析

在进行形式化讨论之前需要一个形式语言。

定义 5.10 基本认知语言 L_K

给定一有穷主体集 G 和一有穷命题变元集 P，语言 L_K 中的语句归纳定义如下：

$$\varphi ::= p \mid \neg\varphi \mid \varphi\vee\psi \mid K_i\varphi$$

其中 $p\in P$，$i\in B$，$K_i\varphi$ 表示主体 i 知道 φ。

定义 5.11 认知语言 L_{JI}

给定一有穷主体集 G 和一有穷命题变元集 P，语言 L_{JI} 中的语句归纳定义如下：

$$\varphi ::= p \mid \neg\varphi \mid \varphi \vee \psi \mid K_i\varphi \mid J_B\varphi \mid I_B\varphi$$

其中 $p \in P$，$B \subseteq G$，$J_B\varphi$ 表示 φ 是群体 B 的联合知识，$I_B\varphi$ 表示 φ 是群体 B 中的隐含知识。

定义 3.4 模型

给定一有穷主体集 G 和一有穷命题变元集 P，认知语言 L_{JI} 的模型是一个满足下列条件的三元组 $M = (W, R, V)$：

(a) W 是一个非空的可能世界的集合；

(b) R 是一个从 G 到 $\wp(W \times W)$ 的函数，对每个主体指派一个可能世界上的二元等价关系，即对每个主体 $j \in G$，都有一个等价关系 $\sim_j$ 连接到所有不可分辨的可能世界；

(c) V 是一个从 P 到 $\wp(W)$ 的函数，对每个变元在每个可能世界上进行赋值。

点模型（M，w）可以看做是对各个主体信息状态的收集，即将在点模型（M，w）上所有为真的语句看做对各个主体知识状态的描述。下面用

$$R_i(w) = \{v \in W \mid (w, v) \in R_i\}$$

表示主体 i 在 w 上不可分辨的信息状态的集合。用

$$R_B(w) = \cap_{i \in B} R_i(w)$$

表示群体 B 在 w 上所有的不可分辨世界。用

$$Know_i(M, w) = \{\varphi \in L_K \mid (M, w) \vDash K_i\varphi\}$$

表示主体 i 在点模型（M，w）上知道的所有命题。用

$$Know_B(M, w) = \cup_{i \in B} Know_i(M, w)$$

表示群体 B 在点模型（M，w）上知道的所有命题。

定义 5.12 语义

给定一有穷主体集 G 和一有穷命题变元集 P，认知语言 L_{JI} 公式的真值归纳定义如下：

$(M, s) \vDash p$	当且仅当	$s \in V(p)$；
$(M, s) \vDash \neg\varphi$	当且仅当	并非 $(M, s) \vDash \varphi$；
$(M, s) \vDash \varphi_1 \wedge \varphi_2$	当且仅当	$(M, s) \vDash \varphi_1$ 且 $(M, s) \vDash \varphi_2$；
$(M, s) \vDash K_i\varphi$	当且仅当	对任意的 t，若 $t \in R_i(s)$，则 $(M, t) \vDash \varphi$；
$(M, s) \vDash J_B\varphi$	当且仅当	$Know_B\ (M, s) \vDash \varphi$；①
$(M, s) \vDash I_B\varphi$	当且仅当	对任意的 t，若 $t \in R_B(w)$，则 $(M, t) \vDash \varphi$。

① 此处用 $\Phi \vDash \varphi$ 表示 φ 是 Φ 的语义后承：$\Phi \vDash \varphi$，当且仅当，对任一点模型（M，t），若（M，t）$\vDash \Phi$，则（M，t）$\vDash \varphi$。

上述定义表明，一个群体的联合知识就是这个群体所有成员知识的并的语义后承。隐含知识要复杂一些。如果把每个主体所认为的认知择选世界看做是一个信息集，那么群体的隐含知识是通过对这些信息集取交的方式得出的知识。也就是说，只要一个主体认为某个世界是不可能的，则整个群体就从他们的信息状态集去除这个世界。由于现实世界是每个主体的认知择选世界，所以不会出现群体隐含知识不一致的情况。

有意思的是，和通常的直观不同，一般情况下，联合知识要强于隐含知识，即如果命题 φ 是联合知识，那么它一定是隐含知识，反之却不成立。这表明，一个群体隐含知道的命题比联合知道的命题可能要多。

命题 5.8 对于任意模型 $M=(W, R, V)$，任一 $w \in W$，任意 $\varphi \in L_K$，如果 $(M, s) \models J_B\varphi$，则 $(M, s) \models I_B\varphi$。

证明

假设 $(M, s) \models J_B\varphi$，据定义 5.12，即 $Know_B(M, s) \models \varphi$。设 t 是 $R_B(s)$ 中的任意元素。根据定义，对任意的 $i \in B$，$(M, t) \models Know_i(M, s)$。由此可得 $(M, t) \models Know_B(M, s)$。于是有，对任意的 t，若 $t \in R_B(w)$，则 $(M, t) \models \varphi$，即 $(M, s) \models I_B\varphi$。■

命题 5.8 的另外一个方向 $(M, s) \models I_B\varphi \Rightarrow (M, s) \models J_B\varphi$ 不成立。这一点可以通过下面的例子来证明。

例子 5.5 主体 a、b 都被戴上了黑色的帽子。他们能看见对方戴的帽子，知道自己戴上的要么是黑帽子，要么是白帽子，但是不知道自己头上戴的帽子究竟是什么颜色。

用“p”表示“a、b 戴的是同一种颜色的帽子”这个原子命题。这里的可能状态等可以由下图 5－11 表示。

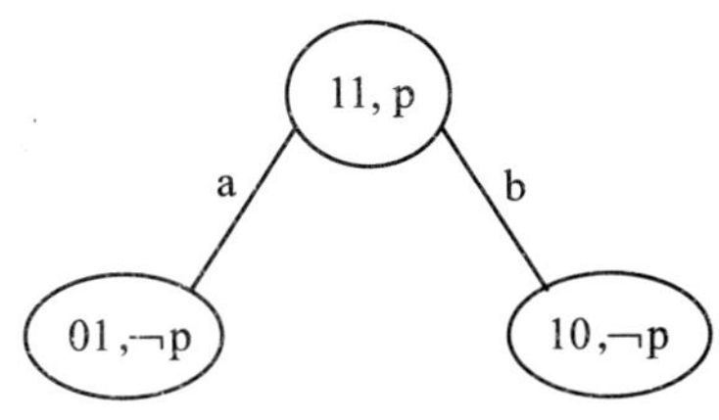

图 5－11

其中 11 表示现实世界，即 a 主体和 b 主体戴的是黑色帽子这个可能情况；10 表示主体 a 戴黑帽子和主体 b 戴白帽子这个可能情况；01 表示主体 a 戴白帽子和主体 b 戴黑帽子这个可能情况。主体 a 不能区分自己究竟戴的是什么颜色的帽子，因此，他对 11 和 01 这两个可能世界无法区分；同样的，主体 b 对 11 和 10 这两种情况无法区分。其中每个可能世界都跟自身有可及关系，这在图中不再表示。

根据该例和图 5－11，可以构造这样一个知识模型：其中主体集为 $B=\{a, b\}$，

$W=\{11, 01, 00\}$，$R_a=\{<11, 11>, <10, 10>, <01, 01>, <11, 01>\}$，$R_b=\{<11, 11>, <10, 10>, <01, 01>, <11, 10>\}$，$V(p)=\{11\}$。由 $R_a \cap R_b=\{<11, 11>, <10, 10>, <01, 01>\}$，有 $(M, 11) \models I_B p$。

对于主体 a 来说，不难验证，在 (M, 11) 这个点模型上 $K_a \neg K_a p$，$K_a \neg K_b p$，$K_a K_a \neg K_a p$，$K_a K_a \neg K_b p \cdots$ 是真的。同样，对于主体 b 来说，$K_b \neg K_b p$，$K_b \neg K_a p$，$K_b K_b \neg K_b p$，$K_b K_b \neg K_a p \cdots$ 在模型 (M, 11) 也是真的。据该模型的构造有 $Know_B(M, 11)=\{\neg K_b p, K_b \neg K_b p, \cdots, \neg K_a p, K_b \neg K_a p, \cdots, K_a \neg K_b p, K_a K_a \neg K_b p, \cdots, K_b \neg K_a p, K_b K_b \neg K_a p, \cdots\}$。不难看出在 (M, 10) 和 (M, 01) 两个点模型上，$Know_B(M, 11)$ 中的公式都是真的，但是 p 是假的。所以，并非有 $(M, 11) \models J_B p$。因此，$(M, s) \models_B \varphi \Rightarrow (M, s) \models J_B \varphi$ 不成立。

这表明，存在一些命题是隐含知识，但是它们并不一定是联合知识。如果把群体看做一个特殊主体，那么这个主体隐含知道的命题比联合起来知道的命题要多，即它所知道的命题并不总是分布式地存在于各个主体之中。①

这两种知识不同的根本原因涉及到主体所用的语言对于可能世界的描述问题。因为每个主体所认为的认知择选世界可能包含了比他的语言所能描述得更多的信息，于是群体隐含知识这种通过可能世界取交去除不可能世界的方法，就有可能产生更多的隐含知识，而它们实际上并不能通过这个群体的交流得到。

既然这两种知识不同，那么自然会产生一个问题：一个群体的隐含知识在什么条件下恰好是分布式地存在于这个群体当中呢？下一小节是这个问题的回答。

5.4.4 完全交流原则与完全交流模型

完全交流原则　对于 $M=(W, R, V)$，任一 $s \in W$，任意 $\varphi \in L_K$，如果 $(M, s) \models I_B \varphi$，则 $(M, s) \models J_B \varphi$。②

根据定义，联合知识都是群体隐含知识，如果一个群体还遵守完全交流原则，那么对于这个群体来说，联合知识和群体隐含知识这两种知识就是相同的。一个群体是否遵守完全交流原则，可以从该群体的认知模型得以表现。因此现在问题转化为：什么样的模型类遵守完全交流原则？或者在什么样的模型类上这两种知识是相同的？下面是关于这个问题的三个例子。在有穷可分辨模型、局部可刻画模型以及紧密饱和模型中，联合知识和群体隐含知识是

① 从这里可以看出，联合知识才更贴近于分布式知识原来的直观意思。
② 这一原则的提出参见（Hoek et al.，1995）。

相同的。

定义 5.13 如果对认知模型 M＝(W，R，V) 来说，对任意 w，$u \in W$ 且 $w \neq u$，都存在一个 L_K 公式 φ_{w^+,u^-}[①] 使得 (M，w) $\vDash \varphi_{w^+,u^-}$，并且 (M，u) $\nvDash \varphi_{w^+,u^-}$，则称 M 是可分辨模型。

Hoek 等人证明了，对于一个有穷可分辨模型[②]来说，论域 W 的每个子集都存在一个刻画公式。由此可以得到：

命题 5.9 (Hoek et al.，1995) 一个模型如果是有穷可分辨模型，那么它符合完全交流原则。

由命题 5.9，在有穷可分辨模型上，联合知识和群体隐含知识是相同的。格布兰迪进一步证明，局部可刻画的模型也符合完全交流原则，因此在局部可刻画的模型上，联合知识和群体隐含知识也是相同的 (Gerbrandy，1999)。

定义 5.13 设 M＝(W，R，V) 是任意认知模型。如果对任 $w \in W$，任一 $i \in B$，任意 $u \in \bigcup_{i \in B} R_i(w)$，都存在一个 L_K 公式 φ_u，使得 $u \in R_i(w)$ 当且仅当 (M，u) $\vDash \varphi_u$，则称 M 是局部可分辨的。

从定义可以看出，这里只要求对于 $R_i(w)$ 这类特殊的子集存在可刻画公式，所以它比有穷可分辨模型的要求要弱。

命题 5.10 一个模型如果是局部可刻画模型，那么它符合完全交流原则。

弗洛里什提出认知饱和模型等概念，并且证明在紧密饱和模型中，联合知识和群体隐含知识是相同的 (Floris，2006)。

定义 5.14 一个公式集 Φ 是可满足或者说是协调的，当且仅当，存在一个点模型使得它其中的公式都为真。一个公式集 Φ 相对于另一个公式集 $\sum$ 来说是协调的，当且仅当，$\Phi \cup \sum$ 是协调的。在一个点模型 (M，w) 上为真的所有公式，即 $\{\varphi \mid (M, w) \vDash \varphi\}$，称为这个点模型 (M，w) 上的理论。一个世界相对于一个公式集 $\sum$ 来说是协调的，当且仅当，它的理论和 $\sum$ 是协调的。

定义 5.15 认知饱和模型

一个认知模型 M＝(W，R，V) 是认知饱和的，当且仅当，对任一世界 $w \in W$，任一 $a \in B$，任一与 $Know_a(M, w)$ 协调的 L_K 公式在 $R_a(w)$ 中是可满足的。

可以证明这里的认知饱和模型和我们通常的模态逻辑中的饱和模型是一致的，即一个模型是认知饱和的当且仅当它是模态饱和的 (Blackburn et al.，2001：92－93)。下面将认知饱和模型简称为饱和模型。

---

① φ_{w^+,u^-} 采取下标的形式表示 φ 在 w 中成立而在 u 中不成立。

② 如果一个认知模型 M＝(W，R，V) 中 W 是有穷的，则称 M 是有穷模型。

定义 5.16 紧密模型

一个认知模型 M =(W, R, V) 是紧密的，当且仅当，对任一世界 $w \in W$，任一 $a \in B$，任一与 $Know_a(M, w)$ 协调的可能世界都在 $R_a(w)$ 中。

定义 5.17 紧密饱和模型

如果一个认知模型既是紧密的又是饱和的，则称为紧密饱和模型。

从定义可以看出，饱和模型要求有尽可能多的可能世界，而紧密模型要求有尽可能多的可及关系。可以证明紧密饱和模型是比有穷可分辨模型更大的模型类。

命题 5.11 有穷可分辨模型都是紧密饱和模型。

证明

首先有穷模型都是饱和模型（Blackburn et al.，2001：91－93）。只需证它是紧密模型即可。现假设它不是紧密模型，则存在一个世界 $w \in W$，存在一个主体 $a \in G$，存在一个世界 $v \in W$，它与 $Know_a(M, w)$ 协调，但是 $v \notin R_a(w)$。令 Γ 是一在 v 上为真的公式集，则 Γ 与 $Know_a(M, w)$ 协调，由于它是饱和模型，有 Γ 在 $R_a(w)$ 中是可满足的，即存在 $u \in R_a(w)$，使得 Γ 在 u 上是真的。显然 $u \neq v$，所以该模型不是可分辨模型。因此，任意一个模型，如果它是有穷可分辨模型，则它一定是紧密饱和模型。■

不难看出，饱和可分辨模型是比有穷可分辨模型更大的模型类，却又是比紧密饱和模型更小的模型类。在典范模型中可以找到饱和可分辨模型的例子。任一个饱和可分辨模型都同构于一个典范模型的生成子模型（Floris，2006：7－8）。

目前为止，人们找到了一些特殊的模型类，在这些模型中满足完全交流原则。但是满足完全交流原则的模型是否一定就是这些模型类呢？是否存在一个对完全交流原则的完全刻画？（Floris，2006）在（Gerbrandy，1999）提出的全模型的基础上，提出一类完全交流模型。完全交流模型刚好刻画了完全交流原则，即在完全交流模型这两种知识是一样的。反过来，如果两种知识是一样的，则它一定有完全交流模型。这个结果对于联合知识和群体隐含知识的差别问题给出了完整的回答。

定义 5.18 完全交流模型

一个认知模型 M =(W, R, V) 是完全交流模型当且仅当它满足条件：对任一 $w \in W$，任一 $B \subseteq G$，任何与 $Know_B(M, w)$ 一致的 L_K 公式在 $R_B(w)$ 中都是可满足的。

可以证明完全交流模型是比紧密饱和模型更大的模型类。

命题 5.12 紧密饱和模型都是完全交流模型。

证明

令 M 是紧密饱和模型，则对任一 $w \in W$，任一 $B \subseteq G$，$\sum$ 是任一与 $Know_B(M, w)$ 一致的 L_K 公式集。令 $a \in B$，显然 $\sum \cup Know_B(M, w)$ 与 $Know_a(M, w)$ 协调。由 M 是饱和模型，则存在 $w_a \in R_a(w)$ 使得 $\sum \cup Know_B(M, w)$ 在 w_a 上为真。又对所有 $b \in B$，w_a 与 $Know_B(M, w)$ 协调。由 M 是紧密模型，得 $w_a \in R_b(w)$，即 $w_a \in R_B(w)$，所以 $\sum$ 在 $R_B(w)$ 上是可满足的，因此 M 是完全交流模型。■

命题 5.13 一个认知模型 M 符合完全交流原则，当且仅当，它是完全交流模型。

证明

($\Rightarrow$) 若 M 不是完全交流模型，则存在 $w \in W$，存在某个群体 $B \subseteq G$，存在一个 L_K 公式 φ，φ 与 $Know_B(M, w)$ 一致，但 φ 在 $R_B(w)$ 中不可满足。由 φ 与 $Know_B(M, w)$ 协调得并非 $Know_B(M, w) \vDash \neg\varphi$，即并非 $(M, w) \vDash J_B \neg\varphi$。由 φ 在 $R_B(w)$ 中不可满足，得 $\neg\varphi$ 在 $R_B(w)$ 中处处为真，即 $(M, w) \vDash I_B \neg\varphi$。因此 M 不符合完全交流原则。

($\Leftarrow$) 若 $M = (W, R, V)$ 是完全交流模型，对任一 $s \in W$，任意 $\varphi \in L_K$，若并非 $(M, s) \vDash J_B\varphi$，即并非 $Know_B(M, w) \vDash \varphi$，得 $\neg\varphi$ 与 $Know_B(M, w)$ 是协调的，由 M 是完全交流模型得 $\neg\varphi$ 在 $R_B(w)$ 中是可满足的，因而并非 $(M, s) \vDash I_B\varphi$。因此，模型 M 符合完全交流原则。■

尽管有穷可分辨模型、饱和可分辨模型、紧密饱和模型和完全交流模型都符合完全交流原则，但只有完全交流模型刚好刻画了完全交流原则。并且那些模型都是完全交流模型，完全交流模型是最大的一个模型类，各个模型类之间的大小关系可以用图形 5－12 表示如下：

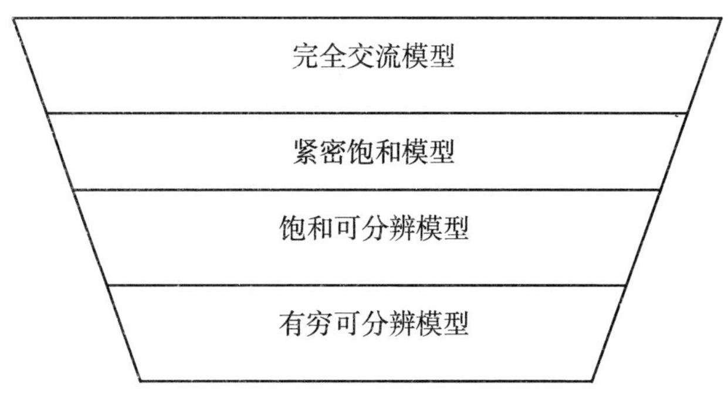

图 5－12 (Floris，2005)

从以上分析可以看出，群体隐含知识和联合知识不同的根本原因涉及到主体所用的语言对于可能世界的描述问题，即这个语言是否对他的认知可能世界的信息进行了完全的表达。从认知的角度看，每个主体通达的可能世界集可以看做是该主体的信息集，通达的世界越多，看到的差异越多，要描述这些差异就需要语言有更多的表达式。同样，每个主体所知道的命题集可以看做是该主体的知识集，知识集总是和语言相关的。因此，紧密饱和模型要求与每个主体的知识集相协调的可能世界都要在该主体的信息集当中，有穷可分辨模型要求任意两个可能世界都是可以用语言来分辨的，这些要求都是实质性的，因为在这些要求下，主体的知识集与信息集才是一致的，从而在这些特定的模型类中群体隐含知识和联合知识就是一致的了。而当语言的表达式不够多时，这与语言的设定有关，一些世界就是不可分辨的。这时就会出现两种知识不同的情况。

那么为什么紧密饱和模型、有穷可分辨模型和饱和可分辨模型都没有对完全交流原则进行完全的刻画呢？主要原因在于群体隐含知识本身是根据群体的信息集来定义的，而有穷可分辨模型则是对整个模型中可能世界所作的要求，紧密饱和模型则是从个体的信息集出发，对个体信息集和知识集所作的要求，它们都没能抓住其他群体隐含知识中群体这一特性。只有完全交流模型才要求群体的信息集和知识集的统一性，因此，完全交流模型就能刚好刻画完全交流原则。

5.4.5 互模拟和群体知识

对一个可能世界来说，语言对它的刻画和描述总是有限的，这跟该语言的表达能力有关。对于同一个语言来说，有些世界是它所不能区分的。从这个角度出发，下面介绍具有互模拟关系的可能世界。

对不同模型进行比较的方法有很多。其中之一是可以看它们满足的公式，给定一个语言 L，如果两个模型恰好满足同样的 L－公式，那么我们可以说相对于语言 L 来讲，这两个模型是模态等价的。

定义 5.19 模态等价

对于一个认知语言 L 上的两个模型 M 和 M′，w 和 w′分别是 M 和 M′的两个状态，如果 $\{\varphi \mid (M, w) \vDash \varphi\} = \{\varphi \mid (M', w') \vDash \varphi\}$，那么称 w 和 w′是模态等价的，记作 $w \trianglelefteq w'$；如果 $\bigcup_{w \in W} \{\varphi \mid (M, w) \vDash \varphi\} = \bigcup_{w' \in W'} \{\varphi \mid (M', w') \vDash \varphi\}$，那么称 M 和 M′是模态等价的，记作 $M \trianglelefteq M'$。

互模拟是进行模型比较的方法之一。这种方法通过比较模型内部结构的特点来比较两个模型的差异。可以说互模拟更为准确地反映了模态算子本身的特点。

定义 5.20 互模拟

令 $M=(W, R, V)$ 和 $M'=(W', R', V')$ 是命题变元集为 P 和主体集为 G 上的两个认知模型，M 和 M′之间的一个互模拟关系 $Z \subseteq W \times W'$，它是满足下列条件的一个非空的二元关系：

(1) 如果 wZw'，那么对任意 $p \in P$，$V(p) \in w$ 当且仅当 $V'(p) \in w'$；

(2) 对每个主体 $a \in G$，如果 wZw'，

(a) 若 $(w, v) \in R(a)$，则存在 $v' \in W'$，$(w', v') \in R'(a)$ 并且 vZv'；

(b) 若 $(w', v') \in R'(a)$，则存在 $v \in W$，$(w, v) \in R(a)$ 并且 vZv'。

对于 $w \in W$ 和 $w' \in W'$，如果存在一个互模拟关系 Z 使得 wZw'，那么这两个认知状态 (M, v) 和 (M′, v′) 是互模拟的，记作 $(M, v) \rightleftarrows (M', v')$ 或 $w \rightleftarrows w'$。如果模型 M 和 M′之间有一个互模拟关系相连接，那么 M 和 M′是互模拟的，记作 $M \rightleftarrows M'$。

命题 5.14 对于一个基本认知语言 L_K 上的两个模型 M 和 M′，对于任意 $w \in W$ 和 $w' \in W'$，如果 $w \rightleftarrows w'$ 那么 $w \trianglelefteq w'$。

该命题也是说语言 L_K 中的认知公式在互模拟的关系下具有保真性。

两个具有互模拟关系的模型一定是模态等价的。反之，两个模态等价的模型不一定是互模拟的。而对于有穷模型或像有穷的模型（image-finitemodels）来说，两者是等价的（Blackburn et al.，2001：67）。

从互模拟的定义不难看出，互模拟关系对于并以及对于并的闭包运算是封闭的，即取互模拟关系的并和并的闭包依然还是互模拟关系。但是对于交运算则不然。精确地说，如果⇄是两个模型之间的互模拟关系，模型上有可及关系 R_1，…，R_n，以及它也是相对于关系 $O(R_1, \cdots, R_n)$ 的一个互模拟关系，则称这个程序上的运算 $O(R_1, \cdots, R_n)$ 对于互模拟是安全的。三个正规运算，即组合算子（通常用分号表示）；、选择算子 ∪ 以及迭代算子 $\cup^*$，相对于互模拟是安全的，相反，关系的交运算则不是安全的。

带有分布式知识的认知语言在通常意义上的互模拟关系下并不具有保真性。因此，尽管分布式知识和公共知识一样，都不能通过个体知识定义出来。但是，含有分布式知识的认知语言表达力更强。对于带有分布式知识的认知语言来说，它能区分具有一般互模拟关系的模型，而带有公共知识的认知语言却不能。

那么有没有一个相应的互模拟概念刚好刻画了带有分布式知识的认知语言的表达力呢？弗洛里什在互模拟概念的基础之上，又重新提出了一个集体互模拟（collective bisimulation）的概念，并且证明在具有集体互模拟关系的模型中，个体知识、群体隐含知识、联合知识这三种知识的表达力是一样的（Floris，2005：15－16），即仅具有这三种知识算子的认知语言无法区分具有集体互模拟关系的

模型。

给定模型 M = (W, R, V)，对于群体 $B \subseteq G$，以下用 $R_B = \cap_{i \in B} R_i$ 表示群体 B 在模型 M 上的认知择选关系。

定义 5.21 集体互模拟

设 M = (W, R, V) 和 M′ = (W′, R′, V′) 是命题变元集为 P 和主体集为 G 上的两个认知模型。M 和 M′之间的一个集体互模拟关系 $Z_C \subseteq W \times W'$是满足下列条件的一个非空的二元关系：

(1) 如果 wZ_Cw'，那么对任意 $p \in P$，$V(p) \in w$ 当且仅当 $V'(p) \in w'$，

(2) 对每个群体 $B \subseteq G$，如果 wZ_Cw'，

(A) 若 $(w, v) \in R_B$，则存在 $v' \in W'$，$(w', v') \in R'_B$ 并且 vZ_Cv'，

(B) 若 $(w', v') \in R'_B$，则存在 $v \in W$，$(w, v) \in R_B$ 并且 vZ_Cv'。

对于 $w \in W$ 和 $w' \in W'$，如果存在一个集体互模拟关系 Z_C 使得 wZ_Cw'，那么这两个认知状态 (M, v) 和 (M′, v′) 是互模拟的，记作 $(M, v) \rightleftarrows_C (M', v')$ 或 $w \rightleftarrows_C w'$。如果 M 和 M′之间有一个集体互模拟关系相连接，那么 M 和 M′是互模拟的，记作 $M \rightleftarrows_C M'$。

从集体互模拟的定义可以看出，定义 5.20 确定的互模拟是当群体为单元集即 B 中只有一个主体时集体互模拟，因此，集体互模拟比前面的互模拟定义更具有一般性和普遍性。

命题 5.15 对于认知语言 L_{JI}上的两个模型 M 和 M′，对于任意 $w \in W$ 和 $w' \in W'$，如果 $w \rightleftarrows_C w'$那么 $w \trianglelefteq w'$。

证明

只需证明对于任何 $\varphi \in L_{JI}$，$(M, w) \models \varphi$ 当且仅当 $(M', w') \models \varphi$。由 $(M, w) \rightleftarrows_C (M', w')$ 关系的对称性，我们只需证明一个方向即可。下面对 φ 施用结构归纳法。一般的情况和通常一样。只需证明当 φ 是 $I_B\psi$ 这种形式时，若并非 $(M, w) \models I_B\psi$，则存在 $(w, v) \in R_B$，使得 $(M, v) \models \neg\psi$，由 $w \rightleftarrows_C w'$则存在 $v' \in W'$，$(w', v') \in R'_B$ 并且 $v \rightleftarrows_C v'$，根据归纳假设，有 $(M', v') \models \neg\psi$，得并非 $(M', w') \models I_B\psi$。■

该命题表明语言 L_{JI}中的认知公式在互模拟的作用下具有保真性。

对于完全交流模型来说，两个模型具有集体互模拟关系当且仅当它们具有一般的互模拟关系（Floris，2006：17）。在具有集体互模拟关系的模型中，分布式知识算子的表达力退化成了与个体知识算子相同的算子，因此，在完全交流模型上，群体隐含知识和联合知识成为相同概念也就容易理解了。应该说明的是，完全交流在这里是一个假设，现在的语言还不足以表达交流行动。因此，如何在动态认知逻辑当中通过交流动作把群体当中隐含的分布式知识真正变成

的显性的群体知识，从而真正实现事实发现和信息共享的功能，还有待于进一步研究。

5.5 静态认知逻辑 S5Bm（RC，D，E）

5.3 节给出了动态认知逻辑的一个基础系统——公开宣告逻辑 PAL，并通过归约方法用 S5(n) 证明了 PAL 的完全性。5.4 节建立了公共知识和群体隐含知识等群体知识的严格概念。我们的目标是建立带有群体知识的公开宣告逻辑 PAL(RC，D，E)（5.6 节）。本节主要在（Hoek，1996）建立的逻辑系统 $S5_m$(C，D，E) 的基础上，考虑（Kooi et al.，2004）提出的相对化公共知识（relativized common knowledge)，并且把群体知识推广到一般情形，建立一个包含相对化公共知识和群体隐含知识的公理化系统 $S5_m^B$(RC，D，E)，与 PAL 和 S5(n) 的关系类似，把它作为 PAL(RC，D，E) 的归约系统。

5.5.1 相对化公共知识

在公共知识的基础上，（Kooi et al.，2004）还提出了相对化公共知识这一概念。在引入相对化公共知识之前，先明确几个概念。

定义 5.22 路径

一个从可能世界 w 出发的 B-路径是一个可能世界的序列 w_0，w_1，…，w_n，使得对于 $0 \leqslant k < n$，存在 $a \in B$，$(w_k, w_{k+1}) \in R_a$ 并且 $w = w_0$。一个 φ-路径是一个可能世界的序列 w_0，w_1，…，w_k，…，w_n，使得对于 $0 \leqslant k \leqslant n$，都有 φ 在 w_k 上为真。一个 B-φ-路径则既是 B-路径又是 φ-路径。

如果在公开宣告逻辑中考虑公共知识，那么在完全性证明构造的典范模型中，需要证明作为可能世界的极大一致集有性质：$[\varphi]C_B\psi \in \Delta$ 当且仅当每个 B-φ-路径是 [φ]ψ-路径。归约这一方法不能用的主要原因在于这个性质右边中 B-φ-路径在 S5C 语言中不能用不含宣告算子的公式表达出来。相对化公共知识的提出就能够解决这个问题。有了相对化的公共知识之后，就可以用不含宣告算子的公式将其表达出来。

相对化公共知识的语义解释如下：

$(M, w) \vDash C_B(\varphi, \psi)$，当且仅当，对所有的 v，如果 $w(R_{E_B} \cap |\varphi|^2)^* v$，那么 $(M, v) \vDash \psi$，其中 $|\varphi| = \{v \in W \mid (M, v) \vDash \varphi\}$，$(R_{E_B} \cap |\varphi|^2)^*$ 是 $(R_{E_B} \cap$

$|\varphi|^2$）的传递闭包，实际上说的是每个从 w 出发的 B-φ-路径都是 ψ-路径。

相对化公共知识比公共知识的表达力更强，因为公共知识可以用相对化公共知识表示出来，如 $C_B\psi$ 用相对化公共知识表示就是 $C_B(\top, \psi)$。值得注意的是，尽管从前面第二节中可以看出，公开宣告一个命题 φ 对认知模型的影响就是把这个模型相对化（relativize）到 φ 成立的模型中去，但是这和公共知识相对化是有区别的。例如原来的公式 $[p]C_B<K_a>\neg p$ 和 $C_B(p, <K_a>\neg p)$ 是不等值的，因为显然 $[p]C_B<K_a>p$ 是恒假式，而 $C_B(p, <K_a>\neg p)$ 是可满足的。事实上，$C_B(p, <K_a>\neg p)$ 在带有普通公共知识的公开宣告逻辑中是不能表达的。

5.5.2 语言和语义

定义 5.23 语言 $L_G^P(RC, D, E)$

给定一有限主体集 G 和一有限命题变元集 P，认知逻辑 $S5_m^B(RC, D, E)$ 的语言 $L_G^P(RC, D, E)$ 中的语句归纳定义如下：

$$\varphi ::= p \mid \neg\varphi \mid \varphi\vee\psi \mid K_i\varphi \mid E_B\varphi \mid C_B(\varphi, \psi) \mid I_B\varphi$$

其中 B 是 G 的非空子集（以下如无特殊说明，都作如此规定），其中 $K_i\varphi$ 表示主体 i 知道 φ；$E_B\varphi$ 表示 φ 是群体 $B(B\subseteq G)$ 中的普遍知识；$C_B(\varphi, \psi)$ 表示 ψ 相对于 φ 是群体 B 中的公共知识；$I_B\varphi$ 表示 φ 是群体 B 中的群体隐含知识。

按常规，可以定义群体知识的对偶算子，$<C_B>(\varphi, \psi) := \neg C_B(\varphi, \neg\psi)$，$<I_B>\varphi := \neg I_B\neg\varphi$，分别表示群体 B 公共认为相对于 φ 来说 ψ 是可能的，群体 B 隐含认为 φ 是可能成立的。

定义 5.24 认知框架

认知语言 $L_G^P(RC, D, E)$ 的认知框架是满足下列条件的二元组 $F=(W, \{R_\Box \mid \Box\in OP\})$ 其中 $OP=\{1, \cdots, m, E_B, RC_B, I_B\}(B\subseteq G)$ 是一个认知算子的集合：

（1）$W\neq\varnothing$，W 是一非空的可能世界的集合。

（2）$R_\Box\subseteq W\times W$，$R_\Box$ 是 W 上的一个二元关系。

定义 5.25 认知模型

认知语言 $L_G^P(RC, D, E)$ 上的认知模型是一个二元组 $M=(F, V)$，其中 $F=(W, R)$ 是一个 $L_G^P(RC, D, E)$ 上的认知框架，$V: P\rightarrow\wp(W)$ 是 F 上的一个赋值。

注意这里对认知框架上的可及关系没有限定条件。一个这样的框架记为 $F^B(RC, D, E)$，由这样的框架得到的模型类记为 $M^B(RC, D, E)$。

定义 5.26 对于 $\varphi \in L_G^P(RC, D, E)$，关于认知语言 $L_G^P(RC, D, E)$ 上的模型类 $M^B(RC, D, E)$ 我们可以定义一些性质：

$\Phi_1: R_i$ 是等价关系，$i \in \{1, \cdots, m, I_B\}$

$\Phi_2: R_{E_B} = R_1 \cup \cdots \cup R_n$，$gr(B) = n$，$n \leq m$

$\Phi_{3a}: R_{I_B} \supseteq R_1 \cap \cdots \cap R_n$，$gr(B) = n$，$n \leq m$

$\Phi_{3b}: R_{I_B} \subseteq R_1 \cap \cdots \cap R_n$，$gr(B) = n$，$n \leq m$

$\Phi_{4a}: R_{C_B,\varphi} \subseteq (R_{E_B} \cap \| \varphi \|^2)^*$

$\Phi_{4b}: R_{C_B,\varphi} \supseteq (R_{E_B} \cap \| \varphi \|^2)^*$

对任一个 $M^B(RC, D, E)$ 的子类 $M \subseteq M^B(RC, D, E)$ 和 $\{\Phi_1, \Phi_2, \Phi_{3a}, \Phi_{3b}, \Phi_{4a}, \Phi_{4b}\}$ 的任一个子集 $F \subseteq \{\Phi_1, \Phi_2, \Phi_{3a}, \Phi_{3b}, \Phi_{4a}, \Phi_{4b}\}$，用 $M(F) \subseteq M^B(RC, D, E)$ 表示满足 F 中条件的模型类。例如 $M^B(RC, D, E)(\{\Phi_1, \Phi_2, \Phi_{3a}, \Phi_{3b}, \Phi_{4a}, \Phi_{4b}\})$ 就表示满足上述所有条件的模型类。下面把满足上面所有条件的模型类上的框架称为强框架，把满足 Φ_1，Φ_2，Φ_{3b}，Φ_{4b}这四个特定条件的框架称为弱框架。

定义 5.27 给定一个认知模型 $M = (W, \{R_\Box \mid \Box \in \{1, \cdots, m, E_B, RC_B, I_B\}\}, V)$ 和一个状态 $w \in W$，语言 $L_G^P(RC, D, E)$ 中的公式 φ 在认知模型 M 中是真的，记作 $(M, w) \vDash \varphi$，归纳定义如下：

$(M, w) \vDash p$	当且仅当	$w \in V(p)$；
$(M, w) \vDash \neg\psi$	当且仅当	并非 $(M, w) \vDash \psi$；
$(M, w) \vDash \phi_1 \wedge \phi_2$	当且仅当	$(M, w) \vDash \phi_1$ 且 $(M, w) \vDash \phi_2$；
$(M, w) \vDash K_i\varphi$	当且仅当	对任意的 v，若 $v \in R_i(w)$，则 $(M, v) \vDash \phi$；
$(M, w) \vDash E_B\varphi$	当且仅当	对所有的 v，如果 $wR_{E_B}v$，那么 $(M, w) \vDash \psi$；
$(M, w) \vDash I_B\phi$	当且仅当	对任意的 v，若 $v \in R_B(w)$，则 $(M, v) \vDash \phi$；
$(M, w) \vDash C_B(\varphi, \psi)$	当且仅当	对所有的 v，如果 $w(R_{E_B} \cap \lvert \varphi \rvert^2)^* v$，那么 $(M, w) \vDash \psi$。

定义 5.28 设 φ 是语言 $L_G^P(RC, D, E)$ 中的公式。

φ 在一个认知模型 (F, V) 的一个状态 $w \in W$ 上真，当且仅当，$(M, w) \vDash \varphi$；

φ 在一个认知模型 (F, V) 上可满足，当且仅当，存在一个状态 $w \in W$ 并且 $(M, w) \vDash \varphi$；

φ 在一个认知模型 (F, V) 上有效，记作 $(F, V) \vDash \varphi$，当且仅当，对任意 $w \in W$，都有，$(M, w) \vDash \varphi$；

φ 在一个认知框架 F 上是有效的，记作 $F \vDash \varphi$，当且仅当，对任意 V，都有 $(F, V) \vDash \varphi$；

φ 在一个模型类 m 上是有效的，当且仅当，对所有的 $M \in m$，都有 $M \vDash \varphi$；

φ在一个框架类$\mathcal{F}$上是有效的，当且仅当，对所有的$F\in\mathcal{F}$，都有$F\models\varphi$。

5.5.3 公理系统

定义 5.29 证明系统 $S5_m^B(RC, D, E)$

认知逻辑 $S5_m^B(RC, D, E)$ 的证明系统由下列公理模式和推演规则组成：

公理模式

(1) 所有的命题逻辑重言式；

(2) $K_i(\varphi\to\psi)\to(K_i\varphi\to K_i\psi)$

(3) $K_i\varphi\to\varphi$

(4) $K_i\varphi\to K_iK_i\varphi$

(5) $\neg K_i\varphi\to K_i\neg K_i\varphi$

(6) $E_B\varphi\leftrightarrow K_1\chi\wedge\cdots K_n\varphi$，$i\in B$，$gr(B)=n$

(7) $C_B(\chi, \varphi\to\psi)\to C_B(\chi, \varphi)\to C_B(\chi, \psi)$

(8) $C_B(\chi, \varphi)\leftrightarrow(\chi\to(\varphi\wedge E_B(\chi\to C_B(\chi, \varphi))))$，混合公理

(9) $((\chi\to\varphi)\wedge C_B(\chi, \varphi\to E_B(\chi\to\varphi)))\to C_B(\chi, \varphi)$，归纳公理

(10) $I_B(\varphi\to\psi)\to(I_B\varphi\to I_B\psi)$

(11) $I_B\varphi\to\varphi$

(12) $I_B\varphi\to I_BI_B\varphi$

(13) $\neg I_B\varphi\to I_B\neg I_B\varphi$

(14) $K_i\varphi\to I_B\varphi$，$i\in B$

(15) $I_B\varphi\to I_C\varphi$，$B\subseteq C$

(16) $C_B(\chi, \varphi)\to C_C(\chi, \varphi)$，$C\subseteq B$

推演规则

从 φ，$\varphi\to\psi$ 可以得到 ψ。

从 φ 可以得到 $K_i\varphi$。

从 φ 可以得到 $C_B(\chi, \varphi)$。

公式 $\varphi\in L_G^P(RC, D, E)$ 有一个希尔伯特式的推演，记作$\vdash S5_m^B(RC, D, E)\varphi$。后面将 $S5_m^B(RC, D, E)$ 简写为 L，$\vdash_L\varphi$ 即$\vdash S5_m^B(RC, D, E)\varphi$。

这里刻画的是逻辑上全能的主体。因为首先，系统中的主体知道所有的公理，从公理（1）和推演规则（2)(3）可以看出。其次，从公理（2)(7）和分离规则可知，主体知道所有公理的逻辑后承，即系统中的定理都是系统中所有主体的知识。这种假设很强，在认知逻辑中称作“逻辑全知”（Logical Omniscience）问题[①]。但在计算机领域中，这个问题并不是那么重要，模态系统 S5 依然是被用作最广的一个系统。

S5 系统中主体具有正内省能力即知道自己知道和负内省能力即知道自己不知道。(4)（12）刻画的是主体的正内省能力，通常称作正内省公理。（5）和（13）刻画的是主体的负内省能力，称作负内省公理，又称作智者公理（见 5.2.3）。

（8）称作固定点公理，又称混合公理。它的直观意思是，命题 φ 是一个群体的相对于 χ 的公共知识，当且仅当，在 χ 成立的前提下 φ 成立，并且，该群体的所有成员都知道如果 χ 成立，那么 φ 是相对于 χ 的公共知识。固定点的意思是 $C_B(\chi, \varphi)$ 可以看做是等式 $x = (\chi \to (\varphi \wedge E_B(\chi \to x)))$ 的一个固定点。[②]

（9）称作归纳公理，假设一个群体相对于 χ 公共知道"如果 φ 是真的，那么 $\chi \to \varphi$ 是普遍知识，即 $E_B(\chi \to \varphi)$ 成立"，那么假设我们有 $E_B^k(\chi \to \varphi)$ 成立，同样就会有 $E_B^{k+1}(\chi \to \varphi)$ 成立，即对所有的自然数 n，$E_B^n(\chi \to \varphi)$ 成立，所以有 $C_B(\chi, \varphi)$ 成立。

（10）所刻画的直观意思是，如果一个命题是个体知识的话，那么这个命题一定是这个主体所属群体的隐含知识。

（11）是说一个小群体中的隐含知识一定是包含它的一个更大的群体的隐含知识。

（12）是说一个大群体中的公共知识一定是它的一个子群体的公共知识，这和我们的直观相符。

命题 5.16 下列公式是系统 $S5_m^B$（RC，D，E）的内定理。

$C_B(\varphi, \psi) \to (\varphi \to \psi)$

$C_B(\varphi, \psi) \to (\varphi \to E_B(\varphi \to \psi))$

$C_B(\varphi, \psi) \to C_B(\varphi, C_B(\varphi, \psi))$

$\neg C_B(\varphi, \neg\psi) \to C_B \neg C_B(\varphi, \neg\psi)$

$I\{a\}\varphi \leftrightarrow K_a\varphi$

$I_B(\varphi \to \psi) \to (I_C\varphi \to I_D\varphi)$，$B \subseteq D$，$C \subseteq D$

$C_B(\chi, \varphi \to \psi) \to (C_C(\chi, \varphi) \to C_D(\chi, \psi))$，$D \subseteq B$，$C \subseteq B$

命题 5.17 下列推演规则在系统 $S5_m^B$(RC，D，E）内成立。

（1）$\vdash \varphi \Rightarrow \vdash E_B\varphi$

（2）$\vdash \varphi \Rightarrow \vdash I_B\varphi$

① 关于这个问题的解决方法的介绍，可参见（Fagin et al.，1995：333 - 373）。

② 这是对公共知识的一种刻画处理方式，参见（Fagin et al.，1995：433 - 440）。

定理 5.3 可靠性定理

逻辑系统 L 相对于认知模型类 $M^B(RC, D, E)(\{\Phi_1, \Phi_2, \Phi_{3a}, \Phi_{3b}, \Phi_{4a}, \Phi_{4b}\})$ 是可靠的①，即 $\vdash_L \varphi \Rightarrow \models_{M^B(RC,D,E)(\{\Phi_1,\Phi_2,\Phi_{3a},\Phi_{3b},\Phi_{4a},\Phi_{4b}\})} \varphi$。

引理 5.2 如果 $M^B(RC, D, E)(F)$ 是满足 F 中条件的模型类，则

$$F \supseteq \{\Phi_1, \Phi_2, \Phi_{3b}, \Phi_{4a}, \Phi_{4b}\} \Leftrightarrow (\vdash_L \varphi \Rightarrow \models_{M^B(RC,D,E)(F)} \varphi)$$

由定理 5.3 和引理 5.2 可知，认知逻辑系统 L 相对于满足所有条件的认知模型类 $M^B(RC, D, E)(\{\Phi_1, \Phi_2, \Phi_{3a}, \Phi_{3b}, \Phi_{4a}, \Phi_{4b}\})$ 也是可靠的。

5.5.4 完全性证明

一个系统 S 是完全的，即每个有效式都是系统 S 的内定理。完全性证明通常用反证法，证一个公式如果不是内定理那么它有反模型。对此又只需证任何 S 一致的公式都存在一个模型使得它为真。通常是构造一个更大的模型即典范模型来达到上述目的。

从公理（1）（2）和推演规则（1）（2）可以看出，系统 L 是一个正规的模态逻辑系统。根据已有结果，所有的正规系统都是模型完全的，即所有的正规系统都能找到一个典范模型，这个正规系统在这个典范模型上是完全的（周北海，1996：373）。在这个基础上，要证明系统 L 相对于某个特定框架是完全的，只需要证明我们所构造的典范模型属于这个特定框架上的模型类。因此完全性的证明就主要在于证明典范模型中的框架条件符合这些特定框架的性质。

我们知道，在模态逻辑中，一个模态逻辑中关于模态词的某条公理模式往往对应着框架上的某条性质。

定义 5.30 设 φ 是某个模态语言中的一个公理模式，Φ 是框架 F 上的某个性质（通常是一阶性质）。

如果一个包含公理模式 φ 的逻辑系统的典范模型具有性质 Φ，那么称 φ 相对于 Φ 是典范的，记作 $\varphi \sim_{can} \Phi$。

如果公理系统 K + φ，相对于满足性质 Φ 的模型类是完全的，那么称 φ 相对于 Φ 是完全的，记作 $\varphi \sim_{com} \Phi$。

如果对所有的 $F \in \mathcal{F}$，若 $\mathcal{F} \models \varphi \Leftrightarrow \mathcal{F} \Vdash \Phi$，则称 φ 和 Φ 相对于框架类 $\mathcal{F}$ 来说是相互对应的，记作 $\varphi \sim_{cor} \Phi$。在这种情况下，则称框架类 $\mathcal{F}$ 在这个模态语言中是

① 此定理的证明的一般情形请参照（Fagin et al.，1995）和（Meyer et al.，1995）。关于相对化公共知识的公理的可靠性请参考（Kooi et al.，2004）。

模态可定义的。①

根据模态逻辑和认知逻辑中已有的结果，有：

$$\Box\varphi\to\varphi\sim_{cor}\forall x(xR_{\Box}x)$$

$$\Box\varphi\to\Box\Box\varphi\sim_{cor}\forall x(xR_{\Box}y\wedge yR_{\Box}z\to xR_{\Box}z)$$

$$\neg\Box\varphi\to\Box\neg\Box\varphi\sim_{cor}\forall x(xR_{\Box}y\wedge xR_{\Box}z\to yR_{\Box}z)$$

$$E_B\varphi\leftrightarrow K_1\varphi\wedge\cdots\wedge K_n\varphi\sim_{cor}R_{E_B}=(R_1\cup\cdots\cup R_n)$$

$$K_i\varphi\to D_B\varphi\sim_{cor}R_{D_B}\subseteq(R_1\cap\cdots\cap R_n)$$

上述三个概念有公共部分，如

$$(\Box\varphi\to\varphi)\sim_{cor}\forall x(xR_{\Box}x)$$

$$(\Box\varphi\to\varphi)\sim_{can}\forall x(xR_{\Box}x)$$

$$(\Box\varphi\to\varphi)\sim_{com}\forall x(xR_{\Box}x)$$

都是成立的。但是，这三个概念有区别。例如，令 Φ'表示 $\forall xy(xR_{\Box}y)$ 这个性质。通过生成子模型的方法可以知道，模态系统 S5 不仅相对于等价框架是完全的，它还相对于普遍框架即满足 $\forall xy(xR_{\Box}y)$ 性质的框架也是完全的。令 $\varphi'=((\Box\varphi\to\varphi)\wedge(\Box\varphi\to\Box\Box\varphi)\wedge(\neg\Box\varphi\to\Box\neg\Box\varphi))$，则 $\varphi'\sim_{com}\Phi'$，但是并非 $\varphi'\sim_{can}\Phi'$，且并非 $\varphi'\sim_{cor}\Phi'$。事实上是 $\varphi'\sim_{cor}$（$R_{\Box}$是等价关系）。

现在是从形式系统出发去寻找相应的框架语义条件。如果我们能够证明系统相对于某些框架条件是可靠并且完全的，那么表明为这个框架类我们建立了一个相应的公理化系统。

定义 5.31 $S5_m^B(RC, D, E)$ 一致

设 α 是语言 $L_G^P(RC, D, E)$ 中的一个公式，$\{\alpha_1, \cdots, \alpha_n\}$ 是一有穷公式集，Γ 是一无穷公式集。

(1) α 是 $S5_m^B(RC, D, E)$ 一致的，当且仅当，并非$\vdash_L\neg\alpha$；

(2) $\{\alpha_1, \cdots, \alpha_n\}$ 是 $S5_m^B(RC, D, E)$ 一致的，当且仅当，并非$\vdash_L\neg(\alpha_1\wedge\cdots\wedge\alpha_n)$；

(3) Γ 是 $S5_m^B(RC, D, E)$ 一致的，当且仅当，Γ 的任意有穷子集是 $S5_m^B(RC, D, E)$一致的。

定义 5.32 典范模型

设 L 是一个具有认知算子集 $O=\{O_1, \cdots, O_k\}$ 的语言，FL 是 L 公式集，给定该语言上的一个逻辑 **L**。**L** 的典范模型 $M_L^C=(W^C, R^C, V^C)$ 定义如下：

(1) $W^C=\{\Gamma\subseteq FL \mid \Gamma$是 **L**-极大一致集$\}$；

(2) $\Gamma R_S^C\Delta$，当且仅当，对于任一 $O_S\varphi\in FL$，如果 $O_S\varphi\in\Gamma$，那么 $\varphi\in\Delta$，其

① 这里⊩指一阶逻辑中的满足关系。

中 $1\leqslant s\leqslant k$；

(3) $V^C(p)=\{\Gamma\in W^C \mid p\in\Gamma\}$。

定理 5.4 完全性定理 1

设 F 是具有性质 $\{\Phi_1, \Phi_2, \Phi_{4a}, \Phi_{4b}\}$ 的任意框架，$M^B(RC, D, E)(F)$ 由 F 得到的模型类。如果 $\models_{M^B(RC,D,E)(F)}\varphi$，则 $\vdash_L\varphi$。

证明

此定理的证明的一般情形请参见（Hoek et al.，1996：15）。这里只证明相对化公共知识的情形即证明典范模型 M_L^C 满足性质 Φ_{4b}。而这只需证对于 $\Gamma, \Delta\in W^C$，若 $\Gamma(R_{E_B}\cap\|\varphi\|^2)^*\Delta$，则 $\Gamma(R_{C_B,\varphi})\Delta$。又由典范模型的定义，只需证若 $C_B(\varphi, \psi)\in\Gamma$，则 $\psi\in\Delta$。由 $\Gamma(R_{E_B}\cap\|\varphi\|^2)^*\Delta$，存在 $\Sigma_1=\Gamma, \Sigma_2, \cdots, \Sigma_m=\Delta$，使得 $\Sigma_k R_{i_k}\Sigma_{k+1}$（其中 $k<m$，$i_k\in B$），并且 $\varphi\in\Sigma_{i+1}$。由 $C_B(\varphi, \psi)\in\Gamma$，由公理 6 和 8 有 $\vdash_L C_B(\varphi, \psi)\rightarrow(\varphi\rightarrow K_{i_k}(\varphi\rightarrow C_B(\varphi, \psi)))$。这意味着只要 $C_B(\varphi, \psi)\in\Sigma_k$ 就有 $K_{i_k}(\varphi\rightarrow C_B(\varphi, \psi))\in\Sigma_k$。由 $C_B(\varphi, \psi)\in\Sigma_1$，有 $K_{i_k}(\varphi\rightarrow C_B(\varphi, \psi))\in\Sigma_1$，由 $\Sigma_k R_{i_k}\Sigma_{k+1}$ 和 $\varphi\in\Sigma_{i+1}$，有 $C_B(\varphi, \psi)\in\Sigma_2$，依此类推，有 $C_B(\varphi, \psi)\in\Sigma_m=\Delta$，由模型满足公理 8，有 $\vdash_L C_B(\varphi, \psi)\rightarrow(\varphi\rightarrow\psi)$，得 $\varphi\rightarrow\psi\in\Delta$。又由 $\varphi\in\Delta$，最后得 $\psi\in\Delta$。■

正如前面提到的系统 S5 一样，一个逻辑可以在多种框架上是完全的，那么我们这里建立的逻辑 $S5_m^B(RC, D, E)$ 是否对满足所有条件 $\{\Phi_1, \Phi_2, \Phi_{3a}, \Phi_{3b}, \Phi_{4a}, \Phi_{4b}\}$ 的框架也是完全的呢？遗憾的是通常方法得到的典范模型并不具有 Φ_{3a} 和 Φ_{4a} 这两条性质。

命题 5.18 $S5_m^B$（RC，D，E）（记作 L）的典范模型 M_L^C 不满足性质 Φ_{3a}。

证明

考虑 $B=\{1, 2\}$ 和 $P=\{p, q\}$ 的语言上的一个模型：$M=(W, \{R_\square \mid \square\in\{1, 2, E_B, RC_B, I_B\}\}, V)$。其中 $W=(w_1, w_2, w_3, w_4)$，R_1 是一等价关系，它的等价类是 $\{w_1, w_3\}$ 和 $\{w_2, w_4\}$；R_2 是一等价关系，它的等价类是 $\{w_1, w_4\}$ 和 $\{w_2, w_3\}$；$R_{I_B}=\{\langle w_1, w_1\rangle, \langle w_2, w_2\rangle, \langle w_3, w_3\rangle, \langle w_4, w_4\rangle\}$；$R_{E_B}=R_1\cup R_2$，$R_{C_{B,q}}=(R_{E_B}\cap\|q\|^2)^*$。$V^{-1}(w_1)=V^{-1}(w_2)$，$w_1\in V(p)$，$V^{-1}(w_3)=V^{-1}(w_4)$，$w_3\notin V(p)$，$V(q)=W$，如图 5.13 所示。

不难看出 M 是 $M^B(RC, D, E)(\Phi_1, \Phi_2, \Phi_{3a}, \Phi_{3b}, \Phi_{4a}, \Phi_{4b})$ 中的一个模型，如图 5－13 所示。

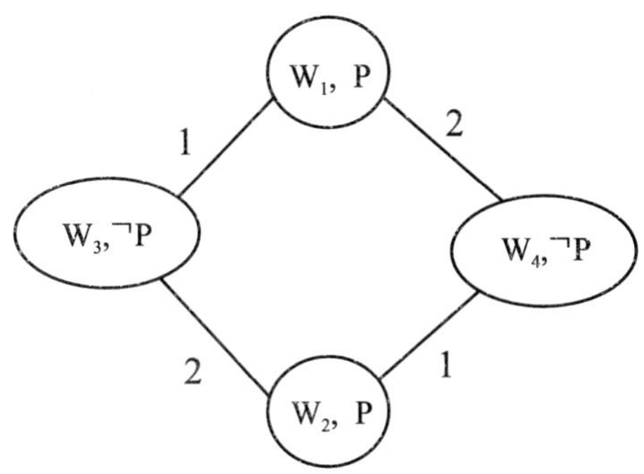

图 5－13

令 $Th((M, w))=\{\varphi \mid (M, w)\vDash\varphi\}$。有 $Th((M, w_1))=Th((M, w_2))$ 且 $Th((M, w_3))=Th((M, w_4))$。

令 $\Lambda=Th((M, w_1)), \Delta=Th((M, w_3))$。显然，$\Lambda$ 和 Δ 相对于 L 是极大一致的。它们分别是 L 典范模型 M_L^C 中的两个世界，并且 $\Lambda R_1^C\Delta$，$\Lambda R_2^C\Delta$。注意没有 $\Lambda R_{I_B}^C\Delta$，因为 $I_Bp\in\Lambda$，但是 $p\notin\Delta$。因此，L 的典范模型 M_L^C 不满足性质 Φ_{3a}。■

通常的典范模型也不满足性质 Φ_{4a}。

命题 5.19 $S5_m^B(RC, D, E)$（记作 L）的典范模型 M_L^C 不满足性质 Φ_{4a}。

证明

设 $\Gamma=\{q, E_B(q\rightarrow p), E_BE_B(q\rightarrow p), E_BE_BE_B(q\rightarrow p), \cdots\}\cup\{\neg C_B(q, p)\}$。首先证明这个集合是 L 一致的。

假设 Γ 是不一致的，则说明存在一个有穷集 $\Theta\subseteq\Gamma$ 是不一致的，即 $\vdash\Theta\rightarrow\bot$。

以下用 E_B^m 表示 m 个 E_B 算子的叠置。根据 Γ 的定义，可以设 Θ 中带有普遍知识算子的公式为 $E_B^{n_1}(q\rightarrow p)$，$E_B^{n_2}(q\rightarrow p)$，…，$E_B^{n_k}(q\rightarrow p)$。令 $\Theta^*=\{E_B^{n_1}(q\rightarrow p), E_B^{n_2}(q\rightarrow p), \cdots, E_B^{n_k}(q\rightarrow p)\}\cup\{q, \neg C_B(q, p)\}$。由 Γ 的定义知，$\Theta\subseteq\Theta^*$。于是，由 $\vdash\Theta\rightarrow\bot$ 可得 $\vdash\Theta^*\rightarrow\bot$。由可靠性有 $\vDash\Theta^*\rightarrow\bot$，即 Θ^* 在模型类 $M^B(RC, D, E)(\{\Phi_1, \Phi_2, \Phi_{3a}, \Phi_{3b}, \Phi_{4a}, \Phi_{4b}\})$ 中是不可满足的。其实不然，下面给出满足 Θ^* 的模型。

设 $M=(N, \{R_\square \mid \square\in\{1, 2, E_B, RC_B, D_B\}\}, V)$。其中

$R_1=\{(n, n)\}\cup\{(n, n+1), (n+1, n) \mid n\text{是奇数}\}$，

$R_2=\{(n, n)\}\cup\{(n, n+1), (n+1, n) \mid n\text{是偶数}\}$，

$R_{E_B}=\{(n, n)\}\cup\{(n, n+1), (n+1, n) \mid n\in N\}$，

$R_{C_{B,q}}=(R_{E_B}\cap\|q\|^2)^*$，$V_p=\{x \mid x\leqslant n_{k+1}\}$，$Vq=N$。

可以验证，$(M, 1)\vDash\Theta^*$。

这表明 Γ 的任意子集都是 L 一致的。所以，Γ 是 L 一致的。

由于 Γ 是一致的，所以其典范模型中存在一个极大一致集 $\Lambda \supseteq \Gamma$。现又考虑一个公式集 $\Sigma = \{q, \neg p\} \cup \{\psi \mid C_B(q, \psi) \in \Lambda\}$，由 Λ 是一致的可知 Σ 也是一致的，于是，其典范模型中存在一个极大一致集 $\Delta \supseteq \Sigma$。由典范模型的定义有 $\Lambda R^c_{C_B,q}\Delta$，但是并非 $\Lambda(R^c_{E_B} \cap \| q \|^2)^* \Delta$。因为若 $\Lambda(R^c_{E_B} \cap \| q \|^2)^* \Delta$，则存在一个自然数 n 使得 $\Lambda(R^c_{E_B} \cap \| q \|^2)^n \Delta$ 成立，而由 $E^n_B(q \to p) \in \Lambda$，有 $(q \to p) \in \Delta$，又由 $q \in \Delta$，得 $p \in \Delta$，这与 $\Delta \supseteq \{\neg p\}$ 相矛盾。因此 $\Lambda(R^c_{E_B} \cap \| q \|^2)^* \Delta$ 不成立，所以逻辑 L 的典范模型 M^C_L 不满足性质 Φ_{4a}。■

由命题 5.19 可以知道，逻辑 $S5^B_m(RC, D, E)$ 是不紧致的，即无穷集 $\Gamma = \{q, E_B(q \to p), E_BE_B(q \to p), E_BE_BE_B(q \to p), \cdots\} \cup \{\neg C_B(q, p)\}$ 的每个有穷集是可满足的，但是 Γ 自身却是不可满足的。这预示着我们在完全性的证明中会遇到困难，因为在构造典范模型的过程中，将可数多个一致公式集取并之后，可能会是不可满足的公式集。

尽管如此，我们依然可以在保持满足关系不变的前提下，将典范模型转换之后证明其具有 Φ_{3a} 和 Φ_{4a} 这两条性质，从而达成证明完全性的目的。

根据（Hoek et al.，1996）中证明 $S5_m(C, D, E)$ 完全性的方法，这类证明分两步：第一步是将原先的典范模型转换为一个滤模型，从而证明典范模型具有性质 Φ_{4a}。第二步是在第一步的基础之上，拆开（Unraveling）第一步所得到的典范模型，取路径的等价类作为新的典范模型中的可能世界，从而建立起一个新的具有性质 Φ_{3a} 的典范模型。与 $S5_m(C, D, E)$ 不同的是，这里考虑的是相对化公共知识，并且考虑的是这些群体知识的一般情形，而不仅仅是局限于所有主体这样一个特殊情形。

下面首先考虑第一步。

定义 5.33 滤模型

模型 $M = (W, \{R_\square \mid \square \in \{1, \cdots, m, E_B, RC_B, I_B\}\}, V)$，$\Sigma$ 是一个对子公式封闭的公式集，定义一个等价关系如下：

$w \equiv_\Sigma v$ 当且仅当对所有 $\varphi \in \Sigma$：$((M, w) \vDash \varphi \Leftrightarrow (M, v) \vDash \varphi)$。

令 $|w|_\Sigma = \{v \mid w \equiv_\Sigma v\}$，在不引起混淆的情况下记 $|w|_\Sigma$ 为 $|w|$。如果模型 $M^f = (W^f, \{R^f_\square \mid \square \in \{1, \cdots, m, E_B, RC_B, I_B\}\}, V^f)$ 满足以下条件，则称 M^f 是模型 M 上一个穿过 Σ 的滤模型：

(1) $W^f = \{|w| \mid w \in W\}$；

(2) 对于 $|w|, |v| \in W^f$，若 $wR_\square v$，则 $|w| R^f_\square |v|$；

(3) 若 $|w| R^f_\square |v|$，则对任意 $\square\varphi \in \Sigma((M, w) \vDash \square\varphi \Rightarrow (M, v) \vDash \varphi)$；

(4) 对 Σ 中所有出现的命题变元 p，$V^f(p) = \{|w| \mid (M, w) \vDash p\}$。

可以证明，一个公式在它的滤模型中具有不变性，即它在滤模型上是真的当且仅当它在原来的模型上也是真的。滤模型是模态逻辑中证明有穷模型性和典范模型转换变形时常用的一种方法。详细证明可参见（Blackburn et al.，2001：77－82）。

引理 5.3 Σ 是一个对子公式封闭的公式集，M^f 为模型 M 上一个穿过 Σ 的滤模型，则对任意 $|w|\in W^f$ 和 $\varphi\in\Sigma$，$(M, w)\vDash\varphi\Leftrightarrow(M^f, |w|)\vDash\varphi$。

完全性证明的关键在于，对于任一公式都能为之找到一个典范模型。因此，只需考虑和该公式相关的语言片断就足以了，通常只需考虑一个公式的闭包。

定义 5.34 公式闭包

闭包运算是一个函数 cl：$L_P^C(RC, D, E)\to\wp(L_P^C(RC, D, E))$，它使得对于任一公式 $\varphi\in L_P^C(RC, D, E)$，$cl(\varphi)$ 是满足下列条件的最小公式集：

(1) $\varphi\in cl(\varphi)$；

(2) 如果 $\psi\in cl(\varphi)$，那么 $sub(\psi)\subseteq cl(\varphi)$；

(3) 如果 $C_B(\chi, \psi)\in cl(\varphi)$，那么 $E_B(\chi\to C_B(\chi, \psi))\in cl(\varphi)$；

(4) 如果 $E_B\psi\in cl(\varphi)$ 且 $i\in B$，那么 $K_i\psi\in cl(\varphi)$；

(5) 如果 $K_i\psi\in cl(\varphi)$ 且 $i\in B$，那么 $I_BK_i\psi\in cl(\varphi)$；

(6) 如果 $\psi\in cl(\varphi)$ 并且 ψ 不是否定的形式，则 $\neg\psi\in cl(\varphi)$。

用归纳法容易证明 Σ 是有穷公式集，它不仅是对于子公式封闭的，并且它里面的公式都是成对出现的，即如果 $\psi\in\Sigma$，那么 $\neg\psi\in\Sigma$。这个公式闭包又称为合适公式集，在这个合适公式集的基础之上，可以定义一个穿过它的滤模型。

定义 5.35 令 $M=(W, \{R_\Box|\Box\in\{1, \cdots, m, E_B, RC_B, I_B\}\}, V)$ 是 $M^B(RC, D, E)(\{\Phi_1, \Phi_2, \Phi_{3b}, \Phi_{4b}\})$ 中的一个模型，φ，χ 是任一公式，Σ 是 φ 的公式闭包，模型 $M^+=(W^+, \{R_\Box^+|\Box\in\{1, \cdots, m, E_B, RC_B, I_B\}\}, V^+)$ 定义如下：

$$W^+=\{|v| \mid v\in W\}$$

M^+ 中的可及关系定义如下：

(1) 任 $\Box\in\{1, \cdots, m, D_B\}$，$|w|R_\Box^+|v|$，fh 当且仅当，对任意 $\Box\varphi\in\Sigma$：$(M,w)\vDash\Box\varphi\Leftrightarrow(M, v)\Leftrightarrow\varphi$；

(2) $R_{E_B}^+=(R_1^+\cup\cdots\cup R_n^+)$；

(3) $R_{CB,\chi}^+=(R_{E_B}^+\cap\|V^+(\chi)\|^2)^*$；

$$V^+(p)=\{|v| \mid w\in V(p)\}$$

不难验证，上面定义的这个模型是一个滤模型。再根据引理 5.3，它也是一个典范模型，并且可以证明这个滤模型具有性质 Φ_{4a}（郭美云，2006B：46－48），从而证明它在 $F^B(RC, D, E)(\{\Phi_1, \Phi_2, \Phi_{3b}, \Phi_{4a}, \Phi_{4b}\})$ 框架上也是完全的。因此有下面的完全性定理。

定理 5.5 完全性定理 2

逻辑 L 相对于 $F^B(RC, D, E)(\{\Phi_1, \Phi_2, \Phi_{3b}, \Phi_{4a}, \Phi_{4b}\})$ 框架是完全的。

第二步，在完全性定理 2 的基础上，拆开在这一步所得到的典范模型，取路径（Paths）的等价类作为新的典范模型中的可能世界，从而建立起一个新的具有性质 Φ_{3a}的典范模型。与 $S5_m(C, D, E)$ 不同的是，这里考虑的是这些群体知识的一般情形，而不仅仅是局限于所有主体这样一个特殊情形。因为主体集是有穷集，在使用拆开技巧的过程中，相当于增加有穷多个 I_B 算子。在这种情况下，我们同样可以证明逻辑 L 相对于 $F^B(RC, D, E)(\{\Phi_1, \Phi_2, \Phi_{3a}, \Phi_{3b}, \Phi_{4a}, \Phi_{4b}\})$ 框架是完全的（郭美云，2006B：48 - 54）。于是有下面的完全性定理。

定理 5.6 完全性定理 3

逻辑 L 相对于 $F^B(RC, D, E)(\{\Phi_1, \Phi_2, \Phi_{3a}, \Phi_{3b}, \Phi_{4a}, \Phi_{4b}\})$ 框架是完全的。

在（Fagin et al.，1995）和（Meyer et al.，1995）中分别各自考虑建立了带有公共知识的认知逻辑系统 K_n^C，T_n^C，$S4_n^C$，$S5_n^C$ 和 $KD45_n^C$，还有带有群体隐含知识的认知逻辑系 K_n^C，T_n^C，$S4_n^C$，$S5_n^C$ 和 $KD45_n^C$。（Hoek et al.，1996）建立了第一个考虑所有群体知识的认知逻辑系统 $S5_m(C, D, E)$，并且证明了它的完全性。（Gerbrandy，1999）建立了带有群体隐含知识的认知逻辑系统 DK、DK45 和 DS5。与上述结果不同的是，首先我们这里考虑的是所有的群体知识，其次我们把（Gerbrandy，1999）中的隐含知识算子 D 推广到一般情形 $I_B(B \subseteq G)$，从而该系统中的隐含知识算子 D 成为这里 I_B 中的一种特殊情况即 I_G（Gerbrandy，1999）。（Gerbrandy，1999：66）曾经提出不知能否用（Hoek et al.，1996）的方法证明他所建立的 DS5 的完全性的问题，这里给出了一个肯定的回答。

5.6 带有群体知识的公开宣告逻辑 PAL (RC, D, E)

公开宣告逻辑（Public Announcement Logic，简称 PAL）由普拉扎首先提出（Plaza，1989），但当时影响不大。后来格布兰迪等人又重新独立发现了公开宣告逻辑（Gerbrandy et al.，1997）。（Baltag et al.，1998）在公开宣告逻辑的基础上引入了公共知识。本节主要在 5.4 中介绍的公开宣告逻辑基础上考虑群体隐含知识，并且引入（Kooi et al.，2004）提出的相对化公共知识，通过归纳的方法建立一个带有相对化公共知识和群体隐含知识的公开宣告逻辑系统

PAL(RC, D, E)。

5.6.1 语言和语义

定义 5.36 语言 $L_{PAL(RC,D,E)}$

给定一有限主体集 G 和一有限命题变元集 P，公开逻辑语言 $L_{PAL(RC,D,E)}$ 中的语句归纳定义如下：

$$\varphi ::= p \mid \neg\varphi \mid \varphi\vee\psi \mid K_i\varphi \mid E_B\varphi \mid C_B(\varphi, \psi) \mid I_B\varphi \mid [\varphi]\psi$$

其中 $K_i\varphi$ 表示主体 i 知道 φ；$E_B\varphi$ 表示 φ 是群体 B(B⊆G) 中的普遍知识；$C_B(\varphi, \psi)$ 表示 ψ 相对于 φ 是群体 B 中的公共知识；$I_B\varphi$ 表示 φ 是群体 B 的隐含知识；[φ]ψ 表示如果 φ 宣告成功则 ψ 成立。

定义 5.37 认知模型

给定一有限主体集 G 和一有限命题变元集 P，认知语言 $L_{PAL(RC,D,E)}$ 的认知模型是一个满足下列条件的三元组 M = (W, R, V)：

(1) W 是一个非空的可能世界的集合；

(2) R 是一个从 G 到 $\wp(W\times W)$ 的函数，R 对每个主体指派 W 上的一个等价关系；

(3) V 是一个从 P 到 $\wp(W)$ 的函数，它对每个变元在每个可能世界上进行赋值。

下面将 $(R_1\cup\cdots\cup R_n)$ 记为 R_{E_B}，$R^*_{E_B}$，表示 $(R_1\cup\cdots\cup R_n)$ 的自返传递闭包；将 $(R_1\cap\cdots\cap R_n)$ 记为 R_{I_B}。

定义 5.38 语义

给定一个认知模型 M = (W, R, V) 和一个可能世界 w∈W，公式 φ 在认知模型 M 中是真的，记作 $(M, w)\models\varphi$，归纳定义如下：

$(M, w)\models p$ 当且仅当 $w\in V(p)$；

$(M, w)\models\neg\psi$ 当且仅当 并非 $(M, w)\models\psi$；

$(M, w)\models\varphi_1\wedge\varphi_2$ 当且仅当 $(M, w)\models\varphi_1$ 且 $(M, w)\models\varphi_2$；

$(M, w)\models K_i\varphi$ 当且仅当 对任意的 v，若 $(w, v)\in R_i$，则 $(M, v)\models\varphi$；

$(M, w)\models E_B\varphi$ 当且仅当 对所有的 v，如果 $wR_{E_B}v$，那么 $(M, v)\models\varphi$；

$(M, w)\models I_B\varphi$ 当且仅当 对任意的 v，若 $(w, v)\in R_{I_B}$，则 $(M, v)\models\varphi$；

$(M, w)\models C_B(\varphi, \psi)$ 当且仅当 对所有的 v，如果 $w(R_{E_B}\cap|\varphi|^2)^*v$，那么 $(M, v)\models\psi$；

$(M, w)\models[\varphi]\psi$ 当且仅当 如果 $(M, w)\models\varphi$，那么 $(M|_\varphi, w)\models\psi$。

$(M, w)\models<\varphi>\psi$ 当且仅当 $(M, w)\models\varphi$ 并且 $(M|_\varphi, w)\models\psi$。

其中 $M|\psi := \langle W', R', V' \rangle$ 定义如下：

令 $|\varphi|_M = \{v \in W | (M, v) \vDash \varphi\}$

$W' = |\varphi|M$

$R' = R \cap (|\varphi|M \times |\varphi|M)$

$V' = V \cap |\varphi|M$

在 5.3.3 节可以看到，通过归约方法由 S5(n) 的完全性可以得出公开宣告逻辑 PAL 的完全性，那么一个带有群体知识的公开宣告逻辑系统是否也可以归约到一个静态的认知逻辑上去呢？在 PAL 中，归约方法能够顺利进行的主要原因是个体知识系统中有归约公理 $[\varphi]K_i\psi \leftrightarrow \varphi \rightarrow K_i[\varphi]\psi$。可以证明对于群体隐含知识，归约公理 $[\varphi]I_B\psi \leftrightarrow \varphi \rightarrow I_B[\varphi]\psi$ 依然成立。但是对于通常的公共知识则不然，归约公理不成立。为解决这个问题，下面还引入了相对化公共知识。

命题 5.20 公开宣告和群体隐含知识

$[\varphi]I_B\psi$ 和 $\varphi \rightarrow I_B[\varphi]\psi$ 是语义等值的。

证明

对任意模型（M，w），

$(M, w) \vDash \varphi \rightarrow I_B[\varphi]\psi$

当且仅当，如果 $(M, w) \vDash \varphi$，那么 $(M, w) \vDash I_B[\varphi]\psi$；

当且仅当，如果 $(M, w) \vDash \varphi$，那么，对所有的 $v \in M$，若 $(w, v) \in R_B$，则 $(M, v) \vDash [\varphi]\psi$；

当且仅当，如果 $(M, w) \vDash \varphi$，那么，对所有的 $v \in M$，若 $(w, v) \in R_B$，则（若 $(M, v) \vDash \varphi$，则 $(M|_\varphi, v) \vDash \psi$）；

当且仅当，如果 $(M, w) \vDash \varphi$，那么，对所有的 $v \in M$，若 $(M, v) \vDash \varphi$ 并且 $(w, v) \in R_B$，则 $(M|_\varphi, v) \vDash \psi$；

当且仅当，如果 $(M, w) \vDash \varphi$，那么，对所有的 $v \in M|_\varphi$，若 $(w, v) \in R_B$，则 $(M|_\varphi, v) \vDash \psi$；

当且仅当，如果 $(M, w) \vDash \varphi$，那么 $(M|_\varphi, w) \vDash I_B\psi$；

当且仅当，$(M, w) \vDash [\varphi]I_B\psi$。■

对于通常的公共知识归约公理不成立。对此有下面的命题。

命题 5.21 $[\varphi]C_B\psi \leftrightarrow \varphi \rightarrow C_B[\varphi]\psi$ 不是有效式。

证明

只需找到一个特例使得上述公式为假即可得证。考虑 $[p]C_{\{a,b\}}q \leftrightarrow p \rightarrow C_{\{a,b\}}[p]q$，现在为它构造一个反模型（$W$，$R_a$，$R_b$，$V$），其中 $W = \{w, u, v\}$；$R_a = \{\langle w, u \rangle, \langle w, w \rangle, \langle u, u \rangle\}$，$R_b = \{\langle u, v \rangle, \langle u, u \rangle,$

$\langle v,v\rangle\}$；$\{w, v\}\subseteq V(p)$，$\{w,u\}\subseteq V(q)$，但是 $u\notin V(p)$，$v\notin V(q)$。见图5-14。易知 $(M|p, w)\vDash C_{\{a,b\}}q$ 即 $(M, w)\vDash[p]C_{\{a,b\}}q$ 成立。而并非 $(M, w)\vDash p\rightarrow C_{\{a,b\}}[p]q$，因为并非有 $(M, v)\vDash[p]q$，得并非有 $(M, w)\vDash C_{\{a,b\}}[p]q$，但 $(M, w)\vDash p$。■

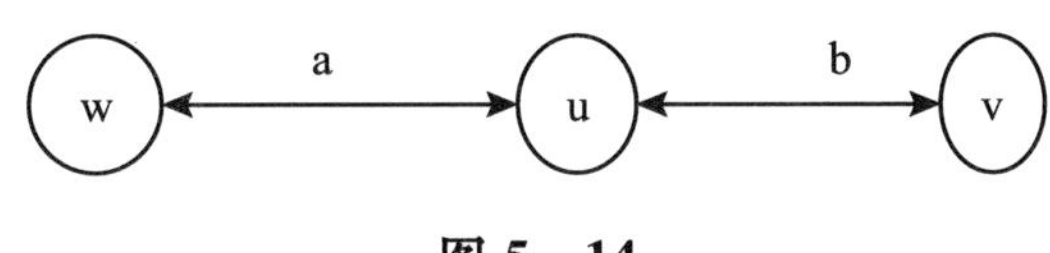

图 5-14

事实上，对于一般公共知识的归约公理是不存在的。（Baltag et al.，1998）证明带有公共知识的动态认知逻辑比带有公共知识的静态认知逻辑表达力更强。因此，它是不可能归约到一个带有通常公共知识的静态逻辑系统上去的。而归约方法不仅使得完全性的证明简单明晰，而且能够更为清楚地展示静态向动态的转换。为了解决这个问题，（Kooi et al.，2004）提出了一个相对化公共知识的概念，带有相对化公共知识的动态认知逻辑的表达力和带有相对化公共知识的静态认知逻辑一样强，这使得归约方法依然可以使用。

命题 5.22 公开宣告和相对化公共知识

$[\varphi]C_B(\psi, \chi)$ 和 $C_B(\varphi\wedge[\varphi]\psi, [\psi]\chi)$ 是语义等值的。

证明

对任意一模型 (M, w)，$(M, w)\vDash C_B(\varphi\wedge[\varphi]\psi, [\psi]\chi)$

当且仅当，对所有的 v，如果 $w(R_{E_B}\cap\|\varphi\wedge[\varphi]\psi\|^2)^*v$，那么 $(M, v)\vDash[\psi]\chi$；

当且仅当，对所有的 v，如果 $w(R_{E_B}\cap\|\varphi\wedge[\varphi]\psi\|^2)^*v$，那么，若 $(M, v)\vDash\varphi$ 则 $(M|_\varphi, v)\vDash\chi$；

当且仅当，对所有的 v，如果 $w(R_{E_B}\cap\|\varphi\wedge[\varphi]\psi\|^2)^*v$ 并且 $(M, v)\vDash\varphi$，那么 $(M|_\varphi, v)\vDash\chi$；

当且仅当，对所有的 v，如果 $w(R_{E_B}\cap\|\varphi\wedge[\varphi]\psi\|^2)^*v$，$(M, w)\vDash\varphi$ 并且 $(M, v)\vDash\varphi$，那么 $(M|_\varphi, v)\vDash\chi$；

当且仅当，如果 $(M, w)\vDash\varphi$，那么，对所有的 $v\in M$，若 $(M, v)\vDash\varphi$ 并且 $(w, v)\in(R_{E_B}\cap\|\psi\|^2)^*$，则 $(M|_\varphi, v)\vDash\chi$；

当且仅当，如果 $(M, w)\vDash\varphi$，那么，对所有的 $v\in M|_\varphi$，若 $(w, v)\in(R_{E_B}\cap\|\psi\|^2)^*$，则 $(M|_\varphi, v)\vDash\chi$；

当且仅当，如果 $(M, w)\vDash\varphi$，那么 $(M|_\varphi, w)\vDash C_B(\psi, \chi)$；

当且仅当，$(M, w)\vDash[\varphi]C_B(\psi, \chi)$。■

这样，宣告之后的相对化公共知识就可以用宣告前的相对化知识表达出来，从而达到归纳的目的。

5.6.2 公理系统

定义 5.39 证明系统 PAL（RC，D，E）

给定一有限主体集 G 和一有限命题变元集 P，逻辑 PAL(RC，D，E）的证明系统（还记作 PAL(RC，D，E)）由下列公理模式和推演规则组成：

公理模式

(1) 逻辑系统 $S5_m^B$(RC，D，E）的所有公理。

(2) $[\varphi]q \leftrightarrow \varphi \rightarrow q$（对原子事实 q）

(3) $[\varphi]\neg\psi \leftrightarrow \varphi \rightarrow \neg[\varphi]\psi$

(4) $[\varphi](\psi \wedge \chi) \leftrightarrow [\varphi]\psi \wedge [\varphi]\chi$

(5) $[\varphi]K_i\psi \leftrightarrow \varphi \rightarrow K_i[\varphi]\psi$

(6) $[\varphi]I_B\psi \leftrightarrow \varphi \rightarrow I_B[\varphi]\psi$

(7) $[\varphi]C_B(\psi, \chi) \leftrightarrow C_B(\varphi \wedge [\varphi]\psi, [\varphi]\chi)$

(8) $[\varphi \wedge [\varphi]\psi]\chi \leftrightarrow [\varphi][\psi]\chi$

推演规则

(1) 从 φ，$\varphi \rightarrow \psi$ 可以得到 ψ（分离规则）；

(2) 从 φ 可以得到 $K_i\varphi$；

(3) 从 φ 可以得到 $D_B\varphi$；

(4) 从 φ 可以得到 $C_B(\chi, \varphi)$；

(5) 从 ψ 可以得到 $[\varphi]\psi$。

命题 5.23 下列公式是系统的内定理：

(1) $[\neg p]C_B(T, \neg p)$

(2) $[C_B(\chi, \varphi)]C_B(\chi, \varphi)$

定理 5.7 可靠性定理

对任一公式 $\varphi \in L_{PAL(RC,D,E)}$，如果$\vdash \varphi$，那么$\models \varphi$。

证明

只需证明系统 PAL(RC，D，E）的每条公理都是有效式并且推演规则保持有效性。由静态认知逻辑系统 $S5_m^B$(RC，D，E）的可靠性和命题 5.20，命题 5.22 可得。■

5.6.3 完全性证明

定义 5.40 翻译

从语言 $L_{PAL(RC,D,E)}$ 到语言 $L_{S5_m^B(RC,D,E)}$ 的翻译是一个从 $L_{PAL(RC,D,E)}$ 公式集到 $L_{S5_m^B(RC,D,E)}$ 公式集满足下列条件的映射，记作 t：

$t(p)=p$

$t(\neg\varphi)=\neg t(\varphi)$

$t(\varphi\wedge\psi)=t(\varphi)\wedge t(\psi)$

$t(K_i\varphi)=K_i t(\varphi)$

$t(I_B\varphi)=I_B t(\varphi)$

$t(C_B(\chi,\ \varphi))=C_B(t(\chi),\ t(\varphi))$

$t([\varphi]p)=t(\varphi\to p)$

$t([\varphi]\neg\psi)=t(\varphi\to\neg[\varphi]\psi)$

$t([\varphi](\psi\wedge\chi))=t([\varphi]\psi\wedge[\varphi]\chi)$

$t([\varphi]K_i\psi)=t(\varphi\to K_i[\varphi]\psi)$

$t([\varphi]I_B\psi)=t(\varphi)\to I_B t([\varphi]\psi)$

$t([\varphi]C_B(\psi,\ \chi))=C_B(t(\varphi)\wedge t([\varphi]\psi,\ t(\varphi)\chi))$

$t([\varphi][\psi]\chi)=t([\varphi\wedge[\varphi]\psi]\chi)$

定义 5.41 公式复杂度

设 c 是 PAL(RC, D, E) 语言公式集到自然数集 N 的函数，任意的 PAL(RC, D, E)语言公式 φ 的复杂度为 c(φ)：

$c(p)=1$

$c(\neg\varphi)=1+c(\varphi)$

$c(\varphi\wedge\psi)=1+\max(c(\varphi),\ c(\psi))$

$c(K_i\varphi)=1+c(\varphi)$

$c(I_B\varphi)=1+c(\varphi)$

$c(C_B(\psi,\ \chi))=1+\max(c(\chi),\ c(\psi))$

$c([\varphi]\psi)=(4+c(\varphi))\times c(\psi)$

引理 5.4 对于公式 $\varphi,\ \psi,\ \chi\in L_{PAL(RC,D,E)}$，下列命题成立：

(1) 对于 $\psi\in sub(\varphi)$，$c(\varphi)\geqslant c(\psi)$

(2) $c([\varphi]p)>c(\varphi\to p)$

(3) $c([\varphi]\neg\psi)>c(\varphi\to\neg[\varphi]\psi)$

(4) $c([\varphi](\psi\wedge\chi))>c([\varphi]\psi\wedge[\varphi]\chi)$

(5) $c([\varphi]K_i\psi) > c(\varphi \to K_i[\varphi]\psi)$

(6) $c([\varphi]I_B\psi) > c(\varphi \to I_B[\varphi]\psi)$

(7) $c([\varphi]C_B(\psi, \chi)) > c(C_B(\varphi \wedge [\varphi]\psi, [\varphi]\chi))$

(8) $c([\varphi][\psi]\chi) > c([\varphi \wedge [\varphi]\psi]\chi)$

证明

(1) 对 φ 施用结构归纳法。当 φ 只是命题变元时显然成立。

由归纳假设 $\psi \in sub(\varphi)$，有 $c(\varphi) \geqslant c(\psi)$，$\chi \in sub(\varphi)$，有 $c(\varphi) \geqslant c(\chi)$。

若 φ 是 $\neg\psi$ 这种形式，则 $c(\varphi) = c(\neg\psi) = 1 + c(\psi) > c(\psi)$。

若 φ 是 $K_a\psi$ 这种形式，则 $c(\varphi) = c(K_a\psi) = 1 + c(\psi) > c(\psi)$。

若 φ 是 $\psi \wedge \chi$ 这种形式，则 $c(\psi \wedge \chi) = 1 + max(c(\psi), c(\chi)) > c(\psi)$，并且 $c(\psi \wedge \chi) = 1 + max(c(\psi), c(\chi)) > c(\chi)$。

若 φ 是 $[\psi]\chi$ 这种形式，则 $c(\varphi) = (4 + c(\psi)) \times c(\chi) > c(\psi)$，并且 $c(\varphi) = (4 + c(\psi)) \times c(\chi) > c(\chi)$。

(2) $c([\varphi]p) = (4 + c(\varphi)) \times 1 = 4 + c(\varphi)$

$c(\varphi \to p) = c(\neg(\varphi \wedge \neg p)) = 1 + max(2, c(\varphi))$

容易知道，$4 + c(\varphi) > 1 + max(2, c(\varphi))$ 即 $c([\varphi]p) > c(\varphi \to p)$ 成立。

(3) $c([\varphi]\neg\psi) = (4 + c(\varphi)) \times (1 + c(\psi))$

$= 4 + c(\varphi) + 4c(\psi) + c(\varphi)c(\psi)$

$c(\varphi \to \neg[\varphi]\psi) = c(\neg(\varphi \wedge \neg\neg[\varphi]\psi))$

$= 1 + max(c(\varphi), 2 + (4 + c(\varphi)) \times c(\psi))$

$= 1 + max(c(\varphi), 2 + (4c(\psi) + c(\varphi)c(\psi)))$

因此，$c(\varphi \to \neg[\varphi]\psi) = 1 + c(\varphi)$ 或者 $c(\varphi \to \neg[\varphi]\psi) = 3 + (4c(\psi) + c(\varphi)c(\psi))$，都有 $c([\varphi]\neg\psi) > c(\varphi \to \neg[\varphi]\psi)$。

(4) 不失一般性，不妨假设 $c(\psi) \geqslant c(\chi)$。

$c([\varphi](\psi \wedge \chi)) = (4 + c(\varphi)) \times (1 + max(c(\psi), c(\chi)))$

$= 4 + c(\varphi) + 4c(\psi) + c(\varphi)c(\psi)$

$c([\varphi]\psi \wedge [\varphi]\chi) = 1 + max((4 + c(\varphi))c(\psi), (4 + c(\varphi))c(\chi))$

$= 1 + (4 + c(\varphi))c(\psi) = 1 + 4c(\psi) + c(\varphi)c(\psi)$

显然，有 $c([\varphi](\psi \wedge \chi)) > c([\varphi]\psi \wedge [\varphi]\chi)$。

(5) 略（类似于3）。

(6) $c([\varphi]I_B\psi) = (4 + c(\varphi)) \times (1 + c(\psi))$

$= 4 + c(\varphi) + 4c(\psi) + c(\varphi)c(\psi)$

$c(\varphi \to I_B[\varphi]\psi) = c(\neg(\varphi \wedge \neg I_B[\varphi]\psi))$

$= 1 + max(c(\varphi), 1 + (4 + c(\psi)) \times c(\psi))$

$= 1 + \max(c(\varphi),\ 1 + (4c(\psi) + c(\varphi)c(\psi)))$

$= 2 + 4c(\psi) + c(\varphi)c(\psi)$

因此，$c([\varphi]I_B\psi) > c(\varphi \to I_B[\varphi]\psi)$。

（7）分两种情况。

①$c(\psi) \geqslant c(\chi)$。此时有

$c([\varphi]C_B(\psi,\ \chi)) = (4 + c(\varphi)) \times (1 + \max(c(\psi),\ c(\chi)))$

$= 4 + c(\varphi) + 4c(\psi) + c(\varphi)c(\psi)$

$c(C_B(\varphi \wedge [\varphi]\psi,\ [\varphi]\chi)) = 1 + \max(c(\varphi \wedge [\varphi]\psi,\ c([\varphi]\chi)))$

$= 1 + \max(1 + c([\varphi]\psi),\ c([\varphi]\chi))$

$= 2 + 4c(\psi) + c(\varphi)c(\psi)$

$c([\varphi]C_B(\psi,\ \chi)) > c(C_B(\varphi \wedge [\varphi]\psi,\ [\varphi]\chi))$ 成立。

②$c(\psi) < c(\chi)$。此时有

$c([\varphi]C_B(\psi,\ \chi)) = (4 + c(\varphi)) \times (1 + \max(c(\psi),\ c(\chi)))$

$= 4 + c(\varphi) + 4c(\chi) + c(\varphi)c(\chi)$

$c(C_B(\varphi \wedge [\varphi]\psi,\ [\varphi]\chi)) = 1 + \max(c(\varphi \wedge [\varphi]\psi,\ c([\varphi]\chi)))$

$= 1 + \max(1 + c([\varphi]\psi),\ c([\varphi]\chi))$

$= 1 + 4c(\chi) + c(\varphi)c(\chi)$

$c([\varphi]C_B(\psi,\ \chi)) > c(C_B(\varphi \wedge [\varphi]\psi,\ [\varphi]\chi))$ 也成立。

综合情况（1）（2），有 $c([\varphi]C_B(\psi,\ \chi)) > c(C_B(\varphi \wedge [\varphi]\psi,\ [\varphi]\chi))$。

（8）$c([\varphi][\psi]\chi) = (4 + c(\varphi)) \times (4 + c(\psi)) \times c(\chi)$

$= (16 + 4c(\varphi) + 4c(\varphi) + c(\psi)c(\varphi)) \times c(\chi)$

$c([\varphi \wedge [\varphi]\psi]\chi) = (4 + (1 + \max(c(\varphi),\ (4 + c(\varphi)) \times c(\psi)))) \times c(\chi)$

$= (5 + 4c(\psi) + c(\varphi)c(\psi)) \times c(\chi)$

因此，$c([\varphi][\psi]\chi) > c([\varphi \wedge [\varphi]\psi]\chi)$ 成立。■

引理 5.5 翻译的正确性

对任一公式 $\varphi \in L_{PAL(RC,D,E)}$ 来说，都有：$\vdash \varphi \leftrightarrow t(\varphi)$。

证明

对 φ 的复杂度施用结构归纳法。

当 φ 是一命题变元如 p 时，$\vdash p \leftrightarrow p$ 显然成立。

归纳假设：命题对所有复杂度小于等于 n 的公式 φ 成立，即有 $\vdash \varphi \leftrightarrow t(\varphi)$。

当 φ 是否定、合取或带有个体认知算子的形式时，由引理 5.1－1 和归纳假设直接可得。

当 φ 是 $[\varphi]p$ 这种形式时，由引理 5.4－2 和归纳假设可得。

当 φ 是 $[\varphi]\neg\psi$ 这种形式时，由引理 5.4－3 和归纳假设可得。

当 φ 是 $[\varphi](\psi\wedge\chi)$ 这种形式时，由引理 5.4－4 和归纳假设可得。

当 φ 是 $[\varphi]K_i\psi$ 这种形式时，由引理 5.4－5 和归纳假设可得。

当 φ 是 $[\varphi]I_B\psi$ 这种形式时，由引理 5.4（6）和归纳假设可得。

当 φ 是 $[\varphi]C_B(\chi, \psi)$ 这种形式时，由引理 5.4（7）和归纳假设可得。

当 φ 是 $[\varphi][\psi]\chi$ 这种形式时，由引理 5.4（8）和归纳假设可得。■

定理 5.8 完全性定理

对任一 $L_{PAL(RC,D,E)}$ 公式 φ，如果 $\models\varphi$，那么 $\vdash\varphi$。

证明

若 $\models\varphi$，则由 $\vdash_{PAL(RC,D,E)}\varphi\leftrightarrow t(\varphi)$ 和可靠性定理有 $\models t(\varphi)$，$t(\varphi)$ 是不含任何行动模态算子的公式，由 $S5^B_m(RC, D, E)$ 的完全性，有 $\vdash_{S5^B_m(RC,D,E)}t(\varphi)$。$S5^B_m(RC, D, E)$ 是 PAL(RC, D, E) 的子系统，因此有 $\vdash_{PAL(RC,D,E)}t(\varphi)$。由引理 5.5，$\vdash_{PAL(RC,D,E)}\varphi\leftrightarrow t(\varphi)$，所以 $\vdash\varphi$。■

PAL(RC, D, E) 是一个带有相对化公共知识和群体隐含知识的公开宣告逻辑。与 PAL 相比，PAL(RC, D, E) 增加了相对化公共知识和群体隐含知识。这样，不仅可以刻画和表达公开宣告对于群体知识的更新，而且还可以对这些群体知识本身进行公开宣告。因此，系统 PAL(RC, D, E) 对知识的表达和处理能力得到了很大的提高。例如，公开宣告的一个直接结果就是产生一些公共知识，这些公共知识往往就是各个主体进行下一步知识推理的基础。群体隐含知识作为一个群体潜在能够拥有的知识，可能不为某个主体所知道，但在公共宣告的作用下，不仅可以为这个主体所知道，而且还可以成为这个群体的公共知识。这种很有意思的现象在 PAL 中不能处理，而在 PAL(RC, D, E) 中是容易办到的。本章最后一节将通过一些例子来说明公开宣告逻辑 PAL(RC, D, E) 的应用。

5.7 应用分析

有了公开宣告逻辑以后，使得我们对于自然语言交互活动中的很多推理问题的分析有了新的工具。例如，历史上著名的"泥孩谜题"、"和积之谜"（the Sum-and-Product riddle）以及"意外考试难题"（the surprise examination）等知识推理难题，公开宣告逻辑都有一套独特的解决办法。在历史上，人们用自然语言思考和解决这些问题，尽管有些问题可以得到答案，如"泥孩谜题"与"和积之谜"，但是有答案并不意味我们对其中知识的交互作用有足够的认识和清楚的刻画，而且对有些问题的回答一直存有争议，如“意外考试难题”。现在公开宣告逻辑提供了新的知识表示和推理方法，为传统知识难题的解决提供了新的视角和理论框架。

5.7.1 泥孩谜题再分析

泥孩谜题　假设一共有3个孩子a、b、c，只有a、b额头上有泥点。用p、q和r分别表示a、b、c额头上有泥点这三个原子命题，则“至少有一个孩子额头上有泥点”用$p \vee q \vee r$表示，则$\neg K_a p$、$\neg K_b q$、$\neg K_c r$可以分别表示a、b、c不知道自己额头上有泥点。整个推理过程孩子的认知模型变化可以用图形5－15表示如下：

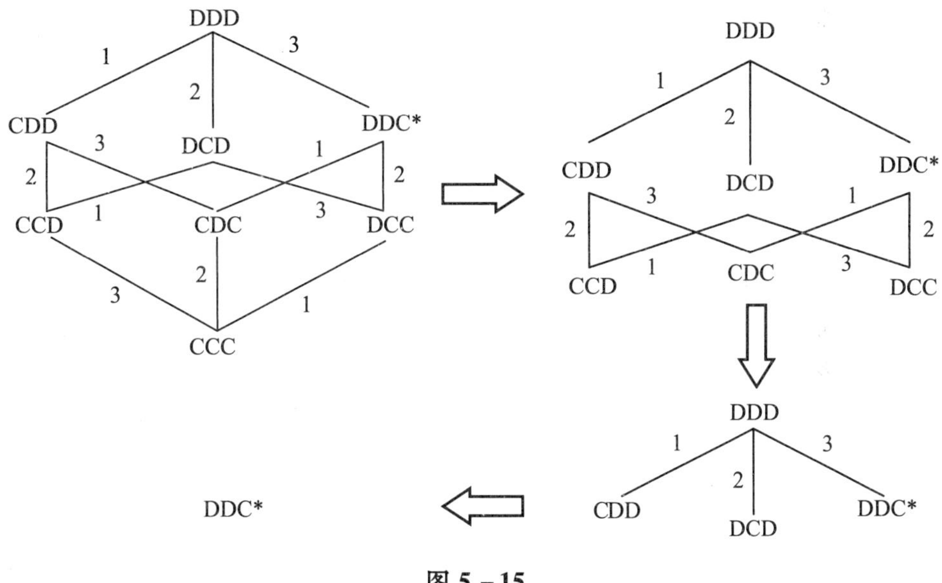

图5－15

在父亲作了“至少有一个人额头上有泥点”这一公开宣告之后，每个孩子都知道他们之中“至少有一个人额头上有泥点”，并且每个孩子都知道每个孩子知道“至少有一个人额头上有泥点”，……如此以至无穷。于是，“至少有一个人额头上有泥点”成为三个孩子之间的公共知识。这一过程用公开宣告逻辑的语言可以表示为$[p \vee q \vee r]C_{\{a,b,c\}}(\top, p \vee q \vee r)$。这在模型上表现为我们可以剔除世界CCC。在这里，关于现实世界的信息即（$p \wedge q \wedge \neg r$）是群体隐含知识，即$(M, DDC) \models I_B(p \wedge q \wedge \neg r)$成立。

在父亲“有谁是否知道自己头上有泥点”的提问下，三个孩子都公开宣告自己不知道之后，各个主体的知识发生了重大变化。孩子a、b知道了自己额头上原来是有泥点的。用公开宣告逻辑的语言可以表示为：

$$[p\vee q\vee r][\neg K_a p\wedge\neg K_b q\wedge\neg K_c r](K_a p\wedge K_b q)$$

并且这是 a、b、c 之间的公共知识，即

$$[p\vee q\vee r][\neg K_a p\wedge\neg K_b q\wedge\neg K_c r]C_{\{a,b,c\}}(\top,p\wedge q)$$

这个公开宣告动作发生之后，a、b 就已经完全知道知识的分布情况了，即

$$[p\vee q\vee r][\neg K_a p\wedge\neg K_b q\wedge\neg K_c r](K_a(p\wedge q\wedge\neg r)\wedge K_b(p\wedge q\wedge\neg r))$$

这在模型上表现为将 a、b 没泥点的可能世界全部去除。这时关于现实世界的信息

$$(p\wedge q\wedge\neg r)$$

依然还是群体隐含知识，即

$$(M,\ DDC)\vDash I_B(p\wedge q\wedge\neg r)$$

成立，而并不是这三个主体的公共知识，即

$$(M,\ DDC)\nvDash C_B(\top,\ p\wedge q\wedge\neg r)$$

成立，因为

$$(M,\ DDC)\vDash\neg K_c(p\wedge q\wedge\neg r)$$

但是有

$$(M,\ DDC)\vDash K_a(p\wedge q\wedge\neg r)$$

$$(M,\ DDC)\vDash K_b(p\wedge q\wedge\neg r)$$

只有当 a、b 公开宣告自己知道自己额头上有泥点之后，c 才知道自己额头上没泥点，即

$$[p\vee q\vee r][\neg K_a p\wedge\neg K_b q\wedge\neg K_c r]K_a p\wedge K_b q]K_c\neg r$$

成立。最后关于现实世界的事实信息成为了大家的公共知识，从而使得交流达到了最大化的结果，即

$$[p\vee q\vee r][\neg K_a p\wedge\neg K_b q\wedge\neg K_c r][K_a p\wedge K_b q]C_{\{a,b,c\}}(\top,\ p\wedge q\wedge\neg r)$$

至此，关于世界本身信息的群体隐含知识才完全上升为这个群体的公共知识。这在模型上表现为将 c 有泥点的可能世界全部去除。

在整个过程中，父亲和孩子发出的公开宣告这一动作能够不断地在改变着各个主体的认知模型，从而更新各个主体的知识。如果要想验证这一整个知识推理的求解结果，只需在现实世界的点模型上检测公开宣告逻辑公式

$$[p\vee q\vee r][\neg K_a p\wedge\neg K_b q\wedge\neg K_c r][K_a p\wedge K_b q]C_{\{a,b,c\}}(\top,\ p\wedge q\wedge\neg r)$$

是否为真，即

$$(M,\ DDC)\vDash[p\vee q\vee r][\neg K_a p\wedge\neg K_b q\wedge\neg K_c r][K_a p\wedge K_b q]C_{\{a,b,c\}}(\top,\ p\wedge q\wedge\neg r)$$

是否成立。

这里为方便讨论只考虑了有三个孩子的情况。按同样的方法，可以处理任意 n 个孩子的情况。

5.7.2 和积之谜

“和积之谜”是历史上一个著名的知识难题。关于和积之谜的历史渊源和发展历程可以参见（Ditmarsch et al.，2006）。

和积之谜 主体 A 从自然数中挑选了两个自然数 x、y，并且满足两个条件：（1）$2 \leqslant x < y$；（2）$x + y \leqslant 100$。现在主体 A 私下告诉主体 S（和先生）这两个数的和，并且又私下告诉主体 P（积先生）这两个数的积。S 和 P 都知道这一过程，并且 S 和 P 都是推理的高手。现在 S 和 P 进行如下一段对话：

P 说：“我不知道这两个数是什么。”

S 说：“我知道你刚才不知道。”

P 说：“我现在知道这两个数是什么了。”

S 说：“现在我也知道这两个数是什么了。”

问题是：从上面整个过程来看，我们能否确定这两个数是什么？主体 S 和 P 又是如何推断出这两个数的？

通过排除法我们很容易排除一些可能情况。首先，这两个数不可能是 2 和 3，因为如果是 2 和 3 的话，积先生 P 马上就可以推断出来。因为由两个素数的积很容易推断出这两个素数，所以像（2，3）那样的其他素数有序对也是不可能的。其次，除了素数的有序对是不可能的之外，（14，16）这一有序对也是不可能的，因为 14、16 这两个数的和是 30，而 30 可以是 7 和 23 这两个素数的和。和先生 S 可以确定积先生 P 刚开始就不知道这两个数是什么，表明这一有序对不可能是（14，16）。正是通过这些诸如此类的复杂推理，主体 S、P 可以排除很多可能的有序对，从而最后确定这一有序对实际上是（4，13）。

关于这个谜底的求解方式有很多。现在我们可以用公开宣告逻辑为和积之谜中发生的知识推理构造认知逻辑模型，并用这个模型来分析问题和解决问题。

用 $I = \{(x,y) \mid (x, y) \in N^2, 2 \leqslant x < y \text{ 且 } x + y \leqslant 100\}$ 表示我们要讨论的范围即论域。

以下用 x_3 表示“$x = 3$”这一原子命题，用 y_4 表示“$y = 4$”这样的原子命题，因此，我们能够得到一个有穷命题变元集 $\{x_i \mid (i, j) \in I\} \cup \{y_j \mid (i, j) \in I\}$。主体 A 没有参与知识推理，所以主体集只需 $G = \{S, P\}$ 两个主体即可。

给定主体集 $G = \{S, P\}$ 和命题变元集 $\{x_i \mid (i, j) \in I\} \cup \{y_j \mid (i, j) \in I\}$，认知语言就是公开宣告逻辑语言。有了这一逻辑语言之后，就可以用 $K_S(x_4 \wedge y_{13})$ 表示“和先生知道这一有序对是（4，13）”这一命题。“和先生知道是哪个有序对”这个命题可以用

$$K_S(x, y) = \bigvee_{(x,y)\in I} K_S(x_i \wedge y_j)$$

表示。“积先生知道是哪个有序对”这个命题则可以用

$$K_P(x, y) = \bigvee_{(x,y)\in I} K_P(x_i \wedge y_j)$$

表示。类似地，关于上面S和P之间知识的交流对话可以表示如下：

P说：“我不知道这两个数是什么。” $\neg K_P(x, y)$

S说：“我知道你刚才不知道。” $K_S \neg K_P(x, y)$

P说：“我现在知道这两个数是什么了。” $K_P(x, y)$

S说：“现在我也知道这两个数是什么了。” $K_S(x, y)$

值得注意的是，因为这里的公开宣告逻辑语言没有时态算子，所以命题“我知道你刚才不知道”的形式表达 $K_S \neg K_P(x, y)$ 中并没出现时态算子，但是这并不会影响现在的分析。因为我们可以通过在（a）这个状态而不是在（b）这个状态测试公式 $K_S \neg K_P(x, y)$，从而达到同样的效果。也就是说，通过叠置模态同样可以表达宣告的时序关系。

首先，为这个问题的分析构建认知模型 $M = (I, \sim_S, \sim_P, V)$：

$I = \{(x, y) \mid (x, y) \in N^2, 2 \leqslant x < y$ 且 $x + y \leqslant 100\}$

$(x, y) \sim_S (x', y')$，当且仅当，$(x + y) = (x' + y')$

$(x, y) \sim_P (x', y')$，当且仅当，$(x \times y) = (x' \times y')$

$V_{x_i} = \{(x, y) \in I \mid x = i\}$

$V_{y_j} = \{(x, y) \in I \mid y = j\}$

其中 $(x, y) \sim_S (x', y')$ 表示和先生S对 (x, y) 和 (x', y') 这两个状态无法区分，即他认为这两种情况都是可能的。如果序对中的两数之和相等的话，那么和先生对这两个序对无法区分。类似地，$(x, y) \sim_P (x', y')$ 表示积先生P对 (x, y) 和 (x', y') 这两个状态无法区分，如果两个序对的两数之积相等的话，那么积先生对这两个序对无法区分。

有了这一认知模型之后，就能用公开宣告逻辑的方法对这个问题的求解作出解答。若在点模型（M，（4，13））测试 $\langle K_S \neg K_P(x, y)\rangle\langle K_P(x, y)\rangle\langle K_S(x, y)\rangle\top$ 这一公开宣告逻辑公式为真，这表明若（4，13）为现实状态，则上述对话过程中的公开宣告确实可以按这一顺序执行。若 $[K_S \neg K_P(x, y)][K_P(x, y)][K_S(x, y)](x_4 \wedge y_{13})$ 在这一模型中是模型有效的，即

$$M \vDash [K_S \neg K_P(x, y)][K_P(x, y)][K_S(x, y)](K_S(x_4 \wedge y_{13}) \wedge K_P(x_4 \wedge y_{13}))$$

成立，就可以证明出（4，13）是唯一的一个求解结果。具体可以在动态认知模型检测机DEMO（Dynamic Epistemic MOdelling）中验证和积之谜的这一结果（Ditmarsch et al.，2006：16－20）。

从群体知识的角度看，关于现实状态的信息即 $(x_4 \wedge y_{13})$ 最初是群体隐含知

识，即（M，(4，13)）$\models I_B(x_4 \wedge y_{13})$ 成立，经过主体S和主体P之间的几轮公开宣告之后，$(x_4 \wedge y_{13})$ 就已经上升为S和P之间的公共知识了，即（M，(4，13)）$\models [K_S \neg K_P(x,y)][K_P(x,y)][K_S(x,y)]C_B(\top,(x_4 \wedge y_{13}))$ 成立。从这里可以看出，公开宣告对于群体知识也有非常好的更新效果。

5.7.3 "意外考试"难题

在用自然语言进行推理的活动过程中，人们从来没有停止过探究那些与知道、相信等语义概念有关的"知识难题"。"意外考试"就是人们在自然语言的交互推理中碰到的一个很有意思的难题。它一直受到国内外逻辑学家们的关注，吸引了不少逻辑学家从各个不同的角度对它进行研究。意外考试有很多不同的版本，有的学者认为它是一个谬误，但是多数学者认为它是一个悖论，类似的有"突然演习悖论"、"意外考试悖论"、"意外绞刑悖论"、"刽子手悖论"、"知道者悖论"等，都可以看做"意外考试"的变种。通过对这个所谓"悖论"的难题用动态认知逻辑进行分析可以发现，它并不是一个"悖论"，而是推理者坚持了一个错误的预设："公开宣告一个真命题后该命题一直都是真的"（Gerbrandy，2007）。为方便讨论起见，和（Gerbrandy，2007）不同，这里采取另外一个简化的例子。

"意外考试"难题 逻辑学老师在周末放学时对学生说：

（1）下周的周一至周三的某一天我要对你们进行考试。

（2）到底哪天考试，你们事先不可能知道。

一个聪明的学生运用已经学到的逻辑知识做出了以下推理：

首先，周三不可能考试，考试时间一定是周一或者是周二。因为如果周一、周二都不考，那么周二我们放学时就事先知道了明天要考试，这和老师说的第二句话矛盾。但是根据老师的第一句话，这三天肯定要考试，因此考试时间只能是周一或者周二，周三可以排除。

其次，周二也不可能考试，考试时间一定是周一。因为如果周一不考试，那么周一我们放学时就会事先知道明天要考试，这也不符合老师说的第二句话。但是根据老师说的第一句话，周一至周三肯定要考试，因此考试时间只能是周一，周二可以排除。

最后，周一也不可能考试。因为根据以上推理，我们已经确定地知道是周一进行考试，这和老师说的第二句话相矛盾。

因此，最后的结论是：如果老师说的话都是真的，那么下周周一至周三都不可能考试。

但是老师确实在下周的周二进行了考试，这个聪明的同学感到非常意外。那么，他的推理错在哪里呢？

下面用动态认知逻辑对此进行分析。

我们采取的形式语言是公开宣告逻辑的语言。用 p_1，p_2，p_3 分别表示“周一进行考试”、“周二进行考试”和“周三进行考试”这三个原子命题。这里将逻辑学老师说的第二句话（“到底哪天考试，你们事先不可能知道”）细化为：要么周一考试但你事先不知道，要么周二考试但是过了周一之后你还是不知道，要么周三考试但是过了周一和周二之后你还是不知道。这里我们把“周一没有进行考试”看做是作了一个“$\neg p_1$”的公开宣告。同样的，如果“周一和周二都没有进行考试”，就可以看做是连续作了两个“$\neg p_1$”和“$\neg p_2$”的公开宣告。逻辑学老师的两句话可以分别用符号表示为：

(1) $(p_1 \vee p_2 \vee p_3) \wedge \neg(p_1 \wedge p_2 \wedge p_3) \wedge \neg(p_1 \wedge p_2) \wedge \neg(p_1 \wedge p_3) \wedge \neg(p_2 \wedge p_3)$

(2) $(p_1 \rightarrow \neg K_i p_1) \vee (p_2 \rightarrow [\neg p_1] \neg K_i p_2) \vee (p_3 \rightarrow [\neg p_1][\neg p_2] \neg K_i p_3)$

值得注意的是，这里通过公开宣告模态词的叠置把时态因素已经考虑进来了。事实上（1）和（2）这两句话确实是真的。从公开宣告逻辑的角度看，逻辑学老师作了一个真的公开宣告。可以认为老师是在同一个时间点上作这两个宣告的，为讨论方便，我们将这两个命题合为一个命题，即

$(p_1 \wedge \neg K_i\, p_1) \vee (p_2 \wedge \neg p_1 \wedge [\neg p_1] \neg K_i\, p_2) \vee (p_3 \wedge \neg p_1 \wedge \neg p_2 \wedge [\neg p_1][\neg p_2] \neg K_i\, p_3)$ (a)

容易看出，它和原来两个命题是逻辑等值的。

首先根据 5.3.2 公开宣告逻辑系统 PAL 的

公理（7）$[\varphi]\neg\psi \leftrightarrow \varphi \rightarrow \neg[\varphi]\psi$ 和

公理（9）$[\varphi]K_i\psi \leftrightarrow \varphi \rightarrow K_i[\varphi]\psi$

(a) 与下列公式（b）逻辑等值

$(p_1 \wedge \neg K_i p_1) \vee (p_2 \wedge \neg p_1 \wedge \neg K_i[\neg p_1] p_2) \vee (p_3 \wedge \neg p_1 \wedge \neg p_2 \wedge \neg K_i[\neg p_1][\neg p_2] p_3)$ (b)

又根据公理（6）$[\varphi]q \leftrightarrow (\varphi \rightarrow q)$，(b) 和下列公式（c）逻辑等值

$(p_1 \wedge \neg K_i p_1) \vee ((p_2 \wedge \neg p_1) \wedge \neg K_i(p_2 \wedge \neg p_1)) \vee ((p_3 \wedge \neg p_1 \wedge \neg p_2) \wedge \neg K_i(p_3 \wedge \neg p_1 \wedge \neg p_2))$ (c)

下面将公式（c）记为 φ，可以证明

$$Ki\varphi \rightarrow K_i \bot$$

是 PAL 内定理，即如果学生同时知道（1）(2）这两条知识，那么他的知识就出现了矛盾，从而得出不可能进行考试的结论。

还可以为这个语言构造一个认知模型，从而用这个模型考察学生的推理。首先用（1，0，0）表示周一考试但是周二和周三不考试，用（0，1，0）表示周二考试而周一和周三不考试，依次类推。从周一到周三只有一天会考试，因此，

只有（1，0，0），（0，1，0），（0，0，1）三种可能情形。事实上是周二进行的考试，因此，（0，1，0）是现实世界。在推理之初，这个主体认为自己对这三种情形都不能区分，即都认为是可能情况。

给定命题变元集合 $\{p_1, p_2, p_3\}$ 和主体集 $\{a\}$，最初的认知模型为 $M = (W, R, V)$，其中 $W = \{(1, 0, 0)(0, 1, 0)(0, 0, 1)\}$，认知关系 $R(a) = W \times W$，是全关系，p_1，p_2，p_3 分别仅仅在（1，0，0），（0，1，0），（0，0，1）上为真。

在这个模型上，可以验证 $(M, (1, 0, 0)) \vDash \varphi$，$(M, (0, 1, 0)) \vDash \varphi$，以及 $(M, (0, 0, 1)) \nvDash \varphi$。因此，学生首先将（0，0，1））这个情形排除掉。要注意的是，在去除可能世界（0，0，1）的同时可及关系也去除掉了。同理，在剩下来的模型中，可以验证 $(M, (1, 0, 0)) \vDash \varphi$，$(M, (0, 1, 0)) \nvDash \varphi$。于是学生把（0，1，0）这个情形排除掉，从而整个模型变成了（1，0，0）这个单点模型。在最后这个单点模型中，学生根据 $(M, (1, 0, 0)) \nvDash \varphi$ 得出周一也不可能考试的结论。整个推理的知识模型的变化过程可以用图形 5－16 表示如下：

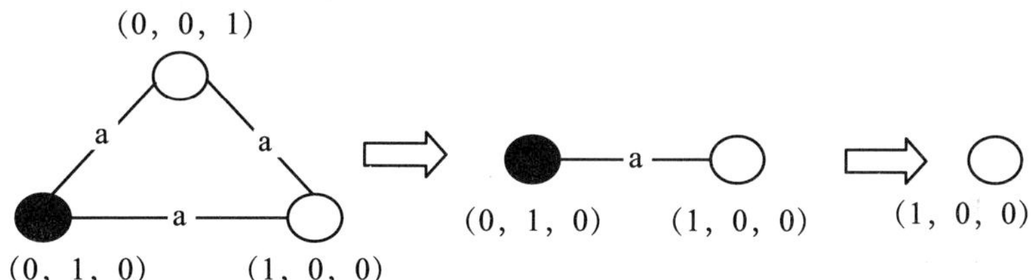

图 5－16

通过以上分析可以看出，这个学生通过将逻辑学老师的一个公开宣告分解为三个连续的宣告，从而对原来的认知模型作了三次更新，在经过这三次更新后，最终把所有的可能世界，包括现实世界，都加以排除，从而得出哪一天也不能进行考试的结论。

这个过程看似合理，但是忽略了一个重要因素：在整个推理过程中，学生有一个预设，即他坚持认为老师的这个公开宣告 φ 一直都是真的。因为有这个预设，所以能够不断地用 φ 来进行模型更新。

有意思的是，在公开宣告逻辑中对一个真命题作公开宣告之后，它可以变为假命题。例如，考虑 a 告诉 b“约翰当选为美国总统了，可是你还不知道这个消息”这个情况。a 说的这句话可以用符号表示为 $p \wedge \neg K_b p$。在 a 说这句话前，$p \wedge \neg K_b p$ 是真的，但是当 a 告诉 b 这个消息之后，b 就知道“约翰当选为美国总统”了，因此，在公开宣告 $p \wedge \neg K_b p$ 之后，该句子所表达的就是假命题了。如果一个命题 φ 在点模型（M，s）上进行公开宣告之后变成是假的，即

$(M, s) \models \langle\varphi\rangle \neg\varphi$ 成立，这种更新称为不成功更新（unsuccessful update）。我们通常的直观认为，公开宣告一个真命题之后该命题总是真的，现在通过对这个问题的深入分析揭示出我们通常的这一直观是有问题的。形如 $p \wedge \neg K_i p$ 的公式被称为 Moorean 公式。用 Moorean 公式更新都是不成功更新（Ditmarsch et al.，2006：84－87）。在这个例子中可以看到，逻辑学老师公开宣告的命题 $\varphi = (p_1 \wedge \neg K_i p_1) \vee ((p_2 \wedge \neg p_1) \wedge \neg K_i(p_2 \wedge \neg p_1)) \vee ((p_3 \wedge \neg p_1 \wedge \neg p_2) \wedge \neg K_i(p_3 \wedge \neg p_1 \wedge \neg p_2))$ 正是 Moorean 公式。从模型上看，Moorean 公式在用它更新之后的子模型中就不再是真的。而学生认为逻辑学老师的这个公开宣告一直都是真的，并且一直用它来进行模型更新，因此，学生的这一推理是错误的。

实际上，在自然语言的交互活动中，其他类似的知识推理难题都可以用公开宣告逻辑为之构建逻辑模型，从而使其得到“逻辑的”处理。即使这些难题都可以通过其他方式去求解或得到解释，但从上面的分析可以看出，公开宣告逻辑为这些难题的解决提供了一个全新的视角和统一的解决办法。因此可以说，动态认知逻辑对于分析语言交流中信息交流和知识更新都提供了一个十分重要的理论框架和分析工具。当然，动态认知逻辑的最终目的并不是为了解决这些难题，只是历史上的这些知识难题中存在着很多知识流动和交互作用的精细现象，它们为动态认知逻辑提供了一些问题来源和表演舞台。

第 6 章

面向自然语言形态性的LNL：时态句型的Lambek演算

本章从范畴语法和传统 Lambek 演算开始介绍，对时态句型问题展开了讨论，分析了时态类型演算的各种解决方案，并基于此设计了两个逻辑系统对时态句型问题进行解决。鉴于其不同特点，我们分别将其称之为并发的 Lambek 时态演算系统（Concurrent Lambek Caculus，L_C 系统）和模态 Lambek 演算系统（Lambek Caculus with Temporal Modality，L_{TM}系统）。

在 L_C 系统中，我们给出了系统模型，同时证明了系统的可靠性与完全性。随后，基于证明论的角度，对系统进行了修改，设计了 L_{CGC}演算系统，但该系统在判定性方面仍然是一个开问题，依然没有定论。基于 L_C 系统的研究触发了我们换一个角度对时态句型的 Lambek 演算进行思考，即将此问题转为一类照应问题，通过算子元数的变更，设计新的逻辑系统。由此，我们得到了相应的模态 Lambek 时态演算系统 L_{TM}。L_{TM}系统在相应关系框架上是可靠的和完全的，同时在证明论方面也具有良好的性质，其不仅具有切割消除性，还具有判定性。结合全文工作，在部分小节都一定程度地给出了时态句型问题解决的实例，这些实例对应用语言学和计算机科学编译理论等都具有一定的参考价值。

6.1 导 言

6.1.1 背景与动态

人类使用的语言有没有共同的语法理论，这是理论界长期努力希望解决的基本问题。乔姆斯基（1957）的转换生成语法理论（TG）一直主宰着语言学界，是通用的自然语言语法理论。蒙太格（1970，1973）的里程碑式内涵逻辑语义思想开创了传统的自然语言逻辑理论，并且直接导致以 TG 为基础的众多语法理论向形式逻辑理论方向深处发展，成为现代自然语言语法的语义理论中不可或缺的核心。1958 年，乔基姆·兰贝克提出了 Lambek 演算，其被证明了与乔姆斯基的上下文无关语法是（弱）等价的（Buszkowski，1985；Pentus，1993a），在随后的研究当中，相关学者使用"Curry－Howard"对应理论（Curry，1961；Howard，1969）将 Lambek 演算与 Montague 语法利用 λ-演算对应衔接起来，利用形式逻辑的方法，使得语法和语义的衔接采用了同样的语法（Lambek 演算）为背景，并利用范畴语法与类型逻辑进行处理，进一步推动了逻辑学、语言学、计算机科学等学界的纵深和交叉发展。

然而在语法分析方面，Lambek 演算与范畴语法的结合仍存在不足，就传统的 Lambek 演算而言，由于其过于刚性，因此所能处理的语法问题还有限。目前，学者们均利用该系统的变形处理大量的语言学问题，如照应和省略语问题等（Jäger，2001），又如本章重点论述的时态问题。

在时态处理中，通过传统的 Lambek 演算，我们知道："John works." 和 "John worked yesterday." 都是合法的句子，其中 John 的类型为 np，works 的类型为 np→s，yesterday 的类型为 s→s。但通过同样的类型演算，不难发现 "John works yesterday." 也是合法的句子，而这是反事实的，其并非一个正确的句子，与语法不符，我们一般将它的错误称为"时态语法错误"。针对这类问题，有必要设计一个时态 Lambek 演算对其进行解决。

另外，自然语言时态方面的研究也是非常重要的（Steedman，1997），在语法层面对时态句型进行研究相当必要且具有一定意义，相应成果可以直接应用于计算机编译理论方面。在计算机对语言的处理中，其编译过程一般分为词法分析、语法分析、语义分析、中间代码生成、中间代码优化、目标代码生成六个主要阶段。其头三个阶段分别对应于语言（自然语言、人工语言）的语法、句法和语义的分析，是编译全过程中的核心阶段，后三个阶段属于代码转换的语言翻译阶段，在六个阶段中还贯穿着表格管理和错误处理两个控制部分。在不同的分析阶段，具有不同的分析任务与阶段目标，各阶段进行的操作在逻辑上是紧密结合的。但仍然有某些阶段可能组合在一起工作，例如在语法和语义分析阶段同时使用到的 LR 分析树等；同时也会针对同一项因素所衍生的不同问题在各阶段分别进行分析，例如本章中将要谈到的时态问题。在语法和语义分析阶段，都需要针对该问题进行分析，其中在语法分析阶段，主要进行的是时态句型分析，在语义分析阶段则需对时态语义函数进行计算。

传统的编译理论对于人工语言的处理已经取得了不少成果，例如对高级语言 BASIC、PASCAL、C/C++、JAVA 等的处理。但对应于自然语言，却存在着较大的不足与缺陷。这主要体现于两方面：一方面为自然语言相对于人工语言体现出语言更大的“柔性”，不利于传统的建模分析；另一方面，由于在传统的编译理论中，语法分析和语义分析两阶段中采用了不同的语法作为分析工具，也使得语言的分析不能顺利地从语法过渡到语义。在语法分析中，其采用的语法为承继上一阶段词法分析所使用的上下文无关语法，而在语义分析阶段使用的则为属性语法，并采用语法制导的语义分析过程进行语义分析与翻译。由于语法上缺乏有效的衔接，也导致了传统编译理论对自然语言的处理能力显得十分薄弱。例如在逻辑编程语言 Prolog 中，同样针对了时态进行程序处理（Buszkowski，1997），但其并没有将这些处理并入到句型演算中，而只是作为简单的参数进行处理，这正是传统编程语言在处理时态问题上不足之处。

Lambek 演算与上下文无关语法的（弱）等价性以及其与蒙太格内涵语义理论的自然衔接起来，使得语法和语义的衔接采用了同样的语法（Lambek 演算）为背景，这为计算机界研发自然语言的编译工具提供了有力支撑（Buszkowski，1985；Pentus，1993a）。如能设计出相应的时态 Lambek 演算系统，也终将能推动计算机编译系统对时态问题进行处理。这是本课题另一个研究意义之所在。

基于此，本章设计了两个逻辑系统对时态句型问题进行解决。鉴于其不同特点，我们分别将其称之为并发的 Lambek 时态演算系统（Concurrent Lambek Caculus，L_C 系统）和模态 Lambek 演算系统（Lambek Caculus with Temporal Modality，L_{TM}系统）。

6.1.2 研究方法

本章主要从句型演算的角度进行研究，主要研究集中在 Lambek 演算方面。

目前在 Lambek 演算方面的研究，较集中体现在模型论、证明论、对应理论和相关应用变形方面。

其中在模型论方面的工作主要在 Lambek 演算的模型剩余半群和完全性证明方面。剩余半群是 Lambek 演算的代数模型，波兰学者布茨科夫斯基在此方面做出了较大贡献，完善了 Lambek 演算的模型理论，并利用 Product-free 的方法证明了 Lambek 演算基于剩余半群的完全性定理。在完全性方面，俄罗斯学者彭图斯也做了大量工作，他利用拟半群和拟赋值的方法更完整地证明了 Lambek 演算的完全性，但所用方法过于复杂（Pentus，1993b）。

在证明论方面，研究主要集中在 Lambek 演算的切割消除、判定性和结构规则（弱化规则、收缩规则、交换律和结合律等）方面。不同的结构规则导致 Lambek 演算具有不同的证明论性质，在此方面布茨科夫斯基（2006）、坎杜尔斯基（1988，1933，2003）和奥诺（1998a，1998b）等都做了相应工作。

在对应理论方面，本章主要指 Curry-Howard 对应理论，它是 Lambek 演算与蒙太格内涵语义学转换的桥梁，柯里、费斯（Feys，1961）和霍华德（1969）等先后为该对应理论做了奠基工作。

在应用方面，Lambek 演算大量地应用到了照应和省略句问题上，添加相应逻辑连接词或模态词是这类研究的主要特点。在第 3 章，我们也提到时态问题，实际是一类照应问题。此外，中国学者邹崇理等也将 Lambek 演算用于处理汉语及其灵活的语序工作方面（参见本书第 7 章）。

我们的研究也主要基于 Lambek 演算的变形，通过添加逻辑连接词、类型或模态词等，修正 Lambek 演算，使之更好地处理时态句型问题。同时，在我们的工作中，只讨论了时态演算中最本质的三种时态对象，即现在时、过去时和将来时。对诸如过去完成时、现在进行时、现在完成时等时态句型，在本章中不予讨论。这样的原因有两点，首先，尽管我们研究的对象语言是英语，但我们仍希望研究的是时态语句中最本质的运算，例如过去完成时、现在进行时、现在完成时等时态句型仅仅是作为特例在英语中出现；其次，这样的研究也是结合逻辑编程语言 Prolog 展开的，在 Prolog 语言中，同样只针对了现在时和过去时进行程序处理，但其并没有将这些处理并入到句型演算中，而只是作为简单的参数进行处理，这也是传统 Prolog 语言处理时态问题的不足之处，我们希望所作工作能对此类编程语言起到一定推动作用。

6.1.3 主要工作与结论

本章的主要工作为：一、针对时态句型问题，对 Lambek 演算进行修改，使之更好地处理时态问题；二、设计时态 Lambek 演算系统，并对其逻辑性质进行研究，证明系统可靠性和完全性；三、就时态 Lambek 演算系统的证明论方面展开研究，重点强调切割消除性和判定性问题，使该类逻辑系统更合理与完善；四、给出系统的系列应用实例，依赖交叉学科优势，推动相关学科发展。

本章从第 2 节开始，对时态句型问题展开了讨论，分析了时态类型演算的各种解决方案，并设计了 L_C 系统，给出了系统模型，同时证明了系统的可靠性与完全性。随后，基于证明论的角度，对系统进行了修改，设计了 L_{CGC} 演算系统，但是该系统在判定性方面仍然是一个开问题，依然没有定论，有待学界的进一步研究。

第 3 节在第 2 节的基础上，换了一种角度对时态问题进行了分析，提出了时态句型问题实际上是一类照应问题的观点，并随之用一元时态算子对上一章介绍的系统进行改进，设计出 L_{TM} 系统。L_{TM} 系统在相应关系框架上是可靠的和完全的，同时在证明论方面也具有良好的性质，其不仅具有切割消除性，还具有判定性。

在第 2 和第 3 节，我们都一定程度地给出了时态句型问题解决的实例，这些实例对应用语言学和计算机科学编译理论等都具有一定的参考价值。在第 4 节，对全文进行了总结。

6.2 并发的 Lambek 时态演算系统

在时态处理中，通过传统的 Lambek 演算，我们知道："John works." 和 "John worked yesterday." 都是合法的句子，其中 John 的类型为 np，works 的类型为 np→s，yesterday 的类型为 s→s。但通过同样的类型演算，不难发现 "John works yesterday." 也是合法的句子，而这是反事实的，其并非一个正确的句子，与语法不符，我们一般将它的错误称为"时态语法错误"。针对该时态语法问题，在本章 6.2、6.3 部分，我们将使用不同但具有延续性的 Lambek 演算系统对其进行解决。下面我们先对该问题的各种解决方案进行分析和介绍。

6.2.1 时态类型演算及各解决方案分析

6.2.1.1 时态句柄

基于传统 Lambek 演算，要解决基本时态句型的演算并不复杂。可行的一种方案是在句子类型 s 上添加适当的时态标记，即形成时态句柄。例如我们用 s_{-1} 表示过去时的句子类型，用 s_1 表示将来时的句子类型，并仍然用 s 来表示现在时的句子类型，然后通过将这些句子类型添加入动词和副词相应的位置中，即能解决时态的问题。例如

(1) John worked yesterday.

np $np \rightarrow s_{-1}$ $s_{-1} \rightarrow s$

(2) John works yesterday.

np $np \rightarrow s$ $s_{-1} \rightarrow s$

通过句型演算，易知（1）是一个合法的句子，但（2）不是，这是因为$(n \rightarrow s) \cdot (s_{-1} \rightarrow s)$无法做相应的运算，导致我们不能推出（2）是一个正确的句子。

时态句柄的解决方法是相当直观的，而且处理简便、轻易，然而一方面它属于绕过特征问题的本身对问题进行解决的方法，是 ad hoc 的，另一方面也没体现句型演算的相关特质（参见（Lambek，1958）对代词的相似的分析方法），同时当句子中存在多个副词时（不仅仅是时间副词），加标的时间副词的 s 类型在运算中也将造成不必要的麻烦，甚至丢失类型特性。但是其针对句子类型 s 所添加的时态标记的方法仍有一定可借鉴之处，由此衍生了我们的第二套解决方案。

6.2.1.2 时间副词的单一时态类型

根据时态句柄的解决方案，衍生了新的解决方法。在新的解决方法中，我们添加了表示时间副词的原始类型：t_{-1}，t_0 和 t_1。其中 t_{-1} 表示过去的时间，t_0 表示现在的时间（用于现在时），t_1 表示将来的时间，其时间轴如下图 6－1 所示：

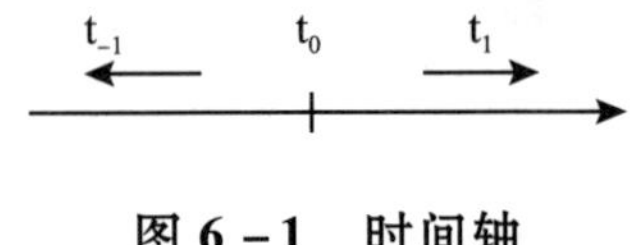

图 6－1 时间轴

针对此，我们可以把表示时间的副词表示为时间类型，例如 yesterday 可表示为

t_{-1}类型，tomorrow 可表示为 t_1 类型，today 则表示成三种类型均可，而动词的过去式例如 worked 可表示为$(np\rightarrow s)\leftarrow t_{-1}$。通过这样的表示方法，我们还可以强调词项在时态句型演算中，动词由时态驱动的特性，在章末的举例中，我们将通过语义的解释阐述其合理性。此外，这种表示方法的优势还体现在赋予了动词“生存周期”（刘冬宁、聂文龙，2006），这将体现在语义分析执行阶段，在后面我们将进一步做阐述。

区别于原 Lambek 句型演算中 yesterday 的类型 $s\rightarrow s$，我们将这样的表达方法称为“时间副词的单一时态类型”方法。这样的解决方法也能处理一些时态上的问题，例如

（3） John worked yesterday.
np $(np\rightarrow s)\leftarrow t_{-1}$ t_{-1}

（4） John works yesterday.
np $(np\rightarrow s)\leftarrow t_0$ t_{-1}

通过句型演算，我们仍然可以得知（3）是一个合法的句子，而（4）不是。

“时间副词的单一时态类型”的解决方法同样简单明了，但却衍生了一些新的问题，例如

（5） John played yesterday basketball.
np $(np\rightarrow s\leftarrow n)\leftarrow t_{-1}$ t_{-1} np

通过上述例子，按照 Lambek 的句型演算系统，我们得到了（5）是一个合法句子的结论，而这恰好与事实相反。

为什么会出现诸如（5）的问题呢？究其原因，我们发现由于时间副词使用了单一的时间类型，因此丧失了反映句子或作为句子组成部分的一些特性。因此，这样的方法也是不可取的。

6.2.1.3 时间副词的并发类型

根据上述两种解决方法的优劣，我们可以对时间副词的类型处理做总结如下：

（1）时间副词的类型必须体现时态的特点，即时态性；

（2）时间副词在体现时态性的同时，仍需保持其作为句子组成部分的副词特性；

（3）时间副词的时态性与副词性需同时体现在此项上，并反映于句型演算中，其处理是并发的（注意“并发”与“并行”的区别）。

根据上述三点总结，衍生了第三套解决方案，我们称之为“时间副词的并发类型”方法，这也是我们在本节最终采用的方法的基础。在这种方法中，时

间副词的类型表示为“$t|(s\to s)$”（或$(s\to s)|t$））。其中，连接词“|”表示“并发”的意义，在“|”符号两侧的类型对于词项而言是“并发”拥有的。例如，对于时间副词 yesterday，其类型为“$t_{-1}|(s\to s)$”，表示其不仅有时间类型“t_{-1}”，同时保持了副词类型“$s\to s$”，同时在句型中，两种类型必须“并发”处理。

鉴于新连接词“|”的引入，传统 Lambek 演算必须进行相应转换才能对其进行处理。因此在介绍“时间副词的并发类型”的演算实例之前，我们先对进行该演算的 Lambek 演算的变形系统进行演算。相对于传统 Lambek 演算的 L 系统，我们将新演算系统称为 L_C 演算系统（Lambek Caculus with Concurrence）。

6.2.2 L_C 演算系统

6.2.2.1 自然演绎系统

在本小节中，我们将介绍基于经典 Lambek 演算 L 系统的变形系统 L_C 系统。

在 L_C 系统中，该系统的公式由原子类型 p_1，p_2，…等构成，所有原子类型的集合表示为 Tp。类型的有穷序列集合（有穷非空序列集合）写作 Tp^*（Tp^+）。此外，符号 Λ 为空类型矢列，大写字母 A，B，…表示类型。大写字母 X，Y，Z 表示有穷（可能为空）的类型序列。在 L_C 系统中包含四个二元连接词·，→，←和|。

L_C 演算的矢列形如 $\Gamma\vdash A$，在此 Γ 为非空类型序列。

该演算的自然演绎系统如下所示：

公理：$A\Rightarrow A$①

规则：

$$\frac{X\Rightarrow A\cdot B \qquad Y,\ A,\ B,\ Z\Rightarrow C}{Y,\ X,\ Z\Rightarrow C}(\cdot E)$$

$$\frac{X\Rightarrow A \qquad Y\Rightarrow B}{X,\ Y\Rightarrow A\cdot B}(\cdot I)$$

$$\frac{X\Rightarrow A \qquad Y\Rightarrow A\to B}{X,\ Y\Rightarrow B}(\to E) \qquad \frac{A,\ X\Rightarrow B}{X\Rightarrow A\to B}(\to I)$$

$$\frac{X\Rightarrow A\leftarrow B \qquad Y\Rightarrow B}{X,\ Y\Rightarrow A}(\leftarrow E) \qquad \frac{X,\ A\Rightarrow B}{X\Rightarrow B\leftarrow A}(\leftarrow I)$$

① 在本章中，鉴于编辑问题，在所有使用公式编辑器编辑的公式或推理中，在不至于混淆的地方，使用符号“⇒”取代符号“⊢”。

$$\frac{X\Rightarrow A\leftarrow B \qquad Y\Rightarrow B|C}{X,\ Y\Rightarrow A\cdot C}(|E^{l}) \qquad \frac{X\Rightarrow A|B \qquad Y\Rightarrow B\rightarrow C}{X,\ Y\Rightarrow A\cdot C}(|E^{r})$$

$$\frac{X\Rightarrow A \qquad X\Rightarrow B}{X\Rightarrow A|B}(|I)$$

$$\frac{X\Rightarrow A \qquad Y,\ A,\ Z\Rightarrow B}{Y,\ X,\ Z\Rightarrow B}(Cut)$$

显然，除$(|E^{l})$，$(|E^{r})$，$(|I)$三条规则外，其余规则是经典 Lambek 演算 L 系统的全部规则，它们组成原 L 系统。$(|E^{l})$、$(|E^{r})$、$(|I)$三条规则是为新添加的连接符“|”加入的消去和引入规则。在消去规则中，$(|E^{l})$为左消去规则，$(|E^{r})$为右消去规则。$(|I)$为引入规则。

定义 6.1 如果矢列 $\Gamma\vdash A$ 在 L_C 演算中是可推导的，则写作 $\Gamma\vdash_{L_C}A$。在不至于混淆的地方，我们将省略下标 L_C。

定义 6.2 一个类型的长度被定义为类型中原子类型的出现的总次数：

$\|p_i\| = 1$

$\|A\cdot B\| = \|A\| + \|B\| \qquad \|A|B\| = \|A\| + \|B\|$

$\|A\rightarrow B\| = \|A\| + \|B\| \qquad \|A\leftarrow B\| = \|A\| + \|B\|$

类似的，对类型序列：$\|A_1\cdots A_n\| = \|A_1\| + \cdots + \|A_n\|$。

定义 6.3 原子类型的集合在一个类型中的出现定义如下：

$Var(p_i) = \{p_i\}$

$Var(A\cdot B) = Var(A)\cup Var(B) \qquad Var(A|B) = Var(A)\cup Var(B)$

$Var(A\rightarrow B) = Var(A)\cup Var(B) \qquad Var(A\leftarrow B) = Var(A)\cup Var(B)$

6.2.2.2 系统模型

与 L 系统大致相同，L_C 系统的模型也为剩余代数模型。关于 L_C 系统的剩余代数、剩余半群和剩余运算定义如下。

定义 6.4 L_C 的剩余半群的结构为 $\mathcal{M}=\langle M,\ \cdot,\ \rightarrow,\ \leftarrow,\ |,\ \leqslant\rangle$，使得 $\langle M,\ \cdot\rangle$ 是一个半群，$\leqslant$是 M 上的偏序关系，且$\rightarrow$，$\leftarrow$，| 是 M 上的二元运算，并对所有 a，b，c，$d\in M$ 满足以下条件：

(1) $b\leqslant a\rightarrow c \Leftrightarrow a\cdot b\leqslant c \Leftrightarrow a\leqslant c\leftarrow b$

(2) $a\leqslant b|c \Leftrightarrow (a\leqslant b\ \&\ a\leqslant c)$

(3) $(a\leftarrow b)\cdot(c|d)\leqslant a\cdot d \Leftrightarrow (b\leqslant c\ \&\ c\leqslant b)$

(4) $(a|b)\cdot(c\rightarrow d)\leqslant a\cdot d \Leftrightarrow (b\leqslant c\ \&\ c\leqslant b)$

该剩余半群的幂集的运算定义如下：

定义 6.5 设 $A=\langle A,\ \cdot\rangle$为半群，幂集$\wp(A)$ 中的运算$\cdot$，$\rightarrow$，$\leftarrow$，| 定

义如下：

$X \cdot Y =_{df} \{a \cdot b | a \in X, b \in Y\}$

$X \rightarrow Y =_{df} \{c \in A | (\forall a \in X) a \cdot c \in Y\}$

$X \leftarrow Y =_{df} \{c \in A | (\forall a \in Y) c \cdot a \in X\}$

$X | Y =_{df} \{a \in X\} \cap \{b \in Y\}$

从上一节的$(|E^l)$、$(|E^r)$规则，我们看到“|”与“·”在运算上有一定的相似之处。但从“|”连接符的幂集看到，其幂集是两个集合的交组成的一个集合，与“·”的双元序对幂集相区别。这主要是因为$(|I)$规则引起的。同样，其定义与经典逻辑中的“∧”也相类似，它们都满足交换律，但是又相区别，因为“|”并不满足与以下相类似的规则：

$$\frac{X \Rightarrow A \wedge B \qquad Y,\ A,\ B,\ Z \Rightarrow C}{Y,\ X,\ Z \Rightarrow C}(\wedge E)$$

与上述规则相类似的规则和演算，在 Lambek 演算中，由“·”连接符的“·E”规则来执行。实际上，“|”在当前演算中是一种对“∧”进行补充的连接符和演算，和“·”连接符类似，它们都具有“∧”的部分功能和特点。在本章后续证明论部分，我们还要继续对此进行分析。

定义 6.6 L_C 系统的代数模型为一序对 $\langle \mathcal{M}, \mu \rangle$，使得 $\mathcal{M}$ 是一个 L_C 的剩余半群，μ 为 $\mathcal{M}$ 上的类型赋值。序列 $A_1, \cdots, A_n \vdash A$ 在模型 $\langle \mathcal{M}, \mu \rangle$ 中是真的，如果 $\mu(A_1) \cdot \cdots \cdot \mu(A_n) \leqslant \mu(A)$。$A_1, \cdots, A_n \vdash A$ 是有效的，如果它在所有 $\langle \mathcal{M}, \mu \rangle$ 中都是真的。

定理 6.1 可靠性定理

L_C 演算系统关于应为 L_C 的代数模型是可靠的。

证明

要证明可靠性定理，只需证明在该模型中$(|E^l)$、$(|E^r)$、$(|I)$是可靠的，其余规则均同原 Lambek 演算。现证明$(|E^l)$、$(|E^r)$、$(|I)$可靠性如下：

$(|I)$：设 $X \vdash A$ 且 $X \vdash B$，

所以对 $\forall x \in X$，$\forall a \in A$，$\forall b \in B$，$x \leqslant a$ 且 $x \leqslant b$，据定义 6.4（2），$x \leqslant a|b$

所以据定义 6.4（2），$x \leqslant a|b$。

所以 $X \vdash A|B$。

$(|E^l)$：设 $X| - A \leftarrow B$ 且 $Y \vdash B|C$，

所以对 $\forall x \in X$，$\forall a \in A$，$\forall b \in B$，据定义 6.4（1）有，$x \leqslant a \leftarrow b$

对 $\forall y \in Y$，$\forall b \in B$，$\forall c \in C$，$y \leqslant b|c$。

所以据定义 6.4（3），$x \cdot y \leqslant (a \leftarrow b) \cdot b|c \leqslant a \cdot c$。

据传递性 $x \cdot y \leqslant a \cdot c$，

所以 $X, Y \vdash A \cdot C$。

$(|E^r)$：使用定义 6.4（4），与证明$(|E^l)$类似。■

定理 6.2 完全性定理 – Product-free

L_C 演算系统关于 L_C 的代数模型是完全的。

证明

布茨科夫斯基（1997）和彭图斯（1993b）中给出了关于经典 Lambek 演算的完全性证明。因为 L_C 系统是在经典 Lambek 演算上添加了"|"连接符和相关规则，所以我们只需证明关于"|"的情况。我们采用的是（Buszkowski，1997）中 Product-free 的证明方法，其证明方法类似于典范模型的证明方法。

给定任意矢列 $X_0 \vdash A_0$，令 S 表示该矢列中所有公式的子公式构成的集合。显然，S 是一个有穷集，S 上的语言为 S^+ 的子集。定义赋值 μ 如下所示：

$$\mu(p) = \{X \in S^+ \mid X \vdash L_C p\}$$

我们需要证明的是：对任意公式 A，

$$(☆)\mu(A) = \{X \in S^+ \mid X \vdash L_C A\}$$

在此，我们只需要证明 $A = B|C$的情况，即 $\mu(B|C) = \{X \in S^+ : X \vdash L_C B|C\}$。其他情况的证明如（Buszkowski，1997）。在不至于混淆的情况下，符号"⊢"的下标"L_C"符号将在下文中省略。

1）左⇒右：

设 $X \in \mu(B|C)$，所以 $X \in \mu(B) \cap \mu(C)$，

所以 $X \in \mu(B)$且 $X \in \mu(C)$，

据归纳假设，$X \vdash B$ 且 $X \vdash C$，

所以据$(|I)$，$X \vdash B|C$。

2）右⇒左：

设 $X \vdash B|C$，所以 $X \vdash B$ 且 $X \vdash C$，

据归纳假设，$X \in \mu(B)$且 $X \in \mu(C)$

所以 $X \in \mu(B) \cap \mu(C)$，

所以 $X \in \mu(B|C)$。

故 $\mu(B|C) = \{X \in S^+ : X \vdash_{LC} B|C\}$得证，即 $\mu(A) = \{\Gamma \in S^+ : X \vdash L_C A\}$得证。

下证完全性：设 $X_0 \nvdash A_0$，据（☆），$X_0 \notin \mu(A_0)$，又∵ $X_0 \vdash X_0$，再据(☆) $X_0 \in \mu(X_0)$，所以 $\mu(X_0) \not\subseteq \mu(A_0)$，所以 $\Gamma \nvDash A_0$。■

6.2.3 L_C 范畴语法及语义表达

在本小节中，将给出 L_C 范畴语法，并使用"Curry – Howard"对应理论

(Curry, 1961; Howard, 1969), 将 L_C 演算与应用于语义计算 λ-演算对应衔接起来，采用逻辑的方法，使得语法与语义的分析采用了同样的语法（L_C 演算）作为背景，并利用范畴语法与类型论对时态句型的演算进行处理。

首先，在不至于混淆的地方，我们用集合 B 表示原 BCG 范畴语法中的基本范畴，例如表示名词的 np 类型和表示句子的 s 类型等。同时用集合 T 表示时间范畴，包含了分别表示将来时、现在时和过去时的 t_{-1}, t_0 和 t_1。并参照（Jäger, 2001），给出基本范畴定义，L_CCG 范畴语法的定义等。

定义 6.7 范畴

集合 $Bc = B \cup T$ 表示基本范畴集合。CAT(Bc) 为一最小集，使得

(1) $Bc \subseteq CAT(Bc)$;

(2) 如果 A, $B \in CAT(Bc)$, 则 $A \leftarrow B \in CAT(Bc)$;

(3) 如果 A, $B \in CAT(Bc)$, 则 $A \rightarrow B \in CAT(Bc)$;

(4) 如果 A, $B \in CAT(Bc)$, 则 $A \cdot B \in CAT(Bc)$;

(5) 如果 A, $B \in CAT(Bc)$, 则 $A | B \in CAT(Bc)$。

定义 6.8 L_{CCG} 范畴语法

给定字母表 $\sum$。一个 L_CCG 范畴语法 G 是一个三元组 $\langle Bc, LEX, S\rangle$。其中有穷集 Bc 定义如上，LEX 是一个 $\sum^+ \times CAT(Bc)$ 上的一个有穷子集，S 是 CAT(Bc) 的一个有穷子集（指定元范畴）。

设 $G = \langle Bc, LEX, S\rangle$ 是字母表 $\sum$ 上的一个 L_CCG 语法，该语法上的语言 L(G) 定义如下：

定义 6.9 $\alpha \in L(G)$ 当且仅当，存在 $a_1, \cdots, a_n \in \sum^+$, $A_1, \cdots, A_n \in CAT(Bc)$ 和 $S \in \mathbf{S}$ 使得：

(1) $\alpha = a_1 \cdots a_n$,

(2) 对所有 i 使得 $1 \leqslant i \leqslant n$: $< a_i, A_i > \in LEX$, 且

(3) $A_1, \cdots, A_n \vdash S$。

根据"Curry-Howard"对应理论，我们给出 L_C 演算对应的语义演算系统的 L_C 标号自然演绎系统如下：

$$\frac{}{x : A \Rightarrow x : A}(id)$$

$$\frac{X \Rightarrow M : A \leftarrow B \quad Y \Rightarrow N : B}{X, Y \Rightarrow MN : A}(\leftarrow E) \qquad \frac{X, x : A \Rightarrow B}{X \Rightarrow \lambda x M : B \leftarrow A}(\leftarrow I)$$

$$\frac{X \Rightarrow M : B \qquad Y \Rightarrow N : B \rightarrow A}{X, Y \Rightarrow NM : A}(\rightarrow E) \qquad \frac{x : A, X \Rightarrow B}{X \Rightarrow \lambda x M : A \rightarrow B}(\rightarrow I)$$

$$\frac{X \Rightarrow M : A \cdot B \qquad Y, x : A, y : B, Z \Rightarrow N : C}{Y, X, Z \Rightarrow N[(M)_0/x][(M)_1/y] : C}(\cdot E)$$

$$\frac{X \Rightarrow M : A \qquad Y \Rightarrow N : B}{X, Y \Rightarrow <M. N> : A \cdot B}(\cdot I)$$

$$\frac{X \Rightarrow M : A \leftarrow B \qquad Y \Rightarrow N : B | C}{X, Y \Rightarrow MN : A \cdot C}(|E^l)$$

$$\frac{X \Rightarrow M : A | B \qquad Y \Rightarrow N : B \rightarrow C}{X, Y \Rightarrow NM : A \cdot C}(|E^r)$$

$$\frac{X \Rightarrow M : A \qquad X \Rightarrow N : B}{X \Rightarrow <M, N> : A | B}(|I)$$

$$\frac{X \Rightarrow M : A \qquad Y, x : A, Z \Rightarrow N : B}{Y, X, Z \Rightarrow N[M/x] : B}(Cut)$$

根据上述(|I)、(|E^l)、(|E^r)规则在 L_C 标号自然演绎系统中的表示方法，我们进一步看到“|”连接词与“·”和“∧”在标号系统中的相似和区别之处。

至此，在本章我们为处理时态句型所做的准备工作已完成。下面将利用该标号自然演绎系统对时态句型进行语法和语义上的推导与演算。在该处理中，仍然以过去时为例进行处理，并分别以不及物动词和及物动词的处理进行示例。为简便起见，我们采用 Lambek 式的“\”和“/”的写法，同时在不至于混淆的地方，省略了演算所使用较简单的规则的书写。详例如下：

(6) John played yesterday.

np $(np\backslash s)/t_{-1}$ $t_{-1}|(s\backslash s)$

$$\frac{played}{(np\backslash s/t_{-1})} \qquad \frac{yesterday}{t_{-1}|(s\backslash s)}|I$$

$$\frac{\dfrac{John}{np} \qquad \dfrac{played' \qquad yesterday'}{np\backslash s}|E^l}{}$$

$$\frac{John' \qquad played'yesterday'}{s}$$

$$played'yesterday'John'$$

在上例中带符号“′”的，是对应词汇、短语和句子的语义解释，通过该解释，能使用 Montague 语法对其进行演算和知识表示，在语法分析和语义分析的转换过程中，起到了良好的过渡作用。在下例中，我们会进一步看到该语义的应用。

(7) John played basketball yesterday.

np $(np\backslash s/np)/t_{-1}$ np $t_{-1}|(s\backslash s)$

$$\frac{played}{(np\backslash s/np)/t_{-1}} \qquad \frac{\cdot}{t_{-1}}1$$

$$\frac{played' \qquad T}{np\backslash s/np}/E \qquad \frac{basketball}{np}$$

$$\frac{played'T \qquad basketball'}{np\backslash s}$$

$$\frac{played'Tbasketball'}{np\backslash s/t_{-1}}/I, 1 \qquad \frac{yesterday}{t_{-1}|(s\backslash s)}|I$$

$$\frac{John}{np}$$

$$\frac{\lambda T.\,played'Tbasketball' \qquad yesterday'}{np\backslash s}|E^{1}$$

$$\frac{John' \qquad played'yesterday'basketball'}{s}$$

$$played'yesterday'basketball'John'$$

在上例中，我们重点标出了两个规则，分别是(/E)和(/I)。这是为了重点标出所使用的假设前提 1 的使用方法。假设前提的方法在类型逻辑语法的使用类似于乔姆斯基的 GB 系统（Chomsky，1981）。假设前提的推理方式在类型逻辑语法中仅限于对高阶类型词项的运用，在本例中词汇“played”的类型为“$(n\backslash s/n)/t_{-1}$”，其类型为高阶类型，详见（Jäger，2001）。

在上两例中，各分别在词汇 yesterday 上运用了一次 |I 规则。这表明 yesterday 不仅有时间属性，也有副词属性。在运算中，两种属性是并发地进行运算的。

在上两例中，还各分别运用了一次 $|E^{1}$ 规则。例如在第一例的运算中，我们省略了一步：$(n/s)/t_{-1} \cdot t_{-1}|(s\backslash s) \vdash (n/s) \cdot (s\backslash s)$，在这一步中，利用($|E^{1}$)规则消去了 t_{-1} 类型。其直观上的解释为：类型 $t_{-1}|(s\backslash s)$ 拥有两个并发类型，在类型 $(n/s)/t_{-1}$ 的消去运算中，使用的是 t_{-1} 的类型属性。但因为类型 $t_{-1}|(s\backslash s)$ 拥有两个并发类型，现在只用了一个，所以在演算中仍需要保留另一个并发类型属性($s\backslash s$)，并运用于其后的演算。这样的演算是适用于时态句型演算这类既要考虑句子结构属性，又要考虑时态属性的并发运算的。

最后值得注意的是，在第二例演算的语义结果“*played'yesterday'basketball'John'*”中，动词的语义解释 *played'* 后面紧跟着一个时间的语义解释 *yesterday'*。这是使用λ-演算代入的结果。如果使用经典 Lambek 演算的 L 系统进行演算，得到的语义解释则为“*yesterday'played'basketball'John'*”。我们认为从程序实现的角度来看，前者的语义解释更为合理。因为 *played'yesterday'* 表示在一个 *played'* 的动作函数后面紧跟着它的执行周期（函数的生存周期）yesterday'，对于程序语义和程序的实现，比 *yesterday'played'* 更直观与易于实现。而且 *played'yesterday'* 的解释顺序也与我们的动词的类型$(n\rightarrow s)\leftarrow t$ 的顺序相吻合。

至此，我们利用“时间副词的并发类型”的方法成功解决了时态句型的演算问题。在这种方法中，(2)、(4) 和 (5) 这样的病句将不能得到成功的演算，而如 (6) 和 (7) 这样的句子则能得到成功的演算和满意的结果。

另外，在实例阐述方面，由于我们采用了动词的时态驱动特性的解决方法，其得到的实际结果从程序实现及编译器的角度看也具有一定的参考价值。动词由时态（时间）驱动，实际上等于为每个动作函数赋予了生存周期与执行周期，更易于编译器的处理以及相关的时态信息处理。

6.2.4 切割消除与判定性

证明了 L_C 系统的可靠性和完全性后，我们希望能进一步研究 L_C 系统的切割消除性与判定性，这些需要把 L_C 演算自然演绎系统转化为 Gentzen 系统。然而，这并不可行，主要原因在于在 $(|E^l)$、$(|E^r)$ 规则中，“|”的消去的同时引入了“·”，为此必须对规则进行修改，才能使系统 Gentzen 化。

一种可行的修改方式是引入 Contraction 规则，且修改系统如下：

公理：$A \Rightarrow A$

结构规则：

$$\frac{Y,\ A,\ A,\ Z \Rightarrow B}{Y,\ A,\ Z \Rightarrow B}(\text{Contraction})$$

$$\frac{X \Rightarrow A \qquad Y,\ A,\ Z \Rightarrow B}{Y,\ X,\ Z \Rightarrow B}(\text{Cut})$$

运算规则：

$$\frac{X \Rightarrow A \cdot B \qquad Y,\ A,\ B,\ Z \Rightarrow C}{Y,\ X,\ Z \Rightarrow C}(\cdot E)$$

$$\frac{X \Rightarrow A \qquad Y \Rightarrow B}{X,\ Y \Rightarrow A \cdot B}(\cdot I)$$

$$\frac{X \Rightarrow A \qquad Y \Rightarrow A \rightarrow B}{X,\ Y \Rightarrow B}(\rightarrow E) \qquad \frac{A,\ X \Rightarrow B}{X \Rightarrow A \rightarrow B}(\rightarrow I)$$

$$\frac{X \Rightarrow A \leftarrow B \qquad Y \Rightarrow B}{X,\ Y \Rightarrow A}(\leftarrow E) \qquad \frac{X,\ A \Rightarrow B}{X \Rightarrow B \leftarrow A}(\leftarrow I)$$

$$\frac{X \Rightarrow A|B}{X \Rightarrow A}(|E) \qquad \frac{X \Rightarrow A|B}{X \Rightarrow B}(|E) \qquad \frac{X \Rightarrow A \qquad X \Rightarrow B}{X \Rightarrow A|B}(|I)$$

修改后的系统，我们称之为 L_{CC} 演算（Concurrenc Lambek Caculus with Contraction）。修改后，$(|E^l)$、$(|E^r)$ 规则依然为系统的内定理，试证明 $(|E^l)$ 如下：

$$\cfrac{\cfrac{Y\Rightarrow B|C \quad \cfrac{\cfrac{\cfrac{X\Rightarrow A\leftarrow B \quad B|C\Rightarrow B}{X,\ B|C\Rightarrow A}(\leftarrow E) \quad B|C\Rightarrow C}{X,\ B|C,\ B|C\Rightarrow A\cdot C}(\cdot I)}{X,\ B|C\Rightarrow A\cdot C}(\text{Contraction})}{X,\ Y\Rightarrow A\cdot C}}{}(\text{Cut})$$

同理可证明(|E′)规则。

在前面，我们曾比较了“|”、“·”和“∧”的异同，但在添加了Contraction规则后，“|”实则进化为“∧”，两者是等价的，证明如下：

(1) 从“|”⇒“∧”

$$\frac{A|B\Rightarrow A \qquad A|B\Rightarrow B}{A|B\Rightarrow A\wedge B}(\wedge I)$$

(2) 从“∧”⇒“|”

$$\frac{A\wedge B\Rightarrow A \qquad A\wedge B\Rightarrow B}{A\wedge B\Rightarrow A|B}(|I)$$

通过引入Contraction，系统的表达能力并没被减弱，但我们可将其进一步Gentzen化，其Gentzen系统如下所示：

公理：A⇒A

结构规则：

$$\frac{Y,\ A,\ A,\ Z\Rightarrow B}{Y,\ A,\ Z\Rightarrow B}(\text{Contraction})$$

$$\frac{X\Rightarrow A \qquad Y,\ A,\ Z\Rightarrow B}{Y,\ X,\ Z\Rightarrow B}(\text{Cut})$$

运算规则：

$$\frac{X,\ A,\ B,\ Y\Rightarrow C}{X,\ A\cdot B,\ Y\Rightarrow C}(\cdot L) \qquad \frac{X\Rightarrow A \qquad Y\Rightarrow B}{X,\ Y\Rightarrow A\cdot B}(\cdot R)$$

$$\frac{X\Rightarrow A \qquad Y,\ B,\ Z\Rightarrow C}{Y,\ X,\ A\rightarrow B,\ Z\Rightarrow C}(\rightarrow L) \qquad \frac{A,\ X\Rightarrow B}{X\Rightarrow A\rightarrow B}(\rightarrow R)$$

$$\frac{X\Rightarrow A \qquad Y,\ B,\ Z\Rightarrow C}{Y,\ B\leftarrow A,\ X,\ Z\Rightarrow C}(\leftarrow L) \qquad \frac{X,\ A\Rightarrow B}{X\Rightarrow B\leftarrow A}(\leftarrow R)$$

$$\frac{X,\ A,\ Y\Rightarrow C}{X,\ A|B,\ Y\Rightarrow C}(|L) \qquad \frac{X\Rightarrow A \qquad X\Rightarrow B}{X\Rightarrow A|B}(|R)$$

但此时，我们可以发现，修改后的L_{CC}系统并无切割消除性，更无可判定性，这主要是由于Contraction规则的引入。如使系统具有切割消除性，我们必须对Contraction规则进行修改，一种可行的修改方式是将该规则修改为Global-Contraction规则（Ono，1998a，1998b），如下所示：

$$\frac{Y,\ X,\ X,\ Z\Rightarrow A}{Y,\ X,\ Z\Rightarrow A}(\text{Global-Contraction})$$

修改后的系统，我们称之为 L_{CGC}系统，其 Gentzen 系统如下所示：

公理：A⇒A

结构规则：

$$\frac{Y,\ X,\ X,\ Z \Rightarrow A}{Y,\ X,\ Z \Rightarrow A}(\text{Global-Contraction})$$

$$\frac{X \Rightarrow A \qquad Y,\ A,\ Z \Rightarrow B}{Y,\ X,\ Z \Rightarrow B}(\text{Cut})$$

运算规则：

$$\frac{X,\ A,\ B,\ Y \Rightarrow C}{X,\ A \cdot B,\ Y \Rightarrow C}(\cdot L) \qquad \frac{X \Rightarrow A \qquad Y \Rightarrow B}{X,\ Y \Rightarrow A \cdot B}(\cdot R)$$

$$\frac{X \Rightarrow A \qquad Y,\ B,\ Z \Rightarrow C}{Y,\ X,\ A \to B,\ Z \Rightarrow C}(\to L) \qquad \frac{A,\ X \Rightarrow B}{X \Rightarrow A \to B}(\to R)$$

$$\frac{X \Rightarrow A \qquad Y,\ B,\ Z \Rightarrow C}{Y,\ B \leftarrow A,\ X,\ Z \Rightarrow C}(\leftarrow L) \qquad \frac{X,\ A \Rightarrow B}{X \Rightarrow B \leftarrow A}(\leftarrow R)$$

$$\frac{X,\ A,\ Y \Rightarrow C}{X,\ A \mid B,\ Y \Rightarrow C}(\mid L) \qquad \frac{X \Rightarrow A \qquad X \Rightarrow B}{X \Rightarrow A \mid B}(\mid R)$$

在新系统中，易证得原 L_C 系统的所有内定理仍然为新系统的内定理。

在一些文献中，也将该规则称为“Sequences-Contraction”规则，在（Bayul，1996）和（Hori，1994）中，利用 Multi-Cut 方法证明了含“Sequences-Contraction”规则的 Lambek 演算及其相关变形是具有切割消除性的，然而其是否具有判定性仍然是一个开问题。

6.2.5 小结

在本节中，基于 Lambek 演算和范畴语法的基础，我们对时态句型问题进行了介绍和讨论，对其各解决方案进行了分析，并采用了时间副词并发类型的方法对该问题进行解决，最后提出了并发的 Lambek 演算系统（L_C 系统）以解决时态句型问题。

在并发的 Lambek 演算系统中，我们证明了相关的一系列逻辑性质，如可靠性、完全性等，同时采用了范畴语法及 Curry-Howard 对应理论对时态句型问题进行了解决和示例，该结果对于计算机编译理论及相关时态信息处理是具有一定实际意义的。

接着，我们继续对 L_C 系统进行了证明论方面的相关研究，原始的 L_C 系统是无法 Gentzen 化的，为此我们在系统上添加了 Contraction 规则，然而添加了 Contraction 规则后的系统已被证明了无切割消除性和可判定性。因此，我们对系统进行了二次修改，即将 Contraction 规则修改为 Global-Contraction 规则，此时新的系统 L_{CGC} 具有了切割消除性，但其可判定性仍然是一个开问题，依然没有定论。

6.3 模态 Lambek 时态演算系统

在上一节，我们介绍了并发的 Lambek 时态演算系统（L_C 演算），其从类型逻辑与范畴语法的角度解决了基本时态句型的问题。但就 L_C 演算系统本身而言，在证明论的角度上仍存在一定问题，因此我们对其进行了修改，并最后得到了 L_{CGC} 系统。L_C 系统的内定理都在 L_{CGC} 系统中，而且 L_{CGC} 系统具有切割消除性，但其判定性仍然是一个开问题，依然没有定论。

在进行上述研究的同时，也触发了我们从另一个角度对句型的时态演算进行思考，即引入模态算子到句型的时态演算中，在本节中将对这种方法给予介绍。

6.3.1 时态算子解决方案分析

回顾 6.1 节中，我们谈到的时态句柄、时间副词的单一类型及时间副词的并发类型解决方案时，均需对 Lambek 演算及其范畴语法进行修改，但总体来说修改的方案可以总结为两点：

（1）修改原有类型或增加新类型；

（2）修改原有算子或增加新算子，并修改结构或运算规则。

通过对经典文献的分析（Jäger，2001），可以发现由于类似的应用，而对原 Lambek 演算进行的修改也大致可分为上述两类。

另外，我们可以发现，时态句型的演算问题实际也为一类照应问题（Anaphora），主要体现在动词与时间副词的照应方面。在 L_{CGC} 系统中，我们不仅在原 Lambek 演算的基础上增加了新的类型，还增加了新的算子，同时修改了结构和运算规则。新增加的时态类型结合新增加的算子与规则显然起到了照应的作用，然而由于新类型的增加，使得配合这些类型进行运算的算子均为二元的。那么我们是否能使类型与算子进一步结合，从而满足时态句型的照应呢？

这样的思路促使我们思考使用一元模态算子取代时态类型与为之增加的二元算子，从而利用模态算子表示时态，并通过相应的句型演算，使得动词与时间副词通过模态算子照应起来的方法。试举例如下：

（1）John worked yesterday.

np　　□(np→s)　□(s→s)

在本例中，动词 work 的过去时 worked 和时间副词 yesterday 通过一元模态算子“□”照应起来，“□”对应过去时，由此表示过去时句型。

（2）John　　sings　　everyday.

np　　■(np→s)　■(s→s)

在本例中，动词 sing 的现在时 sings 和时间副词 everyday 通过一元模态算子“■”照应起来，“■”对应现在时，由此表示现在时句型。

我们将对应过去时的一元模态算子“□”、对应现在时的一元模态算子“■”及此等等，简称为“时态算子”。通过不同的时态算子，将动词与时间副词照应起来，区分不同的句型，通过句型演算，进行语法分析。

然而它们如何进行运算呢？首先，动词和时间副词的时态是固定的，然而其他句中词汇是否也应具有时态呢？显然，像“John”这样的词本身并不具备时态性，但是它可以和所有的时态动词、时间副词组合成句，为此在运算时，在不同的时态句型中，也应可扩充成不同的时态词，即表示为“过去的 John”、“现在的 John”、“将来的 John”即此等等。同样，其他的词汇也应如此，所以我们必须有以下一条内定理：

A⊢◎A(其中◎表示一元时态算子)

其次，在类似句（1）的句型中，我们将 np 的类型扩充为□np 是不够的，仅仅如此，句型仍然无法运算。我们需要一条类似于模态逻辑中的 K 公理将时态算子分配至“→”和“←”两边的子类型，例如：

□(np→s)⊢□np→□s。

因此，我们须有以下一条内定理：

◎(A→B)⊢◎A→◎B

至此，我们可以开始演算，以句（1）为例，演算如下：

$$\dfrac{\square(s\to s)\Rightarrow\square s\to\square s \qquad \dfrac{\dfrac{\dfrac{np\Rightarrow\square np \quad \square np,\ \square np\to\square s\Rightarrow\square s}{np,\ \square np\to\square s\Rightarrow\square s}\qquad \square(np\to s)\Rightarrow\square np\to\square s}{np,\ \square(np\to s)\Rightarrow\square s}\qquad \square s,\square s\to\square s\Rightarrow\square s}{np,\square(np\to s),\ \square s\to\square s\Rightarrow\square s}}{np,\square(np\to s),\ \square(s\to s)\Rightarrow\square s}$$

据此，np，□(np→s)，□(s→s)⊢□s，再据（Restall，2000）中介绍的 punc mark（连接词对应的是公式的组合，而 punc mark 则实际为结构标志，例如“,”就是一个 punc mark，而与其对应的连接词为“·”，但各自对应不同），我们为过去时添加“∗”punc mark（对应现在时和将来时，我们还可以添加其他不同的 punc mark，如“∞”对应现在时，“∝”对应将来时等等），

由此我们得 $*(np, \Box(np\rightarrow s), \Box(s\rightarrow s)) \vdash s$。它表示矢列“np，□(np→s)，□(s→s)”在过去时的运算下，得到句子类型（指定元）。

综上，我们使用了不同的时态算子对应了不同的时态，再使用不同的 punc mark 对应不同的时态句型演算，并由此可设计相应的 Lambek 演算系统，我们称之为 L_{TM} 系统（Lambek Caculas with Temporal Modality）。在下面的内容中，我们将系统介绍该系统的系列性质，如可靠性、完全性、切割消除性、判定性与范畴语法等。由于不同的时态 punc mark 对应不同的时态算子和句型，但是在证明相关性质时，其方法却是一致的，为了缩略篇幅，在下面的系统介绍中，我们仅以一个时态算子“□”及其对应的 punc mark “∗”进行介绍。

6.3.2 L_{TM} 系统框架与模型

据上节，我们设计 L_{TM} 系统如下所示：

公理：$A \Rightarrow A$

结构规则：

$$\frac{X \Rightarrow A \quad Y, A, Z \Rightarrow B}{Y, X, Z \Rightarrow B}(\text{Cut})$$

$$\frac{X \Rightarrow A}{*X \Rightarrow A}(\text{Extension}) \qquad \frac{*X, *Y \Rightarrow A}{*(X, Y) \Rightarrow A}(\text{Distrubution})$$

运算规则：

$$\frac{X \Rightarrow A \cdot B \quad Y, A, B, Z \Rightarrow C}{Y, X, Z \Rightarrow C}(\cdot E) \qquad \frac{X \Rightarrow A \quad Y \Rightarrow B}{X, Y \Rightarrow A \cdot B}(\cdot I)$$

$$\frac{X \Rightarrow A \quad Y \Rightarrow A \rightarrow B}{X, Y \Rightarrow B}(\rightarrow E) \qquad \frac{A, X \Rightarrow B}{X \Rightarrow A \rightarrow B}(\rightarrow I)$$

$$\frac{X \Rightarrow A \leftarrow B \quad Y \Rightarrow B}{X, Y \Rightarrow A}(\leftarrow E) \qquad \frac{X, A \Rightarrow B}{X \Rightarrow B \leftarrow A}(\leftarrow I)$$

$$\frac{X \Rightarrow \Box A}{*X \Rightarrow A}(\Box E) \qquad \frac{*X \Rightarrow A}{X \Rightarrow \Box A}(\Box I)$$

$$\frac{X \Rightarrow A \vee B \quad Y, A, Z \Rightarrow C \quad Y, B, Z \Rightarrow C}{Y, X, Z \Rightarrow C}(\vee E)$$

$$\frac{X \Rightarrow A}{X \Rightarrow A \vee B}(\vee I)$$

上述系统为 L_{TM} 系统的自然演绎系统，其中在结构规则里，“Extension”和“Distrubution”规则的添加能为我们证明上节添加的系列内定理。在直观上，“Extension”可以解释为：矢列 X 在一般情况下可以演绎得到类型 A，则在时态句型为“∗”的演绎下，也能得到 A；“Distrubution”可以解释为：矢列 X 和

Y，分别在时态句型“ * ”的演绎后再进行演绎，能得到类型 A，则它们一起在时态句型“ * ”的演绎下，也能得到类型 A。另外，连接词“∨”的添加则是系统完全性证明时所使用的素理论（Prime Theory）所需的，在下节中，我们将介绍使用的原因。

在本小节中，我们先介绍系统的模型，并证明相关可靠性与完全性。在介绍模型和证明相关前，我们先介绍相关的一些知识和内容，其主要涉及系统的定义与框架（Restall，2000）。

6.3.2.1 系统框架

定义 6.10 点集与命题（point sets and propositions）

一个点集 $\mathcal{P}=\langle P, \sqsubseteq\rangle$ 为集合 P 及其上的偏序关系⊑构成的序对。$\mathcal{P}$ 上的命题集 Prop($\mathcal{P}$) 为 P 上的所有向上封闭的子集 X 构成的集合，即若 $x \in X$ 且 $x \sqsubseteq x'$，则 $x' \in X$。

对该定义，我们做解释如下：首先，点集 $\mathcal{P}$ 就是我们通常意义的可能世界集，它由可能世界（点）的集合 P 和偏序关系⊑构成。对于“⊑”与上一章“≤”是有很大区别的，在这里“⊑”体现的是点的关系，$x \sqsubseteq y$ 意味着 y 比 x 拥有更多的信息，即 y 比 x 包含更多的命题。而“≤”体现的是命题的关系，$a \leq b$ 意味着能从 a 推导出 b。

其次，$\mathcal{P}$ 上的命题集 Prop($\mathcal{P}$) 是 P 的幂集，举例如下：设 $Q \in$ Prop($\mathcal{P}$)，则 Q 是其在 P 上对应的子集（$Q \subseteq P$），则对 $\forall x \in Q$，Q 中的每一命题 A，有 $A \in x$。

再其次，P 中的子集是向上封闭的，仍以上例为例说明，对于 Q 中的每一命题 A，如果 $A \in x$，$x \sqsubseteq x'$，显然 $A \in x'$，所以 x' 也应属于 Q 所对应的子集 Q 上。

最后，为便于理解，在不至于混淆的地方，我们将 $x \in P$ 写作 $x \in \mathcal{P}$，以便更好地体现点集 $\mathcal{P}$ 作为可能世界集 $\mathcal{P}$ 的意义。

定义 6.11 可达关系

(1) 二元关系 S 为点集 $\mathcal{P}$ 上的二元关系当且仅当对 $\forall x, y \in \mathcal{P}$，如果 xSy 且 $\exists x'(x' \sqsubseteq x)$，则 $\exists y'(y' \sqsupseteq y)$，使得 $x'Sy'$。类似地，如果 xSy 且 $\exists y'(y' \sqsupseteq y)$，则 $\exists x'(x' \sqsubseteq x)$，使得 $x'Sy'$。

(2) 三元关系 R 为 $\mathcal{P}$ 上的三元关系当且仅当如果对 $\forall x, y, z \in \mathcal{P}$，如果 Rxyz，且 $\exists z'(z' \sqsupseteq z)$，则 $\exists x'(x' \sqsubseteq x)$ 且 $\exists y'(y' \sqsubseteq y)$，使得 $Rx'y'z'$。类似地，如果 $\exists x'(x' \sqsubseteq x)$，则 $\exists z'(z' \sqsupseteq z)$ 且 $\exists y'(y' \sqsubseteq y)$，使得 $Rx'y'z'$；如果 $\exists y'(y' \sqsubseteq y)$，则 $\exists x'(x' \sqsubseteq x)$ 且 $\exists z'(z' \sqsupseteq z)$，使得 $Rx'y'z'$。

定义 6.12 一个框架 $\mathcal{F}$ 为三元组 $\mathcal{F}=\langle \mathcal{P}, \mathcal{R}, \mathcal{S}\rangle$，其中 $\mathcal{P}$ 是点集，$\mathcal{R}$ 是三元可达关系的集合，$\mathcal{S}$ 是二元可达关系的集合。

定义 6.13 框架赋值

框架中 $\mathcal{F}$ 的点与公式之间的赋值用关系 $\models$ 来表示当且仅当对于语言中的各连接词情况如下：

(1) $\{x\in\mathcal{F}|x\models p\}\in Prop\{\mathcal{F}\}$；

(2) $x\models A\vee B$ 当且仅当 $\forall x\in\mathcal{F}$，$x\models A$ 或 $x\models B$；

(3) $x\models A\rightarrow B$ 当且仅当 $\forall y, z\in\mathcal{F}$，当 Rxyz 时，如果 $y\models A$，则 $z\models B$；

(4) $x\models A\cdot B$ 当且仅当 $\exists y, z\in\mathcal{F}$，Ryzx 且 $y\models A$，$z\models B$；

(5) $x\models B\leftarrow A$ 当且仅当 $\forall y, z\in\mathcal{F}$，当 Ryxz 时，如果 $y\models A$，则 $z\models B$；

(6) $x\models\Box A$ 当且仅当 $\forall y\in\mathcal{F}$，如 xSy，则 $y\models A$；

(7) $x\models X, Y$ 当且仅当 $\exists y, z$，Ryzx 且 $y\models X$，$z\models Y$；

(8) $x\models *X$ 当且仅当 $\exists y$，ySx 且 $y\models X$。

定义 6.14 衍推

(1) 称 X 相对于模型 $\mathcal{M}$ 衍推 A，记作"$X\models_{\mathcal{M}}A$"，当且仅当对 $\forall x\in\mathcal{M}$，如 $x\models X$，则 $x\models A$；

(2) 称 X 相对于框架 $\mathcal{F}$ 衍推 A，记作"$X\models_{\mathcal{F}}A$"，当且仅当对 $\forall\mathcal{M}\in\mathcal{F}$，$X\models_{\mathcal{M}}A$；

(3) 称 X 相对于框架类 F 衍推 A，记作"$X\models_{F}A$"，当且仅当对 $\forall\mathcal{F}\in F$，$X\models_{\mathcal{F}}A$。

定义 6.15 结构规则对应条件

结构规则 $Y\Rightarrow X$ 的对应条件定义如下：

假定 X 和 Y 由公式 A_1，…，A_n 组成，我们用来给出对应条件的一阶语言包含变元 x，x_1，…，x_n 和 y，z。其中 x 为主变元，每个 x_i 分别对应 A_i，y 和 z 对应约束变元。则对应条件如下：

$SR(A_i)=x_i\sqsubseteq x$；

$SR(X, Y)=\exists y, z(Ryzx\wedge SR(X)[x:=y]\wedge SR(Y)[x:=z])$

$SR(*X)=\exists Y(ySx\wedge SR(X)[x:=y])$

由此，结构规则 $Y\Rightarrow X$ 对应的条件为：$\forall x, x_1, \cdots, x_n(SR(Y)\rightarrow SR(X))$

定理 6.3 $*X\Rightarrow X$ 的对应条件为：$\forall x, y(xSy\rightarrow x\sqsubseteq y)$

定理 6.4 $*(X, Y)\Rightarrow *X, *Y$ 的对应条件为：

$$\forall zwx(\exists y(Rzwy\wedge ySx)\rightarrow\exists uv(zSu\wedge wSv\wedge Ruvx))$$

据定义 6.15，易证得定理 6.3、6.4。

6.3.2.2 可靠性

定义 6.16 给定系统 G，称框架 $\mathcal{F}$ 适应 G 当且仅当该系统的所有结构规则

的对应条件在 $\mathcal{F}$ 中体现。

引理 6.1 可靠性引理 1

在任意模型 $\mathcal{M}$ 中，对任意包含成员 A_1，…，A_n 的 X，$x \vDash X$ 当且仅当，对每个 i，存在 x_1，…，x_n，使得 $x_i \vDash A_i$ 与 SR(X)。

证明

施归纳于 X 的复杂度。

(1) 如果 X 为一公式，即 $x \vDash A_i$ 当且仅当存在某个 x_i，使得 $x_i \vDash A_i$ 且 $x_i \sqsubseteq x$，平凡地使 $x_i = x$，即证得。

(2) 如果 X 形如 Y，Z，则 $x \vDash X$ 当且仅当存在 y，z，使得 $y \vDash Y$，$z \vDash Z$ 且 Ryzx。据归纳假设 $y \vDash Y$ 当且仅当 SR(Y)[x: = y]，$z \vDash Z$ 当且仅当 SR(Z)[x: = z]，正好对应于 SR(X)的条件。

(3) 同法可证得 X 形如 * Y 的情形。■

引理 6.2 可靠性引理 2

在任意模型 $\mathcal{M}$ 中，如果 $X \vdash_{\mathcal{M}} A$，则如果 $x \vDash Y(X)$ 则 $x \vDash Y(A)$。

证明

施归纳于 Y 的复杂度。

(1) Y 中不包含 X，其结果是平凡的。

(2) Y(X)即为 X，则 Y(A)则为 A，据 $X \vdash_{\mathcal{M}} A$ 定义立得。

(3) Y(X)形如 Z(X)，Z′(X)，即 $x \vDash Z(X)$，Z′(X)。则存在 y，z 使得 Ryzx 且 $y \vDash Z(X)$，$z \vDash Z'(X)$。据归纳假设 $y \vDash Z(A)$，$z \vDash Z'(A)$，即 $x \vDash Z(A)$，Z′(A)。

(4) 同法可证得 Y(X)形如 * Z(X)的情形。■

定理 6.5 框架可靠性

给定框架 $\mathcal{F}$ 适应系统 G，如果 $X \vdash A$ 在系统 G 是可推导的，则 $X \vdash_{\mathcal{F}} A$。

证明

施归纳于 $X \vdash A$ 的证明长度。

(1) $A \vdash_{\mathcal{F}} A$，结论显然。

(2) 结构规则可靠性：如果 $X \vdash_{\mathcal{F}} A$ 且 $Y \Rightarrow X$，则 $Y \vdash_{\mathcal{F}} A$。假设 $x \vDash Y$，据引理 1，SR(Y) 成立，据定义 6.16，SR(Y)→SR(X) 在该框架中成立，所以 SR(X) 成立。所以 $x \vDash X$，又因为 $X \vdash_{\mathcal{F}} A$，从而 $x \vDash A$，即 $Y \vdash_{\mathcal{F}} A$。

(3) (∨E) 和 (∨I) 规则可靠性：据定义 6.13 (2)，结论显然。

(4) (→E) 规则可靠性：假设 $X \vdash_{\mathcal{F}} A \to B$，$Y \vdash_{\mathcal{F}} A$，欲证明 X，$Y \vdash_{\mathcal{F}} B$。假设 $x \vDash X$，Y，则存在 y，z 使得 Ryzx 且 $y \vDash X$，$z \vDash Y$。因为 $X \vdash_{\mathcal{F}} A \to B$，所以 $y \vDash A \to B$，同理 $z \vDash A$，再据 Ryzx，得 $x \vDash B$，即 X，$Y \vdash_{\mathcal{F}} B$。同理可证得 (←E) 规则可靠性。

(5) (→I) 规则可靠性：假设 X，A $\vdash_{\mathcal{F}}$B，欲证明 X $\vdash_{\mathcal{F}}$A→B。假设 x ⊨X，则对任意 Rxyz，当 y ⊨A 时，得 z ⊨X，A，据 X，A $\vdash_{\mathcal{F}}$B 得 z ⊨B，据定义 6.13(3)，x ⊨A→B，即 X $\vdash_{\mathcal{F}}$A→B。同理可证得（←I）规则可靠性。

(6) (·E) 规则可靠性：假设 X $\vdash_{\mathcal{F}}$A · B 且 Y(A，B) $\vdash_{\mathcal{F}}$C，欲证明 Y(X) $\vdash_{\mathcal{F}}$C，只需据引理 6.2 立证得（因为 x ⊨Y(A，B) 当且仅当 x ⊨Y(A · B)(Restall，2000)）。

(7) (·I) 规则可靠性：假设 X $\vdash_{\mathcal{F}}$A 且 Y $\vdash_{\mathcal{F}}$B，欲证明 X，Y $\vdash_{\mathcal{F}}$A · B。假设 x ⊨X，Y，则据定义 6.13(4)，存在 y，z，使得 Ryzx 且 y ⊨X，z ⊨Y。因为 X $\vdash_{\mathcal{F}}$A 且 Y $\vdash_{\mathcal{F}}$B，所以 y ⊨A，z ⊨B。据此，x ⊨A · B，即 X，Y $\vdash_{\mathcal{F}}$A · B。

(8) (□E) 规则可靠性：假设 X $\vdash_{\mathcal{F}}$□A，欲证明 ∗X $\vdash_{\mathcal{F}}$A。假设 x ⊨ ∗X，据定义 6.13(8)，存在 y ⊨X 且 yRx。因为 X $\vdash_{\mathcal{F}}$□A，所以 y ⊨□A，再据定义 6.13(6)，得 x⊢ A，即 ∗X $\vdash_{\mathcal{F}}$A。

(9) (□I) 规则可靠性：假设 ∗X $\vdash_{\mathcal{F}}$A，欲证明 X $\vdash_{\mathcal{F}}$□A。设 x ⊨X，则对任意 y，如果 xRy，据定义 6.13(8) 有 y ⊨ ∗X。因为 ∗X $\vdash_{\mathcal{F}}$A，所以 y ⊨A。再据定义 6.13(6)，得 x⊨ □A，即 X $\vdash_{\mathcal{F}}$□A。■

定理 6.6 L_{TM}系统相对于框架条件为

∀x，y(xSy→x ⊑ y) 和 ∀zwx(∃y(Rzwy∧ySx)→∃u，v(zSu∧wSv∧Ruvx)) 的框架下是可靠的。

证明

据定理 6.5，易证得。■

定理 6.7 以下定理是系统的内定理

(1) A⊢ □A

(2) □(A→B)⊢ □A→□B

(3) □A · □B⊢ □(A · B)

证明

(1)
$$\cfrac{\cfrac{A\Rightarrow A}{*A\Rightarrow A}(\mathit{Extension})}{A\Rightarrow\Box A}(\Box I)$$

(2)
$$\cfrac{\cfrac{\cfrac{\cfrac{\cfrac{\Box(A\to B)\Rightarrow\Box(A\to B)}{*\Box(A\to B)\Rightarrow A\to B}(\Box E)\quad\cfrac{\Box A\Rightarrow\Box A}{*\Box A\Rightarrow A}(\Box E)}{*\Box(A\to B),\ *\Box A\Rightarrow B}(\to E)}{*(\Box(A\to B),\ \Box A)\Rightarrow B}(\text{Distrubution})}{\Box(A\to B),\ \Box A\Rightarrow\Box B}(\Box I)}{\Box(A\to B)\Rightarrow\Box A\to\Box B}(\to I)$$

$$
(3)\ \dfrac{\dfrac{\dfrac{\dfrac{\Box A\Rightarrow\Box A}{*\Box A\Rightarrow A}(\Box E)\qquad\dfrac{\Box B\Rightarrow\Box B}{*\Box B\Rightarrow B}(\Box E)}{*\Box A,\ *\Box B\Rightarrow A\cdot B}(\cdot E)}{*(\Box A,\ \Box B)\Rightarrow A\cdot B}(\text{Distrubution})}{\dfrac{\Box A,\ \Box B\Rightarrow\Box(A\cdot B)}{\Box A\cdot\Box B\Rightarrow\Box(A\cdot B)}(\text{Id},\ \cdot E)}(\Box I)\quad\blacksquare
$$

6.3.2.3 完全性

下证完全性：

定义 6.17 （Restall，2000）给定系统 G，该系统中的一个理论是一集在推理后承封闭下的公式，即 T 是一个理论当且仅当：如果 $A\in T$，且 $A\vdash B$，则 $B\in T$。

显然，对于任意 $x\in\mathcal{F}$，x 都是一个理论。

定义 6.18 （Restall，2000）给定系统 G，称一个理论 T 是素理论当且仅当 $A\vee B\in T$ 仅当 $A\in T$ 或 $B\in T$ 时。

引理 6.3 素理论引理（Restall，2000）

给定系统 G，T 是 G 的一个理论，如果 $T\nvdash A$，则存在一个素理论 $T'\sqsupseteq T$，使得 $A\notin T'$。

定义 6.19 典范点集（Restall，2000）

给定系统 G，其典范点集是该系统的全部素理论的集合，并包含偏序关系⊑，记作 $\mathcal{P}_s=\langle Ps,\sqsubseteq\rangle$。

本定义的意思为：系统 G 的每一个素理论对应着 P_s 中的一个点，即典范点集中的每一个点对应着一个素理论。

定义 6.20 典范可达关系（Restall，2000）

给定一个典范点集，其上的典范可达关系定义如下：

(1) $xS_{\Box}y$　　当且仅当　　$\forall A$：$\Box A\in x\Rightarrow A\in y$

(2) $R_{\rightarrow}xyz$　　当且仅当　　$\forall A, B$：$A\rightarrow B\in x$，$A\in y\Rightarrow B\in z$

(3) $R_{\leftarrow}yxz$　　当且仅当　　$\forall A, B$：$A\rightarrow B\in y$，$A\in x\Rightarrow B\in z$

(4) $R\cdot xyz$　　当且仅当　　$\forall A, B$：$A\in x$，$B\in y\Rightarrow A\cdot B\in z$

推论 6.1 （Restall，2000）典范关系 $R_{\rightarrow}$，$R_{\leftarrow}$ 和 $R\cdot$ 是等价的。

定义 6.21 典范框架和典范模型

给定系统 G，该系统的典范框架 $\mathcal{F}_s$ 为其典范点集及其上的典范关系。其典范模型 $\mathcal{M}_s$ 为在其典范框架下添加赋值关系如下：$x\vDash p$ 当且仅当 $p\in x$（其中 p 为原子公式）。

定理 6.8 典范模型基本定理

给定系统 G，在其典范模型中，$\forall A$：$A \in x \Leftrightarrow x \models A$

证明

(1) 当 A 为原子公式 p 时，显然。

(2) 当 A 为 $B \vee C$ 时，

(a) 左⇒右

设 $B \vee C \in x$，因为 x 是素理论，所以 $B \in x$ 或 $C \in x$。据归纳假设，$x \models B$ 或 $x \models C$，据定义 6.13 (2)，得 $x \models B \vee C$。

(b) 右⇒左

设 $B \vee C \notin x$，因为 x 是素理论，所以 $B \notin x$ 且 $C \notin x$。据归纳假设 $x \not\models B$ 且 $x \not\models C$，据定义 6.13 (2)，得 $x \not\models B \vee C$。

(3) 当 A 为 $\Box B$，$B \cdot C$，$B \rightarrow C$ 或 $B \leftarrow C$ 时，易证得。下以 A 为 $\Box B$ 时，举例证明如下：

(a) 左⇒右

设 $\Box B \in x$，则据典范关系，对任意 $y \in \mathcal{M}_s$，xSy，有 $B \in y$，据归纳假设，$y \models B$。再据定义 6.13 (6)，得 $x \models \Box B$。

(b) 右⇒左

设 $\Box B \notin x$，则据典范关系，存在 $y \in \mathcal{M}_s$，xSy，有 $B \notin y$，据归纳假设，$y \not\models B$。再据定义 6.13 (6)，得 $x \not\models \Box B$。■

推论 6.2 给定系统 G，假设其典范模型是其框架下的一个模型，则 $X \vdash A$ 当且仅当 $X \vdash_{\mathcal{M}_s} A$。

证明

(1) 左⇒右

设 $X \vdash A$，则对于 G 的任意框架任意模型下的任意点 x，如 $X \in x$，则 $A \in x$。据典范模型基本定理，即若 $x \models X$，则 $x \models A$。再据假设，典范模型是其框架下的一个模型，所以 $X \vdash_{\mathcal{M}_s} A$。

(2) 右⇒左

设 $X \nvdash A$，则存在 G 的某一个框架的某一个模型的某一个点，有 $X \in x$ 且 $A \notin x$。据引理 6.3，存在 $x' \in \mathcal{M}_s$，使得 $x' \sqsupseteq x$，从而 $X \in x'$，但 $A \notin x'$。再据典范模型基本定理，有 $x' \models X$ 且 $x' \not\models A$，所以 $X \nvdash_{\mathcal{M}_s} A$。■

定理 6.9 L_{TM} 系统的典范模型是 L_{TM} 的模型。

证明

只需证明 L_{TM} 的典范框架满足 L_{TM} 的框架条件。

(1) 证明满足 $\forall x, y\ (xSy \rightarrow x \sqsubseteq y)$

假设不满足，则存在 x，y，xSy 且$\neg x \sqsubseteq y$。即存在 A，使得 $x \vDash A$ 且 $y \nvDash A$。据典范模型基本定理，$A \in x$ 且 $A \notin y$。据定理 6.7（1），$A \vdash \Box A$ 是 L_{TM} 的内定理，x 是 L_{TM} 的素理论，所以 $\Box A \in X$。据定义 6.13（6），对任意 y，xRy，$A \in y$，与 $A \notin y$ 矛盾，所以假设不成立。

（2）证明满足 $\forall zwx(\exists y(Rzwy \wedge ySx) \rightarrow \exists u, v(zSu \wedge wSv \wedge Ruvx))$

假设不满足，则 $\exists zwx(\exists y(Rzwy \wedge ySx)$ 且 $\forall uv(zSu \wedge wSv \rightarrow \neg Ruvx))$

其中$\neg Ruvx$ 存在三种情况，分别为 $R_{\rightarrow}$，$R_{\leftarrow}$ 和 $R\cdot$，下面分别证明：

（a）证明 $R_{\rightarrow}$

因为$\neg Ruvx$，所以存在 A，B，使得 $u \vDash A \rightarrow B$ 且 $v \vDash A$，但 $x \nvDash B$。又因为 ySx，所以 $y \nvDash \Box B$。

另一方面，因为 zSu 和 wSv，由 u、v 的任意性得 $z \vDash \Box(A \rightarrow B)$，$w \vDash \Box A$。

据典范模型基本定理，$\Box(A \rightarrow B) \in z$。

据定理 6.7（2），$\Box(A \rightarrow B) \vdash \Box A \rightarrow \Box B$ 是 L_{TM} 的内定理，z 是 L_{TM} 的素理论，所以 $\Box A \rightarrow \Box B \in z$，再据典范模型基本定理，$z \vDash \Box A \rightarrow \Box B$。

又因为 Rzwy 且 $w \vDash \Box A$，所以 $y \vDash \Box B$，与 $y \nvDash \Box B$ 矛盾。

同理可证明 $R_{\leftarrow}$ 的情况。

（b）证明 $R\cdot$：

因为$\neg Ruvx$，所以存在 A，B 使得 $u \vDash A$ 且 $v \vDash B$，但 $x \nvDash A \cdot B$。又因为 ySx，所以 $y \nvDash \Box(A \cdot B)$。

另一方面，因为 zSu 和 wSv，由 u，v 的任意性得 $z \vDash \Box A$，$w \vDash \Box B$。

又因为 Rzwy，所以 $y \vDash \Box A \cdot \Box B$。

据典范模型基本定理 $\Box A \cdot \Box B \in y$。

据定理 6.7（3），$\Box A \cdot \Box B \vdash \Box(A \cdot B)$ 是 L_{TM} 的内定理，y 是 L_{TM} 的素理论，所以 $\Box(A \cdot B) \in y$，再据典范模型基本定理，$y \vDash \Box(A \cdot B)$，与 $y \nvDash \Box(A \cdot B)$ 矛盾。

据（a）和（b）得假设不成立，该框架条件得证。

据（1）和（2）得 L_{TM} 系统的典范模型是 L_{TM} 的模型。■

定理 6.10 框架完全性

L_{TM} 系统相对框架条件为

$\forall x, y(xSy \rightarrow x \sqsubseteq y)$ 和 $\forall zwx(\exists y(Rzwy \wedge ySx) \rightarrow \exists u, v(zSu \wedge wSv \wedge Ruvx))$ 的框架是完全的。

证明

假设 $X \nvdash A$，则据典范模型基本定理的推论，$X \nvdash_{\mathcal{M}_s} A$，从而 $X \nvdash_{\mathcal{F}} A$。■

在（邹崇理，2006）和（Restall，2000）中，还提及了另一种完全性的证明方法，在该方法下，不需要使用素理论（Prime Theory），因此系统不需要引入连接词“∨”，但是需要在系统中添加与“□”对应的模态词“◇”。而本章的最终应用需要添加三个类似于“□”的模态词，分别表示过去时、现在时和将来时，如使用上述证明方法则需添加三个对应的类似于“◇”的连接词。这样一来，一则增多了无直观意义的连接词，二则使系统过于臃肿。因此尽管连接词“∨”在直观中并不起多大作用（应用冗余），但我们仍选用其作为系统的框架构架，而没选用“◇”，由此完全性的证明方法也与上述文献不同。

在本节，我们介绍了 L_{TM}系统的框架，并证明了系统的框架可靠性与完全性，以及系统的相关内定理。实际上，L_{TM}系统是一个性质较好的系统，其不仅具有框架可靠性和框架完全性，还具有切割消除性和判定性。

6.3.3 切割消除与判定性

L_{TM}系统的 Gentzen 系统如下所示：

公理：$A \Rightarrow A$

结构规则：

$$\frac{X \Rightarrow A \qquad Y, A, Z \Rightarrow B}{Y, X, Z \Rightarrow B}(Cut)$$

$$\frac{X \Rightarrow A}{*X \Rightarrow A}(Extension) \qquad \frac{*X, \ *Y \Rightarrow A}{*(X, Y) \Rightarrow A}(Distrubution)$$

运算规则：

$$\frac{X, A, B, Y \Rightarrow C}{X, A \cdot B, Y \Rightarrow C}(\cdot L)$$

$$\frac{X \Rightarrow A \qquad Y \Rightarrow B}{X, Y \Rightarrow A \cdot B}(\cdot R)$$

$$\frac{X \Rightarrow A \qquad Y, B, Z \Rightarrow C}{Y, X, A \to B, Z \Rightarrow C}(\to L) \qquad \frac{A, X \Rightarrow B}{X \Rightarrow A \to B}(\to R)$$

$$\frac{X \Rightarrow A \qquad Y, B, Z \Rightarrow C}{Y, B \leftarrow A, X, Z \Rightarrow C}(\leftarrow L) \qquad \frac{X, A \Rightarrow B}{X \Rightarrow B \leftarrow A}(\leftarrow R)$$

$$\frac{X, A, Y \Rightarrow B}{X, *\Box A, Y \Rightarrow B}(\Box L) \qquad \frac{*X \Rightarrow A}{X \Rightarrow \Box A}(\Box R)$$

$$\frac{X, A, Y \Rightarrow C \qquad X, B, Y \Rightarrow C}{X, A \vee B, Y \Rightarrow C}(\vee L) \qquad \frac{X \Rightarrow A}{X \Rightarrow A \vee B}(\vee R)$$

$$\frac{X \Rightarrow B}{X \Rightarrow A \vee B}(\vee R)$$

下面证明在 L_{TM}系统中，其切割定理是可以被消除的。

6.3.3.1 切割消除

定义 6.22 切割度

令 $d(x)$ 表示类型公式 x 中出现的连接词 ·、□、∨、→、←的数量。且 $d(x_1, x_2, \cdots, x_n) = d(x_1) + d(x_2) + \cdots + d(x_n)$。则一个切割的度为：$d(X) + d(Y) + d(Z) + d(A) + d(B)$

定理 6.11 切割消除定理

在 L_{TM} 的任意切割中，当所有切割的前提不是由切割推演得到时，该切割的结论存在且只存在两种可能：

(1) 结论与前提中的某一个一致；

(2) 该切割可以被一个或两个切割度更小的切割替换。

证明（分两种情况）

情况一：证明切割前提的最后一步不是由 Extension 或 Distrubution 规则推演得到。

Case 1：$X \vdash A$ 是公理的实例，则 $X = A$，且切割的结论与切割的另一前提 $Y, A, Z \vdash B$ 一致。

Case 2：$Y, A, Z \vdash B$ 是公理的实例，则 Y 和 Z 为空，$A = B$，切割的结论与切割的另一前提 $X \vdash A$ 一致。

Case 3：证明 $X \vdash A$ 的最后一步推演中没有引入 A 中的主连接词，显然该步推演使用的是（L^*）规则①。则 $X \vdash A$ 在该步的推演中是使用一个或两个序列推演得到，其中一个序列的形式为 $X' \vdash A$，且 $d(X') < d(X)$。因此，切割：

$$\frac{X' \Rightarrow A \qquad Y, A, Z \Rightarrow B}{Y, X', Z \Rightarrow B}$$

比原切割有更小的切割度。且通过从 $X' \vdash A$ 到 $X \vdash A$ 的推演方法，易从 $Y, X', Z \vdash B$ 推演得 $Y, X, Z \vdash B$。

Case 4：证明 $Y, A, Z \vdash B$ 的最后一步推演中没有引入 A 中的主连接词，其是使用运算规则推演得到的。则 $Y, A, Z \vdash B$ 在该步的推演中是使用一个或两个序列推演得到，其中一个序列的形式为 $Y', A, Z' \vdash B'$，由于在所有运算规则中都引入了新的连接词，所以 $d(Y') + d(Z') + d(B') < d(Y) + d(Z) + d(B)$。因此，切割：

$$\frac{X \Rightarrow A \qquad Y', A, Z' \Rightarrow B'}{Y', X, Z' \Rightarrow B'}$$

① 注：在不至混淆的情况下，使用（L^*）代表所有操作规则的左规则，使用（R^*）代表所有操作规则的右规则。

比原切割有更小的切割度。且通过从 Y′, A, Z′⊢ B′到 Y, A, Z ⊢ B 的推演方法，易从 Y′, X, Z′⊢ B′推演得 Y, X, Z ⊢ B。

Case 5：两个切割前提推演的最后一步都引入了 A 的主连接词 ·，即 $A = A' \cdot A''$。我们可以将原切割：

$$\dfrac{\dfrac{X' \Rightarrow A' \qquad X'' \Rightarrow A''}{X', X'' \Rightarrow A' \cdot A''}(\cdot R) \qquad \dfrac{Y, A', A'', Z \Rightarrow B}{Y, A' \cdot A'', Z \Rightarrow B}(\cdot L)}{Y, X', X'', Z \Rightarrow B}(Cut)$$

置换为：

$$\dfrac{X'' \Rightarrow A'' \qquad \dfrac{X' \Rightarrow A' \qquad Y, A', A'', Z \Rightarrow B}{Y, X', A'', Z \Rightarrow B}(Cut)}{Y, X', X'', Z \Rightarrow B}(Cut)$$

显然，这两个切割均比原来的切割有更小的度。

Case 6：两个切割前提推演的最后一步都引入了 A 的主连接词←，即 $A = A' \leftarrow A''$。我们可以将原切割：

$$\dfrac{\dfrac{X, A'' \Rightarrow A'}{X \Rightarrow A' \leftarrow A''}(\leftarrow R) \qquad \dfrac{Z' \Rightarrow A'' \quad Y, A', Z'' \Rightarrow B}{Y, A' \leftarrow A'', Z', Z'' \Rightarrow B}(\leftarrow L)}{Y, X, Z', Z'' \Rightarrow B}(Cut)$$

置换为：

$$\dfrac{Z' \Rightarrow A'' \qquad \dfrac{X, A'' \Rightarrow A' \qquad Y, A', Z'' \Rightarrow B}{Y, X, A'', Z'' \Rightarrow B}(Cut)}{Y, X, Z', Z'' \Rightarrow B}(Cut)$$

显然，这两个切割均比原来的切割有更小的度。

Case 7：两个切割前提推演的最后一步都引入了 A 的主连接词→，即 $A = A'' \rightarrow A'$。此情况类似于 Case 6，在此略过。

Case 8：两个切割前提推演的最后一步都引入了 A 的主连接词□，即 $A = \Box A'$。则 X ⊢ □A′的上一步为：∗X ⊢ A′；另一边，根据（□L），其形式为 Y，∗□A′，Z ⊢ B，则其上一步为：Y，A′，Z ⊢ B

从而新的切割为：

$$\dfrac{*X \Rightarrow A \qquad Y, A, Z \Rightarrow B}{Y, *X, Z \Rightarrow B}(Cut)$$

因为 d(∗X) = d(X)（注意到∗是 punctuation mark），且 d(A) < d(□A)，因此

新切割比原切割有更小的度，据归纳假设，该切割可以消除。

Case 9：两个切割前提推演的最后一步都引入了 A 的主连接词∨，即 $A = A' \vee A''$。

我们可以将原切割：

$$\cfrac{\cfrac{X\Rightarrow A'(\text{or}A'')}{X\Rightarrow A'\vee A''}(\vee R)\qquad \cfrac{Y,\ A',\ Z\Rightarrow B\quad Y,\ A'',\ Z\Rightarrow B}{Y,\ A'\vee A'',\ Z\Rightarrow B}(\vee L)}{Y,\ X,\ Z\Rightarrow B}(Cut)$$

置换为：

$$\frac{X\Rightarrow A'\ (\text{or}\ A'')\qquad Y,\ A'(\text{or}A''),\ Z\Rightarrow B}{Y,\ X,\ Z\Rightarrow B}(Cut)$$

显然，新的切割比原切割有更小的度，所以该切割可以消除。

据 Case1 ~9，在没有使用结构规则的前提下，切割是可以消除的。

情况二：证明切割前提的最后一步是由 Extension 或 Distrubution 规则推演得到。注意到在此情况下只有切割左前提能使用到这两条规则，具体又分为两种子情况。

子情况 1：$X\vdash A$ 是使用 Extension 规则得到，即 X 形如 $*X'$，则原切割形如：

$$\cfrac{\cfrac{X'\Rightarrow A}{*X'\Rightarrow A}(Extension)\quad Y,\ A,\ Z\Rightarrow B}{Y,\ *X',\ Z\Rightarrow B}(Cut)$$

其可被置换成：

$$\cfrac{\cfrac{\cfrac{*X'\Rightarrow(\cdot Y\rightarrow B)\leftarrow\cdot Z}{\cfrac{X'\Rightarrow(\cdot Y\rightarrow B)\leftarrow\cdot Z}{\cfrac{\cdot Y,\ X',\ \cdot Z'\Rightarrow B}{\cfrac{X'\Rightarrow A\quad Y,\ A,\ Z\Rightarrow B}{Y,\ X',\ Z\Rightarrow B}(Cut)\quad \cdot Y\Rightarrow\cdot Y(Id)\quad \cdot Z\Rightarrow\cdot Z(Id)}(\cdot L)}(\rightarrow R,\ \leftarrow R)}(Extension)}{\cdot Y,\ *X',\ \cdot Z'\Rightarrow B}\quad Y\Rightarrow\cdot Y(\cdot R)\quad Z\Rightarrow\cdot Z(\cdot R)}{Y,\ *X',\ Z\Rightarrow B}(\cdot L)$$

据此，我们只要证明：

$$\frac{X'\Rightarrow A\qquad Y,\ A,\ Z\Rightarrow B}{Y,\ X',\ Z\Rightarrow B}(Cut)$$

是可被切割消除的则可以，这分为两种情形：

(a) 证明 $X'\vdash A$ 的上一步没有使用结构规则，则情形同情况一中的证明；

(b) 证明 $X'\vdash A$ 的上一步使用了结构规则，则情形同情况二，但注意到对于给定的一个证明 $X'\vdash A$ 其能连续使用结构规则总是有限的，因此在此情况下，我们总能将其递归回情况一中的情形。

据 (a) 和 (b)，我们得到 $\frac{X'\Rightarrow A\qquad Y,\ A,\ Z\Rightarrow B}{Y,\ X',\ Z\Rightarrow B}(Cut)$ 是可以切割消除的，所以原切割可以消除。

子情况 2：$X\vdash A$ 是使用 Distrubution 规则得到，即 X 形如 $*(X',\ X'')$。使用类似于子情况 1 中的证明方法，同样能证明该切割是可以消除的。

据子情况 1、子情况 2，在切割的前提使用了结构规则的情形下，切割也可以消除。

最后，据情况一和情况二，我们证明了在 L_{TM} 系统中，其切割定理是可以被消除的。■

6.3.3.2 判定性

据切割消除性，我们可证明 L_{TM} 系统具有有穷判定性，据（Lambek，1958）的描述方法，我们对该定理及相关证明描述如下：

定理 6.12 判定性定理

在 L_{TM} 系统中，给定一个矢列 $X \vdash A$，其是可判定的。

证明

本判定性的证明基本同 Lambek 演算，描述如下：给定一个矢列 $X \vdash A$，我们可对其构造一棵至底向上的证明树，该树的每一分支为一证明。对于该树的构造，可使用（ $*$L）和（ $*$R）规则，以及除 Cut 之外的结构规则进行（注意到 Cut 规则已经被消除）。注意到对 Extension 或 Distrubution 规则是有限的，其总能如切割消除中情况二中子情况 1 ~ 2 描述的那样回溯到没有使用该两规则的情形，因此我们可将每次回溯过程构造为树中的一个点，形成一棵新树。在新树中，每一个向上的步骤，都能消除连接词 ·、→、←、□、∨的一次出现，注意到这样的方法总是有穷的，因此该树是有穷的。因此 $X \vdash A$ 是可判定的当且仅当该树的某一分支能证明之。■

6.3.4 范畴语法

证明了 L_{TM} 系统的可靠性、完全性、切割消除性和判定性后，我们能相应给出根据该系统的范畴语法，由于没有添加新的类型，因此其基本范畴集仍与 BCG 一致。

定义 6.23 范畴集合

集合 B 表示基本范畴集合。CAT(B) 为一最小集，使得

(1) $B \subseteq CAT(B)$；

(2) 如果 A，$B \in CAT(B)$，则 $A \leftarrow B \in CAT(B)$；

(3) 如果 A，$B \in CAT(B)$，则 $A \rightarrow B \in CAT(B)$；

(4) 如果 A，$B \in CAT(B)$，则 $A \cdot B \in CAT(B)$；

(5) 如果 A，$B \in CAT(B)$，则 $A \vee B \in CAT(B)$；

(6) 如果 $A \in CAT(B)$，则 $◎A \in CAT(B)$（在此◎表示任意时态算子）

定义 6.24 L_{CCG}范畴语法

给定字母表 $\sum$。一个 L_{TM}范畴语法 G 是一个三元组 $\langle Bc, LEX, S \rangle$。其中有穷集 B 定义如上，LEX 是一个 $\sum^{+} \times CAT(B)$ 上的一个有穷子集，S 是 $CAT(B)$ 的一个有穷子集（指定元范畴）。

该语法上的语言定义如下。

定义 6.25 $G = \langle B, LEX, S \rangle$ 是字母表 $\sum$ 上的一个 L_{TM}语法。则 $\alpha \in L(G)$ 当且仅当存在 $a_1, \cdots, a_n \in \sum^{+}$，$A_1, \cdots, A_n \in CAT(Bc)$ 和 $S \in S$ 使得：

(1) $\alpha = a_1 \cdots a_n$;

(2) 对所有 i 使得 $1 \leqslant i \leqslant n$：$< a_i, A_i > \in LEX$，且

(3) $A_1, \cdots, A_n \vdash S$。

6.3.5 小结

在本节中，基于 L_C 和 L_{CCC} 系统的研究方法，我们重新设计了一个时态 Lambek 演算系统 L_{TM}。有别于 L_C 系统中增加时态类型和二元逻辑算子使得动词与时间副词照应的方法，LT 系统直接使用一元模态连接词“□”使得动词与时间副词进行照应，从而解决了时态句型问题。

L_{TM}系统的框架与模型有别于传统 Lambek 演算使用的剩余半群模型，其主要使用关系语义与关系框架、模型，这主要得益于本书第 2 章中介绍的亚结构逻辑的研究与发展。在本节中，我们利用这样的框架与模型，分别证明了 L_{TM}演算的框架可靠性、框架完全性。

从证明论角度看，L_{TM}系统也是一个较完整和令人满意的系统，它具有切割消除性和可判定性，这些都是逻辑系统较为重要的性质。在得到有穷判定性的同时也利于我们进一步对其进行研究与发展，并有望最终研发出相应的计算机应用和更多的实际应用。

在本节末尾，还介绍了基于 L_{TM}的范畴语法，进一步说明了 L_{TM}的效用。

第 7 章

面向汉语的 LNL

本章主要关注汉语的灵活语序这种句法现象和汉语一些特殊句式体现出的致使语义。本章以形式语义学理论中的范畴类型逻辑为研究工具，构建刻画灵活语序现象的多模态范畴逻辑推理系统和表达致使语义的范畴类型逻辑语句系统。

7.1 导　　言

7.1.1 背景与动态

自哲学家莫里斯和卡尔纳普以来，自然语言的研究被分为句法（语形）①、语义和语用三个层面。形式语义学实质上就是逻辑语义学，是在逻辑框架内构建的关于自然语言的语义学。形式语义学研究虽以自然语言的语义为对象，但仍然从两个方面涉及自然语言的句法：一是它必须从句法入手才能进入语义领域；二是因为其模型论语义解释方法必须以句法为载体。这种句法是供语义解释之用而和语义对应的句法，这不同于通常语言学的句法概念。所以从形式语义学角度考

① 语言学界、语言哲学及学术界一般习惯把“syntax”译作句法，而在逻辑学界又译作语形或语法。

察自然语言的句法，势必从句法对应到语义，其关注的重点与语言学有所不同。而作为形式语义理论中最强调逻辑精神的学说，范畴类型逻辑以自然语言的句法运行规律为首要研究目标，然后进入句法和语义的互动共现领域。

句法和语义的对应是形式语义学的基本思想，形式语义学特别偏爱自然语言中句法和语义一致的地方。形式语义学中影响较大的理论有：Montague 语法、广义量词理论、话语表示理论、情境语义学和范畴类型逻辑。这些理论的创建顺序如下所示：

60～70 年代	80 年代	80～90 年代
Montague 语法 （R. Montague， M. Cresswell B. H. Partee）	广义量词理论 （J. Barwise & R. Cooper） 话语表示理论 （H. Kamp etc.） 情境语义学 （J. Barwise & J. Perry）	范畴类型逻辑（类型－逻辑语法） （van Benthem，M. Moortgat， W. Buszkowski，G. Morrill， B. Carpenter）

Montague 语法的特点是：把自然语言看做是同逻辑语言本质上相同的符号系统，据此提出所谓通用语法的思想，开创了自然语言形式语义学研究的领域。Montague 语法构造的 PTQ 英语部分语句系统成功地描述了自然语言的量化表达式、内涵语境及命题态度句等语义特征。“多年来，语言学家、逻辑学家和计算机科学家一直在从事关于自然语言形式处理的研究。蒙太格关于英语部分语句系统的形式化方案是这个研究方向的极其重要的一步。……蒙太格引进了从句法和语义两个层面分析自然语言的强有力的方法，他发展了一种形式化的工具，为深刻理解自然语言的语义学提供了必要的技术背景”（Gallin，1975：301）。形式语义学的最显著特征是把自然语言看做是现代逻辑形式化方法处理的对象，认为自然语言与逻辑语言没有实质的区别，可以通过构造自然语言的形式句法来解决其语义问题。具体的操作手段是建立句法和语义的对应原则，构造遵循意义组合原则的语义模型。在 Montague 语法看来，自然语言的句法是服务于语义解释的形式装置，体现出自然语言的递归特性。这些思想观点和技术工具是形式语义学的基石，是蒙太格最早明确提出并付诸实施的，所以说 Montague 语法是形式语义学的开端。

广义量词理论的重要任务是研究自然语言的限定词和名词短语的量化意义及其抽象性质。广义量词理论被看做是 20 世纪 80 年代初提出的形式语义理论，但其思想根源可追溯到 20 世纪初现代逻辑的创始人弗雷格那里。广义量词理论的研究不仅针对单一模式和多样模式的量词，还涉及关于量词的叠置复合与量词类型的提升以及量词的表达力和可定义性等问题。在广义量词理论那里，自然语言句子在句法上分为名词短语 NP 和动词短语 VP，其语义结构就分为〈1〉类型量词 Q（对应 NP）及其论元 A（对应 VP）；进一步细分，自然语言句子的句法构成为限定词 Det、普通名词 N 和动词短语 VP，其语义结构就是：〈1，1〉类型量词 D（对应 Det）、第一论元 A（对应 N）和第二论元 B（对应 VP）。从句法看，量化句子成分的排列为：限定词 Det 为头（head），其后的普通名词 N 和动词短语 VP 为两个身段（body）；量化句对应的语义构造是：量词 D 为函项，A 和 B 为这个函项的两个论元。头决定身段，函项对论元进行运算。这些就是我们在广义量词理论那里看到的句法和语义的严格对应。

话语表示理论擅长处理句子之间名词与代词的照应关系以及动词在时间方面的联系，对句子序列的语义分析采用一种渐进递增的动态方法。DRT 是动态地描述自然语言意义的形式语义理论，其创始人汉斯·坎普（Hans Kamp）指出："DRT 从以 Montague 语法为首的关于自然语言语义学的模型论方法那里发展起来。"（Kamp et al.，1993：253）。DRT 分析自然语言语义时采用"逐渐递增信息"的动态分析方法，并把以往形式语义理论对自然语言单个句子的分析扩大到句子序列。此外，DRT 还在自然语言句法分析树与其语义模型之间，增设了一个称作话语表示结构 DRS 的中间层面作为语义表达式，从直观角度展现人们理解语言的认知过程。DRT 透过自然语言照应回指这些句法现象来揭示其深层的语义依据。可以说，DRT 对自然语言的句法语义关系采取的是间接对应的处置方式。

情境语义学对语句的语境因素及命题态度句的心理特征给予充分关注，运用信息条目的方式来描述自然语言的语义语用现象。情境语义学是欧美 20 世纪 80 年代产生的一种新理论，创始人是美国逻辑学家巴威斯和语言哲学家佩里。国际上著名刊物《语言学和哲学》（*Linguitics & Philosophy*）曾出专辑，收集了许多哲学家、逻辑学家、语言学家、心理学家及计算机人工智能科学家关于情境语义学的讨论文章，美国和欧洲好些大学还开设了情境语义学的专门课程，有关研究已成为国外学术界的关注热点，自 20 世纪 80 年代以来在逻辑学、语言学、计算机科学以及语言哲学等领域内显示出深远的影响。情境语义学是贯穿"信息"思想的语义理论，是关于信息的数学和逻辑，是一种挑战传统观念的形式语义学理论。情境语义学从语用和认知角度展开对自然语言语义的研究，其句法和语义的对应则显得相对松散。

范畴类型逻辑（Categorial Type Logic）又叫类型－逻辑语法。作为彻底贯彻意义组合原则的理论，范畴类型逻辑不仅可以抽象地研究句法范畴的运行规律，还通过引入简单类型 λ-演算的工具来展现句法和语义的共现互动（interface）。在范畴类型逻辑看来，自然语言的句法和语义具有一种高度的对应关系。自然语言由较小的符号串变成较大的符号串，这个句法规律体现为范畴之间的运算，运算就是一种推演证明。与之相应，较小语言单位的意义组合成较大语言单位的意义，这里的语义运作就是表现自然语言语义的λ-词项的演算规律，这也是一种逻辑演绎。句法和语义的两种推演同步进行共现互动是范畴类型逻辑的最大特色，其推演单位表现为两种推演因素参与的序对：α：A（后者代表句法范畴，前者指示语义表现）。其规则表现为：

Fa　α：A/B　β：B⇒α(β)：A　　（向前的推演规则）

Ba　β：B　　α：B\A⇒α(β)：A　　（向后的推演规则）

拿 Fa 规则来说，句法范畴 A/B 和 B 的推演结果是 A，同时从λ-词项α和β推出α(β)。α对应 A/B，β对应 B，α(β)自然对应 A。总之，在范畴类型逻辑看来，自然语言的句法和语义具有更加严格的对应关系。范畴类型逻辑是一种体现了逻辑演绎精神的形式理论，其口号是：语法 = 逻辑。

形式语义学各理论的共同点是：对待自然语言，在专设的形式句法规则基础上制定与句法对应的语义运算规则。这样的处理结果适合计算，便于计算机的信息处理，形式语义学是面向计算机处理的自然语言语法。

7.1.2 问题与方法

汉语的灵活语序是一种具有语义依据的句法现象。

汉语中有一种“主宾互易句”，即在句法上谓语动词前后的主语和宾语可以互换位置，而互换的结果则保持原来的语义关系。如（李临定，1994：1 ~2）：

五斤草铺一个炕　　一个炕铺五斤草

两个人骑一匹马　　一匹马骑两个人

五个人坐一只船　　一只船坐五个人

三十个人吃一锅饭　　一锅饭吃三十个人

语言学研究还注意到汉语句子更多的灵活语序现象。在汉语的不少句子中，主语、宾语和状语可以出现在不同的位置上，如：

张三在墙上写标语

标语张三写在墙上

在墙上张三写标语

张三写标语在墙上

这组句子在重音或焦点的处理上有所不同，但其基本的逻辑语义是相同的，这些句子在汉语那里都是说得通的。汉语句子的灵活语序是汉语句法的显著特征，范畴类型逻辑可以从范畴位置移动的结构性质的角度来描述汉语的灵活语序。

体现致使语义的汉语句有许多独特的句法表现方式：动词和介词短语搭配句、动词反复出现的重动句、“把”字致使句、动补致使句和使令兼语句，等等。值得关注的是，汉语这些不同句法表现的句子都体现出从一个事件导致另一事件的含义。汉语致使句式的种类有：

张三放书在桌子上（动词和介词短语搭配的句子）
张三送书送给李四（动词反复出现的重动句）
张三把书送给李四（宾语前置的“把”字句）
张三喝酒喝醉了（重动动补句）
张三叫李四来（使令类兼语句）

现有的范畴类型逻辑没有表现致使语义的工具，采用 λ-演算的高阶逻辑手段表现汉语致使句式显得不够直观简洁，并且不便分析汉语的重动致使句。我们打算对范畴类型逻辑的工具进行如下改进：出于句法分析需要增添关于致使句构成成分移动增减的结构规则；出于语义表现需要增添逻辑常项 CAUSE；给汉语名词和介词指派特定的范畴。最终获得关于汉语致使句式的直观简洁的类型逻辑语义表达。

本章以形式语义学理论中的范畴类型逻辑为研究工具。形式语义学的基本原则是强调句法和语义的对应，范畴类型逻辑的具体做法为：在句法和语义对应的设定下进行句法的抽象研究，也可以直接展现句法和语义的对应而进行二者的并行推演。

7.1.3 内容与结论

我们的结论是：范畴类型逻辑工具不仅适合于研究英语，而且也适合于研究汉语的一些比较特殊的句法语义特征。我们成功地改造和应用范畴类型逻辑处理了汉语的灵活语序和致使句式。同时，我们认为，这两种现象可以作为范畴类型逻辑研究汉语的切入点。

本章以下分为两部分：

7.2 节从句法和语义的对应角度简介形式语义学各理论的情况以及基于句法和语义的对应来关注汉语的一些语言现象；

7.3 给出本章的研究结果：确立一种多模态范畴逻辑推理系统，从结构性质的角度说明汉语灵活语序的内在依据；构建范畴类型逻辑的语句系统，表达出汉语多种句式体现出的致使语义。

7.2 形式语义学对汉语句法语义的关注

自然语言具有多种多样的句法语义特征。在形式语义学的逻辑视角下观察到的这些特征跟通常语言学看重的有所不同。或者说，形式语义学关注的地方可能不同于语言学感兴趣的方面。这是因为形式语义学特别注重把句法和语义对应起来研究。

语言学所谓句法概念往往指组词造句的规律。就英语等形态语言来说，包括：名词和代词的性数格，动词的时态、语态和语气，动词和副词的固定搭配，句中名词和动词的一致性，句中的主谓宾定状补等成分，主句和从句的关系，由简单句构成复杂句，等等。语言学可以大致脱离语义来研究句法，而形式语义学则不能。其句法考察紧紧服务于语义解释，离开语义的“句法”几乎不存在。汉语作为一种非形态语言，没有名词的性数格之分，更没有动词在时态、语态和语气方面体现出的形态特征。应该说，对汉语很难有纯粹的句法研究。人们不得不关注汉语语义对句法的驱动影响，词义在语句生成中的“意合”作用，时间名词或时间副词体现出的时间语义，等等。巧合的是，形式语义学的偏好似乎适合于研究汉语句法语义的需要。形式语义学关注的汉语现象有：汉语非连续句法量化表达式对应的作为语义整体的复合量词；汉语镶嵌句的句法递归性对应的语义组合性。

同英语类似，汉语的量化表达式在句法上除了有连续的表现形式，如“满屋子人都被她惹笑了”外。还有大量非连续的复合叠置情况，如“不同的人生起点都有一个共同的人生终点”。这里所谓非连续是指几个量词（成分）在句法上不相毗邻，但在语义上却表现为一个复合量词的整体。这里句法和语义不是直接对应的。汉语复合量词的非连续表现显然要被作为形式语义学中的广义量词理论所关注，其句法和语义的对应要采取特殊的技术处理。

广义量词理论早已注意到英语量化句中的非连续句法现象。例如英语句子：

（1）*Most* critics reviewed just *four* films.

这里“most”和“four”本来分别对应简单模式的量词，按照通常的惯例把（1）翻译成：

（1′）（most(critic)）λx((four(film))λy(review(x, y)))

再令A指代“critic”的语义值，B表示“film”的语义值，R表示“review”的语义值，包含量词“most”和数目量词“four”的公式（1′）的模型论描述为：

$$\|(1')\| = 1 \text{ 当且仅当 } |A \cap \{a \in E: |B \cap \{b \in U: Rab\}| = 4\}| > |A - \{a \in E: |B \cap \{b \in U: Rab\}| = 4\}|$$

解读为：被评论的东西和电影的交集的基数是4（被评论的电影刚好有4部），4部电影的评论者与评论者相交，其基数大于评论者减去4部电影的评论者所得集合的基数（即评论4部电影的评论者多于不是评论4部电影的评论者）。这样的理解比较复杂。

若把（1′）中两个量词复合成一个量词，即认为（1′）只有一个量词Q。显然，A和B是这个量词的两个论元，而作为E上的二元关系R就是这个量词的第三个论元。于是（1）的量化结构及其真值条件就是：

$$Q(A, B)(R) = 1 \text{ 当且仅当 } |\{a \in A: |\{b \in B. Rab\}| = 4\}| > |\{a \in A: |\{b \in B: Rab\}| \neq 4\}|$$

这样的描述显得简洁一些。直观理解为："被评论的电影刚好是4部"的"评论者"多于"被评论的电影不是4部"的"评论者"。但是例句（1）就成为非连续的两个量词成分表达一个复合量词的情况，句法和语义于是不对应。广义量词理论便设计出量词提升的技术手段使自然语言量化句的分析重新回到句法和语义对应的局面。就上例而言，被复合的简单量词"most"和"four"，其类型都是〈1，1〉，二者叠置复合后形成的新量词，其类型变为〈〈1，1〉，2〉。量词复合及其类型的提升的一般表述为：

若Q_1，…，Q_k是k个类型为〈1，1〉的单一模式量词，则其复合$It(Q_1, \cdots, Q_k) = Q_1 \cdots Q_k$（或简写为Q）就是类型为$\langle\langle \underbrace{1, \cdots, 1}_{k\text{个}} \rangle, k\rangle$（简写为$\langle 1^k, k\rangle$）的多样模式量词。

基于量词复合叠置的技术手段，广义量词理论自然把汉语量词的非连续句法现象也纳入考察的范围。就形式分析而言，汉语量词的复合叠置情况至少有：

汉语量化句中出现两个数目短语（numeral phrase）量词而被复合的情况。一般来说，这种量化句的语义解释涉及到集合基数的概念。例句有：

（2）有二十个学生通过了五门考试。

（3）每个捐赠者送给五个儿童二十本书。

（2）出现"有二十个"及"五门"等两个简单量词，叠置的复合量词记为［有二十个，五门］；（3）的情况更为复杂，有"每个"、"五个"和"二十本"共三个简单量词进行叠置复合。于是（2）和（3）的语义解释在句法和语义重新回到对应的基础上分别为：

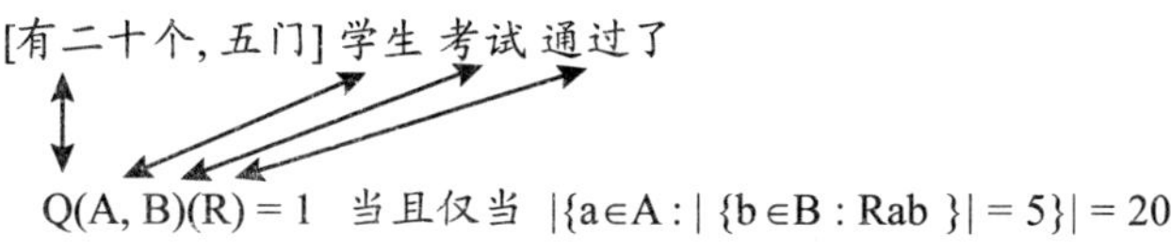

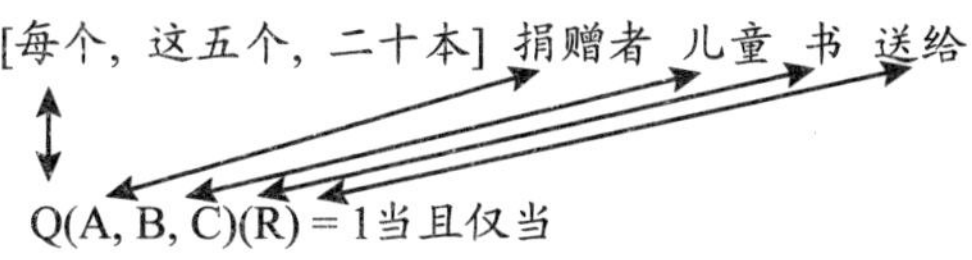

$$A \subseteq \{a \in E : |\{b \in B : |\{c \in C : Rabc\}| = 20\}| = |B| = 5\}$$

类似（Keenan，1985）讨论的不可化归的英语复合量词，汉语也有这样的例子。如：

（4）每个学生读过同样的一本书。

（5）不同的人有不同的想法。

上述句子的两个量词在句法上是离散的，但在语义上却是不可分割的。甚至整个量化句的量化语义不能从其中两个简单量词的语义那里推导出来。在这里，量词必须提升复合，回到句法和语义对应后，广义量词理论的形式语义解释如下：

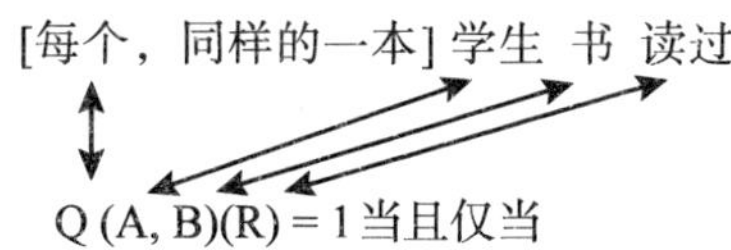

(a) 对所有 $a, b \in A, a \neq b$ 并且 $B \cap R_a = B \cap R_b$

(b) 对所有 $a \in A, |B \cap R_a| = 1$

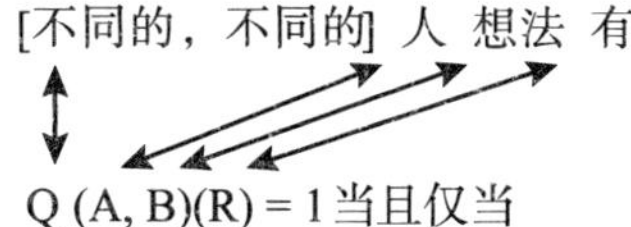

(a) 对所有 $a, b \in A, a \neq b$ 并且 $B \cap R_a \neq B \cap R_b$

(b) 对所有 $a \in A, |B \cap R_a| \geqslant 1$

对（5）的分析结果表明：对“人”集合中任何两个不同的成员 a，b 来说，a 的想法（即 $B \cap R_a$）不同于 b 的想法（即 $B \cap R_b$）。简言之，后一个“不同的”是相对前一个“不同的”而言的，没有前者，就无法理解后者。该句起量化作用的是两个不相毗连的语词“不同的”和“不同的”，在句法上它们是非连续的分离的符号串，但在语义上二者表现为一个不可分割的整体意义。对这种句法和语义不对应的情况，经过技术处理，我们重新回到了句法和语义的对应局面。

其次，在形式语义学看来，自然语言句子的长度在理论上是不加限制的，所以自然语言就可以生成无穷多的句子。而自然语言句子的长度之所以要有多长有多长，是因为自然语言具有递归的性质。“在自然语言处理的研究中，语言符号的递归性起着很大的作用。机器翻译的实质，就是把源语言中无限数目的句子，通过有限的规则，自动地转换为目标语言无限数目的句子。如果机器翻译的规则系统不充分利用语言符号的递归性，要实现这样的转换是非常困难的，甚至是不可能的。”（冯志伟，1996：33）。从句法和语义对应的角度看，自然语言句法的递归性必定延伸到语义组合。

汉语生成的递归性表现为符号串的循环毗连，如镶嵌句：

张三考上中大。
李四知道张三考上中大。
张三知道李四知道张三考上中大。
……

汉语是一个具有递归性的符号系统。直观讲，汉语的递归性揭示了其由小到大的形成过程。“小”到一个最初的起点，据此使用规则来形成“大”，由于可以循环反复使用规则，故这个“大”是没有止境的。在逻辑形式系统中，合式公式的形成贯彻的就是一种递归精神。在形式语义学领域，汉语句法的递归性自然是其关注对象，与此相应的语义组合规律也紧随其后。

对于上述汉语镶嵌句，仿照蒙太格的 PTQ 系统，我们设计的句法规则及其对应的语义规则如下：

BNP = {张三，李四，中大}

$B_{(NP\backslash S)/NP}$ = {考上}

$B_{(NP\backslash S)/S}$ = {知道}

$B_S = \varnothing$

Syn1. 若 $\alpha \in B_a$ 则 $\alpha \in P_a$，$a \in$ {NP，(NP\S)/NP，(NP\S)/S，S}

Syn2. 若 $\alpha \in P_{NP}$ 且 $\zeta \in P_{(NP\backslash S)/NP}$ 则 $\zeta\alpha \in P_{NP\backslash S}$；

Syn3. 若 $\alpha \in P_{NP}$ 且 $\xi \in P_{NP\backslash S}$ 则 $\alpha\xi \in P_S$；

Syn4. 若 $\delta \in P_{(NP\backslash S)/S}$ 且 $\varphi \in P_S$ 则 $\delta\varphi \in P_{NP\backslash S}$。

Sem1. zhsan 是“张三”的语义，lisi 是“李四”的语义，zhda 是“中大”的语义，K 是“考上”的语义，Z 是“知道”的语义；

Sem2. 若 α' 是 α 的语义且 ζ' 是 ζ 的语义则 $\zeta'(\alpha')$ 是 $\zeta\alpha$ 的语义；

Sem3. 若 α' 是 α 的语义且 ξ' 是 ξ 的语义则 $\xi'(\alpha')$ 是 $\alpha\xi$ 的语义；

Sem4. 若 δ' 是 δ 的语义且 φ' 是 φ 的语义则 $\delta'(\varphi')$ 是 $\delta\varphi$ 的语义。

例句的句法推演如下：

(a) 张三 $\in B_{NP}$ 词库设定
(b) 李四 $\in B_{NP}$ 词库设定
(c) 中大 $\in B_{NP}$ 词库设定
(d) 考上 $\in B_{(NP\backslash S)/NP}$ 词库设定
(e) 知道 $\in B_{(NP\backslash S)/S}$ 词库设定
(f) 若张三 $\in B_{NP}$ 则张三 $\in P_{NP}$ 据 Syn1
(g) 张三 $\in P_{NP}$ (a)(f) 分离
(h) 若李四 $\in B_{NP}$ 则李四 $\in P_{NP}$ 据 Syn1
(i) 李四 $\in P_{NP}$ (b)(h) 分离
(j) 若中大 $\in B_{NP}$ 则中大 $\in P_{NP}$ 据 Syn1
(k) 中大 $\in P_{NP}$ (c)(j) 分离
(l) 若考上 $\in B_{(NP\backslash S)/NP}$ 则考上 $\in P_{(NP\backslash S)/NP}$ 据 Syn1
(m) 考上 $\in P_{(NP\backslash S)/NP}$ (d)(l) 分离
(n) 若知道 $\in B_{(NP\backslash S)/S}$ 则知道 $\in P_{(NP\backslash S)/S}$ 据 Syn1
(o) 知道 $\in P_{(NP\backslash S)/S}$ (e)(n) 分离
(p) 考上中大 $\in P_{NP\backslash S}$ (k)(m) 与 Syn2 分离
(q) 张三考上中大 $\in P_{S}$ (g)(p) 与 Syn3 分离
(r) 知道张三考上中大 $\in P_{NP\backslash S}$ (o)(q) 与 Syn4 分离
(s) 李四知道张三考上中大 $\in P_{S}$ (i)(r) 与 Syn3 分离
(t) 知道李四知道张三考上中大 $\in P_{NP\backslash S}$ (o)(s) 与 Syn4 分离
(u) 张三知道李四知道张三考上中大 $\in P_{S}$ (g)(t) 与 Syn3 分离
……

对应的语义计算为：
(a) zhsan 是“张三”的语义 据 Sem1
(b) lisi 是“李四”的语义 据 Sem1
(c) zhda 是“中大”的语义 据 Sem1
(d) K 是“考上”的语义 据 Sem1
(e) Z 是“知道”的语义 据 Sem1
(f) K(zhda) 是“考上中大”的语义 (c)(d) 与 Sem2 分离
(g) (K(zhda))(zhsan) 是“张三考上中大”的语义
(a)(f) 与 Sem3 分离
(h) Z((K(zhda))(zhsan)) 是“知道张三考上中大”的语义
(e)(g) 与 Sem4 分离
(i) (Z((K(zhda))(zhsan)))(lisi) 是“李四知道张三考上中大”的语义

(b)(h) 与 Sem3 分离

(j) Z((Z((K(zhda))(zhsan)))(lisi)) 是“知道李四知道张三考上中大”的语义 (e)(i) 与 Sem4 分离

(k) (Z((Z((K(zhda))(zhsan)))(lisi)))(zhsan) 是“张三知道李四知道张三考上中大”的语义 (a)(j) 与 Sem3 分离

……

本章的主要关注对象是汉语的灵活语序句法现象和汉语一些特殊句式体现出的致使语义，对此运用的研究工具是作为形式语义学理论的范畴类型逻辑。范畴类型逻辑是形式语义学领域的一个部门，它能够关注汉语的哪些方面？换句话说，范畴类型逻辑工具适合于研究汉语的哪些句法语义特征？大致说这里有两个针对性：一是汉语的灵活语序；二是体现汉语致使含义的一些特殊句式。这两种现象可以作为范畴类型逻辑研究汉语的切入点。

7.3 面向汉语灵活语序和致使语义的 LNL

汉语的灵活语序是一种句法现象，其内在根据和语义有关。而汉语的致使语义通过各种句式表现出来，句法是其切入点。范畴类型逻辑抓住汉语的这两类现象，深入研究，从逻辑的角度给出这些现象一个形式语义理论上的解释。

7.3.1 刻画汉语灵活语序的多模态范畴逻辑推理系统

汉语句子具有比较灵活的语序，其主语、宾语和谓语动词可以出现在不同的位置上，而不影响基本的语义。从范畴类型逻辑角度看，需要建立针对汉语灵活语序的范畴推演机制。为此，笔者提出关于范畴位置移动的结构公设，形成特定的范畴类型逻辑系统，即一种多模态系统（multimodal system）。并给该系统框架语义学中的可通达关系确立相应的限制条件，然后给出系统可靠性和完全性的证明。

语言学研究早就注意到汉语句子语序的灵活性（吴平，2005：53），（蒋严、潘海华，1998：200），如：

(1a) 刘强爱看言情片（正常句）

(1b) 言情片刘强爱看（话题句）

（1c）刘强言情片爱看（焦点句）

（2a）张三买了《西游记》（正常句）

（2b）《西游记》张三买了（话题句）

（2c）张三《西游记》买了（焦点句）

以上两组句子在重音或焦点的处理上有所不同，但有一点是共同的，每组句子具有相同的基本语义。人们感到困惑的是："根据类型论的规定，每个词项都被赋予相应的句法范畴和语义类型。动词的句法范畴规定了相关的名词论元出现的左右位置。这样，作为大前提的动词就会朝某个方向去搜寻论元并与之合并。然而，有些论元由于种种原因，有时并不出现在规定的方位，却出现在相反的方向。这样，动词就寻觅不到所需的论元。而另一方面，正因为动词无法与相关论元合并，整个句子便出现了一个额外的、不能用的论元。组合机制因此陷于停顿，句子便无以生成。"（蒋严、潘海华，1998：199）。

逻辑研究者应该说明：这些不同语序的汉语句之所以能够成立，其内在原因是它们具有大致相同的基本语义，并且从不同的句法排列能够推出相同的基本语义。本章试图从多模态范畴逻辑的角度给出这样的说明。在范畴类型逻辑看来，句法上合法的句子能够通过范畴推演获得句子范畴 s。比如：在给（1a）中各词条指派一定范畴的条件下根据范畴推演定理就能够获得范畴 s，其自然演绎的推演如下：

刘强　　爱看　　言情片

np　　(np\s)/np　　np

———————— 据有关规则

爱看 ∘ 言情片 ⊢ (np\s)

———————— 据有关规则

刘强 ∘ (爱看 ∘ 言情片) ⊢ s

这表明（1a）是合语法的语句。但同样的范畴指派，显然不能分别从（1b）和（1c）那样的排列语序推得范畴 s，从而无法判定它们是合语法的句子。如（1d）的情况为：

言情片　　刘强　　爱看

np　　np　　(np\s)/np

———————— ?

刘强 ∘ 爱看 ⊢ ?

———————— ?

言情片 ∘ (刘强 ∘ 爱看) ⊢ ?

然而，汉语的灵活语序机制则允许（1b）和（1c）具有与（1a）相同的基本语义，在这里要求都能够推出 s。多模态范畴逻辑要反映这种机制，在给有关词条指派固定范畴的前提下，必须揭示汉语特有的关于毗连的结构性质。这种结构性质使得（1a）~（1c）能够推出相同的语义，即（1b）~（1c）的范畴推演都获得 s，从而表明它们都是合语法的句子。汉语的灵活语序表现为语词符号的位置移动，在多模态范畴逻辑看来，这是一种结构性质。基于此，我们确立关于位置移动的结构公设来概括这些性质。比如：

P1　若 $A\circ(B\circ\Diamond C)\vdash D$ 则 $\Diamond C\circ(A\circ B)\vdash D$

P2　若 $\Diamond C\circ(A\circ B)\vdash D$ 则 $A\circ(\Diamond C\circ B)\vdash D$

P1 后件的前提是（1a）的结构抽象，P1 前件的前提是对（1b）的抽象。回到具体，“言情片”变成了“◇言情片”。这里，一元模态算子究竟起什么作用？

在汉语那里，从（1a）到（1b），再到（1c），我们看到宾语“言情片”位置的移动。移动的后果是给它指派的范畴 np 无法跟毗邻的范畴进行运算，相当于用一元模态算子“□”锁住了 np，使之无所作为。所以在汉语的范畴词库中可以定义：

言情片 $\vdash\Box np$

刘强 $\vdash np$

爱看 $\vdash(np\backslash s)/np$

……

在正常语序句（1a）这里，“言情片”对应的范畴是可以同动词对应的函项范畴进行运算的。必须用规则“如果 $A\vdash\Box B$ 则 $\Diamond A\vdash B$”把锁打开而获得“◇言情片 $\vdash np$”，这样范畴推演才得以展开。开锁的钥匙是约束“言情片”的一元模态算子“◇”，这个钥匙承载了结构性质 P1 和 P2 的信息，表明其管辖的表达式“言情片”满足 P1 和 P2 所显示的位置移动，表明这些移动使我们照样能够获得移动前所得到的范畴推演结果。换言之，这一系列操作意味：“言情片”作为表现汉语灵活语序的特殊表达式，先给它指派上锁的范畴“□np”，使之无法运算；在正常语序句情况下，作为宾语的“言情片”对应的范畴则可以进行运算，是可以解禁的，开锁模态算子“◇”约束“言情片”意味对“言情片”的范畴“□np”进行解禁而获得“np”。同时意味“◇”约束的表达式可以满足 P1 和 P2 揭示的结构性质，表明汉语的焦点句、话题句和正常句一样具有相同的范畴推演结果，最终具有相同的基本语义，这就是我们对汉语灵活语序内在机制的说明。

本章处理汉语灵活语序的多模态范畴逻辑的自然演绎表述有下列规则：

公理模式

$$A\vdash A \quad (Ax)$$

推演规则

$$\frac{\Gamma \circ B \vdash A}{\Gamma \vdash A/B}\ (/I) \qquad \frac{\Gamma \vdash A/B \quad \Delta \vdash B}{\Gamma \circ \Delta \vdash A}\ (/E)$$

$$\frac{B \circ \Gamma \vdash A}{\Gamma \vdash B \backslash A}\ (\backslash I) \qquad \frac{\Gamma \vdash B \quad \Delta \vdash B \backslash A}{\Gamma \circ \Delta \vdash A}\ (\backslash E)$$

$$\frac{\Gamma \vdash A \quad \Delta \vdash B}{\Gamma \circ \Delta \vdash A \cdot B}\ (\cdot I) \qquad \frac{\Delta \vdash A \cdot B \quad \Gamma[A \circ B] \vdash C}{\Gamma[\Delta] \vdash C}\ (\cdot E)$$

$$\frac{\Gamma \vdash \Box A}{\langle \Gamma \rangle \vdash A}\ (\Box E) \qquad \frac{\langle \Gamma \rangle \vdash A}{\Gamma \vdash \Box A}\ (\Box I)$$

$$\frac{\Gamma \vdash A}{\langle \Gamma \rangle \vdash \Diamond A}\ (\Diamond I) \qquad \frac{\Delta \vdash \Diamond A \quad \Gamma[\langle A \rangle] \vdash B}{\Gamma[\langle \Delta \rangle] \vdash B}\ (\Diamond E)$$

这里结构规则针对范畴推演的来源，即自然语言位置移动的情况：

$$\frac{\Gamma[\triangle_1 \circ (\triangle_2 \circ \langle \triangle_3 \rangle)]^{①} \vdash A}{\Gamma[\langle \triangle_3 \rangle \circ (\triangle_1 \circ \triangle_2)] \vdash A}\ (P1) \qquad \frac{\Gamma[\langle \triangle_3 \rangle \circ (\triangle_1 \circ \triangle_2)] \vdash A}{\Gamma[\triangle_1 \circ (\langle \triangle_3 \rangle \circ \triangle_2)] \vdash A}\ (P2)$$

我们以（1a）～（1c）的范畴推演分析为例演示如下：

$$\dfrac{\dfrac{\text{刘强}}{np} \qquad \dfrac{\dfrac{\text{爱看}}{(np\backslash s)/np} \qquad \dfrac{\dfrac{\text{言情片}}{\Box np}}{\langle\text{言情片}\rangle \vdash np}[\Box E]}{\text{爱看} \circ \langle\text{言情片}\rangle \vdash np\backslash s}[/E]}{\text{刘强} \circ (\text{爱看} \circ \langle\text{言情片}\rangle) \vdash s}[\backslash E]$$

刘强∘(爱看∘〈言情片〉)⊢s　（1a）的范畴分析

[P1]

〈言情片〉∘(刘强∘爱看)⊢s　（1b）的范畴分析

[P2]

刘强∘(〈言情片〉∘爱看)⊢s　（1c）的范畴分析

通过我们确立的范畴推演机制，我们从（1a）、（1b）和（1c）分别推出范畴 s，表明它们都是合语法的句子。如果把这个机制延伸到类型－逻辑语义学的范围，给这里的 s 配上 λ-词项，就能看到三个句子具有相同的逻辑语义表现。

① “〈〉”是一元模态算子“◇”，∘是毗连算子“·”分别在 Gentzen 后承表述中推广到公式序列的写法。

为了便于讨论上述多模态范畴逻辑的元逻辑问题，我们需要从自然演绎方式回到相应的公理表述上来，令 CL 为这样的多模态范畴系统。

CL 的合式公式定义为：

$$F_{::} = A \mid F/F \mid F \cdot F \mid F\backslash F \mid \Diamond F \mid \Box F$$

CL 的公理模式和推演规则为：

$A \to A$ （同一公理）

$A \to B,\ B \to C \vdash A \to C$ （传递规则）

$A \cdot B \to C \vdash A \to C/B$ （冗余规则 1）

$A \to C/B \vdash A \cdot B \to C$ （冗余规则 2）

$A \cdot B \to C \vdash B \to A \backslash C$ （冗余规则 3）

$B \to A \backslash C \vdash A \cdot B \to C$ （冗余规则 4）

$A \to \Box B \vdash \Diamond A \to B$ （开锁规则）

$\Diamond A \to B \vdash A \to \Box B$ （上锁规则）

CL 的结构公设为：

P1　$\Diamond C \cdot (A \cdot B) \to A \cdot (B \cdot \Diamond C)$

P2　$A \cdot (\Diamond C \cdot B) \to \Diamond C \cdot (A \cdot B)$

CL 的框架语义模型为：$\langle W, R^3, R^2, v \rangle$。有关 W，$R^2$，$R^3$ 和 v 按照通常的理解，参见上文的说明，这里从略。

CL 框架语义具有对应 P1 和对应 P2 的框架性质，分别为：

（ * ）　$\exists uv(R^2uz \& R^3vxy \& R^3wuv) \Rightarrow \exists st(R^2sz \& R^3tys \& R^3wxt)$

（ ** ）　$\exists st(R^2sz \& R^3tys \& R^3wxt) \Rightarrow \exists uv(R^2uz \& R^3vxy \& R^3wuv)$

元逻辑讨论的主要内容是系统的模型可靠性和完全性。

定理 7.1　$CL \vdash A \to B$　当且仅当　对每个满足（ * ）和（ ** ）的 CL 框架 $\langle W, R^3, R^2 \rangle$ 的每个赋值 v 而言，$v(A) \subseteq v(B)$。

从左到右的可靠性证明需要施归纳于 $A \to B$ 推演的长度：长度为 1 时证明公理公设的有效性，假定长度为 n 时断言成立，要证长度为 n + 1 时断言成立，即证明推演规则保持有效性。

从右到左的完全性证明需要使用通常的典范模型方法。典范模型 M_K 定义为：

定义 7.1　$M_K = \langle W_K, R_K^3, R_K^2 v_K \rangle$

(1) W_K 是 F 中公式的集合

(2) $R_K^3(ABC)$ 当且仅当 $CL \vdash A \to B \cdot C$

(3) $R_K^2(AB)$ 当且仅当 $CL \vdash A \to \Diamond B$

(4) $A \in v_K(p)$ 即 $M_K, A \models p$ 当且仅当 $CL \vdash A \to p$

由于 CL 的框架语义具有性质（ * ）和（ ** ），要表明定义 7.1 给出的 M_K

是一个 CL 框架上的模型，须证明：

引理 7.1 M_K 满足（*）和（**）。

证明

设（*）的前提$\exists uv(R^2uz \& R^3vxy \& R^3wuv)$成立；枚举：①

R^2DC：

据定义 7.1(c) 得：$\vdash D \to \Diamond C$

据 I 公理和单调规则：$\vdash D \cdot (A \cdot B) \to \Diamond C \cdot (A \cdot B)$ (1)

R^3EAB：

据定义 7.1(b) 得：$\vdash E \to A \cdot B$

据 I 公理和单调规则：$\vdash D \cdot E \to D \cdot (A \cdot B)$ (2)

R^3GDE：

据定义 7.1(b) 得：$\vdash G \to D \cdot E$ (3)

据（3)(2)(1）用传递规则得：$\vdash G \to \Diamond C \cdot (A \cdot B)$ (4)

由于 P1：$\vdash \Diamond C \cdot (A \cdot B) \to A \cdot (B \cdot \Diamond C)$ (5)

(4)(5）传递得：$\vdash G \to A \cdot (B \cdot \Diamond C)$

据定义 7.1(b) 得：$R^3GA(B \cdot \Diamond C)$ (6)

另一方面，假设（*）的结论不成立，即得：

$$\forall st(R^2sz \& R^3tys \to \sim R^3wxt)$$

枚举：$R_2 \Diamond CC \& R^3(B \cdot \Diamond C)(B \cdot \Diamond C) \to \sim R^3GA(B \cdot \Diamond C)$ (7)

据 I 公理：$\Diamond C \to \Diamond C$ 和定义 7.1（c）得：$R_2 \Diamond CC$ (8)

据 I 公理：$(B \cdot \Diamond C) \to (B \cdot \Diamond C)$ 和定义 7.1（b）得：$R^3(B \cdot \Diamond C)(B \cdot \Diamond C)$ (9)

据（8）和（9）与（7）分离得：$\sim R^3GA(B \cdot \Diamond C)$

与（6）矛盾，于是（*）结论成立，故 M_K 满足（*）。

M_K 满足（**）的证明是类似的。■

关于 M_K 的所谓真值引理为：

引理 7.2 对任 CL-公式 φ 而言，M_K，$A \vDash \varphi$ 当且仅当 $CL \vdash A \to \varphi$。

证明

基始：φ 是原子公式 p，则根据定义 7.1(d) 得：$A \in v_K(p)$，当且仅当，$CL \vdash A \to p$。

归纳①：$\varphi = B \cdot C$。

假设 $A \in v_K(B \cdot C)$，蕴涵：存在 y，z 满足 R_K^3Ayz 并且 $y \in v_K(B)$ 并且 $z \in$

---

① 在不引起混淆的情况下，我们用 R^3 和 R^2 分别代表 R_K^3 和 R_K^2。

$v_K(C)$；据归纳假设得：$CL \vdash y \to B$ 和 $CL \vdash z \to C$；据“·”的单调性规则得：$CL \vdash y \cdot z \to B \cdot C$；由 R_K^3Ayz 据定义 7.1(b) 得：$CL \vdash A \to y \cdot z$；据传递规则得：$CL \vdash A \to B \cdot C$。

假设 $CL \vdash A \to B \cdot C$；用反证法，假设 $A \notin v_K(B \cdot C)$；即 A 属于 $v_K(B \cdot C)$ 的补集，蕴涵：若 R_K^3ABC 并且 $B \in v_K(B)$ 则 $C \notin v_K(C)$；由 I 公理和归纳假设得：$B \in v_K(B)$；据题设和定义 7.1(b) 得：R_K^3ABC；分离得：$C \notin v_K(C)$，与 I 公理矛盾。所以 $A \in v_K(B \cdot C)$。

归纳②：$\varphi = B/C$。

假设 $A \in v_K(B/C)$，蕴涵：若 $R_K^3(A \cdot C)AC$ 并且 $C \in v_K(C)$ 则 $(A \cdot C) \in v_K(B)$；据 $CL \vdash A \cdot C \to A \cdot C$ 和定义 7.1(b) 得：$R_K^3(A \cdot C)AC$；据 $CL \vdash C \to C$ 和归纳假设得 $C \in v_K(C)$；分离得：$(A \cdot C) \in v_K(B)$；据归纳假设得：$CL \vdash A \cdot C \to B$；据冗余规则 1 得：$CL \vdash A \to B/C$。

假设 $CL \vdash A \to B/C$；据冗余规则 1 得：$CL \vdash A \cdot C \to B$；反证，设 $A \notin v_K(B/C)$，即 A 属于 $v_K(B/C)$ 的补集，蕴涵存在 x，z 满足 R_K^3xAz 并且 $z \in v_K(C)$ 并且 $x \notin v_K(B)$；根据定义 7.1(b) 和归纳假设得：$CL \vdash x \to A \cdot z$ 和 $CL \vdash z \to C$；据单调性规则得：$CL \vdash A \cdot z \to A \cdot C$；两次传递得：$CL \vdash x \to B$；据归纳假设得：$x \in v_K(B)$，与上矛盾。所以 $A \in v_K(B/C)$。

归纳③：$\varphi = B \backslash C$。证明过程类似归纳②。

归纳④：$\varphi = \Diamond B$。

假设 $A \in v_K(\Diamond B)$，蕴涵存在 x 满足 R_K^2Ax 并且 $x \in v(B)$；据归纳假设得：$CL \vdash x \to B$；由“◇”的单调律得：$CL \vdash \Diamond x \to \Diamond B$；由 R_K^2Ax 据定义 7.1 (c) 得：$CL \vdash A \to \Diamond x$；传递得：$CL \vdash A \to \Diamond B$。

假设 $CL \vdash A \to \Diamond B$，据定义 7.1(c) 得：$R^2AB$；反证，设 $A \notin v_K(\Diamond B)$，即 A 属于 $v_K(\Diamond B)$ 的补集，蕴涵：若 R^2AB 则 $B \notin v_K(B)$；分离得：$B \notin v_K(B)$，与 I 公理和归纳假设的结果矛盾。所以 $A \in v_K(\Diamond B)$。

归纳⑤：$\varphi = \Box^{\downarrow}B$。证明过程类似归纳④。■

完全性证明：如果 $CL \nvdash A \to B$，据引理 7.1 和 7.2，则存在 CL-框架的模型 M_K 满足：M_K，$A \nvDash B$，则有 $A \notin v_K(B)$；由 $CL \vdash A \to A$ 据定义 7.1(d) 有：$A \in v_K(A)$，因此 $v_K(A) \not\subseteq v_K(B)$。

有了上述多模态范畴逻辑作为推演的依据，就能解释汉语中类似（1b）~（1c）那些具有灵活语序的句子：输入（1b），依据 P1，划归到（1a）的范畴排列，从而推出 s；输入（1c），依据 P2 和 P2，划归到（1b）再划归到（1a）的范畴排列，从而推出 s。据此再使用相应的类型－逻辑语义工具就能表明这些不同语序的汉语句具有相同的基本语义。

7.3.2 表达汉语致使语义的范畴类型逻辑语句系统

汉语是世界上使用人口最多的语言之一，是汉民族数千年共同生活形成的语言。汉语句有许多独特的句式，如动词反复使用的重动句、“把”字致使句、动补致使句和使令兼语句。从某个角度看，汉语这些句式的共同特点为：体现事件之间的致使含义。

熊仲儒（2003：9）的博士论文列出一些致使句式的例子：

动介搭配的致使句：（1a）她放一本书在桌子上
（1b）他送了一本书给张三
（1c）他写一封信给朋友
……

重动致使句：（2a）她放书放在桌子上
（2b）他送书送给张三
（2c）他写信写给朋友
……

“把”字致使句：（3a）他把书放在桌子上
（3b）他把书送给张三
（3c）他把钱还给张三
……

动补致使句：（4a）张三喝酒喝醉了
（4b）张三干活干累了
（4c）她讲话讲多了
……

使令兼语句：（5a）张三叫李四来
（5b）学生们请他到台上讲话
（5c）系主任要这个学生做作业
……

何谓致使含义？简言之，即是说一个句子所描述的两个事件具有这样的关系：一个事件引起另一个事件。就（2a）而言，“她放书”的事件引起“书在桌上”的事件；而（5a）说的是，“张三叫李四”的事件导致“李四来”的事件。(Dowty，1979）和（熊仲儒，2003）对致使句式都有比较详尽的研究。

道蒂的著述中有下列致使语义的分析：

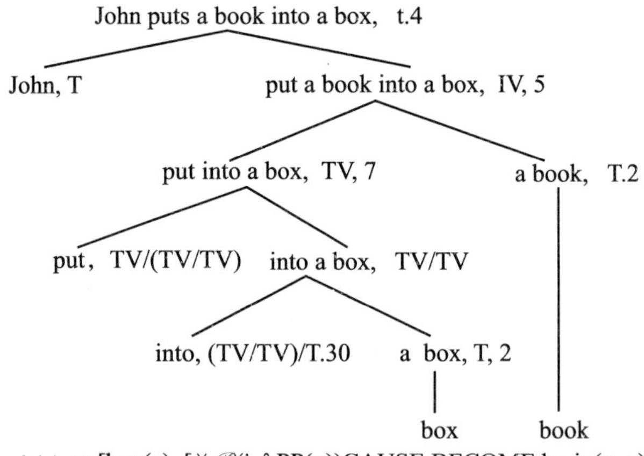

最下端的逻辑公式比较复杂一点，大致的含义解读为：存在一个 j 这个个体在其中有所作为的事件，存在是书的个体和是盒子的个体，导致是书的个体处于是盒子的个体之中。

范畴类型逻辑的分析方法强调：认知就是计算；语法就是逻辑；分析就是演绎。现有范畴类型逻辑从计算和推演的角度分析自然语言的句法和语义，一般针对自然语言句子现有的成分进行运算，不再增加或减少成分。并且范畴类型逻辑采用的作为自然语言语义表现的高阶逻辑演算也没有刻画致使含义的合适手段，就例句（5a）而言，通常类型-逻辑语义的推演是：[①]

张三	叫	李四	来
np：zhangsan	(np\s)/s：λφλxJiao(x，φ)	np：lisi	np\s：Lai

s：Lai(lisi)

np\s：λxJiao（x，Lai（lisi））

s：Jiao（zhangsan，Lai（lisi））

推演的结果"Jiao（zhangsan，Lai（lisi））"意味：个体词"zhangsan"代表的个体和逻辑公式"Lai（lisi）"所指的真值具有"Jiao"这种关系。这样的理解显然不太令人满意，并不是个体和真值发生关系，而是"zhangsan"所指个体跟"lisi"所指个体之间具有"Jiao"这种关系，从而导致"lisi"所指个体具有"Lai"这种性质。强调致使含义的逻辑式：

Jiao（zhangsan，lisi）CAUSE Lai（lisi）

作为例句（5a）的语义表现也许更容易被人接受。

除了不具备刻画致使含义的逻辑手段外，现有范畴类型逻辑方法的缺欠还

① 以下用汉语单词的拼音来表示这个单词对应的逻辑表达式。

有：关于致使语句的语义表现不够直观。按照卡彭特（Carpentor）的做法（1997：224），英语多重介词短语句

（6）John put the key into the box on the table.

可分析为：

(6a)

John	put	the	key	into	the	box	on	the	table
$np: j$	$(np\backslash s)/np: Put$	$np/n: \iota$	$n: key$	$(n\backslash n)/np: Into$	$np/n: \iota$	$n: box$	$(n\backslash n)/np: On$	$np/n: \iota$	$n: table$

$np: \iota(table)$

$n\backslash n: On(\iota(table))$

$np: \iota(box)$

$n\backslash n: Into(\iota(box))$

$n: Into(\iota(box))(key)$

$n: On(\iota(table))(Into(\iota(box))(key))$

$np: \iota(On(\iota(table))(Into(\iota(box))(key)))$

$np\backslash s: Put(\iota(On(\iota(table))(Into(\iota(box))(key))))$

$s: Put(\iota(On(\iota(table))(Into(\iota(box))(key))))(j)$

（6a）中嵌入的高阶逻辑式“On(ι(table))”和“Into(ι(box))”的语义所指都是从集合到集合的函项，其语义类型都是〈〈e，t〉，〈e，t〉〉。“Put(ι(On(ι(table))(Into(ι(box))(key))))(j)”虽是一阶逻辑的二元谓词表达式，但其中的个体论元则是通过高阶逻辑式的运算而获得的。（6a）中逻辑式的直观解读为：约翰放置那把钥匙，而这把钥匙是对“放到盒子里的钥匙”进行“在桌子上”的限制而得到的“钥匙”实施挑选得到的。就人类的认知能力来看，（6a）中的逻辑式不够直观，显得复杂。一般来说，对自然语言的逻辑分析，一阶逻辑式的表述比较自然直观。通常一阶逻辑式所表达的语义关系很容易被人们的认知能力所把握。

如果在强调致使含义的基础上把介词的语义类型作适当调整后，则可用范畴类型逻辑方法从上述英语多重介词短语句推得：

(6b) s: Put(ι(key))(j)CAUSE[Into(ι(box))(ι(key))∧On(ι(table))(ι(box))]

（6b）中的逻辑式很容易认知，它意味：约翰放置那把钥匙导致那把钥匙在那个盒子里并且那个盒子在那个桌子上。

更棘手的问题是，现有范畴类型逻辑方法对汉语的重动致使句和动补致使句甚至无从下手进行分析。就（4a）而言，动词“喝”出现两次，对应的谓词在其逻辑式中如果出现两次，且第一谓词的第一论元是主语“张三”，则第二谓词的第一论元不知在哪里？若在（4a）的范畴类型逻辑分析中保留第二个“喝”，则它对应的谓词的第二论元也无从谈起。如果在（4a）的范畴类型逻辑分析那里不增加点什么，其中形容词“醉了”所对应谓词的论元明显缺失？如下图所示：

（4a）后半段的类型逻辑分析无法进行下去。如果没有“致使含义”的牵线搭桥，句子所涉及的事件“张三喝酒”和事件“张三醉了”究竟怎样联系也不明确。

因此，为展现汉语致使句式的逻辑语义，应该对通常范畴类型逻辑进行改进。首先仿效道蒂，在作为自然语言语义表现的高阶逻辑式那里增加逻辑常项“CAUSE”（Dowty，1979：353），这样增强逻辑工具的表达力，以便刻画自然语言的致使含义。[①] 其次需要对输入的汉语致使句式的有关成分，进行位置移动和某种增减，使其能够推演出体现致使含义的类型逻辑语义值。即在基于 7.2.1 给出的范畴类型逻辑的自然演绎规则系统中增添一些特定的结构规则如下：

针对（1a）之类的结构规则为：

$$\frac{\Gamma[(\Delta_1\circ(\Delta_2\circ\Delta_3))\circ_c(\Delta_3\circ(\Delta_4\circ\Delta_5))]\vdash\Delta}{\Gamma[\Delta_1\circ(\Delta_2\circ(\Delta_3\circ(\Delta_4\circ(\Delta_5\circ\Delta_6))))]\vdash\Delta}\ \text{SR1}$$

针对（2a）之类的结构规则为：

$$\frac{\Gamma[(\Delta_1\circ(\Delta_2\circ\Delta_3))\circ_c(\Delta_3\circ(\Delta_4\circ\Delta_5))]\vdash\Delta}{\Gamma[(\Delta_1\circ(\Delta_2\circ\Delta_3))\circ(\Delta_2\circ(\Delta_4\circ(\Delta_5\circ\Delta_6)))]\vdash\Delta}\ \text{SR2}$$

针对（3a）之类的结构规则为：

$$\frac{\Gamma[(\Delta_1\circ(\Delta_2\circ\Delta_3))\circ_c(\Delta_3\circ(\Delta_4\circ\Delta_5))]\vdash\Delta}{\Gamma[\Delta_1\circ((\Delta_7\circ\Delta_3)\circ(\Delta_2\circ(\Delta_4\circ(\Delta_5\circ\Delta_6))))]\vdash\Delta}\ \text{SR3}$$

针对（4a）之类的结构规则为：

$$\frac{\Gamma[(\Delta_1\circ(\Delta_2\circ\Delta_3))\circ_c(\Delta_1\circ\Delta_4)]\vdash\Delta}{\Gamma[(\Delta_1\circ(\Delta_2\circ\Delta_3))\circ(\Delta_2\circ\Delta_4)]\vdash\Delta}\ \text{SR4}$$

针对（5a）之类的结构规则为：

$$\frac{\Gamma[(\Delta_1\circ(\Delta_2\circ\Delta_3))\circ_c(\Delta_3\circ\Delta_4)]\vdash\Delta}{\Gamma[\Delta_1\circ(\Delta_2\circ(\Delta_3\circ\Delta_4))]\vdash\Delta}\ \text{SR5}$$

SR1 ~ SR5 的作用在于：如果我们能够从致使句式（1a）~（5a）构成成分的类型逻辑语义分析所需要的某种排列分别推出有关的致使含义，那么我们就能分别从致使句式（1a）~（5a）本身的符号串序列推演出这样的致使含义。也就是说，致使句式经过特殊处理能够推出各自的致使含义。

此外，我们还要对汉语的通名和介词的类型逻辑语义值指派做些调整。由于汉语中表方位的介词“在”有来源于动词的历史，所以给它指派类似二位动词那样的范畴有其合理性。另一方面，汉语通名表示特指或泛指可以通过“光杆”的方式，即用“书”表示“那本书”或“一本书”。所以在范畴类型逻辑的词库里添加如下词条：

张三 $\vdash$ np：zhangsan　李四 $\vdash$ np：lisi　他（她）$\vdash$ np：ta

放 $\vdash$ (np\s)/np：Fang　送 $\vdash$ (np\s)/np：Song　叫 $\vdash$ (np\s)/np：Jiao

喝 $\vdash$ (np\s)/np：He　在 $\vdash$ (np\s)/np：Zai

书 $\vdash$ np：ι(Shu)　桌 $\vdash$ np：ι(Zhuo)　酒 $\vdash$ np：ι(Jiu)

---

① 道蒂给出的“CAUSE”的语义定义似乎有深入探讨的空间，这里从略。

醉了⊢ np \ s：Zuile　来⊢ np \ s：Lai

导致⊢ (s\s)/s：CAUSE

最后，还要添加一条引进“CAUSE”的特定推演规则：

$$\frac{\triangle_1 \vdash s: \varphi \quad 导致 \vdash (s \backslash s)/s: \mathrm{CAUSE} \quad \triangle_2 \vdash s: \psi}{\triangle_1 \circ_c \triangle_2 \vdash s: \varphi \mathrm{CAUSE} \psi}\ \mathrm{CI}$$

依据范畴类型逻辑通常的那些推演规则（Moortgat，1997：120－121）和以上增添的内容，我们就能获得分析汉语致使句式的比较自然直观的结果。比如：

D_1　她⊢ np：ta　放⊢ (np\s)/np：Fang　书⊢ np：ι(Shu)

———————————————— (/E)

放 ∘ 书⊢ np \ s：Fang(ι(Shu))

———————————————— (\ E)

她∘(放∘ 书)⊢ s：Fang(ι(Shu)(ta)

D_2　书⊢ np：ι(Shu)　在⊢ (np\s)/np：Zai　桌⊢ np：ι(Zhuo)

———————————————— (/E)

在∘桌⊢ np/s：Zai(ι(Zhuo))

———————————————— (\ E)

书∘(在∘桌)⊢ s：Zai(ι(Zhuo))(ι(Shu))

D_1　导致⊢ (s\s)/s：CAUSE　D_2

———————————————————————— CI

(她∘(放∘书))$\circ_c$(书∘(在∘桌))⊢ s：Fang(ι(Shu)(ta)CAUSEZai(ι(Zhuo))(ι(Shu))

———————————————————————— SR1

她∘(放∘(书∘(在∘(桌∘上))))⊢ s：Fang(ι(Shu)(ta)CAUSEZai(ι(Zhuo))(ι(Shu))

上述推演表明：通过 SR1 的作用，我们从致使句式（1a）构成成分的类型逻辑语义分析所需要的某种排列“她放书导致书在桌”具有其致使含义，推出致使句本身“她放书在桌上”也具有这样的致使含义。

以上是在自然语言的形式语义学领域内对汉语致使句式的范畴类型逻辑处理。如果像本章 7.2.1 所做那样从多模态逻辑系统的角度进行抽象，舍去这里类型逻辑语义序对中的高阶逻辑式，关注纯粹的范畴推演规律，把范畴类型逻辑推演的自然演绎规则置换成相应的公理表述，有关的结构规则就变成多模态系统中的结构公设：

SR1 换成 SP1：

$$A\cdot(B\cdot(C\cdot(D\cdot(E\cdot F))))\rightarrow(A\cdot(B\cdot C))\cdot_c(C\cdot(D\cdot E))$$①

（直观例解：她放书在桌上⇒她放书导致书在桌）

SR2 换成 SP2：

$$(A\cdot(B\cdot C))\cdot(B\cdot(D\cdot(E\cdot F)))\rightarrow(A\cdot(B\cdot C))\cdot_c(C\cdot(D\cdot E))$$

（直观例解：她放书放在桌上⇒她放书导致书在桌）

SR 换成 SP3：

$$A\cdot((G\cdot C)\cdot(B\cdot(D\cdot(E\cdot F))))\rightarrow(A\cdot(B\cdot C))\cdot_c(C\cdot(D\cdot E))$$

（直观例解：他把书放在桌上⇒他放书导致书在桌）

SR4 换成 SP4：

$$(A\cdot(B\cdot C))\cdot(B\cdot D)\rightarrow(A\cdot(B\cdot C))\cdot_c(A\cdot D)$$

（直观例解：张三喝酒喝醉了⇒张三喝酒导致张三醉了）

SR5 换成 SP5：

$$A\cdot(B\cdot(C\cdot D))\rightarrow(A\cdot(B\cdot C))\cdot_c(C\cdot D)$$

（直观例解：张三叫李四来⇒张三叫李四导致李四来）

把这些结构公设添加到范畴类型逻辑的多模态系统 NL（Moortgat，1997：102）中去，就形成了能够刻画汉语致使句式的系统。如果对其语义框架中的可通达关系 R 和 R_c 进行相应的限制，形成相应的框架类，可以证明相对这样的框架类，系统是可靠且完全的。相应的框架限制为：

SP1 的框架限制：

$$\forall xyzuvwm(\exists pqst(Rpvw\&Rqup\&Rszq\&Rtys\&Rmxt)\Rightarrow \exists abcd(Rauv\&Rbza\&Rcyz\&Rdxc\&R_cmdb))$$

SP2 的框架限制：

$$\forall xyzuvwm(\exists pqrst(Rpvw\&Rqup\&Rryq\&Rsyz\&Rtxs\&Rmtr)\Rightarrow \exists abcd(Rauv\&Rbza\&Rcyz\&Rdxc\&R_cmdb))$$

SP3 的框架限制：

$$\forall xyzuvwmn(\exists pqrst(Rpvw\&Rqup\&Rryq\&Rsmz\&Rtxs\&Rntr)\Rightarrow \exists abcd(Rauv\&Rbza\&Rcyz\&Rdxc\&R_cmdb))$$

SP4 的 R 限制：

$$\forall xyzuv(\exists nst(Rnyu\&Rsyz\&Rtxs\&Rvtn)\Rightarrow\exists pqr(Rpxu\&Rqyz\&Rrxq\&R_cvrp))$$

SP5 的 R 限制：

$$\forall xyzuv(\exists st(Rsuv\&Rtzs\&Rxyt)\Rightarrow\exists pqr(Rpuv\&Rqzu\&Rryq\&R_cxqp))$$

本章 7.3.2 节提出的范畴类型逻辑语句系统为面向 KRR 和汉语的 LNL 提供

① 基于“$A\cdot_c B$”的毗连是一种体现致使含义的毗连，其语义值“$v(A\cdot_c B)$”通过 R_c 来定义。

了理论基础。借用道蒂提出的“CAUSE”作为刻画汉语致使句式的形式语义学工具，据此给出各种汉语致使句式直观简洁的语义表现，尤其对汉语致使句式中动词的重复出现提出比较合理的语义分析，也能解释汉语介词“把”体现致使含义的现象。我们构造了一个配备词库和若干推演规则的范畴类型逻辑的语句系统，这就是关于汉语的致使语义的知识表示系统。

附录1

广义量词理论

广义量词理论的思想根源可以追溯到20世纪初：现代逻辑的创始人弗雷格最早提出了广义量词的基本思想。在弗雷格的著述中，把谓词逻辑中的量词“∀”和“∃”当做是第二层次的概念，而作为第一层次概念的一元谓词被解释成个体的集合，而作为第二层次概念的逻辑量词则被解释为一元谓词的语义值的集合，即个体集合的集合。这种解释是相对某个模型M的论域E而言的，所以逻辑量词的语义值就表述为：

$$\forall_E = \{X \subseteq E: X = E\}$$

$$\exists_E = \{X \subseteq E: X \neq \varnothing\}$$

其后1950～1960年代，莫斯托夫斯基（Mostowski）和林德斯春的工作加深了对广义量词的理解；1950年代的莫斯托夫斯基以塔尔斯基（Tarski）的真值条件模型论为工具，把弗雷格的广义量词思想进一步明确化。他用Φ的语义值跟∀（或∃）的语义值进行组合，据此表现形如∀xΦ（或∃xΦ）公式的真值条件。∀（或∃）的语义值同上述，Φ的语义值表述为：

$$\|\Phi\|_{M,x,g} = \{a \in E: \|\Phi\|_{M,x,g[a/x]} = 1\}$$

林德斯春在1960年代正式提出广义量词的概念，对于含有广义量词的公式，它进一步给出其真值定义的一般表述：

$$\|Qx_1\cdots x_n(\varphi_1\cdots\varphi_n)\|_{M,x,g} = 1 \text{ 当且仅当} \langle \|\varphi_1\|_{M,x,g}, \cdots \|\varphi_n\|_{M,x,g}\rangle \in Q_E$$

在林德斯春的时代，人们已经开始关注自然语言中部分量化词项的语义特征，把most，many等限定词当做是一种二元量词。在模型论域E的基础上，把限定词的语义值确定为集合与集合之间的关系。

1970～1980年代以来，蒙太格及巴威斯等人把量词的概念推广到自然语言的领域，使广义量词理论成为逻辑语法理论的成员。蒙太格语言研究自然语言的最大成就之一就是对英语量化结构的正确处理，其著名的PTQ英语部分语句首要目的就是生成自然语言的量化句并刻画其语义特征。Montague语法对英语量化结构的语义分析开创了自然语言语义研究的新思路，但是后来，人们发现蒙太格运用的方法也有不尽如人意的地方。"首先，自然语言中毕竟有大量具有量化意义的词语不适合于Montague语法式的翻译处理，有的属于不便处理，如：'at least five'，'all but three'；有的甚至无法用Montague语法的逻辑式来表达（即用经典逻辑的量词来定义），如'few'，'many'等。其次，自然语言那些以聚合语义特征出现在句中的限定词，如'All students share a classroom'中的'All'；'Four workers lift a piano'中的'Four'用Montague语法已有的表达工具也不能刻画它们的语义特征。此外自然语言之间常有的直观上成立的语义推导关系，如'A man walked rapidly ⊨ A man walked'，也不便用Montague语法的方式表述。再有，Montague语法的λ－表达式也不够直观，其语义解释所体现的函数对函数的运算也显得比较复杂"。（邹崇理，2002：88）

针对Montague语法处理自然语言限定词语义特征的不足之处，巴威斯和库珀等发展了广义量词理论。（Barwise & Cooper，1981）中指出，传统的一阶逻辑表达方式无法用来表达某些量化概念，例如"很多"，"至少"，"最多"等。因为标准量词的定义与类名词的解释无关，而非标准量化单位的定义却依赖于类名词所指称的集合的性质（即该集合的个体数量）及上下文的语境。这促使我们把QNP当做一个单位统一描写，GQ的设计满足了这个需要。

从广义量词角度来处理自然语言的限定词，有两种做法。一种做法是直接继承Montague语法的思路，把限定词看做函项，其类型为：

$$<<e, t>, <<e, t>, t>>$$

我们以"Every man walks"为例来对其进行说明。这个函项以限定词所修饰的普通名词对应的集合词项为论元。限定词every对应的函项为：$\lambda X_1 \lambda X_2 \forall x(X_1(x) \rightarrow X_2(x))$，所修饰的普通名词对应的集合词项为"man"，函项对论元进行运算得到类型为$<<e, t>, t>$的表达式，该表达式对应另一个从集合到真值的函项。在用这个函项对动词短语相应的集合词项进行运算，就得到类型为$<t>$的表达式。

"按照巴威斯当初的理解，广义量词就是限定词毗连普通名词，如，'every student'，令E的任意子集Y表示任意普通名词的语义值，则函项对论元进行的运算可以抽象为：

$$\| every \| (Y) = \{X \subseteq E : Y \subseteq X\}$$

这里‖every‖作为一个函项，以定义域$\wp$(E)中的个体集合为论元，以值域$\wp$($\wp$(E))中集合的集合为值，这就是广义量词理论关于自然语言限定词的函项处理思路。”（邹崇理，2002：90）

对广义量词的解释还能够从另一角度来进行理解。我们通过下面例子来说明：

Every student talks,

其真值条件可以直观表述为：上述语句为真，当且仅当，“every student”具有“talk”这样的性质。我们用X_i表示“every student”所具有的任意一个性质，换言之，“every student”的语义值可看做是这些性质作成的集合，即：

$$\|\text{every student}\| = \{X_1, X_2, \cdots, X_i, \cdots\}$$

则“Every student talks”真，当且仅当“talk”这样的性质是X_1，X_2，…，X_i，…之一，即‖talk‖ ∈ ‖every student‖。在模型论域E的基础上，“every student”语义值的明确表述为：

$$\|\text{every student}\| = \{X \subseteq E: \|\text{student}\| \subseteq X\}$$

按照一阶逻辑的惯例，二元谓词的外延既可被看做是类型为<e，<e，t>>的函项，也可被解释成两个个体之间的关系，这两种处理是相通的。与此类似，广义量词理论既能把自然语言限定词的语义值处理成类型为<<e，t>，<<e，t>，t>>的函项，也可以有第二种做法，即把限定词描述成绩和之间的关系，如：

$$\|\text{every}\| = \{<X, Y> \in E^2 \mid X \subseteq Y\}$$

这是若限定词所修饰的普通名词的语义值为A，语句中动词短语的语义值为B，则有：

$$\|\text{every}\|(A)(B) = 1 \text{ 当且仅当 } <A, B> \in \{<X, Y> \in E^2 \mid X \subseteq Y\}$$

另外，巴威斯在其论文（Barwise，1981）中共概括了10条有关自然语言限定词的语义共性，例如：

U1. NP-量词的共性：每一种语言都具有称之为名词短语的句法成分，其语义功能是表达某个论域之上的广义量词。

U2. 如果一种语言允许短语出现在类似变项的位置上，那么至少名词短语也能出现在这样的位置上。

U3. 限定词的共性：每一种自然语言包含称作限定词的基本表达式，其语义功能是给可数普通名词的外延A指派一个驻留其上的量词。

等等。

巴威斯的广义量词理论的研究表明，“形式语言中的逻辑量词，同自然语言的限定词及名词短语一样，仅仅是量词理论的特例。广义量词理论是一种关注

‘通用’语言量化意义的‘语言学’理论。正如蒙太格‘通用语法思想’所揭示的那样，逻辑的人工符号也是一种跟自然语言类似的语言，也是广义语言学研究的对象，逻辑仅仅是这种语言学的一个部分。”（邹崇理，2002：98）巴威斯认为“除了时态逻辑和模态逻辑外，过去25年的模型论研究几乎完全从纯数学那里获取题材，从而越来越专业化，离自然语言越来越遥远。……一阶逻辑在数学领域内的成功同样也滋长了一种错误观念，即逻辑的规律是自足的，或者说是数学的部分，而并非语言和语言使用的性质”（Barwise & Cooper，1981）。广义量词理论的研究首先把逻辑从数学的桎梏中解脱出来，再把逻辑定位在语言学的阵营之中。巴威斯还进一步指出，蒙太格的最大贡献在于，他的工作使大多数受过模型论语义学训练的逻辑学家认识到自然语言中蕴藏着逻辑发展取之不尽的题材，逻辑规律只是自然语言性质的一个部分。

这以后，基南、范·本瑟姆、维斯特斯塔尔等人继续关注自然语言量化表达式的研究。如范·本瑟姆从逻辑的角度，对广义量词进行了深入研究，如量词的指令系统如何与表达完备性的系统要求相结合等。基南，维斯特斯塔尔则对广义量词的性质进行了挖掘，参见（Keenan & Westerstålh，1997），（Keenan，1993），（Keenan，2002）等。

从大量相关文献中我们可以看到，广义量词理论对自然语言限定词和名词短语的量化意义进行研究，其内容主要有：对自然语言各种类型量词的语义特征进行精确且直观的描述，广义量词理论是一种关注“通用”语言量化意义的“语言学”理论；概括自然语言量化表达式的一些重要的语义性质；从理论角度回答自然语言量词的表达力问题；讨论自然语言中多样模式的量词表达式，符合重叠的量词以及量词的类型提升等问题。此外，广义量词理论还构造专门刻画量化特征的自然语言部分语句系统，对计算机人工智能科学馆与自然语言信息处理的工作产生了积极影响；广义量词理论对现代逻辑的发展也提供了不少新题材，建立若干包含广义量词的逻辑系统，这种量词逻辑系统是刻画数学理论的有力工具。

广义量词理论中将量词分为三种类型。

（1）专名或名词短语对应 $<1>$ 类型的量词，$<1>$ 类型的量词所指称的函项集合记为：TYPE $<1>$；

（2）一元限定词对应 $<1, 1>$ 类型的量词，$<1, 1>$ 类型的量词指称从 P(E) 到 TYPE $<1, 1>$ 的函项；

（3）二元限定词对应 $<<1, 1>, 1>$ 类型的量词，$<<1, 1>, 1>$ 类型的量词指称从 $P(E) \times P(E)$ 到 TYPE $<1, 1>$ 的函项。

易见，一元限定词与一个普通名词组合起来就形成名词短语，二元限定词与两个普通名词组合形成名词短语。在这三种类型中，第二种类型，即 <1，1 >类型是被研究最为充分的。这种类型的量词在表现方式上比较接近正统逻辑中的量词。在自然语言中，<1，1 >类型的量词划分为简单的和复合的两种。简单的如：several，most，both，many，few 等；复合的如：no more than ten，not more than half，at least two and not more than ten 等。<<1，1 >，1 >类型的量化表达式与前两种比较起来研究得不太充分，<<1，1 >，1 >类型的量词在自然语言中的表现有：fewer…than…，almost as many…as…，not more than ten times as many…as…等等。关于这类量词的研究参见（Keenan & Faltz，1985），（Begheli，1992，1994）。

在广义量词理论中上述三种类型的广义量词其语义值举例如下：

所有[①]（**A**）（**B**）=1 当且仅当 $A \subseteq B$；

有的（**A**）（**B**）=1 当且仅当 $A \cap B \neq \varnothing$；

10 个（**A**）（**B**）=1 当且仅当 $|A| = 10$ 并且 $A \subseteq B$；

多数（**A**）（**B**）=1 当且仅当 $|A \cap B| / |A| > 1/2$；

（至少是 A 的 2 倍的 B）（**C**）=1 当且仅当 $|A \cap C| \geqslant 2|B \cap C|$；

（恰好 2 个 A 和 3 个 B）（**C**）=1 当且仅当 $|A \cap C| = 2$ 且 $|B \cap C| = 3$。

上述三种类型的广义量词都是单一模式的量化表达式，“这种模式中量词的论元是普通名词 N 或动词短语 VP 的外延所对应的集合。然而，自然语言中的 VP 还可能包含作为宾语或间接宾语的 NP”（邹崇理，2002：129）。因此，除了上述几种量词外，广义量词也涉及到多态量词和量词的提升等内容[②]，多态量词即能够以关系为论元的量词。有关的表达式称为多态的量化表达式，显然，多态量词是对单一模式量词的推广。多态量词往往可凭精确的方式由几个单一模式的量词构成，其中最典型的方式就是叠置运算，还有其他几种方式，如新生运算和分支运算等。从作为运算论元的量词到作为运算结果的量词，其间类型发生了变化，由简单类型提升到复杂类型。关于这一部分的详细论述，参见（van Benthem et al.，1997），（邹崇理，2002：129－141）。

广义量词理论除了对上述三种类型的量词的语义进行了深入讨论外，对量词的语义共性及性质也做了深入研究。广义量词理论并不满足于刻画单个量词的语义特征，而是着眼于概括所有量词的一些语义性质，如上文中提到的，（Barwise & Cooper，1981）中则将自然语言限定词的语义共性概括为 10 条并着重分析了驻留性、同态性、单调性等等性质。其后的很多学者在此基础上，对上述量词的

① 这里用粗体表示自然语言限定词相应量词的语义值，所有就是‖所有‖。

② 在（邹崇理，2002：129）中也译为“多样模式的量词”。

性质进行了大量研究，如（Keenan & Faltz，1985），（Keenan，1987），（Keenan，1993），（Keenan，2002），（Keenan & Westerståhl，1997），（Westerståhl，1996）等。这里我们仅对广义量词理论中所研究的限定词的普遍语义特征：驻留性、扩展性、数量性和变异性做一简要说明，参见（Barwise et al.，1981），（van Benthem，1986：25－26）。

（1）驻留性

一个量词是驻留的，如果它是一个指派函数，其功能是指一个 E 中子集合的集合。下式为驻留性的定义：

定义 A1.1 $Q \in TYPE <1, 1>$ 在 E 上是**驻留**的，当且仅当，对所有 A，$B \subseteq E$，

$$Q(A)(B) = Q(A)(A \cap B);$$

（2）扩展性

一个量词具有扩展性，当且仅当定义域的外延对此量词的解释无影响。广义量词理论中，扩展性定义为：

定义 A1.2 令 Q 是普遍的类型为 <1，1> 的量词，则 Q 满足**扩展性**，当且仅当，对所有满足 $E \subseteq E'$ 的 E，E′，$Q_{E'}$ 是 Q_E 的扩展，即对所有 A，$B \subseteq E \cap E'$ 都有：

$$Q_E(A)(B) = Q_{E'}(A)(B)。$$

其中“普遍的”定义如下：

定义 A1.3 一个普遍的类型为 <1，1> 的广义量词是一个函项 Q，对每个论域 E，它映象 E 到一个局部的类型为 <1，1> 的 E 上的量词 Q_E。

（3）数量性（恒等映象性）

数量性阐明的是量词的解释只和有关集合中元素的数目相关，而和元素本身的性质无关。定义如下：

定义 A1.4 给定论域 E，Q 是恒等映象的，当且仅当，对 E 中所有映象 π 和所有 A，$B \subseteq E$ 都有：$Q(A)(B) = Q(\pi A)(\pi B)$。

（4）变异性

变异性说明的是，在某个模型中当更多的元素加入其定义域时，可能会有不被量词所影响的集合存在。定义如下：

定义 A1.5 Q 是变异的，当且仅当，对所有非空 $A \subseteq E$，存在 B，$B' \subseteq E$，使得 $Q_E AB$ 且并非 $Q_E AB'$。

除了自然语言量化表达式的语义共性之外，广义量词理论也对自然语言量词的表达力问题感兴趣。即自然语言的量化表达式能否表现集合论基础上所有可能的量词概念。广义量词理论通过证明给予了回答。不仅如此，广义量词理论还对自然语言量词和逻辑量词的“亲缘关系”，自然语言量词是否一阶可定义等题目

进行了探讨。

由上述介绍可以看出，广义量词理论与自然语言有着深刻而密切的联系，“一方面，广义量词理论作为建立在集合论基础上的量词理论，它概括了包括逻辑语言及自然语言在内的所有量化表达式的语义特征；另一方面，广义量词理论把自然语言名词短语和限定词当做重要的研究对象，把人们对自然语言量化表达式的分析提高到一个相当深刻的理论高度”（邹崇理，2002：141）。广义量词理论对自然语言量化表达式的分析并不满足于零散的描述（如：刻画单个量词的语义特征），而是把一定范围内的所有量化表达式汇集成一个总体来进行系统处理；从句法生成和语义组合的角度来看待自然语言量化句。

广义量词理论扩大了量词的概念，也相应地扩展了量词逻辑系统的阵营。在逻辑中，感兴趣的是：如何设计反映自然语言量词语义特点的逻辑推演系统，并且从结构表达力的角度来讨论包含广义量词的逻辑系统之间的关系，以及给其他逻辑系统如条件逻辑系统构建两次理论基础上的语义模型，等等。例如，弱量词逻辑 EL^{wq}①就是在一阶逻辑基础上增加一个广义量词而获得的结果，这个量词取值于模型论域子集的任意集合，而不要求这个量词满足恒等映射性等基本性质。弱量词逻辑 EL^{wq}具有良好的元逻辑性质（邹崇理，2002：163－164）。

广义量词理论对逻辑的影响，除了可以通过在逻辑系统内加进新的量词而构成新的逻辑系统外，还可以作为一种语义理论来解释条件关系的推理系统。范·本瑟姆认为从广义量词理论的角度能够富有成效地分析条件关系，他的研究表明，可以定义量词的一个类，这个类解释纯粹的条件关系，确定表现条件关系的推理法则，进而建立条件关系的逻辑系统。这些我们就不再详述。

至今，广义量词的研究文献有许多。读者可进一步参见（van Benthem & ter Meulen，1984），（Gärdenfors，1987），（Groenendijk et al.，1987），（van der Does & van Eijck，1996），（Lappin，1996）。另可参见（de Swart，1991），用广义量词对状语量词的研究，等等。

总之，用广义量词方法来描述自然语言丰富多样的限定词，既能达到简洁直观的效果，又能深刻挖掘限定词的语义性质，尤其还可以从分析限定词语义特征的角度来解释自然语言中一些直观上成立的推理。

很多学者都对广义量词理论给予了很高的评价。例如：

J. 范·本瑟姆在（van Benthem，1982）中评论广义量词理论时说到：“可以这么说，广义量词理论展现的是 Montague 语法的完美结构……最引人注目的是其对所有人类语言中一些类型的限定词的出现或它们之间的关联这两方面的概括

① 凯斯勒（Keisler）于 1970 年研究“there are uncountably many”时提出的量词逻辑。

和推测。‘语义普遍特征’的发展不仅丰富了蒙太格有关语义问题的理论，同时也促成了一种有意义的介于形式语义学中‘非连续的’的早期方法和普遍采用的语义描写方法之间的融洽关系。”

L. M. 莫克斯和 A. J. 圣福德在（Moxey & Sanford，1993）中则认为如果自然语言中的某一特定词语（量词）所指的状态和广义量词理论中某一范畴相对应，那么我们就可以推测出这个词语所准许的推理类型。换言之，广义量词理论对量词和推理类型之间的逻辑关系作了很有意义的研究。对量词及广义量词的逻辑学上的研究可参考（Sher，1991），（van derDoes & van Eijck，1996），（Westerståhl，1989），（Polos & Masuch，1995），（Krynicki et al.，1995），（Partee & Rooth，1983），（Partee，1992）。

附录2

模糊集理论及模糊逻辑

1965年美国控制论专家L. A. 扎德在（Zadeh，1965）中提出了模糊集的概念，从而开创了模糊数学研究的历史。“模糊集”理论使人类关于“模糊”这个概念得到了一种数学描述。

模糊数学是研究模糊现象的定量处理方法。发展至今，其有关的论题已十分广泛，包括图像识别，形式语言和自然语言研究，自动机理论，控制论，决策理论等方面。

由于在本书中，我们将模糊集理论作为研究模糊量词语义的一个工具，故在此对模糊集理论、模糊逻辑做一介绍。

定义 A2.1[①] 设在论域U上给定了一个映射

$$A: U \to [0, 1]$$
$$u \to A(u)$$

则称A为U上的模糊集，A(u) 称为A的隶属函数（或称为u对A的隶属度）。[②] 为简便记，我们把“模糊集”写为“F集”。

定义 A2.2 在给定的论域U上可以有多个F集，记U上的F集的全体为 $\mathcal{F}(U)$，即

$$\mathcal{F}(U) = \{A \mid A: U \to [0, 1]\}$$

---

① 此小节模糊集理论的相关定义参见（Zadeh，1956），（杨纶标，高英仪，2001）；模糊逻辑的相关定义参见（何新贵，1998）。

② 我们也用 $\mu_A(x)$ 表示x属于A的程度。

称$\mathcal{F}$(U) 为 U 上 F 的幂集。

定义 A2.3 F 集合 A 有各种不同的表示法：一般情形下，可表示为 $A=\{(u, A(u))\mid u\in U\}$；如果 U 是有限集或可数集，可表示为 $A=\sum A(u_i)/u_i$ 或表示为向量（称为 F 向量）$A=(A(u_1), A(u_2), \cdots, A(u_n))$；如果 U 是无限不可数集，可表示为 $A=\int A(u)/u$；

值得注意的是，"/"不是通常的分数线，只是一种记号，表示论域 U 上的元素 u 与隶属度 A(u) 之间的对应关系；符号"$\sum$"和"$\int$"也不是通常意义下的"求和"与"积分"，都只是表示 U 上的元素 u 与其隶属度 A(u) 的对应关系的一个总括。

例如，"成绩好"是个模糊概念，因为我们很难简单地说高于某个分数就算成绩好，否则就算不好；"高个子"，"年轻人"，"靠近 4"等都是模糊概念。对于这些概念，比较合理的方法就是采用模糊集 A 来描述它。例如，我们对"靠近 4"可以做出如下描述①：

设论域为实数域 R，A 表示"靠近 4 的数集"，则 $A\in\mathcal{F}(R)$。它的隶属函数是：

$$A(x)=\begin{cases}\text{隶属函数是：} e^{-k(x-4)^2} & |x-4|<\delta\\ 0 & |x-4|\geqslant\delta\end{cases}$$

定义 A2.4 设 $A, B\in\mathcal{F}(U)$，若 $\forall u\in U$，$B(u)\leqslant A(u)$，则称 A 包含 B，记为 $B\subseteq A$。如果 $B\subseteq A$ 且 $A\subseteq B$，则称 A 与 B 相等，记作 $A=B$。

显然，包含关系"$\subseteq$"是 F 幂集$\mathcal{F}$(U) 上的二元关系，具有如下性质：

（1）自反性：$\forall A\in\mathcal{F}(U)$，$A\subseteq A$；

（2）反对称性：如果 $B\subseteq A$，$A\subseteq B$，则 $A=B$；

（3）传递性：如果 $A\subseteq B$，$B\subseteq C$，则 $A\subseteq C$。

因此，$(\mathcal{F}(U), \subseteq)$ 是偏序集。

定义 A2.5 设 $A, B\in\mathcal{F}(U)$，分别称运算 $A\cup B$，$A\cap B$ 为 A 与 B 的并集和交集，称 A^C 为 A 的补集。它们的隶属函数分别为：

（1）$(A\cup B)(u)=A(u)\vee B(u)=\max\{A(u), B(u)\}$；

（2）$(A\cap B)(u)=A(u)\wedge B(u)\min\{A(x), B(x)\}$；

（3）$A^C(u)=1-A(u)$。

定理 A2.1 $(\mathcal{F}(U), \cup, \cap, c)$ 具有如下性质：

（1）幂等律 $A\cup A=A$，$A\cap A=A$；

① 参见（杨纶标，高英仪，2001：7）

（2）交换律 $A \cup B = B \cup A$，$A \cap B = B \cap A$；

（3）结合律 $(A \cup B) \cup C = A \cup (B \cup C)$，

$(A \cap B) \cap C = A \cap (B \cap C)$；

（4）吸收律 $(A \cup B) \cap A = A$，$(A \cap B) \cup A = A$；

（5）分配律 $(A \cup B) \cap C = (A \cap C) \cup (B \cap C)$，

$(A \cap B) \cup C = (A \cup C) \cap (B \cup C)$；

（6）零－壹律 $A \cup \varnothing = A$，$A \cap \varnothing = \varnothing$

$A \cup U = U$，$A \cap U = A$

（7）复原律 $(A^c)^c = A$；

（8）对偶律 $(A \cup B)^c = A^c \cap B^c$，$(A \cap B)^c = A^c \cup B^c$

相应证明参见（杨纶标，高英仪，2001：13）。

定义 A2.6 令 U 为论域，A 为模糊集，$A \in \mathcal{F}(U)$，$t \in [0, 1]$，记

（1）$A_\lambda = \{u \mid u \in U, A(u) \geqslant \lambda\}$ $t \in [0, 1]$

称 A_λ 为 A 的一个 λ-截集，λ 称为阈值（或置信水平）；

（2）$A_{\dot{\lambda}} = \{u \mid u \in U, A(u) > \lambda\}$ $t \in [0, 1]$

称 $A_{\dot{\lambda}}$ 为 A 的一个 λ-强截集。

由定义可知 $A_{>t}$ 为一个普通集。对 $\forall u \in U$，当 $A(u) \geqslant t$ 时，就说，$u \in A_t$，即在 t 的水平上，u 属于 F 集 A；当 $A(u) < t$ 时，就说 $u \notin A_t$，即在 t 水平上，u 不属于 F 集 A。

λ-截集有如下性质（$\lambda \in [0, 1]$）：

性质 A2.1 设 A，$B \in \mathcal{F}(U)$，则

$$(A \cup B)_\lambda = A_\lambda \cup B_\lambda,\ (A \cap B)_\lambda = A_\lambda \cap B_\lambda$$

对于 $\mathcal{F}(U)$ 中的有限个 F 集，此结论仍然成立，即 $(\bigcup_{t=1}^{n} A_t)_\lambda = \bigcup_{t=1}^{n} (A_t)_\lambda$，$(\bigcap_{t=1}^{n} A_t)_\lambda = \bigcap_{t=1}^{n} (A_t)_\lambda$。但是对于无限个 F 集的并，等号未必成立，一般有如下性质：

性质 A2.2 如果 $\{A_t \mid t \in T\} \subseteq \mathcal{F}(U)$，则

$$\bigcup_{t \in T} (A_t)_\lambda \subseteq (\bigcup_{t \in T} A_t)_\lambda,\ \bigcap_{t \in T} (A_t)_\lambda = (\bigcap_{t \in T} A_t)_\lambda$$

性质 A2.3 设 $\lambda_1, \lambda_2 \in [0, 1]$，$A \in \mathcal{F}(U)$，如果 $\lambda_1 \leqslant \lambda_2$，则 $A_{\lambda_2} \subseteq A_{\lambda_1}$

上述性质的证明参见（杨纶标，高英仪，2001：22～23）。

定义 A2.7 设 $\lambda \in [0, 1]$，$A \in \mathcal{F}(U)$，记：$(\lambda A)(u) = \lambda \wedge A(u)$，称 λA 为 λ 和 A 的数积。

显然，$\lambda A \in \mathcal{F}(U)$，当 A 为普通集时，$(\lambda A)(u) = \lambda \wedge C_A(u)$

这里，$C_A(u)$ 为 A 的特征函数，而 λA 仍是 F 集。

不难证明，λ 与 F 集 A 的数积 λA 具有如下性质：

性质 A2.4　若 $\lambda_1 \leqslant \lambda_2$，则 $\lambda_1 A \subseteq \lambda_2 A$；

性质 A2.5　若 $A \subseteq B$，则 $\lambda A \subseteq \lambda B$。

定理 A2.2（分解定理Ⅰ）　设 $A \in \mathcal{F}(U)$，则 $A = \bigcup_{\lambda \in [0,1]} (\lambda A_\lambda)$

定理 A2.3（分解定理Ⅱ）　设 $A \in \mathcal{F}(U)$，则 $A = \bigcup_{\lambda \in [0,1]} (\lambda A_{\underset{\cdot}{\lambda}})$

定理 A2.4（分解定理Ⅲ）　设 $A \in \mathcal{F}(U)$，若存在集合值映射

$$H: [0, 1] \to \wp(U)$$
$$\lambda \mapsto H(\lambda)$$

使得 $\forall \lambda \in [0, 1]$，$A_{\underset{\cdot}{\lambda}} \subseteq H(\lambda) \subseteq A_\lambda$，则

（1）$\forall = \bigcup_{\lambda \in [0,1]} \lambda H(\lambda)$

（2）$\lambda_1 \leqslant \lambda_2 \Rightarrow H(\lambda_1) \supseteq H(\lambda_2)$

（3）$A_\lambda = \bigcap_{\alpha < \lambda} H(\alpha) \quad \lambda \neq 0$，

　　$A_{\underset{\cdot}{\lambda}} = \bigcup_{\alpha > \lambda} H(\alpha) \quad \lambda \neq 1$

“上述分解定理说明 F 集 A 不仅可以由截集 A_λ（或 $A_{\underset{\cdot}{\lambda}}$）确定，而且还可以由更一般的集合族 $H(\lambda)(\lambda \in [0, 1])$ 来确定，即 $H(\lambda)$ 不一定是 A_λ 或 $A_{\underset{\cdot}{\lambda}}$，甚至可以介于它们之间。由于 $H(\lambda)$ 这种灵活特性，使得它在实际中具有广泛的应用。”①

定义 A2.8　若集值映射：

$H: [0, 1] \to \wp(U)$ 满足 $\forall \lambda_1, \lambda_2 \in [0, 1] \quad \lambda_1 < \lambda_2 \Rightarrow H(\lambda_1) \supseteq H(\lambda_2)$
则称 H 为 U 上的集合套。

U 上所有集合套构成的集合，记作 $\mathcal{U}(U)$。

定理 A2.5（表现定理Ⅰ）　设 $H \in \mathcal{U}(U)$，则 $\bigcup_{\lambda \in [0,1]} \lambda H(\lambda)$ 是 U 上一个 F 集，记作 A。并且 $\forall \alpha, \lambda \in [0, 1]$：

（1）$A_\lambda = \bigcap_{\alpha < \lambda} H(\alpha) \quad \lambda \neq 0$，

（2）$A_{\underset{\cdot}{\lambda}} = \bigcup_{\alpha > \lambda} H(\alpha) \quad \lambda \neq 1$

定理 A2.6（表现定理Ⅱ）　令 $\Phi: \mathcal{U}(U) \to \mathcal{F}(U)$

$$H \mapsto \Phi(H) = \bigcup_{\lambda \in [0,1]} \lambda H(\lambda)$$

则 Φ 是从 $(\mathcal{U}(U), \cup, \cap, c)$ 到 $(\mathcal{F}(U), \cup, \cap, c)$ 上的同态满射，并且 $\forall \lambda \in [0, 1]$，有：

（1）$\Phi(H)_{\underset{\cdot}{\lambda}} \subseteq H(\lambda) \subseteq \Phi(H)_\lambda$；

（2）$\Phi(H)_\lambda = \bigcap_{\alpha < \lambda} H(\alpha)$；

① 参见（杨纶标，高英仪，2001：32）。

(3) $\Phi(H)_{\dot{\lambda}} = \bigcup_{\alpha > \lambda} H(\alpha)$。

分解定理Ⅰ，Ⅱ，Ⅲ和表现定理Ⅰ，Ⅱ的证明参见（杨纶标，高英仪，2001：25－31，35－38）。

定义 A2.9 设 R 是 U×V 上的一个 F 子集（简称 F 集），它的隶属函数

$$R: U \times V \rightarrow [0, 1]$$
$$(u, v) \mapsto R(u, v)$$

确定了 U 中的元素 u 与 V 中的元素 v 的关系程度，则称 R 为从 U 到 V 的一个 F 关系，记作 $U \xrightarrow{R} V$。

由定义可见，F 关系 R 由隶属函数 U×V→[0，1] 所刻画。

"在普通的形式语言理论中，所谓语言是定义为有限字母组成的序列的集合。但是，这个定义不能表达自然语言。所谓语言是具有某种机能的系统，这种机能是把单词的序列和用这些序列叙述的对象集合或者构成概念的集合对应起来。"① 自然语言的重要特点是具有模糊性，模糊语言定义为：

定义 A2.10 F 语言 L 是用四元组

$$L = (U, T, E, N)$$

表示的系统。其中，

(1) U 是论域；

(2) T 是表现 U 中 F 子集名称的词或属于的集合，T 称术语集合；

(3) E 是由表示术语的字母和符号及它们的各种联结构成的集合，联结方式不同就得到 E 中不同的元素，它们属于 T 的程度也不同，T 是 E 上的 F 集。其特征可用下面的隶属函数表示：

$$T: E \rightarrow [0, 1]$$

(4) N 是从 E 到 U 的 F 关系，称为命题关系，其隶属函数为：

$$N: Supp(T) \times U \rightarrow [0, 1]$$

定义 A2.11 所谓 T 中单词 a 的词义，是 U 中的 F 子集 A，且对于固定的 a，有：

$$A(u) = N(a, u) \quad u \in U$$

这里 N(a，u) 表示对象 u 与 a 的关联程度，a 对应在 U 上的 F 集用 a 的大写字母 A 表示。

例：设 U 是物体的集合，T 为白、灰、黄、红和黑等表示单词的集合，这些单词的词义就是 U 的 F 子集。如，单词"红"表示 U 上的 F 集，[红]（u）是说明 U 中各"物"属于"红色"的程度。

① 参见（杨纶标，高英仪，2001：233）

单词通过“或”、“且”连接起来，或者在单词前面加“非”，变成词组，如：

例[①]：设 U 为年龄论域，T = {不年轻，非中年，不老，中老年，不年轻也不老}。按照 F 集的运算，可以写出它们的词义（$\forall u \in U$）。

[不年轻](u) =1 - [年轻](u)

[非中年](u) =1 - [中年](u)

[中老年](u) = [中年](u)∨[老年](u)

[不年轻也不老](u) = (1 - [年轻](u))∧(1 - [老年](u))

显然，这些词组的词义也是 U 上的子集。

定义 A2.12 一个具有模糊性的陈述句称为模糊命题。模糊命题也简记为 F 命题。

定义 A2.13 设 F 命题的集合为$\mathcal{F}$，$\forall P, Q \in \mathcal{F}$，如果映射

$$T: \mathcal{F} \to [0, 1]$$

满足：(1) $T(P \vee Q) = T(P) \vee T(Q)$

(2) $T(P \wedge Q) = T(P) \wedge T(Q)$

(3) $T(\neg P) = 1 - T(P)$

则称映射 T 为$\mathcal{F}$上的真值函数，T(P) 称为 F 命题 P 的真值。

定义 A2.14[②] 狭义模糊逻辑的合式公式定义如下：

(1) 命题 P，谓词 P(x)，逻辑常数都是合式公式，它们取 [0, 1] 间的实数为真值；

(2) 若 WFF 为合式公式，取真值 $r \in [0, 1]$，则 Γ(WFF) 也是合式公式，表示 WFF 的“非”，取真值 $1 - r$；

若 WFF_1 与 WFF_2 都是合式公式，分别取真值，$r_1, r_2 \in [0, 1]$，则

(3) $(WFF_1) \wedge (WFF_2)$ 也是合式公式，取真值 $r_1 \wedge r_2 = \min\{r_1, r_2\}$（或按其他交型运算求值）；

(4) $(WFF_1) \vee (WFF_2)$ 也是合式公式，取真值 $r_1 \vee r_2 = \max\{r_1, r_2\}$（或按其他并型运算求值）；

(5) $(WFF_1) \to (WFF_2)$ 也是合式公式，取真值 $\min\{1 - r_1 + r_2\}$（或按其他蕴涵算子求值）；

(6) $(WFF_1) \leftrightarrow (WFF_2)$ 也是合式公式，取真值 $1 - |r_1 - r_2|$（或按其他蕴涵算子求值）；

① 本例和上例见（杨纶标，高英仪，2001：236 - 237）。

② 参见（何新贵，1998：164）

(7) 若 WFF(x) 是包含变量 x 的合式公式，取真值 $r(x) \in [0, 1]$，则 $\forall x(WFF(x))$ 也是一个，取真值 $\bigwedge_{x \in D} r(x) = \min_{x \in D} r(x)$，或采用其他“交型运算”$\wedge$。其中 D 为 x 的取值范围；

(8) 若 WFF(x) 是包含变量 x 的合式公式，取真值 $r(x) \in [0, 1]$，则 $\exists x(WFF(x))$ 也是一个，取真值 $\bigvee_{x \in D} r(x) = \max_{x \in D} r(x)$，或采用其他“并型运算”$\vee$。其中 D 为 x 的取值范围；

(9) 所有公式只能按上述方式形成。

定理 A2.7[①] 设 A，B，C 为合式公式，则有：

(1) 交换律 $A \vee B = B \vee A$，$A \wedge B = B \wedge A$；

(2) 结合律 $(A \vee B) \vee C = A \vee (B \vee C)$

$(A \wedge B) \wedge C = A \wedge (B \wedge C)$；

(3) 否定之否定律 $\Gamma(\Gamma A) = A$；

(4) 分配律 $(A \vee B) \wedge C = (A \wedge C) \vee (B \wedge C)$，

$(A \wedge B) \vee C = (A \vee C) \wedge (B \vee C)$；

(5) 德摩根律 $\Gamma(A \vee B) = (\Gamma A) \wedge (\Gamma B)$

$\Gamma(A \wedge B) = (\Gamma A) \vee (\Gamma B)$

定义 A2.15 狭义模糊逻辑中的“三段论”传统的定义：若已知 $P \to Q$ 和 P 的真值 $T(P \to Q)$ 和 $T(P)$，则当 $T(P \to Q) + T(P) > 1$ 时，可推出

$$T(Q) = T(P) + T(P \to Q) - 1$$

表示为：

$$\begin{array}{ll} P \to Q & T(P \to Q) \\ P & T(P) \\ & T(P \to Q) + T(P) > 1 \\ \hline Q & T(Q) = T(P) + T(P \to Q) - 1 \end{array}$$

定义 A2.16 若已知 $P \to Q$ 和 $Q \to R$ 的真值 $T(P \to Q)$ 和 $T(Q \to R)$，则可推出 $P \to R$ 的真值为：$T(P \to R) = \min\{T(P \to Q), T(Q \to R)\}$

表示为：

$$\begin{array}{ll} P \to Q & T(P \to Q) \\ Q \to R & T(Q \to R) \\ \hline P \to Q & T(P \to R) = \min\{T(P \to Q), T(Q \to R)\} \end{array}$$

(或采用其他的交型运算)

① 参见（何新贵，1998：164）。相应的广义模糊逻辑的合式公式，三段论等定义，参见（何新贵，1998：173－175）

关于模糊推理的模式，则一般分为：多条件模糊推理、多维模糊推理和以上两种推理的复合三类①。

多条件模糊推理的模式为：

$A_1 \to B_1$

$A_2 \to B_2$

……

$A_n \to B_n$

A

B

其中 A_i，$A \in F(U)$，B_i，$B \in F(V)$，$i = 1, 2, \cdots, n$，U，V 为两个论域。

多维模糊推理的模式为：

$A_1 \wedge A_2 \wedge \cdots \wedge A_n \to B$

$A'_1, A'_2, \cdots, A'_n$

B'

其中 A_i，$A \in F(U)$，B_i，$B \in F(V)$，$i = 1, 2, \cdots, n$，U，V 为两个论域。

对于上述推理模式中的蕴涵式采用不同的蕴涵算子可以得到蕴涵式的不同解释。设 A_i，B_i 对应的隶属函数分别为 $\mu_{A_i}(u)$ 和 $\mu_{B_i}(v)$，$u \in U$，$v \in V$。设 $a \to b$ 的蕴涵算子为 $I(a, b)$。则 $A_i \to B_i$ 可表示为模糊关系：

$$Ri(u, v) = I(\mu_{A_i}(u), \mu_{B_i}(v)), u \in U, v \in V$$

对于计算 B 的隶属度，不同的学者给出过不同的方法。以多维模糊推理的模式为例：

扎德的方法如下：

$$B' = (A'_1 \times A'_2 \times \cdots \times A'_n) \circ (A_1 \times A_2 \times \cdots \times A_n \to B)$$

其中 $\circ$ 表示合成运算，表示为隶属函数的形式为：

$$\mu_{B'}(v) = \bigvee_{(u_1, u_2, \cdots, u_n) \in U_1 \times U_2 \times \cdots \times U_n} \left[\left(\bigwedge_{i=1}^{n} \mu_{A_i}(u_i) \wedge I\left(\bigwedge_{i=1}^{n} \mu_{A_i}(u_i), \mu_B(v) \right) \right) \right]$$

楚卡莫托的方法：

$$B' = \bigcap_{i=1}^{n} A'_i \circ (A_i \to B)$$

其中 $\circ$ 表示合成运算，表示为隶属函数的形式为：

$$\mu_{B'}(v) = \bigwedge_{i=1}^{n} \left[\left(\bigvee_{u_i \in U_i} \mu_{A_i}(u_i) \wedge I\left(\mu_{A_i}(u_i), \mu_B(v) \right) \right) \right]$$

苏吉诺的递推计算方法则是：

① 参见（何新贵，1999：402 - 406）。

$$B'_1 = A'_1 \circ (A_1 \to B)$$
$$B'_2 = A'_2 \circ (A_2 \to B'_1)$$
$$\cdots$$
$$B' = B'_n = A'_n \circ (A_n \to B'_{n-1})$$

除了上述方法，国内也有很多学者都给出了自己的方法，如：王国俊的三 I 算法等。

上述介绍的是模糊集理论和模糊逻辑中所涉及的基本概念、性质和定理。对于模糊集来说，处理应用问题，首先需要建立 F 集的隶属函数。因此，在本小节的最后，我们对目前确定隶属函数的主要方法做一简要介绍：[①]

(1) F 统计方法

用确定 <青年人> 的隶属函数为例子来说明。以年龄为论域 U，A 是 <青年人> 在 U 上的 F 集。具体做法是：选择若干合适人选，各自认真考虑 <青年人> 的含义后，请他们写出各自认为 <青年人> 最适宜、最恰当的年限，即将模糊概念明确化。若 n 次试验中覆盖 27 岁的年龄区间的次数为 m，则称 m/n 为 27 岁对于 <青年人> 的隶属频率。将论域 U 分组，每组以中值为代表分别计算各组隶属频率，连续地描出图形，则是 <青年人> 的隶属函数曲线。

F 统计在形式上类似于概率统计，并且都是用确定性手段研究不确定性。但是 F 统计与概率统计属于两种不同的数学模型，具体参见（杨纶标，高英仪，2001：71），这里不再详述，在此仅说明 F 统计试验的基本要求是：要对论域上固定的元 u_0 是否属于论域上一个可变动的普通集合 A_*（A_* 作为 F 集 A 的弹性疆域），做一个确切的判断。这要求在每次试验中，A_* 必须是一个取定的普通集合。在各次试验中，u_0 是固定的，而 A_* 在随机变动。做 n 次试验，计算：u_0 对 A 的隶属频率 = “$u_0 \in A_*$” 的次数/n，随着 n 增大，隶属频率也会呈现稳定性。频率稳定值叫做 u_0 对 A 的隶属度。

在进行 F 统计试验时，必须遵循一个原则：被调查人员一定要对模糊词汇的概念熟悉并有数量近似表达这一概念的能力；对原始数据要进行初步分析，删去明显不合乎逻辑的数据。

(2) 三分法

三分法也是用随机区间的思想来处理模糊性的试验模型，例如建立矮个子 A1，中等个子 A2，高个子 A3 三个模糊概念的隶属函数。设

P3 = {矮个子，中等个子，高个子}

U = (0, 3) 单位：m

---

① 下述方法及其例子论述来自（杨纶标，高英仪，2001：69－80）。

每次模糊试验确定 U 的一次划分，每次划分确定一对数（ξ，η）：

ξ：矮个子与中等个子的分界点

η：中等个子与高个子的分界点

反之，给定（ξ，η）也就确定了映射 e，即分出了矮个子、中等个子和高个子，从而使模糊概念明确化了。

（3）F 分布

把实数 R 上 F 集的隶属函数称为 F 分布。根据问题的性质，选择符合实际情况的分布，例如，矩形分布或半矩形分布，半梯形分布与梯形分布，抛物形分布，正态分布，哥西分布，岭形分布等。

除了上述方法，确定隶属函数的方法还有很多，如，请有经验的专家或工程技术人员直接打分的方法，推理的方法或二元对比排序法等，这里不再一一介绍。

附录 3

类型论与λ-演算

为了解决悖论，实现逻辑主义论题，罗素提出了逻辑类型论。罗素最早提出类型论是在 1903 年出版的《数学的原则》（The Principles of Mathematics）一书中，在 1908 年的论文《以类型论为基础的数理逻辑》和 1910 ~ 1913 年与怀特海合著的《数学原理》中全面系统地论述了逻辑类型论。逻辑类型论分两部分：简单类型论和分支类型论。简单类型论同分支类型论是结合在一起的，但又具有独立性。

简单类型论的基本思想为："每一表达式都有一个确定的类型，只有类型为 n 的表达式才可能属于类型为 n + 1 的表达式。分支类型论把同一类型的表达式进一步划分为不同的层次。"[①] 罗素的类型论在数学领域影响很大，它与公理集合论一道成为 20 世纪初排除集合论悖论的两大成果。罗素的简单类型论后被丘奇、亨金等人发展成高阶逻辑的基础——函数类型论，也为 MG 的内涵类型论[②]的诞生创造了直接条件。MG 中的内涵类型论，弥补了 Church 系统与 Kaplan 系统的不足之处，给出语言表达式内涵的精确描述，奠定了内涵逻辑系统坚实的语义学基础，充分实现了弗雷格和卡尔纳普等人的内涵语义学思想，最后还导致内涵类型论的公理化研究并获得了广义完全性证明等重要结果。

类型论被看做二阶逻辑的扩展，即量词的作用范围不仅是在变元上，而且也可以在性质上。下面我们对简单类型论的一些基本定义做一概述：

---

① 参见（邹崇理，2000：42）

② 关于内涵类型论，在此不再作介绍，参见 3.2 节。

定义 A3.1[①] 类型的集合 S 是最小集，使得：

(1) e，t∈S；

(2) 如果 a，b∈S，那么 <a，b>∈S；

(3) 此外，S 中不包含其他元素。

其中，e，t 为基本类型，e 代表个体，t 代表真值。

类型论语言 L 包括：

(1) 对每一个类型 a，类型 a 的变元的有限集 VARa；

(2) 连接词；

(3) 量词∀，∃；

(4) 括号（，）；

(5) 等号 =；

(6) 对每一个类型 a，类型 a 的常量集 CON_a（可能为空）。

定义 A3.2 合式表达式

(1) 如果 α 是类型 a 的常量或变量，那么 α 是 L 中类型为 a 的表达式；

(2) 如果 α 是类型 <a，b> 的表达式，β 是类型 a 的表达式，则 α(β) 是类型为 b 的表达式；

(3) 如果 φ，ψ 是类型为 t 的表达式，则 ¬φ，φ∧ψ，φ∨ψ，φ→ψ，φ↔ψ 也是类型为 t 的表达式；

(4) 如果 φ 是类型为 t 的表达式，v 是（任意类型 a 的）变量，则 ∀vφ，∃vφ 也是类型为 t 的表达式；

(5) 如果 α，β 为同一类型的表达式，那么 α = β 为类型 t 的表达式；

(6) L 中的所有表达式都是由上述（1）~（5）有限步内构造而得。

定义 A3.3 解释

$D_e = D$；

$D_t = \{0, 1\}$；

$D_{<a,b>} = D_b(D_a)$.

把 α 相对于模型 M 和指派 g 的解释记为：$[[\alpha]]_{M,g}$，则

如果 $\alpha \in CON_a$，那么 $[[\alpha]]_{M,g} = I(\alpha)$；

如果 $\alpha \in VAR_a$，那么 $[[\alpha]]_{M,g} = g(\alpha)$；

如果 $\alpha \in WE<a, b>$，$\beta \in WE_a$，那么 $[[\alpha(\beta)]]_{M,g} = [[\alpha]]_{M,g}([[\beta]]_{M,g})$；

如果 $\varphi, \psi \in WE_t$，则：

$[[\neg\varphi]]_{M,g} = 1$ 当且仅当 $[[\varphi]]_{M,g} = 0$；

① 本小节中类型论的相关基本概念参见（Gamut，1991：79 - 115）。

$[[\varphi \wedge \psi]]_{M,g}=1$ 当且仅当 $[[\varphi]]_{M,g}=[[\psi]]_{M,g}=1$；

$[[\varphi \vee \psi]]_{M,g=1}$ 当且仅当 $[[\varphi]]_{M,g}=1$ 或 $[[\psi]]_{M,g}=1$；

$[[\varphi \rightarrow \psi]]_{M,g=0}$ 当且仅当 $[[\varphi]]_{M,g}=1$ 且 $[[\psi]]_{M,g}=0$；

$[[\varphi \leftrightarrow \psi]]_{M,g=1}$ 当且仅当 $[[\varphi]]_{M,g}=[[\psi]]_{M,g}$；

如果 $\varphi \in WE_t$，$v \in VAR_a$，则：

$[[\forall v\varphi]]_{M,g}=1$ 当且仅当对所有 $d \in D_a$，$[[\varphi]]_{M,g[v/d]}=1$；

$[[\exists v\varphi]]_{M,g}=1$ 当且仅当存在 $d \in D_a$，$[[\varphi]]_{M,g[v/d]}=1$；

如果 α，$\beta \in WE_a$，则：

$[[\alpha=\beta]]_{M,g}=1$ 当且仅当 $[[\alpha]]_{M,g}=[[\beta]]_{M,g}$

类型和自然语言表达式之间的对应关系如下表①：

类型	表达种类	解释
e	个体表达式	个体
(et)	一元一阶谓词	从个体到真值的函数
t	句子	真值
(tt)	句子的修正	从真值到真值的函数
(ee)	从个体到个体的函数	从个体到个体的函数
((et)(et))	谓词修正	从个体集合到个体集合的函数
(e(e(et)))	三元一阶关系	从个体到从个体到个体集的函数的函数
(e(et))	二元一阶关系	从个体到个体集的函数
((et)t)	一元二阶谓词	个体集合的集合
((et)((et)t))	二元二阶谓词	从个体集到个体集合的集合的函数

λ-演算的概念最早是由丘奇提出，其目标是提供一种统一的语言来描述数学中使用频繁的函项概念。简单类型的λ-演算和高阶逻辑是类型-逻辑语义学的主要内容。λ-演算方法对自然语言由基本表达式到非基本表达式的意义组合提供了一种优质简洁的解决方案。

首先我们对λ-词项做一说明。数学中常见定义函项的陈述，如：

f是这样一个二元函项：$f(x, y)=x^2+y^2$，

同时也可以定义其他函项 $g(x, y)=y^2-x^2$，$h(x, y)=2x^2+y$ 等。甚至还可以在f，g，h这些函项的基础上再定义新的函项，这种定义函项的方法使得，每定义一个函项，就要为此创建一个新的函项名称，函项名称繁多，处理很不方便。而λ-演算的方法则可以避免这样的缺陷，以上述f和g为例，其可以分别描

① 参见（Gamut，1991：81）。

述成：$\lambda x\lambda y(x^2+y^2)$；$\lambda x\lambda y(y^2-x^2)$。可见，用 λ-演算的方法可以省去函项名称。$\lambda x\lambda y(x^2+y^2)$ 等这样的函项描述统称为 λ-词项。

"λ-演算的出发点是 λ-词项概念，而 λ-词项概念的建立又依赖于把不同的语言表达式归为不同类型这一思想。"[①] 类型的定义前面已经给出，现在我们给出"λ-词项"的定义。

定义 A3.4[②] λ-词项

类型 τ 的 λ-词项的聚合 $Term_\tau$，被递归的定义成满足下列条件的最小集合：

(1) $Var_\tau \subseteq Term_\tau$

(2) $Con_\tau \subseteq Term_\tau$

(3) 如果 $\alpha \in Term_{<\sigma,\tau>}$ 且 $\beta \in Term_\tau$，则 $\alpha(\beta) \in Term_\tau$

(4) 如果 $\tau = <\sigma, \rho>$，$x \in Var_\sigma$ 并且 $\alpha \in Term_\rho$，则 $\lambda x.(\alpha) \in Term_\tau$

其中，$\lambda x.(\alpha)$ 的词项又叫函项的抽象，这种抽象总要产生一个函项。

关于 λ-词项的内部构造，牵涉自由变项的概念；λ-词项的句法结构变形，则涉及替换方法，分别定义如下[③]：

定义 A3.5 自由变项

λ-词项 α 中的自由变项的集合 $Free(\alpha)$ 定义为：

(1) 若 $x \in Var$，则 $Free(x) = \{x\}$；

(2) 若 $c \in Var$，则 $Free(c) = \varnothing$；

(3) $Free(\alpha(\beta)) = Free(\alpha) \cup Free(\beta)$；

(4) $Free(\lambda x.(\alpha)) = Free(\alpha) - \{x\}$.

没有自由变项的 λ-词项被称之为封闭的。λ-词项的演算用 $[x|\rightarrow\alpha]$ 来表示用词项 α 去替换变项 x 的自由出现这样的句法变形，其中 x 和 α 属于相同类型。

定义 A3.6 替换

在 α 中用 β 替换 x 的自由出现，所得结果 $\alpha[x|\rightarrow\beta]$ 定义为：

(1) $x[x|\rightarrow\beta] = \beta$；

(2) 若 $x \neq y \in Var$，则 $y[x|\rightarrow\beta] = y$；

(3) 若 $c \in Con$，则 $c[x|\rightarrow\beta] = c$；

(4) $\alpha(\gamma)[x|\rightarrow\beta] = \alpha[x|\rightarrow\beta](\gamma[x|\rightarrow\beta])$；

(5) $\lambda x.(\alpha)[x|\rightarrow\beta] = \lambda x.(\alpha)$；

(6) 若 $x \neq y$，则 $\lambda y.(\alpha)[x|\rightarrow\beta] = \lambda x.(\alpha[x|\rightarrow\beta])$。

注意，替换的变形中不能改变原有变项的约束关系。

定义 A3.7 替换的自由性

① 参见（邹崇理，2000：214）。

② 本小节 λ-演算介绍中的概念参见（丘奇，1940），（丘奇，1941），（邹崇理，2000）。

③ 参见（邹崇理，2000：215－216）。

词项 β 项对 α 中的 x 是自由的（记做 FreeFor(x, β, α)），当且仅当下式之一成立：

（1）$\alpha \in Con$；

（2）$\alpha \in Var$；

（3）$\alpha = \gamma(\delta)$ 并且 FreeFor(x, β, γ) 并且 FreeFor(x, β, δ)；

（4）$\alpha = \lambda y \cdot \gamma$ 并且 FreeFor(x, β, γ) 并且 $x \notin Free(\gamma)$ 或 $y \notin Free(\beta)$。

定义 A3.8 模型

简单类型 λ-演算的模型是一序对 M = <D, [[ ]]>，

（1）D 是一个框架，包括基本类型的论域与非基本类型的论域；

（2）若 $\alpha \in Con_\tau$，则 $\| \alpha \|_M \in Dom_\tau$。

定义 A3.9 词项 α 参照模型 M 与指派 θ 的所指 $[[\alpha]]_M^\theta$ 的定义为：

（1）若 $x \in Var$ 则 $[[x]]_M^\theta = \theta(x)$；

（2）若 $c \in Con$ 则 $[[c]]_M^\theta = [[c]]_M$；

（3）$[[\alpha(\beta)]]_M^\theta = [[\alpha]]_M^\theta([[\beta]])_M^\theta$；

（4）$[[\lambda x.(\alpha)]]_M^\theta = f$ 使得 $f(a) = [[\alpha]]_M^{\theta[x:=a]}$。

定义 A3.10 两个 λ-词项 α 和 β 是逻辑等值的，当且仅当，对每一模型 M 和指派 θ 而言，$[[\alpha]]_M^\theta = [[\beta]]_M^\theta$。

定义 A3.11 简单类型 λ-演算的公理

简单类型 λ-演算的公理由下列 3 个公理模式的所有特例组成：

（1）$\vdash \lambda x.(\alpha) \Rightarrow \lambda y.(\alpha[x|\rightarrow y])$；[$y \notin Free(\alpha)$ 并且 FreeFor(x, y, α)]

（2）$\vdash (\lambda x.\alpha)(\beta) \Rightarrow (\alpha[x|\rightarrow \beta])$；[FreeFor(x, β, α)]

（3）$\vdash \lambda x.(\alpha(x)) \Rightarrow \alpha$；[$x \notin Free(\alpha)$]

这里，公理（1）到（3）中的“⇒”不是通常意义上的逻辑蕴涵联结词，它是化归的意思。$\alpha \Rightarrow \beta$ 是两个 λ-词项之间的某种关系，意谓 β 比 α 更简化。所以 λ-词项的公理系统又叫做重写系统。（1）又叫 α-化归，类似于约束变项易名的规则，（2）又叫 β-化归，就是通常所谓的 λ-转换，（3）又叫 η-化归，起一种简化作用。

定义 A3.12 推演规则

规则由下列模式的所有特例组成：

（1）$\vdash \alpha \Rightarrow \alpha$ （自返化归）

（2）$\alpha \Rightarrow \beta, \beta \Rightarrow \gamma \vdash \alpha \Rightarrow \gamma$ （传递化归）

（3）$\alpha \Rightarrow \alpha', \beta \Rightarrow \beta' \vdash \alpha(\beta) \Rightarrow \alpha'(\beta')$ （迭合化归）

（4）$\alpha \Rightarrow \alpha' \vdash \lambda x.\alpha \Rightarrow \lambda x.\alpha'$ （迭合化归）

（5）$\alpha \Rightarrow \gamma, \beta \Rightarrow \gamma \vdash \alpha \Leftrightarrow \beta$ （互相化归）

根据上面的基本定义，可以给出简单类型λ-演算公理系统的“证明”概念：

定义 A3.13 证明

从ψ到φ的证明是一个序列ϕ_0，…，ϕ_n使得：$\phi = \phi_n$，并且对每一个ϕ_i来说，或者

（1）ϕ_i是一个公理，或者

（2）$\phi_i \in \psi$，或者

（3）$\Gamma \vdash \phi_i$是一个推演规则，$\Gamma \subseteq \{\phi_0, \cdots, \phi_{i-1}\}$。

如果存在一个从ψ到φ的证明，就记作$\psi \vdash \phi$。当$\psi = \varnothing$时，就简写为$\vdash \phi$，这时φ就是系统中的定理。

像通常的逻辑形式系统一样，也可以证明简单类型λ-演算公理系统的可靠性和完全性定理：

定理 A3.1 可靠性

若$\vdash \alpha \Rightarrow \beta$，则$\alpha \equiv \beta$（α与β逻辑等值）。

关于简单类型λ-演算公理系统的完全性涉及到：β-η范式，β-η长式以及强规范化概念。具体定义参见（邹崇理，2000：223－224），这里不再详细介绍。

定理 A3.2 完全性

两个λ-词项α与β是逻辑等值的，当且仅当$\vdash \alpha \Leftrightarrow \beta$是可证的。

定理 A3.3 可判定性

存在一个算法来确定两λ-词项α与β是否是逻辑等值的。

至今为止，类型论方法及λ-算子仍是分析自然语言形容词、副词、命题态度词及限定词的量化语义特征的有力工具。

参考文献

英文部分

1. Aczel, P. (1980), "Frege Structure and the Notions of Proposition, Truth and Set". In *The Kleene Symposium*, edited by J. Barwise, H. J. Keisler and K. Kunen, 31 – 59. Amsterdam.

2. Ajduciewicz, K. (1935), Die syntaktisch Konnexität, *Studia Philosophica*, 1: 1 – 27.

3. Anderson, A. & Belnap, N. (1975), *Entailment: The Logic of Relevance and Necessity*, Vol. 1. Princeton: Princeton University Press.

4. Anderson, A., et al. (1992), *Entailment: The Logic of Relevance and Necessity*, Volume Ⅱ. Princeton: Princeton University Press.

5. Anderson, C. A. (1980), "Some New Axioms for the Logic of Sense and Denotation: Alternative (0)". *Nous* 14, no, 2: 217 – 237.

6. Anderson, C. A. (1984), "General Intensional Logic". In *Handbook of Philosophical Logic*, edited by D. Gabby and F. Guenther, 355 – 385. Hingham, MA: Kluwer Academic Publishers.

7. Baltag, A., Moss, L., and Solecki, S. (1998), "The logic of public announcements, common knowledge, and private suspicions," In I. Gilboa (ed.), *Proceedings of the 7th Conference on Theoretical Aspects of Rationality and Knowledge* (*TARK 98*), pp. 43 – 56.

8. Bar-Hillel, Y. (1953), "A Quasi-Arithmetical Notation for Syntactic Description," *Language* 29: 47 – 58.

9. Bar-Hillel, Y. et al. (1960), "On categorical and phrase structure grammars". *Bull Res. Counc.* Israel F 9: 156 – 166.

10. Barwise, J. & Cooper, R. (1981), "Generalized quantifiers and natural

language" . *Linguistics and Philosophy* 4: 159 – 219.

11. Barwise, J. (1990), "Information, Infons, and Inference" . In *Situation Theory and its Applications*, edited by R. Cooper, 33 – 78. Stanford, CA: CSLI.

12. Barwise, J. and Perry, J. (1981), "Semantic Innocence and Uncompromising Situations" . In *The Foundations of Analytic Philosophy*, edited by P. French, T. E. Uehling and H. K. Wettstein, 387 – 403. Minneapolis: University of Minnesota Press.

13. Barwise, J. and Perry, J. (1983), *Situations and Attitudes*. Cambridge, MA: The MIT Press.

14. Bauerle, R. and Cresswell, M. (2003), "Propositional Attitudes" . In *Handbook of Philosophical Logic*, edited by D. Gabby and F. Guenther, 121 – 41. Dordrecht: Kluwer Academic Publishers.

15. Bayu. S & Ono, H. (1996), *Cut elimination in noncommutative substructral logics*, Reports on Mathematical logic 30: 13 – 29.

16. Bealer, G. (1979), Theories of Properties, Relations and Propositions. *Journal of Philosophy* 76: 634 – 48.

17. Bealer, G. (1982), *Quality and Concept*. Oxford: Clarendon Press.

18. Bealer, G. (1998), Propositions. *Mind* 107, No, 425: 1 – 32.

19. Bealer, G. and Monnich, U. (2003), Property Theories. In *Handbook of Philosophical Logic*, edited by D. Gabby and F. Guenther, 143 – 248. Dordrecht: Kluwer Academic Publishers.

20. Bernardi, R. (1999), "Monotonic Reasoning from a Proof-Theoretic Perspective". In G. Kruijff and R. Oehrle (eds.) *Proceedings of Formal Grammar 1999*, pp. 13 – 24.

21. Bernardi, R. (2002), "Reasoning with Polarity in Categorial Type Grammar". *Ph. D. Thesis*, Utrecht University.

22. Blackburn, P. , de Rijke, M. and Venema, Y. (2001), *Modal Logic*, Cambridge University Press, 2001.

23. Bloch, I. (1996), "Information combination operators for data fusion: a comparative review with classification" . *IEEE Transactions on Systems, Man, and Cybernetics* 26 (1): 52 – 67.

24. Bloom, S. L. (1972), "Investigations Into the Sentential Calculus With Identity". *Notre Dame Journal of Formal Logic* 13, No, 3: 289 – 308.

25. Bloom, S. L. and Suszko, R. , "Semantics for Sentential Calculus With

Identity". *Studia Logica* 28 (1971): 77 – 82.

26. Brachman, R. J. & Levesque, H. J. (2004), *Knowledge Representation and Reasoning*, Elsevier.

27. Burge, T. (1978), "Belief and Synonymy". *The Journal of Philosophy* 75, No, 3: 119 – 38.

28. Buszkowski et al. (1988), *Categorial Grammar*. John Benjamins Publishing Company, Amsterdam/Philadelphia.

29. Buszkowski, W. & Moortgat, M. (2002), "The Lembek Calculus in Logic and Linguistics", *Studia Logica* 71: 261 – 275.

30. Buszkowski, W. (1985), "The equivalence of unidirectional Lambek categorial grammars and context-free grammars". *Zeitschrift f. math. Logik u. Grundlagender Mathematik* 31: 369 – 384.

31. Buszkowski, W. (1986), "Generative Capacity of Nonassociative Lambek Calculus". *Bull. Polish Academy Scie. Math.* 34: 507 – 516.

32. Buszkowski, W. (1997), "Mathematical Linguistics and Proof Theory". In J. van Benthem & A. ter Meulen (eds.), *Handbook of Logic and Language*, 638 – 738, Amsterdam: Elsevier Science Publishers.

33. Buszkowski, W. (1998a), "Algebraic structures in categorical grammar". *Theoretical Computer Science* 199: 5 – 24.

34. Buszkowski, W. (1998b), "The Ajdukiewicz Calculus: Polish Notation and Hilbert Style Proofs". In K. Kijania-Placek and J. Wolenski (eds.), *The LvovWarsaw School and Contemporary Philosophy*, 241 – 252, Dordrecht: Kluwer.

35. Buszkowski, W. (2006), "Categorial Grammars and Substructural Logics". 中山大学第五届逻辑与认知研讨会.

36. Buvac, S. and Mason, I. A. (1993), "Propositional Logic of Context". In *Procedings of the 11th National Conference on Artificial Intelligence.*

37. Cann, R. (1993), *Formal Semantics*. Cambridge (U. K.): Cambridge University Press.

38. Carnap, R. (1947), *Meaning and Necessity: A Study in Semantics and Modal Logic*. Chicago: The University of Chicago Press.

39. Carpenter, B. (1997), *Type-Logical Semantics*. MIT Press, Cambridge/London.

40. Casadio, C. (2001), Non-Commutative Linear Logic in Lingustics. Grammars 3/4: 1 – 19.

41. Channell, J. (1994), 模糊语言. 英国牛津大学出版社.

42. Chomsky, N. (1957), *Syntactic Structures*. Mouton: The Hague.

43. Chomsky, N. (1981), *Lectures on government and Binding*. Dordrecht: Foris.

44. Church, A. (1940), "A Formulation of the Simple Theory of Types". *Journal of Symbolic Logic* 5: 56-68.

45. Church, A. (1951), "A Formulation of the Logic of Sense and Denotation". In *Structure, Method, and Meaning*: The Liberal Art Press.

46. Church, A. (1954), "Intensional Isomorphism and Identity of Belief". *Philosophical Studies* 5: 65-73.

47. Church, A. (1973), "Outline of a Revised Formulation of the Logic of Sense and Denotation" (Part I). *Nous* 7: 24-33.

48. Church, A. (1974), "Outline of a Revised Formulation of the Logic of Sense and Denotation" (Part II). *Nous* 8: 135-56.

49. Cohen, A. (2001), Relative Readings of *Many*, *Often*, *and Generics*. *Natural Language Semantics* 9: 41-67, *Kluwer Academic Publishers. Printed in the Netherlands.*.

50. Cresswell, M. (1975), "Hyperintensional Logic". *Studia Logica* 34: 25-38.

51. Cresswell, M. (1985), *Structured Meanings*. Cambridge, MA: The MIT Press.

52. Curry, H. B. (1961), "Some logic aspects of grammatical structure". In R. Jakobson (ed.), *Stucture of Language and Its Mathematical Aspects*, AMS, Providence, RI.

53. Cystal, D., ed. (2000), *The Cambridge Encyclopedia of Language*, 北京: 外语教学与研究出版社.

54. Czelakowski, J. (2001), *Protoalgebraic Logics*. Dordrecht: Kluwer Academic Publishers.

55. de Groote, P. & Lamarche, F. (2002), "Classical Non-Associative Lambek Calculus". *Studia Logica* 71 (3): 355-388.

56. De Hoop, H. & Solà, J. D. (1996), "Context Sets, and Focus". In *Proceedings of the Fourteenth West Coast Conference on Formal Linguistics*, pp. 155-167. CSLI Publications, Stanford, CA.

57. Delgado, M., Sánchez, D., Martía, J., and Martín-Bautista, V. M. A. (2002), "A probabilistic definition of a nonconvex fuzzy cardinality". *Fuzzy Sets and*

Systems 126: 177 - 190.

58. Devlin, K. (1991), *Logic and Information*: Cambridge University Press.

59. Díaz-Hermida, F., Bugarín, A., Cariñena, and Barro, S. P. (2004), "Voting-model based evaluation of fuzzy quantified sentences: a general framework". *Fuzzy sets and systems* 146 (11): 97 - 120.

60. Došen, K. (1988), "Sequent systems and groupoid models". *Studia Logica* 47: 353 - 385.

61. Došen, K. (1989), "Sequent systems and groupoid models". *Studia Logica* 48: 41 - 65.

62. Došen, K. (1992), "A brief survey of frames for the Lambek calculus". *Zeitschr. F. math. Logik und Grundlagen Mathematik* 38: 179 - 187.

63. Dowty, D. (1979), *Word meaning and Montague grammar*, Reidel, Dordrecht.

64. Dowty, D., Wall, R. & Peters, S. (1981), *Introduction to Montague Semantics*. Reidel, Dordrecht.

65. Dummett, M. (1996), "Frege and the Paradox of Analysis". In *Frege and Other Philosophers*, 17 - 53. Oxford: Oxford University Press.

66. Fagin, R. & Halpern, J. Y. (1988), Belief, "Awareness and Limited Reasoning". *Artificial Intelligence* 34: 39 - 76.

67. Fagin, R., Halpern, J., Moss, Y. and Vardi, M. (1995), *Reasoning about Knowledge*, MIT Press, 1995.

68. Fitting, M. (2007), *Intensional Logic*. The Stanford Encyclopedia of Philosophy (Spring 2007 Edition), editited by E. N. Zalta, http://plato. stanford. edu/entries/logic-intensional/.

69. Floris, R. (2005), *Exploring Logical Perspectives on Distributed Information and its Dynamics*, Master Thesis, University of Amsterdam, 2005.

70. Floris, R. (2006), "Distributed Knowledge". *Journal of Non-Classical Logics* 16, 2006.

71. Floris, R. and Wang, Y. J. (2005), "Contraction Semantics for Distributed Knowledge". http: //www. illc. uva. nl/lgc/postings. html, 2005.

72. Fox, C. and Lappin, S. (2005), *Foundations of Intensional Semantics*. Oxford: Blackwell Publishing.

73. Frege, G. (1892), "On Sinn and Bedeutung". In *The Frege Reader*, 151 - 171. Oxford: Blackwell Publishers, 1997.

74. Fuhrmann, A. (1990), "Models for Relevant Modal Logics". *Studia Logica* 49: 501 - 514.

75. Fyodorov, Y. (2002), "Implementing and Extending Natural Logic", *Master Thesis.*

76. Fyodorov, Y., Winter, Y., and Francez, N. (2003), "Order-Based Inference in Natural Logic". *Logic Journal of the IGPL.*

77. Gabbay, D. and Frans Geunthner (eds.) (2001 ~ 2005), *Handbook of Philosophical Logic* (2nd edition), Vol, 1 - 12, Reidel, Dordrecht.

78. Gabbay, Dov and Frans Geunthner (eds.) (1989), *Handbook of Philosophical Logic.* Vol, 1 - 4. Reidel, Dordrecht.

79. Gallin, D. (1975), *Intensional and Higher-Order Modal Logic.* Amsterdam: North-Holland.

80. Gamut, L. T. F. (1991), *Logic, Language and Meaning.* Vol, 2. Chicago: The University of Chicago Press.

81. Geach, P. T. (1967), "Intentional Identity". *The Journal of Philosophy* 64, No, 20: 627 - 32.

82. Geiluß, J. (1993), Nominal Quantifiers and Association with Focus. In P. Ackema and M. Schoorlemmer (eds.), *Proceedings of the Workshop on the Semantic and Syntactic Analysis of Focus*, pp. 33 - 41. Utrecht: Utrecht Institute of Linguistics, OTS.

83. Gerbrandy J., and Groeneveld W. (1997), "Reasoning about Information Change". *Journal of Logic, Language and Information* 1997 (6): 147 - 169.

84. Gerbrandy, J. (1999), *Bisimulations on Planet Kripke*, PhD thesis, University of Amsterdam, 1999.

85. Gerbrandy, J. (2007), "The surprise examination in Dynamic Epistemic Logic". *Synthese* 155: 21 - 33, 2007.

86. Geurts, B. (2003), "Reasoning with quantifiers", *Congnition* 86: 223 - 251.

87. Ghidini, G. and Giunciglia, F. (2001), "Local Models Semantics, Or Contextual Reasoning = Locality + Compatibility". *Artificial Intelligence* 127, No, 2: 221 - 259.

88. Glöckner, I. (1997), DFS-An "Axiomatic Approach to Fuzzy Quantification", *Report TR97 - 06.*

89. Glöckner, I. (2001), "Standard Models of Fuzzy Quantification", *Report*

TR2001 - 01.

90. Glöckner, I. (2004), "Evaluation of quantified propositions in generalized models of fuzzy quantification". *International Journal of Approximate Reasoning* 37: 93 - 126.

91. Glöckner, I. (1999), "A framework for evaluating approaches to fuzzy quantification", *TR99 - 03*, Technical Faculty, University of Bielefeld, 33501 Bielefeld, Germany.

92. Hajek, P. (1998), "Metamathematics of Fuzzy Logic", In *Trends in Logic 4*, Kluwer.

93. Halpern, J. and Y., Moses. Y. (1990), "Knowledge and Common Knowledge in Distributed Environment", *Journal of the Association for Computing Machinery*, 37 (3), 1990, pp. 549 - 587.

94. Halpern, J. Y. (1987), "Using Reasoning about Knowledge to Analyze Distributed Systems". *Annual Review of Computer Science*, I. J. F. Traub, B. J. Grosz, B. W. Lampson and N. J. Nilsson, (eds.), Annual Reviews Inc., Palo Alto, California, (2) 1987, pp. 37 - 68.

95. Harel, D., Kozen, D. and Tiuryn, J. (2000), *Dynamic Logic*, Cambridge: The MIT Press, 2000.

96. Hayek, F. (1935), "The use of knowledge in society", *American Economic Review*, (35) 1935, pp. 519 - 530.

97. Higginbotham, J. & May, R. (1981), "Questions, quantifiers, and crossing". *Ling. Rev.* 1: 41 - 79.

98. Hilpinen, R. (1969), "An Analysis of Relativised Modalities". *Philosophical Logic*, J. W. Davis, D. J. Hockney, W. K. Wilson (eds.), 1969, pp. 181 - 193.

99. Hilpinen, R. (1974), "On the Semantics of Personal Directives". *Semantics and Communication*, Carl H Heydrich (eds.), North-Holland Publishing Co., Amsterdam, 1974, pp. 162 - 179.

100. Hilpinen, R. (1977), "Remarks on personal and impersonal knowledge", *Canadian Journal of Philosophy*, (7) 1977, pp. 1 - 9.

101. Hintikka, J. (1962), *Knowledge and belief: an introduction to the logic of the two notions*, Cornell University Press, 1962.

102. Hintikka, J. (1975), Impossible Possible Worlds Vindicated. *Journal of Philosophical Logic* 4, No, 3: 475 - 84.

103. Hitzeman, J. (1992), "The selectional properties and entailments of "al-

most". " *Chicago Linguistics Society* 28: 225 - 238.

104. Hori, R., Ono, H. & Schellinx, H. (1994), "Extending intuisionistic linear logic with knotted structural rules", *Notre Dame Journal of Formal Logic* 35: 219 - 242.

105. Horn, L. R. (1972), "On the Semantic Properties of Logical Operators in English", *PhD Thesis*, UCLA.

106. Howard, William A. (1969), *The formulae-as-types notion of construction.* Manuscript, published in Seldin and Hindley (1980).

107. Humberstone, I. L. (1985), "The Formalities of Collective Omniscience", *Philosophical Studies*, (48) 1985, pp. 401 - 423.

108. Jäger, G. (2001), *Anaphora and Type Logical Grammar.* UiL OTS Working Paper.

109. Kamp, H. and Reyle, U. (1993), *From Discourse to Logic*, Kluwer, Dordrecht.

110. Kandulski, M (1993), *Normal Form of Derivations in the Nonassociative and Commutative Lambek Caculus with Product*, Mathematical Logic Quarterly 39, 103 - 114

111. Kandulski, M. (1988), "The Equivalence of Nonassociative Lambek Categorial Grammars and Context-Free Grammars" . *Zeitschrift f. math. Logik u. Grundlagen der Mathematik* 34: 41 - 53.

112. Kandulski, M. (2003), "Derived Tree Languanges of Nonassociative Lambek Categorial Grammars with Product" . *Fundamenta Informaticac* 55 (3/4): 349 - 362.

113. Keenan, E. and D. Westerstålh (1997), *Quantifiers in Linguistics and Logic.* In J. van Benthem and A. ter Meulen (eds) Handbook of Logic and Language. Elsevier.

114. Keenan, E. L. and Stavi, J. (1986), "A semantic characterization of natural language determiners", *Linguistics and Philosophy* 9: 253 - 326.

115. Keenan, E. L. (1993), "Natural Language, Sortal Reducibility and Generalized Quantifiers", *The Journal of Symbolic Logic*, 58 (1).

116. Keenan, E. L. (2002), "Some Properties of Natural Language Quantifiers: Generalized Quantifier Theory", *Linguistics and Philosophy* 25: 627 - 654.

117. Keenan, E. L. and Moss, L. (1985), Generalized quantifiers and the expressive power of natural language. In J. Van Benthem and A. ter Meulen (eds.), *Gen-*

eralized Quantifiers. Dordrecht: Foris, pp. 73 – 124.

118. Keenan, E. L. and Moss, L. (1985), *Generalized Quantifiers and the Expressive Power of Natural Language*, *Generalized Quantifiers*, L. van Benthem and A. ter Meulen, eds, Foris. Dordrecht, pp. 73 – 124.

119. Khayata, M. Y., Pacholczyk, D. and Garcia, L. (2002), A qualitative approach to syllogistic reasoning. *Annals of Mathematics and Artificial Intelligence* 34: 131 – 159.

120. Kooi, B. and van Benthem, J. (2004), "Reduction Axioms for Epistemic Actions", R. Schmidt, I. Pratt-Hartmann, M. Reynolds, and H. Wansing, (eds.), *AiML – 2004: Advances in Modal Logic*, Department of Computer Science, University of Manchester, Technical report series, UMCS – 04 – 9 – 1, 2004, pp. 197 – 211.

121. Kripke, S. (1972), "Naming and Necessity". In *Semantics of Natural Language*, edited by D. Davidson and G. Harman. Dordrecht: Reidel.

122. Lakoff, G. (1973), A study in meaning criteria and the logic of fuzzy concepts. *Journal of Philosophical Logic* 2: 458 – 508.

123. Lakoff, G. and Johnson, M. (1999), *Philosophy in the Flesh: the Embodied Mind and its Challenge to Western Thought*, New York: Basic Books, 1999.

124. Lambek J. (1958), *The Mathematics of Sentence Structure*. American Mathematical Monthly 65, pp. 154 – 170.

125. Lambek J. (1988), *Categorical and Categorical Grammar*. In Oehrle, Bach and Wheeler (eds) Categorical Grammars and Natural Language Structure. Dordrecht.

126. Lambek, J (1995), Bilinear Logic in Algebra and Linguistics. In J. Y. Girard, Y. Lafont and L. Regnier (eds.), *Advance in Linear Logic*, Cambridge: Cambridge University Press, 43 – 59.

127. Lambek, J. (1958), The mathematics of sentence structure. *Amer. Math. Monthly* 65: 154 – 170.

128. Lambek, J. (1961), *On the calculus of syntactic types*, In Roman Jakobson, ed. "Structure of Language and Its Mathematical Aspects, Providence, RI".

129. Lappin, S. (1988), "The Semantics of Many as a Weak Quantifier". *Linguistics* 26: 1021 – 1037.

130. Lappin, S. (1993), "Many as a Two-Place Determiner Function". In M. Cobb and Y. Yian (eds.), *SOAS Working Papers in Linguistics and Phonetics 3*, SOAS, University of London, pp. 337 – 358.

131. Lappin, S. (2000), "An Intensional Parametric Semantics for Vague Quantifiers". *Linguistics and Philosophy* 23: 599 – 620.

132. Lappin, S. and Bernth, A. (1991), "A meaning postulate based inference system for natural language". *RC16947*, IBM T. J. Watson Research Center, Yorktown Heights, NY.

133. Lewis, D. (1970), "General Semantics". *Synthese* 22, No, 1: 18 – 67.

134. Lindström, P. (1966), "First-order predicate logic with generalized quantifiers". *Theoria* 35: 186 – 195.

135. Liu, Y. X. and Etienne E. Kerre (1998a), "An overview of fuzzy quantifiers. (I). Interpretations", *Fuzzy Sets and Systems* 95: 1 – 21.

136. Liu, Y. X. and Etienne E. Kerre (1998b), "An overview of fuzzy quantifiers. (II). Reasoning and applications", *Fuzzy Sets and Systems* 95: 135 – 146.

137. Loss, D. (2003), "A few thoughts on the meaning of *few* and *a few*". *Linguistics Senior Thesis.*

138. Mates, B. (1950), "Synonymity". In *University of California Publications in Philosophy 25*, Reprinted in Linsky. *Semantics and the Philosophy of Language: A Collection of Readings.* Urbana: University of Illinois Press, 210 – 226, 1952.

139. McAllester, D. A. and Givan, R. (1992), "Natural language syntax and first-order inference", *Artificial Intelligence* 56: 1 – 20.

140. McCarthy, J. (1993), "Notes on Formalizing Context". In *Proceedings of the 13th IJCAI*, Chambery, France.

141. McCawley, J. D. (1981), *Everything that Linguists have always Wanted to Know about Logic, but were ashamed to ask.* Oxford: Basil Blackwell.

142. Meyer, J. -J Ch. and van der Hoek. W. (1995), *Epistemic logic for AI and computer science*, Cambridge Tracts in Theoretical Computer Science 41, Cambridge University Press, Cambridge, 1995.

143. Michael, Dunn. "Relevance logic and entailment". *In Dov Gabbay and Franz Guenthner eds.*, *Handbook of Philosophical Logic*, Volume III, pp. 177 – 224. Reidel, Dordrecht.

144. Montague, R. (1970), "Universal grammar". *Theoria* 36: 373 – 398.

145. Montague, R. (1973), "The Proper Treatment of Quantification in Ordinary English". In *Formal Semantics: The Essential Readings*, edited by P. Portner and B. H. Partee, 17 – 34. Oxford: Blackwell Publishing, 2002.

146. Moortgat, M. (1997), *Categorical Type Logics.* In J. van Benthem and

A. ter Meulen (eds) Handbook of Logic and Language. Elsevier.

147. Moortgat, M. (2002), *Categorial Grammar and Formal Semantics.* Article #231, Encyclopedia of Cognitive Science, Nature Publishing Group, Macmillan Publisher Ltd.

148. Morrill, G. (1994), *Type Logical Grammar: Categorical Logic of Signs.* Kluwer Academic Publishers, Dordrecht/Boston/London.

149. Morton, A. (2003), *A Guide Through the Theory of Knowledge.* Malden: Blackwell Publishing.

150. Moschovakis, Y. N. (2004), "A Logical Calculus of Meaning and Synonymy", URL = <http://www. math. ucla. edu/ ~ ynm/papers/lcmsfinal. pdf>.

151. Mostowski, A. (1957), "On a generalization of quantifiers". *Fund. Math* 44: 12 -36.

152. Moxey, L. M. and Sanford A. J. (1993a), "Prior expectation and the interpretation of natural language quantifiers". *Eurpean Journal of Cognitive Psychology* 5 (1): 73 -91.

153. Moxey, L. M. and Sanford, A. J. (1987), "Quantfiers and focus". *Journal of Semantics* 5: 189 -206.

154. Moxey, L. M. and Sanford, A. J. (1991), "Context effects and the communicative functions of quantifiers: Implications for their use in attitude research", In N. Schwarz and S. Sudman (eds.), *Context effects in Social and Psychological Research*, New York: Springer-Verlag.

155. Moxey, L. M. and Sanford, A. J. (1993b), *Communicating Quantities-A Psychological Perspective.* Hove (U. K.): Lawrence Erlbaum Associates Ltd.

156. Moxey, L. M., Sanford, A. J. and Barton, S. B. (1990), "Control of attentional focus by quantifiers". In K. J. Gilhooly, M. T. G. Keane, R. H. Logie, and G. Erdos (eds.), *Lines of Thinking (1)*, Chichester: Wiley.

157. Muskens, R. (2007), "Intensional Models for the Theory of Types". *Journal of Symbolic Logic* 72, No, 1: 98 -118.

158. Myhill, J. (1958), "Problems Arising in the Formalization of Intensional Logic". *Logique et Analyse* 1: 78 -83.

159. Nowak, M. and Vanderveken D. (1995), "A Complete Minimal Logic of the Propositional Contents of Thought". *Studia Logica* 54, No, 3: 391 -410.

160. Nute, D. (1980), *Topics in Conditional Logic.* Dordrecht: Reidel, .

161. Okamoto, W., Tano, S., Inoue, A., and Fujioka, R. (2005), "A Gen-

eralized Inference Method for Natural language Propositions Involving Fuzzy Quantifiers and Truth Qualifiers". *The 2005 IEEE International Conference on Fuzzy Sysetems.*

162. Ono, H. (1993), "Semantics of Substructural Logics". In P. Schroeder-Heister and K. Dosen (eds.), *Sbustructural Logics*, Oxford: Clarendon Press, 259-291.

163. Ono, H. (1998a), Decidability and finite model property of substructural logics. In J. Ginzburg et al. (eds.), *The Tbilisi Symposium on Logic, Language and Computation*, Standford: CSLI Publications, 263-274.

164. Ono, H. (1998b), Proof-theoretic methods in nonclassical logics. In M. Takahashi et al. (eds.), *Theories of Types and Proofs*, Tokio: MSJ, 207-254.

165. Paoli, F. (2002), *Substructural Logics: A Primer*, Klwer Academic Publishers, 2002.

166. Parson, C. (1982), Intensional Logic in Extensional Language. *Journal of Symbolic Logic* 47, No, 2: 289-328.

167. Partee, B. (1974), Opacity and Scope. In *Semantics and Philosophy*, edited by M. Munitz and P. Unger, 81-101. New York: New York University Press.

168. Partee, B. H. (1988), Many Quantifiers. in J. Powers and K. de Jong (eds.), *Proceedings of the Fifth Eastern States Conference on Linguistics*, pp. 383-402. Columbus: The Ohio State University.

169. Partee, B. H. and Hendriks, H. L. W. (1997), Montague Grammar. In *Handbook of Logic and Language*, edited by J. van Benthem and A. ter Meulen, 5-91. Cambridge, MASS.: The MIT Press.

170. Penco, C. (1999), Objective and Cognitive Context. In *Proceedings of Context'99.*

171. Penka, D. (2005), *Almost There: The Meaning of almost*, Sinn und Bedeutung.

172. Pentus, M. (1993a), Lambek grammars are context-free. In *Proc. 8th Ann. IEEE Symp. On Logic in Computer Science*, Montreal.

173. Pentus, M. (1993b), Lambek calculus is L-complete, Report LP 94-14. Institute for Logic, Language and Computation, University of Amsterdam.

174. Peterson, P. L. (1979), On the Logic of "Few", "Many", "Most". *Notre Dame Journal of Formal Logic*, 1979, 155-179.

175. Peterson, P. L. (1999), Approximate syllogisms-on the logic of everyday life. *Artificial Intelligence and Law* 7: 227-234.

176. Peterson, P. L. (2000), *Intermediate Quantities.* Ashgate Publishing Ltd.

177. Plaza, J. A. (1989), Logics of Public Communications, M. L. Emrich, M. S. Pfeifer, M. Hadzikadic, Z. W. Ras (eds.), *Proceedings of the 4th International Symposium on Methodologies for Intelligent Systems*, 1989, 201 – 216.

178. Pollard, C. (2004), "Hyperintensional Semantics (Lecture Notes of a Nasslli 2004 Course: Higher Orde Grammar)", http://www.ling.ohio-state.edu/~hana/hog/nasslli/9-semantics.pdf.

179. Prince, E. F., Frader, J., and Bosk, C. (1980), On hedging inphysician-physician discourser. *Paper presented at the AAAL Symposinm on Applied Linguistitcs in Medicine.* San Antonio, Tx.

180. Purdy, W. C. (1991), "A logic for natural language". *Notre Dame Journal of Formal Logic* 32 (3): 409 – 425.

181. Quine, W. V. (1960), *Word and Object.* Cambridge, Mass.: The MIT Press.

182. Quine, W. V. (1980), *From a Logical Point of View.* Cambridge, Mass.: Harvard University Press.

183. Quine, W. V. (1986), "Reply to David Kaplan". In *The Philosophy of W. V. Quine*, edited by L. SCHILpp and P. A. Edward, 290 – 94. LaSalle: Open Court.

184. Ralescu, A. L. (1986), "A note on rule representation in expert systems". *Inform. Sci.* 38: 193 – 203.

185. Ralescu, D. (1995), "Cardinality, quantifiers, and the aggregation of fuzzy criteria". *Fuzzy Sets and Systems* 69: 355 – 365.

186. Rantala, V. (1982), "Impossible Worlds Semantics and Logical Omniscience". *Acta Philosophica Fennica* 35: 18 – 24.

187. Richard, M. (1997), "Propositional Attitudes". In *A Companion to the Philosophy of Language*, edited by B. Hale and C. Wright, 197 – 226. Oxford: Blackwell Publishing.

188. Rieber, S. (1992), "Understanding Synonyms Without Knowing That They Are Synonymous". *Analysis* 52: 224 – 28.

189. S'anchez, V. (1991), "Studies on Natural Logic and Categorial Grammar", *Ph. D. thesis*, University of Amsterdam.

190. Sadock, J. (1981), Almost. In P. Cole (ed.), *Radical Pragmatics.* Academic Press, NY, pp. 257 – 271.

191. Schwartz, D. G. (1996), "On the Semantics for Qualified Syllogisms". *Proceedings of the Fifth IEEE International Conference on Fuzzy Systems* Vol, 2. pp. 941 – 946.

192. Searle, J. R. (1979), *Expression and Meaning: Studies in the Theory of Speech Acts*. Cambridge: Cambridge University Press.

193. Seligman, J. and Moss, L. (1997), "Situation Theory". In *Handbook of Logic and Language*, edited by J. van Benthem and A. Meulen, 239 – 309.

194. Suszko, R. (1967), "An Essay in the Formal Theory of Extension and Intension". *Studia Logica* 20: 7 – 36.

195. Suszko, R. (1973), "Adequate Models for the Non-Fregean Sentential Calculi (SCI)". In *Logic, Language, and Probability*, edited by B. Radu and N. Ilkka, 49 – 54.

196. Suszko, R. (1975), "Abolition of the Fregean Axiom". In *Logic Colloquium. Symposium on logic held at Boston, 1972 – 1973*, edited by P. Rohit, 169 – 239. Berlin: Springer-Verlag.

197. Thiele, H. (1997), Investigating approximate reasoning and fuzzy control by concepts of functional analysis. In L. C. Jain (ed.), *First International Conference on Knowledge-Based Intelligent Electronic Systems*, pp. 493 – 500, Australia, may 1997.

198. Thomason, R. (1980), "A Model Theory for Propositional Attitudes". *Linguistics and Philosophy* 4: 47 – 70.

199. Tichy, P. (1988), *The Foundations of Frege's Logic*. Berlin and New York: Walter de Gruyter.

200. Turner, R. (1987), "A Theory of Properties". *Journal of Symbolic Logic* 52, No, 2: 455 – 72.

201. Urquhart, A. (1972), "Semantics for Relevant Logics". *Journal of Symbolic Logic* 37: 159 – 69.

202. van Benthem, J. (1982), "The Logic of Semantics". In F. Landman and F. Veltman (eds.), *Varieties of Formal Semantics (Proceedings of the Fourt Amsterdam Colloquium)*, Dordrecht: Foris Publications, pp. 55 – 80.

203. van Benthem, J. (1983), "Determiners and Logic". *Linguistics and Philosophy* 6: 447 – 478.

204. van Benthem, J. (1984), "Questions about quantifiers". *J. Symb. Logic* 49: 433 – 466.

205. van Benthem, J. (1986), *Essays in Logical Semantics*. Dordrecht: Reidel.

206. van Benthem, J. (1987), "Meaning: Interpretation and inference". *Synthese* 73: 451 – 470.

207. van Benthem, J. (1988), *The semantics of Varity in Categorical Grammar*. In Buszkowski etc. eds., Categorical Grammar. John Benjamins Publishing Company, Amsterdam/Philadelphia.

208. van Benthem, J. (1991), *Language in Action. Categories, Lambdas and Dynamic Logic*, North Holland, Amsterdam.

209. van Benthem, J. (2000), *Logic in Games (Lecture Notes, Autumn 2000)*.

210. van Benthem, J. (2002), One is a lonely number: on the logic of communication. Technical report, ILLC, University of Amsterdam, 2002. Report PP – 2002 – 27.

211. van Benthem, J. (2003), "A Mini-guide to logic in action", 哲学研究(增刊), 2003.

212. van Benthem, J. van Eijck, J. and Kooi, B. (2006), "Logics of Communication and Change, Information and Computation" 204 (11), pp. 1620 – 1662.

213. van der Hoek, W. and Meyer, J. – J. Ch. (1996), "A complete epistemic logic for multiple agents: Combining distributed knowledge and common knowledge", Technical report UU – CS – 1996 – 52, Utrech University, 1996.

214. van der Hoek, W., Van Linder, B. and Meyer, J. – J. Ch. (1995), "Group knowledge isn't always distributed (improved version)," *Proceedings of Biannual Israeli an Symposium on the foundation of AI'95*, 1995, pp. 191 – 200.

215. van Ditmarsch, H. (2004), "Dynamic Epistemic logic with Assignment, University of Otago, Dunedin, NewZealand", http://www. cs. otago. ac. nz/staffpriv/hans, 2004.

216. van Ditmarsch, H. Ruan, J. and Verbrugge, L. C. (2006), "Sum and Product in Dynamic Epistemic Logic", *Journal of Logic and Computation*, 2006, 16 (6): 923 – 924.

217. van Ditmarsch, H., van der Hoek, W. and Kooi, B. (2006), *Dynamic Epistemic Logic*, Springer-Kluwer, 2006.

218. Vanderveken, D. (2005a), "Propositional Identity Truth According to Predication and Strong Implication With a Predicative Formulation of Modal Logic". In *Logic, Thought & Action*, edited by D. Vanderveken, 185 – 216: Srpinger.

219. Vanderveken, D. (2005b), "Truth, Belief and Certainty in Epistemic Log-

ic" . In *Proceedings of SuB9*, edited by E. Maier, C. Bary and J. Huitink, 489 – 506.

220. Veltman, F. (1996), "Defaults in Update Semantics" . *Journal of Philosophical Logic* 25 (3): 221 – 61.

221. Vila, M. A. Cubero, J. C. Medina, J. M. Pons, O. Using OWA operator in flexible query processing, *The ordered weighted averaging operators: theory and applications* 258 – 274, 1997.

222. von Wright (1951), *An essay in modal logic*, Amsterdam, North-Holland, 1951.

223. Wansing, H. (2002), "A Rule-Extension of the Non-associative Lambek Calculus" . *Studia Logica* 71: 443 – 451.

224. Wen, X. F. (2007), "A propositional logic with relative identity connective and a partial solution to the paradox of analysis", *Studia Logica* 85 (3): 253 – 262.

225. Westerståhl, D. (1984), "Determiners and context sets" . In J. van Benthem and A. ter Meulen (eds.), *Generalized Quantifiers in Natural Language*, Dordrecht: Foris, pp. 45 – 71.

226. Westerståhl, D. (1984), "Some Results on Quantifiers", *Notre Dame Journal of Formal Logic*, 25 (2).

227. Westerståhl, D. (1985), "Logical Constants in Quantifier Languages". *Linguistics and Philosophy* 8: 387 – 413.

228. Westerståhl, D. (1989), "Quantifiers in formal and natural languages" . In D. Gabbay and F. Guenthner (eds.), *Handbook of Philosophical Logic*, Vol, 4. pp. 1 – 131.

229. Wittgenstein, L. (1921), "Tractatus Logico-Philosophicus".

230. Wygralak, M. (1983), "A new approach to the fuzzy cardinality of finite fuzzy subsets" . *BUSEFAL* 15: 72 – 75.

231. Wygralak, M. (1986), "Fuzzy cardinals based on the generalized equality of fuzzy subsets" . *Fuzzy Sets and Systems* 18: 143 – 158.

232. Wygralak, M. (1999), "Questions of cardinality of finite fuzzy sets" . *Fuzzy Sets and Systems* 102 (6): 185 – 210.

233. Yager, R. R. (1983), "Quantified propositions in a linguistic logic". *J. ManMach. Stud* 19: 195 – 227.

234. Yager, R. R. (1988), "On ordered weighted averaging aggregation operators in multicriteria decision making" . *IEEE Transactions on Systems, Man, and Cybernetics* 18 (1): 183 – 190.

235. Zadeh, L. A. (1975), "The concept of a linguistic variable and its application to approximate reasoning". *Inform. Sci.* 9: 43 – 80.

236. Zadeh, L. A. (1978), "PRUF—a meaning representation language for natural language". *Int. J. ManMachine Studies* 10: 395 – 460.

237. Zadeh, L. A. (1979), "A theory of approximate reasoning". *Machine Intell.* 9: 149 – 194.

238. Zadeh, L. A. (1983), "A computational approach to fuzzy quantifiers in natural languages". *Computers and Mathematics with Applications* 9: 149 – 184.

239. Zamansky, A. (2004), "A 'Natural Logic" inference system based on the Lambek calculus", *Master's Thesis*, Technion, Haifa.

240. Zamansky, A., Francez, N., and Winter, Y. (2006), "A 'Natural Logic' inference system using the Lambek calculus", *Language and Information* 15: 273 – 295.

241. Zhang, Q. (2001), *The Semantics of Fuzzy Quantifiers*, 中国文联出版社.

中文部分

1. 布龙菲尔德著，袁家骅等译（1985）语言论．北京：商务印书馆．

2. 方立（2005）逻辑语义学．北京：北京语言大学出版社．

3. 冯志伟（1996）自然语言的计算机处理．上海：上海外语教育出版社。

4. 高东平（2006）带模糊量词的性质命题推理．逻辑与认知．2006（1）．

5. 郭美云（2005）一般群体知识的多主体认知逻辑．哲学动态，2005 年逻辑学专辑．

6. 郭美云（2006A）从 PAL 看认知逻辑的动态转换．自然辩证法研究，2006（1）．

7. 郭美云（2006B）带有群体知识的动态认知逻辑．北京大学博士论文库，2006.

8. 何新贵（1998）模糊知识处理的理论与技术（第二版）．北京：国防工业出版社．

9. 胡壮麟，朱永生，张德禄，李战子（2005）系统功能语言学概论．北京：北京大学出版社．

10. 黄居仁（2005）汉字知识表达的几个层面：字、义与词义关系，汉字与全球化国际学术研讨会，台北．

11. 姜望琪（2003）当代语言学的发展趋势．外国语言文学．2003（3）．

12. 蒋严、潘海华（1998）形式语义学引论．北京：中国社会科学出版社．

13. 鞠实儿（2004）开放类逻辑的哲学基础．中国社会科学．2004（3）．

14. 李临定（1994）李临定自选集．郑州：河南教育出版社．

15. 刘冬宁，聂文龙（2006）自然语言基本时态句型的 Lambek 演算．逻辑与认知，3：209～220．

16. 刘奋荣（2005）从信息更新到博弈逻辑——写在约翰·范·本特姆来访之后．哲学动态．2005（2）．

17. 聂文龙，鞠实儿（2005）模糊 Lambek 演算．2005 年中国模糊逻辑与计算智能联合学术会议论文集．

18. 萨丕尔著，陆卓元译（1985）语言论．北京：商务印书馆．

19. 文学锋（2006）相对于条件的命题同一性逻辑．逻辑与认知 4，（1）：48～59．

20. 吴平（2007）句式语义的形式分析与计算．北京：北京语言大学出版社．

21. 夏年喜（2006）从知识表示的角度看 DRT 与一阶谓词逻辑．南京社会科学．2006（2）．

22. 熊仲儒（2003）现代汉语中的致使句式．北京语言大学博士论文．

23. 徐通锵（2007）语言学是什么．北京：北京大学出版社．

24. 张乔（1998a）模糊语义学．北京：中国社会科学出版社．

25. 张乔（1998b）广义量词理论及其对模糊量词的应用．当代语言学（试刊）2：24～30．

26. 赵元任（2002）汉语语法与逻辑杂谈．吴宗济，赵新那编．赵元任语言学论文集．北京：商务印书馆，796～808．

27. 周北海（1996）模态逻辑导论．北京：北京大学出版社．

28. 邹崇理（2000）自然语言逻辑研究．北京：北京大学出版社．

29. 邹崇理（2002）逻辑、语言和信息——逻辑语法研究．北京：人民出版社．

30. 邹崇理（2006）多模态逻辑范畴研究．哲学研究，9：115～121．

后　记

由鞠实儿主持的教育部哲学社会科学重大课题攻关项目“基于自然语言的知识表达与推理系统”的研究工作，从 2004 年 12 月开始启动到 2008 年 3 月完成，前后历时近三年半。本书便是它的最终成果之一。除了本书的作者以外，本项目的主要研究人员还有：中山大学逻辑与认知研究所的刘惠兴、熊明辉和聂文龙，首都师范大学哲学系的夏年喜，中国人民大学外国语学院的张秋成。中山大学逻辑与研究所办公室秘书赖永红、资料室主任李燕燕承担了与本项目有关的信息管理和后勤支持工作。在此谨向本项目所有参与者表示谢意。

最后，为了便于学术交流，特将本书各部分作者的信息介绍如下：

高东平　中山大学逻辑与认知研究所
北京理工大学计算机科学技术学院
gaodp_gaodp@ yahoo. com. cn

郭美云　西南大学逻辑与智能研究中心
guomy007@ swu. edu. cn

鞠实儿　中山大学逻辑与认知研究所
hssjse@ mail. sysu. edu. cn

刘冬宁　中山大学逻辑与认知研究所
liu_dong_ning@ yahoo. com. cn

文学锋　中山大学逻辑与认知研究所
wxflogic@ yahoo. com. cn

周北海　北京大学哲学系
zhoubh@ phil. pku. edu. cn

邹崇理　中国社会科学院哲学研究所
chlizou@ 263. net

已出版书目

书　名	首席专家
《马克思主义基础理论若干重大问题研究》	陈先达
《网络思想政治教育研究》	张再兴
《高校思想政治理论课程建设研究》	顾海良
《马克思主义文艺理论中国化研究》	朱立元
《弘扬与培育民族精神研究》	杨叔子
《当代科学哲学的发展趋势》	郭贵春
《当代中国人精神生活研究》	童世骏
《面向知识表示与推理的自然语言逻辑》	鞠实儿
《中国大众媒介的传播效果与公信力研究》	喻国明
《楚地出土戰國簡册［十四種］》	陳　偉
《中国特大都市圈与世界制造业中心研究》	李廉水
《WTO 主要成员贸易政策体系与对策研究》	张汉林
《全球经济调整中的中国经济增长与宏观调控体系研究》	黄　达
《中国产业竞争力研究》	赵彦云
《东北老工业基地资源型城市发展接续产业问题研究》	宋冬林
《中国民营经济制度创新与发展》	李维安
《东北老工业基地改造与振兴研究》	程　伟
《中国加入区域经济一体化研究》	黄卫平
《金融体制改革和货币问题研究》	王广谦
《中国市场经济发展研究》	刘　伟
《我国民法典体系问题研究》	王利明
《中国农村与农民问题前沿研究》	徐　勇
《城市化进程中的重大社会问题及其对策研究》	李　强
《中国公民人文素质研究》	石亚军
《生活质量的指标构建与现状评价》	周长城
《人文社会科学研究成果评价体系研究》	刘大椿
《教育投入、资源配置与人力资本收益》	闵维方
《创新人才与教育创新研究》	林崇德
《中国农村教育发展指标研究》	袁桂林
《高校招生考试制度改革研究》	刘海峰
《基础教育改革与中国教育学理论重建研究》	叶　澜
《处境不利儿童的心理发展现状与教育对策研究》	申继亮
《中国和平发展的国际环境分析》	叶自成

即将出版书目

书　名	首席专家
《中国司法制度基础理论问题研究》	陈光中
《完善社会主义市场经济体制的理论研究》	刘　伟
《和谐社会构建背景下的社会保障制度研究》	邓大松
《社会主义道德体系及运行机制研究》	罗国杰
《中国青少年心理健康素质调查研究》	沈德立
《学无止境——构建学习型社会研究》	顾明远
《产权理论比较与中国产权制度改革》	黄少安
《中国水资源问题研究丛书》	伍新木
《中国法制现代化的理论与实践》	徐显明
《中国和平发展的重大国际法律问题研究》	曾令良
《知识产权制度的变革与发展研究》	吴汉东
《全国建设小康社会进程中的我国就业战略研究》	曾湘泉
《现当代中西艺术教育比较研究》	曾繁仁
《数字传播技术与媒体产业发展研究报告》	黄升民
《非传统安全与新时期中俄关系》	冯绍雷
《中国政治文明与宪政建设》	谢庆奎